小店淘金

大全集

宇琦◎主编

中国华侨出版社

图书在版编目（CIP）数据

小店淘金大全集/宇琦主编. —北京：中国华侨出版社，2011.9（2016.7重印）

ISBN 978-7-5113-1686-8

I.①小… Ⅱ.①宇… Ⅲ.①商店—商业经营 Ⅳ.①F717

中国版本图书馆CIP数据核字（2011）第175713号

小店淘金大全集

主　　编：宇　琦

出 版 人：方　鸣

责任编辑：白　豫

封面设计：李艾红

文字编辑：朱立春

美术编辑：宇　枫

经　　销：新华书店

开　　本：1020毫米×1200毫米　　1/10　　印张：36　　字数：650千字

印　　刷：北京德富泰印务有限公司

版　　次：2011年10月第1版　　2016年7月第2次印刷

书　　号：ISBN 978-7-5113-1686-8

定　　价：59.80元

中国华侨出版社　北京市朝阳区静安里26号通成达大厦3层　　邮编：100028

法律顾问：陈鹰律师事务所

发 行 部：（010）88866079　　传　真：（010）88877396

网　　址：www.oveaschin.com

E-mail：oveaschin@sina.com

如发现印装质量问题，影响阅读，请与印刷厂联系调换。

前言

现在举凡衣食住行、家庭服务、娱乐休闲等各行业都存在小店当道的情形，无论是服装鞋帽店、杂货店、小吃店等竞争激烈的传统小店，还是玩具店、宠物店、布艺店、香熏店、网店等创意无限的新潮小店，可谓五花八门，比比皆是。俗话说：打工不如开店。开一家小店，给自己打工，这是许多人的梦想，也是如今最IN的投资创业途径，以其创业成本低、收益快、灵活自由而备受青睐。

然而，开什么店？怎么开店才能赚钱？这可不是一念之间就能搞定的，其中的学问大着呢！君不见：即使处于同样的位置，有的店开得有模有样，一个月能赚很多钱，有的店里则冷冷清清，经营惨淡。就像浪里淘沙一样，尽管有成千上万的各式店铺在鞭炮锣鼓声中开张，由此可能会催生很多个百万富翁、千万富翁，但也会有很多店铺黯然关张，甚至赔得血本无归。所以说，开店有学问，赚钱有门道，开店并非简单的加减乘除，从项目的定位、店址的选择、店面的装修、卖场的打造到店铺的经营，任何环节都马虎不得。

开店的首要工作便是选择项目。要想真正从小店中淘金，投资者应该跳出固有、狭窄、僵化的思维模式，从更长远的时空上把握市场运作规律，深入研究消费需求，独辟蹊径，致力于经营人无我有的商品和服务，巧占市场盲点。传统的经营项目大多数人都会想到，竞争自然激烈，因此要进入并脱颖而出，难度是很大的，成功率反而较低。因此，精明的投资者必须具有锐利的商业眼光，善于发现市场空白点并抓住机会。现在的社会分工早已远不止通常所说的三百六十行了，新行业、新的市场需求层出不穷，就看你有没有一双慧眼了。

要开好一家小店要有一个兴趣上的引导。开创一个新事业是比较辛苦的，而兴趣、理想与热情是支持投资者坚持到底的动力，甚至决定着新事业未来的发展。因此，投资者一定要以兴趣为先导。除了兴趣之外，开店者的能力和经验也是非常重要的。要知道每一个行业都有进入门槛，投资者如果不具备这方面的条件就贸然涉足，失败的可能性就较大。因此，一定要量力而为，明白你适合开什么样的店。若你极富热情，活力四射，可考虑经营自助火锅店、传统小吃店、便当外送等餐饮服务业；若你喜欢精致有品位的物品，二手精品店、手工艺材料专营店及小型咖啡屋能让你一展雄才；若你温柔细致有爱心，托儿所、幼儿园等将非常适合你；若你富有灵感和创意，并能设身处地为人着想，宠物店、花店等正需要这种特性。能充分发挥自己的专长，成功的机会自然就大。

除了兴趣和能力之外，在当今这个信息主宰经济的时代，投资者要充分掌握相关信息，如该项目的市场前景如何、赢利状况如何、投入资金多少、竞争激烈程度如何等。开店就必须对所属行业内的一切有充分的了解，这样不仅可以经营好自己的店铺，同时还可避免同质化竞争导致的价格恶战，使自己永远都能成为赢家。

要想赚钱，开店地点的选择同样重要。人流量、交通状况、区域特性（包括竞争店、互补店、金融机构、休闲设施、人口数量、消费习性、租金价位等）都是需要考虑的因素，同时注意选址要具有前瞻性，并充分对比铺位的性价比。

另外，万事有备才能无患，因此开店前要做好充分的准备工作。在店面装潢、购置设备的同时，投资者要多走动走动，与附近的"邻居"搞好关系，并且熟悉当地的市场，开发潜在的顾客；在筹备期间，就招募足够的工作人员，并事先做好训练工作，才能从容应对开业时的繁忙；要考虑所开设的店面是否因为经营的品种而需特殊能力，如业务开拓能力、表达能力等，在尚未决定开店经营业务前，多参与同业者举办的说明会，或听听不同业者的声音，多了解一些开店的酸甜苦辣。

最后，真正决定投资者能否赚钱的还是经营方式。一个店铺就是一个小企业，店铺的老板既要懂财务，更要懂经营管理，店铺卫生、店铺要害部位安全的管理工作、紧急事件的处理等问题等都需要高效的管理能力。值得提醒的是，小店经营者的资本大都相当有限，最怕造成商品积压，导致资金周转不灵，包袱越背越重，影响下一步的经营，因此，小店经营者在经营中一定要牢记薄利多销的原则，千万不要为了一时的利润失了长远的顾客。

总之，小店虽小，学问不少，其中的奥妙需要投资者细细品味。或许你正在筹划开一家属于自己的店铺，但是面临其中一个又一个的难题，使你无从下手；或许你的店铺早已在经营中，却遇到不少让你把握不准、不知如何抉择、又不知该向谁请教的问题。不用愁，这本《小店淘金大全集》将为你解决这方面的问题，会将成功开店者用汗水和金钱换来的宝贵经验全部奉献给你。

本书堪称小店淘金成功案例的大集锦。它避开了一般同类书重理论轻实例的弊病，摈弃抽象、空洞的说教，完全针对现实生活，用通俗生动的语言，讲述一个个店主的成功创业故事，从中揭示其创业灵感、经营艺术、经验教训等，然后深入总结其行业特点和市场前景等，为后来进入者助力支招。近300个经典成功案例涉及各行各业，既有传统项目，更有许多你闻所未闻的创业金点子，让你了解更多行业新知识，开阔视野。其中一些案例甚至可以如法将别人的成功复制过来，可操作性极强；更多的当然重在抛砖引玉，带给你的主要是一种思路、一些启示，希望你能举一反三，找到更适合你的小店淘金之路。

目 录

第一章　开家餐饮小店

第三章　开家服装饰品店

一、匠心独具，把服装店开出个性来 ………………………… **88**

第四章　开家家居用品店

第五章　开家家庭服务店

第六章　开家美容保健店

第七章　开家宝宝周边用品店

第八章　开家创意服务店

第九章　开家文化主题店

第十章　开家娱乐休闲店

第十一章 开家网络店铺

第一章

民以食为天，开店食为先

开家餐饮小店

一、做好传统餐饮，踏实淘得真金

在国际化潮流的影响下，餐饮业涌现出了各种各样的异域饮食，大大丰富了我们的餐桌内容，但传统餐饮在现今的饮食消费中仍占据着独特的地位。想要创业的你，不妨把目光放在传统餐饮上，只要深耕这个古老的领域，踏踏实实地做下去，你将不会再为捞金而发愁。

家常菜小餐馆用温情感染食客

俗话说：民以食为天。开一家家常菜小餐馆，立足于人的最基本的生存需求，也是一项很不错的创业选择，但开这样的店一定要做好服务工作，用真情感染食客。

【小店淘金成功案例】

小王新盘下了一家小小的餐饮店面，这是一个家常小菜馆，营业面积 20 平方米，厨房 25 平方米。之所以厨房比营业面积还大，是因为店里三分之二的业务是送外卖。在人员配置上，有大厨 1 名，配菜 1 名，服务生 2 名。

小王决定盘这个店的主要原因，是因为之前老板打下的基础很不错，在附近社区居住的几千户居民都觉得这个店就像是自己家的厨房一样亲切。虽然菜品都是家常菜，但价格实惠，而且大家要吃的就是家常这个味。

店刚盘过来，小王在店员安排、店面布置、供货关系这些日常经营问题上并没有做太大的调整，因为他盘这个店的根本是看重它之前良好的客户基础，所以首要问题是保持餐馆经营的稳定性。在这个基础上，他希望在供货商之间再逐步做些调整。

因此，小王有意识地每天坐下来和顾客聊天，拉关系，在取得他们信任的同时也希望赢得他们对家常菜餐馆的好感。值得欣慰的是，小王和小区居民的关系有了进展，在刚开业的短短四天时间内，他跟社区里有些顾客已经打得火热了。

外卖也是小王的一项重要业务，通过几天的外卖送餐，小王还总结了一些送餐时的用语，让所有外送员记牢：

1. 客人开门以后要说："请问这是您点的菜吗？"不能说"请问是您要的菜（饭）吗"，这样有被顾客误解成"要饭"之嫌。

2. 如果送的是砂锅或者汤之类的东西，在送餐时要适当提醒一下客户："店里师傅交代，砂锅有点热，您吃的时候小心点。"其实很多时候，饭菜送过去已经不是很热了，不会烫嘴，但是提醒一下，可以对顾客表一份关爱之情。

3. 客人付钱以后要说："谢谢您的点菜。"让客人感觉到他们的点菜受到店主的感恩。

4. 送餐临走前说："请慢用，请把门关好。"特别对那些外地来的打工男女这句话很有亲和力。

5.回收砂锅或者汤盆的时候，可问一下客人："请问昨天的饭菜有没有不合您口味的地方？我们下次好改正。"

小王所在社区附近送餐的也有好几家，但是像小王这样把服务做到位的可能还没有，虽然看来只是简单的几句套话，但是很有用，很多客人都很喜欢小王这样的服务态度。

【小店前景分析】

开家常菜馆看似最平凡的创业项目，但能在这个最平凡的领域中击败所有同行却并非易事。开家常菜餐馆的成败通常体现在以下两点上：

第一就是菜品。既然是以经营家常菜为主，那么菜品和口味一定要兼顾，但地方菜系是主打，各个地区百姓叫好的菜一定得列在你的菜单上。另外还要体现自己餐馆的特色，可以单列出一种或几种最擅长的菜作为招牌菜，或者以一种肉类或鱼类作为招牌系列。还需要注意的是权衡好菜品的分量和成本。你一定要事前考察好当地的物价水平和消费情况，以及周边同行的价位，然后再定出对自己有利的标准。刚开业时菜品价格可以低一点，遵循薄利多销的原则，以此积累人气。

第二就是服务。中小型餐馆要以亲和为主，少一些客套，少一些规矩。在服务上，一定要体现出小饭馆的速度优势，不能像在大酒店里吃饭那样遵循那些不可缺少的繁文缛节。客人来家常餐馆就餐，都是为了实在地用美食填饱肚皮，客人进门，服务人员就要马上端茶倒水，寒暄两句后马上进入正题——点菜，出锅，上菜。总之，你的服务要简单得体，干净利落。

写字楼快餐店盘算白领生意

白领族的午餐大多选择在上班场所附近解决，这造就了市场广阔的快餐行业。如果你手头有50万甚至200万左右的资金，不妨投资快餐店，专做白领族的生意。

【小店淘金成功案例】

叶路春和赵舜这两名中国人民大学毕业生选择了低成本、低风险的小传统项目——开一家白领快餐公司。数年的校园生活让他们可以比较各种快餐口味的差别，而在校所学的互联网营销知识又可以将这个传统行业"升级"。

叶路春和赵舜现在主要在海淀南路附近的高档写字楼盘提供快餐服务，投入逐步增加。叶路春主要负责市场开拓和内部员工的协调，赵舜负责宣传、网站维护等。

叶路春和赵舜的快餐店遵循午餐11：20前网络订购的方式，这样能保证快餐在11：40左右送达，对于超过时间订购者只能遗憾地放弃（大量订购除外），因为只有这样才能执行一套标准化流程。从另一个方面来说，喜欢他们快餐的顾客会慢慢适应这种模式，把预订时间提前。

快餐是个薄利行业，每份快餐的利润非常有限，如果有大量剩余，成本就会失控，因此节流很重要。叶路春和赵舜的快餐现在每天订购量在200份左右，采购原料也要控制在这个范围内。而开源更重要，目前海淀南路附近已有几家写字楼是他们快餐的回头客。只有为顾客提供"可口的饭菜＋温暖＋快捷的服务"，才能抓住市场。在口口相传中，叶路春和赵舜的快餐事业正在稳步扩大。

快餐业的厨师、送餐员流动都很大，人的问题最重要，这是叶路春和赵舜最关注的。他们现在聘请的厨师主打川菜，好下饭，同时配有各种营养美味的粥，主要针对女性白领的需求。

虽然叶路春希望每个人都有明晰的权责分工，但现阶段只能一人身兼数职，先把重心放在营建团队氛围上。忙碌紧张大半年，他们两人的快餐事业已经收回了前期成本，逐步走向赢利了。

【小店前景分析】

"又是这几个菜！"对于在写字楼上班的人来说，每天面对快餐口味平淡、菜式搭配鲜有创新的问题，他们只能多收集些送餐电话，轮换选择。如今，在越来越多的办公室白领抱怨中午"吃饭难"的同时，大量的快餐公司又因为菜式单调、众口难调、人力成本高等在"平庸中沉沦"。

北京、上海、广州等人口千万以上的大都市，白领人士大约占了 10%~15%，也就是说，1000 万左右人口的城市，白领人士应有 100 多万，快节奏的生活使得 90% 以上的白领中午只能在写字楼里就餐，而目前能满足这么多人就餐的快餐店不过五分之二，投资空间巨大。

白领快餐店极易管理，服务环节简单，而且不存在赊账现象。尽管卖一份快餐没有大酒店里利润率那么高，但薄利多销带来的利润回报却非常可观。只要你在白领聚集的地段租得一席之地，投资几十万到百万左右，用不着做什么大的广告，发发传单就能等着坐地收钱。

"蓝天"快餐店的经营秘诀

开店应立足于大众日常生活需求，选择投资风险小的行当。快餐业正是这样一种行当。

【小店淘金成功案例】

下岗后，阜宁县的陈尚清一门心思寻求合适的快餐经营场所。首先，店面要靠近学校，因为学生用餐是基础；其次，店面要在要道口，客流量是可持续发展的关键。几经考察，他最终选择了位于北门街南首与阜城大街交会处的一间门市，取名"蓝天快餐店"。家常菜因为有亲切感，一般人吃得惯，即使高收入阶层也愿来"换换口味"，因此蓝天快餐店门庭若市。

阜宁县有个浙江人经营的公交公司，员工近百人，他们几乎吃遍阜宁城，都不太满意，尝了蓝天快餐后，立即以此作"据点"。一次，盐城市领导带队到阜宁县检查防洪排涝工作，中午来不及回城就餐，就叫陈尚清送去盒饭，吃后赞不绝口。后来邻县响水县发生特大洪涝，居民断炊，市领导指定陈尚清送盒饭支援，一天就是 500 盒。在某年"阜宁宁富食品文化节"期间，中央电视台《同一首歌》剧组走进阜宁，引起极大轰动，宾客如云，县领导再次指定由蓝天快餐店供应盒饭，每天达到 20000 盒。

满足了顾客的需求，业务就不断涌来，不断扩展。现在，顾客又提出包厢的要求，陈尚清正准备扩大店铺，连锁经营，分层经营，并注册商标，将蓝天快餐向更高层次、更广层面推进。

【小店前景分析】

快餐作为当今中国餐饮行业的排头兵，以其适应大众化消费水平、应变能力强等特点，越来越受到广大消费者的青睐，逐步成为餐饮市场的主体力量。

在中国，快餐业有着极大的发展空间。中国目前正处于城市扩张的高峰期，每年有大约1800 万农村人口进入城市，城乡壁垒松动并多有突破，城乡之间人口流动规模不断扩大。城市化不仅意味着人们生活水平的全面改善，也意味着人们生活方式的巨变和资源消耗的提高，而快餐业发展与城市化的关系尤为密切。中国快餐业近年来表现活跃，发展步伐加快，未来的市场前景也不容忽视。因此，想要创业的你，不妨选择开家快餐店。

谭鱼头——从"头"演义新美食

中国饮食业缺乏品牌建设，以至于餐饮业一度让洋品牌"麦当劳"、"肯德基"等占尽先机。但愿"谭鱼头"能给从事餐饮店的你更多的启示。

【小店淘金成功案例】

谭鱼头自 1996 年 12 月 23 日创办，短短几年发生了翻天覆地的变化，从最初的一家小店到遍布全国 57 个大中城市的 89 家上规模、上档次的连锁店，从最初日营业额仅 2000 余元发展到 2001 年年销售额达 44312 万元，并跻身中国餐饮连锁业前十强、中国连锁企业百强，连续被评为"四川餐饮名店"、"中华名优火锅"、"中华餐饮名店"、"全国十佳餐饮连锁企业"、"全国绿色餐饮企业"。

谭鱼头的老板谭长安很善于抓住机会。在这个"吃味道"的年代，天生就很有商业头脑的谭长安又一次抓住了机会。

当时成都流行鱼火锅，大家都吃鱼肉，鱼头无人问津。一次，谭长安请朋友吃鱼火锅，吃完后，他觉得没吃饱，再要一条鱼又觉得吃不了太浪费，就把鱼头吃了。没想到，鱼头的鲜香味道激起他做鱼头火锅的念头。经过反复试验，谭长安研制出了鱼头火锅底料的配方。

1996 年底，谭长安用自己所有的积蓄和 6 万元借款，在成都百花潭附近一条偏僻的小巷里，开起了第一家"谭鱼头"火锅店，每天营业额还不到 1000 元。而就在此时，一场生死攸关的危机正一步步逼近整个成都火锅业——商家重复使用火锅油料，引起了消费者的强烈不满。当众多火锅店老板纷纷转行时，谭长安却抓住机遇，在业内率先推出一次性健康锅底。

谭长安在媒体上进行了"谭鱼头坚决抵制回收利用火锅油的不法行径"的宣传，并高调为其一次性锅底投保。消费者一旦发现锅底重复使用，就可立即获得保险公司的重金赔偿。他还采取了透明的开放式厨房策略，鱼现宰现杀。如果顾客愿意，还可以到厨房实地参观火锅底料的炒制和菜品的加工过程。

这一招使谭鱼头的生意异常火爆，二十多张桌子天天爆满，以至于顾客要常常排队才吃得上。靠着鱼头火锅店的出色经营，谭长安很快拥有了几百万元资产。

就在谭长安春风得意之时，一种新的火锅品种——烧鸡公火锅出现了，并很快成为成都餐饮市场上的流行焦点，短时间内就抢走了谭鱼头的大部分客源。几经考虑后，谭长安决定"赌"一把，把谭鱼头火锅推向全国。

1998 年 6 月，谭长安带着花椒、豆瓣，迈出了第一步——在北京东直门开了第一家省外门店——同样生意火爆。霎时间，鱼头风暴席卷京城，越来越多的投资者主动找上门来。加盟商负责投资店面和设备，谭鱼头只需以商标、配方、管理等无形资产入股，不需要出一分钱，就可以占有加盟店 35% 到 55% 的股份。那时谭鱼头的扩张速度是 8 天开一家，仅在北京就开起了 11 家店。

谭长安相继进军西安、合肥、石家庄，迅速占领了北方市场。然后从东北、华北、西北到中原，再到华东、华南、西南迂回包抄，避开西南地区火锅白热化竞争的锋芒，从川菜的空白地带切入，达到迅速占领市场的目的。到 2000 年底，谭鱼头的年营业额已经达到 3 亿元。

然而，谭鱼头逐步暴露了商标使用不规范、内部管理松散、供应原料价格偏高、加盟商纠纷增多、配送技术落后、产品标准化难等内部问题，这种飞速扩张到 2001 年的春天戛然而止。

为了扭转局势，谭长安开始在全国范围内收缩加盟战线，将一些店的股权进行收购。2002 年 7 月 12 日，坐落于虎坊桥的谭鱼头北京直营店正式开张。这是谭鱼头在北京的第一家直营店，也是谭鱼头在北京最早的形象店。

从此，谭鱼头拉开了二次创业的序幕——以大规模的直营店、旗舰店为示范，带动连锁店的发展。

对于谭长安而言，管理遍布全国的谭鱼头火锅店，就像是教师批改数学作业。每天晚上，他都会打开电脑，仔细查看谭鱼头各个直营店的销售数据。每个月末，他的电脑里都会有一份详细的报告，记录每家门店的收入、员工数量以及当月最受欢迎的菜品。这一切，得益于谭鱼头 2003 年引进的软件管理体系。

这套软件管理体系的引进来源于一场小风波。"谭鱼头"生意火爆时，单店面积就有好几百平米，但采用的是传统的纯手工经营方式，上菜很慢。有一次，一桌客人在点完菜以后，等了 1 小时 45 分钟还没有上菜，忍无可忍，叫来谭长安以后当胸就是一拳。正是这一拳，让他不得不正视"谭鱼头"的暗伤：传统经营方式根本不能提供标准化的、令顾客满意的服务和产品。

"只有标准化问题得到解决，连锁经营才能做大。"谭长安先后投入 2000 多万元购置信息化管理系统，逐步对川菜的辣度、咸度等指标量化。也就是说在不影响中餐味道的前提下，用数字化的方式来烹调中餐。比如数据分析，人做不到那么精细化，而计算机大大提升了效率和准确度。

如今，"谭鱼头"所有新分店都实现了数码餐饮管理模式：餐厅使用 POS 机点菜，后台厨房的打印机同步提交点菜信息，库存管理员根据点菜系统中的物料消耗，随时补货，财务系统根据点菜系统和结账系统的数据，对每天的销售状况进行精细统计。中式餐饮与生俱来的粗放式管理，在谭长安的手中第一次实现了精细化。

【小店前景分析】

四川火锅追根溯源已有上千年的历史，四川盆地潮湿的气候特点决定了四川人"尚滋味，好辛香，喜麻辣"的饮食习惯，因为辣椒花椒等作料均有除湿祛风寒的作用。除了其美味之外，火锅还有很多特点被大多数中国人所接受和喜爱。家人、亲戚、朋友、同事围炉而坐，锅中热气腾腾，气氛融洽而热烈，荤素搭配，各取所需，自助涮食，其乐无穷。而其个性鲜明的品味特征给你带来的刺激快感让你记忆犹新，不再甘于平淡，使很多人"由恨生爱"。

随着火锅从重庆泸州小米滩长江边船工围罐煮食，到如今堂而皇之地进入高雅餐厅，四川火锅锅中之物已发生了较大的变化，不但有了牛肉、羊肉、狗肉火锅，还出了酸菜鱼火锅、兔火锅、烧鸡公、啤酒鸭等等新品种，而且隔三差五，花样不断翻新，令人应接不暇。但有一个共同的特点就是你方唱罢我登台，各领风骚一年半载。

这一方面说明消费者喜新厌旧的心理和口味的挑剔程度加强，另一方面也说明很多火锅品种生命周期太短，因为传统火锅配料大体相似，口味大众化，如果市面上出现什么新潮火锅受欢迎，不出半月，大街小巷都会出现同类火锅招牌，模仿跟风者众也加快了换代的频率。因此，在市场萧条、火锅全面不景气的时候也许是进入的最好时机。关键是充分分析市场，找准切入点，秉承传统，集百家之长，大胆开拓创新，推出自己的独家产品。

小小煎饼摊也可做成大生意

各种各样的煎饼既可以做主食，又是美味的小吃，更难能可贵的是煎饼在一年四季中都可以卖。

【小店淘金成功案例】

一台电动石磨，支上鏊子，就可以做起煎饼生意。山东临沂市费县下岗女工李怀珍，就靠摊煎饼干成了自己的"大事业"，昔日小小的"金穗煎饼店"，如今成了"沂蒙小调特色食品有限公司"。

　　李怀珍本人自小在东北长大，虽然嫁给了地地道道的沂蒙山人做媳妇，却也还不曾亲手烙制过煎饼，更甭提有什么祖传的秘方了。刚开始烙煎饼时，李怀珍心里一点底都没有，她也受不了煎饼摊上的热气大、煤烟熏，每天往鏊子边上一站，想想今后无论严冬酷夏就要干这一行了，心里还真有点儿打怵。从早到晚忙活一天下来，简直头晕眼花，两腿发酸，手腕都快发抖了……回到家里时常是不吃不喝，孩子、大人谁也顾不上，一头倒在床上便睡着了。特别是到了夏天，支着鏊子的小屋，简直是个大蒸笼，李怀珍辛苦的汗水和委屈的泪水交织在一起，眼皮都肿胀起来，个把月下来，身高一米七的她就只有100斤的体重了……手上磨起血泡，嘴上急起了燎泡，光小麦就用了6麻袋，可烙出的煎饼白送给别人人家都不要。现在的李怀珍说起来都觉得好笑，当丈夫的也不知跟着她吃了多少实验品，那些碎煎饼，已经成了美好的回忆。然而，好强的李怀珍不服输，她带上为数不多的积蓄，跑蒙阴，赴新泰，去莒南，四处拜师学艺，还把本家的一个奶奶请来现场示范，用她自己认真总结的话来说，她的目标是"薄如纸，柔似锦，色泽亮丽，营养丰富"。

　　经历了一番学习、取经和苦练，李怀珍的煎饼手艺总算是学成了。还没等她打广告，她制作的传统石磨煎饼便慢慢地由街坊邻居传到了十里八乡。大家你来我往，不少回头客还专门托亲戚朋友买了煎饼捎回去。随着收入渐渐多了起来，环境也越来越好了，更重要的是李怀珍也更有信心了。短短两年时间，"金穗煎饼店"的营业额逐渐高了起来，虽然累点、忙点，可一家人总算过上了小康生活。

　　不过事情总不会一帆风顺。李怀珍所在的费县有不少类似的煎饼店也开起来了，大家原料差不多，沂蒙山人摊煎饼的手艺也个个不差，如何才能令自己的小店在市场中站稳脚跟呢？为了打开销路，赢得市场，李怀珍不得不想新点子了。她认为，必须开发同行没有的新品种，充分利用所处山区的各种杂粮，才能突出自己的特色，打开市场的大门。她选取优质小米、大米、高粱等主料，加上大豆、黑芝麻、核桃、大枣等配料，采用石磨制糊，手工烙制，如此煎饼，营养丰富，味道也更好了，而且不掺任何添加剂，轻松地一步步赢得了市场。如今，她已经先后开发出了小麦、小米、大米、高粱、大豆、大米红枣、黑芝麻、黑麦、荞麦、绿豆等品种，还试着开发出了蔬菜、水果、香酥煎饼等，总共40多个品种，又怎能不让人佩服！

　　为延长煎饼的保质期，她还把煎饼加工成各类休闲小食品，丰富了煎饼的花样。一些来自美国、日本、韩国、德国的朋友把这种精致的食品当做礼物带回国内，更令人意想不到的是，在2001年中国国际农业博览会和山东省首届名优农产品上海展销会上，在短短三天展销期间，就销售煎饼2000多公斤，大都市人从此认识并喜欢上了"土生土长"的煎饼。

　　批发与零售兼顾，本地销售与外地销售挂钩，现钱购买与网上交易相结合，还有日常销售与节假日突击销售相配合，高档礼品煎饼与大众化煎饼相搭配……李怀珍做起来头头是道。昔日只想挣口饭吃的下岗工人，如今在市场大潮的磨砺中，逐渐成熟、自信起来。就连产品的包装上，也有中、英文对照的两种说明，适合各国家、各民族的消费习惯。甚至，她还用上了互联网，拥有了自己公司的网页。目前，李怀珍已经在四川成都、临沂唯一斋酱园等地设立了6个办事处和直销点，甚至远在阿联酋也有她的代销点。

【小店前景分析】

　　中国各地有不同的地方特色煎饼，例如东北有五谷杂粮煎饼，河北有交河煎饼，江苏有苏北一带的煎饼。煎饼的口味也非常多，如煎饼果子、五香煎饼皮、煎饼卷菜、豆角鸡蛋煎饼、蒜苔鸡蛋煎饼、鲜蘑肉煎饼、韭菜鸡蛋煎饼、青椒鸡蛋煎饼、西葫海米煎饼、茴香鸡蛋煎饼等，而且一年四季都可以卖，既可做主食，又可做小吃。如果根据人们的不同口味，制作各种特色煎饼，并把它打入市场，一定颇受人们的喜爱。

　　煎饼店的投资费用按经营方式有所不同。以开店为例，主要费用如下：

　　1.设备成本费。不锈钢灶具、打浆机、薄脆箱子、液化气炉灶、液化气罐、冰箱或冰柜、铁板、不锈钢浆盆、不锈钢手勺、不锈钢料盆、高压阀、塑料管、煎饼板子、面酱刷子、塑料包装、纸包装、铲子等，共计4000~5000元。

2. 主料：各种杂粮、鸡蛋、薄脆；佐料：色拉油、辣椒、面酱、豆腐乳、豆瓣、葱、姜、香菜、萝卜、味精、鸡粉等秘乳佐料，500~700元。

以一家煎饼店的经营为例，如果日销180个煎饼，每个均价3元，日收入540元，按最低毛利50%计算，日毛利270元以上，月毛利8100元；减去各种开支，月纯利4900元；如果再配上米粥、馄饨、炒菜、酒水等一起经营，效益会更好。

营销建议：

1. 开店：在人口密集的地方，如小区、学校、食品街、步行街、商场、超市、集贸市场等繁华地段选择店铺，以传统餐馆形式经营。

2. 外卖：在人口相对集中的地方，开一间外卖窗口，或在学校餐厅、商场、超市、医院等快餐窗口外卖。

3. 联合经营：可为食品摊点、饭店、宾馆等各类餐饮场所送货搞联合经营。

4. 特色煎饼可包装后进入超市销售。

为保证开业开门红，开业前首先要搞好促销宣传工作，印发一些介绍煎饼特色的宣传品，上面印上订餐热线等服务项目，这样可以有效地提高煎饼的知名度并争取更多的回头客，使生意越做越火。

开家斋菜店，做"吃素"人的生意

吃腻了大鱼大肉，人们更愿意尝尝素食的鲜，在喧闹的都市一角开一家斋菜店可以说是正当其时。

【小店淘金成功案例】

李伟东高中毕业后踏入社会，进入了广州市越秀区一家饮食服务公司工作，公司位于广州著名的古刹光孝寺旁边。李伟东接触了不少食素的香客，也认识了很多要求代理斋菜产品的公司。

李伟东发现，素食在号称"美食之都"的广州，虽然只能算是一枝"小花"，但也有很大的市场。广州有不少大型的庙宇，还有许多庵堂和精舍，对于斋菜，不但出家人有需求，社会上的大量佛教信徒和素食者也造就了相当大的市场空间。不久，李伟东办起了自己的公司。

李伟东公司生产的斋菜品种可谓齐全，而且包装整齐、干净，甚至可以说有些"新潮"。李伟东认为，做斋菜的出路是多样化、深加工化，为此，他从产品开发到包装、营销都下了苦功夫。

李伟东发现，来拜佛烧香的不少是成群结队来的，他们当中有一两个带队的人。李伟东尽量多同这些带队的人接触，每月组织一些烹调斋菜的交流活动。慢慢地，他的斋菜在素食圈里就有了一定的名气，生意也跟着上来了。

【小店前景分析】

斋菜毕竟是食品行业里的偏冷种类，要将生意做大，就不能仅仅面向佛教信徒，还要大力开拓一般消费者市场。而要改变大众的饮食习惯是件比较困难的事情，为此李伟东做了很多基础性的工作。在酒楼推荐是一个渠道，首先是厨师要认可接受，其次要将原料产品做成菜，让普通消费者接受。李伟东经常组织各个酒楼的厨师共同研究最好的做法。而面对公众，他的做法是：请名厨教大家如何做斋菜。

但是，这个行业虽然有一定市场，但也有不少风险。所以店铺的选址一定要讲究，最好选择在寺庙附近。其次，斋菜店即使开在庙门口，倒闭的也有不少，因此不能单是固守档口，还要懂得走出去揽生意。一些大型的美食节是应锁定的重点目标。

从地摊到 180 家连锁店的凉皮生意

她与王小丫等知名女性共同当选 2004 中国十大经济女性年度人物，而给她带来财富和荣誉的却是陕西一种再普通不过的小吃——凉皮。

【小店淘金成功案例】

1998 年，已经 38 岁的贾亚芳毅然决然地主动下岗，只为做点自己想做的事。没了工作，自己断了后路，贾亚芳不得不去寻找适合自己的商机。一次，她去做一个项目的市场调研，归来的路上在一个凉皮小摊坐下来休息，闲聊中她得知摊主一个月能赚 1000 多元钱，这多少有些出乎她的意料。贾亚芳私下盘算：一碗凉皮赚 4 毛钱，一天卖 50 碗能赚 20 元，一个月下来至少就能赚 600 元，比她原来一个月的工资还多 200 元，而且凉皮成本低，是个不错的选择。接下来的几天，贾亚芳到西安的各凉皮摊点考察了一番，决定先批发一些卖卖看。

西安的早春寒风阵阵，天刚蒙蒙亮，贾亚芳就蹬上三轮车带上从旧货市场淘换来的 500 多元的卖凉皮的家当出发了。她先到菜市场买回调凉皮必需的绿豆芽，又到凉皮批发市场批了 50 斤凉皮。之后马不停蹄地赶到一家工厂门口，抢占了一个有利位置，等待顾客。头一天，除去 40 元的成本，50 斤凉皮让贾亚芳净赚了 20 多元钱。第一个月，她赚到了 1100 元，小小的甜头给了贾亚芳继续做下去的信心。几个月后，贾亚芳已经有了几千元的积蓄，她琢磨着如何能把生意做大。经过一番市场调查，贾亚芳发现西安市内没有一家既蒸凉皮又卖凉皮的餐馆。她认为这是个机会。

很快，贾亚芳在一个人流量大的服装批发市场旁租下了门脸，开起了既蒸凉皮又卖凉皮的凉皮店。2200 元的房租加上 5 个服务员、一个蒸凉皮师傅的工资，每月的开销将近 5000 元，这意味着每天至少要卖 200 碗凉皮。凉皮店开业第一天卖了 160 碗，第二天卖了近 200 碗，以后就不见涨了。不到两个月，凉皮店亏损了 3000 多元，贾亚芳不得不关掉了店面。

贾亚芳认为，小店关张主要是因为凉皮没特点，吸引不了回头客。于是她花了几个月时间走遍西安所有的凉皮店品尝味道。工夫不负有心人，贾亚芳终于了解到西安的凉皮主要分为汉中凉皮和秦镇凉皮两个品种，汉中凉皮柔软细腻，秦镇凉皮硬爽耐嚼。贾亚芳决定把这两种凉皮的优点综合到一起。为此，她亲自洗米、泡米、打浆、蒸制，每个细节都认真地作记录。经过多次试验，她终于研制出了细而不腻、柔软爽口、口味独特的凉皮，并取了个特别的名字——"捷尔泰"凉皮。

这次，贾亚芳没有贸然行动，她想先探探市场。她在一个路口用三轮车摆上摊，见没有人买，就把调好的凉皮送给路边修鞋、卖小玩意的师傅免费品尝。师傅们品尝后连连称赞，引得过往行人驻足观看，之后许多路人开始掏钱买一碗尝尝。凉皮的口味很快受到了人们的喜爱，渐渐地回头客成了主流。

眼见自己制作的凉皮有了稳定的消费群，贾亚芳又开起了凉皮店。第一个月下来，贾亚芳赚了 1 万多元，以后的几个月收入节节攀升。先前反对的丈夫看到这种情况，干脆帮贾亚芳一起操持起来。半年时间，夫妇俩就赚了近 10 万。再后来，她的凉皮连锁店发展到了 180 家。

【小店前景分析】

凉皮是我国北方黄河中下游一带发明的一种民间风味小吃，由于其独特的制作工艺和调味配方，使这种脍炙人口的风味小吃广受全国各地人的欢迎。

凉皮一年四季都有卖，夏天凉拌着吃，冬天热炒着吃，相比起来，夏天吃的人更多。一张桌子、几个小板凳就是一个凉皮摊子，只要有卖的就会有人吃。凉皮绵软滑润、酸辣可口，不但是街头小吃，而且还登上了大雅之堂。随着人们生活节奏的加快，凉皮以其快捷方便的特点，成为最受欢迎的中式快餐之一。

因此，凉皮是一项投入小利润高的传统小吃项目，各地都有很多人爱吃，尤其是女性朋友。凉皮店投资很灵活，在开凉皮店的前景分析以及投资回报上，应该考虑到以下几方面：

一是不同的投资方式。手头资金紧张的，根据你的经济状况，买好厨具、进来原料就可以开店了，只投资几千元就可以起步了。但要是你想把凉皮生意当事业做，那就要全方位考虑。从投资成本角度说，在一二线城市中，一间能容纳30人同时用餐的凉皮店铺月租金大约为一两万元，人员工资投入大概6~10万元。

二是不同的定位与经营方式。若做个实惠的大众凉皮店，在经营中不要要求太高，只要你的凉皮好吃，而且价格公道，绝对赚钱。假如你想开个上档次的凉皮店，那你的消费人群、经营方式、效益都是一个很难把握的事情。

三是不同的季节与多元化。凉皮这种食品具有较强的季节性特点，天热的时候有很多食客，但像秋末春初还有整个冬季都是不会有太多客人的，在这段时间你又该怎么做呢？其实你可以考虑一下，在凉皮的淡季搞一些多元化经营，比如外带点儿别的"中国式快餐"，比如做诸如羊肉串、麻辣烫、早点、饼类、快餐盒饭、炸鸡等各种小吃。

老铺子家味道，简单生意日赚两千

老铺子简单的产品中蕴含着最悠长的韵味。如果你正为选择开店项目而发愁，不妨从这最简单的生意中走出不平凡的发展道路。

【小店淘金成功案例】

每当走在那些被岁月打磨得圆滑润泽的青石板上，看着道路两旁古色古香甚至略显陈旧的两层古典木房，张贵祺总能感到久违的轻松，思路也似乎分外清晰。所以，每当他想什么事情却又理不出头绪的时候，他就爱来这条街上走走。

2009年9月里的一天，当张贵祺又一次踏上这条老街的时候，他脑子里的思绪比任何时候都更加纷乱。金融危机一年来，经济形势尽管从重挫中露出了复苏的苗头，但未来依然扑朔迷离。公司业务增长乏力，楼市股市看来也不是可靠的避风港，通货膨胀更成了张贵祺一直忧心的问题。

想来想去，张贵祺决定要做一个最实在的项目。不仅要实在，还要是最不受经济波动影响、最简单的项目。简单的东西平时举目皆是，像什么便利店、卤味店、饺子馆……哪一样不简单？但等他真要找的时候却发现，一个真正独具竞争力、足以说服自己的简单的项目，竟然这么难找，竟逼得他只能再到这条宁静的老街来找灵感。

刚踏进老街没两步，张贵祺发现，安谧沉静的老街今天似乎有些不同，前面不远的拐角处传出了难得的喧闹。走近一看，一个小铺子门前竟有一大队人在排着队买烤饼和豆浆，吵吵嚷嚷的好不热闹。上个月来的时候，这还是一个顾客稀疏的旧铺子，换成卖烤饼怎么就突然聚集了这么高的人气？张贵祺来了兴趣，也加入进了队伍里。

刚排进队伍，张贵祺远远就闻到了烤饼扑鼻的香味，细看之下，饼竟然就是贴在临街的陶土烤炉里用木炭烤的，怪不得有一股醇厚的炭火香味。再向周围的人一打听，这家烤饼店刚开了一个多星期，只卖烤饼和豆浆，生意天天这么火爆。

烤饼和豆浆，这不正是自己追求的最简单又最不受经济波动影响的项目吗？张贵祺想起了前两年曾红遍全国的"掉渣烧饼"，为什么自己不能打造一个更成功的"掉渣烧饼"呢？张贵祺简直喜出望外，恨不得马上就拜烤饼店老板为师！

饼店老板并没有当上张贵祺的师傅——饼店老板张穗穗比张贵祺小了20多岁！原来，这家铺子本就是穗穗家的，穗穗从小就爱吃外婆一手烤制的贡菜香饼和石磨磨出来的豆浆，辞掉导游的工作后，她干脆把家里的老铺子改成了烤饼店，就卖当年外婆亲传的香饼和豆浆。不出所料，这种返璞归真的美味大受欢迎。

来老街找灵感，没想到反倒和新项目不期而遇，这难道不是天意吗？张贵祺几乎当场就定下了这个项目：由他投资，穗穗做技术支持，把贡菜香饼推向全国！

找到贡菜香饼的项目，凭的是运气和热情，但真要做好这个简单的豆浆和饼，却需要完整的商业链条。红极一时的"掉渣烧饼"早已风流散尽，虽然风味犹存，但它的商业生命却如烟花般短暂。怎样发掘出一个最简单的产品的竞争力，让它不要昙花一现，是张贵祺首先要解决的问题。

贡菜香饼的核心竞争力究竟何在？几经讨论，张贵祺突然从穗穗店里的石磨、陶土烤炉中得到了启发——石磨、陶土和它们背后带给人们的关于返璞归真、健康原生态的联想，不正是制胜的关键所在吗？生活在重重压力和层层污染下的人们，渴望的不正是记忆中外婆那最天然、质朴、温暖的味道吗？

是的，陶炉现烤的香饼、石磨现磨的豆浆，同样可以给顾客一份天然纯净的体验，一缕回归过去的想象。而烤饼店的店名也因此而生：恰如穗穗家的老铺子，名唤"老铺子家味道"！

一个优秀的产品插上了文化创意的翅膀，腾空飞翔自然是它必然的方向。为了进一步增加"老铺子"的"家味道"，张贵祺又专门设计了别具湘西古镇特色的店服、深具乡情韵味的店训。至于店内装潢，则采用了湘竹纹饰的壁纸——不仅契合老铺子的形象，更能大大节省成本。

俗话说：万事开头难。但对老铺子家味道而言，这句俗语似乎并不适用。2009年12月开在湘潭大学附近的第一家店，开业伊始便火爆异常，甚至胜过了当初老街穗穗家那个真正的老铺子。

开业第一天，已经升为创意总监的穗穗亲自坐镇，店子附近都流溢着那不变的浓香，循香而来的大学生顾客络绎不绝。晚上7点30分，老铺子家味道联建第一分店正式打烊，首日营业额竟超过2000元！

几个月的探索和努力初见成效，穗穗和张贵祺都喜不自胜，但愈发兴隆的生意却让店员们忙得够呛。开张不过半月，一个20岁出头的小店员便向张贵祺抱怨："现在生意越来越好，我们根本忙不过来了，再不加几个人怎么能行哦？"张贵祺本以为小店员是想要求加工资，孰料弯来绕去他竟然是想自己开店。

张贵祺大笑起来："怎么会不让你开店呢？老铺子家味道要快速抢占全国市场，大力发展连锁加盟商必不可少，老铺子家味道的员工熟门熟路，自然更是优先发展的范畴了。何况，老铺子家味道加盟费用低廉，公司会在设备、培训、选址、装修、配送上对加盟商进行全面支持，除去房租和工人工资，不到2万元就能开业，小店员同样也负担得起。"不过，张贵祺还是笑着劝这个心急的小店员先做好自己的工作，一来现在店里实在人手紧张，二来也让他好好地"偷师学艺"。

第一家老铺子家味道一鸣惊人，随后开张的钢城第二分店和板塘第三分店也趁势而起，目前日均营业额都在2000元左右。市场的反应肯定了张贵祺的眼光，此后，湖南省内的分店开始如雨后春笋般涌现。

【小店前景分析】

在产品上，老铺子家味道的"贡菜香饼＋石磨豆浆"的组合可谓消费链上简单的绝配，二者均为现制、现磨，不仅健康美味，更能让消费者亲眼看到制作过程，闻到浓郁香味，诉诸消费者的感性体验，让往来行人难以抑制购买的欲望。

此外，"2元+1元"的定价能为最广大的消费群体所接受，而贡菜香饼的成本每个不过0.6元，豆浆每杯更是只有0.3元的成本，其利润也不容小觑。

看准地盘，西餐厅稳稳赚大钱

开店不仅仅需要资金和宣传，也需要合理选择开店地点，何巨文正是因为看准了地盘，为西餐厅选择了最适合的开店地址，才走出了不一般的成功之路。

【小店淘金成功案例】

作为风景点凤凰岛上唯一一个吃饭的地方，凤情岛西餐厅开业不足半年已经开始赢利。其老板何巨文自1998年开始接触这一行，就与碧桂园结下不解之缘。

先后在广州碧桂园、华南碧桂园、凤凰城以及佛山碧桂花城开了8家餐饮店的他，到目前为止，光在凤凰城就拥有西餐厅、中餐酒楼和茶餐厅3家各具特色的餐饮门店。论及社区餐饮业经营，他的经验相当丰富。

开业不到一年生意红火，于是在广州碧桂园的邀约下，何巨文开了第一家社区茶餐厅，从此在几个社区内连开8家餐饮店，一发不可收拾。如今包括凤凰城凤情岛西餐厅在内全都在赚钱。

何巨文表示，碧桂园里的商铺业主很多都是像他这样的老客户，因为开发商对不同行业类型店铺的数量和规模要求较严格，并非有钱有想法就一定可以在这里做生意。

回想凤情岛西餐厅刚开业时，营业额怎么也上不来。头两个月每天的营业额才四五百块，每天都要亏一千多元。

就这样冷冷清清地过了两个月，他开始分析生意不理想的原因。首先餐厅的定位没有什么问题，但路过的人一看是个岛上的西餐厅，第一感觉就是：环境这么好，肯定很贵。所以很长时间都没什么生意。其实这里的消费并不高，一杯普通咖啡25元，而市内同档次咖啡厅要35元。所以，何巨文决定加大宣传，特别是在店外明示价格。没想到，这简单的一招即带来了意想不到的效果，第一个月的营业额一下就超出了成本两三倍。

营业额上去了，何巨文却并不满足。下一步，他要请个外语翻译，主要是适应对面外商家园的要求。湖对岸有崭新楼盘群，是新开发的外商家园，一共有200户，目前已经入住了40户人家，碧桂园要求入住的必须是有国际护照的外籍商人，每个单位面积150~200平方米。何巨文有信心把他们收为自己的新顾客。

至于东门的商铺他也很看好，因为那是凤凰城的一个重要出口。但因为资本有限，不会考虑再开店铺。凤情岛西餐厅原来的消费群是社区业主占30%，外商10%，旅游团60%；但以后这个格局将变为业主20%，外商20%，旅游团不变。之所以凤情岛与一般社区里的餐饮店消费群中业主占70%的情况不同，是因为凤情岛是风景点凤凰岛上唯一一个吃饭的地方。

【小店前景分析】

近年来，西餐逐渐走进我国普通大众的生活，并逐渐为大家所接受。国内餐饮业近年来一直以两位数的速度增长，其中西餐行业发展尤为迅速。西餐厅市场前景广阔，且利润较高，所以，开一家西餐厅成为很多人的创业梦想。

西餐厅在中国属于一种利润较高的餐饮项目，其价格高主要体现在西餐的文化状况以及和中餐相比的成本上。那么开一家西餐厅需要注意哪些方面呢？

首先，应该确定自己的方向，是提供以主食为主的服务还是做综合性的服务？这里指的综合性服务，是指把所有西方饮食文化中可以实现的食物都作为产品来销售。比如最基本的意大

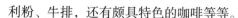

利粉、牛排，还有颇具特色的咖啡等等。

其次，要针对你提供的服务和消费群体，对店面进行特色装潢，体现出西餐文化。装潢是一门科学的艺术，装潢设计可以把文化感设计出来，也可以迎合你目标消费群的爱好。比如富丽堂皇的西餐厅和休闲悠然的西餐厅给客人带来的感觉完全不同，前者可能会有更多的企业工作者、管理人员喜欢去，后者可能会有更多追求时尚和西方文化的青年前往消费。所以，合适的装修对你来说很重要。

"社区厨房"生意也好做

一种新的餐饮经营模式——社区厨房，正在餐饮市场中悄然兴起。在人员密集的社区开家小餐馆，以物美价廉为经营宗旨，抓住小区居民的胃口，并辅之以简便快捷的送餐服务，成了许多小本创业者的首选。

【小店淘金成功案例】

新华社区厨房自正式开门营业起，近二十天里，这家最多只能容纳200人同时就餐的"社区厨房"每天的客流量竟都在千人以上，并深受周围居民的欢迎。

快餐店在城市已并不是什么新鲜事物，可按快餐模式经营的"社区厨房"为什么如此火爆？最主要的原因是，这儿的饭菜便宜，环境卫生。

套餐、米线、水饺、拉面、驴肉火烧……市面上常见的小吃这里应有尽有，半斤素水饺4元，一份两素一荤的套餐只要5元，和商场超市中同等条件的快餐店相比，这里的价格要低1/3~1/2。"三元吃饱，十元吃好"，在周围鳞次栉比的饭店包围中，"社区厨房"的价格优势已然先声夺人。

饭菜的价位和流动摊点差不多，但卫生条件和就餐环境却可与中档饭店相媲美。在"社区厨房"餐厅的一角，有一间七八平方米大小的隔间，几台消毒柜正嗡嗡作响。

小摊小店的价格，正规饭店的环境，让普通市民吃得起、吃得好、吃得放心。因此自"社区厨房"开业以来，不仅受到周围居民的欢迎，还有十余家单位找到餐厅经理，要求办理"集团就餐卡"，以解决职工吃午饭的难题。

【小店前景分析】

开家"社区厨房"，不失为一个解决"吃"的问题的好主意。虽然这也是卖吃的地方，但是，它跟普通餐馆不一样。首先，它针对的顾客主要是某一个社区的居民；其次，它提供的都是一些家常菜品；再其次，它只起一个厨房加工的作用，原材料由顾客提供，小厨房只是帮着加工，收取加工费，费用按照客人提供的材料多少计算。当然，假如顾客愿意，也可以到这里来要一份现成的小炒回家吃，或者在此就餐。所以，社区厨房，很适合小本创业者操作。

经营策略上，经营一家"社区厨房"有以下几点提醒：

第一，社区服务，来往的都是老客户，所以诚信最重要，绝对不要在做菜的原材料上打主意，否则，小厨房很难成气候。第二，要注意厨房的环境卫生，菜肴的味道要好。第三，多雇几个送菜工，统一制作一个订菜表，做好送菜、收菜工作以及电话预订工作，尽量做到人性化服务。这样，你才会拥有越来越多的回头客，从而将自己的生意做大。

开一家"社区厨房"需要在居民小区租用一个门面房，最好30平方米以上。当然，如果你有高超的厨艺，可以自己掌勺，再如果你能尽可能地利用自己的住房做门面房，又可以省去不少费用，使你的赢利空间更加广阔。

开营养早餐配送店轻松赚钱

健康的生活要从早餐开始，开一家营养早餐配送店大有生意可做。

【小店淘金成功案例】

位于宁波市荷花路上的一家早餐小吃店已经开了 10 年。小吃店在划船社区内部，门面不大，15 平方米左右的店面被隔成了两个用餐间、涮洗间，厨房设在大门边上。店面招牌很不起眼，经营的也只有小笼、生煎、馄饨三样。看到这些让人心里产生了疑问：小店既没有开在人流集中的菜场，也没有设在临近公交车站的马路边，在小区内一个不起眼的位置，只卖三样早点，却开了 10 年，老板有什么独特的经营之道呢？

每天早上 7 点钟，这家早餐店的老板和三个店员便在门口不停地擀面、包小笼、包馄饨，店里 6 张桌子被清一色的中小学生挤得满满的。

"老板，一碗馄饨！""我要一屉小笼包！"每天，这种声音此起彼伏。遇到最忙的时候，店员腾不出手来端菜，学生们干脆就自己到前台端小笼包、生煎。虽然学生们的平均就餐时间不超过 8 分钟，但店里仅有的 6 张桌子仍然不够坐，于是老板抬出一张折叠方桌，临时搭在了店门口，可不一会儿座位就被抢光了。一些没有座位吃早饭的孩子干脆买几个小笼包边走边吃。

7 点 45 分，吃早饭的学生渐渐少了，上班族多了起来。无论年轻人、中年人经过小吃店都很习惯地坐下来吃一碗馄饨或打包带些小笼生煎。这里的顾客有些是附近小区居民，有些在周围写字楼工作，还有很多人是从较远的地方特地跑过来吃早餐的。

8 点 30 分以后，小店才稍空一些，但依旧顾客盈门，老人、学龄前儿童是这一时段的主要客人。

老板名叫支孟波，绍兴人，承袭了父辈做小吃的手艺，1998 年来宁波开了这家店。小店开了 10 年，都靠一些老客户光顾，生意还过得去。每天主要卖早点，中午偶尔营业，平均每天毛利有 400 元。

【小店前景分析】

开早餐店，选址宜在大型住宅小区内，专门为小区住户提供营养合理的早餐，也便于在小区内部开展外卖服务。既为营养早餐，那就一定要着眼"营养"二字。经营种类，主食可提供面包，搭配牛奶、豆浆、果汁，同时配上苹果、香蕉、橙子、西红柿等新鲜果蔬。通常大家早餐不习惯吃水果，然而专家们建议，科学的吃法是在早上和饭前进食，这样营养更加平衡，而且有利于吸收。

在经营时，既可以由顾客随意点，也可以借鉴西式快餐的方法，将早餐品种搭配成套，例如"面包＋牛奶＋苹果"，"馒头＋小米粥＋煎鸡蛋"，方便顾客选择。公司的经营方式可采取集中加工、设店订外卖和分散投递到户的经营模式。

早餐店的经营范围主要包括以下几方面：

1）主食：面包、包子、馒头、稀粥或其他糕点；

2）副食：咸菜或其他特色小菜；

3）饮料：早茶、咖啡、牛奶或其他液态食品；

4）设计制作早点专用饭盒，将主食、副食、饮料一式一盒，这样便于快递和出售；

5）早点设计应根据不同地区不同口味和健康原则制订，价钱不要太贵，如果业务量大，则免收专递费。

下岗女工饺子店，从一贫如洗到开连锁店

从一贫如洗到开连锁饺子店，黄秀英借由皮薄饺子走出了属于自己的创业之路。

【小店淘金成功案例】

1986年，黄秀英成家了。婆家在兆塬上，家中一贫如洗。面对困境，她和丈夫一起来到县城西街拉着架子车卖肉夹馍。有了一点积蓄后，她便在街道租了一间门面卖小吃，从此在县城总算有了一方立足之地。以后又卖面粉、加工鸡笼，最终却是血本无归！

她从得失成败中悟出了创业之道：投资兴业，要瞅准市场，要发挥特长，要富有特色。经过深思熟虑后，她决定还是搞餐饮。于是，她遍访西安数十家名店，求教上百名厨师能人，开发出了独具特色的皮薄饺子。1989年5月，她贷款5000元，皮薄饺子馆终于在长安区城南街开门迎客了。为啥要叫皮薄饺子馆？她的用意有两个：一是皮薄在常人的眼里是吝啬、抠门的意思，而她和丈夫是憨厚实在人，运用逆向思维使店名诙谐风趣，吸引顾客的注意力；二是展示了自家饺子皮薄如纸的特色。

皮薄饺子馆面积不到30平方米，她和丈夫外带两个帮工，日营业额百元左右，连续两月都亏损。当时他们经济紧张，租了一间民房让员工住，她和丈夫无论春夏秋冬晚上都是在餐馆过夜，用那些高低不平的方凳拼起来当床。不到四个月时间，生意开始发生了很大变化，收入从每天100元逐步增加到500元。皮薄饺子很快叫响长安，走红西安，员工由两人发展到九人，营业面积扩大一倍，饺子馆依旧天天爆满。

1999年3月，到南方学习考察回来后，黄秀英作出了一个大家意想不到的决定：放弃饺子馆的黄金地段。2000年9月，位于长安友谊街的皮薄村味园正式开业，营业面积扩大到500平方米，增加员工50多人。以皮薄饺子为龙头，主营川粤菜系，独创了饺子、大菜相结合的配餐方式，让千百年来饺子这个传统小吃登上了大雅之堂。2005年1月，西安皮薄餐饮有限公司正式成立。同时，还开了一个分店，发展了两个授权店。

【小店前景分析】

饺子起源于我国南北朝时期，距今至少有1400多年的历史。到元朝时，饺子的馅料、形状以及吃法逐步向多元化演变，风味各异。饺子已逐渐成为中华民族的一种饮食文化，并以其独特的魅力名扬海外。

饺子以其快捷多样、食用方便的特点，成为现代人忙碌生活中不可缺少的健康美食。而且，随着健康饮食这一新观念的不断深入人心，吃饺子的人会越来越多，市场需求会越来越大，饺子加工业也备受人们关注。

据中外营养学家、医学家研究，饺子的总体营养搭配合理，人们每天所需要的蛋白质、维生素、糖类等各种营养成分齐全：做饺子皮的面粉含有淀粉、纤维素、糖等；饺馅中的猪肉或鸡肉、羊肉、海鲜等富含优质蛋白；饺子馅中的青菜富含多种维生素和矿物质。常吃饺子有利于补充人体所需的各种营养，符合现代人健康饮食的标准，因此深受中外食客的喜爱。

"好吃不如饺子"，几乎没有人不爱吃。所以开家饺子店也一样能赚得盆满钵溢。但餐饮行业也是个出了名的"开关"行业，每天都有饭店开张，每天都有饭店关门。开饺子店最重要的是口味，做饺子一要有家常口味，不腻；二要品种多样，口味稳定。有的饺子馆刚一吃很香，但吃一两回就会很腻，不能常吃，从而会导致部分老顾客的流失。

要想开好饺子店，选址是首先要考虑的重要内容，选对地方就成功了一半。开大众化饺子馆选址的一般原则应该是靠近商业区、商场和写字楼附近，尽量不要开在居民住宅区。商业区、

写字楼里多是白领或公务员，这部分人常常时间比较紧，而且他们消费力较强，是大众化饺子馆的主要顾客。

除了选址、口味等重要决定因素之外，饺子馆的经营者还要注重饭店的服务、日常管理及采购成本的合理控制。而且，投资者应有充分的风险意识，尤其是没有任何餐饮行业经验的外行人更不要轻易盲目涉足。

开家大众早餐店——占领别人忽略的市场

"午吃饱，晚吃少，早餐不可少"，这是营养专家对我们的忠告。而由于时间匆忙来不及做早餐的人相当多，若开一家大众早餐店，把这部分消费群体紧紧地抓在手中，何愁没钱赚？

【小店淘金成功案例】

杜老板是惠城区横沥镇人，原来在某农机厂当工人，下岗后每月就仅有几百元的生活费。他父母均年逾七旬，体弱多病，妻子是农民，几年前才迁入市区居住，没有工作，还有一上初中的女儿，家里生活十分拮据。

一个偶然的机会他回家乡横沥探亲，发现家乡的亲友都到惠城区或淡水、平山开设专卖横沥汤粉的早餐店，收入颇为可观。他想自己就是横沥人，对横沥汤粉的制作工序和配料都十分熟悉，于是他向亲戚借了15000元，在市区水门租了一间40平方米的房子，于2002年10月开了一间横沥汤粉早餐店，上午卖汤粉，下午在南门市场卖梅菜，仅三年就净赚了8万多元。

【小店前景分析】

由于现代生活节奏的加快，许多人来不及做早饭就得急匆匆地赶去上班、上学，所以这些来不及做早餐吃的人，就是早餐店潜在顾客。

大众早餐店要求店面一定要干净整齐，注意保证菜单的营养搭配。

大众早餐店是个本小利大、容易经营的生意。除去房租，购置一些必要的设施，然后雇几名熟练工，你的早餐店就可以开业了。当然，经营此业也是极为辛苦的，因为你必须比他人少睡许多觉。

开一家早餐店，选择有利的地点开店很重要。理想的经营地点是汽车站、城市中繁华的路口、学校、工厂等附近。

武侠餐厅，要的就是那股"江湖气"

风波庄酒家以"武侠文化特色餐饮"为立店宗旨，独树一帜提出"品尝私家菜肴，感受武侠文化"、"有人就有江湖，有江湖就有风波庄"等鲜明主张，将中国武学和华夏美食完美结合，开创并形成独具风格的武侠主题新餐饮模式。

【小店淘金成功案例】

玲珑的古式门面以竹木为主要材料，几件长兵器竖在一边，店门上写着"人在江湖身不由己"

的对联，大门正对室内的是藏经阁（柜台），门口右边还设有"金盆洗手"台，四壁挂着小说中各大侠的画像，桌椅全为木制，餐具都是仿古式的陶瓷制品……一切元素都与江湖有关。

这便是武侠餐厅——风波庄。

风波庄内部布局分为 16 个门派：少林、武当、丐帮、明教……并附上刀剑、权杖等，每个门派一张桌子，上菜时就叫门派的名字。在丐帮的位置上，挂着"打狗棒"和洪七公的酒葫芦，其他门派的标志武器也摆了出来，每张桌子上有一个"掌门人"的位置。在一面墙壁上，挂着"倚天剑"、"屠龙刀"两件神器，"武林至尊，宝刀屠龙；号令天下，谁敢不从；倚天不出，**谁与争锋**"的对联显得格外醒目。

在这里，没有顾客，只有"大侠"、"女侠"；没有服务员，只有"小二"；没有老板，只有"二庄主"；没有筷子、勺子，只有"双节棍"、"小李飞刀"；吃饭叫做"练功"，"练功台"就是桌子。这里每张桌子的摆设会根据派别有所区分，如古墓派、峨眉派等，桌上印有名字的一般是帮主或掌门，"坐在这个位置是要埋单的"。

该餐厅没有菜单，不设点菜，第一次来吃的顾客叫"第一次行走江湖"，由"二庄主"安排，除非对风波庄的菜肴很熟，可以自己叫出菜肴名称。一般人均一份菜，上来的菜肴一看不好，就地换菜。每当有客人坐定，小二会过来摆台布阵吆喝："为大侠沏杯功夫茶，好打通经络，准备练功。"过会问道："不知大侠人马到齐了没，我请庄主来华山论剑（点菜）。"

在店里，"店小二"们都穿着练功服，背上一个大大的"武"字。据了解，风波庄的服务员都要求性格外向，还得了解古龙、金庸小说，喜欢武侠文化。餐厅的特殊文化氛围也让员工培训成为非常重要的一件事。风波庄新招的服务员要经过半个多月的武侠知识培训，熟悉了解店里的风格，才能更好地将餐厅内的武侠主题发挥到极致，从而吸引更多武侠迷。

【小店前景分析】

每个人对文化的认同有差异，因而会产生不同的市场需求。人们已不再满足于"吃得饱"、"吃得好"，还要"吃环境"、"吃文化"，加上市场竞争压力越来越大，餐饮行业不得不更强化个性和特色。

餐饮业在品质同质化的时代，服务营销已经越来越成为商业组织创造竞争优势的最有效手段。餐饮业服务营销，就是采取多种策略，整合餐店内外一切积极因素，充分发挥团体优势，创造商机，经营顾客需求，使现有各类资源达到最优化配置，以期利润的最大化。所以，从某种程度上说，当今商业时代是服务竞天下的时代。而餐饮作为服务业，它的产品就是服务，服务质量的好坏直接决定了酒店生意的好坏。

随着人们生活水平的提高，消费需求将日趋个性化，这就要求企业重视人们的具体要求，根据具体的消费场景、消费时间、消费对象，提供有针对性的服务，并据此塑造出符合顾客要求的企业形象，如情人餐厅、球迷餐厅、小盏餐厅、离婚餐厅等。从现代消费者的心理来看，许多人在进行某种消费时，不仅消费商品本身，也消费商品的名气和通过商品体现出来的形象，因为形象具有一定的象征价值，能满足人们对身份地位等方面的追求，能让人产生自豪感，抑或给人们一种谈资、一种经历。

熬粥"熬"成百万富翁

忙碌的生活中，有时一碗热乎乎的粥就可以"收买"人的肠胃，有人正是看准了这一商机，凭借粥这一美食发了大财。

【小店淘金成功案例】

10年前，台州人罗永宝来到宁波，在从事了多个行业后，他发现开粥店有商机，于是硬是凭着自己的熬粥秘方和辛勤劳动，用5年的时间"熬"成了百万富翁，现在已经在宁波安家落户，完全融入了宁波的生活。

喝粥在广东等地非常风行，而且近年来有向全国各地蔓延之势。很多人大鱼大肉吃腻了，喝一碗粥对他们来说是一种享受。对一些白领来说，喝粥比快餐还快，更适应高节奏生活的要求。同时，上了年纪的老人更是粥店里的常客。

开粥店基本没有淡旺季。罗永宝的粥店24小时营业，尽管这样会增加不少成本，但对粥店的品牌形象是一个很大的宣传。考虑到很多人光喝粥会吃不饱，罗永宝还在店里提供凉菜、点心等食品，并且提供外卖服务。而罗永宝所在的宁波市的外卖市场潜力巨大，预计至少能增加20%的营业额。

罗永宝的粥最便宜的只要2元/碗，最贵的有38元。他们以前曾推出过198元一碗的粥，但罗永宝发现，这么贵的粥，点的人并不多，有时配好了料却无人问津，白白浪费了。罗永宝想，粥还得走大众化路线，用噱头揽客只能起到一时的轰动效应，做餐饮最终还得靠品质和口味。

2002年春节，罗永宝和两位朋友一起投资的粥店在城隍庙开业了。由于当时喝粥在宁波还不像现在这么流行，因此在开业的头一个月里，顾客少得可怜。罗永宝一边加大宣传，一边对消费者口味进行市场调查，并在食物品种和经营模式上作出调整。渐渐地，粥店的名声传开了，顾客也开始多了起来。

好事多磨。粥店在生意好转的时候又遇上了"非典"，两个月时间里基本没做生意，两个合伙人不由得打起了退堂鼓。此时的罗永宝也想过放弃，但他最终执著地认为，城市人讲究营养，追崇新潮和时尚，看似很平常的粥如果经过"包装"，应该能在城市里找到"一席之地"。罗永宝咬牙坚持了下来。果然，光顾粥店的人不久又多了起来。

2004年7月，罗永宝突发奇想，花钱租来一辆中巴车，把车包装成一辆流动餐车，定时出现在高教园区的校门口，这一下子就把学生吸引过来了，生意非常不错。流动餐车机动灵活，而且还省去了房租，下一步，他准备把这一模式复制到一些社区，让很多小区居民都能就近喝到美味的粥。

看到罗永宝的生意这么好，很多人打来电话表示要加盟，但罗永宝都婉言谢绝了。他认为，加盟意味着要付出，不是收了加盟费那么简单。他想把粥店的生意做得更好一点，再考虑加盟的事情。罗永宝还准备办一家粥厂，把粥速冻起来放到超市去卖，顾客买回家只要放到微波炉里加热就可以吃，让喝粥像泡方便面一样方便。相信这种卖粥方式在全国都没有过，因此这一行业还会有更大的发展前景。

【小店前景分析】

食粥是中国人的一种传统饮食习惯，已有数千年历史，是人们的主要日常饮食之一。灾荒之年朝廷和官富之家常搭粥棚赈灾，说明了粥对于生存的重要。随着时代变迁，人们不仅要吃好，还要吃巧。现代研究表明：粥具有很高的营养价值，同时还有保健、美容、食疗等众多功效。至今粥仍是全国甚为流行的食物之一。如北方的小米粥、玉米粥，广东的皮蛋瘦肉粥、猪肝鸡子粥，四川的南瓜粥、花生百合粥等更是风行全国、流传海外，深受大众喜爱。丰富多样的粥品，除了作为日常饮食外，还可以作为塑身健体、预防疾病、养生美容的佳品，有着广阔的市场空间和普遍的消费人群。不论男女老少，不论春夏秋冬，不论体质如何，有不喝酒的，有不吃荤的，不喝粥的却很少见。从来不需要想起，永远也不会忘记，粥与中国人的关系，正像粥本身一样，稠黏绵密，相濡以沫。

粥是传统食品，每个中国人都喝粥，这是毋庸置疑的事实。正是因为有了这样一个社会基础，以粥为特色的中式餐饮市场才显示出了旺盛的生命力。粥店以其投资少、风险小、群众基础扎实等特点，非常适合作为小本创业的首选。

　　开粥店关键要把好地段、装修、口味三关。建议店面最好装修考究些，但面积不宜过大，20平方米左右就比较理想了。特色养生粥如果在粥的味道、火候以及食疗方面借鉴一些好的做法，应该会拥有一定市场的。另外，可以在主营粥生意的同时兼营饮料以及主食等，形成互补。不过，粥店生意也有可能会面临一定的风险，因为很多人还是把粥当做早餐或夜宵，很少有人将粥作为主食，如果选址不当，目标消费群可能比较有限。

幸福拉面，好名字好生意

也许只是一碗平凡的拉面，却让每个吃过的人永远记住了这碗小小拉面里的幸福味道。

【小店淘金成功案例】

　　这是一家只有10张桌子的日式拉面店，藏在仙霞路一幢商务大厦的2楼，不引人注目，也没有宽敞的店堂，但却依旧吸引着老顾客们天天前来。

　　他们家供应十来种不同的拉面以及天妇罗、秋刀鱼之类的小食。不过，食客们却不约而同地钟爱其中的一款名字听着就让人有无限遐想的拉面。一碗拉面，为何取一个叫做"幸福"的名字呢？老板王小姐讲了她们这幸福拉面的由来。原来，这碗祖父做给祖母的拉面的汤底配方，在一位日本朋友的家里一代代传了下来，这个故事感动了王小姐，她希望能将这种温暖的味道带给更多的人，于是和这位日本朋友一起开了这家拉面店。在许多人的印象中，日式拉面的汤底就是那种浓浓的味增汤。实际上，这种清淡汤底的拉面在日本东京一带深受欢迎。这家小店所有的拉面只用这一种汤底，因为这是幸福拉面最初的配方。

　　一些经常来的老食客都把老板当成朋友，经常一起聊聊天。除了一个充满温情的名字之外，也许这只是一碗平凡的拉面，但一个充满温情的名字和充满温情的服务却让食客们流连忘返。正是如此，才让这个小店的发展前景无限。

【小店前景分析】

　　开餐饮店主要在于怎么留住你的食客，让他们不断光临。除了做好餐品的口味外，谁能够先赢取市场，占取人心，谁就能够更好地拉拢自己的客户。

　　开一家拉面小店，你所经营的食物价格可以与一般的日式连锁拉面店差不多，这样可以保证足够的利润率。但需要在营销上多下些功夫，比如常年为客人赠送小礼品或特色小菜等，这一点就会很吸引人。时间长了，那些经常来的老食客会把你当成朋友，经常一起聊聊天。

小烧烤成就 500 家连锁店

　　烧烤店琳琅满目，种类繁多，但只有独具特色的烧烤才能"钱"景无限。只要"拍"好了顾客和市场规则的"马屁"，小生意一样可以赚大钱！这就是年仅31岁的"阳光阿里"总裁高建晓告诉创业者的成功秘笈。

【小店淘金成功案例】

烧烤摊子随处可见，只不过是街头小贩糊口的手段罢了。这是很多人对烧烤的认识。但一个曾经落魄街头的打工仔克服了烧烤易上火等缺点，把中药与小肉串结合起来，还破天荒地去国家商标局为小肉串申请了注册商标。这就相当于为烧烤披上了一件"护身符"，不仅1年净赚100万，而且3年就坐拥全国500多家加盟商，成为身家近千万的董事长。

1993年，正在读高二的高建晓选择退学，手里捏着80元路费，只身一人来到武汉打工。没有文凭，也没别的专长，高建晓在一个建筑工地当起了搬运工。高强度的工作，加之没有油水，高建晓严重营养不良，两年下来，本来就赢弱的身体每况愈下。一天傍晚收工后，高建晓要回宿舍休息，刚要穿越马路，他突然感到眼冒金星，双脚发软，一跟头栽倒在地。当他醒过来时，已是晚上9点多。他一睁开眼睛，一股烧烤的香味扑鼻而来。一位大爷一手端着水，一手拿着几串烤肉对他说："孩子，你怎么在大街上睡觉？来，吃点东西缓缓劲！"见此情景，高建晓感动得泪如雨下。当老大爷知道高建晓因家贫辍学来武汉打工的事后，叹了口气说："建筑工是重体力活，你这样的身体怎么吃得消？我这里正好缺人手，如果你不嫌弃，你来帮忙，当个下手，管你吃住，还可以学点手艺。你看怎么样？"老大爷的话很诚恳，为了报答救命之恩，高建晓当即点头答应了。就这样，高建晓白天跟着老大爷一起到菜市场选料、买肉，然后回家腌制，穿串；晚上，他们一个烤，一个打下手，每晚要做到凌晨两三点才收摊，生意还不错。

经过一段时间的摸索，高建晓很快掌握了烧烤的流程和一般技术，成了老大爷的得力助手。夜深人静之时，高建晓想：做建筑工一天累个半死也只能赚10块钱，几块铁皮做个小炉子，一晚上几个小时居然能赚100多元？看来对于没有文凭的打工仔，做烧烤可真是一个谋生的好行当。

一年后，高建晓将老大爷的手艺全部学到了手，于是想有更好的发展。当他惴惴不安地向老大爷提出想另外找份工作时，老大爷不仅很爽快地答应了，还硬塞给了他500元钱。有了做烧烤的经验，高建晓很快在一家装潢考究的烧烤城找了一份做烧烤的工作。这与以前的"游击队"相比，已经算是很体面了。

烧烤城人流量很大，生意更火爆。这让高建晓萌动了自己也要当老板的梦想，于是，他开始有意识地积累一些东西。每次顾客吃完从他身边走过时，他都会满脸堆笑地问："味道怎么样啊？""提点意见吧？"然后，他就根据顾客的反馈耐心琢磨，很快摸索出了一套"对症下药"的方法。

几个月后，高建晓熟练掌握了顾客所说的微辣、香辣和劲辣三种口味辣椒应放的分量，以及酒香味、鱼香味、麻辣味等的烧烤方法，再加上他又恰到好处拿捏准火候，在色香味俱全的诱惑下，食客们闻香而来，爽快而归。

一天，一个顾客突然要求"退货"，原因是太辣。高建晓一看就知道是故意刁难，因为顾客开始没提要求，而且对这样的顾客，他一般是做成微辣甚至不放。于是，他自己去征求顾客的意见。那个顾客说："她要一点辣椒都不放的，否则她脸上长痘痘，而且还会便秘。"连微辣都不敢吃，那烧烤还有什么味道？但顾客是上帝，高建晓只得重做。

渐渐地，做了一段时间的高建晓还了解到，一些顾客不经常吃还有一个担心，那就是书上说的吃多了容易引起肠胃病甚至致癌……面对这些棘手的问题，高建晓很困惑，甚至动摇了自己要创业当老板的梦想。有什么办法才能消除顾客的这些顾虑呢？

长时间在烟熏火燎的环境下工作，对眼睛的损伤最大。一天早上，高建晓一觉醒来，突然觉得视线模糊，他使劲揉眼睛，感觉还是不行。想起几年来眼睛一直酸疼，心里不禁"咯噔"一下，但他不敢往下想了。情急之中，高建晓才摸索着到了洗手池，用冷水冲眼睛，但还是无济于事。这时，高建晓才意识到问题比想象的还要严重。他做梦也想不到，自己热爱的烧烤工作，竟然会导致自己双眼失明！

由于在武汉看病花费高昂，高建晓只得选择回老家治疗。在老家，一位非常有名的老中医在看过高建晓的眼睛之后非常吃惊，他说："你的眼睛早就出现问题了，你怎么现在才来治啊？

你要是再晚来一点，眼睛恐怕就保不住了。"

幸运的是，经过老中医的治疗，高建晓的病情有所好转，而一点小小的进步，都会给高建晓极大的鼓舞，对烧烤的"痛恨"则减轻了一分。

一天晚上，这位老中医在高家熬药的时候说："比起西药，中药不仅治标还治本，而且在你没病的时候也可以吃，可以强身健体，预防疾病。"老中医不经意的一番话，让正痴迷烧烤的高建晓马上想到了自己的顾客。于是他问："有没有可以防治上火的中药？"老中医说："这对中医来说太简单了，一些中药不仅有这种功效，而且能健胃、防癌！"

高建晓不禁心潮澎湃：如果能研究出一种中药的烧烤配料，那不就能消除吃烧烤的顾虑了吗？

想到就做，高建晓等不及眼睛完全康复，就每天求着老中医帮忙做试验。工夫不负有心人，经过半年的努力，他们研制出了中药烧烤的配料，即在原来的香辣麻配方中添加中药成分，比如甘草（清热解毒降火）、白芷（去腥）、良姜（去油腻、健胃）、肉桂（增香、健胃）、冰糖草（清热降火）等等。每种腌料添加的中药材品种和分量都不一样，可以快速腌制各种肉类，让烤肉味道深入肉髓。

高建晓病愈后，拿出自己仅剩的1000元钱，购买了老中医中药烧烤配料的使用权，在千恩万谢后南下来到浙江台州，开起了烧烤小摊。

高建晓怀着忐忑的心情迎来了开张后的第一位客人———一对年轻的情侣。高建晓不敢怠慢，使出浑身解数，细心掌握烧烤的火候和时间，配上自己的中药烧烤配料，眼看着鲜嫩的羊肉渐渐变得焦黄，他的心情才慢慢踏实。吃完后，小伙子说："老板，你的烧烤口感很好，但她对味道敏感，觉得里面怎么有点中药的味道。"

高建晓马上解释："这是中药配料，可以帮助去火，还能健胃、防癌，您可是我的第一位客人，给我提提意见，今天算我请客。"小伙子说："你说的好是好，但最好不要让顾客闻到药味！"一句话又提醒了高建晓。于是，高建晓又专程回老家找到老中医，对配方做了改进，彻底解决了这个问题。

高建晓凭着自己的创意以及对烧烤事业的执著，运用中医中药食疗理论，让烤制的食物美味和营养完美结合，烧烤时香气四溢，烤出的食品色泽金黄、酥滑鲜嫩，让人越吃越想吃。不到三个月，他做的烧烤已在当地小有名气，慕名而来的食客络绎不绝，最后在有关部门组织的活动中被消费者评选为"台州市特色小吃"。

有一个周末，来吃烧烤的顾客特别多，为了不让顾客久等，高建晓以最快的速度烤起来。他太专注于烧烤了，以至于城管人员来到他面前，他还对人家说："欢迎光临，请先找个凳子坐下，喝点茶！"在旁边等着的食客看到城管工作人员来了，也没吭声，都走开了。

就在高建晓准备起炉时，他才发现顾客全走光了，周围却站着几个大盖帽的城管人员。他一愣，忙着又是递烟，又是认错。城管人员严肃地说："周围的居民反映，你们这里烟熏火燎，晚上搞到凌晨一两点，吵得他们不能睡觉。而且，你们长期不注意保持地面整洁，周围的墙全被你们熏黑了，非常影响市容。你看看，现在为了做生意，把桌子都摆到街上了！"

那次，他做烧烤生意的全部工具不仅被没收，还被罚了款。高建晓欲辩无词，心里五味杂陈。现实让高建晓认识到，要把烧烤事业进行下去，就必须解决烧烤的油烟问题，然后进行规范运作。

高建晓到全国各地考察，发现市场上宣称的无烟烧烤大多是窑烤，就是木炭放中间，食物竖在两边烤。这样的窑烤有很多缺点：一是烤的东西少时可以无烟，炉体的烧烤串放多了则会产生油烟；二是烤时不能撒佐料，食物很难入味；三是速度不好把握，温度高时会把竹签烤断，温度低时食物是焖熟的，色香味都没有了。

就在这时，在武汉上大学的弟弟高海涛刚好毕业。他打电话给学机械工程的弟弟："你能不能帮我一个忙，开发新一代无烟烧烤车？时间为半年，这半年我给你发工资！"半年后，兄弟俩在吸取了市场上无烟烧烤车的优点后，终于开发出新一代平烤无烟的烧烤小吃车。而且高建晓还租了100多平方米的二层门面房，就这样，他的无烟烧烤店粉墨登场，同时也取了个很好听的名字："阿里巴巴无烟烧烤店"。

有独特的配料和真正实现无烟烧烤的技术，马上吸引了一些要求加盟的精明的打工者和当

地人。不到半年，全市就有了 20 多家"阿里巴巴无烟烧烤"。随着生意不断扩大，弟弟高海涛提出想做全国市场的大胆设想，与高建晓一拍即合。

于是，高海涛聘请了在网络公司做营销的朋友邹小锋。在邹小缝的帮助下，成功实现了古老小吃与现代网络相"嫁接"，率先开办了全国第一家烧烤网站。针对加盟商的担心，高建晓敢为天下先，实行货到付款，客户实现零风险，就这样，高建晓的全国运营战略如虎添翼。

正当"阿里巴巴无烟烧烤"在全国声名鹊起时，一天，高建晓突然接到哈尔滨一代理商要求退还代理费的电话，理由是他所在的城市突然冒出一家阿里巴巴烧烤店。

这个消息让高建晓一头雾水！因为在此之前，他从来没有授予哈尔滨任何人代理权啊！但高建晓担心自己记错了，于是马上查阅代理商的资料，结果没找到该城市的加盟商资料。这是怎么回事呢？

第二天，高建晓坐飞机赶到哈尔滨调查取证，然后将拍摄的证据呈上工商局，要求查封此店。可一个星期后工商局给出的答复，却让高建晓惊讶不已。工商局告诉他："'阿里巴巴'商标已经注册，你们没有到国家商标局注册这个商标啊，你们同样也是不合法的！"

对市场规则的认识盲区，又一次让高建晓付出了高昂的代价。为了事业发展，他们除了放弃自己苦心经营的品牌另起炉灶外，别无选择。

经过一年的努力，到 2006 年 2 月 16 日，高建晓终于收到了"阳光阿里"注册商标的批文。从此，高建晓放开了手脚，投入 20 万元进行技术创新，不断开发出了香辣炸鸡、时尚饮料、铁板烧、飘香涮烫等系列休闲小吃。公司也不断创新管理，他们对加盟商提供全程的服务，还在烧烤行业里第一个开通了 800 免费服务热线。

短短 3 年内，高建晓便获得了成功，不仅自己经营的店面销售额每年达到 100 多万，而且在全国发展了 500 多家加盟商！高建晓，这个曾经落魄武汉街头的打工仔，不仅创造了小生意也能赚大钱的神话，而且也完成了自己人生的漂亮跨越。

【小店前景分析】

在庞大的餐饮业市场中，烧烤业所占的份额小之又小，仅占 1/10 上下。这并不是因为烧烤业没有市场，而是因为近几年众多创业者的目光往往被作为热点的饭店、快餐等项目所吸引，忽略了烧烤业这座金山，这就造成了一定程度上的行业空白，使烧烤业内的竞争程度没有其他餐饮行业激烈，创业者投资烧烤店进而大展手脚的成功率进一步提高。

北方天气相对较冷，烧烤一般以肉食为主，且多在室内。而南方天气较暖，烧烤在夜市、路边随处可见，种类也繁多，因为烧烤操作简单方便，开烧烤店也是小本创业的热门项目。

如今的烧烤食品市场火爆，而根据食品协会的调查，目前烤素食在 90% 的中小城市仍是空白。其中烤豆腐串工艺比其他烧烤食品简便易行，既是美味休闲小吃，又是佐餐、佐酒的佳品。尤其是夏季，全国的市场都很好，普及性很强，适合餐饮小店和流动摊点经营。

据有人统计，每人每天可加工烤制 1000 串以上，每串综合成本为 0.15 元（以豆腐 1.6 元 / 千克计），每串售价 0.5~1 元，根据现有数据，50 万人口的地区，开店的年获利在 3 万元左右。风味烧烤麻辣鲜香，回味无穷，是年轻人非常喜爱的休闲食品。在街头巷尾摆个烧烤摊，投资只要五六百元，每天销售额可达到三四百元，不失为小本创业的好门路。

二、做就做出彩，以特色饮食胜出

市场上各种各样的食品店让人眼花缭乱，你的食品店要想吸引顾客，留住更多的顾客，就要从特色上入手，做出不同流俗的产品，以特色饮食胜出。

老火靓汤，煲出靓丽容颜

繁忙的工作之后，喝一碗清心下火的老火汤，实在让人惬意不已。可以说，喝汤是许多人生活中不可或缺的部分，而要抓住喝汤者的心就要做出特色。

【小店淘金成功案例】

"食养坊"的最大特色就是会根据不同季节的特点，不同人群的需要，推出养生健体的各款炖汤。例如，半边莲炖鱼尾、绿豆白鸽、红丝线炖瘦肉等都是夏天消暑的好汤，尤其是红丝线炖瘦肉，特别适合游泳后的人喝，因为它对于游泳后造成的眼睛红非常有效。还有冬瓜荷叶炖水鸭，喝起来口感清甜，生津止渴，能润肺养肾，清热解暑。另外还有板蓝根炖猪展，有清热解毒、利咽喉、抗流感病毒的功效。

在"食临雅宴"美食酒家就餐，也可以品尝到其特别的老火靓汤。不仅有好的环境，而且还有各种不同功能的好汤，如滋润美颜类的汤有川贝枇杷叶煲鹧鸪，解毒去湿类的汤有绿豆海带煲老鸽，治疗保健类的有橄榄炖猪肺，都非常值得一试。

【小店前景分析】

广州人喝老火汤的历史由来已久，这与广州湿热的气候密切相关，而且广州汤的种类会随季节转换而改变，煲汤已成了广州人生活中必不可少的一个内容，与广州凉茶一道当仁不让地成了广州饮食文化的标志。俗语说："宁可食无菜，不可食无汤。"更有人编了句"不会吃的吃肉，会吃的喝汤"的说法。先上汤，后上菜，几乎成为广州宴席的既定格局。

广州人的老火汤种类繁多，可以用各种汤料和烹调方法，烹制出各种不同口味、不同功效的汤来。具有广州地方特色的"靓汤"，有半边莲炖鱼尾、三蛇羹、冬瓜荷叶炖水鸭、冬虫草竹丝鸡汤、椰子鸡汤、西洋菜猪骨汤、霸王花猪肉汤、酸菜鱼汤等。汤料可以是肉、蛋、海鲜、蔬菜、干果、粮食、药材等；煲汤的方法也多种多样，如熬、滚、煲、烩、炖等；不同的汤由于不同的材料会有咸、甜、酸、辣等不同的味道。广州人在夏天喜欢喝生滚的肉片、鱼片青菜汤，冬天则喜欢药炖的、肉熬的浓汤，用慢火熬的肉汤、鸡汤、鱼汤。

想要煲上成的好汤需用文火煮上数十个小时，才能将汤料中的味道、营养尽数溶于汤中。饮食行业常说的"三煲四炖"是指煲汤一般需要3小时，炖汤需要4~6小时。好汤不用加任何调味品，汤的鲜味和浓度已经适中，汤的表面还会漂浮一层乳白色的油皮。

民间瓦缸煨汤完全采用传统煨汤方法，以瓦缸为器，精配食物，大多以土鸡、蛇、龟、天麻、猴头菇等为原料，加以天然矿泉水为原料，放入巨型大瓦缸内，以硬质木炭火恒温煨制达七小时以上。瓦缸的妙处在于系土质陶器，秉阴阳之性，久煨之下原料鲜味及营养成分充分溶解于汤中，味道更加鲜、香、醇、浓，而且营养又不流失，食后滋味令人难忘。

开家自然素食店，与绿色亲密接触

吃素的人现在越来越多，年龄层次也越来越低。开间素食店，自然会吸引众多素食者，生意定会不错。

【小店淘金成功案例】

1997年，为了开素食店，潘村先从素食原料销售着手。他了解到当时武汉多数素食者都是在全国最大的一家素食原料厂设在武汉的总代理处拿货，潘村便找到总代理处，以优惠一些的价格拿货，再销给寺庙和素食食客。为建立稳固的客户群，潘村采取低价战略，送货上门的价格和客户从总代理处拿货的价格基本持平。此外，他还四处拜访武汉及周边地区吃素人群，为争取一个客户，长时间守在集中销售点打探竞争对手送货的情况。另外，加上自己长年吃素的缘故，潘村很快结识了一批素食者，并发展成自己的固定客户。

作为二级代理，价钱定得又低，赚的钱自然要少很多，潘村开始筹划拿下厂家在湖北的总代理，并采取了一系列的措施。首先，他在顾客服务上下了功夫。他自掏腰包出版《素食时代》杂志送给客户，每期杂志内容都由潘村亲自采写，里面经常报道这些顾客的一些情况，很受欢迎。此外，他还专门配备送货设备，顾客要货可随时送上门。1998年大洪水时，有一次，一个客户临时要几件货，潘村便自己用小推车趟着水给顾客按时送上门，客户大受感动，此后一直和他保持合作。就这样，一个个稳定顾客发展起来。其次，他开始做厂家的工作。他经常向总代理订一些他们没有的新产品，这样，总代理就只有向厂家小批量地进一些货，时间一长，厂家知道这些货都是他要的，认为他的销售能力很强，就开始和他直接接触。潘村还时不时将一些自己设计的菜谱给厂家看。就这样，潘村很快赢得了厂家的信任。

一年后，潘村顺利拿下了该厂家在湖北的总代理，除了继续向客户提供原料外，还在武汉发展了三家专卖店，销售袋装素食。占领武汉市场后，潘村开始提高产品价格。"当时湖北素食市场的价格还是十分混乱的，我按最开始的价钱做一直是亏本的。"他说，自己最初的意图就是通过低价占领市场，然后再提高价格规范市场。

1999年，潘村的事业发展迅速，在全国各地都开起了专卖店。与此同时，他开始成立公司。虽然公司资金全部由自己和弟弟出，但潘村却给员工一定的分红，然后让员工用分红来购买公司股份。潘村说，这样不仅能留住素食人才，还能激励人才。到现在，公司骨干员工基本都还在。

2000年初，潘村兼并了一家获得中百超市、武商量贩等超市进驻权的食品加工厂，将店内的袋装素食铺进了武汉十多家超市卖场。由于素食技术人才难寻，潘村还专门成立了公司产品研发部、技术培训部，自己创新产品、培训人才，形成了生产、加工、销售、培训一条龙的素食产业链，准备大举推广素菜产业。但是，潘村素菜大众化的理想遭遇了挫折。他盘下一家年代久远的素食馆，但自己又缺乏餐馆经营经验，店内生意一直不怎么好，主要通过朋友介绍来发展顾客。

2000年末，潘村发现吃素食的年轻白领越来越多，而且作为"素食地标"，他的素食餐厅也开始盈利，他和合作伙伴便产生了以素食馆连锁加盟的方式来推广素食的想法。但是当他以这个问题向一位素食专家请教时，专家问了他两个问题："你的店现在经营稳定，百分之百赚钱了吗？""你如何保证加盟商赚钱？"一番质问，潘村无法回答，只得将连锁计划搁置下来。

但他并未就此放弃，一方面积极培养人才，为加盟做准备，一方面到全国各地去了解素食市场。2005年下半年，当餐厅稳定盈利五年后，潘村感觉连锁扩张时机已然成熟，开始制定加盟的一系列细节，并申请注册"膳缘居"餐饮商标。

仅仅大半年的时间，就有数十位投资者上门考察，很快，潘村就在广东、广西、福建等地发展了6家加盟店。

【小店前景分析】

民以食为天。现在人们对吃越来越讲究，由吃饱、吃好向吃得健康发展。人们的饮食有此需要，餐饮服务者也要适时调整服务方向。

素食店的淡旺季有些与众不同，由于它的顾客群有一定的特殊性，所以一般农历的每月初一、十五或者一些佛门盛事，也就成了素食店买卖的黄金时间。而逢上一些农历节日，更是会出现门庭若市的景象，一天能有个千儿八百的收入，这样的时节可别白白错过了。

素食品种五花八门，多的可达近百样。开一家素食店一般来说有两三个服务员就够了，但他们都必须对店内商品了如指掌，向顾客介绍时也应如数家珍，并有针对性。

针对"新素食主义者"嗜素的原因在于吃腻了肉类，改为从素食中取得营养，所以关键还在于菜品的科学合理搭配，菜谱也必须请营养专家来订制。这样，一份餐食就可以针对不同的品味作不同的搭配，包括分量大小、内容安排、口味浓淡、冷热相拼、营养配备等。

门面、装潢关键得突出个"素"字，因此店堂无须很大，但一定要干净、清爽，有"小葱拌豆腐"的感觉。

此外，店面布置要合理，物品须分类排列，做到尽量能让来者一看就把所有品种尽收眼底，一眼望去皆是素食，留下深刻印象，同时也充分显示素食的特色。

腊汁肉 + 白吉馍 = 小吃中的大事业

2002年底开始寻找创业机会；2003年在"读者文摘"书店任经理助理；2004年开"秦记"肉夹馍店。一路走来，侯钧终于在小吃中创出了大事业。

【小店淘金成功案例】

常去侯钧的秦记腊汁肉白吉馍店的顾客有时候会得到他的亲自服务，他站在柜台后边卖肉夹馍，服务挺周到细致的，样子也不太像老板。这个时候见到他的人，除了感觉他态度温和，人应该还不错外，肯定谁也不会想到他会抱着一个把腊汁肉白吉馍这样的特色食品推广到全国的决心，进而成就他"餐饮帝国"的梦想。

在侯钧的三间房大小的餐馆中，他在悉心参悟着餐饮的经营、管理的关键，因为他感觉餐饮业是可以干一辈子的职业，所以在选择创业项目的时候就选择了这一行。他开店之前，石家庄像这样成规模的腊汁肉白吉馍店还不是很多，到西安考察过几次之后，他也特别想把正宗的腊汁肉白吉馍带到石家庄，所以就在西安高薪聘请了三个师傅，回来后开始找店面、装修。

侯钧在2004年8月开他的第一家店面的时候，整个石家庄也不过七八家同类的饮食店，但是目前已经发展到了30余家。按照侯钧的理想，他想把自己的餐馆开成一个上规模上档次又有特色的酒店，第一目标是想发展成一个像湘君府那样的特色饭店，每个月都能用掉200多本发票。

【小店前景分析】

肉夹馍是源于古城西安的著名小吃,有中式汉堡的美誉。实际它是两种食物的绝妙组合,它合腊汁肉、白吉馍为一体,互为烘托,将各自滋味发挥到极致。馍香肉酥,回味无穷。腊汁肉历史悠久,配上白吉馍,扬名中外,深受人们喜爱。

腊汁肉夹馍由三十多种调料精心配制而成,由于选料精细,火功到家,加上使用陈年老汤,因此所制的腊汁肉与众不同,具有色泽红润、气味芬芳、肉质软糯、糜而不烂、入口即化的独特风味。

腊汁肉夹馍及其相关系列食品获得了几代人的青睐,拥有难以计数的顾客消费群。开家这样的店必定有着广阔的发展前景。

开家炸饼早餐店

使用小巧的饼模加工一些专业早餐店、面点坊不生产的早餐饼、小吃,这样的早餐店以奇特的口味取胜,无疑有着不错的"钱"景。

【小店淘金成功案例】

龚国强高中毕业后开过小商店,加工过玻璃钢塑像,虽也赚了点钱,但始终成不了气候。2000年10月,他在县城一酒店吃喜酒,待菜全部上来后,最后服务员端上来一盘金黄色的南瓜饼,客人们竟三下五除二就把南瓜饼吃完了,其中一个人边吃边说:"要是有南瓜饼做早餐就好了"!听了这话,龚国强脑中灵光一闪,对呀!我何不就做这种南瓜早餐饼呢?

于是他通过朋友引荐拜酒店厨师为师,学做南瓜饼。炸南瓜饼要选老、熟、甜度高的南瓜,瓜泥要压得细、无粗颗粒,配料除精面粉外,还要加百分之二十的糯米粉,少量吉仁粉等制调味料,炸制时滚上面包糠,这样炸出来的南瓜饼色泽金黄,细而不腻,柔软爽口。通过师傅的言传身教及在家中多次试炸,龚国强在一家属区附近租了一处门面开了一家专炸风味早餐饼的小店。除炸南瓜饼外,龚国强还相继推出了炸"甜玉米饼"、"红薯饼"、"奶香芋饼"、"莲藕饼"等众多蔬菜杂粮饼,众多的产品加上特色的口味,使龚国强的风味早餐饼店生意异常火爆,开业的当月即获纯利2000多元!

龚国强经营的炸饼原料易购,投资小、见效快、无风险、利润高。他向想开店者提供炸饼模、专用炸锅、盛饼沥油盒等整套工具,他们购回去以后备一个煤炉、购一些原料即可经营。在转让技术的过程中,龚国强传授了炸"红薯饼"、"南瓜饼"、"土豆饼"、"面包糠"的秘诀,不但饼的风味和口感好,而且饼的观感也很不错,从而赢得了广大消费者的青睐。

【小店前景分析】

食品销售有着永不饱和的市场,无论城乡,快餐店、面点坊比比皆是,但现在竞争激烈,新开的快餐馆要想生意兴隆很不容易,而面点坊开成连锁既要精湛的技术还要很多设备。而使用小巧饼模(经久耐用,造价低廉,炸制速度快,产品易成形)加工一些专业早餐店、面点坊不生产的早餐饼、小吃,既能使廉价的农产品升值,又为广大待业人员提供了一条投资少、风险小的致富途径。

利用炸饼模炸制饼类食品销售无需专业店面,有一个占地2平方米的小摊即可,主要的原料包括:面粉、糯米粉、玉米、红薯、南瓜、马铃薯、黄豆、花生米等农副产品。主要工具为炸饼摸、煤炉（或燃气灶）、油锅、盆、桶等，除了场地租金外，一般投资 500 元即可。

这种早餐店摊点应选在市场、车站、学校等场所，上、下班人流多的厂区、住宅密集区也是好地方，如不定点销售，推车销售流动服务也好。

炸出的饼类食品主要作为早餐销售（也可全天销售），如二人经营还可用特制的烤饼模烤"糖馅烤饼"、"肉馅烤饼"，晚上 6~10 点不需要另添很多设备即可经营油炸"串串香"，这样可增加不少收入。

"分手"餐厅的独特生意经

独特的名称，独特的经营，同样可创造出无限商机。下面这个"想好再分手"餐厅就是这一信念的最佳写照。

【小店淘金成功案例】

在长春市一条并不起眼的深巷里，有家名叫"想好再分手"的餐厅生意格外红火，每天总是顾客爆满，还得事先预定位置。

餐厅老板程莉是一位经过离异创伤的下岗女工。27 岁时，孤身一人的她拿着一点失业补偿金和四处借来的 5 万元钱，盘下了一间小吃店，取名为"分手餐吧"。当人们满怀好奇想进去时，又看到一则广告："情感发生障碍或即将分手的夫妻或情侣准入，其他食客免进。"这种欲擒故纵的营销把戏，很快引起了客人与生俱来的猎奇心理，餐吧的生意快速蹿红。一年后，程莉又盘下一个 125 平米的餐饮铺面，取了一个意味深长的店名"想好再分手"。客户群锁定在那些情感产生裂痕或即将分手的情侣或夫妻身上。

为使餐厅更具亲和力与温馨感，程莉专门聘请了心理学、建筑学与家政学方面的专家设计了 15 间包房。为情感发生暂时裂痕的情侣，开设了"老地方"、"勿忘我"、"情未了"等包间；为即将分道扬镳的夫妻，开设了"今生缘"、"手牵手"、"连理枝"等包间。夫妻包间的设计很朴素、温馨，墙上的镜框镶嵌着三口之家的全家福照片，包房的四周还陈列着婴儿的摇篮和模拟的老情书。她还聘请了一位心理咨询师，专门给进餐的那些情感产生裂痕，或即将分手的情侣、夫妻解开心结。

三年来，这家创意独特的餐厅给程莉带来了近 150 万元的收益。她计划一年内在全省开办 5 家连锁店，两年后在全国开办 20 家连锁店。

【小店前景分析】

目前的餐饮企业虽多，但多数缺乏特色，没有差异化竞争。这种以"分手"为主题的餐厅，既能让情侣们找到一个气氛合适的地方好聚好散，又有可能通过特定的环境，重归于好。经营此类特色餐厅，也应该是餐饮企业今后的发展趋势。

以"分手"为主题的餐厅，比较适合有一定文化素养的高校学生和白领，应该会有不错的市场。可以选择人流量比较大的商业街，或是公园等休闲场所附近，不必在餐饮街扎堆经营。

怪味牛骨头风味独特

随着生活水平的提高，人们在饮食上渐渐以吃风味、吃特色、吃营养作为新的追求。"怪味牛骨头"正适应了这一变化，受到了广大顾客的欢迎。

【小店淘金成功案例】

2003年，阿木怪味牛骨头经中国第四届美食节组委会品评为"江城名小吃"，这是继老通城豆皮、四季美汤包、小桃园煨汤、蔡林记热干面、汤逊湖鱼丸之后又一"江城名小吃"。

阿木怪味牛骨头店创始于1999年初，由程书林（大木）、程书森（二木）、程书忠（三木）三兄弟经营，总店位于江岸区堤角边新马路特1号，现在江汉区杨汊湖设有分店。一经推出，就火爆江城，每天食客若云，特色的怪味牛骨头以色美、味怪、鲜嫩而闻名于武汉三镇。短短数年间，店面已由街头排档式经营转变成酒楼式经营，由单一的牛骨头发展出甲鱼炖牛鞭、泡椒牛尾、棒打牛肉等。

【小店前景分析】

牛骨头是近年兴起的一种颇具特色的风味食品，以独特的中药配方加工而成，主食牛骨头表面一层红黄色的骨膜及软肋、脆杂等。其味以鲜、香、咸、辣为基调，但也可按当地口味加以调整。制作时取骨头剁成寸余长入锅，注入中药配方炖制。工艺简单，配方严格科学。牛骨头食之过瘾，常吃不腻，让人念念不忘。如果抓准时机，开一家牛骨头食品店，还怕没有顾客上门吗？

加工牛骨头不需任何专用设备，只需锅、炉子等厨具即可。初期投资只需购一组牛骨头（15市斤）和中药等材料，即可试做、试尝、试销。本核算不包括租赁门点资金。也可在家将牛骨头加工好，然后批发给当地餐厅销售。

如果要开怪味牛骨店，店址一定要选在人流量多的地方或美食一条街上。由于"怪味牛骨头"使吃客吃了还想吃，所以来的顾客有将近50%的回头客，他们大都会带自己的亲戚朋友来品尝，可不定期地为他们提供一些有宣传效果的赠品（如广告伞等）。此外，可以利用此技术配方，配套加工牛筋、牛肉、牛海底、牛杂和牛鞭火锅等，生意则更加红火。开怪味牛骨店，口感是第一位的，因此在经营时一定要保证质量，不能偷工减料，否则会影响生意。在节假日等特殊时段，可延长服务时间，城里甚至可24小时营业。

老边饺子的淘金之道

开家水饺馆不失为一种好的开店选择。只要你的饺子味道独特鲜美，价格适宜，服务到位，生意定会兴旺。

【小店淘金成功案例】

老边饺子是响当当的的沈阳风味饺子品牌，从创制至今已有178年历史。虽然这家老字号饭馆大名在外，但在这个体验经济替代服务经济的新时代，餐饮服务业竞争激烈，商家各出奇招，老边饺子也在经营上力图创新改进，在新时代做出了自己的特色。

在老边饺子的门店中，冰花煎饺、煸馅饺子、珍珠饺子等不同做法的饺子已达 100 多种，堪称名副其实的饺子宴，热乎乎的一屉屉揭开，让顾客目不暇接，而主打品种大都有故事相配，甚至不同数字的饺子都有不同的说法，如"一帆风顺"、"双喜临门"、"连升三级"等。中国人请客总是重视饭桌气氛的，赞美之辞即便再简单也是受用的，由讨喜的饺子带动起来的是席间的欢声不断，让顾客都能享受到一个愉快喜气的饭局正是老边饺子的初衷。

老边饺子在体验氛围的营造上是下了大力气的，每当顾客包桌就餐，服务员会对菜品进行即席介绍，现场服务员还会不时地提起饭局主要嘉宾的名字，个性化服务效果立现。而席间的营销也在开始尝试，在客人酒酣人畅之时，服务人员引来摄影师及时促销，主人少有拒绝的，于是 20 元一张的数码照片又可赚取另一份利润！老边饺子接待商务宴会的标准大体为三档：人均 60、80、100 元（不含酒水），倘若把酒水和照片计入，又差不多增加了 30% ~50% 的消费额度。而欢乐的体验氛围一旦形成，客人是不会为这点消费计较的。

自 1983 年以来，老边饺子殊荣不断，多次荣获省市优质名牌风味食品称号，以及沈阳市"著名商标"、"放心食品"、"十大风味之首"，还荣获国家商业部颁发的"金鼎奖"五次、省"著名商标"、"国家博览会金奖"、"中华名小吃"等称号。

【小店前景分析】

开水饺店，首先要选择一个好的店址。这个好是相对的，以下这些地址可供考虑：一是闹市区，其原因在于流动人口大，特别是在双休日和节假日，生意定会更好；二是车站、码头；三是学校和大型百货商场附近，吃午餐的学生和商场员工定是你的大批顾客。

开水饺店，还须请一位和面、调馅比较在行的师傅，这可是关系饺子味道的重要因素。饺子皮和馅料现在已可由机器制出，但实际上，喜欢吃饺子的人还是觉得手工制作的饺子皮和饺子馅味道更纯正。

另外，掌握好水饺起锅的时间，以免造成水饺太软或不熟。南方人特别是四川人吃水饺，喜欢蘸一些用辣椒和味精、酱油、醋等制成的调料，这需特殊对待。

开水饺店，一定要注意店内店外卫生。在主营饺子的同时，也可卖一些其他风味独特的面食。

天等米粉店开遍京城

在北京，很多人知道桂林米粉，但不知道中国有个天等县，更不知道天等人与桂林米粉之间的联系。

【小店淘金成功案例】

冯小燕是第一个来京开桂林米粉店的天等人。2005 年初，她在深圳的米粉店被拆，抱着试试看的心态来到北京中关村盘下一间店铺，经营桂林米粉。由于开张前做了大量宣传，开张第一天便顾客盈门，200 碗米粉被一抢而光。现在，她的"壮乡美食桂林米粉"店开了 5 家，每年盈利数十万元，已在南宁买了两套商品房，书写了"在京卖米粉，回家买别墅"的传奇。

冯小燕成功了，许多天等人跟着来了。"天等版"桂林米粉店在京城四处开花。在人气旺的任何城市，桂林米粉都能火起来。"冯小燕信心满满地说。她的信心来自两张"王牌"：桂林和漓江。她说，最初她想开"天等米粉店"，但天等知名度不高，而"桂林山水甲天下"早已人人皆知，桂林的名加漓江的水，带来了桂林米粉在京的成功。

【小店前景分析】

由于桂林是举世瞩目的"山水甲天下"名城，前来旅游观光者络绎不绝，桂林米粉沾上名城的光，得到迅速发展。一些招牌老、风味浓的米粉店，生意十分兴隆，外地人品尝后，往往过口不忘。

北京市现已有2000多万人口，为北京的餐饮业发展奠定了基础，也创造了条件。如今在北京，特色餐饮店在就餐高峰时往往要排队等位。桂林米粉以地方特色口味进京，符合北京餐饮业丰富多彩的发展趋势，也迎合了人们多种多样的饮食需求。这是桂林米粉在北京取得成功最根本的原因之一。

在北京吃到的桂林米粉与在桂林吃的有点不一样，"米粉＋卤水"改成"米粉＋汤水＋菜"。天等老板们道出原委：在北京吃到的米粉的确属于正宗的桂林米粉，汤水则是用十几种食材熬制出来的，这是结合北京人爱吃汤粉的习惯制作的。此外，北京的桂林米粉有天等人自己泡制的酸辣椒等，做了进一步的改良，以求符合顾客的需求。

在中小城市，开一家米粉店的投资情况大致如下：

房租：按40平方米计算，一般每月1500元左右

店面装修费：3500元左右

快餐桌椅：3000元左右

厨具用品：冰箱、锅、碗、瓢、盘、刀、板等，3500元左右

流动资金：3000元左右

证照费用：1000元左右

合计投资：低限1.5万元，高限2.5万元

以营业面积40平米左右的米粉店为例，日营业额约在1000元（200碗×5元＝1000元），扣除各项成本后，月利润合计约在1.2~1.5万元。

小麻花赚到千万资产

小小的麻花也能开出全国连锁店？刘伟红用自己的成功证明了这一看似不可能的奇迹。

【小店淘金成功案例】

刘伟红初中毕业就开始做生意，她开过裁缝店，卖过服装、化妆品。有一次随丈夫去东北探亲时得知一个亲戚的麻花卖得特别好，但尝过之后却觉得不过如此。刘伟红觉得自己可以比他做得还好吃。

想到就要做到，回到烟台她就开始忙活上了。一面向面点师傅求教，一面反复试验，麻花渐渐做得像模像样了，她仍然觉得不理想，决定去北京寻找专家研究配方。丈夫的第一反应是：这女人疯了！硬要去摆地摊炸麻花？挣这点小钱还不够丢人现眼的！

但刘伟红还是义无反顾地进京请教专家并最终选定了满意的配方。有了配方，店又要怎么开？这个初中毕业的女人一头扎进了书店，从书中她学到了连锁加盟的经营方式。而丈夫则说："加盟？你还想上天呢！"

刘伟红的麻花用料考究，其成本远远高于普通麻花，但她决定走低价路线，以量取胜。

2004年3月，不顾丈夫及家人的百般阻挠，刘伟红在烟台大学附近的莱山菜市场上开出了她的第一家麻花店，取名"弘祥"。小店静悄悄地开张了，店面整洁、明亮，十多个员工身着统一服装，令人耳目一新。麻花也能进专卖店？许多人来看热闹，不一会儿窗前排起了长队。

开业当天竟卖出了4000多根。

吃麻花要排队，刘伟红的生意很快在烟台有了口碑，不少人找上门来希望加盟。开业一个月，刘伟红就拿到第一个加盟店的9000元加盟费。5月的一天，一个浙江商人找到刘伟红要用50万元买她的麻花配方。刘伟红觉得这个人不是骗子就是脑子有问题，可那人却很诚心，十多天来了3次，最后将价格加到70多万。和浙江商人僵持的十多天时间里，刘伟红在烟台地区的麻花店增加到了十几家，发展势头让刘伟红看到了配方的价值，她决定给多少钱也不卖了。

这个70万元都没有卖的神秘的麻花配方，留在刘伟红手里到底能够产生多大的价值，她自己也不知道。她只知道自己越来越忙，每天全国各地打来的电话让她应接不暇，她的两部手机一直响不停，两只耳朵被手机压得生疼。她没时间洗澡，因为短短的10分钟会有20个未接来电，她一次又一次地对着电话重复着同样的内容，很长一段时间，她看到电话就害怕。她的办公室外面永远排着一大堆等待洽谈的客户……

"创业容易守业难"，许多红火的连锁加盟店不久就销声匿迹，刘伟红时时警醒，不断推陈出新，现在，除了推出蜂蜜小面包外，麻花已经增加了十几个品种。她经常检查各加盟店的经营情况，对不正规经营的店铺进行停料"制裁"。做就要做最好，这是她的一贯作风。

目前，刘伟红已在全国各地开了1500家连锁店，无论开在哪里，都出现排长队的现象。仅用一年多时间，靠连锁经营，刘伟红已经拼下了千万资产。现在，她正琢磨把小麻花做到国外去，和澳大利亚、日本、韩国等地的合作意向正在洽谈中。

【小店前景分析】

麻花是中国的一种特色健康食品，目前主要产地在湖北省崇阳县与天津，湖北崇阳以小麻花出名，而天津以生产大麻花出名。麻花金黄醒目，甘甜爽脆，甜而不腻，多吃亦不上火；富含蛋白质、氨基酸、多种维生素和微量元素。小麻花热量适中，既可做休闲食品，又可佐酒伴茶。开家风味麻花店是面向大众的开店好项目。

根据近几年大众口味的变化，如果你开麻花店，可以主打香软蜂蜜麻花，因为这种麻花的口感更易被大多数人接受，在市场上还是新的面点品种。那么投资麻花店，是否存在风险性？是否也会像之前非常火爆的掉渣儿饼店那样仅仅是昙花一现？这就要看你经营的麻花店技术是否成熟，制作过程是否规范化、制度化，产品质量能否保持稳定了。在这样的前提下，你还可以考虑不断去创新，比如将蜂蜜香软麻花往老百姓早点普及，在夏季可以考虑配套推出冰豆沙等，只要不断围绕市场创新，就能将风险降到最低点。

下岗女工靠"彩虹面"发家致富

南京著名的莫愁湖畔有一家著名的小面馆，面馆的主人冯虹原是南京铁路分局的一名下岗职工，短短几年时间，她经营的"彩虹面馆"渐渐成了远近闻名的招牌店。

【小店淘金成功案例】

下岗回家之后，无事可做的冯虹在无奈中于2003年11月在南京莫愁湖畔开起了现在这家面馆，经营手擀面。虽然冯虹做得一直非常卖力，面的味道也算不错，但因为没有特色，在南京这样一个口味挑剔的地方，生意十分不景气。冯虹没有多少钱可以往里赔，而且她下岗之时已经42岁了，也没有多少时间可以让她慢慢来。店虽然开在莫愁湖畔，那时冯虹却是一天到晚愁得坐立不安。

她很想改变这种局面，讨教了很多人，听了很多人的主意，有些主意听起来也真的不错，

但一做起就满不是那么回事。怎么办呢？正当冯虹苦思无计的时候，有一次，她为一位客人下面条，无意间发现锅内的白色高汤中漂着几点红色，仔细一看，才发现是自己擀面条时把几片胡萝卜片粘上去了。她看着在高汤中翻滚的面条，忽发奇想：这白汤白面加上点红色的胡萝卜点缀还真好看，我能不能把我的手擀面干脆做成彩色的呢？说不定会受到一向喜欢追新猎奇的南京食客的欢迎呢。

这样想着，她就开始试验起来。首先，面条是入口食品，肯定不能用化学染色剂，必须采用天然、无污染和可食用的染色材料。她首先想到的是从蔬菜中提取汁液当染色剂。为此，她从菜市场买了一大堆芹菜、紫包菜之类的蔬菜，洗干净后分别将它们掰碎，放到榨汁机里搅碎，然后兑上水，加上面粉搓揉，最后擀成面条。完了定睛一看，紫色的、绿色的面条流光溢彩，漂亮极了！

冯虹不禁喜形于色，但是面条一下锅，她的高兴劲儿就没有了。原来用蔬菜汁擀出来的面条漂亮是漂亮，却非常不筋道，一碰就断，吃到嘴里也是一股烂糟糟的味道。这样的面条，连自己都不能接受，更别说让消费者接受了。后来通过请教专家，她才知道问题出在面粉上。因为她过去做面条一向使用精制面，这种面条的纤维较细，加上蔬菜汁等含"杂质"的成分就会比较易碎易断，如果换成粗面粉就不会有这个问题了。冯虹回家一试，果然像专家说的一样。

冯虹的彩色面条终于做出来了，后来专家又给她提供了一种全天然的添加剂，使她做出来的面条既好看又筋道，入口滑溜。冯虹给自己新推出的面条取名"彩虹面"——一语双关，既指面条，又指面条的发明人。彩虹面上市后，受到顾客的热烈追捧，冯虹的小面馆很快就扭转了经营颓势，开始迈上健康发展的道路。

此后，冯虹还发明出"复合型"的彩虹面，比如，蔬菜中没有灰色和蓝色，她就用白色的牛奶和紫色蔬菜中提取的紫色汁进行混合，调出灰色，然后再用灰色和绿色的蔬菜汁进行搭配，调出蓝色。至于红色，则是从血糯米中提取的，那是她查了许多书才查到的"秘方"。经过艰苦的摸索，冯虹做出了真正的彩虹面，一种面条含有七种颜色，而且全部是天然调料，绝无污染。对于冯虹的匠心，许多顾客击节叹赏，说她不像是个开面馆的，简直就像是个艺术家。

2004年6月30日，冯虹的彩虹面获得了国家的发明专利。依托自己的专利面条，冯虹的生意开始变得一帆风顺，除了莫愁湖畔这家面馆，她还准备在南京最繁华的山西路和新街口开办几家分店，并打算在全国建立自己的连锁店。仅仅用了两年多一点的时间，冯虹就摆脱了下岗时的贫困生活，开始迈向富裕的新生活。

【小店前景分析】

很多创业者认为餐饮业并不好做，诚然，如果你只是随大流地做街头都有的餐饮模式，一定会面临巨大的市场竞争之忧。但是，只要你对现有产品进行一些改进，就可以从餐饮市场中脱颖而出。这是开餐饮店快速突围的一种省力、见效快的好办法。

案例中冯虹的彩虹面也是如此。彩色面条除了味道鲜美外，还营养丰富，同时其五颜六色的外观也勾人食欲。在发明彩虹面之前，冯虹的面条是两块钱一碗，发明彩虹面之后，冯虹的面条卖到3块多钱一碗，一碗面条单从售价上来说，收益同比提高50%以上。但对于很多消费者来说，彩虹面毕竟还是一个新鲜事物，因此在初期的推广上可能会遭遇到一些困难。

比如案例中的冯虹在开始做的时候，很多顾客根本不接受她的彩虹面，主要是不放心，担心里面有有害健康的添加剂，直到后来冯虹请顾客看着她做面条，又用摄像机拍下制作面条的全过程，在店里不停播放，才逐渐打消了顾客的疑虑。

开家牛肉米粉馆

牛肉米粉因其"肉烂酥嫩、粉滑绵韧、汤清味浓、辣烫鲜香"的特点，深受大江南北男女老幼的欢迎。开一家小型的牛肉米粉馆，无疑是不用担心客流的一个好选择。

【小店淘金成功案例】

张晓菲1996年便开始在长沙开牛肉米粉店，长期以来不断研究、创新，特别是将家乡的常德津市牛肉米粉进行改进，其口味得到了大家的高度评价，每天早上常出现客人驱车十几公里前来吃粉的现象，桌位和车位经常爆满。

张晓菲所经营的长沙牛肉米粉是湖南闻名的一种地方风味小吃，目前江西、广东等地皆能见到其踪影。湖南生产米粉已有悠久的历史，早在清光绪年间，就有了生产米粉的店坊，生产的米粉又细又长。长期以来，湖南人不论男女老幼，都喜欢食用米粉；外地来的客人，也把品尝牛肉米粉作为一大乐事。

张晓菲的牛肉米粉店之所以备受青睐，一者是她做的米粉洁白，圆而细长，形如龙须，象征吉祥。二者是张晓菲家的米粉食用方便，经济实惠，把米粉买回去后，只要用开水烫热，加上佐料，即可食用，加工简单，清洁卫生。

【小店前景分析】

牛肉米粉由于风味独特，营养丰富，得到大众的广泛认同。同时投资门槛低、具有明显的产品特色，是现阶段较具赚钱潜力的创业项目。

由于牛肉米粉被广大消费者认同，可在写字楼附近、学校周边、美食广场等人流相对集中区域开设店面经营。

特色烤包子店，7天狂赚20万

有一个29岁的维吾尔族青年以一个三四平米的小橱窗卖烤包子开始了创业之路，短短的4年中在乌鲁木齐开了四家连锁店。

【小店淘金成功案例】

虽然父亲卖了一辈子的烤包子，年少的马木提却并不怎么喜欢这个行当。在他的眼里，以后能上大学，毕业后能有一份干干净净的体面的工作才是自己梦寐以求的生活。1992年，高中毕业的马木提带着没钱上大学的遗憾到上海寻求发展。由于没有一技之长，马木提想找一份体面工作的梦想再一次被搁浅。迫不得已，他只好卖起了家乡的传统小吃——烤羊肉串儿。没想到生意还不错，马木提的经济状况很快有了好转。后来，他听朋友说，在青海卖烤包子很挣钱，于是又揣着卖烤肉积攒下来的几千元钱来到了青海。

找店面、找帮手，马木提的烤包子店开张了。然而刚开始时生意并不好，苦恼之余，马木提给父亲挂了电话，父亲在电话里将家传的烤包子技艺教给了他。按照父亲传授的技艺烤出来的包子果然味道很好，很快便吸引了很多人前来购买，生意一下子火了。仅仅两年的时间，马木提就挣到了十几万元，这也是他人生中的第一桶金。

得益于父亲传统技艺的指导，马木提的烤包子生意蒸蒸日上。1997年，他参加广交会并取得了辉煌战绩——7天狂挣20万人民币。至今，马木提说起那次参会经历，还有些沾沾自喜。"没有想到，新疆的烤包子和烤羊肉串儿那么受内地人及外国人欢迎！"无疑，在那次广交会上，马木提的烤包子展位是最汇聚人气之地，他也是最大的赢家之一。这个时候马木提才明白，原来烤包子也可以带来如此丰厚的回报。

2001年，"马木提特色烤包子店"在乌鲁木齐市繁华路段中山路开业了。生意红火，一年后由于店面被拆迁，他又重新选址迁到了西北路银都大酒店对面的公交车站。没有想到的是，生意异乎寻常得好，每天来买烤包子的人在店门口排起了长长的队伍。这时，有些顾客开始报怨："为什么不多开几家分店呢？"一些远道而来的顾客无意间的话给了马木提一些提醒：如果开一家分店生意肯定火。

于是，马木提开始有了开分店的想法。马木提开了四家连锁店，生意一家比一家火爆。生意大了，马木提还有了自己的加工房，每天所卖的包子都是在加工房加工。此时，渐渐成熟的马木提对经营也有了新的认识。2003，越走越顺的马木提渐渐有了将"马木提特色烤包子"做成特色品牌的想法。他要把烤包子生意做大做强，不仅维吾尔族人吃，各民族人民都能吃，还能走向全国，走向世界。在这种想法的支配下，马木提注册了"马木提特色烤包子"商标。

【小店前景分析】

马木提已彻底改变了"烤包子难登大雅之堂"的想法。他对自己的烤包子店未来的经营方向与发展远景也有着美好的设想。马木提的目标是将"马木提特色烤包子"做成像西式快餐品牌肯德基、麦当劳那样的人尽皆知的大品牌。

资产近千万的的油炸臭豆腐店

凭着炸臭豆腐的一手绝活，吴利忠第一个把"闻着臭、吃着香"的油炸臭豆腐贴上商标、加上包装，搬上店铺以专卖形式销售。

【小店淘金成功案例】

吴利忠与油炸臭豆腐结缘还是在2003年。当时，他只是爱吃臭豆腐，一有时间就去附近的臭豆腐摊上买上几串尝尝。但日子长了，吴利忠看出了潜在的巨大商机，便决定涉足油炸臭豆腐这个行业，一展自己的才能。

经过不懈努力，吴利忠终于以自己的诚心打动了上虞崧厦一位叫沈天智的老人，获得了他制作油炸臭豆腐的祖传秘方。2003年4月，学艺成功后的吴利忠借款1万余元在上虞闹市区开起了一家油炸臭豆腐门店，将臭豆腐以专卖的方式摆上闹市区，在当时引起了轰动。随后两家连锁店相继在上虞开业。2003年12月1日，吴利忠又以十余万元的年租金，"吃"下了绍兴鲁迅故里的一家店面，开起了"三味"臭豆腐店。

昔日游弋于大街小巷的臭豆腐，居然以10余万元的年租金"吃"下这么贵的店面，此举犹如一颗重磅炸弹，引起了许多新闻媒体的极大关注，中央电视台2套、7套也跑到绍兴专程进行采访，而国内十余家财经类杂志也纷纷将吴利忠作为杂志的封面人物大力介绍。

从此以后，来自全国各地要求加盟"三味"油炸臭豆腐店的电话便络绎不绝，而且许多人为使自己不落后于人，甚至还乘车赶来要求加盟。

吴利忠为自己的加盟店开价最低1万元，最高6万元，具体价格视地方不同而定。目前，除西藏、甘肃、青海、海南、台湾等地，全国其他地方均能找到"三味"臭豆腐的身影。

对于每家加盟店，吴利忠都有一套严格的要求，即统一店面、统一服装、统一包装，并且对于所有加盟店内的操作员工，均需由"三味"臭豆腐店进行统一专业培训。虽然涉足油炸臭豆腐时间并不长，但吴利忠与他的"三味"臭豆腐店资产已近千万元。

【小店前景分析】

臭豆腐是人们非常喜欢的一种风味小吃。臭冬瓜、臭豆腐、臭苋菜管被称为"宁波三臭"，人们喜欢这样的口味。臭豆腐闻起来臭，但吃起来香。

臭豆腐成本低廉，利润大，投资小，回报快，既可流动经营也可固定开店，市场前景非常广阔。

大赚"黑"钱的黑色食品店

开一家黑色食品店来满足消费者对健康食品的需求，定会在市场闯出一片天。

【小店淘金成功案例】

白春花出生在贵州黔西南布依族苗族自治州一个贫困的农民家庭，高中毕业后，为了减轻父母的负担，白春花放弃了读大学，来到广东打工。在打工的过程中，白春花发现黑色食品深受人们的欢迎。更让白春花咋舌的是，物以稀为贵，黑色食品的价格普遍高出同类普通食品几倍，而且销路不错，不少商场和杂粮店都是"黑货"紧缺。看到这种现状，白春花突然萌生了一个创业的念头：若开一家"黑"店，专营各种黑色食品，生意一定不错。

鉴于自己的经济实力，白春花决定回老家兴义市创业。兴义虽然只是一个中等城市，但因地处滇黔桂三省区接合部，自古商业和旅游业都十分繁盛，特别是国家实行西部大开发以来，这里更是吸引了不少国内外投资者来淘金，有钱人并不少。在这儿开店虽然回报率没有广州高，投资成本却比在广州节省一半。经过一番权衡利弊后，2005 年 3 月，白春花拿出自己打工所得的全部积蓄，又向亲友筹借了几万元，在丰源农贸市场租一间门面，正式开起了她梦想已久的"黑"店。由于在办理工商登记时不能注册含有"黑店"字样的名号，白春花就给自己的店取名叫"黑＋黑食品店"。

让白春花没有想到的是，"黑店"开业后，并没有出现想象中的那种生意火爆的场面，第一个月毛收入不到 2000 元，不仅没有盈余，反而亏损，第二个月生意仍没有大的起色。这下白春花慌了神，要再这样下去，几万元的投资就要打水漂，得想办法尽快走出困境。

白春花索性关了店门，重新对市场作调研。她在四处逛超市饭店的过程中发现，随着"食黑一族"的出现，不少超市和卖场都在食品区的显眼位置摆出了"黑货"，酒楼饭店也不甘落后，陆续有人推出了"黑菜"，以吸引顾客。出入于这些地方的顾客大都是收入相对较高的中老年人、青年白领。有不少客人是经过促销人员推介后，临时决定购买的，他们在和店员沟通时大都表示对黑色食品不够了解。

经过这一番调查后，白春花认为：这个项目并没有选错，打不开市场的原因首先是选址不当，黑色食品虽然是一种大众化消费品，但又是一种保健型的特殊食品，因其价格相对较贵，其目标顾客只能是经济条件较好的老人、青年白领等肯花钱买健康、买享受的人群。店址应选择在人流量大的街道、富人集中的高档小区或老年人休闲娱乐的活动中心附近，而不应该选择在农贸市场。其次是缺少广告宣传意识，食"黑"在国外已经相当流行，而在国内还处在觉醒阶段（特别是内地城市），比如黑米，有很多人仍然认为其口感、营养等不如白米，要打开市场，对顾客进行宣传和引导少不了，要把"食以黑为补"这一卖点传播给消费者，培养顾客的消费观念。

找出问题关键点后，接下来的工作就是对症下药，扭转困局。白春花将原来的店转租出去，重新在繁华的富源路租了一间门面，为了突出"黑"品牌，白春花对店面进行了特别的装修，店内装饰突出黑色与健康的主题，招牌采用黑底白字，霓虹灯衬托，整个店面背景黑白分明且有自然色彩烘托，让人一眼就能看出该店的特色和身价。

在经营策略上主打健康牌，利用店门两侧的玻璃橱窗做两个图文并茂的宣传栏，将黑色食品与普通同类食品的营养保健作用进行对比，倡导"黑色、粗食、天然"的三重膳食理论。同时她还制作了 1000 份精美的宣传单拿到写字楼、老年活动中心等处散发，并拜访营养学专家，请他们撰写相关文章发表在当地报刊上。渐渐地，白春花的生意开始火起来了，月收入突破万元大关。

生意逐步走上正轨后，"不安分"的白春花开始琢磨如何进一步把生意做大。她注意到，光顾"黑＋黑食品店"的顾客除了一部分经济条件比较好的中老年顾客外，大部分都是女性白领，以年龄在 25~45 岁的居多。这些人的工作基本都是坐办公室，食"黑"的目的就是为了减肥瘦身。让白春花伤脑筋的是，这些人对黑色食品的优点大都是一知半解，很多人在消费之前大都要向她咨询一番。由于自己知识有限，虽然从网络和报刊上收集到大量相关内容，但仍然穷于应付，因此造成部分顾客流失。当正在为如何解决这个难题而束手无策时，她患了重感冒，到药店买药，药店服务员告诉她说，感冒药有很多种，不同类型的感冒要服用不同的药才有效，让她先到药店的导购医师那里诊断，拿准病情后再对症买药。

药店配备专门的药品导购医师的做法让白春花茅塞顿开：自己何不也依样画葫芦，请一名营养师做导购，专门为顾客提供营养和保健方面的咨询？其实现在很多人都不知道自己每天究竟吃什么才健康，通过普及保健知识和营养理念，教会顾客一日三餐咋吃东西，不仅能稳定老顾客，而且能吸引更多的新顾客。打定主意，白春花花高薪请了一位营养师到店里当营养保健顾问，顾客到店里购物时，可以根据需要先到营养师那里免费咨询，然后根据营养师开具的购物单购物。同时，白春花还把营养保健小知识、黑色食谱等汇编成精美的小册子，赠送给顾客。这一招虽然暂时地增加了经营成本，但吸引了更多顾客的关注。

由于白春花经营的黑色食品大都是半成品或初级品，顾客买去后需要经过加工才能食用，有不少顾客嫌自己加工太麻烦或没有这方面的手艺，要求白春花提供相关的餐饮服务。白春花正愁找不到新的利润增长点，立即采纳了顾客的建议。恰巧隔壁那家门面原来的租期已满要重新出租，白春花便租了过来改装成一家，请了厨师和服务员，专营黑色小吃，品种有乌鸡黑米粥、黑糯米汤圆、黑麦面条、黑面包、黑麦片、黑豆奶、黑芝麻糊等 20 余种，价格每份从 3 元到 30 元不等。

餐吧开业后生意非常火爆，吸引了不少大中学生、上班族和老人的光顾。有不少老人和家庭主妇来到"黑＋黑食品店"，大都先到餐吧去撮一顿，觉得品味好，再买上几斤半成品回去自己做。顾客还可以根据自己的需要选择原料到餐吧定做个性化的食物。

白春花的"黑店"已经从当初的 20 平方米发展到现在 200 多平方米，月收入 20000 多元，生意越做越红火。

【小店前景分析】

黑色食品是 21 世纪"药食同一"的保健食品，古语有"民以食为天，物以稀为贵，食以黑为补"之说，具有降血脂、抗肿瘤、滋阴壮阳、抗衰老等特殊功效。饮食专家指出：21 世纪的人们将越来越青睐自然绿色食品尤其是黑色保健食品。目前市场上虽有个别的黑色食品出售，但未有专门店面加以推广，因此，开一家"黑色食品饮食店"来填补这个市场空白，满足消费者对黑色食品的需求，定会挣钱。

黑色食品店的门面应选在人流量大的街道，最好在十字路口附近，近邻有娱乐休闲场所、老年人活动中心、学校且餐饮业较集中。门面上要突出"黑品牌"，有霓虹灯衬托，一眼看去，别具一格。门前鲜花簇簇，常换常新，令人留步。外观设计、内部装饰、餐饮家具、用具均应优于邻近的餐饮店，要有独树一帜的优势，有黑色品牌的韵味。店内家具最好具有现代意识，与"黑色世界"的总体环境相协调。餐具、用具要品质优良，色泽与环境搭配协调，营造一个舒适怡然的环境，让顾客一看就明白本店的身价。

由于"黑色食品店"在中国还是个新兴的开店项目，所以也面临着一些风险。最主要的风险来自选址不当，如店周围人流量太少、周围住户收入不高等。怎么样预防呢？可选择原先是经营餐饮业的老店，并经实地考核落实。

为防止"黑品牌"口味品质不佳，或人们太感生疏，一时不适应高价位，开店初期应提高厨师手艺或更换厨师，在经营黑色食品的同时，可推出其他天然保健食品，不要局限于"黑"，定价可随该路段饮食业而变化，可将大部分价格定得较低，黑色食品定高价。此外，一定要加强内部管理，严格检查或检验：卫生要求人人抓，环环管；进店原料全部使用无公害食品，宁可贵点，但要可靠。

开家无糖食品店

近年来，糖尿病以其高发病率、高死亡率威胁着人类，在这种情况下，经营糖尿病食品的商机也多了起来。

【小店淘金成功案例】

陈燕是位漂亮的姑娘，学电影表演的她也曾在广告和大荧幕中留下光鲜的身影，然而疾病让这一切都与她作别。她从24岁开始就得了 I 型糖尿病，这个病要求人不能过于劳累，加上患病对于人的心理产生了很大的影响，她不得不离开了原来的工作岗位。这虽然是她演艺生涯的结束，却是另一段创业生涯的开始。糖尿病的折磨让她十分清楚同类病人的痛楚和需求，尤其对于饮食的需求是既旺盛却又极其苛刻的。为了帮助更多的糖尿病人，同时让自己的心情也能在与病友的沟通交流中有所缓和，在家人的鼓励下，陈燕决开一家无糖食品专卖店。

对于从来没有从商经验的创业新人而言，面对这样一个市场上没有先例可考的项目，起步并非易事。"因为成本较高，所以现在市面上没有一个厂家是专门生产无糖食品的，某一类型的食品，比如奶粉，既生产含糖的，也生产无糖的。因此就需要我们跑很多厂家，然后专门引进他们的无糖产品。店小品种多，每种商品的量就相对较少，这为前期的准备工作带来了一定的难度。"最后，陈燕一家家都攻了下来，在2005年底开了自己的"六月无糖屋"。

陈燕在投资"六月的无糖屋"时，几乎将几年的积蓄倾囊而出，在资金上已是捉襟见肘，所以在选址上在保证效果的同时，尽量选择租金价格水平较低的商铺，因此将目标从地上转移到了地下。

陈燕认为，无糖食品专卖店相对其他商品而言，对选址要求没那么苛刻的一个重要原因，是无糖食品的目标消费群体非常集中，而且口口相传度很高，由口啤传递的实际效果甚至优于广告宣传，她的店不仅售卖无糖食品，还传播糖尿病的防治知识。只有店主懂得专业知识，才能取得顾客的信任，为此，她专门通过报纸、杂志、网络学习相关知识，并且请教医生，将糖尿病人在饮食中需要注意的事项进行整理，还打印了出来，免费赠送给患有糖尿病的顾客。

在陈燕的无糖食品专卖店经营中，最大的支出便是房租，每月5000元。加上400元的装修设备摊销以及税收等其他开销，每月的经营成本至少要超过8000元。据陈燕介绍，无糖食品的价格比较透明，利润也相对较低，平均利润为20%，那么要达到盈亏平衡，需要每月的营业额超过40000元，平均下来，按30天计算每天得有1333元的营业额。

【小店前景分析】

如今，无论医学界，还是病人自己，都认识到饮食控制是糖尿病治疗的基础，随着这一认识的普及加深，经营无糖食品的商机尽现，开一家无糖食品店已成为小本创富的适时选择。

无糖食品店的面积都不大，一般不超过20平方米，有两个店员就够了。初期投入租店、装修、进货几方面，多者需要10万元，少者5万元足矣。

在地段选择上，无糖食品店一般选择靠近公园、医院等且交通便利的地方，而不宜直接开在热闹繁华的地段。像有一家店当初开在主街道上，店租高达6000多元。后来他表示，当初可以选择再偏僻一点的地方，这样就可以在创业初期省下很多成本。

无糖食品店的商品进货渠道有几种。有从生产厂家直接进货的，这种形式一般进货量较大，公司或有自己的直属店，或有加盟店，而且他们入市较早，已经取得了一些知名厂家产品在当地市场的代理权；也有从批发市场进货的，因为没有专门的批发市场，他们要从大量商品中挑选出无糖食品，而且商品质量难以保证，还要自己出车费、运费，加之所投入的精力，成本较高；还有一种是从大的品牌店中进货。

在经营上，无糖食品店对服务的要求很高。由于顾客多为老年人，所以销售员首先要懂老年人心理，要有耐心，体谅生病老人的一些任性、唠叨，甚至坏脾气。无糖食品店不仅售卖无糖食品，还传播糖尿病的防治知识。如果店员不懂得这方面的专业知识，便不能取得顾客的信任。

三、把握休闲需求，收获美好"钱景"

个性休闲食品店顽强地占据着餐饮业的一方天地。开着这样的小店，投资不会太大，却过着悠闲的生活，挣着不菲的收入。有着开店想法的你，会不会也对它而心动呢？

巧克力 DIY 吧——巧克力 + 手工制作 = 过口难忘

自己动手制作巧克力被越来越多的年轻人接受是不言而喻的事实，于是，开间巧克力 DIY 吧被赋予了更多的个性化色彩，并成为一种获利颇丰的创业选择。

【小店淘金成功案例】

在欧洲，巧克力被称作"甜蜜梦幻"，时尚男孩在情人节送给女友的往往不是玫瑰，而是个性十足的香醇巧克力。洛阳女孩刘静从中受到启示，她独创北京首家"爱情巧克力 DIY 吧"，引得情侣们怦然心动。不仅数以万计的大学生和时尚白领成了这里的常客，就连驻京的外国人也纷纷赶来，享受自己动手的乐趣。

2001，年随着毕业的日益临近，刘静想独自创业，想通过不断挖掘自己的"财商"，干一份属于自己的事业。一天，她从网上看到，近年来纯手工巧克力在欧洲大受欢迎，情人节时尚男孩送给女友的往往不是玫瑰花，而是亲手为她做的富有创意的个性巧克力。因为承载着浓浓爱意，女孩们又浪漫地称它为"甜蜜梦幻"。在比利时风景优美的布鲁塞尔，很多街道上隔不多远就能看到一家手工巧克力休闲店，店主人用古老的制作机，做着各式各样精美的手工巧克力饮料，花样繁多、琳琅满目，无须大声吆喝，那浓郁的巧克力香味马上就让来自世界各地的游人难以挪步。因为现做现卖十分新鲜，几乎每个手工巧克力店的生意都火爆异常。尤其看到网上那些可爱的时尚巧克力样品，刘静就像发现了新大陆似的。兴奋之余，她灵机一动：虽然北京的一些大型超市里也出售世界著名品牌的巧克力，但它们大部分是包装好的，由于是工厂批量生产，款式单调，不能彰显时尚个性。而且不远万里从欧洲运来，也不新鲜。

自己何不开家"巧克力 DIY(自己动手) 吧"？让年轻人亲手为心上人做巧克力，能自己设计造型、花纹，并刻上表达爱意的文字，多棒啊！对于 DIY 这个近些年风行世界的时尚新概念，她并不陌生，广州前两年就已经出现了 DIY 陶艺吧、DIY 美容吧，北京还出现了 DIY 电脑吧、DIY 漫画吧等，她也亲自去体验消费过，的确乐趣无穷。她又了解到，纯手工巧克力店 2000 年已经风靡日本和韩国，2001 年夏天才被引入我国台湾和香港。

经调查，京城还没有一家这样的 DIY 店，所以要想吃纯手工的新鲜巧克力，是件很不容易的事，只有到北京饭店等几家五星级酒店的高级西饼房订做，价格十分昂贵不说，还特麻烦。这里面肯定蕴藏着巨大的商机！

进行细致的市场调查后，她把店址选在了海淀区商学院附近的一个安静角落，与两家大型

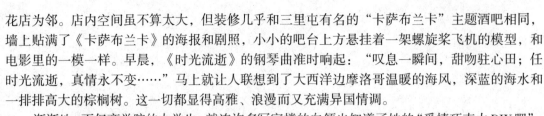

花店为邻。店内空间虽不算太大，但装修几乎和三里屯有名的"卡萨布兰卡"主题酒吧相同，墙上贴满了《卡萨布兰卡》的海报和剧照，小小的吧台上方悬挂着一架螺旋桨飞机的模型，和电影里的一模一样。早晨，《时光流逝》的钢琴曲准时响起："叹息一瞬间，甜吻驻心田；任时光流逝，真情永不变……"马上就让人联想到了大西洋边摩洛哥温暖的海风，深蓝的海水和一排排高大的棕榈树。这一切都显得高雅、浪漫而又充满异国情调。

渐渐地，不仅商学院的大学生，就连许多写字楼的白领也知道了她的"爱情巧克力DIY吧"。越来越多的时尚男女喜欢上了这个躲在安静处飘着可可豆香的小店。制作巧克力的整个过程是全透明展示出来的：可可豆的挑选、烘干、研磨、加热、搅拌、冷却、灌模，直至成为一块完美黑亮的成品，全由顾客亲手操作完成。当一件件精致、美丽的"作品"问世时，他们从中得到的快乐简直难以言表。他们的成功，又吸引了更多的人参与。她告诉顾客，要想仔细品味自制的新鲜巧克力，最理想的状态首先是心情放松，如果再来点悦耳的音乐并有着舒适的环境当然是锦上添花。

不少人说，来到这个小店，就不由想起法国浪漫爱情片《浓情巧克力》，会被这里特有的温馨氛围所感染。随着知名度的不断提高，开业不久，小店的生意就日渐红火起来，第一个月，仅纯利润就达到7000多元。

接着她又招收了两名女孩做帮手，还通过互联网介绍自己的个性小店，以便为事业带来人气。由于她的"爱情巧克力DIY吧"在北京是第一家，是绝对的新鲜事物，拥有巨大的市场空白，再加上DIY的理念很受时尚青年追捧，因此每天她都要接待五六十名顾客，尤其是情人节那天，小店几乎被挤破了。第二个月收入直线上升，竟超过了1万元！若如此发展下去，自己投资的3万多元钱用不了几个月就能顺利收回。

一天，一对青年男女对她说："你的巧克力做出来后，没有专用的包装盒，不便于送礼。如果仅仅是玩的话，玩几次就腻了。要想让巧克力DIY保持新鲜度，就必须在品种、包装和文化内涵等方面不断推陈出新。"这几点，自己都做得不够，不过包装和品种这两个问题很好解决。她定做了一批千姿百态、造型别致的精美包装盒；在品种方面，不再只用纯巧克力做原料，还推出果仁、酒心、水果和鲜花等原料，人们用这些原料制作巧克力，不但使巧克力作品更加美观，而且丰富了口味，满足了消费者的个性需求。但是，在营造巧克力文化方面，什么样的新点子能引起顾客的特别兴趣呢？在她和一位鲜花店的老板洽谈合作时，对方说："鲜花有花语，送什么花、送多少枝花都很有讲究。就拿玫瑰花来说，送一枝玫瑰代表'我的心中只有你'，两枝玫瑰代表'这世界只有我们俩'……其实，巧克力也可以创造出自己的蜜语。"花店老板的一席话，让人深受启发。很快她就编写了13条巧克力蜜语。比如，有人送你薄荷巧克力，象征你在对方的心目中，是个深懂生活情趣的人；酒心巧克力象征着对方已被你完全俘虏，希望两人的感情能够明朗化……她会根据顾客送礼的对象，建议其选用何种巧克力进行DIY。为了使巧克力蜜语流行起来，扩大"爱情巧克力DIY吧"的知名度，当作品做出来后，她便把印有店名店址的巧克力蜜语卡片，塞进巧克力包装盒内。

很快，她的巧克力DIY吧伴随着"巧克力蜜语"的传播，名扬京城，吸引了众多小情侣前来DIY，把象征爱情的作品送给心上人。后来就连很多外国情侣也赶来享受自制巧克力的乐趣和浪漫情调，他们中有不少还来自使馆区呢！因为生意异常火爆，2003年秋天，她又让中专毕业后在家待业的妹妹和几名亲戚过来帮忙，先后在复兴路、长安街和三里屯开了3家分店。

2004年初，她从报纸上看到一条新闻：杭州一位下岗工人仅靠包装喜糖两年就挣了40多万。根据网上统计，中国每年大约有2000多万对新人结婚，如果每对新人在喜糖上花费200~300元，那就有40~60亿元的销售量。刘静想，传统的奶糖和水果糖之类人们早已不感兴趣，何不用浪漫香醇的新鲜巧克力糖取而代之？为突出喜庆和纪念意义，她还在时尚精美的糖盒上印上新郎新娘的照片。没想到此举刚一推出，马上就受到了市场的热烈追捧。广告打出的当天，就有6对情侣订了1500盒。到2005年1月中旬，她的分店已由3家发展到11家，总资产近百万元。

【小店前景分析】

据国际可可协会统计数据显示：全球巧克力年消费量排名前五位中销量最大的国家是德国，人均年消费 13.3 千克，其次是挪威、瑞士、英国、爱尔兰。前五名的国家的年人均消费量都超过 11 千克，而在中国年人均消费不足 0.07 千克，不及欧洲国家平均消费量的 1%。而事实上，拥有 14 亿人口的中国，巧克力产业正在以每年 30% 的增长率迅猛发展，市场消费潜力高达近 300 亿元人民币。中国年人均消费只要达到 1 千克，将是全球最大的巧克力市场。

据业内人士介绍，自主经营的手工巧克力吧的前期投入大约 10 万元左右，主要用于租用店面、购买设备、模具、原料和装修等方面。如果是加盟经营的话，启动资金会稍微少一点，大约在 8 万元左右，差距来源于连锁机构在设备、模具、原料方面的集中采购。但是加盟经营会有一定的技术转让和品牌使用方面的费用，因此自主经营和连锁经营的前期投入相差不多。对于创业者来说，选择什么样的经营形态，关键在于创业者本身的条件。如果是兼职经营，还是连锁加盟更加稳妥一些。

与所有店面经营业务一样，手工巧克力吧最大的支出便是房租。业内专家建议经营者改变卖东西、卖手艺的心态，把手工坊（DIY 小店）的经营变成卖地方。这样做不仅方便经营者定价，更重要的是便于经营者进行成本控制。

手工巧克力吧仅仅是在内容上把其他 DIY 小店的内容换成了巧克力而已。作为 DIY 形式的小店，其成本除了硬件的投资以外，还有一大部分软件方面的投资，诸如服务、模具设计等。因此作为单一一个手工巧克力吧的毛利率是很难估算的。按照同行业已有公布数据显示，在整个手工制作巧克力领域的平均毛利在 85% 左右。

从单独制作方面来看，巧克力原材料的价格直接影响手工巧克力的售价。市场上比较流行的定价按照原料产区的不同可以分为很多档次，其中以比利时和德国的原料售价最高，每 50 克的售价大约为 40 元左右。

每一行业都有它的黄金时段，巧克力手工吧也是如此。目前巧克力手工吧最大的风险正是在于它较为明显的淡旺季差异。

每年的 9 月到次年 4 月是巧克力的销售旺季。这时候的客人比较集中，这就需要有相当的人力及足够大的空间。但在淡季时，生意就冷清很多。同样在一周之中也是周末强于平日，在单日之中，下午强于上午。建议将营业的主要时间放在下午和晚上，上午则可用来调整和做一些准备工作。在一些重要的节日前后，要适当延长营业时间。此外，在客人多的时候，要合理安排不同时间入店客人的操作进度，以免在客人要求帮助时应接不暇。另外，尤其需要提醒的是，开业应该避开淡季，选择九十月份旺季开业，保证开业之初就能赚到"第一桶金"。

另外，作为 DIY 风格的小店，经营者还要有比较强的忧患意识和抗风险能力。因为 DIY 小店的主要消费人群是年轻人，他们的从众心理和时尚感较强。这个特性可以帮助经营者在一夜之间达到事业顶峰，也能让经营者在一夜之间被潮流取代。这一点已经被很多 DIY 小店所证实。

不过业内人士还是比较乐观地看待这一现象。因为在欧美国家，很多手工巧克力作坊都是百年老店，经得起时间的考验。而且人们现在已经把巧克力作为一种情侣之间的常态型固定消费，市场需求是可以保证的。

港式甜品店，甜甜蜜蜜赚钱

台式甜品在大陆风头正劲，港式甜品也悄悄地露脸了。这也是一个赚钱的好机会，有兴趣的你不妨也试试。

【小店淘金成功案例】

在厦门市的思明路上，有一家港式甜品店，芒果椰子西米露、杨枝甘露、芒果班戟，这些听上去挺美的甜品，能否把吃惯烧仙草、超级芒果冰的年轻人拉过来？

这家店是3个快乐的大男孩合伙经营的，开张两月有余。一个男孩想出了店名，一个想出了"享受快乐，享受生活"的主题，一个负责设计甜品兼下厨。

郭先生就是负责设计甜品的那个男孩。他是个地道的香港人，一口浓重的港腔普通话成了吸引客人的招牌。几年前，郭先生到厦门大学读书，毕业之后，一直想把港式甜点引到厦门。几个月前，他把这个想法告诉两个朋友，三人一拍即合，店也顺利开起来了。

港式甜品在香港也叫做港式糖水，在上海、南京、杭州等地广为流行。港式甜品一般分为两大类：一类是滋补类，一类是休闲类。郭先生的店做得很"小资"，属于休闲类。店内挂着几幅表现香港风貌的老照片，用杂志封面画装饰墙面，再加上灯笼一般的吊灯，在柔和光线中享受美食，很是舒适。

有的顾客对港式甜品不熟悉，以为是传统的蛋糕店，进店就要吃糕点，实际上港式甜品是以新鲜水果和西米、糯米等调制出来的。为了让顾客有一个适应的过程，郭先生把风靡厦门的"台式刨冰"吸收进来，先吸引那些喜欢吃刨冰的朋友，再让他们慢慢熟悉并爱上港式甜点。芒果班戟是店内的"明星"产品，咬一下，里面有三层，第一层是班戟皮，第二层是不发胖的淡奶油，第三层是芒果。班戟皮制作起来比较费事，皮不能太厚，也不能太薄，班戟嫩而软香，加上芒果的淡香、淡奶油的清香，既不用担心发胖，又可以充分满足胃口。

郭先生的店面积有100多平方米，每天销售额约为3000元，节假日营业额还会上升，1~2年能收回投资。

【小店前景分析】

只要你仔细观察，便会发现港式甜品一直稳占香港人最爱甜品榜的榜首，有一些老字号甜品店经过数十个年头依然屹立不倒，即使是主打创新口味的甜品店，也要加入简单又传统的港式甜品以吸引客人。开一家这样的港式甜品店，何愁没有钱赚。

开家新鲜饮品贩卖店

街头时不时会冒出一个贩卖新鲜饮品的店铺。不要小看了这些新店，想想绿茶、红茶这些东西能值几个钱？能说不是一个绝好的开店新项目吗？

【小店淘金成功案例】

19岁的女孩默默在北京新街口开了一家新鲜饮品贩卖店。情人节那天，她便卖出了足有1500杯饮料，那天，手捧玫瑰花的女孩子几乎人手一杯默默店中的饮料，而默默这位小老板简直数钱都数到手发麻。在平时，默默的小店在双休日卖出200杯左右不成问题，连下着雨的星期一也能卖出六七十杯。

【小店前景分析】

创业要获得成功，必须有它独到的优势。新鲜贩卖店有哪些优势呢？

第一是四季可行。因为兼卖冷热饮四五十种，所以从春至冬都会吸引人去买：春为养颜夏为消暑，秋为补气冬为暖身，甚至什么也不为，光为那种站在高高的吧台外看侍应生把冰块和果汁茶水摇得哐哐响，这份"声在味先"的虚荣，就使购买者的脸得意得发红，迷恋所谓"欧陆风情"的女孩子，谁没喝过这东西？

第二是薄利多销。同样一杯台湾珍珠奶茶，在真正的红茶坊要卖到 10 元以上，而在此种立等可取的贩卖小店，因为是外卖，价格可以降到红茶坊的一半，甚至更低。想想动辄上百平米的红茶坊店租几何，而你才租一间五六平米的门脸房就开张了，谁合算？

第三，投资小，连锁方便。如果做得顺手，再找合适的门脸搞个孪生店，亦不为难，把配方、管理、员工着装都克隆一套过去就行，船小，调头也快。

第四，便于出新。如果你有一点进取心，懂得经常从日本、东南亚杂志上借鉴一些饮品的调制方法，辅以鲜花、水果、干果、异形茶等，保证你的小店每季推出一批"独家强力推荐款"，吸引大家来尝鲜，你的生意不好才怪。

新鲜饮品店选址可以参考以下几个地点：

电影院旁——瞄准看大片的年轻情侣；

个性店铺云集地——吸引时尚嗅觉灵敏者；

大学区——瞄准个性彰显的大学生；

健身中心旁——为健身一族补充失去的水分；

美食购物一条街——吸引年轻人的目光。

需要注意的是，选址勿与麦当劳、肯德基撞车。因为洋快餐的冷热饮价位与"新鲜贩卖"持平，会分散消费欲望；另外，选址地 300 米内最好没有茶坊、咖啡馆等目标出现，你要防着卖环境的地方曲高和寡后，冷不丁推出外卖服务，来抢你的生意。

立等可取型的饮品店，要体现出服务的青春气息：店铺明亮简洁，服务卫生，笑容友善平和，尽量在数分钟的服务中令客人如沐春风。其中的问候语、征询语、道歉语，可多多体现连锁店特有的规范感、亲和感。也可以向洋快餐学习促销方略，包括印刷发放周一至周四的优惠券、雨天优惠券、特别推荐饮品买一赠一优惠券等，也可以在优惠券上特别注明"节假日暂停使用，敬请原谅"等。

烘焙中的"真锅咖啡"

我们当然可以给自己许多不喝咖啡的理由，比如味道太苦、价钱太高、浪费时间等等，但一位台湾退伍军人开了一家又一家的咖啡馆，并获得了巨大的成功。

【小店淘金成功案例】

真锅咖啡像星星之火一样，从上海、苏州、长沙、南昌、杭州一直蔓延到大连。在内地，真锅现在有 30 家连锁店，一家店的日营业额在 6000 至 20000 元人民币之间。1996 年底，真锅在台湾已经有 70 多家店了，张振德感到在弹丸之地的台湾发展空间有限，便决定去上海开店。1998 年 1 月，真锅的第一家店在上海华亭路艰难开张，很快就赢得了上海人的认可。真锅在当时的上海可谓一枝独秀，它孵化了所谓的"洋咖啡"这个市场。

真锅刚到上海的时候，曾经在很多地方发放免费的咖啡券，但来喝咖啡的人寥寥无几。张振德琢磨这些人可能是担心真锅除了咖啡外，还会收取别的费用。张振德于是在店门口摆了张桌子，贴出告示，告诉客人免费咖啡券并无其他费用。到第三个月，客流量就直线上升了。

但是温和的张振德为了使自己"全民咖啡"的主张不走样，在加盟连锁方面却有着自己强硬的标准：不接受那些做过咖啡的人加盟，因为做过咖啡的人都有一个已经定型的观念，很难教，不能按照真锅的方式去做；不接受很主观的人，因为他们想法太多；不选择做过制造业的人加盟，而选做过服务业的人，因为他们有热情。

像大多数成功的台商一样，张振德做事的风格是稳扎稳打。在张振德的计划里，当在内地开到100家连锁店的时候，投资建一个大型的烘培厂，并着手上市，就像1992年的星巴克那样。

【小店前景分析】

经营咖啡馆作为一种富有情调的行业，备受时尚人士的欢迎，在赚钱之余还能兼顾生活品位的追求，的确是两全其美的选择。所以，许多初涉商海的文化人喜欢经营咖啡馆，使咖啡馆具备了丰厚的人文气息，从而让咖啡馆更加吸引人。事实上，目前国内大、中、小城市都兴起了经营咖啡馆的热潮。

如果你也想开店，不妨试试开咖啡馆。那么，怎样才能得心应手去经营一家不失品位的咖啡馆呢？

咖啡馆是零售行业的一种，零售业是商品转到消费者手上的最后一个环节，由于各种经营条件和内容的不同，产生各种专门店铺，销售内容包含了衣、食、住、行、娱乐等各种生活相关的商品。咖啡馆属于食的范畴，但主要目标却是娱乐的范畴。由于与消费者直接接触，所以有关咖啡的消费意识与消费结构的变迁，都可以反映在咖啡馆的经营之上，因此，对于消费者生活形态的了解以及确定顾客对象是开店的前提。

适当的地点是选定咖啡经营的关键，如果一家咖啡店能选址适当的话，则经营的成功率在70%以上。咖啡馆的销售原则，就是要在能够充分吸引顾客的场所设立店铺。尤其是小规模的咖啡馆，更应当注意地点的选择，这将是咖啡馆成功的出发点。

在咖啡馆里，不管是哪一种咖啡，假如价格定得偏高，或是品质欠佳、存货量不够多，就立刻会影响销售，自然更不容易增加固定顾客了。在咖啡馆的经营上，不但要面临地域内各咖啡馆的竞争，更要面对各种商店的竞争，所以"咖啡的美丽"便成为了商店成功的基础。

最直接的，就是咖啡馆的服务人员在等客时，要有优雅的姿势，且注意服装、化妆等仪表；接待顾客之际，要有适当的表情、态度及合宜的应对。所有服务员都要具备丰富的咖啡知识，适时为顾客做说明，同时还要具备商谈能力。还有，店铺内部的装潢设施、有魅力且具美感的吧台陈设，以及店铺的照明等，都要有效运用，并进一步加强广告媒体的宣传效果，并提供各种服务设施。总之，咖啡馆的服务能力必须动用人、设备、便利等种种因素。

冰淇淋店——夏日清凉好去处

当一年四季都可以吃冰淇淋，当时时刻刻都可以吃冰淇淋，当男女老少都可以吃冰淇淋……如此巨量的消费意味着什么？

【小店淘金成功案例】

高中学历，简单的人生经历，一个瘦小的女孩却进入了《东亚财富人生》的视线。因为她一年就赚了20万，赚钱的方法只是卖简单的、人们都司空见惯的冰淇淋。这个女孩叫刘伟丽。

2000年，刘伟丽高中毕业，无论家里人怎样劝说，她就是不想读书了。随后，在家人的安排下，她到哈尔滨一家物业公司上班。刚开始上班，面对新鲜的一切，19岁的刘伟丽觉得很开心。但是，一年半后，她觉得工作单一、缺少创意，便决定辞职，打算自己做点买卖。做点买卖是一个简单的想法，但这个想法实现起来却是波折多多。她想开美容院，想开家小型超市……但由于种种原因，又过了一年半后，她仍闲在家里。一个偶然的机会，一同逛街的好朋友请她吃冰淇淋，看着从冷饮柜里打出的冰淇淋，她忽然想起了爷爷闲置多年的制作冰淇淋的"秘方"。可以买机器自己制作冰淇淋卖啊！随后，她开始在哈尔滨的各个地段奔走。多方考察后，她认为冰淇淋适合在人员流动比较大的地方销售，就决定把销售点设立在各大超市的入口处，当时这些地方还没有人卖冰淇淋。选择的第一个地方就是哈尔滨某国际连锁的大型超市。

第一次来到超市的招商部门就吃了闭门羹——工作人员告诉她，想要进入超市，企业要至少有100万至200万元的固定资产，她所经营的这个项目太小了，不适合！她没有灰心，只要有时间就到这个超市"软磨硬泡"。同时，她办理了一系列的手续，包括营业执照、卫生许可证等。终于，当她第20次来到这家超市，把用一个档案袋装着的证件摆在工作人员的面前时，他们松口了："这样吧，两天后你再来，我去带你见我们的负责人。"随后，她把机器搬进了这家超市。在家人的支持下，她从银行贷到了10万元，作为自己的创业基金。2004年的"五一"，她在哈尔滨市的大型超市中设立的四个冰淇淋销售点全线开业，而她也真正开始了自己的创业历程。

刘伟丽自制的冰淇淋在销售过程中也遇到了不少的困难。刚开始时，顾客比较少，每个月都要赔两万多元。但是，她并没有打退堂鼓。超市内让顾客免费品尝食品的促销方式启发了她，她也把冰淇淋免费送给顾客品尝。同时她还在销售情况不好的销售点实行打折促销。就这样，她的冰淇淋逐渐有了回头客，随后她的销售网点也开始盈利了。2004年7月份时，刘伟丽看着员工每天交回的钱越来越多时，心里踏实了，她觉得自己的努力终于有回报了。但是，她没有满足这一切，而是想到要扩大自己的市场，开始把网点向哈尔滨市内的其他超市扩张。到2004年10月末，她已在哈尔滨市设立了12个销售点。

到了2005年的"五一"前，刘伟丽算了笔账，算账后，她惊喜地发现：一年的时间她不仅还上了贷款，还赚了20万元！

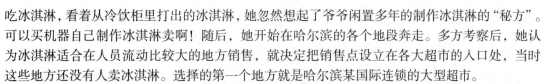

【小店前景分析】

国内冰淇淋销售行业每年的市场空间为120亿元人民币左右，行业年增长率超过了100%，行业平均利润率则接近200%。冰淇淋销售从2005年开始成为了小本创业中的热门行业。由于进入该领域的创业者很多，如何能从众多创业者中脱颖而出，就需要一套实用性很强的营销策划方案。以下是夏日开冰淇淋店的分析：

1. 冰淇淋产品定位

市场定位和目标顾客群的年龄、性别、冰淇淋口味、顾客消费心理以及文化背景有关。

a. 年龄定位：

主要顾客群的年龄分布在12~35岁之间，由于每部分人群的需求又有所不同，所以仍需要进行细分。12~18岁的人群对价格便宜、口感较好的冰淇淋感兴趣；18~25岁的人群对新鲜奇特，但价格在50元以内的冰淇淋感兴趣；25~35岁的人群对口感好、品牌效应强的冰淇淋感兴趣。

b. 口味定位：

巧克力、草莓口味比较适合25岁以下的人群；蓝莓、香草口味比较适合25岁以上的人群；纯奶油的冰淇淋更适合脑力工作者。由于主要顾客群中女性顾客占有很大的比例，所以冰淇淋的口味多以巧克力、草莓、蓝莓、纯奶油、香草、西点式、花卉为主。

c. 消费心理及文化背景定位：

选择高档冰淇淋的顾客，追求品牌、情调胜过追求口感；选择中档冰淇淋的顾客，追求的是口感；选择低档冰淇淋的顾客的目的是解暑消渴。一般消费者，包括中小学生会选择低档的冰淇淋；大学生、白领女性会选择中高档冰淇淋；高收入人群会选择高档冰淇淋。

2. 冰淇淋店选址

通常适合开冰淇淋店的地方有：商业街、商场、超市、学校附近（距离学校不超过1000米）、校园、酒吧、办公楼、加油站、机场、火车站、地铁站等场所。

a. 按地点划分：

商业街、商场适合开设价位在25~50元之间的冰淇淋店；超市、学校附近、火车站、地铁站、加油站适合开设价位在 3~25 元之间的冰淇淋店；酒吧、办公楼、机场适合开设价位在 50 元及以上的冰淇淋店。

b. 按外界因素划分：

店面的门口最好紧邻马路，高峰时人流量为 100 人 / 小时，车流量为 200 辆 / 小时为最佳。店面最好选择距离美容店、服装店、首饰店、超市不超过 500 米的地方，因为消费冰淇淋的主要人群是女性，冰淇淋店设在附近可以吸引目标顾客。

c. 按店面朝向划分：

店面门口的方向最好是朝南面或是东面，一是白天时，南面的光线明亮，而且光照时间最长，容易吸引顾客目光；二是多数顾客逛街时习惯朝右面看 (朝东侧看)。

3. 冰淇淋定价

冰淇淋属于非必需品，价格因素成为人们消费它的一个主要因素。价格和经营者所处的区域、目标市场、冰淇淋口味、设备相关。

a. 根据目标市场定价：

县级城市、城乡接合部等区域，产品定价不易过高，在 5 元以下较宜。地级城市和西部的部分省级城市，产品定价应为中档 (15 元左右)。直辖市、省会城市的冰淇淋定价就相对较高，一般在 50 元以下。高档商务区中的冰淇淋定价最高 (50 元以上)，商业步行街中的冰淇淋定价为中档 (25~50 元左右)，校园门口冰淇淋定价最低 (5 元以下)。在女性用品店铺集中区域开设的冰淇淋店，定价在 25~50 元之间。

b. 根据口味定价：

德式的冰淇淋因工艺复杂，定价普遍较高，其次是美式冰淇淋，再次是意式冰淇淋，最低的是普通的奶油冰淇淋。

4. 冰淇淋促销

a. 常用促销种类：

最常用的促销手段为体验营销 (免费品尝)、文化营销，可在两种营销方式中配合进行折扣营销。但绝不能单独采用直接折扣营销方式，因为冰淇淋属于食品，采用直接折扣方式容易让消费者感觉冰淇淋质量有问题，或是原材料过期。间接折扣方式则是一个很好的促销方式，如进行套餐组合等。现在这种方式是餐饮业中比较流行的一种做法，做得较好的是肯德基、麦当劳。

b. 按冰淇淋品种促销：

新奇特的冰淇淋适合用体验营销方式促销，高档冰淇淋则适合采用文化营销方式，中档冰淇淋店适合推出套餐促销方式 (如家庭套餐、情侣套餐、学生套餐等)，低档冰淇淋店适合采用捆绑促销方式 (如买一送一)。

另外，食品领域的体验营销多以免费品尝的形式出现，通过让消费者免费品尝食品，使消费者对食品有一个感官印象。文化营销则是通过店内的各种宣传 (如冰淇淋的来历、如何品尝冰淇淋等内容)，让顾客在吃冰淇淋时也能学到一些知识。

同时，冰淇淋店装修方面也是很重要的因素：

现在市场普遍销售的冰淇淋分为两大类：软式冰淇淋、硬式冰淇淋。其中软式冰淇淋是人们消费的主体，它又分为意大利式冰淇淋、德国式冰淇淋、美国式冰淇淋三小类。每种风格的冰淇淋除了名字不同，配料也不同，人们吃后的感觉也不同，因此经营者的店铺装修一定符合其销售产品的风格。

销售美式冰淇淋，店堂装修应该以自由、奔放的风格为主，使人有亲临大自然的感觉，以蓝色或绿色为基调搭配自然风景的图画，灯光一定要明亮，桌椅为明亮的金属制品；意式冰淇淋则要给人一种浪漫的感觉，让人感觉温馨，以暖色调为基调，灯光多以黄色、粉红色为主，桌椅为蓝色的塑料制品；经营德式冰淇淋时，装修则要庄重而不失休闲的味道，那里更适合一些商务人士休息，以深色图案为背景，桌椅一定要是深色的木制品。

校园附近冰淇淋店的装修中可以有一些流行的卡通图案；在高级商务区的冰淇淋店可以按德式风格装修。一般县级市的冰淇淋店装修只要明亮、干净就可以；地级市的冰淇淋店装修主要由经营的品种来决定；省会城市 (直辖市) 的冰淇淋店装修由经营的地点来决定，如商业街上的冰淇淋店装修后给人的感觉是轻快而明亮，可以起到缓解疲劳的作用。

开间现做现卖的酸奶吧

　　酸奶现做现卖，更能满足人们对天然、新鲜、营养、健康的需求，这样一来，现做现卖的酸奶吧的市场发展空间就很大了。

【小店淘金成功案例】

　　来自澳洲的 MISSMILK 品牌把正宗的天然手工酸奶的核心工艺带到中国以来，创造性地提出"手工酸奶现做现卖"的独特奶制品售卖模式，史无前例地在店面的塑造上注入了独特经营理念和产品概念，成为国内餐饮连锁行业一项创举，缔造了一片创业致富的新领域。

　　公司以不断创新来保持全国 362 家连锁店永续经营的源动力，保障了连锁店的后续服务。公司专注于天然手工奶制品的开发，设在云南的实验室不断研发出专用于手工酸奶的各种新风味的菌种，来保证每家连锁店产品口味品质如一、独一无二。新产品研发中心持续开发出特种益生菌酸奶、欧洲最新风味酸奶、手工制作奶酪，并且在天然奶制品的产品范畴内，研发出"真正奶茶"以及自制酸奶冰激凌等产品。

【小店前景分析】

　　酸奶吧是目前市场出现的经营特色手工酸奶饮品的特色饮食店，手工酸奶制作技术源于保加利亚。手工酸奶产品一般包含：天然益生菌酸奶，大果粒酸奶，鲜果粒酸奶，五谷养生酸奶，蜜豆酸奶，果冻酸奶，果仁酸奶，冰淇淋酸奶，酸奶奶昔，酸奶水果捞，等等。酸奶吧以现酿现卖的商业模式，把工厂化生产酸奶的专业程控设计成简化智能控制，可生产搅拌型和凝固型酸奶。生产过程集自动灭菌、自动恒温发酵及酸奶冷藏于一体，不需安装，只要接上电源就可，使用方便。所产酸奶新鲜自然、口感浓香、口味可调，绝不用添加任何防腐剂、增稠剂、香精和色素，饮之安全，喝得健康。

　　酸奶吧的产品定位在天然健康上，一经运营就迎合了消费者对健康的需求和新颖时尚的追求，也给加入这一行业的投资者带来了巨大财富。

开家保健果冻店

　　果冻因其热量低、脂肪低，被视为健康的减肥食品，已经不再仅仅是儿童的零食，成人消费正日益增多。

【小店淘金成功案例】

　　淄博市张店区西二路上有一家果冻屋小店。让人好奇的是，这家店里经营着各种用果冻做成的蛋糕，让人耳目一新。在这家不大的店中，形状不同、颜色各异的果冻摆满了橱柜，价格从 1 元到 58 元不等，吸引了众多青年男女前来购买。王秋云就是这家小店的女老板。

　　来自淄川的王秋云在淄博的一家大学毕业后，学会计专业的她在张店一家手机公司做起了市场督导的工作。2005年10月，她出差到济南，在逛街的时候，她发现了一家正准备开业的果冻屋。没想到，这次无意中的发现让她走上了人生中的另外一条路。

王秋云用了3天的时间就学会了制作果冻，然后，她就帮着别人在济南开了两家店，经营状况还比较好。这样，她一方面做手机市场督导工作，一方面替别人打工。后来，她赶回淄博开始了自己的创业之路，选择了做"果冻屋"的加盟店。

2005年12月16日，王秋云的Q果冻屋开业了。结果让王秋云喜出望外，开业第一天就是开门红，当天就卖了666元。

果冻屋逐渐进入正常的运行轨道以后，她还尝试着针对当地市场情况作相应的调整。例如，总公司规定的会员积分制度，分数比较高，会员们要积累好长时间才能达到一定分数而获得奖品。她则根据淄博当地的消费水平，适当降低了积分，让会员们比较容易就能达到一定分数而获得奖品。

【小店前景分析】

根据对北京、上海、广州、成都、西安五大城市儿童消费市场的调查，有60%的儿童表示平时爱吃果冻，近三成的儿童家长经常购买果冻，其每年在果冻上的花费超过百元。随着人们生活水平的提高和消费观念的改变，"自然、营养、卫生、安全"已成为人们生活消费的潮流。果冻市场的潜力是非常大的，特别是保健类果冻目前在市场上比较少，符合现代食品的发展潮流。若企业生产经营得当，市场开拓有力，必将具有非常广阔的市场前景。

果冻的生产设备和工艺流程简单，原料来源广，是个投资小、风险低、利润高，见效快的项目。

DIY蛋糕店，制作独一无二的爱

虽然市场上的蛋糕屋都尽可能地推陈出新，迎合大众，但仍然无法达到独一无二的效果。DIY蛋糕店就轻松解决了这一难题，让顾客自由发挥想象和创造力，亲手为朋友、家人制作出独有的蛋糕，无疑更具吸引力。

【小店淘金成功案例】

有这样一家DIY蛋糕店，顾客花几十元就可以自制蛋糕、饼干、巧克力等。这家DIY蛋糕店店主罗会超是位26岁的小伙子。他之前曾在上海从事机械制造工作，月收入四五千元。上海那种DIY点心店生意非常火爆，他在武汉读书时也在DIY蛋糕店里做过兼职，于是决定尝试在十堰开家这样的小店。

他投资开店时，遭到父母的强烈反对。但他通过做前期市场调查，发现十堰还没有这样的DIY小店，而且很多年轻人都非常喜欢这种DIY的方式，于是拿出几年的积蓄，开了这家蛋糕店。

前期投入花了5万元左右。临街店铺租金太贵，因此选择在租金较低的写字楼。开业前期发传单，在网站论坛发帖，在媒体做宣传，结果到6月份正式开业效果还不错，第一天就接待了25位客人。

虽然很多顾客注重的是体验的过程，但蛋糕的口味却是吸引回头客的关键。在这里，所有原材料都是专门从武汉购买的，做完后口感好，顾客都愿意再来。因此，留住熟客对蛋糕店的经营非常重要。

根据蛋糕尺寸不同，制作价格从60元至150元不等。蛋挞、饼干、比萨以及巧克力的价位一般在百元之内，顾客可以根据自己的意愿设计制作。顾客在这里可以自由发挥创造力，从最基本的面粉选择、配料搭配以及最后的成品制作，他都亲自教授。

由于店面太过隐蔽，目前都是靠回头客及朋友介绍顾客。现在上午顾客较少，他就到幼儿园、企事业单位跑市场发传单，陆续引来一些顾客。一般情况下，一天能有 5~6 名顾客，最多时能接近 30 人，销售额最高能达到 2000 元。

【小店前景分析】

每逢生日，总有一份礼物是必不可少的，那就是生日蛋糕。顾客除了追求蛋糕的美味，还喜欢新颖又特殊的造型，然后在蛋糕上写下对生日主角的美好祝福。但是每间糕点屋所能提供的蛋糕款式毕竟有限，难免让人觉得千篇一律欠缺新意。DIY 蛋糕店的出现正好弥补了这一遗憾，在这里顾客可以依据喜好来表达自己的心情和美好祝愿，蛋糕造型或稳重或调皮，或可爱或搞笑……风格各异，摆脱了有限的设计空间，还能亲自为朋友、家人制作礼物，实在是一件非常有意义的事情。

DIY 蛋糕店店址应该选择环境不是很嘈杂的地段，虽然不一定选择临街的铺面，但也要尽量避免店铺位置太过隐蔽，那样不仅增加了日后的广告宣传成本，也削减了一定的客源。店面装修风格不宜过于沉闷或单调，DIY 本就应该在有灵感的环境中发挥，如果店内的色彩太单一了，势必会让顾客无法发挥想象力。店内一定要保持干净卫生，根据自己的经济条件，可适度安排店内的工作人员数量，店面不大的话，一般 1 至 2 位专业的蛋糕师傅即可。店内可以兼营休闲饮品，布置一两张休憩桌椅，以便制作 DIY 蛋糕的顾客休息聊天。

零食店的经营之道

如今，零食已经逐渐远离以前少、土、脏、差的形象，也不再是街头上小打小闹借以糊口的小生意，所以，食品的卫生与保鲜问题也是要特别注意的，优质的商品才能赢得消费者的喜爱。

【小店淘金成功案例】

张先生来自江西。他几年前来上海工作后，就产生了转行的想法。当时同许多上海人接触后，发觉他们尤其是女白领和小孩子，都非常喜欢吃零食。当时，张先生就产生了开家特色零食店的想法。

在张先生的这家"味道"小零食店里，商品种类多达近百种，涉及的厂商有 20 多家。张先生一般每两个月都要到厂商那里拿一次货。同时，张先生也要求店员以热情的服务态度对待每一个顾客，顾客觉得满意，自然一传十、十传百，好的口碑就是这样树立起来的。

经营了近两年的零食店，张先生总结了一些自己的经验：零食是主食以外的补充，应付的都是些"嘴刁"之人，所以一定要从口味上反复下功夫、做测试。零食越是奇怪，买的人越多。买零食的大部分都是女性和儿童，他们都有强烈的好奇心，尤其对产品、口味的多样性、独特性要求非常高，所以在进货的时候，要特别针对女性和儿童的消费心理来选择。

其次，好的外包装是刺激购买欲的一大法宝。妇女和儿童对颜色都较为敏感，外包装精美，可以提高产品的附加值。

此外，一个产品的生命周期较短，所以，零食店要尽可能多地推出一些有市场潜力的新产品，以产品的变化来满足消费者需求的变化及喜新的心理。

最后，利用节假日来扩大市场占有率，是个很好的销售方式。虽然说零食消费无明显季节之分，但是，销售的高峰期还是相对集中的，就是春节前后、五一、六一、国庆，还有平时的周末。一般厂家会在春节前后的两个月时间里派促销员驻场促销。同时，巧克力等部分糖果的季节性较为明显，夏天销量低，而一进入凉爽的季节，销量便上升得很快。还有每年的 2 月 14

日情人节前后，巧克力、糖果类的产品销量会翻好几倍。

【小店前景分析】

如今的零食越来越丰富，光看包装就能让你垂涎三尺。漫步街头，人们随处可以看见专营零食的连锁店。这些食品随着现代人越来越"刁"的嘴，而不断向风味型、营养型、享受型方向转化。零食消费势头强劲，因此，休闲食品被认为是 21 世纪的市场热点产品。

那么，开一家零食店一般需要多少投资呢？

一般情况下，投资为店面＋装修＋人员＋水电＋日常支出，当然，最大一方面就是你的产品支出。在上海这个寸地寸金的城市，如果你有自己的门面，那会省去很大一笔开支；如果是租房的话，尽量直接找房东租，不要租那种二手或几手的房子。一般房租大概 5000~10000 元／月，具体取决于你房子的大小和地理位置优越与否。简单的装修，需 3000~5000 元。各项营业手续的办理费用 1000 元左右，包括营业执照、卫生证、税务证等。然后是人员的雇用，一般情况 2 个员工足够，人流量大时可以招聘兼职者。最后就是你第一批进货的费用，具体看你小店的定位和你要经营的产品。

在这里有几个建议：你可以经营一些特产，像梨膏糖、五香豆、北京乳腐、凤尾鱼罐头、上海水蜜桃罐头等，同时也可以经营一些时下流行的，比如无糖食品，以面向糖尿病患者、高血糖者以及现在越来越追求生活质量的都市人群，满足日益扩大的市场需要。

当然，休闲食品店一旦开起来，就要承担一些风险。这里由专家为创业者罗列了一系列注意事项：

1. 开店伊始不要只想着做大做好。大规模经营应建立在自己有那个经济实力和管理经验的前提之上，如果你这些都没有或者说条件不成熟，建议你从头踏踏实实做起，如果单纯盲目地想做大，承担的风险也会更大。

2. 休闲食品店选址很重要，装修很重要，货源很重要，食品安全更重要。不仅仅要努力把自己的食品推销出去，还要赢得客户的口碑，吸引更多的回头客，这样才不会变成"一次性买卖"。

3. 休闲食品店店面是否整齐干净、食品的口感、价格、服务热情与否，这些都是与同行竞争所要注意的。人人都想买物美价廉的产品，如果你做不到物美价廉，那就让自己的服务变成吸引顾客来的理由。这样不仅赚了钱，也赚得了人气，为长久的发展做了铺垫。

4. 切忌盯着一个顾客纠缠不放，喋喋不休介绍个不停，一般推销都讲究适可而止。

5. 不要当着顾客的面训斥店员或争吵，美好的购物环境会大大提升你的营业额。

风味板栗店，四季都赚钱

江汉美食文化节上，吴记风味板栗在武汉新老美食品牌中独占鳌头。一周的时间，卖了3000 斤，净赚 3000 余元，而打响"风味板栗"品牌的，是一对下岗夫妻。

【小店淘金成功案例】

1992 年，吴天祥夫妻双双下岗，家中一夜之间断了所有经济来源。而此时，5 岁的女儿在幼儿园里德、智、体全都优异，尤其表现出极大的舞蹈天赋，幼儿园老师对他们说："你们为姑娘投些资，进行专业训练，一定能成大器。"

当时，武汉体育馆招收幼儿体操学员，并且相中了他们女儿，可面对上万块的入馆费用，他们无能为力，至今愧憾。

为此，夫妻俩当年就在原新华明渠菜场盘了个店面，加工风味板栗。他们起早贪黑忙活，并且暗下决心：为了女儿更好的发展，一定要积聚资本，做出个名堂。2003 年，他们的小店搬迁到万松净菜市场他们的风味板栗之所以能畅销，完全是他们夫妻几年来靠诚实经营而出名的。

在开店之初，他们每天早上 4 时起床，将进回的罗田精选栗子去粗取精，并按大小形状细心分类。此外，加工也有讲究，需温火加工，放进装有粗沙和糖稀的锅内翻炒，没有开口的栗子作为"闷头板栗"归一类，开口栗子归一类。根据顾客的口味，分别加以蜂蜜、糖稀，或保持原味，适应不同口味人群。

由于吴氏板栗火候适宜，细心制作，当地居民无不爱吃，每天可以卖到一两百斤，一传十，十传百，吴氏风味板栗由此名闻三镇。

【小店前景分析】

在清代，糖炒栗子被称为"灌香糖"，在北京还流传着旧时咏糖炒栗子的诗句："堆盘栗子炒深黄，客到长谈素酒尝。寒火三更灯半施，门前高喊灌香糖。"而今，它更成为北京传统的休闲食品，尤其是秋冬时节，北京人更喜欢吃刚出锅、烫嘴的糖炒栗子。糖炒栗子虽说是老北京的零食，可现在是很多人都喜欢吃，有的人还把糖炒栗子带给亲朋好友，甚至带到国外去，当做上品送人。糖炒栗子吃着好吃、剥着容易，可是这里的学问可大了。

随着人们生活水平的不断提高，糖炒栗子已经成为人们茶余饭后、外出游玩、馈赠亲友的首选小吃。在南方一些城市，糖炒栗子已经进入了咖啡屋、练歌坊、水吧、茶座等一些休闲娱乐场所。由此可见，糖炒栗子的市场前景还是非常乐观的。

小奶茶店中的大生意

小奶茶店资金投入小，技术含量低，但市场易饱和，资金回收期较长，所以资金较紧张的投资者应谨慎投资。

【小店淘金成功案例】

仅卖一元一杯的珍珠奶茶每杯的纯利润为 0.2~0.3 元，若每天卖出 350 杯，除去成本，每天至少有 40 多元进账。小本生意以小搏大，这其中的"生意经"也只有精明的生意人读得懂。

徐先生从 16 岁开始经商，曾在上海等地做过钢材以及海鲜生意，2004 年 12 月，他从家乡苏州来海南做海鲜生意，由于成本控制不当，半年多时间就让他亏了 20 多万。投资海鲜失败后，徐先生把眼光投向了投资小、获利稳的小本生意。一次偶然的机会，徐先生发现海口一些繁华路段一元一杯的珍珠奶茶颇有市场，经过多方打听，他得知在诸如解放西路这样的繁华路段，正常情况下不足 20 平方米的珍珠奶茶小店，每天的销售额却大得惊人，生意看起来小，但销量相当有保证，长期赢利也比较乐观。

经过近一个月的市场考察以及准备后，徐先生的第一家珍珠奶茶店选址在人流量较大的第一百货附近。经过短短几个月的发展，现在他的第 5 家店已经在明珠广场附近开业了，店面面积只有 18 平方米，地方虽小，但生意红火。

徐先生的铺面月租为 1300 元，每月的水电费用为 600 元左右，原料每月支出在 150 元左右，税费以及两个员工工资等每月支出大约在 1400 元左右，每杯奶茶的包装费用为 0.1 元，如果一个铺面每天的销售额约在 150 杯以上就可以保本，保本后每杯的利润大概有 0.2~0.3 元。

徐先生的珍珠奶茶店面虽然不大，但铺面门前有两张桌椅供消费者歇脚。现在，读懂了奶茶"生意经"的徐先生的生意已经越来越红火，店面已经发展到 5 家，且第 6 家开业也在积极筹备中。

【小店前景分析】

一元一杯的奶茶店分布较灵活，价格实惠、购买便利，且在卫生方面又比街边的流动小摊点有保证，尤其受广大年轻消费群体欢迎。同时，由于其资金投入小、技术含量低，进入门槛比较低，市场易饱和，一旦市场过于饱和会出现都"吃不饱"的情况。

根据经验，奶茶店要尽量在人流量比较大的路段，尤其是在年轻消费群体比较集中的学校、成规模的小区以及超市附近为佳，如果路段较好，每天 300 杯销售额可以保证。此外，小买卖打的是精细算盘，铺面不能太大，面积一般不超过 20 平方米，尽量节约投入。

开家酒吧——张扬个性，写意人生

作为西方酒文化标准模式，酒吧越来越受到人们的重视。开一家独具个性的酒吧，更能吸引都市新人类。

【小店淘金成功案例】

罗小姐原是一家幼儿教育机构的负责人，2005 年 3 月，在深圳市罗湖区人民北路投资 40 万元开设了这间专为年轻白领提供交友联谊的名为"人民大道"的青年白领交友酒吧。由于定位明确，特色鲜明，目前，这间面积不到 300 平方米的小酒吧每月营业额保持在 15 万元左右。

说起开这间白领酒吧，罗小姐说纯属偶然。最初只是想找个朋友聚会的地方，后来酒吧变成了一个青年白领自由交友聚会、为年轻朋友们牵线搭桥的免费相亲的场所了。更重要的是，罗小姐这项偶然的投资变成了一个回报丰厚的投资项目。目前，罗小姐正在根据顾客及市场的需求，在市内筹备开设加盟分店，将这一模式在全市加以"复制"推广。

罗小姐所开的酒吧中，成本支出主要是装修费用；占据第二位的就是房租；人员工资、维护费用紧随其后。据了解，在深圳市内，之所以新的酒吧在不断增加，是因为仍有利润在里面：如果一家酒吧有特色，名声和品位在外的话，一天的现金流水最低也在几千元，最高时可以达到几万元。据罗小姐透露，深圳一些经营得好的酒吧，一年能挣上百万。

罗小姐把自己的酒吧定位于青年白领自由交流场所后，对所有入场女士实行免费消费政策，这样就吸引了一大批白领女性消费者。这些白领女士的加入，吸引了更多白领男士到酒吧消费。目前酒吧的主要顾客群体为年龄为 22~35 岁的未婚青年白领阶层。由于酒吧会经常组织一些交流联谊活动，这无形之中为渴望交流的都市年轻人提供了一个非常好的免费交友平台，所以非常受这些青年白领欢迎。开业至今，酒吧的五间包间几乎天天客满，消费还需要提前预订。

【小店前景分析】

无论是周末还是平时，泡吧是许多城市年轻人的一种生活方式。越来越多的年轻人选择到一些特色酒吧去消费。一间有特色的酒吧，不在于大，而在于精：有特色的音乐，有特色的表演，有特色的氛围，有特色的活动，自然也就火了酒吧的生意。

1. 市场潜力

酒吧是城市休闲文化的组成部分，也是衡量城市休闲文化发展水平的一把尺子。无论是周末还是平时，泡吧是许多年轻人的一种生活方式。

在我们周围也有许多酒吧相继建成，然而，酒吧市场饱和了吗？答案是否定的。

2. 目标客户

外籍人士、留学生：他们已经习惯了酒吧的消费环境，所以身在异乡的他们自然需要这样一个地方供他们消遣。

艺术家及娱乐圈人士：他们有钱而且有情调，喜欢这样一种休闲娱乐的生活方式。

现在市面上还出现了一些电子酒水设备，如快速酒架、酒吧枪、苏打水枪等，你不妨也添置一些以提高工作效率，为客人提供更满意的服务。

3. 几种基本的酒水配置

烈酒：干邑白兰地酒、威士忌（包括苏格兰、美国波本、加拿大和爱尔兰四种）、金酒、老姆酒（包括黑老姆酒和无色老姆酒）、俄得克酒、墨西哥产特其拉酒。

利口酒（就是容易入口的酒）：咖啡利口酒、百利甜酒、君度甜酒、白律两色薄荷甜酒、白棕两色可哥甜酒、加利安奴香草甜酒、圣勃卡利口酒、杏仁甜酒、杏子白兰地酒、当姆香草利口酒、杜林标利口酒、樱桃白兰地酒、鸡蛋黄白兰地酒、香蕉甜酒、黑醋栗甜酒。

开胃酒和葡萄酒：味美思或称苦艾酒（包括干性味美思、白味美思和红味美思三种）、苦味酒、大茴香酒、本酒或波堤葡萄酒、雪利葡萄酒、香槟酒、含汽葡萄酒、干白葡萄酒、干红葡萄酒。

果汁：橙汁、菠萝汁、西柚汁、苹果汁、番茄汁、柠檬汁。

此外，酒吧还会提供一些其他的饮品，如啤酒、碳酸饮料、咖啡、茶、牛奶、矿泉水。

4. 经营策略

要想开一家成功的酒吧，一定要有自己的特色。你可以从装饰和音乐风格的选择方面设计自己酒吧的特色。

装饰风格。你可以利用废弃大巴士设计一个有着汽车文化主题的"汽车酒吧"；如果你对足球比较痴迷，也可以开一家与足球相关的"足球酒吧"；能在里面看电影的"电影酒吧"也是一种比较不错的选择；你还可以设计一种充满艺术情调的"艺术家酒吧"等。

音乐风格。你可以选择从头到尾播放的都是摇滚音乐，让人疯狂起舞的酒吧；也可以专门为一些音乐爱好者创造一种比较有品位的情调，这就需要配有专业级音响设备和最新潮的音乐CD，最好是经常有乐队表演。

开家本小利大的爆米花店

爆米花是传统的休闲食品，受到很多人的青睐。开设一家爆米花店，自制爆米花，生意绝不会差。

【小店淘金成功案例】

1998 年春，李卫东下岗，女儿呱呱落地，妻子因为生孩子转掉了服装店，全家的生活只能靠每月 230 元的下岗补贴和父亲的退休金。

为了干一番事业，李卫东筹资建厂生产汽车内胎。1999 年 5 月，轮胎厂投产，但不到一年，工厂被迫关门。因为新型轮胎面世，根本不再需要内胎。刚刚下海的李卫东被"呛"走了十多万元。

在两手空空、负债累累的情况下，李卫东依然咬牙赚钱偿债养家。在延安路露天摆摊卖日用品五六个月，让他开始平静地寻找新的商机。这个时候，高压锅爆米花的技术从南方传到青岛。李卫东仔细分析一番：与传统的技术相比，新办法省时、省力，又环保卫生，并且投入非常少，只要加口锅、加个煤气灶就能开张。

从此以后，他的货摊旁增加了一口用老高压锅改造的锅。开张第一天，卖了 50 多锅，一锅两元钱，一天下来也能赚 30 多元！此后，爆米花每天的销量直线上升，从 50 多锅到 60、70、80 锅……2000 年 4 月，李卫东果断放弃杂货，专营爆米花。当年 6 月，他花了 3000 元租下了延安路 142 号的一个几平方米的小店面，开始搞专卖。

李卫东的爆米花一开始叫"李家爆米花"，2002 年春节前，由于店面附近要修路建桥，担

心拆迁之后没人认识，他找人起了个好听的名字——"帅香"。他解释说，"帅"是好看，"香"是好吃，放在一起就是又好看又好吃。"帅香爆米花"每天能卖出七八百锅，连锁店也发展到5家，每月平均营业额达到了6万多元。这样，李卫东不仅还清了身上的债务，而且颇有一笔积蓄了。

【小店前景分析】

任何人都不要小看卖爆米花这个生意，它同样可以使你赚取不少金钱。而且，这门生意保险系数高，操作技术也简单，任何人都能在一两天内学会。

一套制作爆米花的设备约需1000元，包括加热装置、加压锅；若是土设备就更便宜，只需一个球状铁锅、一个小火炉即可，完全可委托手工作坊制作，费用约数百元；微波炉约需700元。

爆米花店的选址，最佳地点是公共汽车站和中、小学校附近，其次是电影院、市场、交通要道和购物中心旁边。

爆米花店面积约需5~7平方米。店内装饰以微微发亮的米黄色为佳，这与爆米花颜色相似，彼此相映成趣。店内灯光须明朗，店主最好穿颜色为米黄色的工作制服，以达到与装饰色调相和谐的目的。靠近街道的位置可摆放一个小货架，将包装好的爆米花置于货架上最显眼之处。最好在店内设一台风扇或换气扇，让爆米花的香甜气味四散开去，因为新鲜的香味是吸引顾客上门的招牌。现做现卖的爆米花店在双休日和节假日是买卖最旺的时候，另外，每年寒假、暑假逛街的学生明显增多，爆米花销售也会很红火，经营者宜购进充足的原材料，以应付剧增的需求。

一般来说，小本买卖是以销定产，即在销路未保证的情况下，尽量避免积压，爆米花也不例外。但经营者不能过分保守，不要仅局限于店面经营，你可以与附近的杂货店、副食品店、面包糕点店或小商贩协商，让他们代销爆米花，收益按比例分成。这样，你的销路扩大了，销量也大增，利润虽有所降低，但销量的增长将抵消这种影响。爆米花是一种膨化食品，质地松脆，容易消化，多吃些不会伤胃，主要品种有大米花、玉米花、高粱花、黄豆花、小麦花和糙米花等。把原料外表覆以糖、奶后，又可以制成不同口味的米花。上面所提的使用不同原料（大米、玉米、高粱、黄豆和小麦）的爆米花，可加糖烘制，也可不加糖烘制，经营者可以根据需求来取舍。如大米烘制的米花，按照中国人的习惯多为加糖制成条块状。从西方传入的爆玉米花，最常见的是不加糖就直接烘制，制成后用纸袋一装就可出售。经营者可以如法炮制，也可以尝试加糖、加奶烘制，或加其他味料，推出多种口味的爆米花。

为了推陈出新，经营者甚至可以推出咸味米花、怪味米花、奶油米花等国内尚不多见的品种。为了提高赢利水平，爆米花店还可以用微波炉烤制马铃薯即食小吃，其制作方法很简单：将马铃薯（或番薯）带皮洗干净，放进微波炉中烤酥后，挖去中间部分，加上配料（如乳酪、花生酱、香蕉片、辣椒酱、熟肉片或鸡蛋等）再放入微波炉烤烘两三分钟即可。做这种东西，整个过程不到五分钟。一把米经爆炒后体积可膨胀数倍，一大包爆米花也仅仅是一两米而已，成本仅为0.3~0.4元。

爆米花的销售利润应有60%，马铃薯即食小吃销售利润为50%左右。春节及寒暑假每天赢利会增加更多。

开家特色"水吧"

特色"水吧"是专卖饮品的小店，这样的小店不需要很大的空间，却要有自己的特色。

【小店淘金成功案例】

夏日里，酒吧和咖啡屋并非每个人都会光顾的地方，而街头巷尾一间质朴、优惠的特色"水吧"一定会成为许多人钟爱的去处。"水吧"里除了提供清凉的饮品外，还提供新鲜的各色糖水，它满足了一些忙碌了一天的人们休息、聊天的需要。

许多人都认为开间面向白领阶层的酒吧或咖啡屋一定会有较好的收益。但廖先生却凭着会调制各色糖水的手艺，在自己的努力和家人的支持下，开创了面向中低层消费者的特色"水吧"。

在广东土生土长的廖先生通过对朋友的问询和自己的观察，看到了面向中低层消费者的特色饮品小店有市场，于是凭着从父辈手中学得的调制各色糖水的手艺，在投资创业的热潮中，开了间"水吧"。恰逢中大北门改建不久，北门口的牌坊被列为广州八景之一，吸引着众多的游览者，他便将自己的"水吧"选址在中大北门附近。

刚开始时，店铺虽然不是很大，但被他装饰得质朴、自然，内部长长的玻璃窗，素净的白色桌台，黄色的椅凳，远远望去便给人清凉、充满活力的感觉。"水吧"的服务人员也全是廖先生的家人，如今他已经将糖水交给自己的女儿调制，自己则负责进货，保证各种饮品和糖水用品的新鲜。"水吧"提供制冷汽水和各种果汁，而糖水的品种丰富，像普通的绿豆沙、红豆沙、马蹄爽、西瓜汁、苹果汁以及特色香水百合、深海椰汁等，都清凉可口。有的时候，碰到老顾客，根据他们的需求，廖先生还会亲手为他们调制一杯。"水吧"里的各种饮品的价格都比较经济实惠，糖水的定价为每碗 1~3 元。

看着自己的"水吧"越做越好，廖先生说他开始想再找个合适的地址多开一家。酒吧和咖啡屋并非每一个人都敢轻易迈进的地方，特别是夏日里，忙碌了一天以后，很多人都希望找个清凉的地方，喝点东西静静心，或和朋友聊聊天。"水吧"质朴、自然的环境、实惠的价格便满足了中低层消费者的这种需求。

【小店前景分析】

忙碌了一天的人们下班后来到小"水吧"中，一边喝着爽口的饮料，一边和友人聊天，是一件很惬意的事情。

在当今的饮品开店类型中，咖啡厅主要是面向那些对格调与品位方面比较看重的消费群体；酒吧主要是面向那些偏重于情感交流或工作放松的职场白领；茶馆则是一个集商务休闲于一体的杂耍场所。"水吧"吸取了咖啡厅、酒吧和茶馆的休闲功能，同时又迎合了年轻人的消费心理，从而真正成为了年轻人最爱的饮品消费场所。

一般的休闲"水吧"通常都有一个显眼的外卖窗口，从而有效地弥补了咖啡馆、酒吧和茶馆的营业盲区。由于现成的茶粉、果料、咖啡粉完备待命，所以只需简单加工，美味即刻成就。投资休闲"水吧"不需要大笔的资金投入，也不用花大力气进行市场推广和经营管理。针对年轻一代这个消费群体，休闲"水吧"是一个最受青睐、见效最快、风险也最低的创业项目。

当然，开"水吧"更应该多方面考虑，这里给出一些建议：

1. 在本县、市繁华地带，店面一定要明显，最好靠近学校，因为学生接受新鲜事物比较快。

2. 开业当天可采取免费试饮等促销方式让更多人了解认识。

3. 本项目投资少，见效快，是解决就业的好项目。

四、主题餐饮店，融趣味与美味于一店

　　大街上餐厅林立，如果你的餐厅没有明确的主题，就很难吸引住顾客的目光，更别说留住回头客，因此，想要进军餐饮业并想在其中捞金的你一定要有自己的创意，比如以主题餐饮店来吸引顾客。

生日主题餐厅，要的就是专业和特色

　　现代工作和生活节奏的加快，使更多人无暇在家里自己庆贺生日。若开设一个以生日为主题的餐厅，在形式上突出生日的特色，肯定受消费者欢迎。

【小店淘金成功案例】

　　林先生在一个很偶然的机会看到一本书中的介绍说，根据概率来推算，在一个万人居住的社区里应该天天有人过生日，于是他觉得投资生日餐厅有市场，并付诸了实际行动。在选址上，林先生将餐厅选在大学城附近，主要是考虑年轻人更容易接受生日餐厅。

　　林先生的餐厅已经开了近一年，当初前期投资有近30万元。林先生的生日餐厅开业后，他在校园内做了大量的宣传，刚开业就取得了很不错的成绩。后来，由于他的生日餐厅出了名，当有学生过生日时，大都会一起来生日餐厅举行小型生日宴会。

【小店前景分析】

　　根据概率推算，在一个万人居住的社区里应该天天有人过生日，这不能不说是个潜在的大市场。生日一年只有一次，对大多数人来说，其隆重程度不亚于任何节日，其中以新生儿和老年人的生日庆祝尤甚。作为中年人，为孩子和父母搞一个隆重的生日宴会是爱心和孝心的表现。对于青年人，和好友在一起搞个浪漫的生日聚会，既增进友情又显得温馨浪漫。若开设一个以生日为主题的餐厅，在形式上突出生日的特色，肯定受消费者欢迎。

　　经营生日餐吧，关键是要足够细心。比如新生儿一周岁时，所摆设的宴席在菜品名称上要突出健康成长、前途无量等含义，要为孩子准备好寓意吉祥的小玩具和婴儿车等设施。为老年人摆寿筵，要准备好寿面、寿桃等传统的祝寿食品，菜名则要体现长命百岁等意义，环境上的装点则以万寿无疆的寓意为主。年轻人多喜爱西式的生日聚会，就应该为他们准备蛋糕、蜡烛和新奇的生日用品，还可以帮助策划生日宴会的节目。情人过生日多喜爱营造两人世界的浪漫气氛，浪漫情调的小屋、烛光下的对酌细语等是恋人喜爱的氛围。所有这些都要求经营者多了解古今中外的生日典故和庆贺形式，让消费者感到在此过生日不但有意义，还能获得知识和趣味。

减肥餐馆，健康新选择

目前的减肥物品虽然铺天盖地，然而减肥餐馆却很少见，谁能独具慧眼，捷足先登，定会生意兴隆，财源旺盛。

【小店淘金成功案例】

太原有家餐馆，专门是为减肥者而开的。该餐馆所提供的食品全部是低热量、低脂肪的食品，并在餐馆内设有免费咨询服务台，为顾客提供指导，还为顾客免费设计每周食谱或疗程食谱。顾客可根据自己的情况在餐馆订餐，也可以按照餐馆提供的食谱自我安排，餐馆甚至还为顾客提供一些减肥净菜。

由于很多想减肥的人自己并不能把低热量、低脂肪的各种蔬菜、食品烹制成美味，所以该餐馆自从营业以来，一直都顾客盈门，每年的净赢利都在 20 万元以上。

【小店前景分析】

当今社会的肥胖者越来越多。减肥成为热点，众多商家绞尽脑汁，各种减肥器材、药品、饮料，甚至于饼干、肥皂、腹带、枕头，凡是能想得到的减肥产品都会应运而生。顺应这种需求，开一家提供减肥食品的餐馆，既能满足那些肥胖者的胃口，又能达到减肥或控制体重的目的，岂不一举两得？

减肥餐馆因经营者少，定位准确，投资不大，而且物美价廉，适应大众消费需求，定能赢得消费者的青睐，只要精心经营不断创新，经济效益并不比开火锅店、美食店差。

减肥餐馆所面对的大多数是女性，所以在开这类餐馆时应始终围绕这一点，无论是选址还是店面装修，以及食物的选择和食谱的制定，都要对她们产生强烈的吸引力。一般供应的食物既要低热量、低脂肪，同时也要考虑其营养要求。为了把握好这一点，开店的一大关键就是要请一个营养搭配方面的专家来当顾问。同时也可以将这一做法作为宣传自己的突破口，使人们确信你的减肥餐馆能够达到减肥的目的，而非以减肥做幌子。

在各种减肥食物中，蔬菜应占较大的比重，所以如何将这些清淡的蔬菜做成适合客人口味的佳肴是经营的一大关键，因此要请一位"素菜高手"来为自己的餐馆掌勺。

减肥餐馆在经营方式上最好采用套餐、快餐形式，套餐搭配的种类不仅要有不同的风味，还应从科学的角度提供不同的功能，如茶肴、花肴、减肥冰淇淋、减肥套餐、健美套餐、美容套餐等。减肥套餐还应提供适合不同减肥阶段的套餐，以供减肥者选择。餐馆最好能提供就餐咨询服务，为有需要者提供指导，以进一步加强餐馆提供食品的减肥、健美、美容的效果。餐馆还可以设计每周食谱或疗程食谱，顾客可按自身情况在餐馆订餐。

彩民茶楼，谈"彩"品茗两不误

近年来，越来越多的人爱上了去茶楼喝茶，茶楼已经成为人们会友、休闲、交流情感的大众选择。其中更有独具特色的"彩民茶楼"。

【小店淘金成功案例】

成都市不少彩票销售点都是"寄人篱下"的——只在小卖部门前占据 2 平方米左右的地盘，成为一种附属经营。而成都市经华路上一彩票销售点却反其道而行之，不但以卖体育彩票为主，还开办了以此为主的副业——"彩民居茶楼"。

经华路上这一体彩销售点被当地彩民亲切地称为"彩民居"。走进彩民居，20 来平方米的铺面前，放着一台体彩销售机，墙上有序地贴着数字"6＋1"体彩、足球彩票、即开型体彩等的玩法，每期的中奖号码也被打印出来供大家参考。彩民们能清醒地看到，参考资料上印着这样一行字：电脑型中国体育彩票第 99007 期'116747＋3'第一个特等奖 300 万，与 20019 期'378642＋2'特等奖、20068 期'8823749'特等奖 500 万都在此点产生。就是因此，老彩民们把这儿称为"特奖福地"。

在此体彩销售点上配有四套桌椅，靠左墙桌上则放有干净的茶杯、茶叶以及水瓶。

附近众多彩民到此购买彩票已成为习惯，特别是每逢周二、周五，销售点上四套桌椅座无虚席，很多在此买彩票的彩民都爱在这儿讨论彩经。一些"大客户"会一次性买上千元的"6＋1"数字型体彩，当然也得在此处兑奖。只要你在此坐下，工作人员马上会为你送上一杯茶、一支笔。老顾客们已把此地当做家来看待，每期买彩都要坐下来闲谈几句，自己动手泡茶，省去了服务员的工作。

【小店前景分析】

体育彩票及福利彩票一夜之间热遍了大江南北，可无论是福彩还是体彩，怎样选号已成为人们热衷谈论的一个话题。彩票还没有一个像股票那样可以给股民提供信息参考及交流的专业化场地，这给很多的彩民留下了无奈和遗憾。随着彩民队伍的不断扩大，这种需求也越来越强烈。开家彩民茶楼满足彩民们的需求，是一个顺应市场的创业商机。

彩民茶楼除可以让彩民们有一处可以谈"彩"论"经"之地外，还可以向彩民提供一系列的与彩票相关的产品，如模拟摇奖机、彩民手册、投彩策略等。彩民们来到茶楼，除品茶之外，还能从中得到更多的彩经知识，结交彩民朋友。以茶为媒，定会受到广大彩民的青睐与喜爱。

彩民茶楼不仅供应茶点，还可复印彩经资料，租赁彩经书籍，有条件的话可以购买一台摇奖机，让彩民边喝茶边用摇奖机选号。也可邀请彩票专家、知名学者举办彩经讲座，既能提高彩民茶楼的知名度，又显得比较专业。如能得到体彩或福彩中心及新闻媒体的支持，生意则会更好。

只有"20 台"的茶餐厅

小小的茶餐厅只要做得好，也可以收获不菲的盈利，更有人从"20 台"的茶餐厅这一小型创业中获益匪浅。

【小店淘金成功案例】

香港人曾先生首次杀入餐饮业是在 1999 年。当时，他在沙田大围开了一家只有四张台的茶餐厅。当时他从来没有做过此行业，天天想着怎样做好，一年之内整个人瘦了十多斤。所幸，小小茶餐厅规模不大生意却不错。2000 年，曾先生在沙田新田开了另一家有 20 张台的茶餐厅。有了第一次的成功，第二家茶餐厅生意也不错。赚了钱的曾先生听说台湾生意好做，于 2001

年又在台湾开了第三间茶餐厅。这一次，茶餐厅的规模仍旧不大，还是20张台。2002年，曾先生杀回香港，在九龙再开一间茶餐厅，同样，茶餐厅还是只有20张台。

曾先生开店有个宗旨：一是面向大众，二是经济实惠，三是环境优雅，四是卫生洁净。香港人生活节奏快，不少人早餐、中餐并作一顿，茶餐厅与香港人的生活步子合拍，市场潜力最大。不仅如此，在茶餐厅的特色上，曾先生用尽心思，把解放初期广州不少食肆酒楼的"星期美点"改良到了自己的茶餐厅，保证每周都能有一个新创点心，抓住食客的胃。

茶餐厅要想开得成功，一定要有信誉，而"诚实"是曾先生这么多年经营下来的一大心得。为保证质量，茶餐厅的扒类和不少配菜、配料都是从香港运来，茶餐厅在香港是怎么开的，在广州也是怎么开，没有什么分别。

曾先生自己虽然是餐厅老板，但很多事情还是亲力亲为，不仅亲自检查菜式分量，更会自己亲自下厨烧菜。闲时也会坐下来与客人聊聊天，做做调查，看看客人有什么需求。

虽然只是间小小的茶餐厅，但是有品牌与没品牌差别很大。曾先生以前在香港连开数间茶餐厅的故事曾经被香港五大报刊采访，他把这些采访贴在入门显眼处，很自然就把自己的茶餐厅与其他茶餐厅区别开来了。此外，他在广州也坚持推出"星期美点"，赢得不少加分。

茶餐厅越开越多意味着彼此间的竞争越来越激烈，这时候，茶餐厅就更集中体现在比食品卫生、比价钱、比环境等方面了。

【小店前景分析】

茶餐厅的经营可借鉴快餐店的经营方式，集中餐、西餐、快餐、冷热饮品于一体，以出品快、品种丰富、价格便宜作为特色。准备品种既有粥、粉、面、烧味、卤味、汤羹、精美小菜以及油条、煎饺、糕点等中式食品，也有三明治、奶茶、热饮、什锦等西式食品。茶可准备十来种。除了龙井、铁观音等名品外，还应提供安神茶、养气茶等保健茶；果茶如柠檬茶、苹果茶等在这里也应备齐。

茶餐厅的设计要简约，要用明亮洁净的店堂来吸引顾客，靠着马路的一侧要装上大型的落地玻璃，不仅让顾客看到繁华的街道，而且要让行人看到典雅大方的店堂。环境、灯光要配合桌椅的颜色，应有淡淡的暖色调，再播放淡淡的音乐，让人有一种温馨的感觉。店中可准备一些报刊杂志，使得客人落座后可随意翻阅。与快餐店相比，中国人会更喜欢茶餐厅这种环境，因为毕竟有些文化传统的延续。

茶餐厅可以采用开放式厨房，让顾客看到食品的操作过程。全部使用一次性餐具，员工统一着装，这样才能显得干净卫生，让顾客放心用餐。茶餐厅不仅要成为人们叙旧和洽谈生意的场所，还要推出特惠套餐，方便工薪族和学生。服务也很重要，顾客进店即奉送一杯免费热茶，要让人有宾至如归的感觉，从而吸引回头客。

伴着咖啡香的书屋

咖啡书屋是集书店、出租店、图书馆、音像店、报刊吧、话吧和饮料吧等于一身的综合性休闲场所。

【小店淘金成功案例】

走进王久胜咖啡书屋，一股浓浓的书香伴着咖啡香迎面扑来，柔柔的音乐飘入耳鼓。环顾四周，2500种图书被"往事如烟"、"成功之路"、"青年修养"等18个分类标牌隔开，整齐摆放在书架上，60把椅子坐满了读者，他们边喝咖啡边看书，有的还伏在书桌上写着什么……

店主王久胜也是受到一个偶然的启发才开始做咖啡书屋的。有一次，他在一张报纸上看到一位作家写的一篇文章，文中说：“我多么希望有一天能到新华书店办的咖啡书屋里，一边品尝咖啡一边看书。”言者无意，看者有心。就这样，咖啡书屋在大连街头出现了，而且越来越受到大连人的欢迎，每天约有700多人来查资料、看书、喝咖啡，还有许多个体书摊老板前来取经。

【小店前景分析】

越来越多的人爱喝咖啡，这是事实。越来越多的人想在休息日找个安静的地方看看书，放松一下自己的心情，这也是事实。既然都是事实，为何不自己开一个咖啡书屋，过一把老板瘾？书屋的位置不要太偏，一方面保证客流量，另一方面也让人感觉这是一个身在闹市却安静清幽之地，别有一番情趣。

咖啡书屋的面积不用大，但要带洗手间，靠墙摆一溜书架，主要卖文化、旅游类书籍及画册，原价出售。中间都是沙发或椅子。书店里能够卖书，卖咖啡、果汁等饮料，还能够出租场地、搞展览。把书店经营成一个独特的文化聚会场所，相信会有好些顾客光临。

为了降低成本，最好能够租前店后住房的商铺。书店的装修以简单为主，素墙、普通书架、简易书桌。书店的两侧墙是一溜到顶的书架，中间则摆几张简易的大书桌。

到客人家里开餐馆

民以食为天，从人们嘴巴上挣钱的商机实在是多，有个叫李田妹的下岗女工，别出心裁开了一家“家宴服务部”，生意可以说是相当好。

【小店淘金成功案例】

2001年3月，30岁的李田妹从她工作了多年的县粮食加工厂下岗了。从此，每月几百元的工资无处可领了，上有老下有小，丈夫又长期患病在家，一家人都指望着她那点工资过日子，以后怎么办呢？30岁的人了，既没有学历，又无一技之长，到哪里去找岗位呢？

一个周末的下午，李田妹一位在银行工作的朋友找到她，说有几个朋友在她家聚会，她自己抽不开身，要李田妹去帮她做一桌晚宴招待客人。

李田妹平常喜欢弄吃的，家中烹饪书籍买了不少，就是几根黄瓜她也能弄出几个各具风味的菜，所以圈子里的人都知道她有一手厨艺。李田妹到菜场买了菜回到朋友家，一翻刮洗剔切，忙了一下午，做出啤酒鸭、叫花鸡、红烧排骨、茄香鱼片、辣椒炒青菜加上一盆蘑菇三鲜汤。这让朋友的客人们个个吃得眉开眼笑，还要走了李田妹的电话号码，说以后若请客，一定请她当“主厨”。

见客人高兴，朋友觉得很有面子，在她临走时，塞给她100元钱。她说什么也不肯要，朋友说：“像今天这样标准的一桌酒席，要在宾馆里，没有三四百元钱摆不平，你给我节约近200元，我的朋友既玩得高兴，又吃得满意，我也脸上有光，所以这点辛苦费你一定得收下。”

从朋友家回来，李田妹的心里很不平静。她想，才干了这么一个下午的活就挣到了100元钱，这确实是一条生财的路子。如果专门上门替人做烹饪服务，不就是一条现成的就业路吗？李田妹把自己的设想告诉丈夫：“提供家宴服务，投资少，风险小，万一做不成功也不会有经济损失。”丈夫也对这一奇妙的设想感到非常高兴：“这确实是一个尚未被人开发的商机，可以试一试。”

为了摸清餐饮业的利润空间，她经过综合分析认为：如果顾客想请5个朋友吃饭，做一桌六荤、四素、四冷盘、一汤、一饭的酒席，材料要有鸡、鸭、鱼、肉、海鲜、蔬菜、米饭等，在宾馆消费需350~400元(不计烟和酒水开支)，而成本仅150元左右，请一个师傅做钟点式服务，3个小时可以做好，以每小时20元计，工酬为60元，主顾可节约100元左右，味道不比酒店差，

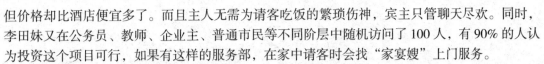

但价格却比酒店便宜多了。而且主人无需为请客吃饭的繁琐伤神，宾主只管聊天尽欢。同时，李田妹又在公务员、教师、企业主、普通市民等不同阶层中随机访问了100人，有90%的人认为投资这个项目可行，如果有这样的服务部，在家中请客时会找"家宴嫂"上门服务。

由此看来，如果宣传和经营措施得当，生意会很不错。于是，李田妹广撒"英雄帖"，制作了1000多张名片四处散发。

李田妹还想出了一个法子，到烟酒门市和菜场去"盯梢"。凡请客的人，大都要买好烟好酒招待客人，且买的量相对要大一些，同样，在家里请客的人，都要上菜场大包小袋地买菜，只要看到这两类人，便想法子与其搭上话，递上名片，询问对方是否需要提供家宴服务。这一招果然灵验，几乎每天都能揽到活。

搞服务也要注意树好形象，要让人对你放心。多数时候，主人请客都要买比较贵重的菜，因此李田妹每次买菜都会列出清单，到什么店买了什么东西、多少钱都写得清清楚楚。菜买回来，也尽量当着主人的面清洗收拾，上门服务时，也一定要穿没有口袋的衣服。她说："我上门服务是收了人家工钱的，不能因一些细节上的事坏了声誉，断了自己的财路。"

很多人家，特别是有些夫妻都是白领的人家，由于平时工作忙，厨房的卫生没搞好，李田妹在做好饭菜之后，还要帮主人彻底清扫厨房，把锅碗盆勺擦洗得锃亮。很多人都对她的工作非常满意，常常在外面帮她做宣传，因此，一年到头她都有生意可做。

经过一年的奋斗，李田妹一算账，居然净赚了3万元钱。3万元，可是她上班时整整五年的工资收入，李田妹为自己的成功激动得哭了。

随着李田妹的名声越来越大，有的人办大型酒席也请她主厨。一次，有一位王姓的先生结婚，为了节约开支，王先生准备在小区的空场上搭好空棚，并订了30桌酒席。见数量太大，她的丈夫不敢接这单业务，但李田妹一咬牙把单接了。她先与王先生订好菜单，然后到一家生意清淡的酒店租来10桌酒席的桌椅碗筷，再请来几个下岗姐妹打下手，经过一天的紧张准备，终于在王先生规定的时间把酒席摆了出来，每次10桌，分三轮将王先生的30桌酒席摆完。除去成本和李田妹的工资，王先生比在酒店包酒席节省了1000多元，而李田妹花两天时间净挣了800元。由此，她觉得家宴这块蛋糕是可以做大的。

说干就干，李田妹立即张榜招了三名厨师、四名服务员，购置了20桌酒席用的桌椅餐具，又花两万元钱买了一辆二手小货车，有谁家要办酒席，一个电话，她就用车拉着全套工具上门服务。酒席并不是天天有人办，为了降低工资成本，她与招聘的厨师和服务员签订了用工合同，规定他们平时可以到别的地方干活，有活干时必须随叫随到。她每月付给他们每人150元底薪，干活时的工资另外算，这样，李田妹不仅降低了工资成本，而且不用租店面，只需租一间库房堆放工具，业务联系只需一个电话即可。

经过两年多的拼搏，李田妹的业务越做越大，不仅还清了创业借的所有外债，还买了轿车、别墅。为了利用现有资源优势进一步做大业务，李田妹打算投资一家大型酒店。

【小店前景分析】

很多人在与朋友或家人聚会时，常常会出现一些较尴尬的现象：如果在家做，怕做不出好口味，不能令客人满意；如果去酒店或餐厅，又怕开销太大。又想让客人吃得好，又想节约成本，省点钱。有这样想法的人是越来越多了，尤其是许多白领阶层，白天忙于工作无心顾及"炒做"手艺，但有客人到家了不得不热情招待一番。还有一些老年朋友，家中有客人来了要好好款待一下，可自己又不想下厨或苦于力不从心。这恰好为创业者提供了很大的商机，而且成本低利润高，有很好的市场前景。

小小烤鸭店，坐收丰厚利润

很多中国人都喜欢吃烤鸭，但由于地理、人文、历史等原因的不同，各地的烤鸭口味并不相同，所以做烤鸭生意，也是个挺灵活的生意。

【小店淘金成功案例】

在上海有一家小小的烤鸭店，每日下午3点以后都可见到排队买烤鸭的长龙，在当地特别出名。看来，开家小小的烤鸭店，真的不仅能每日沉浸在四溢的香气中，还可以坐收较丰厚的利润。

烤鸭店当然鸭子是主角，但挑选鸭子也是一门学问，经营者一定要挑到特别符合当地人口味的鸭子品种。接下来就是请师傅了，经营者自己拜师学艺也可以。特别注意的问题是，一定要熟悉和了解当地人的饮食习惯和口味要求。

按一般情况来看，每天至少售出160只烤鸭，一个月就能收回成本。

只要口味好，一般烤鸭店的生意都是非常好的。随着电烤炉的一股热气上涌，一只只光亮喷香的烤鸭便被挂在了透明的厨间……每天如此。

拿上海这家小烤鸭店来说，他们每天卖出的烤鸭至少在160只以上，周末生意自然更好一些，卖出200只烤鸭不成问题。

【小店前景分析】

如果烤鸭实行统一零售价，例如12.8元一斤，按照每只烤鸭5元钱的利润计算，平时每天的赢利应该在800元以上了。这样一家烤鸭店每天的开销是830元左右，每月算下来是25000元，每天的营业收入是3500元左右，再除去人员工资等开销，月赢利在2.4万元以上。如果是开一家一般的烤鸭店，就这一个月的赢利，就已经赚回了全部成本了，收益应该是相当不错的。

需要注意一点，由于开一家烤鸭店需要的启动资金相对较多，需要店主有一定的资本。

"亲子餐厅"受青睐

开一家满足大人休闲餐饮要求的西餐厅，并在其中开设一个与快餐店类似的儿童欢乐区，可以达到双赢效果。

【小店淘金成功案例】

30多岁的香港居民刘女士在广州天河南的旧居民区开设了一家"亲子"餐饮俱乐部，让携带幼小宝宝的家长轻松就餐。此举创意非凡，经营形式又多种多样，从组织孩子制作糕点到承办"儿童派对"无所不包。短短时间，不但赢得了附近居民的青睐，很多使馆区的外国朋友也慕名而来。

在广州投资前，刘女士在旅行社供职，有2岁与4岁的两个女儿。每到周末她才有时间带女儿上街玩耍或走亲访友，可是由于孩子太小，进餐厅或去商店都非常麻烦，又要忙着挑选、付钱，又要照顾孩子，还要与亲友谈话，弄得好好的一次外出辛苦无比。刘女士想：哪里能有一个好去处，既可以让孩子玩得安全开心，大人又可以轻松就餐呢？一次路过肯德基，她发现在餐厅里设游乐园还是很受小朋友欢迎的，可大人们却对快餐不感兴趣。她于是突发奇想：可不可以开一家满足大人休闲餐饮要求的西餐厅，在其中再开设一个与快餐店类似的儿童欢乐区，达到双赢效果呢？

刘女士上网搜集了很多信息，了解到欧美国家从上个世纪90年代就有了很多被称为"亲子俱乐部"的小西餐厅，一般采取会员制形式经营，每天固定出3~4个小时的"游乐"时间，让大人带着小朋友来店里休闲。大人在成人餐饮区看免费的杂志报纸、点菜或吃自助餐，小朋友则在店员带领下，在游戏区做游戏、制作面点或开派对，其形式有些像临时幼儿园，又兼具儿童餐厅、西餐厅与休闲吧的特色。了解到该类型店铺生意都很红火，刘女士就决定在铺租相对便宜的老家广州开办一间。

看过了很多欧美装修杂志后，刘女士投资近10万元，精心打造自己的"亲子俱乐部"。餐厅的卫生间里，马桶、洗手池都是大人、儿童双份的，还安排了宝宝尿布台；大人餐饮区使用了超级防滑瓷砖与高脚凳酒吧回廊设计，拉近了友人间的距离。而儿童游乐场的全套塑料护栏，既可以当安全护栏，又具备玩具功能。

开业时，刘女士先是在小区内派发促销传单，又通过亲友关系，向广州市使馆区的外国朋友派发宣传资料，效果很不错。由于以前在中国根本找不到亲子俱乐部，很多归国华侨、外国朋友都带着各种肤色的小孩跑来了，而更多的本地小朋友与他们的家长听说这里有外国小朋友，可以练英语，也纷纷抱着好奇的心情来这里一探究竟。现在，店里只有30%的固定顾客来自其所在的小区，40%的顾客来自海外朋友，另外有30%的顾客则是节假日带小孩逛天河城的夫妇。

【小店前景分析】

欧美国家在上世纪90年代末就已经开了很多亲子餐厅，很受居民欢迎，生意蒸蒸日上。由此可想，该类生意在现在的中国也是比较有市场的，这种人性化服务应当会日益受到城市居民的欢迎。

3万元投资卡通餐，赚钱赚到翻

当今的儿童就餐市场不容乐观，一直以来被洋快餐一统天下，儿童就餐结构明显不合理。而长沙的李女士瞅准商机专门做起了"卡通餐"，当起了名副其实的儿童快餐小老板。

【小店淘金成功案例】

时下，市场上的儿童餐多以洋快餐为主，缺乏营养，不够健康。但中式儿童餐在形式上与成人工作餐没有区别，无法吸引小朋友。在幼儿园工作的李娟却从中看到商机，首创了儿童"卡通餐"。2003年3月，李娟投入3万元开始创业。仅一年的时间，李娟的"卡通餐"就已经进入了长沙地区的多家幼儿园和小学，并与其中3所幼儿园和5所小学签订了长期的送餐合同，年营业额已达到100多万元。

2003年2月，李娟辞掉了幼儿园的工作，决定一门心思制作"卡通餐"。要想做好卡通餐，造型的好坏是关键。李娟搜集了大量儿童喜欢的卡通形象，设计了蜡笔小新、樱桃小丸子、机器猫等"卡通餐"。形象定下来，李娟开始对用料进行研究，最后决定用营养丰富且色彩鲜艳的蔬菜作为主要原料。

在熟练地掌握了"卡通餐"的制作方法后，李娟决定将"卡通餐"推向市场。如果自己开店的话，各方面的费用加起来会成为很大一部分支出，而当时李娟手里只有3万多元钱，怎么办呢？经过一番思考后，李娟决定在家里制作卡通餐。这样虽然节省了费用，可是由于没有自己的店面，顾客是不会主动上门来消费的。那么，自己只能主动去找顾客。

渠道一：进入幼儿园

李娟首先想到了去幼儿园销售"卡通餐"。"卡通餐"最开始的制作灵感就来源于幼儿园，李娟对幼儿教育也比较了解，知道现在家长很注重儿童配餐的质量和营养水平。

为了能够得到幼儿园的认可，李娟向校方展示了她制作的几款"卡通餐"并向校方介绍了"卡通餐"在国外的发展状况和其营养特点。同时李娟还承诺，自己的"卡通餐"不会影响幼儿园配餐的正常销售。幼儿园提供的配餐每份4元钱，李娟的"卡通餐"是每份8元钱，买哪种由小朋友自己来决定。由于校方对"卡通餐"也很感兴趣，李娟终于取得了在幼儿园销售"卡通餐"的权利。

由于造型漂亮，李娟一下子就卖了几十盒"卡通餐"。一个月下来，李娟纯赚了两千多元。没过多久，李娟就接到了另一家幼儿园的订购电话，要求李娟每天为该园送一百份"卡通餐"。

渠道二：为小学生提供午餐

在成功打开了幼儿园这个渠道后，李娟决定扩大"卡通餐"的市场——开发小学生市场。为了拿下这块大蛋糕，李娟来到小学进行了市场调查。结果发现，许多小学生的午餐都在学校吃。学生对学校一成不变的配餐早已感到厌倦，而且同学们都表示很想品尝一下这样的"卡通餐"。最终，李娟选择了在离自己制作地点不远的新华小学进行销售。

因为小学市场更大，李娟在销售上采取了薄利多销的策略。由于这种"卡通餐"既有情趣又营养卫生，所以吸引了很多小学生前来购买，家长也对这种"卡通餐"表示认可。

顾客的满意就是最好的广告，李娟每天要为该小学配送500份"卡通餐"。此外，又有5家小学要求李娟为他们提供"卡通餐"。一个月下来，李娟为这6所小学提供午餐的营业额已经达到了10万多元。

渠道三：开发白领一族市场

李娟发现，很多写字楼白领的午餐都在外面的快餐店吃，不仅口味单一，而且没有营养。针对这类消费群体，李娟推出了既时尚又健康的"卡通餐"。

为了满足这些客户的高标准，李娟先对这个群体进行了抽样调查。得出的结论是，这个群体（尤其是女性）都希望能为她们提供一些高营养、低热量、卫生的快餐，这样既能满足自己对营养的需求，又能保持身材。

根据这个调查结果，李娟在保留原有"卡通餐"风格的基础上，在食物的质量、口感与营养上做了新的改动。每盒"卡通餐"里增加了一些营养丰富且热量低的各种彩色蔬菜、菌类和海鲜。由于制作成本相应提高了，李娟将这类"卡通餐"价格定为12元、15元、20元不等。

这种"卡通餐"正好满足了白领一族对快餐的要求，所以在试销后的第二天就接到了100多个订餐电话。随着业务量的不断扩大，李娟决定让"卡通餐"走出长沙，让更多的人了解"卡通餐"。李娟决定采取以开发加盟店的形式来发展"卡通餐"事业，让其他的创业者也能够分一杯羹。

【小店前景分析】

李娟开发经营"卡通餐"之所以能够成功，关键在于她打破传统思路，没有围绕着传统的餐饮内容打转，而是跳出来，从另一个角度入手，开发出"卡通餐"这种新型产品。她在"卡通餐"的制作上制定相应标准并严格执行，这是成功的秘诀之一，也是目前欲加盟"卡通餐"者所必须严格遵循的要点。

李娟在自己资金少、人员不足、市场不好进入的情况下，取得了"卡通餐"的成功。成功之处就在于她找对了"卡通餐"的销售渠道，并且针对不同消费群体的特点，开发出相应的"卡通餐"。

第二章

街头巷尾做起也能创造大财富

开家便利零售店

街头巷尾各种各样的零售店林立，如果没有市场，也许这些零售店早就消失了。事实上，只要你经营得当，这些林立于街头巷尾的便利零售店在为人们带来便利的同时也会为你带来财富。

小型便民超市——传统零售见真功

开一家小型便民超市，既保持了传统零售的精髓又不落后时代潮流，可以说是社区的另一道新鲜风景。

【小店淘金成功案例】

谢永强是2009年5月份毕业的，他正在忙碌的这家超市是他在家人与同学的支持和帮助下自筹资金创办的，名字叫"新乡福玛特连锁超市"。超市试营业以来，小谢和他的团队所倡导的"服务社区、天天低价"的经营理念，受到了广大顾客特别是辖区居民的广泛赞誉，其营业额也节节攀高。

初出茅庐的谢永强曾就读于郑州大学西亚斯国际学院，学习工商管理，并在此期间同时取得了美国堪萨斯州州立大学的工商管理学士学位。对于拥有着双学位的小谢，他的父母对他将来的发展给予了更多的期望，期望他要么出国读研，要么子承父业从事房地产开发这一热门领域。然而，小谢却对超市和零售业情有独钟，他说他喜欢零售业巨头"沃尔玛"的经营理念，希望将来通过自己的拼搏与努力，打造他们新乡的零售业龙头企业，更好地服务于社区居民，服务于家乡父老，在三年内要将"新乡福玛特连锁超市"拓展出八家分店。

目前，小谢和他的经营团队已发展到80人，其中大中专以上学历的员工就占到了近半数，他用自己的实际行动帮助着一样怀揣创业梦想的大学生们，也通过自己的努力向着既定目标迈进。

【小店前景分析】

在开小型便民超市之前，一定要调查你周围是否已有菜场之类的，如果有，建议你在创业初期暂时不要考虑经营生鲜类商品，因为损耗太大，你很难控制。

对于商品的选择，一定要以生活用品为主，食品要以粮油调料、水奶饮料、冷冻冷藏商品为主，酒、休闲小食为辅。100平米以内的超市，一定要选对经营品种，不是越全越好，相反你可能会积压很多商品。日常用品以内裤、袜子、毛巾、拖鞋、厨房清洁用具、卫生巾、纸巾、电池、排插、灯泡为主，至于洗发水建议考察周围的市场环境再考虑，但沐浴露、香皂还是可以经营的，同时此类商品的选择也很重要，不能经营太多的品牌。

小超市的进货渠道是个问题，一般小型超市，供货商是不会主动来找你的，只有你经营到一定规模以后才有可能，所以，你的主要进货渠道还是来自于你的现采，等合作一段时间以后供货商才可能考虑账期结算。

关于超市证件的办理，除经营许可证、卫生许可证等常规证件以外，如果你经营烟草，还要到烟草公司办理烟草许可证，这在每个地区的情况也是有差异的，所以你要打听清楚。对于一家小超市，除了现钞收款外，有一台普通的 POS 机就更好了。

对这种有着一定的消费群体的社区型小型超市如何增加营业额以及毛利额，是众多的经营者深感困难的问题，作为中小连锁超市，一般都是社区型的小型超市。

开家日用品 10 元店

每个人都需要日用品，因此，街头巷尾的日常用品店在人们的日常生活中一直有着不容忽视的地位。

【小店淘金成功案例】

杨清欣的小店地处恭王府花园外，而且附近没有便利的公共交通，除了各地游客来了又走，这里的人流量其实不大，似乎更适合卖旅游纪念品。一家专卖日常生活用品的小店，是如何在这里站稳脚跟的呢？

在杨清欣的小店里，一边的货架上摆放着各式各样颜色鲜艳的日用品供顾客挑选，另一边则别出心裁地开辟出一片使用日用产品的开放式厨房区。没有顾客上门的时候，杨清欣就用厨房区的日用产品自己做饭，而每逢周三周六的"理家会"，这个厨房就成了她指点会员如何使用日用产品的现场教室。这样，杨清欣不仅能"看店理家两不误"，更重要的是，其直观的展示作用，让顾客对产品的接受程度非常高，开业当天营业额就达到近两万，而开办大型理家会的时候，收入会更多。

除了介绍日用产品的知识和使用方法，杨清欣还会把自己收集的营养知识、保健方法、减肥菜谱等等，以闲聊或是发邮件的方式传达给自己的会员，或者哪怕只是进店随便看看而没有购买的人。

由于口碑甚好，很多会员都给杨清欣推荐来亲戚朋友，一些离小店较远的顾客也专程赶来。甚至有的顾客住家附近就有日用品店，并且已经成为其店的会员，却还是舍近求远地来找杨清欣选购产品。

还有很多不方便来店甚至外地的顾客，杨清欣就通过网络或是电话与他们联系，有需要的产品就免费给他们快递上门，成本并不是很高，但却为这些顾客解决了一个购物的便利性问题。通过这种方式，杨清欣也从来往恭王府的游客中吸收了不少的会员，即使外地顾客也会呼朋唤友地在她这里购买日用产品呢。

就是这些看似细微的点点滴滴，导致老顾客总会为她带来新的顾客，弥补了周边居民市场太窄、购买力有限的缺陷，使得这个开在不起眼地方的家居用品小店，将触角伸到了更广阔的地方。

【小店前景分析】

日用品的范围很广，大至面盆，小至勺子，都是家庭所需之物，而且损耗率高，每个家庭每隔一两个月，就要添置一些新的日用品。现代都市都拥有大大小小的百货商场，里面货品齐全，家庭日用品更是应有尽有。但是在百货商场的日用品其售价较高，一般的家庭主妇并不愿这样花费，所以开一家这样的小日用品专卖店会有不少客源。店铺面积要求很低，10~15 平米即可，但最好选择人流量较大的地方或者居住区附近。

店内的装修要光线充足，货物架之间的距离要有一米以上，以免顾客感到拥挤而放弃选购。

易碎的用品如碗碟、花瓶之类，应集中在一角，并铺上地毯。如果只是在显眼处贴上"货物如有损毁，顾客照价赔偿"的标语，会起到提示作用，但万一顾客损坏玻璃制品，要顾客作出赔偿，等于失去了一个顾客，让其他顾客看见，也恐怕会有不良影响。

在店内的另一角设置廉价摊位，可吸引更多顾客，这是针对人们贪便宜的心理。将本来难以出售的物件集中在一起，作削价倾销状，反而易于脱手。

由于一般百货商场的日用品售价较高，因此日用品专卖店有较大市场空间。只要针对消费者喜欢多选择的心理，日用品种类齐全，加上以赠品作宣传，这种生意将很有发展潜力。

大学生开店卖菜做出大事业

开家便民菜店，既方便了居民，又有不错收益，真是一举两得的美事。

【小店淘金成功案例】

郭高林的创业之路是从大学毕业后开始的，他从一个一无所有的大学毕业生直到大胆创办了自己的蔬菜店。从大三开始，他就开始练摊卖衣服，一直很爱琢磨。有一次，他发现身边那些卖菜的虽说生意不错，但因为零星分散，又没有品牌，蔬菜的质量、价格、信誉总不能让一些顾客放心，于是萌发了开蔬菜超市的心思，想以品牌蔬菜为主，兼营五谷杂粮、冷鲜肉等，附带一些副食。

在面临毕业的那段日子里，在众多同学焦头烂额地忙于找工作的时候，郭高林并没有慌乱，因为他已决心创办自己的蔬菜超市。2007年6月底，郭高林回学校领取毕业证时，将想法告诉了好友，结果顿时在年级里炸开了锅。大学毕业生卖菜？很多人认为他根本吃不了这个苦。

郭高林并没有放弃。最终，他用坚定的决心征服了几位好友，凑了5万多元作为启动资金。2007年8月22日，以郭高林名义注册的"咱地里"蔬菜自助店在郑州市马李庄正式开张。

有了自己的店铺，郭高林和好友们开始忙碌起来。但在现实面前，他们还是遇到了很多困难。郑州的毛庄、刘庄、陈砦等蔬菜批发市场是他们考察好的几个蔬菜批发市场。刘庄最大，是蔬菜的主要分批地，所以第一次进蔬菜时，他们就直奔刘庄。到了之后才发现，到这里批发蔬菜的动辄就是几千斤，不散批。最后他们磨破嘴皮子才批到了200斤大葱、几包大蒜、几百斤土豆，结果大葱损失了几十斤，剩下的半个月才卖完。"我们一看势头不对，赶紧掉头到陈砦蔬菜批发市场。到了陈砦蔬菜批发市场才发现，这里的蔬菜种类全，价格也不贵，适合我们的采购需求。直到现在，我们的蔬菜一直都是在那里采购的。"郭高林说。

那时每天早上5点，郭高林和王彦峰都要爬出热被窝，蹬三轮车到蔬菜批发市场进菜。"每一根菜叶都要精挑细选，每一毛钱都要和人家讨价还价。"王彦峰说。开业第一天，他们甚至都不会用收款机，还收过假币，丢过东西。做蔬菜生意在时间上很特殊，别人吃饭的时候他们最忙，过了高峰期才能轮流吃饭。进入冬季，屋里既没暖气又没空调，因为要净菜、剁肉，还未入冬，几个人的手便都不同程度地冻伤了。但是他们从来没有想过放弃。"这些都是很正常的事情，干事业都需要有一个过程，坚持是有难度，但万事开头难，我们要用一颗平常心去做事。"郭高林说。

郭高林和大伙儿一起起早贪黑，不怕吃苦受累，认真做市场调查，虚心向同行和前辈学习，在几个年轻人的不懈努力下，"咱地里"的生意越来越好。走进"咱地里"蔬菜超市，货架上的蔬菜码得整整齐齐，品种齐全，黑板上的价格标得清清楚楚，价格低廉。除了蔬菜，店里还有副食品、杂货和冷鲜肉，吸引了不少顾客。大学生热情的态度，也使很多顾客成为回头客。就这样，"咱地里"蔬菜自助超市逐渐形成了自己的特色。"我们还是有优势的，跟小商贩比，我们的优势是菜价便宜、种类多、干净、不缺斤短两；与大超市比，我们的优势是价位低、离家近。"

蔬菜超市在几个大学生的精心操持下逐渐走上正轨。

　　那段时间，超市每天的营业额在 1000 元左右，但除去成本和开支，盈利却非常有限。随着生意逐渐走上正轨，郭高林决心扩大规模。2007 年 12 月，郭高林在郑东新区成立了第一家分店。这家店面附近是一个有 1000 户人口的住宅小区，一间只有 80 平方米的毛坯房成了郭高林事业的又一个起点。

　　规模扩大了，对新环境的适应、员工素质、管理模式、产品质量等问题也接踵而来。在迎接挑战的过程中，他们研究制定了一系列管理模式和管理制度，包括收银制度、招聘培训制度、采购制度、仓管制度等，这些正好是他们在大学所学的知识。这些知识，成为"咱地里"发展的基础。现在，5 家店已实现盈利，每个月的销售收入已超过 30 万元。

【小店前景分析】

　　行行出状元，卖菜也能做出大生意，郭高林正是凭借自己爱动脑子的优势，勤于思考，敢说敢干，才能把卖菜这样的小事情做大。不眼高手低，正确看待每一项工作、每一项事业，那么你也能在小的生意上做出大成绩。

　　人人都要为三餐忙碌，很多人都希望一出家门就能买到菜，这是恒久不变的需求。目前城市里有不少新建的商品房小区，但满足居民日常消费的超市、便利店和菜市场还比较欠缺，所以在居民区内开设面积不大的便民菜店具有很大的商机。

开家无公害蔬果店

　　虽然现在超市和菜市场里的绿色果蔬不少，但是无公害蔬菜根本无法满足百姓生活的需要，如开一家无公害蔬果店，客流将会更多一些。

【小店淘金成功案例】

　　现如今，人们的生活水平提高了，对蔬菜水果这些入口食品的安全性有了更高的要求，都希望能吃到无农药残留、无污染、无激素的安全、优质又营养的新鲜蔬菜。在太原市市政府附近曾有一家专门经营无公害蔬菜的小店，店里挂着通过有关部门检测的各类证书，店里卖的蔬菜全部来自一个无公害蔬菜生产基地。顾客品尝后，都觉得这里的果蔬的口感好。印象最深的是那个头很小、颜色鲜红的草莓，吃到嘴里酸甜适口，远比市场上那些个头很大但吃起来没有味道的草莓好得多。于是便有很多人绕过自家门前的菜店，特地来这里买菜，小店的生意因此红红火火。后来，店主为了将生意做大，离开了僻静的小巷，搬到另外一个相对繁华的街区。而原来在这里买菜的顾客因为找不到新店址，只好回到菜市场采购。从这家小店的经营中不难看出，有一定消费能力的顾客，还是愿意选择无公害果蔬，这其中蕴含着的巨大商机显而易见。

【小店前景分析】

　　开一家无公害蔬果店，投资额不大，非常适合自主创业人员。家家餐桌上都离不了蔬菜，这是一个能长久做下去的生意。而绿色无公害蔬菜市场需求大却很少有人经营，投资者如果能把两者很好地结合起来，找到无公害绿色蔬菜生产基地，并与其签订长期供货合同，即可在保证蔬菜质量的前提下，显著降低供货价格。只要经营得法，一定会有良好的市场回报。当经营一两年有了丰富的市场经验后，甚至可以考虑开连锁店，把生意做大。开此类店要注意以下几点：

　　首先，必须让消费者知道，你所卖的是真正的无公害果蔬食品。所以，可定期采取公开抽奖的方式选拔一些幸运顾客到店面产品供应地去参观以了解无公害果蔬的相关知识，并最好与媒体的宣传相配合。

其次，尽可能保持产品新鲜。因为消费者都知道，要吃最新鲜的果蔬必须付出比不新鲜的果蔬更多的钱，他们接受了相比一般菜市场高一些的价格就必须买到新鲜的产品。而且还可以增加一些居民的日常消费品，比如各地土特产之类的。

第三，因为顾客买蔬菜和水果都会挑选，常会让果蔬店店员感到无所适从。一天卖下来，整个果蔬店可能被翻得一团糟，所以要随时保持店面的清爽整洁。

第四，要以超市的营销方式来对待这个果蔬店，虽然它很小，但公关方法不能少。比如今天什么价格降了，什么有优惠，什么价格上升了，都应该要么在小黑板上公示，要么直接印制成传单，到附近社区去发放。

成人用品店——思路开放，钱才能赚到

随着健康性观念越来越普及，成人用品市场的商机正在逐渐显露，高达 50% 的经营毛利，使得它被众多的经济学家看好，被誉为未来的一项朝阳产业。

【小店淘金成功案例】

中国第一家成人用品商店于 1993 年出现在北京，时至今日，大大小小的性保健用品店在各城镇中陆续出现，性用品已经登上了现代人生活的舞台。"红马车成人馆"有 100 多平方米的经营面积，不像街边的"夫妻商店"经营面积只有二三十平方米，羞答答地躲在不起眼的角落。出乎大多数人的想象，这次它开在了人来人往的社区里。

销售特殊商品，并以如此张扬的形象出现，消费者会有勇气踏入这个门槛吗？老板在当初开店的时候也有过这方面的顾虑，毕竟中国人的性观念是传统保守的。但是她认为要把成人用品作为一项产业来发展，关键在于引导消费者转变观念，这也是当初为什么会把红马车成人馆开在中大广场的主要原因，并且无论装修还是橱窗等各方面的陈列，她都颇花了一些心思，力求使它像一般商店一样。

另外，"红马车成人馆"的具体日常经营情况也显示，消费者在这方面的确存在着潜在需求。据老板透露，只要进店的顾客，成交率几乎能达到 100%，消费者进店购买的目的性非常明确。现在，"红马车成人馆"是已形成了自己一批稳固的中高端消费者群。

【小店前景分析】

随着改革开放的深入和人们生活质量的提高，人们不再仅仅满足于衣食无忧，性需求作为人类的一种原始本能开始受到人们越来越多的关注，好些人尤其是年轻人对性已不再讳言，性生活质量作为一个普遍的社会性问题越来越多地被人们摆上台面来讨论，而这必将开拓出一个巨大的成人性用品消费市场。在 2005 年 7 月上海举办的第二届中国国际性用品、成人用品及生殖健康展览会上，已有专家指出：近几年中国成人性用品产业一直在悄悄而快速地发展，每年的市场销售额已达 500 亿元，今后数年仍将以 30% 的年增速度迅猛发展。

开一家成人用品店的费用如下：加盟费用，店铺租赁及装修费用，人力成本，包括店铺销售员及送货员各一名。

知名、优质成人情趣用品的利润空间是十分可观的，其他各种性理疗、情趣用具、性滋补保健品的利润率则更高。

宠物用品店年入八万的高招

眼下，喜欢宠物的人越来越多，和宠物相关的用品市场需求也在逐渐扩大。

【小店淘金成功案例】

赵海涛于 1991 年主动辞去了国营商场销售员的职务，开始自己做生意。1997 年，一次偶然的机会，他在网上查到了宠物用品，心想：北京养猫狗等宠物的人不在少数，而宠物用品店在北京城还难觅踪影，说不定就是机遇。

聪明的赵海涛没有放过这个机会。他先在网上找到了宠物用品的供应商，因为很多都是代销，所以除了房租，开店基本没什么投入，反而是很多厂家主动来找赵海涛。这么一来，一是货源充足，二是市场上没有什么竞争，也有足够的利润空间，所以一年下来，居然赚到了 20 万元的纯利。

这种好营生维持了好几年，直到北京城里宠物用品店越开越多，竞争越来越激烈。每天有开新店的，也有开了倒闭了不干的。一直经营宠物用品的赵海涛收入也是大不如前。因为原先的小门脸拆迁，2003 年 9 月，他投资 15 万重新开店，在玉泉路花鸟虫鱼市场租了一间 30 平米的铺面。宠物粮食、零食、衣服、沐浴液、宠物小窝一应俱全，就连卖得不是特别多的宠物航空箱也有。从最便宜的 60 元到最贵的 400 多元不等，甚至里面还有颜色鲜艳的宠物沙发，售价也不低，168 元。

玉泉路附近的宠物用品店大大小小不止十家，竞争激烈，赵海涛的经营情况还算不错。以年为计，宠物用品店的流水在 80 万元左右，除去商品成本 68 万元，店面租金 2 万，税费 3000 元，其他支出 1 万元，每年纯利有 8 万元左右。虽不到从前的一半，但赵海涛倒也看得开。

【小店前景分析】

不断升温的"宠物热"，正在中国造就一个规模超过百亿元且潜力巨大的市场。宠物用品的需求量还是很大，如果投资的话，可以根据自己的财力开设第一家店铺。如果不是很有经验，可以从小店做起，慢慢做大。

宠物用品行业是一个新兴的行业，和传统行业是有显著不同的，所以选择店址的时候应该特别注意以下两点：

第一要避开商业繁华区。宠物用品店的"消费者"是很特殊的猫狗等宠物，所以店址最好尽量避开商业繁华区，也不要选择需要高额房租的店铺，因为国家有相应的法规，规定宠物不允许进入商业繁华区。另外，开店者应该考虑到社会上的一些惧怕宠物的人士，他们可能见到猫或者狗会吓一跳，所以说到商业繁华区开宠物用品店，对于这部分人来说是不太礼貌的。而逛宠物用品店的主人们肯定也会考虑到这些，会刻意避免带宠物到这些繁华地段。所以在商业繁华区开店反而会影响自己的生意。

第二要选择空旷地段。首先，这可以让宠物们有充足的活动空间；其次，宠物主人们如果带着宠物，大多都是开车来的，空旷的地段能提供充足的停车位。

店长是宠物用品店的灵魂，如果自己不当店长，那么选择聘用的店长应该热爱宠物，而且要有责任心。开宠物用品店就如同开托儿所，员工必须要把到店的宠物看成不会说话的小孩，去仔细琢磨它们需要什么。最好每一位员工家里都养宠物。员工在上岗之前，最好能经过一段时间的培训。这些培训的内容包括：首先，要能识别各种宠物的品种。狗的品种包括 100 多种，猫的品种大概七八十种，员工能识别宠物的品种是一个基本的条件。如果某天店内来了一只罕见的狗，员工都能认出来，这样更能增进客户内心对这家店的认同感、亲切感。其次，员工必须要对店内商品的性能、适用范围等各种信息了如指掌，能针对不同类型的犬猫等宠物提出自己的建议。此外，员工还需要接受一些传统商业模式的培训，包括一些礼节、礼貌用语、站姿、坐姿要求等。

先期工作做好后，店内经营的产品还要尽量做到全面，最好有国内的也有国外的品牌。如果是国内采购，要选择一些历史悠久的老牌生产企业，有时候可以委托他们加工生产，这样才能保证产品的品质和款式。如果是技术含量比较高的产品，最好选择国外的品牌。但是，选择进口商品的时候，一定要坚持原则，没有正规进口手续的坚决不要。

开家 24 小时社区便利店

目前我国小型社区超市或小百货商店数量众多，但真正意义上的便利店，特别是 24 小时营业的便利店数量还不多。很多二、三线城市的 24 小时便利店更是少，但随着经济的日渐发达，24 小时便利店的市场空间会快速扩大。

【小店淘金成功案例】

"真好便利店"是天朗明居小区内位置较好的一家超市便利店，该店铺位于小区商铺的东北角，属于半开放式的临街店铺。该小店开业到现在，一直以来生意都比较火爆。念先生开的这家"真好便利店"所处的小区虽然总体消费水平较低，但是对基本生活用品的消费需求量还是较为庞大。从小店经营的情况来看，该便利店的面食、调味品以及零食销售都不错。小店每日的销售额都保持在 2000 元以上，每月销售金额高达 6 万元以上。按照便利店行业 20% 左右的毛利计算，扣除人工费用及门店的日常杂费，据估算，念先生的这家便利店的月利润应该不低于 6000 元。

【小店前景分析】

与市民常见的社区小超市相区别，作为一种现代商业业态，便利店业态经营的内涵侧重于服务。这些服务体现在商品配置方式上，包括快餐、食品、日常用品、药品、邮政、报刊等，能为顾客提供日常生活多样化的服务。

行业专家分析认为，限制 24 小时便利店业态发展的是市民的消费观念。销售价格比大型超市高是便利店良性发展的必要条件，国际同行的便利店商品利润在 20% 到 30% 之间。如在广州等地，一瓶在大超市卖 2.5 元的饮料，在 24 小时便利店售价一般为 3.5 元。便利店的"高价格"其实就是为市民提供便利服务的合理回报。

从长远来看，随着经济的发展，城市居民的夜生活将越来越丰富，24 小时便利店将是便利店的一个发展趋势。

目前小区内的超市和便利店的规模都较小，所以还是有开发空间的。投资一间便利店，只要经营得当，应该会带来较为不错的投资回报。

创意礼品店月入万元

毛绒玩具、储蓄罐、化妆盒、神奇闹钟……别小看这些价值不超过百元的小礼品，正是它们让一个女孩成了月收入过万元的小富婆。

【小店淘金成功案例】

郭雯是宁波一投资公司的业务主管，年收入近20万元的她，除了工作外就喜欢捣腾一些可爱的小玩意，每年在这项购置上的费用超过万元。已是淘宝钻石级买家的她，为了开源节流，收支平衡，和朋友在淘宝网上开起了一家网店，经营各类创意礼品，用了一年多时间，就成了5钻级卖家。因为网店内的货品直接由厂家供货，价格比较实惠，网店生意蒸蒸日上的郭雯又干脆开起了实体店，开业不到半年，她在开店一项上的月收益就达到了万元以上。

在郭雯的创意礼品小店中，是用她最喜欢的粉红色作为装修的主色调，店里摆满了各类女孩子喜欢的大小玩偶、水晶配饰以及各类新奇的小玩意：会跑的闹钟、泡泡日历、荧光储蓄罐、音乐枕头……看着这些东西郭雯就会很开心，而现在，这些礼品不但养眼，而且还能为她赚钱。喜欢捣腾的郭雯还喜欢制作各类小礼品，比如情人节在她店里热卖的玩偶花束都是她亲手制作的，花束的包装和彩带的包扎工作都由她一手完成。因为是自己手工制作的，所以价钱相对便宜了一些。她的宗旨是薄利多销，无论是开网店还是实体店，都只是满足自己的一个喜好，只要保持收支平衡，对她来说就是快乐的。

【小店前景分析】

要想开好礼品店，经营策略很重要。一般说来，礼品的利润能保持在50%到200%之间，也就是说进货价格在4元的东西定价大概为6~12元。如此巨大的利润当然是绝大多数小本投资者很感兴趣的，但要做好一个礼品店，具体要掌握六点技巧：

1. 选址

考虑到礼品店的顾客中有一大部分是学生，所以一般来说应选择大学城里面或者学校附近、年轻人特别是时尚潮流人士多的地方。

2. 装修

装修不用像酒店一样豪华，但要尽量显得时尚，在装修时一定要注意格调，强化品牌的情感性、时代性，让店面设计和招牌也成为自己的免费广告。装修费用一般而言保持在3万元之内，当然也不可一概而论，具体装修费用要根据各地的消费水平。

3. 进货

进货一定要根据当地的人文、风俗习惯来选择，价位一定要考虑你周围的消费群体的年龄段、城市的整体消费水平、收入情况等。

4. 货类要全

货物主要包括彩妆系列、头饰、手饰、钥匙链、卡通布偶、陶瓷娃娃等。货物要高、低档次都有，以满足不同消费者的需求。货物想要有特色，最好去少数民族地区进货，如藏饰、傣饰都是很流行的。

5. 增加顾客的购物体验

有些礼品店，店外人流量很大，进店率也很高，商品也很精致，顾客也说商品很好看，但就是看的多，买的少，怎么办？顾客在店内有一次购物体验后，会加大下次光临的成交率，而看到其他顾客在店内成交，也会在无形中强化顾客的购物体验，增加成交率。没有几个女人上街愿意空手而归的，店内如此多商品，总想买一样，但又舍不得花太多钱，这时两三元的精致小商品，就成了有力的诱饵，而有了一次在店中的购物体验后，下次就是"熟客"了，哪怕她只是买了一个两元的皮筋，所以在店内增加一些二三元售价的商品，是非常必要的。

6. 做专业

近年来市场需求越来越大，做礼品生意的人也越来越多了，市场竞争更激烈了。不过，礼品的市场空间还很大，因为潮流不断在变，因此要求从业人员要做得更专业。

开一间小小的花店

开一家花店不仅要考虑花店的选址问题，也要考虑花店的经营策略。

【小店淘金成功案例】

清晨，北京马甸桥边的惠新花卉市场里满眼都是花团锦簇。取花、修剪、换水、整理台面……陈秀明又开始了忙碌的一天。这间名为"情缘花艺"的小店，面积不过五六平方米，刚在这里做了两个月老板的陈秀明，正在琢磨着自己的生意经。

在开花店之前，陈秀明做了6年的皮衣生意。6年时间刚到了谙熟市场谋求发展的时机，然而由于没有自有品牌、资金规模有限、行情看淡等原因决定退出。陈秀明开始捕捉下一个市场机会。

这一年里，陈秀明在北京及周边地区跑了不少地方，了解了几个行当。比较之后，选择了开花店。陈秀明投资花店主要基于以下几个原因：第一是投资小，像他这样在市场中租一个柜台，费用一季度一交，配上必需的设施，维持正常的进出货，初期投入一般三四万元即可；第二是周转快，这个行业商品周转期短，勤进快出，十分灵活，即使要转行也不会积压商品；第三是符合消费趋势，鲜花消费与生活水平及文化品位密切相关，在北京这样的大都市大有发展空间。

【小店前景分析】

鲜花的保存期短，夏季五六天，冬季十几天，因而要依市场行情及时提前进货、备货，而备多少货、备什么货却要根据个人经验。鲜花的价格变动大，几乎一天一个价，平时一支玫瑰的批发价在0.8~1元左右，在情人节等特殊日子，就会涨到五六元。进多了会造成浪费，而进的少，如果赶上行情看涨，就只能看着机会溜走。

花店在选址时最先考虑的应该是地段。花市要讲求客流量，这是他跑遍北京几大花卉市场得出的结论。地点上要靠近收入较高、生活方式较时尚的目标客户群，周边居民的收入水平、文化氛围、社区消费习惯等都是主要考虑因素。

装修上，花店要尽量达到"花团锦簇"这个效果，要达到这个目的，只需一个办法，那便是多装有反射功能的玻璃，这样店面空间显得大了，一枝花会变两枝花，一束花也会变为两束花。当然为了体现花的艳丽，灯光色彩也很重要，建议可适当选择粉红色灯管点缀，另外作为批零店，可考虑店面前庭适当装修后，后庭作仓库用，以减小装修费用。玻璃门也少不了，这样一方面有广告效益，二来对鲜花也是一种保护。以玻璃为主要材料的装修，费用低而效果好。

对于零售花店，很重要的一点是要培养固定客户。要讲求货真价实，"一分钱一分货"，拉住回头客才能有长远、稳定发展。

专攻鲜花速递的花店

近年来，全国花店数量增长很快，竞争日趋激烈，花店经营者普遍认为生意难做。如何在激烈的市场竞争中立于不败之地，是每位花店经营者都需要思考的问题。

【小店淘金成功案例】

据不完全统计，杭州共有1000多家鲜花店，上规模的大概有100多家，竞争比较激烈，大概只有三分之一能够赚钱。但赵小进经营的"梦湖花艺"不仅赚钱，日子还挺好过。

最重要的一招，是赵小进从1996年开始，逐渐构建了一个巨大的鲜花速递网络——遍布全球180个国家55000多个城市，其中包括国内580个城市。目前，花店的国际业务占40%，异地业务占35%，杭州本地业务只占25%。此外，赵小进还有个"绝招"——不仅能从报纸中读出花店的流行趋势，还能看出业务，比如把1万朵菊花卖给了张艺谋的《满城尽带黄金甲》剧组。

赵小进很善于从报纸上看出鲜花的行情和趋势，使花店始终和国际流行同步。赵小进的剪报集中，有一张孩子早逝、欧洲父母用满车的玫瑰为孩子送行的照片，他马上活学活用，一位顾客的妻子不幸去世，他就建议他用199朵玫瑰表达深沉的爱和悲痛。

现代通讯这么发达，花店做到最后其实就是做渠道。渐渐明白这一点，赵小进于是关掉了几家分店，只留下一个总店和几个办事处。他兴致勃勃地想象着：将来某一天，自己也能像发达国家的鲜花店集团一样，坐在写字楼里，靠电话、传真和电脑指挥"卖花"。

【小店前景分析】

花卉消费近年来呈越来越旺的趋势，因为除了花卉本身让人们赏心悦目且能美化家居等功效外，它还可以开发人们的想象力，使人们在相互交流时更含蓄、更有品位。随着人民生活水平和文化品位的不断提高，人们对鲜花的需求还会加大。

随着网络技术的不断发展，特别是网上支付手段的不断改进，网上订花已经成为时下年轻人购花的一种新方式。在这种潮流的刺激下，全国性的鲜花网、地方性的鲜花网如雨后春笋般在互联网上纷纷涌现。据不完全统计，目前我国与鲜花预定、鲜花速递相关的网站和网店已经有数万家，如果加上淘宝、拍拍、易趣等网店，数量还要更多。一些具有一定规模和实力的鲜花速递网正通过多种措施来引领网上鲜花速递行业的发展，行业的整合随着市场的发展也将很快到来。

"小丑花店"，夺人眼球巧赚钱

当你走在北京旧鼓楼大街上，常会看见一个骑着电动自行车外出的"送花小丑"，他一身花花绿绿的小丑服，红色的大嘴，鼻孔上扣着红鼻套，头上还戴着一顶奇怪的帽子。如果他手里那束花是送给你的，你肯定永生难忘。他就是"小丑花店"的店主宋非凡。

【小店淘金成功案例】

2005年秋天的一天，宋非凡漫无目地地在街上闲逛，看到一个卖花小女孩走到一对情侣面前兜售。男青年一摇头，说不要。这一幕在现实生活中随处可见，然而却深深触动了宋非凡。这天夜里，他一直都在心里琢磨：如果是自己去卖花，怎样才能把花推销出去呢？想到深夜他眼前一亮：自己从小就爱看马戏团那些小丑表演，他们很搞笑，让人过目不忘——要是打扮成一个小丑去卖花，或许会赚到人气和人民币。

结果正像宋非凡期待的那样，他成功了！第一次打扮成小丑卖花，他就赚了700块钱。接下来在北京后海的街道上，他连续卖了10多天花，生意都很火爆。

宋非凡凭借自己的独特创意开了一家"小丑花店"，除了开门迎客，还推出了送货上门服务。宋非凡在自行车上打着"小丑鲜花专递"的标语，名片印上"北京01号小丑"，每逢给客人送花，还附加为他们表演一些滑稽动作或小魔术，逗得客人笑得合不拢嘴。花店的生意也因这个独特的创意而蒸蒸日上。

【小店前景分析】

一身花花绿绿的小丑行头，因为特别，肯定会吸引很多人的注意，而且回头率可高达100%。据了解，大部分人都觉得这种送花方式很特别，也很浪漫，如果有机会送给自己所爱的人，他们也会选择这种方式。由此此看来，小丑花店存在着很广阔的市场。

纸艺店老板的致富经

随着生活水平的提高，人们对装饰品、艺术品的需求越来越多、越来越高，对品种、工艺等的要求也越来越明显。

【小店淘金成功案例】

郑州市有一家装饰别具一格的纸艺店，虽然不足20平方米，却因为玫瑰、茶花、康乃馨、福郎、百合、玛格力特等几十种花朵的装点，显得格外亮丽温馨。

袁小姐大学毕业不久就投入12000元，开始了自己的创业生涯——开了这家纸艺店。袁小姐在这个很多年轻人都觉得创业难的时代，反而觉得很简单，像这种纸艺店，就很适合没有太多资金又爱玩的年轻人。

袁小姐生性活泼，平时喜欢做点小手工，一次偶然到外地旅游的机会使她看到了纸艺店的创业信息。此类纸艺店在上海、广州等地已经非常多，规模也比较大。在经过半个多月的游玩兼寻找商机和货源之后，她精心策划的纸艺店开张了。

在袁小姐的店里，不仅摆放着五彩缤纷、各式各样的花朵，还陈列着一些原材料及简易的制作工具。

纸艺店的定位准确很重要。因为来店里的大多是青年人和学生，因此在经营上一定要结合青年人喜欢浪漫、追求新奇等心理特点。譬如提供一些简单制作纸花、塑花、绢花、布艺之类的小型艺术品的原材料，开发多种手工制作的低成本礼品等，也可让顾客自带原材料，店内提供工具，让其自行设计、制作，当然也可在师傅指导下完成。这样不仅让礼品制作者享受到为同学、为朋友、为亲人付出的愉悦浪漫情调，还能产生一种成就感，更能让礼品接受者品味到浓浓的亲情和友情。

【小店前景分析】

具有个性化、创造性、造型新颖独特的工艺品越来越受到关注。纸工艺品是一种投资少的项目，在生产加工过程中，并不需要大量的资金来购买原材料和机械设备等配套设施。

1.设备投资：无需专门专业设备，只需一些少量的工具，如剪刀、胶水、裁纸刀等，投资几十元即可。

2.材料投资：纸张一个月500张（含白纸、彩纸）左右，每张0.2元左右，计0.2×500=100元。

3.场地投资：前期可不做场地的专门投资，使用自家的客厅和房间即可加工生产。

在营销上，可以从以下几方面着手：

1.加工制作：面向各礼品店、工艺品店、花店、手工艺品批发市场及各商场超市礼品工艺品专柜。

2.自助吧（纸吧）：可满足"新新人类"及休闲娱乐派（金领、白领及其他中高收入的群体）的需求。

3.老年人市场：中国逐步步入老龄化，老年人的生活和娱乐逐渐引起世人的关注，纸工艺品可以让他们在休闲之余体会到更大的乐趣，也可在制作的同时陶冶情操、充实生活。

4.学生市场：随着教育的多元化，社会对学生的动手能力越来越重视，对手工制作课的要求也相应加强，因此在学校有很大的发展前景。

贺卡专营店也能开得红火

在上世纪八九十年代，每逢朋友生日、教师节、新年的到来，人们都会寄贺卡给同学、老师和朋友等，把自己的一份心意寄托在了贺卡里面，显得很有意义。如今，贺卡虽然已经不流行了，但不流行的东西往往更能显现出它的独特个性。

【小店淘金成功案例】

在上海一条繁华的小街上，有一家纸艺店，不过有些特别的是，这家纸艺店不是做普通的纸花、玩具，而是专门做平面卡纸类的用品，比如卡片、笔记本、相册等。

这家小店主要提供各类卡纸和一些已经剪好图案的小卡片，顾客可以买了卡纸回家慢慢做。假如你不会剪纸也没关系，这里有很多已经做好的半成品，顾客只需要把图片拼成自己想要的画面。其实，纸艺店强调的不是剪纸的手艺，主要侧重于顾客自己的设计和创意。

店主小乾当初之所以会选择这个行业进行创业，其实是一个顾客给了她启发。小乾以前是做对外贸易工作的，接触国外的东西比较多，一个偶然的机会，她迷上了来自美国的卡纸工艺。刚开始也没有太大的自信心，但接触了一段时间之后，便喜欢上了这个工艺。之后，她经常会在自己不开心或者非常开心的时候，用这种方式来释放自己的情感。

卡纸工艺的产品原料全部是从国外引进的，经过小乾自己的调查，卡纸工艺在国内市场应该还是有一定需求的。因为现代人的生活和工作越来越忙，在忙碌之后，都希望能回归一种家的感觉，希望能有一种表达自己情感的方式。而这种卡纸工艺正好能满足人们的这种需求。它不要求太高的技术，但却能给你充分的自由和创作的空间。

无论是谁，只要情感丰富，都可以做卡纸艺术，即根据你的想象来拼凑画面。因为原材料都是从国外进口来的，所以价格稍微偏贵，比如，一本20页的相册，标价是100多元，但这些东西的品质都是有保证的。几个月做下来，小店已经得到了不少顾客的认同，会员发展到200多人。小乾的月营业收入很快就达到了1万元，除去房租3000元，人员工资1600元，以及其他费用500元，净利润可以保持在5000元以上。

【小店前景分析】

我国各地每年售出的贺卡数以千万计，而且需求量似乎仍在增加。每逢年节，书店和礼品店摆出的贺卡琳琅满目，数量、品种十分可观，有适合不同人士需要的，更有适合不同场合、不同节令的，如新年贺卡、春节贺卡、情人节贺卡、父亲节贺卡、生日贺卡、开张贺卡、结婚贺卡等。遇到亲朋好友的喜庆日子，或是重大纪念日，或是传统佳节，很多人都会送上贺卡。而且贺卡生意一般不会受到经济大环境的影响，经营较稳定，是一门"短、平、快"的小本生意。

小筷子中的大生意

小小的筷子是日常生活中不可缺少的餐具，但如果你经营得当，这小小的筷子也有文章可做呢，也可以让你获得极大的财富。

【小店淘金成功案例】

筷子，在超市里花上10元钱能买5双。27岁的高杰，却从这日日与己相伴的物品中发现了不一样的商机。他从高薪的某通讯设备公司辞职，在同事疑惑的目光中，踏上了自己的创业之路——开一家筷子店。

卖筷子其实就是卖文化。高杰的筷子店刚开张就吸引了顾客无数。这家面积约20平方米的小店简直就是个筷子王国，抛开筷子上精致的雕琢工艺不谈，仅质地便有纯银、景泰蓝镶玉、乌木镶银、檀木、枣木、红木以及不常见的酸枝木等，让人目不暇接。镶着寿山石的红木筷，神秘庄重；漆有"清明上河图"的檀木筷，清幽淡雅；"猫鼠"情人筷活泼有趣……价格上，从20元到600元不等。

筷子店开张20天后小高挣回了当月的房租，剩下的10天赢利万把块钱。之所以跟预期比有一些距离，主要是因为春节放假期间，客流少了很多。虽然这个小店经营时间并不长，小高却已经有了些生意经。

来小高店里的一般有两种人，一种是买来自己用，一种是作为工艺品送人。现在，顾客进门一转，小高大致就能看得出他的购买心理，介绍产品的时候比较有针对性。如果是自己用，他们会推荐质地上乘的实用型筷子；如果是送人，他们就推荐特色工艺筷。

此外，高杰发现，橱窗摆放也大有学问。刚开业的时候，为了突出特色，高杰曾经在橱窗里放满了价位在80~100元的特色工艺筷子，没想到吓走了很多顾客。过了一段时间，高杰尝试着在橱窗里放上30元左右的货，结果效果相当不错。到目前为止，第一批进的货已经卖掉了一半，他又补进了两次货。

【小店前景分析】

筷子是具有东方特色的餐饮工具，是中国人每天都少不了的一样东西，市场广度、深度都不错。但要注意，这是个具有"欺骗性"的市场，因为人们日常使用的普通竹筷、木筷并没有多大利润，并且购买方便，随处有售，所以这个市场只是表面看起来大。要想通过经营筷子店赚钱，必须把目光集中于中高档筷子市场，这就要充分考虑当地的经济发展水平，尤其是中高档餐饮业、宾馆酒店业的发展水平。

另外，如果是外国人较多的旅游市场，也比较适合经营这项具有浓郁中国特色的产品，尤其是花色繁复、以装饰和观赏功能为主的工艺筷，更易受到外国旅行者欢迎。同时，因为筷子品种繁多，体积小，若混杂于其他商品中经营极易被埋没，所以，比较适合以专卖店形式进行集约化经营，容易突出其特点，吸引顾客。

开间二手精品店

如果你有门路，开间二手店，专卖别人用过的名牌也是一项不错的选择。

【小店淘金成功案例】

方晶和叶薇在重庆市解放碑的二手名牌店从 2006 年 6 月开张，经过长达半年的"赔本期"，终于迎来了赚钱的曙光，到现在为止，已成为重庆已知的资格最老、赚钱最多的二手店，每月纯收入有七八千元。二手店做的基本上是无本买卖，不需要进货的钱，货源都由他人提供，二手店卖后提成，按行业规矩通常是提成 20%。开这样的店，只需要付每月的房租、水电、物管费。像解放碑这家店，装修和家具都较高档，总投入也不过 2 万元。

【小店前景分析】

在香港、澳门等地区，有不少名牌手袋二手店生意兴隆，店主以低于货品原价 30%~50% 的价格收购客人的名牌包，再转手出售。客人也可以把自己的其他一些名牌商品放在店中寄卖，喜好的人能得到大的折扣买到名牌产品，等看厌了又可拿出来寄卖。如此循环，令二手店的生意长做长有。由此可见，开设二手精品店是可行的，它具有投入资金少、回报快、易于操作、效益稳定等优势。

在具体投资方面的建议，成功的二手店主们提供了以下的几条经验：

1. 老板在客人所定的货品底价的基础上，上浮 15%~30% 作为货品售价，个别比较贵的货品可在上浮 5% 到 10% 之间作调整，上调的差价即为利润。

2. 这类店的经营选址最好选择在人流较多的街道，或者是消费水平中上的成熟社区或地段。

3. 除经营二手精品外，店面还可兼营咖啡、时尚书籍等，这样更有利于建立该店的亲和力。

二手精品店的货源是店中最有特色的精华所在，基本上可以说是独一无二的，因为它们是客人在店中寄卖的，大多数来自于顾客的私人珍藏，包括衣服、饰品、小摆设等，也可以是老板和客人从各地收集回来的有趣的玩意儿，不一定是名牌，但保证质量，价格实惠，让顾客爱不释手、流连忘返。

快乐创"皂"也赚钱

如今，DIY 已成了潮流。可是，你知道香皂也能 DIY 吗？陈莉第一次听说时也很惊讶，但是善于把握商机的她却抢先一步，创办了国内首家手工香皂 DIY 店，踏上了快乐创"皂"路。

【小店淘金成功案例】

香皂也能自己做。将原材料切成丁——加热——滴入色素和香精并搅拌均匀——冷却——将皂液倒入模具中——从冰箱中拿出脱模。就这样，10~15 分钟之内一块可爱的透明水晶香皂就呈现在惊讶的顾客面前。这是位于北京西单文化广场地下二层的"星尚创皂馆"里每天都上演的画面。

北京女孩陈莉是小店的老板。创"皂"馆是把国外流行的 DIY（自己动手做）理念运用在香皂制作中，在这里，客人可以自己设计、制作香皂，店主教给顾客制作方法并提供原材料和设备。手工香皂的造型、颜色、香味和功能多种多样，顾客可以充分发挥想象力制作"自己的香皂"。

虽然不足 5 平方米的店面位于商场僻静的角落，但这并没有影响到生意的红火。这得益于 DIY 的理念。亲手做的香皂融入了感情，甚至让人回忆起童年时代，顾客基本上都能满意而归。她的顾客并不限于时尚人群，最小的顾客 3 岁，最大的顾客 70 岁，外国顾客也不少。

陈莉店里生意很好，成本也早已收回，但她又在考虑新的问题。她的近期目标是发展加盟店、拓展营销渠道和改进技术，未来她还要注册公司，创建自己的网站，开拓其他 DIY 产品。

【小店前景分析】

近几年，各种 DIY 的时尚小店如雨后春笋般在城市各个角落生根发芽，对小型投资者来说，时髦的 DIY 小店不失为不错的选择。投资香皂吧之所以能成功，原因之一就在于香皂成本较低、消费群广。原因之二是香皂 DIY 的花样繁多。比如，小学生非常喜欢橡皮大小的小香皂，他们喜欢拿糖纸包着的小香皂去洗手；另一些如玫瑰香皂、巧克力香皂等仿真香皂，因为好玩，被学生收藏或者作礼物赠送；还有一种个性香皂，可以将自己的大头贴镶嵌在香皂上，将自己的生日、祝福语或者图案刻在香皂上，也可以将自己喜欢的塑料卡通人物镶在香皂上。

手工香皂的制作方法简单易学，一般顾客 20 分钟左右即可完成，对于成年人来说，能丰富他们的业余生活，对于儿童，则可锻炼他们的智力、想象力和创造力，不啻为休闲娱乐的好项目。

虽然手工香皂的效用和大家日常所买香皂并无二致，但其不仅具有实用性，还有独特的观赏性和趣味性，因此，很适合喜欢自己动手创作的朋友们参与。

这个行业是"七分产品、三分服务"，只有用心为顾客着想，客人才能满意，而回头客会带来更多新客人。时尚的东西更新特别快，做这个必须有创意。如果你没有创意，只是一味让顾客临摹，顾客很快会失去兴趣，因此技术并不是最重要的，难在激发客人的创意。

开间难寻物品商店

商机难寻，但有时它就在你的身边，意识到它的存在，就有可能走向成功。

【小店淘金成功案例】

北京东四的难寻物品商店只是一间面积 18 平方米的小屋，墙上贴着每周的热卖商品，如防噪音耳塞、超声波驱鼠器、防辐射衣服、智力竞赛抢答器等等，所有的商品都是在一般市场上难以购买到的，在这里却能够以出厂价买到。

王金桥建立难寻物品商店的思路起源于填补市场空缺，这和他亲身的经历有着密切的关系。1993 年，王金桥供职于北京某公司，主要负责销售工作，在接待顾客的过程中，他发现很多人不能如愿以偿地购买到自己想要的物品，于是，建立一家商店专门出售在市场上难以买到的东西，成了王金桥的强烈愿望。由于有了明确的市场定位，王金桥的商店于 1994 年 4 月经过北京市工商行政管理局注册成立，注册资本为 6 万元人民币。

这家店 6 万元资金中的两万元用于 18 平方米的店面租金，租期为一年。其他的基本上用于固定资产、人力成本等。那时由于没有互联网络，所以还有相当一部分开支用于购买专用书籍，以便找到客户所需物品。商店的广告宣传费用也列入其中，方式主要是媒体广告。随着品牌的逐渐推广，客户群从单一的客户逐渐发展到拥有相当一批法人单位客户，订单也从零散订单发展到具有规模的订单。

仅仅 18 平方米的小屋、几张桌子、两台电脑和 6 个人，如此简单的设备如何招徕生意？商店刚开张时，主要依靠一种"有诉才寻，有求才应"的服务模式，老顾客口口相传，信息则依靠平时的积累和参加各种展销会获得。这是一种相当原始的经营方式。

1997 年互联网的兴起，一下子使"难寻店"的营业额成倍地增加。通过互联网，他可以把"难寻店"的产品放到搜索引擎上，同时也把商店的联系方式写入网页，通过互动，成功地在网上进行信息资源整合，同时把"有诉才寻"的单线营销模式发展成"有诉才寻"和"知而后寻"两条线。比如主动代理一些他人不经营的特色商品，如商店柜台里的护胎宝（防辐射衣服）已经是相当成熟的品牌，许多人就是慕名而来寻找购买的。互联网带来的另外一大优势就是把客户和供应商的范围都扩大了，市场从北京一个城市扩大到全国范围，供应商也扩大到100多家，同时成熟的品牌也迅速扩展到30多个。

【小店前景分析】

难寻物品的特点是市场容量不大，容易被人忽略，但是通过资源整合，却会发现全国的市场容量是相当可观的。通过7年的发展经营，难寻物品商店已经走出一条相当成熟的赢利之路。相信今后市场上会出现更多的难寻物品商店，也会有更多的开店者投身其中。

开间"左撇子"用品店

中国有庞大的人口基数，"左撇子"这个小众群体的绝对数量一点都不小。马先生正是看到了这一市场的独特前景，抢先一步销售起左手用品，一时门庭若市，生意异常红火。

【小店淘金成功案例】

马先生通过上网查询、电话联络等方式，几乎搜遍了所有能找到的国内的剪刀、小家电和小五金厂，从中发现了几家工厂生产左手用品，经过一番努力，他和一些著名品牌厂家建立了供货关系。再经过一番宣传造势，他的左手用品商店的知名度逐渐提升，生意也一天比一天好了起来。

为了扩大市场，马先生还请专业人员制作了"左撇子世界"的网站，同步推出网上订购业务，并顺势扩展到电话订购。经过近两年的努力，马先生的生意越做越大。后来，他干脆招了几位营业员，进一步扩大了左手用品商店的规模。而他自己则对顾客的来信，逐封逐封地回复，尽最大的努力给"左撇子"提供帮助。马先生还发动他的妻子在家里专门接听电话，并做好详细的记录。如此一来，他的左手用品商店每月的销售额都在数万元以上。经营一年半时间，就赚了20多万元。

【小店前景分析】

在日常生活中，有许多人习惯于使用左手，也就是人们通常所称的"左撇子"。据有关资料显示，"左撇子"在我国总人口中占6%~7%，将近1亿人。由于大多数日常用品都是根据右手习惯设计的，市场上专门为"左撇子"开发的用品非常少。所以，有心创业的人士可以从这里入手，开间左撇子用品店，相信会有不错的收益。

"100日元"店创造大热潮

"全部东西通通100块！"这可不是百货公司的周年庆或是服饰店每季一次的跳楼清仓大拍卖，这是日本大阪一间地地道道、全年不变的100元商店。

【小店淘金成功案例】

日本人真田凭着过去在大型零售商场的工作经验，发现许多商品的原价其实并不高，但经由过多的包装后，价格却数倍于原始价钱，而消费者购买日常用品时，多是以价格为考量，于是便兴起开间专卖超低价商品杂货商店的念头，以薄利多销的理念来经营。低价对消费者而言极具诱惑力，但是要低到什么程度，才够激起消费者上门购买的欲望，而又不至于让自己血本无归呢？真田想到了100元，于是100元商店就此诞生。

在100日元商店里标明的是店里所有的东西通通100元，举凡鞋子、杯子、毛巾、书本等各种生活中的物品，不论外面其他商店的售价是多少，只要是在这里，绝对通通100元。因此，100元商店铺一推出，便受到极大的欢迎。

【小店前景分析】

100元商店内标榜所有东西全部100元，因为商品锁定为一般生活中的各种用品，并以低价贩售，对于预算有限的学生或家庭主妇来说，可以降低不少采购支出，对一般工薪阶层而言，同样相当具有吸引力。

为了能以超低的成本进货，100元商店与日本国内数家超市批发商合作，以极为低廉的价格进货；另一方面，商品从批发商进货后，通常还要经过中间商层层包装，再以较高价格售出，100元商店为降低成本，直接跳过包装的流程，以商品原样贩售，不但环保，也省去不少包装成本。

创意格子店，卖的不只是格子

只要花上一两百元，就能在市区繁华地段的商铺里租用一个格子寄售东西，这种销售方式根本不用雇营业员。

【小店淘金成功案例】

在南宁，地处闹市区某商场的一家格子店铺已经开门营业，该铺由蒋芳洁和一个朋友阿周共同创办。在这家13平方米的格子铺里，人们可以看到，200多个30×30×40厘米左右的格子里摆设的商品虽算不上应有尽有，但也有上百种，除了钱包、化妆品、饰品、蜡烛、玩具公仔外，很多小件商品都能找到，无异于一个小型的百货商场。据悉，格子铺的租客多为30岁以下的年轻人，包括学生、白领、原创手工艺者，此外也有一些试图用另类途径推广新产品的厂家。这种格子铺就是一个浓缩的袖珍版市场，这不禁让人想起小而精致的芭比娃娃商店。就是这么一家店铺，月净利润已超过万元。

【小店前景分析】

一种经济实惠的新兴零售模式——"格子店"最近正在出现，一些热衷于尝鲜的年轻人也争相租用格子一过老板瘾。这种起源于日本、流行于香港并快速在中国内地蔓延的新零售模式——格子铺，正在悄然改变人们的经营方式。

格子铺和普通店铺不同的是不需要自备资金备货，所以无需准备进货资金，需要负担的基本都是店面租赁以及装修所需的资金了。

开格子铺还必须面对工商和税务部门，一要办营业执照，二要按时缴税。营业执照方面，应当按照一般店面办理商品销售执照，并尽量多申请几个经营范围，比如饰品、服装服饰、工艺品、文具等等。

99 美分连锁店的秘诀

如果你不懂得如何经营小店，不妨向美国人戈尔德先生学学经营 99 美分连锁店的秘诀。

【小店淘金成功案例】

美国有一家"99 美分"商店，因店内所有的商品售价都是 99 美分而扬名天下。这家商店创建于 1982 年，总部位于加利福尼亚州的一座小城市——科默斯市。经过 20 余载的努力奋斗，他们从一家很小的夫妻店发展成为拥有 90 多家零售店的连锁集团。

该店的创建人——董事长兼首席执行官戈尔德先生认为，虽然店小买卖小，通过有效管理却能出大成效。他的一个经营理念是永不安于现状，不断创出零售新成绩。他的基本准则是"将心比心"，对连锁店的雇员是如此，对供应商和顾客更是如此。连锁店得以健康发展的基本条件是要有专心致志、勤勤恳恳并且忠心耿耿的雇员。戈尔德为此把将近 100 万股的股票期权分给了职工，只要雇员在连锁店工作期满 6 个月以上，不管是正式工还是临时工。不过，戈尔德本人和任副总裁的两个儿子以及任总裁的女婿却没能分到一股。

这家 99 美分连锁店在营业时间上也作出了与众不同的规定，允许顾客在开门前提早几分钟进店购物，也允许顾客在关门时间过后进店购物一段时间，从而给那些早到或晚到的顾客提供了更多的方便。

连锁店直接从生产厂家进货，以降低中间费用。他从不拖欠货款，也不轻易取消订货，在供货商中取得了非常好的信誉。现在连锁店每年都要在总部举行一次订货会，有时会出现刚签过了合同，其他公司又将提供更好的产品，这时戈尔德从不反悔，然后再签一个合同。

戈尔德的这家 99 美分商店自创业以来从未提高过价格，在最近的几年中，连锁店的年平均收入增长了 32%。正是由于戈尔德的榜样，各行各业相继开起了特价店，因为他们知道，只要有良好的经营，小店也能做成大买卖。郑州也有家 38 元时装店，专售中档女性服装，春夏秋三季经营的款式有简易外套、针织内衣、T 恤衫，冬天就改为主营女性内衣和居家服饰，但 38 元的宗旨从不改变。还有一家 100 元裤子店，其专业化程度更高，店内备有各式各样的裤子，由于经营有方，给很多人留下了深刻的印象，消费者一谈及裤子就会提到这家 100 元裤子店。

【小店前景分析】

特价作为一种经营技巧，被许多时装店所采用，60 元时装店、100 元时装店纷纷在街头登台亮相。特价店不仅塑造了独特的企业形象，简化了经营管理，还能够笼络一批相对固定的客户。在繁忙的大都市，特价确实方便了许多工薪阶层的消费者。

其实，特价店仍有很大的发展空间，只要做好规范化的商店管理，就不愁没有顾客。实际上，它更是经营理念的一种外在形式。

开一家"假宠物"店

如今宠物行业好赚钱，即使是仿真宠物也能带来大财富，本节中的主人公就是通过经营逼真的假宠物挖到了自己的财富金矿。

【小店淘金成功案例】

2002 年，刘云的女儿考入了北京的大学。为了方便孩子的学习和生活，她和爱人决定，卖掉内蒙古老家的老房子，一家三口搬迁到北京。为了维持生计，刘云决定从商。资金不多，只有 8000 元钱，而且对北京人生地不熟。她想把内蒙古的特产卖到北京来，可是卖什么合适呢？她想到了自己小时候的玩具——羊毛做成的小牛、小羊。

在北京租了个小门面，刘云开始当起了老板，卖的就是这些羊毛做成的玩具。可是，刚开始的 8 个月，几乎没有生意。直到第二年——2003 年，恰巧是羊年，她在 20 多天的时间就净赚 7 万。那是刘云的第一桶金，也让她对这一市场有了信心。

生意逐渐有了好转，刘云经营的仿真宠物的品种也越来越多。在顾客的提醒下，刘云开始大量开发猫、狗系列的仿真产品，结果大受欢迎。2003 年 11 月，她又投资了一万元钱，全部用来办货。在北京天隆昌工艺品批发市场租了一间 30 平米的门面，店名起得很吸引人，叫做"他家猫猫不吃粮"，开始做起了批发生意。批发店一个月流水在 15 万到 20 万，因为批发的利润空间很低，但一个月纯利也有 1.5 万到 2 万元。

【小店前景分析】

如今宠物行业好赚钱，但仿真宠物依然也能带来大财富，抓住这个良好的商机，你也能大赚一把。

你所进的商品质量要好，仿真宠物要个个栩栩如生，而且价格也要公道，因为这样可以招揽到更多的客户。你还可以为顾客定做 1：1 仿真宠物，如一只 1：1 的贵妇犬，售价是 300 元，其中需要一张羊皮，成本在 130 元左右。

服装折扣店与格子店两不误

一家普通的服装店，因为店主的一个新鲜尝试，开创了一条崭新的发展道路。

【小店淘金成功案例】

在嘉兴度过了愉快童年的杭州人王晓红对嘉兴有着深厚的感情，在杭州开了几家国际品牌服装折扣店的她和几个同伴合资，把触角伸到了嘉兴，在嘉兴市区禾兴南路和华庭街开了两家国际品牌服装折扣店。一年下来，店亏损了，同伴们抽身而退，但王晓红打算独自坚持下来。

一次，她在杭州看到了一种新颖的"格子铺"，于是决定将这种形式引进到自己的服装店里。她请专业的公司在禾兴南路店的两面墙上做了 100 个格子，每个格子对外招租，租户可以将自行组织或制作的货品放到格子上出售。"格主"不用站柜就可以做生意，货款到期结算，可谓"悠闲赚钞票，轻松当老板"。

这些"格子铺"一推出，立即被许多嘉兴年轻人接受并看好，他们纷纷租下格子，并拿来了各种各样的货品，有时尚饰品、女士皮夹、化妆品、拎包、袜子、自制的手工艺品等。很快，大半的格子里摆满了货品。

这种"格子铺"规格为 60cm×60cm，租金是每个每月 100 元，3 个月起租。格子可以任意分割，商品较大的话可以把几个并在一起。现在租出去的几十个格子的租金已经比较可观，这直接减轻了服装店的房租压力。王晓红说，除了显性的租金收入外，这些"格子铺"还给店里带来了隐形而奇妙的整体效应。

虽然目前王晓红采取的是服装店与"格子铺"相结合的形式，但她打算当"格子铺"在嘉兴真正流行起来时，就在这家店单独做"格子铺"生意。到时候，楼上楼下 300 多平方米，能开好几百个"格子铺"。店的斜对面就是新东方名品服饰城，而王晓红的"格子铺"就相当于一个微缩版的服饰城。

【小店前景分析】

目前，"格子铺"已经在一些一线城市形成一定的气候，而在广大的二三线城市中还处于萌芽阶段。其实，每个城市都有一群渴望创业的"零资本"者，而"格子铺"这种形式正好满足了他们的需求。因此，"格子铺"可谓商机无限。

很多"格子铺"的商品并不是在铺里卖出的，很多"格主"都在开网店，"格子铺"就成为他们网店的小型实体店，起着供网店顾客看样品的作用。因此，做好相关服务很重要。如果顾客对"格子铺"里的货品感兴趣，她会主动将"格主"的联系电话提供给他们。一个个"格子铺"兴旺了，你的店铺才会不断发展。

另辟蹊径的竹炭制品店

作为 21 世纪一种新的健康环保产品，竹炭在日本、我国台湾省等地已受到广泛的青睐。开家竹炭制品店可以说是一条另辟蹊径的赚钱之道。

【小店淘金成功案例】

2003 年，正在杭州旅游的小王进入了一家出售竹炭制品的商店，而此时的他和很多人一样，看见这些黑乎乎的东西，竟不知道是啥玩意儿。经过营业员的介绍之后，他为自己因为出汗而有盐花的鞋子买了一副竹炭鞋垫。让小王十分意外的是，鞋垫的效果在使用之后的第二天便得到了明显的体现。这时，一直在苦苦寻觅创业项目的小王仿佛一下子找到了方向，决定代理竹炭这个当时上海市场没有的产品。

回到上海之后没多久，小王的商店还没有开起来，他就接到一笔 6000 元的大生意。原来，那也是一位想取得竹炭在上海代理权的创业者，只是因为晚了一步，成为了小王开张之前的第一位大客户。货都还没有发到便已经有了生意，这让小王悬在嗓子眼的心终于放下了。事后回顾自己的创业过程，他说如果当时略有犹豫，也许就没有今天的竹炭店。小王觉得与其将来花钱买药，不如今天花钱买健康，随着人们对健康的日益重视，这种绿色健康的产品肯定会有市场的。

在精打细算下，小王只花费了 2000 元，一个精致古朴而又实用的店铺便在他手下诞生了。尽管开张之初取得了一笔大生意，但由于众多顾客初见竹炭时对其功效将信将疑，使他犯起了愁。那个时候在店铺里唯一的工作就是做顾客的解说员，有的顾客听了之后面无表情地走了，有的顾客出于对他的怜悯才买走了一两样商品。幸好，竹炭是一个比较争气的产品，只要用过的人，很少有人觉得不好，这也是顾客多为回头客的原因。那时候，他觉得让别人知道竹炭是什么，有什么好处，是一件打开销路当务之急的事情。于是，他计划通过多种渠道推广竹炭。在新楼盘爱建园交付之后，小王就背着四五十斤的炭包开始在小区内一层层爬楼梯进行推销。推销的效果并不好，半天也就只能卖掉一两包，但他的目的并不是为了卖，而是为了让人家知道竹炭，知道他的店。果然，推销手段使用一段时间之后，加上潮湿天气的到来，生意一下子就火爆起来，曾经有一名客户一次就在他的店里购买了7000元的产品。

现在，小王正在策划其他两项营销手段。一是在暑期前后雇百余人统一穿着有其店名标识的蓝印花布衣服，挑着扁担在大街小巷进行随机销售，增加市民对竹炭的认知；二是增开一家样板展示店，将店堂完全布置成家庭的模样，而在居家的各个角落都有用得着竹炭的地方，这样无需语言，顾客便能对竹炭的功用一目了然。

【小店前景分析】

如今竹炭产品涉及到各个领域，包括竹炭工艺品，家居用品系列，碳粉系列，炭珠系列，个人护理系列，竹炭衣服系列，防电磁波系列，炭布炭纸系列，床上用品系列，竹炭汽车用品系列，建筑用炭系列等等。由于用途广泛，功能多样，竹炭越来越多地受到各国消费者的喜爱。然而，目前在国内的大中城市，竹炭制品还是一种比较新奇的产品，现阶段经营这一产品的人还不多。因此，如果能够抓住消费者崇尚保健的心理，不失时机地开一家竹炭制品店，不仅能成为时尚消费的引导者，还能为自己带来丰厚的利润。

鉴于目前国内市场和消费者对于竹炭制品的认知度较低，所以为增加知晓度，首先建议将店址选择在人流量大的街面与市口。其次，根据竹炭制品的主要用途，锁定部分顾客的消费方向，可将店址选择在家具、装饰材料市场、新开发住宅区和商业街，方便顾客就近选择和购买商品。另外，作为时尚礼品的一部分，也可以考虑将店址选择在礼品行较为集中的区域。

竹炭制品作为一种比较新奇的产品，在国内现阶段经营的人还不多，消费者对竹炭产品的认知较少，这是影响产品销售的主要原因，也是目前经营竹炭产品的最大风险所在。因此，除了保证产品的质量以外，用优质的服务树立自身品牌在消费者心目中的良好形象，显得尤为重要。

第三章

服饰需求是人类另一个永恒需求

开家服装饰品店

一、匠心独具，把服装店开出个性来

佛靠金装，人靠衣装，人人都希望自己穿着漂亮得体，给人眼睛一亮的感觉。服装自古以来都是人们日常生活中必不可少的物件。开一家服装店毫无疑问是永不过时的选择，但面对目前服装店激烈的竞争态势，最主要的是要把店铺开出个人的特色，让你的店在众多的服装店中脱颖而出，吸引顾客的目光。

开家外贸服装小店

外贸服装以质量优良、价格适中的特点受到许多消费者青睐。一些创业者对这门生意也颇感兴趣，外贸服装店如雨后春笋般越开越多。虽说经营外贸服装店投资不大，但能够成功经营的外贸服装店却都是大有诀窍的。

【小店淘金成功案例】

洪小姐在一家织造厂任文职，平时与许多服装厂家有联系，早有创业心思的她自有其投资之道：利用工作闲暇开一家外贸服装店。她的店开业后，由于经营有道，生意一直不错，可说是投资有了满意回报。

洪小姐的店不大，约为10多平方米，店面装修也很简单，当时花了不到1万元，倒是店铺的转手费贵了一些，要2万元。至于平时的开支，包括请一个店员，每月工资加包食宿约2000元出头，铺租4000多元，工商费、电费、水费等每月平均1000多元。在所有开支中，进货成本是最重头的。洪小姐每月用于进货的费用大概在2万多元。由于店不大，又请了店员帮忙，洪小姐平时只需在早晚抽空来稍加打理即可。当然，进货上是要亲自上阵的，一般每周一次，都安排在星期六和星期天。就这样的一个服装店，投资不过6万元左右，如今洪小姐每月平均盈利在8000元以上。

【小店前景分析】

目前，世界上很多知名品牌，尤其是服饰、鞋类等，都与我国的服装厂有贴牌生产或来料加工的合作，合作方式多种多样，在合作过程中产生了大量的计划外产品，也就是人们常说的出口转内销产品。这些"外转内"服饰款式新、质量好、价格低，在市场上极受欢迎。在一些城市街头，打着外贸服饰处理品旗号的地摊常常被围得水泄不通，有心人士可以从中发现赚钱的商机。这种专门销售外转内服饰的服饰折扣店，其鲜明的特色和诱人的价格，引起了消费者的追捧。其崭新的营销模式引起了经营者的关注，开品牌服饰折扣店专卖"外转内"服饰很有做头，因为这种服饰款式新颖、做工精良，既有经济性，又有时尚性，市场前景可谓乐观。

让外贸精品店在同类中脱颖而出

走在大街上，你会发现各种各样的外贸精品店林立，想要让自己开的外贸精品店在同类店中脱颖而出，就要从经营策略上入手，用独特的经营策略抓住顾客的心。

【小店淘金成功案例】

十多年前，小李因为兴趣所致，在上海开了一家成衣设计加工小店，积累了专业经验和物质基础后，她转行干起了成衣销售，专为 25~40 岁的职业女性提供精品服饰。

小李在服装行业摸爬滚打了十几年时间，颇认识了一些搞外贸服装的朋友，因此货源不是问题，关键是要进与众不同的货。小李第一次到厂家拿货，在对方的热情推荐下，一下子拿了几大箱子，配齐了尺寸、颜色、款式等。但这样一来，小店就失去了自己的个性，这批货卖了好几个月才勉强卖完，还赔进去了好几千块钱。吃一堑长一智，现在小李不再盲目进货，每款衣服不会超过 3 件，更注重衣服的面料、做工，与其他小店错位经营。平时还非常留心老顾客的穿衣风格和消费习惯，预先搭配不同颜色和风格的饰品，既能提供周到服务，又能成套销售增加利润。

小李的服饰店凭着独特的经营理念、过硬的产品质量和公道的价格，生意做得红红火火，仅用了半年时间就收回了成本，正打算开设第三家精品服饰小店。

【小店前景分析】

经营服装与开小便利店、小饭店不一样，不求独此一家，反而要"扎堆"。选择相对成熟的服装街，虽然竞争较为激烈，但顾客的针对性强，特别有利于新店培养人气。

无论开什么店，都要先进行市场调查。调查的重点是竞争对手，而非顾客，内容包括产品结构、产品类型、产品价格等。在详细了解、客观分析竞争对手的基础上，再进行货品定位。

外贸服饰小店经营要靠特色和个性来吸引顾客，对货品的独特性要求较高，进货时一定要把握"你无我有，你有我新"的原则。出口转内销的服饰款式虽新，但大多是外商的退单货，在质量上会略有瑕疵，进货时一定要严格把关。此外，在经营服装的同时，可以搭配一些特色包袋、首饰、围巾等，以使货品更加多元化。

外贸服饰小店宜走特色、低价经营的路子，因此价格应比商场或专卖店便宜。

自己设计张扬个性的 T 恤衫

现在无论男女，很多人都爱穿 T 恤衫，尤其是那些能够张扬个性的文化衫更是受到很多人的欢迎。

【小店淘金成功案例】

王祥的妈妈是做服装生意的，王祥高考之后闲不住，便到妈妈的店里帮忙。几天下来，他发现 T 恤衫卖得最火，特别是有个性化图案的文化衫，尤其受到年轻人的喜爱。于是王祥说服妈妈自制个性 T 恤衫卖。家里电脑、熨斗是现成的，只需再买一个中档照片打印机。他是抱着试试看的想法，妈妈也同意了。

谁知这一试，其产品竟然真的非常受欢迎，特别是那种独版的 T 恤衫在夜市上最好卖，而且王祥妈妈的业务范围也从最初的 T 恤扩展到帽子、牛仔裤、布包等。王祥准备再购进一台扫描仪和一部数码相机，这样可让顾客自己提供图案或指定景观，做出的 T 恤会更贴近消费者，更具个性化。

【小店前景分析】

自制 T 恤不需要什么特殊的工具，大致包括电脑、打印机、扫描仪（可选）、数码相机（可选）、电熨斗、熨衣板及相关耗材等。其中电脑无需太高配置，甚至二手的也可以，只要能够做一些简单的图片个性化处理，能运行 Photoshop（一种图像处理软件）就可以。相对来说，自制 T 恤对打印机的要求较高，因为要打印一些高质量的图片。高级一点的用户可以将电熨斗换成烫画机。

下面我们来分析一下这个小店的投资和收益状况，你会发现一本万利确实不是一句空话：

电脑：3000 元右（现在可能更便宜）

扫描仪：600 元左右（可选配）

照片打印机：1000 元左右

电熨斗、熨衣板：300 元左右

店面租金：视情况而定

一件白 T 恤成本价 10 元左右，A4 热转印纸 15 元 / 张，加上打印制作，每件 T 恤成本在 25 元左右。如果顾客自己提供 T 恤每件可提取手工费 5~30 元不等。至于成品价钱方面，目前纯棉的主流价位稳定在 50~120 元之间，收益确实相当可观。

时尚小伙复制"真人"巧赚钱

现在的年轻人追求新奇而又标榜自我，郑州一位时尚小伙便将自己以卡通人的形象印在 T 恤衫上，这一创意举动给他带来了意外的财富，并引导他走向创业路。

【小店淘金成功案例】

"只要一张你的照片，就能做出一套你的卡通形象，还能印到杯子、T 恤衫上。"这是时尚小伙会晓的生意经。如今，把照片印在衣服上已经不是什么新鲜事，可做出惟妙惟肖的卡通形象，令朋友一眼就能认出是自己，再将此真人卡通形象印在衣服上，肯定能吸引不少时尚的年轻人。会晓给自己的朋友做了几件，反响不错，就决定用心做好真人卡通项目。

现在会晓已经注册了公司，还招聘了一批美术专业的学生，专门负责制作卡通形象。他还设想以后逐渐开展加盟店运作。按照会晓的设想，开一家加盟店需投资 1 万元。店面要选在人流量大的地方，人气旺的店中店或是商场柜台也是不错的选择。

另外，加盟店里除了要有各种样品外，还必须配备一台数码相机，为想制作真人卡通的顾客拍摄照片。卡通形象一般需要设计两种风格，一种夸张一点儿，另一种是跟真人几乎完全相似的。

加盟店只需要把照片传到会晓的公司，由他们设计漫画形象，再传回门店印烫在杯子或衣服上。如果要做钥匙链、衣服、杯子等一套东西，大约要等三天才能取。会晓这样做主要是为保护自己的核心技术。

真人卡通服饰产品的利润率很可观：一件印好真人漫画的短袖衫能卖 50 元，而白色短袖衫的成本只有 10 元；一个印好的杯子卖 10 元，而杯子本身的成本只有 2 元。

【小店前景分析】

从市场来看，现在越来越多的年轻人追求个性消费，在衣服上直接印上自己，对他们而言无疑是一种新奇又有吸引力的选择。目前，烫画技术已经成熟，国内很多厂家也介入生产烫画机、烤杯机、烫画墨水等，成本降低了许多。

"真人"服饰的客户群很广，除了追求个性的年轻人，也有老人来要求把孙子的照片印在衣服上，更有 10 岁的小孩子想把小狗图案印在小狗的衣服上；还有人因为喜欢的衣服破了个洞或沾了污渍，要求在破洞和污渍上印上头像。"真人"服饰店的大订单一般来自企业和团体。

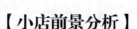

开家牛仔服专卖店

开一家牛仔专卖店不仅具有长期发展的强劲动力，而且可以最大限度地降低投资风险。

【小店淘金成功案例】

不知是地处繁华的地段位置奇佳，还是法国牛仔裤诱惑无边，一家名为 Maximede Nimes 原创牛仔裤专卖店，从开张两周开始就红火了起来。一走进 Maximede Nimes，你很容易就会被那种法国式的浪漫优雅所吸引，那种清新的氛围，一下就与侧旁南京西路的华丽喧嚣形成了鲜明的对比。

若干年前，钟爱艺术和时尚生活的 Maxime 在上海发现泰康路、建国路、新天地等地是众多设计师聚集的区域，对这些地方产生了浓厚的兴趣。他发现那些用中国的棉布、丝绸制作而成的服饰非常受法国人的欢迎，觉得这是一个不错的商机。

回到法国，Maxime 在巴黎市中心选定了一个铺面，将中国设计师的作品放到店里销售。法国人对东方时尚的热爱超出了 Maxime 的想象，就连路易·威登旗下的不少高级时装店，也对 Maxime 的东方品牌产生了浓厚的兴趣，主动联系 Maxime 做他们的供应商。

这一成功让 Maxime 开始观察市场，寻找交叉创业的机会。他发现法国牛仔裤的售价越来越高，在中国亦是如此。在这一消费群庞大、品牌繁多的领域，正宗国际品牌定价过高有欠合理，而式样简洁、适合所有人的牛仔裤，市场上则相对空缺。

2005 年 6 月，Maxime 把法国优雅清新的牛仔时尚带到了上海。他说，简单的剪裁、地道的水洗工艺、讲究搭配的整体工艺是法国人崇尚的要义。他把这种理念融合在牛仔裤的设计里，而尺寸比例上则重点考虑了中国人的身材特点。

Maximede Nimes 位于石门二路，离南京西路也就数步之远，算得上是上海的顶级商圈了。这似乎与 Maxime 在法国的选址有着异曲同工之处。

他认为，零售行业就应该选址于购物区，因为只有成熟的繁华区域，才有足够的客流。而南京西路上有着众多世界一流的品牌专卖，这种定位是同 Maximede Nimes 的要求相吻合的。但是，地处繁华，未必要求繁华；相反，与繁华打个擦边球效果更佳，那是一种风格鲜明的对比而产生的诱惑。这种对比还得益于 Maximede Nimes 的装修。

就跟牛仔裤宣扬简洁优雅一样，Maxime 要求装修自由自然。每个月，他的店铺都会有不同的装饰主题，有时是密友酒吧谈天，有时是家庭中牛仔服熨烫时间，还曾经将牛仔服放入鸟笼，映衬出老上海的悠闲气氛……总之，一切都是轻松的生活，与南京路的浓烈商业氛围形成强烈的对比，增添了些许淡雅的小资之风。

经营定位必须是统一的，连墙上的装饰画也不例外。Maxime 不用专业模特就是想让顾客相信这个品牌是亲切的，并非高不可攀，无需魔鬼身材，穿得好看仅仅因为你就是你。

Maxime 在中国的商业经营目的不仅仅是开好一家小店，而是要在中国把 Maximede Nimes 打造成一个响当当的连锁品牌。为此，Maximede Nimes 已经启动了它十分灵活的发展计划。从区域上划分，目前主要针对上海本地以及江浙这两个板块。对于江浙两地的代理商，合作形式为加盟买断，即代理权买断，无需加盟金，缴纳一定的保证金，以及达到 Maximede Nimes 的其他要求，便可在城市中开设 Maximede Nimes 的分店。

在上海，合作的形式则更为灵活多元。投资者若资金不够，可以采取合作分成的形式，带资金进入，然后压货代销，按照代理商和总部分别为 45% 和 55% 的比例进行销售额分成。如果投资者不仅有资金，而且在设计上也有一定的建树，甚至可以要求也以参股的形式加盟 MaximedeNimes 的牛仔队伍。

【小店前景分析】

牛仔裤自诞生至今，一直凭借其舒适、随意、率性自然的风格赢得各种文化背景和各个年龄阶层人们的喜爱。从几百年前得克萨斯州金矿上出现的第一条牛仔裤开始，由深蓝到漂白，再到激光剪裁出的褴褛不堪，牛仔服在千变万化中，成为四季时装的主角之一。对于年轻时尚一族来说，牛仔服更是不可或缺的装备。

在众多的服装类别中，牛仔服饰是最具有投资价值的，因为与其他类型的服装相比，牛仔服饰具有以下几个方面的优势：

1. 牛仔服饰是人均拥有量最多的时尚单品。我国内地牛仔服饰的人均拥有量为 2~3 件，香港则为 6 件，居全球之冠。

2. 牛仔服饰是除西服以外唯一流行百年不衰的服饰品类。从 1873 年第一条牛仔裤诞生以来，牛仔已经风靡世界一百多年，并形成独特的牛仔文化，是服饰跨越民族走向大同的最精彩、最典型的范例。

3. 牛仔服饰是所有服装中适应面最广的。它可以出现在乡间原野、闹市街头，也可以出现在写字楼、舞台宴会。不论是老人还是小孩，金领还是蓝领，没有谁不可以穿它。

4. 牛仔服饰是唯一没有季节性的服饰品类。严格地讲，牛仔服饰只有两个季节：春、秋、冬为一个，夏天为一个，而夏天也是牛仔服饰的销售旺季。因此，投资牛仔服饰专卖，不存在销售淡季和产品积压的问题，真正四季旺销，天天热卖。

5. 日益时装化的牛仔服饰是发展势头最强劲、发展速度最迅猛的。从当初的工装裤到今天的牛仔内衣，牛仔服不断融入流行元素，早已登上时尚 T 台，在全球范围内掀起一股蓝色风暴。

开一家成功的"绝版"服饰店

在瞬息万变的服装业市场上，怎样才能赢取不断的胜利？答案只有一个字：变！如果你能开一家"绝版"服饰店，在变中追求发展，也不失为一项不错的选择。

【小店淘金成功案例】

在陈文的小店里，每一款衣服都是"绝版"。虽然地处新民众乐园最偏僻的地段，可是陈文店里依然人流如织。在她的时尚服装小店里，挂在衣架上的 200 多款个性服饰显得杂而不乱。

时尚服装的消费群体集中在 25 岁以下的青少年，开这样的小店千万不要进两款一样的衣服。正是凭着这一点，陈文的"氧气 100"小店在众多时尚店的包围里还能每月盈利 5000 元以上。

在时尚个性服饰店，一种款式的服饰千万不能有两件。自信的陈文并不掩饰自己的经营秘诀，她知道崇尚时尚的年轻人很在意自己身上的衣服是否唯一，是否有个性。顾客如果了解到一家小店出售的时尚服饰一种款式只有一件，那么他们将更愿意到这里来选购满意的服饰。陈文的店里货最少的时候有 150 多个款式，最多的时候有 400 多个款式。

陈文的这间时尚个性服装店开张已有两个年头，她凭借精心打理已经为赚大钱奠定了基础。第一次进了 8000 多元的服装，头个月销售额就有上万元，除了房租 900 元及水电费和生活费的开支，小赚了 4000 多元。两年下来，平均每月也有 5000 元左右的收入。

【小店前景分析】

在众多从事经营的个体户中，赚钱最快的当属服装个体户。五彩缤纷的时装在给人们生活带来美和享受的同时，也给经营者带来了不菲的收入。

服装店本小利大赚钱快。不少老板做了几年服装生意，摸出点门道后，就自己生产加工服装，实行前店后厂，利润则更高。

要想在万变中取得不变的胜利，那就得在经营上做文章。像上面所讲的"绝版"服装店肯定会有很广阔的市场前景。

开家"小资"衣饰专门店

"小资"大多是有文化有比较不错的经济能力的人，他们一般都受过高等教育，受过一些欧美文化的熏染，因此这个群体也有自己对衣饰的独特需求。

【小店淘金成功案例】

2002 年，杨女士觉得开广告公司事务繁多，生活方式也与自己的兴趣爱好相去甚远，于是有了转行的打算。刚开始杨女士想开个咖啡馆，但由于不熟悉，便搁置了开咖啡店的计划。由于以前做过广告公司，对市场消费有一定了解，自己又喜欢旅游和交朋友，杨女士于是打定主意开家瞄准"小资"群体的衣饰专门店。

广州还没有专门面向"小资"的衣饰店，这就是市场空白，杨女士于是在体育西路租了间 100 平方米的铺面，投资 6 万元开了这样一间衣饰店。

刚开业那段时间，杨女士以多年积累的经验，根据平时的观察与了解，引进了一批适合"小资"情调的服饰。她用心揣摩，用优质的服务、温情与诚信打动了每一位来小店光顾的客人。

"小资"衣饰专门店实际并不大，杨女士说，"小资"衣饰专门店从开业到现在，基本上一直都在赢利，很多客人后来还成了自己的朋友，过节的时候经常收到顾客送来的礼物。

杨女士认为，经营这样的特色衣饰店，货品的选择和地点尤为重要。采购时要很好地揣摩，以期打动"小资"们的心，赢得"小资"们的青睐，并达到精品的要求。另外由于货品种类多，每样货品一次不宜进太多，一般不超过 10 件，否则易引起资金周转不灵。

在地点选择上，杨女士认为，人气太旺未必就是好。可尽量选择靠近写字楼、白领较多的地方，但如果店内人太多，有时也会影响氛围，生意不一定好。

【小店前景分析】

"小资"们喜欢的服饰很个性，无论是品牌、价格还是款式都有自己独特鲜明的要求。他们要的是一种不经意间体现出来的品位。

开这种店最大的卖点就是特色，所以，店主对"小资"的口味一定要有切身理解，否则商品很容易积压。同时，货品要"常卖常新"，卖得再好的货品也不能超过半年。这个行业讲究的是独特。

"肥佬服装店"——主攻偏门效益高

胖人总是为难以买到称心如意的衣服而烦恼不已，胖人服装店的出现正好弥补了这一市场的空白。赚钱与受到欢迎，当然是不在话下了。

【小店淘金成功案例】

韦老板本人倒不是胖人，但他说目前广东省内还没有其他店像他们这样长期专门地经营肥胖人士服装，这也许是他们生意红火的关键原因之一。他把"肥佬屋"的门面选择在商业旺区的辐射地带，因为他认为"肥佬屋"的生意对象是特殊人群，所以没有必要把店面设置在最繁华的地段，那样只会提高成本。而在商业旺区的辐射地带人流量也比较大，门面不是很贵，是最适合此类店铺的地址。在商品选择方面，"肥佬屋"现在只经营男装。"肥佬屋"从来不打广告宣传，也很少出大降价的招牌吸引顾客，生意的兴旺主要是靠熟客帮衬，所以最好的宣传广告也就是为熟客提供满意的服装和舒心的服务。

店里留有许多长期光顾的顾客的联系方式，到了新货就第一时间通知他们。许多熟客的衣服尺码、颜色喜好和款式习惯韦老板都能够记在心里，在顾客上门前就先替他们搭配好，顾客上门后直接向他们推荐。

据韦老板介绍，投资加盟一家肥胖人士服饰专卖店大概需要 4~5 万元流动资金，店铺的铺面 25 平方米左右就够了，可承受租金价格应当依具体城市而定。

对于货源问题，韦老板认为这个问题并不难解决。虽然国内一般服装厂生产的衣服中适合肥胖人士选择的不多，但在一些出口外贸服装厂的"欧版"服装中寻找肥大的衣服就丝毫不困难了。这些"欧版"服装本来就针对欧美人高大、肥胖身材而采取了特别设计，因此比国内服装中的加大号更加适合体态肥胖人士的需要。所以"肥佬屋"主要从一些面向欧美的外贸服装公司、服装厂进货，目前在深圳、中山、东莞以及香港等地有超过 80 家外贸服装公司、服装厂长期为"肥佬屋"等胖人服装店提供货物。

【小店前景分析】

截至 2009 年，我国体重超标者已超过 9000 万人。有专家预测，未来十年中国肥胖人群将会超过两亿人。胖人群体这个细分市场已经成为商家不可忽视的消费群之一。在全球大部分国家和地区，传统服装业的需求在逐年萎缩，但在欧美、印度等一些胖人增长较快的国家，胖人服装产业却非常兴旺，每年都有百分之十几的增长。如今的国内大中城市，胖人服装业也正在兴起，许许多多的顾客都在寻找大尺码的衣服，"胖人服装店"的出现，正好迎合了这个人群的需求。

当然，每一门生意都是有风险的。在此要提醒有意闯荡胖人服装市场的投资者，开铺之前的市场调查还是很有必要的，例如可委托调查公司对开店区域进行人群调查，摸清该地区的胖人比例、聚集区域等，以便实施有针对性的营销策略。只要经营策略与方法到位，胖人服装店的确是一门投资少少收益多多的好生意。

开家"胖夫人"服饰专卖店

生活条件好了，发福的人也多了，而女性发福买衣服会更加困难，开一家针对肥胖女性的专卖店肯定能赚钱。

【小店淘金成功案例】

戴先生在南京太平北路43号开了家"胖夫人服饰专卖店"，走进小店，墙上挂着的、柜台里摆着的、模特穿着的，都是特大号的女士服装：腿部加肥的裤子、腰部加大的裙子、肩部加宽的上装……所有的衣服都是"大一号"，却又与普通大号不同。

戴先生之所以以"胖夫人"作为自己的店名，是因为店里的服饰都是为中年发福的女士准备的，这些女士身材比较特殊，在衣服长短肥瘦上的要求与普通服装不同。就拿裤子来说，店里裤子最大的腰围是3尺4寸，最小也在2尺4寸，一般的大号裤子达不到这个标准，而且这些裤子与普通的大号裤子不同，都是采用特殊版型制作。普通的大号裤子裤腿肥，裤长也会相应增加，对一些身材矮小而体形丰满的女士来说，虽然裤宽是够了，可裤长还得回家改，一来麻烦，二来裤子也容易比例失调、走样，"胖夫人"专卖店里这些经过特殊处理的大号裤子则不会有这样的问题。另外，多数的发福女士都是局部发福，"胖夫人"根据这样的特点为她们准备了相应的服装，有的衣服袖长不变，但是肩部加宽了；有的上装肥瘦比例不变，但衣服有了可以掩盖腹部赘肉的下摆。

这样一来，就为那些发福的女性朋友们提供了更大的方便，常常是顾客盈门，同时也为戴先生带来了非常可观的经济收入。

【小店前景分析】

身材较胖的朋友在市面上选衣服时，基本上都会有一个很深刻的体会：不是人在选衣服，而是衣服在选人。爱美之心人皆有之，胖人也爱美，但是目前专门的胖人服饰店还比较稀有。如果能就胖人服饰这一块做起来，前景一定很好。

胖人服装专卖店的版型设计需要专为体态丰满的女性度身定做，适合各个年龄段的丰满女子，对购买服装的顾客，如有不合适处还可现场修改。销售的款式有套装、裙装、T恤、晚装、针织衫、牛仔裤、衬衫等，面料则采用棉、麻、化学纤维等。号码齐全可供自由选择，衣服色彩斑斓，有年轻女孩子钟爱的浅亮色，也有中老年人喜爱的朴素大方的花色，老板的出发点不仅仅是为修饰改变肥胖者的形象，同时也通过服饰去强调和挖掘肥胖人群的独到之美。

以下为肥胖女性的着装搭配原则，欲开店的人士不可不知。

高胖女性的着装：衣裙都应加长，比例较合体为好。宜穿着有分割线的衣服，也可以穿不对称的衣服。面料以厚薄适中、较为挺括的为宜。颜色偏深为好。不宜穿垫肩很厚的平肩或翘肩式服装。

矮胖女性的着装：衣裙适当宽松，裙长一般在膝盖以上。适宜穿着长条纹样的服装。上身色浅且不宜过长，下身颜色应相对较深。如果穿套装，最好色彩不要太鲜艳，面料的花纹也不要太明显，尽量避免穿厚质地的粗纺花呢。裤子的卷角以3厘米为宜，使视点向上移，造成变高变瘦的视觉感。

丰满女性的着装：适宜选择冷色、柔软而挺括的面料。避免大花纹。应选择深领口的领形，略加宽肩以平衡下半身的视觉效果。避免穿紧身的毛织类服装。穿裙子时，选择不在前后开衩的半截裙。可用垂直线条分割产生修长感。

名品服饰折扣店的经营之道

　　追求低价格、高品质的人们逐渐把目光转移到打折的品牌上，开家名品服饰折扣店绝对是一项不错的选择。

【小店淘金成功案例】

　　魏娜开的品牌折扣店店面虽然不大，但这里的服装从 CUCCI 到 CHANEL，从 MOSCHINO 到 LOUISVUITTON，名品服装满眼皆是，有很多都是纽约第五大道、巴黎香榭丽舍大道、好莱坞的罗德大道和东京的银岛等专卖店的品牌。折扣店的美丽女店主魏娜认为，真正的名品折扣店，也要有与国际流行趋势同步的最新款式。

　　据魏娜介绍，名品折扣店的顾客群中，首先是月薪在6000元以上的白领，他们喜欢追求名牌，希望在折扣店里用很低的价钱买到可以向人炫耀的服装。更多的则是有足够购买力的成功女士、年轻太太和演员，她们对名牌服装有着始终如一的追求。现在店里已经有了自己相对固定的顾客。如果你需要耐心长时间地挑选衣物，那么老板会把店门关上，把仓库中更多款式的服装拿出来，围在脚边，让顾客真正享受到星级服务级别的个人专卖场的购物感觉。

　　魏娜的货源均来自意大利服装工厂，从工厂直接定货，以货柜的形式直接发往北京。这样的订货渠道，使得这些名牌服饰的价格大大低于市场价格，因此这里每件名牌服饰的折扣才能达到30%~50%不等。

　　从意大利运到北京在路途上大致需要15天左右的时间。每个月包括成衣、内衣、皮包和银饰在内，所有的服饰在运抵北京后，除去原本的商标外，还要标上高腾名品折扣店自己的标签，这是保证正品的承诺。

　　在经营上，魏娜采用的是与香港的贸易公司合作的方式进行的。因为服装进口要牵涉很多通关报税的问题，而这种合作经营方式就可以省去这些手续。

　　魏娜的折扣店在开张两个月后经营就上了轨道。在开店初期，主要的顾客来自朋友介绍，像邻居花店的老板就介绍了许多她的朋友来此，这样慢慢便有了名气。基本上是来一个顾客魏娜就努力将其留住。在魏娜看来，营销永远是商家的生存根本。

　　经营这样的名品折扣店，服饰的真实品质、款式的时尚因素，甚至是别无二件，都要对顾客作出保证。此外，还通过购物积分等行动，给客户回馈。魏娜就靠这些渐渐赢得了不错的口碑。

【小店前景分析】

　　作为一种新型商业模式，在欧美国家的零售领域，折扣商店已与百货商场、超市、大型专业商店四分天下，尤其在经济下滑、失业率攀升的情况下，折扣店更显出其低价运营、高速周转的独特优势——近年来的美国商业企业排行榜前5位中有3家的主要业态是折扣商店；沃尔玛集团来自折扣店的收入竟占其年销售额的50%。

　　据业内人士分析，这种瞄准特定群体的销售定位是新业态出现的客观基础，也是现代商业发展的趋势。甚至有专家称，随着我国对零售业的全面解禁，折扣店将是国内下一个最有前途的业态。如果说上世纪90年代超市业态的普及是对国内传统商业企业的第一次冲击波的话，折扣店的出现将是对这一行业的另一次冲击波。名品服饰折扣店的经营主要可以从以下几方面着手：

　　1. 做生意首先要调整好自己的心态，不要期待这个行业为你在短时间内带来暴利，更要有失败的心理准备，打消那种找一家店面、进一批货就能赚钱的急切之心。在调整好自己的心理之后，最重要的是选择一个好的店址。选址是做服装最重要的条件，成功与否会直接影响营业额。

做品牌折扣服装一定要选择在人流密集的地段。

2.店铺整体的形象、灯光及产品的陈列也会直接影响销售额。如折扣女装店的整体形象就要到位，让人总体一看就知道是品牌专卖店，并让路过的人一目了然店内是卖什么东西。灯光等硬件配备也非常重要的，如果店铺不够亮，给人感觉就像快倒闭的。灯光也能让衣服更动人，但是不同的灯光会有不同的效果，冷暖结合是服装店最适合的，如果全部是冷光（也就是平时所看见的白色灯光），店铺虽然亮堂，但给人的感觉则不够温馨，衣服会显得不够柔和。而暖光（平时看见的射灯之类的黄色光）能中和惨白感觉，照射出的衣服也更动人。产品陈列上要突出自己服装的特点，把上衣、裙子、裤子、套装等分开陈列，除了店铺看上去整齐外也能给顾客挑选提供方便——如果只想买裙子的，只需在裙子类挑选，如果买了裙子又想配上衣，可以直接到上衣类去搭配。

3.店铺新开张时，需要有一定的备货量，以后的销售过程中，店内也要保持一定的备货量，不要等到卖得差不多了再补货，以免断货影响营业额。

开家女性内衣专卖店

内衣市场每年以近20%的速度在增长，未来发展空间巨大，因此开家内衣专卖店是个不错的创业选择。

【小店淘金成功案例】

在杭州市江南西路上，有一家"××花"内衣专卖店，这不到50平方米的店铺在装修上与一般的女士内衣专卖店并没有太大的区别，但货品却很齐全，除了各式女士内衣，还有吊带衫、睡衣、家居服、泳衣等产品。虽然"××花"在浙江是很有名气的一个内衣品牌，但店中的普通内衣价格却并不高，一般从40元到180元，其中最受欢迎的产品价格多在百元左右。

店主洪女士介绍说，从开业后不久，就赶上江南西路因施工封路，让内衣店的生意受到了很大影响。但最近道路开始解封，店里的生意马上有了起色，每天的销售额比开始时增长一倍以上。对于品牌内衣专卖店来说，顾客更看重的是品质，很多都是熟客带熟客来光顾的。

【小店前景分析】

如同西装一样，中国人从西方接纳了"现代内衣"的概念。在欧洲有着百余年发展历史的时尚内衣，其实在中国落地只有十几年的历史。但中国内衣市场调查分析报告表明：目前，中国的内衣市场年销售额为200亿~500亿元，且每年以近20%的速度在增长。

内衣专卖店近两年来之所以发展速度特别快，主要有几个原因：

一是因为生活水平的提高，女性对内衣有了越来越多的要求；

二是不断增长的市场需要，使得专卖店成为一种有效的、必要的销售渠道；

三是因为一些内衣品牌的价格更适合走专卖店销售这种模式；

四是因为开一个专卖店的门槛不高，资金压力也不大，竞争又远没有成衣外套那么激烈，因而吸引了越来越多的投资者。

开家情侣服饰专卖店

在时尚消费方面，年轻人着实是一个巨大的消费群，而情侣服饰也的确是年轻人追求浪漫时尚的方式之一。

【小店淘金成功案例】

北京有家"天意情侣服饰专卖店"，这家店开业不到一年，在全国却已经拥有60多个加盟店和100多个经销商。服饰店老板高金文说，服装行业是个传统行业，但他们就是要在传统中做出新奇，做出品牌。

服饰店的老板高金文研究生毕业后，2002年来到北京工作。一次偶然的机会，他在网上发现有个商家卖情侣手套。这种手套由两个单只和一个连体部分构成，中间连体的部分可以让两人"手牵手"。他一看就动了心，考虑到北京高校云集，就进了一批货试销。他还在一些高校网站推销情侣手套，受到很多人的青睐。后来，他干脆辞掉工作，开始开店。

高金文选择将店开在热闹的商业区，为找一个满意的店铺，他跑了不少地方。他的"天意情侣服饰专卖店"是北京第一家情侣主题专卖店，在2004年"五一"期间开业。公司的经营理念中有一句话——"用爱心感染顾客，让顾客充满爱心"。作为一家以爱情为主题的专卖店，服饰店的主色调是粉色，再加上色彩明快的货架、精心摆设的礼品、柔和的灯光和曼妙的音乐，到处弥漫着浓浓的爱意。

在这里，有许多围绕爱情主题的创意新奇的东西。比如情侣伞，它是一种椭圆形的伞，有普通伞的一个半大，专供两人使用；还有一种玉石，是将一整块玉从中间掰开，情侣一人佩戴一半。情侣装、情侣杯、情侣饰品、情侣钱包等更是比比皆是，一共有300多种产品，从五元到八九百元不等。一部分产品向厂家订购，有些商品则是自己设计，找厂家加工制作。

除了许多流行的元素，情侣用品在设计上更注重从古典文学及民族文化里挖掘创意：如有一款衣服上印的是"郎骑竹马来，绕床弄青梅"，另一款则是西藏古老民族的图腾藏莲花。同时，设计紧跟时尚潮流，在电影《魔戒》流行时，服饰店马上推出了魔戒主题服饰，每天供不应求。

服饰店还设置了"许愿板"，人气一直不错，密密麻麻地贴满恋人们的幸福宣言和美好祝福。

【小店前景分析】

情侣服饰是一个现代词汇，是表达情侣双方爱情的一种服饰。恋人一起穿着情侣服饰，不但可以促进爱情甜蜜，还可以见证永结同心，因此很受大众情侣们的欢迎。有关专家指出，如今经济发达，民众收入不断增加，恋人们有了更多的经济能力来打造自己的爱情之路，互送礼物、信物以表达相思之情已成为时尚，情侣消费市场潜力巨大。统计显示，中国14亿人口中16~35岁的年轻群体达4亿多，情侣服饰这个市场才刚开始蓬勃发展，远远超过普通消费品市场的增长速度和增长潜力。

情侣服饰早已在韩国、日本、意大利、法国等世界各国流行。据调查，情侣装在日本东京平均年销售额已达到3800亿日元，成为日本服装市场中市场份额最大的服装类型之一。

情侣服饰店以都市年轻人为主要消费对象，兼及中年市场，不分年龄、不分性别，几乎针对所有的消费人群，尤其在引领时尚新潮方面，基本囊括了4亿左右18~35岁的主要消费者。该群体具有以下特征：

1. 猎奇心理强烈，喜欢新生事物；
2. 消费理性程度低，面对心仪的东西不惜破费金钱；
3. 收入水平较高，消费旺盛。

产品若能从品牌的心理暗示上、产品的综合用途上与以上三个特点不谋而合，必将在终端市场获得广泛青睐和热烈追捧。

情侣服饰店作为一个观念新颖的专卖项目，通过对时尚消费品市场的深入考察，以及对爱情、亲情、友情三大主题的全面论证，以爱情为主打概念，以爱情状态中的都市男女为主要客户。无论专卖店有多大，情侣服饰系列产品都会让专卖店显得琳琅满目、丰富多彩。合理的产品配比，既可以让小店显得紧凑、可人，也可以让大店显得开阔、大气。

在产品规划及价格策略上，情侣服饰店70%的产品定位在新、奇、特层面上，要求外观独特、视觉新颖，主题明确，在保证专卖店品位的同时，取得丰厚的利润。

目前，在我国都市繁华街区的服装市场，年轻人是时尚消费的一个巨大群体，他们对时尚比较敏感，服装的更新频率也很高，这也是很多国际性的知名品牌争相进军中国的原因之一。但是这些品牌虽迎合了时尚青年追随时尚的心理，却忽视了青年人大都处于恋爱阶段这一特点，因此情侣装销售大有市场。

以"爱情不打折"为经营理念的服饰店

开设情侣类物品店铺，经营模式是最不能忽视的，张红正是用其独特的经营模式成功地经营着自己的情侣物品店。

【小店淘金成功案例】

走进上海北京路上的"诺雅尔"店铺，顾客很快就会被里面的产品所吸引。因为在这里，几乎所有的产品都以成双成对的样子出现。店铺主人张春雨成功地经营着以爱情为主题的生意，而进入店铺的很多消费者都会记住这位店主"爱情不能打折"的生意经。

张春雨最初的设想是开一家情侣装专卖店，主要经营情侣帽、情侣装、情侣鞋、情侣袜子、情侣手套等产品。可是通过调查，她发现服饰市场上可供她选择的产品非常少，很难满足要求个性和特色的顾客，于是，她开始另寻经营之路。

2007年5月，通过网络，张春雨发现广州有一家服饰公司，其情侣服装、饰品、摆设、日常用品等非常有特色、个性，于是决定到广州地区进行实地考察。

通过实地考察，张春雨觉得那些商品很能吸引情侣。考虑到情侣饰品专卖店与自己当初设想的初衷并没有相违背，张春雨开始了自己的创业之路。

由于店铺中的产品总是以一双一对的形式出售，不少消费者觉得它的销售价比较高。当消费者询问产品能不能打折时，张春雨总是回答："爱情是不能打折的。当然，价格优惠点是可以的。"

当然，情侣并非专属年轻人，虽然当前店铺中顾客的主力军是一些年轻人，但张红认为她店铺的顾客群应该更广。虽然店里的产品特色鲜明，但张春雨并没有秉承"物以稀为贵"的原则，将店中货物定上一个不菲的价格。由于将利润定得比较低，虽然每天都卖出相当多的产品，但是张春雨觉得自己的收益并不是非常好。不过，经过一个多月的经营，张春雨认为自己薄利多销的策略还是相当正确的。

【小店前景分析】

恋人们互相赠送礼物表达情意已成了生活中的平常事，可就是这平常的事却让相爱的人们颇费脑筋。都市情侣们总会在如下日子到来之前备感烦恼——情人节、结婚纪念日、爱人生日、相识纪念日、恋爱纪念日等等。"送来送去，就是钱包、衣服、领带、皮带、打火机、手表、首饰之类，很实用，但也很闷。"对于看好这方面生意的店主来说，加盟一家情侣服饰店是进入这个行业比较快捷、稳妥的一种方式。

加盟情侣服饰店，在进货与品牌经营方面多了几分保证，但一家店铺的成功，很重要的一点仍然要讲究人气。情侣服饰店在人流量集中的地方开店是最理想的，也可选择在服装街上"安家落户"，追求规模效应。你只要把小店经营得有特色，加上品牌效应，自然会吸引固定客户群。

通常来说，情侣服饰店的好店址有以下几个共同的特点：

1. 商业活动频率高的地区

这种地区通常是商业中心、闹市区，也是情侣们活动最频繁的地区，营业额必然较高。

2. 人口密度高的地区

在居民区附近开店，距离情侣们的生活区域比较近，人们到店里的频率相对高，生意就好做。而且，由于人口的流动量一直都很大，容易控制每天的销售额，所以销售额不会骤起骤落，能够保证店铺稳定而丰厚的收入。

3. 客流量多的街道

把情侣服饰店开在这类街道上，光顾店铺的顾客就相对多。但要考虑街道哪边客流量大，还有地形或交通等的影响，以选择最优地点。对那些客流量大，但因为是交通要道，客流都是上下班人群的地方，则不是服饰店地址的最好选择。

亲子服装店，体味"缘来一家人"的温馨

上面讲的都是情侣装，如果有了宝宝，情侣装就跟不上形势了，亲子装就要应运而生了。

【小店淘金成功案例】

生意做了一年，老王的服装小店才偶然间迎来了新的机会。这天，一对年轻夫妻光临了小店，看到五颜六色的情侣装十分开心，立即选购了两套；快到付钱时，女性请求老王亲自为他们定做一套亲子装——在她看来，一家三口穿上一样的衣服，才叫亲亲密密呢。

老王留下了小夫妻的电话，即刻与服装厂家联系，三天以后，宝宝T恤就到货了。

老王从此受到了启发，他想：亲子系列这么受欢迎，为何不多进一些货呢？于是，他对外打出了"DIY亲子装"的横幅广告，联系服装厂家做了许多样本图片，很快吸引了众多的年轻家庭。那个月算下来，老王的利润居然多出了2500元。

之后的一年，老王开始把亲子装作为自家店铺的主打货品，一段时间后，又进一步将"亲子"的概念延伸到了家居物品与首饰上。经营一年下来，斩获颇丰，比以前单纯做普通服装时每月利润高出了3000~5000元。

【小店前景分析】

什么是亲子装呢？简单地说，就是父母和儿女穿着一个款式、一种色彩的衣服。

父母为了弥补对孩子的生分，最好的办法莫过于星期天和孩子一块逛商场，给孩子和自己买上一套靓丽、时尚的亲子装，然后一块去逛公园、看电影，让孩子通过与父母穿着一模一样的衣服，感受到他们和父母之间的距离是那么近，他们是父母不可分割的一部分，他们之间的关系亲密无间。也许，对于父母来说，此刻用这样的方式表达对儿女的爱，胜过千言万语。除此以外，子女对父母的爱，丈夫对妻子的爱（或者妻子对丈夫的爱），情侣之间的爱，都可以采取这种表达方式。它不需要表白，不需要解释，一切尽在不言中。因此，开一家亲子装定做店大有可为。

对于亲子装来讲，每款服装目前主要为 8 个尺码，远高于通常的服装尺码数，在每个销售季节大约更新 200 个以上的款式，因此尺寸多、品种多是亲子装的基本特点。在经营亲子装专卖店时要注意以下几点：

一、货源是关键

1. 新入行的店主为了省事可以选择加盟亲子装品牌，加盟的好处是品牌服装可提供全套服务，缺点是我国亲子装品牌较少，选择范围小。

2. 具备服装设计功底的店主可以提供个性亲子装服务，例如手绘亲子装、定制亲子装等。好处是有个性、时尚、与众不同，店面中每款服装的数量很少，但是款式却非常多，因此可以概括为用款式赚钱。缺点是从产品设计研发到店铺管理销售都需要亲力亲为。

二、选址有讲究

亲子装专卖店的选址除了繁华街区、大型商场之外，还可以选择在妇幼医院、幼儿园、小学校附近，其中的奥妙自不必多说。

三、锁定目标客户

由于完全是新型概念的服装经营，亲子装面向的消费人群为当地城市生活条件较好的现代家庭，因为这些消费群体的消费能力毋庸置疑。

四、营销技巧

首先，亲子装强调的是亲情，几乎所有的亲子装商家都把亲情作为最大的卖点。同时，亲子装和童装类似，是少数购买决策者和消费者分离的品类之一——决定购买的是父母，而消费的主体是孩子。因此，亲子装的营销既要从母亲的感受出发，也要充分照顾宝宝的感受。

另外，按照台湾地区的成功经验并结合国内的市场实践，建议亲子装专卖店以 50% 来经营亲子装，另外 50% 主要经营童装。从几十元的饰物、包到几十元至几百元的服装，种类要丰富。

尽管从市场条件与基本投资要求看，亲子装比较适合小投资来运作，但还是提醒投资者，要想在亲子装领域掘金，最好还是要有一定的服装营销经验。从市场现状来看，亲子装只是属于"破壳而出"的最初阶段，在这样一个阶段掘金，有开拓的意味，既需要眼光，也要有一个喜欢分析的头脑，再有就是热情。带着赚取暴利愿望的你可能会失望，但是尽力经营一个自己的特色店却是现实的。

孕妇服装店——准妈妈的购衣世界

美国、新加坡等地的孕妇装市场都是几大品牌相对垄断的市场，而中国内地孕妇装行业同样具有良好前景。

【小店淘金成功案例】

"十月妈咪"创始人赵浦在这个服装行业摸爬滚打了十余年。1997 年前他一直在杭州做药原料和教学仪器的出口生意。有一次，赵浦经一个为日本孕妇装品牌做代工的朋友牵线搭桥，帮出口企业检查孕妇装样品质量。由于日本市场对服装要求非常严格，因此每批货都会剩下几件样品。赵浦就把剩下的服装送给一位正怀孕的朋友，朋友很喜欢他的礼物，多次问他能不能再买一些。精明的赵浦意识到这是一块几乎空白的市场。当时大多数孕妇装还是在婴幼儿用品柜台上出售，这个细分市场里几乎没有专业公司。经过一段时间的市场观察，1997 年他和妻子一起在杭州开了一个 16 平方米的小店，开始经营孕妇装。出乎赵浦的预料，小店生意出奇得好，有时甚至会出现排队的现象。

赵浦于是一直做了下去。开始他们是一家分店一家分店地扩张，1999 年，赵浦决定自己研发一种产品，这就是后来准妈妈们必备的防辐射服，并成为中国孕妇装市场中第一个创建质量

技术监督标准的品牌。

中国此前没有这类服装的生产标准，赵浦就自己组织人研发设计。除了传统采用金属纤维丝制造的防辐射服装，他还设计了一种银离子防辐射服，由于银有很好的延展性，这种衣服面料柔软，防辐射的效果也非常理想。

2004年，赵浦对企业进行了大刀阔斧的改革，由之前的大众化孕妇装改走时尚路线。为此他特地从台湾请来了设计师，推出以80后的准妈妈为对象的"十月妈咪"品牌。"因为80后的准妈妈多是在相对富裕的环境中长大的独生女，非常注重设计、品质和品牌。"赵浦说。同时，赵浦把总公司从杭州迁到上海，正式更名为上海有喜工贸有限公司。

万事俱备后，有喜和台湾著名主持人小S签约，但赵浦并没有按照常规的推广方式来发挥小S代言的价值。"要想在广告的森林中脱颖而出，必须别出心裁、独树一帜。"他说。有喜首先从孕妇自身的感受做起。他们看重的一个元素是人群密集的地方，另一个元素是孕妇需要被关照。

结合这两个元素，公交车和地铁被其当成了投放广告的主要媒体。经过集体头脑风暴后，他们决定通过FLASH动画的表现方式，配乐也没选择适合孕妇的轻柔乐曲，而是动感十足的HipHop曲风，完全根据80后的爱好来设计。2008年年初，广告正式在地铁公交等处投放。

"十月妈咪"孕妇装经过十多年的发展，目前公司在上海已拥有近3000平方米的营销中心及设计研发中心，在杭州拥有5000平方米的仓储物流基地，并已在全国一二线城市的核心商圈建立了130家直营店、200多家加盟连锁店，销售网络遍及全国30个省，覆盖各主流百货卖场。"十月妈咪"的优异表现，不但在中国孕妇装市场荡起波澜，很多国外著名企业也纷纷找上门商谈合作。

【小店前景分析】

孕妇装是大多数女性朋友一生中不可缺少的服饰。据报道，目前中国每年的生育率为1%，全国孕妇人数大概在1300~1400万。可以说，这是一个不可忽视的市场，有着庞大且固定的客户群体。有专家称这一行业为"大肚子经济"，他们认为，这个市场具备很好的潜力，前景应当被看好。

联合国曾发布报告称，孕妇、婴童用品产业是21世纪的朝阳产业。相关统计显示，美国2003年孕妇装市场的销售额高达12亿美元；在只有420万人口的新加坡，仅Mothercare一个品牌就已实现年销售3000余万新元；在不足690万人口的中国香港，也有60余家中型以上孕妇服饰专卖店，每家营业额超过1000万港元。

与投资普通品牌时装专卖店相比，投资品牌孕妇装专卖店门槛相对较低，但利润却相对要高一些。

经营孕妇装品牌专卖店并不一定要选在市中心的闹市区，但最好是临近医院且人流量比较大的街道，还有一点值得注意的是店前一定要有车位。大多数品牌孕妇装专卖店都是集中在市医院、妇幼保健院周围，而成行成市的服装市场却难觅孕妇装身影。

开设孕妇服装店除了优质专业的服务，舒服的购物环境也不容小视。如果要想留住客人，店面不能太小，至少要40平方米左右，另外由于孕妇身形臃肿，店堂摆设也不能太过拥挤，且最好能备有休闲桌椅和洗手间，让孕妇在这里选上两三个小时都不会觉得累，才能把生意做好。

开家宠物服装店

随着宠物经济的蓬勃发展，专门的宠物服装的需求也越来越大。这块尚属"处女地"的领域，具有巨大的市场潜力等待开发。

【小店淘金成功案例】

胡溪小时候就开始尝试着为自家猫咪做衣服，学习服装设计后的她更认真地为心爱的宠物设计起服装来。那时，办宠物服装店的念头就在她的脑子里偶有闪现。而2000年的一次活动，促使胡溪的念头变成了现实。

那次，《北京晚报》组织了一次图文征集大赛，胡溪写了一篇关于自家小狗乐乐的文章。因为这篇文章，她获得了"最佳伴侣动物主人奖"。她要带着乐乐去参加颁奖典礼，于是费尽心思为小狗乐乐设计制作了一套精美的服装。当乐乐穿着一套华美的晚礼服出现在众人面前时，立刻成了全场瞩目的焦点。乐乐是当天参加活动的小狗中唯一穿着衣服的，并且穿得如此精致，参加活动的许多人都被其漂亮吸引住了，好多人问胡溪，乐乐的衣服是哪里买的，胡溪告诉人们那是她亲手做的。在短暂的惊讶后，人们建议她自己开一个宠物服装店。

那时候，街上那么多小狗，从没见过有穿衣服的。给小狗穿衣服，人们能不能接受，胡溪心里也没底。在经过简单的市场调查后，她发现大部分小狗的主人是有这个需求的，只是买不到这样的商品。而那年恰巧她从服装学校毕业，于是，经过简单的筹备，一个宠物服装店在她位于一个小胡同里的家中诞生了。

刚开业的宠物服装店就迎来了不少爱狗的顾客。红火的生意坚定了胡溪做下去的信心。她敏锐地捕捉着顾客的需要，不断完善着产品。不少小狗的主人都抱怨小狗的爪子总是踩得很脏，而且特别难洗。胡溪把顾客的抱怨变成了自己的灵感，经过反复的揣摩试验，仿照婴儿服设计出了宠物连脚服。后来，她又设计出小狗穿的布鞋、皮鞋。胡溪发现，小狗的主人们每次带小狗出去玩总要为小狗拿上卫生纸、水等用品，于是，一个让小狗自己携带用品的想法在她脑子里出现了。没多久，宠物背包诞生了。胡溪的宠物服装系列产品在满足顾客需求的同时，也培养着顾客的消费习惯，使小狗穿衣渐成时尚。

就在生意渐入佳境时，一天，店里来了一位特别的顾客。这位顾客不在乎价钱多少，把最新设计的几款宠物服统统买走了。几天后，胡溪在街上发现了和她设计的宠物服装一模一样的服装。一时间，胡溪的生意受到了不小的冲击。然而，胡溪设计制作的服装做工精细、款式新，又是量体裁衣，因此特别合身，大部分顾客又重新回来了。胡溪说，她会不断地推陈出新，给顾客以惊喜。圣诞时，会推出宠物圣诞装；酷暑时，又会推出宠物比基尼。在胡溪看来，设计每一件宠物服装都是在做一件工艺品。

经营店铺一年多后，胡溪又做出了一个惊人的举动：关掉了自己的店铺，为自己的宠物服装注册了商标。因为她要转变经营思路，自己只负责服装设计，由其他商铺做代理销售。现在，困惑胡溪的已不是没有市场，而是生产能力不够。她希望能有更多的有规模的服装生产厂与她合作，那样，她就再也不会因为生产能力的问题而谢绝经销商的加盟了。

【小店前景分析】

随着生活水平的提高，越来越多养宠物的人们开始加大了在"家庭新成员"身上的投入，与宠物相关的各色产品也迎来了春天，宠物服装正是其中之一。款式丰富设计新颖的宠物服装价格甚至能比肩童装，开家宠物服装店，或许能给你带来意想不到的收获。

宠物服装有大小码之分，也有"男女"之分，质地从丝、绒到麻、毛一应俱全，样式也很可爱，唐装、和服、比基尼等琳琅满目，可以秀出万种风情。价格便宜的有10~30元左右的，而在一些中高档宠物店里，也有价格不菲的，比如一件带帽子的小狗雨衣售价便要100元。

在此要说明，购买缝纫机和布料的用途是，能满足一些消费者的特别要求，比如衣服款式太大或者宠物主人要求在衣服上添加一些样式图案等。另外，店主平时也可以自己生产一些宠物衣服，这样可以降低自己的产品成本，提高利润。

宠物服装的消费者必然是拥有宠物的主人，这就要求宠物服装店的选址不同于一般经营类

小店，不能仅看区域或店铺附近的人流量，而必须和宠物概念相结合。目前经营较为成功的宠物服装店大多选择在距离宠物店比较近的周边区域，或者专业服装市场的内部。由于宠物服装也具有时尚功能，目前部分时尚消费购物中心也可作为选址的参考。

宠物服装店开店的最佳时间是每年的 11 月至次年 2 月期间。为什么要选在这个时间呢？因为这几个月属于天气比较冷的时间，宠物的衣服需求也比较大，这个时间段应该属于宠物服装销售的旺季。在此时，如果你的宠物服装店能够成功开业，想必一定会迎来个"开门红"，狠狠赚上一笔。

奇异服装店的成功秘籍

"哈韩"、"哈日"一族的成长，为"奇装异服"店带来了商机，但是你必须满足顾客的个性化需求，方能成功。

【小店淘金成功案例】

年仅 20 岁的雷小姐仅仅投资了 5 万元，就在中旅商城的地下二层开起了广州市内为数不多的"奇装异服"店铺。由于坚持标新立异的销售作风，每件货品只进一件，绝无翻版，吸引了很多都市少男少女，平均每月收益可在 8000 元以上。

作为地道的广州女孩子，雷小姐高中毕业以后，一直想在家乡经营服装类的小本生意，既是一条合适的从业出路，也可以圆一个缤纷多彩的少女梦想。但从小长在服装业高度发达的广州，她也深知该行业竞争的激烈与创业的艰辛，毕业后的半年多时间，一直在做细致的社会调研，寻找适当的生意切入口。

后来她去香港亲戚家拜访的时候，发现香港街头的少男少女都愿意到"哈韩"、"哈日"店铺去购买另类时装。这些服装在家长、老师眼里可以称得上名副其实的奇装异服，有的只有一只袖子，有的是牛仔面的毛线衣，虽然怪诞不已，但价格便宜，个性化十足，非常受香港年轻人的喜爱，也很适合郊游、运动场合。雷小姐想到广州市还没有类似的店铺，就决定走"稀缺化"、"低成本"投资战略，开这样一家"奇装异服"店铺。

想法是很好的，但实际操作却是困难重重。这些奇装异服都还是在香港本地的小作坊生产出来的，并不像多数的香港时装，生产基地都已经搬到了东莞、深圳，送货极其方便。由于生产数量有限，公司规模比较小，香港生产厂家自然不会为了一个广州小女孩特地派一辆车来送货。

在雷小姐的再三央求下，有两家老板才答应如果有顺风车来广州，可以隔三差五地送来。但雷小姐思忖再三，觉得自己经营的是个性化商店，并不需要他们的成包派送，为了保证货物的款式与品位，还是自己去挑选比较合适，这样也可以多淘来一些货品。所以还是分别与五六家香港老板达成协议，自己每月亲自去看两次货，其余时间则可由顺风车送货，但如果自己看不上的货物，还要让车原样带回去。

联系好了货源，寻找铺面又成了当务之急。广州市内能够承载这种"奇装异服"的场所，首当其冲的自然是地处繁华商业区的"流行前线"商城。但雷小姐去询问铺租的时候，首先是被每月上万元的价位吓了一跳，接着管理处还告诉她，在年前已经再没有空缺铺位了，请登记后回家等待。

雷小姐悻悻而归之前在"流行前线"的服装铺面前做了一小时的市场调研，惊奇地发现在临近的 5 家小服装店内，1 个小时内有 11 名顾客光顾过，而没有一人购买商品。于是她想：挑选铺面不能光看表面热闹与否，还应当看看是否真的有实在的顾客。

不久后，她在中旅商业城的二楼巷子里找到了自己的铺面，这家铺面只有 7 平方米，每月租金 2500 元。只花了 1000 元简单装修后，雷小姐的"真我工作坊"就正式开张了。由于开店后的主打产品都是从香港的"哈日"店铺里认真淘来的，很快就受到了都市青年的追捧，每天可以售出七八件，在夏天红火的月份，每月收入甚至可以达到 8000~10000 元。这时候的雷小姐可以说已经有了一份稳定的职业，很开心地经营着自己的宝贝店铺，偶尔也去白马服装城转转，上几件看得过去的货物，但每个款式还是老规矩——只此一件。

【小店前景分析】

随着内地大城市"哈韩"、"哈日"一族的增多，更多的都市少男少女会喜欢上标新立异的"奇装异服"。"哈韩"、"哈日"一族的成长，为"奇装异服"店带来了商机。但开奇异服装店进货是难题，内地服装能适应顾客个性化需要的不多，必须到香港进货。这种小店很适合年轻的投资者，并且必须有 5 年以上大中型城市生活经历，才能跟上潮流的步伐。需要注意的是，奇异服装的换季很快，如果款式更新不及时，容易经营困难。

专卖童装，商机无限

现在的孩子以独生子女居多，童装利润大致都在 30% ~40%，与家电等其他行业相比，这个行业的利润空间应该是比较可观的。

【小店淘金成功案例】

林女士四十多岁了，又没有什么特别的专长，她觉得找一份满意的工作是比较难的，倒不如自己开家小店做老板，反正闲着也是闲着。正是看中做童装生意有发展前景，于是便在自家附近的广场裙楼租了这个铺面，做起了童装批发。

走进林女士的店铺，你会发现，这和大多数的小本创业者的店铺差不多，20 平方米大小的铺子，没有太过华丽的装修。与众多的服装店摆设一样，里面密密麻麻地摆满各式各样的童装，款式堪称应有尽有。林女士说，只要这 20 平方米的铺子初期能够维持收支平衡，就算是成功了一半了。

由于林女士的铺子是在新开的童装批发市场内，她刚进来做的时候，这里还只有很少的铺子租出去，顾客也不多，显得很冷清，但她始终相信这一市场还是有较好前景的，便坚持了下来。"两按一租"的入场费，还有铺面租金、店面装修、进货成本，开个小店十万八万是少不了的。努力经营了一年多，林女士的铺子已经从原来的一间变成了两间，目前在批发商场的二楼和三楼各拥有一间铺面，生意还是过得去的。由于是初试牛刀，为了节约成本，林女士只请了一个工人，两间铺子分别由她和丈夫看管。所以每逢有客人来提货，夫妻俩就跑上跑下。而进货的担子，自然落在夫妻俩的身上，通常要跑到东莞或深圳拿货，样样事情可谓亲力亲为。

经过一年多的经营，林女士发现，随着市场的逐渐完善，店铺的位置在生意经营之中显得越来越重要。她的第一家铺子位于三楼，当时属于早期进场的业主，铺租比较便宜。后来裙楼又开设了负一层，竞争对手一下多了四分之一。很多顾客逛完楼下几层，采购得也差不多了，很少有人再往三楼来，于是林女士决定把二楼的一家铺子租下来，争取更多的生意。

林女士开始并没有想过很快就能够赚回成本，以当时的情况，每月能够做到收支平衡就已经是很满意的了。二楼的铺子是小小的一间，每月除了铺租 3000 元，加上税务和各项开销，每月成本大概要 4000 元左右。对于她们这种小本经营的人来说，相对还是较贵的。但林女士认为，由于二楼的客流量比较大，生意还是会比三楼好做些。

当然，三楼由于前期经营的时候竞争对手较少，也已经形成了自己稳定的客源。曾经有一位客人，基本上每三个月就会来进货一次，有段时间过了半年才看到他，林女士就问他为什么这么久才来，客人说上次来的时候你们已经下班关门了，所以没碰上，这次又特意来林女士这里进货。当时林女士听了非常高兴，知道自己总算有些相对稳定的顾客了，这对初次做生意的人来说，是极大的鼓励。

目前，在广州的外贸服装市场上，中东、俄罗斯的买家是主要的客人，童装市场亦是如此。而在面对这些客人的时候，林女士坦言，最大的问题还是自己的英语不行，平常自己只会一两句，遇到外商的时候，若客人有带翻译还好，若没有翻译的，只能用计算机讨价还价，用手比划，沟通不好，有时甚至还会因此丢失一些生意。

有时林女士也会遇到一些国内的客人，他们其实是做贸易的，不需要铺面，只要有一台电脑在家里上网就可以做生意了。有时林女士感觉他们从她这里进货卖出去的价格，比自己从厂家进货回来赚取的利润还要高，于是很是佩服，但自己又不懂上网，觉得很可惜。不过贴心的女儿知道后，也给林女士在淘宝网注册了一个网址，尝试着用另一种方式开拓市场。

偶尔也会有只买几件衣服的客人，她也照样卖给他们。慢慢地知道这里可以零售的人越来越多了，尽管靠零售在这里赚不了多少钱，林女士还是来者不拒，不过价格会比批发贵点。林女士说，跟那些大商店相比，这里的价格当然是很便宜的，而质量可是一点不差。但是，做这一行想赚钱，零售不过是"副业"，只有多做批发才是硬道理。

【小店前景分析】

"投女所好"就能掘到商机，这绝对不是一句空话。有关调查显示，70%的社会购买力来自女性。大到商场小到街边小店，消费的主力都是女性，这为创业者提供了宽广的市场空间，只要洞察现代女性的消费心理，把握女性的消费脉搏，就能发现创业金矿。而女性的消费很大程度上是为了他人消费，即为家庭成员消费。作为母亲的女性，最关心的就是自己的孩子，因此童装市场的消费正呈现大幅度增长，此时若介入童装业，开一家童装店，应是赚取利润的最好时机。童装业虽然是做小孩子的生意，但却是大有作为。

做服装业自然跟做其他生意一样存在风险，但是童装业的销售可以说是风险相对较低的，毕竟小孩子的衣服和成人有所不同，追求时尚潮流还是比较少的，只要布料穿着舒服，款式适合就能受欢迎。我国拥有庞大的儿童消费群体，儿童市场具有极大的开拓潜力。随着我国每年新生儿出生数量的增加和社会经济发展步伐加快，将进一步推动童装市场进入新一轮的发展期。从市场格局来分析，我国童装销售的60%集中在批发市场，而在这里销售的产品多数没有品牌，多属中低档产品。从产业格局来分析，童装产业的进入门槛较低，最近几年企业数更是急速增长，以中小企业为主，在4万多家的企业中拥有自主品牌的企业不过几百个，年销售额过亿元的企业仅有十几个，超过5000万元的大概有几十个。虽然单个企业的实力仍显不足，但我国已形成了几个童装产业集群地区，它们聚集了2300多家童装企业，年产值35亿元、占全国童装产值的1/3。

个体经营童装，需要注意哪些呢？首先要注意服装价格定位。可以把价位定在大多数工薪阶层都能接受的价位，这个定位可以有充足的客户群体，可用与众不同且价格相对低廉的特色货品来吸引顾客。其次要突出儿童物品的丰富性，还要严把质量关。在经营童装的同时，搭配一些特色儿童包袋、童鞋等，可以使货品更加多元化，增强趣味性。再次就是选址。可以选择在住户相对密集人气旺的区域，这样可以靠顾客口碑相传拉回头客，而对顾客来说，同样的服装，能比大商场省下一笔钱，何乐而不为呢？或者选择扎堆经营服装的地方，虽然竞争较为激烈，但顾客的针对性强，特别有利于新店培养人气。

总之，经营个体童装，要有独特的经营理念、时尚新颖的款式和质优价廉的货品，给顾客提供一个宽松自由的购物环境，这样才能把生意做得红红火火。

自主童装店开店步骤：

如果你想自主开一家童装店，做童装生意，那么你开店就要遵循以下的开店步骤：

第一：手续办理

前往经营所在地的工商登记部门咨询，在查名完成后，一般30个工作日可以拿到工商营业执照。在完成工商注册后，要进行税务、卫生等方面的登记工作。

第二：店铺选址

1. 最好选择在商业气氛较浓、客流量大、人气旺的高档综合商场附近；

2. 选择在知名度及客流量大的商业街（客流需求要满足目标顾客群特征）；

3. 选择在知名度高的店铺或商场附近；

4. 选择在规模大的社区、住宅区附近。

第三：店内布置

童装店招牌以及橱窗，最好能展示商品的价格或服务的项目。要注意的是，与实物有差距的错误展示通常会导致客户不满，使客源减少。也可试着改变商品陈列的方式，使人有焕然一新之感，季节变化、开学、节庆以及假期等，都是很好的主题。打折品的摆设也要用心安排，主要的长销品，应放在店内不显眼处，而刺激顾客购买欲的商品则应摆在前面。这种摆设方式可以吸引顾客走进店里，同时也可以提高前方商品的曝光率，增加销售量。

第四：进货

目前，我国最主要的童装销售基地有广东佛山、白马，福建石狮，湖州织里等地。广东佛山是童装最为集中的地方，在那里可以找到任何价位的童装。杭州服装批发市场也正在崛起，成为辐射长江三角洲以至全国的批发基地。这些批发市场是最佳的进货来源。另外，选择距离自己店铺路程较近的批发市场进货，这样可以减少运输费用。也可选择熟悉的、讲信誉的批发商，用银行账号汇款给批发商，让其异地发货，这样做不仅新货来得快，还节省了人员往返的费用。

第五：经营

经营儿童服装也要注意款式、色彩的选择与更新。大部分家长喜欢自己的孩子穿得漂亮、可爱。除此之外，儿童服装的质地十分重要，任何家长都十分关心孩子的健康，一些纯棉的衣服是家长的首选。同时，在店里准备一些儿童玩具往往会带来一些意外的收获。优秀的经营者会时刻注意孩子关注的动画片，这样能够更好地了解孩子的心理。另外，据了解，随着市民消费水平的提高，低档童装的市场变得非常有限，中高档童装开始渐渐受欢迎，因此，在进货时应注意选择价格适中的中档童装。

上面故事中的林女士在自己开童装店的过程中，总结出一套开童装店所需要注意的事情。需要注意的细节固然有许多，下面来谈谈那些比较重要的方面。

一、道具

1. 做成活动的，不和墙固定。

2. 购买挂钩、层板时和卖主讲好，多退少补。

3. 装修选用中高档木料和油漆，风格和品牌价值相当；

二、订货方面

1. 订货全：不同客户有不同需求，客户满意度高销售额才会高。

2. 订货要搭配好：订羽绒服就要订和它配套的毛衣、衬衣（或内衣、T恤）。可尝试不同的搭配，一个人的审美观不能代表所有客户。

3. 过季和正季服装搭配：以过季服装作促销活动拉动正季服装销售。

4. 订货量：据店面边柜和中岛陈列量订购服装件数，一根侧挂杆挂夏装15~20件，冬装少些；正挂衣服挂3~5件，第一件挂成一套；正挂放2~3个挂钩；中岛叠2~3摞，2~3件/摞，一面正挂，一面侧挂。

5. 还要考虑盈亏平衡点、备足库存等。

三、店面陈列

1. 口诀：规划中心、分区陈列、重点展示、叠出图案、挂出人样、正侧相间、色彩呼应、动感逼真。

规划中心：客户第一眼看到的是黄金位置，是形象墙，也是店面中心，黄金位置位于腰部和头顶稍高范围。

分区陈列：陈列分男童、女童区，或童装、用品区，童装区要以形象墙为中心分好男女童区。

重点展示：着重推荐的、应季服装要穿在模特身上或正挂在黄金位置。

叠出图案：做叠装时用2~3件衣服把衣服上的图案叠出来，比如一件衣服上有小龙标志，可用三件衣服分别叠脑袋、躯干、腿。

挂出人样：正挂衣服要内衣、毛衣、羽绒、裤子搭配好，像真人穿着。

正侧相错：正挂侧挂错开，上面正挂上衣、下面侧挂和上衣配套的裤子。

色彩呼应：色彩上下、左右呼应，上边衣服领口或袖口是花边的，那最好配裤脚有花边的牛仔裤；左边模特红内衣＋白外套，右边就白内衣＋红外套。上边藏青外套，下边就是藏青裤子。

动感逼真：为了让衣服有灵性，可将外套袖口塞到外套或裤子口袋里，裤子里要塞单光纸，裤腿要曲起来。越动感逼真，越能引起客户的购买欲望。

2. 模特穿着：全身模特身上春、秋、冬装的衣服搭配要像当时的实际穿着一样，穿上内衣、毛衣、外套、裤子等。全身模特可放在橱窗，婴童的全身模特要摆在高于中岛的边柜层板上。半身模特往往放在形象墙两侧，主要穿一些着重推荐的衣服。另外，不同款、不同色的衣服可穿在同一模特身上，如长袖T恤＋半袖衬衣＋半袖T恤（不同颜色都可以穿）＋不同款式的裤子，里面大码，外面小码，外面裤腿挽起来。把领口、袖口、下摆翻起来，引起顾客注意。女童模特可穿好几件裙子，给顾客孔雀开屏的感觉。

3. 关于童装几点常识：吊带裙、背心（坎肩）里面要配内衣或其他衣服，不单独陈列。好的商场要求童装专柜每半月换一次陈列。

四、其他

气候变化、节假日（如六一）、春节前要做好迎接童装销售旺季的准备。服装要提前陈列，这样能在旺季来临之前吸引更多客户。如天气热了，才开始陈列夏装，就会给竞争对手抢走一大部分客户。以上这些工作都是创业者在确定了店址和经营方向之后所需要做的，因此，在这些工作之前，还有更重要的选址和经营方向的确定。

积压货品是开店的大忌，要把此风险转嫁的最好方法，就是把店铺作为厂家的存货点，等同于代理原则。好处之一是不用积压自己的成本，其次也可避免因货量不充足而丢失客源的风险。切忌铺面只有板样、没有库存的经营原则，这只能使投资者在批发业上的道路越走越窄。

如果不能做成代理，又想降低成本怎么办？每个厂家总会有些大订单，但并不是所有的订单都能完全销售出去，这时会出现一些货尾，厂家通常会降价把货尾卖出，小本经营者可以选择进些这样的货尾，其中不乏一些大厂、名厂的货源。与商场的名牌货品相比，这些货尾的质量完全一样，但价格却可以相差很远，这是一个薄利多销的好方法。但会出现断码现象。

出奇制胜的"怪缺"服装店

虽然怪缺服装的顾客群体数量较少，但经营这方面服装的店铺也少。如能开上一家，做到出奇制胜，也会获得不小的回报。

【小店淘金成功案例】

2002年田薇薇高中毕业后便来到长沙，踏入了打工者的行列。随后，她用工作两年的积蓄在长沙开了一家小服装店，当起了向往已久的小老板。可真正踏入服装行业，才明白服装行业的竞争激烈，利润微薄。

一天晚上，当她正打算关店门下班的时候，一位阿姨走了进来，问店里是否有只有一只袖子的上装卖。听到问话，田薇薇愣住了。

看到田薇薇疑惑的表情，阿姨笑着说："我一年前因为一场车祸失去了左手，想买件没有左边袖子的衣服，请问你这里有吗？"听到阿姨的解释，田薇薇仔细一看，见她左边的袖子里果然是空荡荡的。她顿时想到了自己的父亲也是一样的手部残疾，心里不禁涌出一股同情。只是自己店里确实没有这种商品，田薇薇只好对这位阿姨说了句："对不起，我这没有这种衣服卖。"

阿姨听了，一脸失望地说："我差不多把长沙的服装店都跑遍了，看来是真的买不到这种衣服！"或许是阿姨失望的神情触动了她，又或许是父亲那双手触动了她，心地善良的田薇薇拉住正要出门的阿姨说："阿姨，你看这里的衣服哪件你喜欢，明天我找裁缝店帮你把袖子裁下来，你看好吗？"

阿姨十分感动。经过一番挑选，她拿了一件衣服交给了田薇薇，说好第二天下午过来拿。第二天，那阿姨过来拿衣服时，硬是多塞给了她20元，说以后要是有需要，还要请田薇薇多帮忙。

这件事带给田薇薇很大触动。她觉得现在市场上的商品虽然丰富，但有些商品很难买到，做服装的人都清楚，有些服装因为消费比例较小，不仅厂家不愿意生产，连服装店也不愿意进货，因为利润太小。比如说残疾人缺一只袖子的上衣或缺一个裤腿的裤子、特大号的服装，或者是特小号鞋子等等，市场上都几乎没有卖的。

经过一番思考后，田薇薇决定把自己的服装店盘出去，开一家专营怪缺服装的商店，专门经营一些别人没有的东西。

她把业务定在一些生产得少卖得也少，但市场上绝对会有需求的商品：像6个手指头的手套，缺一只袖子的上装，少一条裤腿的裤子，腿部残疾者假肢上的泡沫软垫，适合驼背者需要的睡床，缺脚人的单只袜子、鞋子。田薇薇相信，不管如何古怪，只要从人们实际需要的角度去思考，这类特殊的商品，就一定会有市场。况且这不仅为自己赚了钱，还帮一些特殊群体解决了特殊需要，也算是一件善事呢。

思路有了，只是如此古怪的商品，需求数量又不是很大，是否有厂家愿意生产成了最大的难题，而找不到固定的货源一切都是免谈。田薇薇尝试着去找了一些比较大的服装厂商谈。意料之中，对方虽然承认这是一个不错的想法，但因为数量太小，都不想经营。没办法，她只好去找一些规模比较小的服装厂。工厂的负责人听了她的构想后答应能够生产，但表示因为数量少成本要比一般的衣服稍高一些。田薇薇仔细询问了价格后，毫不犹豫地答应了，因为她相信因为商品的独特性，价格绝对不成问题。但对方签合同时还是劝她转回经营正常服装店："一家店一个月能卖掉多少件这种类型的服装？不合算啊。"

看来还是有相当多的人不认同这种商品，但田薇薇从小就是一个敢做敢闯的女孩，她认为什么事都该去尝试一下，否则怎么知道行不行呢？接下来，她根据自己欲销售的各类古怪商品去找了很多生产厂家。不同种类的商品都需要分开来考虑，比如说一般的鞋子与袜子倒可以进货过来分开卖，但过大或过小的鞋子袜子还是需要订做的……这样一些商品，因为刚开始尝试，不太了解市场的需求量到底有多大，她现在只能寻找一些比较小的生产厂家合作。不过经过一个月时间的筹备，田薇薇终于把这家"怪缺商店"的牌子挂在了长沙繁华的商业区内。

虽然说商品定位本身的奇特就是一种很好的广告效应，但如何让自己的"怪缺商店"迅速被人们接受，田薇薇着实动了脑筋。开业的时候，为了打开自己店面的知名度，田薇薇特地捐赠了一批免费的残疾人服装到长沙市残疾人联合会，这可不仅是献爱心，还是很好的广告机会呢！残联收过好心人捐赠的钱以及衣物，却从来没收到过特别又如此贴心的爱心捐赠。很快，田薇薇这个特别的店面因为此举而上了长沙许多媒体的新闻板块，很多人慕名而来，有来购买商品的，也有人是好奇来看看的，因为本身具有的独特性，一时间她这家店成了长沙市的热点，商品一件件被卖出去，生意很不错。三个月下来算算账，专供"怪缺服装"的田薇薇比开普通服装店时的盈利还多了3000多元。

【小店前景分析】

在服装商品极大丰富的今天，市场上是否真的没了死角呢？其实，在国内服装市场上空缺的产品是有目共睹的。比如：特体的服装不好买；中老年人的服装不好买；大童的衣服不好买；等等。因此，开家怪缺商店是很有市场的。普通的经营者常会因利小而不为。

虽然怪缺商店、补缺商店及零配商店经营难度大，顾客的比例也较小，但当大家都不做时，开设此类店的利润就会不薄了。怪缺商店的开设符合"人无他有"的经营原则，能把生意做成"独此一家"，就能积小利变大利，不但能取得良好的广告效果，也能取得良好的经济效益。

下面，我们对怪缺服装店进行分析：

1. 店址选择

①人流密集的繁华街道，此位置租金高，但回报亦高，特别是形象店宣传效果好。

②成熟的居民区，区内一般经营比较稳定。

2. 营销方法

①印制优惠券（小巧精致，电影票大小，在背面印上部分特价服饰的优惠价格），定点派送。

②店内宣传。店内设计有新品推荐区、惊喜特价区，样品展示丰富，突出品牌和特色。

③在商业街道、广场、小区定期举行特卖活动，既扩大销量又起到宣传效果。

3. 投资分析

经营者因人因地有所不同，投资档次也会有所差异，投资者可量体裁衣，根据自身财力和能力选择投资档次。

粗布服装店——专为"朴素一族"服务

与那些追求华贵衣料的店铺正相反，开家粗布服装店，专为一些爱穿朴素类衣服的人服务也是一项不错的选择。

【小店淘金成功案例】

在上世纪六七十年代，人们身上穿的衣服、手里的包都是用粗布做的，可美观的程度一点也不比现代人差。如果今天我们也用粗布来做一批衣服或是小包，拿到市场上去卖，不知道会是什么样的效果呢？下面这家小店老板的故事也许会让你深受启发。

吴老板是两年前开始有下面这个想法的：开一个用粗布做衣服的小店，专为"朴素一族"服务。实践之后他发现自己的生意竟然出奇的好，一年以后就开了第二家店。

在开粗布服装店期间，吴老板和很多客人都成了朋友。他们背着从他店中购买的粗布包云游四方，穿着粗布服装体味生活。逐渐地，老板又想出一个点子：在自己的老顾客当中征集关于顾客和粗布服饰的故事，然后把这些美丽的文章装订成小册子送给其他的新顾客。时间一长，吴老板店中出售的每一个包仿佛都蕴涵了一种文化气息，开始被更多的朋友接受。这样一来，吴老板一人制作的粗布服饰已经难以满足顾客的要求了。

后来，吴老板又找来几家与他风格相似的粗布服饰小品牌，邀请他们进驻到自己的小店来。大家各显神通，一起把小店装点得既朴素、大方，又现代、浪漫。这样一来，凡是喜欢粗布风格的顾客，只要进到这一家小店，就能从头到脚地买到他们喜欢的服装、服饰。而吴老板也可以从这几家进驻的品牌每天的流水中抽取 30% 作为代销费。实在是一举两得的合作。

【小店前景分析】

开一家粗布服饰店，租铺面加上装修，还有初期进货，总的投资需要 5 万元左右。如果生意做得顺利的话，3~5 个月就能回收所有的成本。

粗布服饰店中除了粗布服装之外，一般可经营一些帆布小包之类的小东西以及其他工艺品。

如果你开的店面积比较小，不能展示太多的货品种类，那么在开业前，你最好先做一个市场调查，看哪些粗布产品的市场空间最大。请记住，尽管你经营的是粗布制品，但做出来的货品一定要做工精细。到了一定的时候，可以学学吴老板，邀请一些与自己风格相近的品牌进驻。

等你的小店做成大店之后，还可以做连锁经营，将所有自己的产品摆放在自己的连锁店里。

时尚布包也能引领潮流

漂亮的时装当然不能缺少可以搭配的时尚包包啦。现在，许多女孩子已经厌烦了色彩单调、样式古板的皮包，眼光投向了淳朴的布包。

【小店淘金成功案例】

穿上一身靓丽优雅的时装或休闲装，再配上一个既有个性又和服装相映成辉的布包，感觉自然不错。2004年6月，李延凤看到了这一商机，在北京的银街开了一家专门经营各种布包的店铺。

李延凤店里的生意一直很好，布包有休闲和职业两种风格，平均每天能卖出30个左右的布包。李延凤的布包店里每天人来人往，不仅吸引了许多漂亮的女孩，还有不少中老年人也在这里找到了适合他们的布包。他们说，背了这么多年包，从来没有注意过，一个人人离不开的包包，还能做得这么漂亮！不论是什么年龄层的人，只要一踏进这家店的门槛，就会被五颜六色、各式各样、风格迥异的布包弄花了眼。

在最初选择做布包生意时，李延凤在选择店面上费了不少工夫。东单是北京最繁华的地段之一，虽然30多平方米的店面在这个黄金地段的月租金不是一个小数目，但李延凤认为，租金贵有贵的理由，因为这样的地方，客流量最大，不用费心思寻找客源。果然，开业的第一天店里就卖出了十几个包，第二天又卖出了20多个包，而且生意是越来越好。

由于处于繁华商业区，李延凤的店铺进来的顾客确实很多，但看看就走的顾客比例也很大。怎样才能尽可能多地留住走进店里的顾客呢？李延凤想了不少主意。来买包的大部分都是女性，店面装修自然要温馨，富有人情味，货架都采用实木的，和布包淳朴自然的风格很协调。

但不管考虑得多么充分，开店的过程中还是会出现各种各样的问题。由于李延凤自己比较时尚，对服装和包都很挑剔，只要是喜欢的，若经济条件允许她就会毫不犹豫地买下来，所以她刚开始时并没有太在意布包的价格。店里的布包价格都在100元到300元之间，有不少顾客对布包爱不释手，却因为价格高而并没有购买。

怎样的服务才能让顾客在买包的时候，把价格的影响因素降到最低呢？李延凤认为，很多顾客来到店里，看到琳琅满目的布包，不知道该选择哪一款，这个时候，顾客最容易受到价格的影响。这需要她帮助顾客参谋设计，根据每个人的年龄、气质，并结合相应的服装选择相得益彰又有点睛之笔的布包，让每个顾客满意。对于并没有在店里购买布包的顾客，在离开时，李延凤也不会忘记说一句"欢迎您再来"。几个月来，李延凤的真诚服务得到了大家的认可，很多顾客不仅自己喜欢，还会拿这种布包当礼物送给家人和朋友。

因为小店处于繁华闹市区，附近又有不少宾馆和饭店，所以除了本地的时尚女性经常来光顾外，每天都会来一些外地和外国的朋友，他们有的买到了自己喜爱的特色包包，立刻返回去，带来更多的游客。这些独具特色的包包之所以吸引他们，是因为它们不仅融入了中国的传统文化，又与国际上的时尚潮流相吻合。

【小店前景分析】

提起布包，人们总是把它和休闲风格联系在一起，因为无论材质还是造型，它均不及皮包的尊贵和精美。但提起布艺，它的典雅、温馨却被许多消费者喜爱。

经营老年服装，主攻银发市场

目前，我国 60 岁及以上老年人口约占总人口的 13%。据预测，到 2030 年，中国将迎来人口老龄化高峰，这也是老年服装业的重大商机。

【小店淘金成功案例】

"谁能告诉我老年人到底需要什么样的东西？"在河南省工人文化宫附近开中老年服装用品专卖店的时红杰一直为这个问题烦恼不已。

大学毕业后，时红杰阅读了大量经济类和致富方面的杂志书籍，并通过了国家注册投资咨询考试。时红杰一心想找一个小项目自己创业，从《商界》上，他看到了"中国进入老龄社会，银发市场商机无限"的报道，觉得很有道理。

2006 年 4 月，时红杰投资 5 万多元，在河南省工人文化宫附近开了一家 70 多平方米的中老年服装用品专卖店。对于中老年服装用品生意来说，时红杰选的位置可谓得天独厚。

河南省工人文化宫正是老年人聚集的地方，不少老年人经常搞一些文艺活动，光唱戏的一天就有好几拨，夏天能唱到晚上 10 点多。他的店门挨着五一公园的大门，附近还有一个郑州市中医院，中老年人流量很大。

时红杰的中老年服装用品店开业一炮而红，开业半年左右，每个月的总营业额就达到了两三万元，扣除各项成本，每月纯利润约在 6000~8000 元。经营一年时间，时红杰又投资 3 万元上了中老年保健品项目，使自己店铺的经营状况更上一层楼。

【小店前景分析】

城市老年人在经过几十年的辛勤工作和奋斗之后，大都有一定的财富积累，多数有稳定的离退休金收入。他们基本上没有抚养子女的支出，相反，其子女一般都会愿意支出一定的孝敬父母的费用。随着时间的推移，目前处于准老龄人口的中年人群也会慢慢步入老年队伍，因此老年群体的经济来源将不限于退休金，还有其他更多的来源，如商业保险回报、各种投资收益等等，因此，老年人的可支配资金相对丰富，且能最大限度地转化为现实购买力。

虽然许多老年人的消费观念较传统，但其中也有一些老年人怀有强烈的补偿消费心理，渴望补偿以前没有实现的消费需求和愿望。而且随着持有享受生活、追求品质生活观念的准老龄人口的逐渐增多，现代老年人对审美的、娱乐的、健康的需求意识越来越强，他们比传统的老年人更舍得为满足自己较好的物质、精神需求而投入金钱。

据有关专家分析，服饰穿着的消费占老年人消费领域比例的三分之一，而服装的消费需求正由传统的满足防寒的基本功能需求向追求品位、时尚、环保和健康的新趋势发展。

民族服饰店，小众也会很流行

作为服装产业基地，广州街上的"改良"民族服饰店数不胜数，但真正"原汁原味"民族服装店却是凤毛麟角。因为市场定位独特，李小姐经营的小店开业一年来，经营都很顺利。

【小店淘金成功案例】

李小姐去云南旅游过很多次，对当地的少数民族服饰情有独钟，琢磨着要做一做这方面的生意。开始时，考虑到都市人的接受程度，她也想效仿广州同行做"改良"民族服装生意。然而她在与当地厂家的交流中发现，改良服装的个性化元素太少，也太类似于已经在广州流行了很多年的东南亚服装，如此做来难出新意。恰巧这一次旅行中她偶遇了一位外国商人，正在当地农村广泛收集原汁原味的民族服装，都是由当地家庭妇女亲自织布、刺绣的。外商告诉她如今这类工艺品在外国非常畅销，很多国外公司都已经开始在云南收购了。李小姐想起在广州街上还没有看过类似的店铺，于是想开一家试试看。

李小姐深入不少少数民族聚居地区，在云南、四川、贵州交界的地区走访了若干个村寨，经过反复比较，确定了几个交通相对便利、常有商务往来的村寨。这几个村寨都处在多民族聚居地区，包含了苗、白、侗、羌、彝等十多个民族。然后她选定了首次进货的花色品种，确定了长期合作的代理人。由于李小姐收购的是手工成品，每件商品自然也就只此一件了。回来以后，她开始寻找铺面，找到了淘金路，发现已有好几位广州美院的师生开设了原汁原味的民族家居店，与她的经营倒是相得益彰，于是毫不犹豫地租了旁边的铺位。

小店开业后，由于人流量小，李小姐不得不抓住每一个潜在客户。她着重向每一位去过云南或对民族文化有感情的客人宣传当地的服饰文化，展示手工刺绣的精妙与灿烂；也向其他追求服饰个性的年轻女孩传授如何将民族服饰与现代服装结合穿着的诀窍。对于光顾小店两次以上的顾客，她都作了认真记录，一有了特色新货，便及时通过短信通知他们。热情周到的服务终于在3个月后使得生意进入了良性循环的轨道。

李小姐一直强调原装服饰工艺品的特性，从来不盲目打折，最低的折扣也不过九折。她认为来这种店里的绝大多数都是有的放矢的熟客，看中的是产品的文化内涵与个性，打折促销根本没有必要。

【小店前景分析】

如今的民族特色小商品越来越受人欢迎，一些有浓郁民族特色的饰品，如东巴牛皮画、首饰、手链，以及云南少数民族的银饰等，就被许多人喜爱，开家民族味儿浓厚的服装饰品小店一定会有市场。

少数民族饰品不仅适合佩戴而且可用于观赏，有收藏价值，深受年轻人尤其是青年学生的喜爱，客源也相对稳定，因此，经营民族服饰店，如果懂得经营之道，能引来回头客，市场前景应该非常广阔。

做独一无二的"大脚生意"

服装鞋帽市场可以分为很多板块，而每个板块间则有许多夹缝，它们虽然容量不大，但因为竞争对手较少，所以比较容易开发。"大脚生意"就是其中的一种。

【小店淘金成功案例】

李牧的"喜力"特大鞋专卖店是在夹缝市场中独辟蹊径的典型。在一个人气不旺的市场中，他的特大鞋专卖生意却红红火火，尽管进驻时间不长，超过3万元的月营业额已在这家市场中名列前茅。

114

上海的鞋店数不胜数，但位于华石路50号内的这家名为"喜力"的鞋店无疑是最为特殊的。"喜力"的意思也就是"XL"。所以在"喜力"里，什么鞋都有，就是没有小号鞋：男鞋尺码从44码到53码，女鞋从40码到44码。这样的特大鞋店就算开在世界上平均鞋码最大的北欧，也足以让人大吃一惊的。

那么53码的鞋到底有多大？"喜力"的老板李牧从货价上拿下一只棕色系带的男式皮鞋，给人的第一感觉就是它简直像一只小船，而非常人的穿着之物，不过拿在手上感觉还是挺轻便的。测量一下，53码的鞋的实际长度有33厘米呢！其实根据李牧自己的经验，他卖出去的最大的鞋子也不过50码，但现在也敢进大于50码的鞋子了，因为这样的特大鞋放在店堂里就等于一块招牌。

"喜力"店里的特大码鞋的款式现在已经发展到了200多种，从男女皮鞋到休闲鞋，从运动鞋到拖鞋，从夏季的凉鞋到冬季的皮靴一应俱全。用李牧的话说："从15岁到75岁的人，如果你的脚大，在我的店里肯定可以找到喜欢的鞋子，不管你喜欢穿西裤、牛仔裤、休闲裤还是短裤，保证让你特别酷。"李牧也一直在找特大号套鞋，这样他的货就全了，大脚到这里就可以真正享受一站式服务，什么鞋子都能买到了。

"喜力"中的鞋以外销鞋为主，因为这种鞋子不但有特大尺码的产品，而且款式非常丰富，做工也很考究。特大鞋的质量一定没问题，不大可能有企业做假冒伪劣的特大皮鞋，因为需要的人太少了。尽管"喜力"开张的时间不过半年，但一旦成为"喜力"的顾客，大都会成为它的"铁杆"。

一次，一个顾客大汗淋漓地跑到李牧店里，开口就说："你知道么，我是从南京赶过来的……"原来，这名顾客的老父亲在农村，因为脚特别大，几乎没穿过皮鞋，儿子一听说有这么家特大鞋店，就赶来一次买了5双鞋子。这个顾客买完东西之后握着李牧的手连声道谢。这种场面在其他商店很难想象，但在这里却是经常发生的事情，这也让李牧颇为欣慰。

鞋店老板李牧原本是某大学体育系的副教授，大学老师怎么会做起鞋子生意？这还要从李牧一家的大脚说起。李牧身高1.90米，鞋子要穿45码，他的太太鞋码是41码，女儿刚刚15岁，穿的鞋居然比妈妈还要大半码。李牧年轻时生活的一项重要内容就是经常满大街地找适合自己大脚的鞋子，所以他对大脚们的苦恼和需求都有切身的体会。他们买到合脚的鞋子本已很难，要买到款式时髦的鞋子就更难比登天了。那时他就下了一个决心，一定要开一家大脚鞋店，让上海的大脚们只要跑一个地方就可以买到需要的鞋子。

于是李牧真的开始张罗这家上海独一无二的特大鞋专卖店。开店以来，最令他发愁的是货源，他只好到上海的鞋店里一双一双地去淘特大鞋，买来的价钱甚至比卖出去的还高。但努力一番，货品还是少得可怜，架上只有不到20种鞋子，而且都是断码的。后来他去了当年的华交会，一些专门做外贸鞋类加工的企业愿意给他帮助，令他欣喜万分。

特大鞋是十分特殊的商品，所以在店铺选址上也有它特有的条件：首先，特大鞋专卖店并不需要将店址选择在十分高档的地段，因为这类商品的顾客指向性十分明确，所以只要做出了名气，开在淮海路跟开在华石路的区别并不是十分明显；其次，做特大鞋专卖其中一个很重要的原因就是为大脚们服务，所以定价都不是很高，因此最好选择租金水平较低的店址以降低成本。

李牧一直有个想法，不但要为上海的大脚们服务，最好全国的大脚们都知道有一家小店可以买到48码的鞋子，而这样的愿望在网络时代突然变成了水到渠成的事情。现在很多网上的老客户已经很熟悉这家XL(喜力)店，有个南京的顾客就从网上一下订了8双各种式样的46码的鞋子，甚至还有打电话来咨询的外国人。

"喜力"店铺的面积并不大，20平方米的建筑面积，再加上一部分作为库存之用，所以真正的营业面积也就在12平方米左右。李牧在店铺的装修上节俭先行，并没有很大的投入，主要就是陈列特大鞋的鞋架。李牧在"喜力"的前期投入约10万元，包括8万元的首批存货、1万元首期房租和1万元的员工与店面日常支出。

在"喜力"特大鞋专卖店经营中，各项支出比较平衡，房租每月需要3500元；雇用1个员工，工资及其他福利每月支出在2000元左右。为了扩大"喜力"的知名度，李牧每月为此支出的广告宣传费用为 1000 元。加上 1000 元的水电以及税费等其他开销，每月的经营成本至少要超过 7000 元。

据透露，特大鞋的毛利大约为 50%，那么要达到盈亏平衡，只需要每月的营业额超过 1 万元即可。目前，"喜力"每月的营业额都过 3 万元，而且正有着高速发展的趋势，利润还是较为可观的。

目前，李牧准备等时机成熟之后，将商品的种类从鞋子扩大至服装。因为大脚一般也都是大个，他们不仅买鞋难，买衣难的问题他们也同样存在。所以，李牧希望以后的"喜力"是真正意义上的可以为大个子们提供一站式服务的商店，有点像大个子超市那种味道的。

【小店前景分析】

特大鞋专卖，除市场定位恰当明确，目标顾客一目了然外，还得力于一个"情"字：脚大的人脚型也不尽相同，比如欧美人的脚比较瘦长，东方人的脚一般肥宽一些，脚背也比较高，很多欧美样式的鞋子就算鞋码相符，中国人也未必能穿，所以对于顾客尤其是不能来的外地顾客，耐心地教他们怎么量尺寸，确定尺码，保证大脚们一次满意，就显得十分重要。

特大鞋专卖店的服务针对的是特殊身高的顾客，这类顾客的消费心理会有所不同，对找到合适鞋子的渴望往往高于对价格的斤斤计较，所以在销售过程中，阻力和难度会减少一些。另外，虽然特大鞋专卖看似切入口较小，但可以挖掘的潜力却不容忽视，无论是款式、种类还是销售区域、销售渠道，都有可以拓展的空间。这在我国很多地方，还是一片尚待填补的市场空白。

将手工绣花鞋推向市场

在现代化运动鞋和皮鞋林立的鞋靴类市场上，如果你能独具眼光，开家古色古香的绣花鞋店，走别具一格的古典路线，也许会为你带来意想不到的财富。

【小店淘金成功案例】

在北京三里屯，有个最让年轻人心动的购物场所——3.3 大厦，细细寻觅，你会在古典屏风后看到一排排仿古的木质鞋架，上面摆放着翘头鞋、如意缕、方头绣缕……一只只造型各异、精巧别致的手工绣花鞋，让人流连忘返。店主叫邹红，她立志将中国手工鞋卖到全世界，在小小绣花鞋的世界里，精心编织着自己的创业梦。

邹红曾是一名老师，几年前，她开始做意大利手工皮鞋进口生意。看多了意大利的手工制鞋，她想，我们中国的能工巧匠也不少，能不能在手工鞋方面有所突破？她到处考察，目光逐渐锁定在中国的传统布鞋上。在一次科技服装博览会上，邹红在一个展台前发现，有几双绣花鞋与众不同，其针脚细密，图案很"中国"，绣工精美，不禁让她眼前一亮。她一打听，才知道这是有"中国绣鞋第一人"之称的王冠琴老人的作品。老人的家乡在山东，其绣花技艺精湛，做的鞋既有传统风味又有都市气息。邹红把自己的想法跟老人一说，两人一拍即合。老人主攻设计，而邹红负责找农村妇女手工制作，然后销售。

绣花鞋要行销天下，不光要绣工精，还要款式新。为此，邹红曾经背着包跑遍山西、陕西、安徽、内蒙古等省区深入各地的村庄、作坊，到处搜罗绣花鞋的样子。她渐渐弄清了各地区布鞋的特点，并将其归类成近百种类型。如今，她已在北京王府井和三里屯开了自己的柜台和专卖店，下一步还打算在上海、广州、成都等城市设立分店。邹红利用自己销售意大利手工皮鞋的经验，正将中国绣花鞋打进国际市场，目前国外销量还不错。

虽是"半路出家"，但由于情迷于此，邹红脑子里总能冒出很多销售的好点子。比如在包

装上创新，麻料鞋就配以麻袋装，丝质鞋就配以丝袋，布料做的鞋则用布袋装，不但鞋的个性突显，鞋袋还可挪作它用；建立顾客信息数据库，追踪顾客新需求，提供个性化的定制服务，根据每个人的脚型定制最舒适的布鞋；让淳朴的农村姑娘做导购员，现场展示绣花鞋的制作工序；融入现代鞋的设计元素，将平底改为时尚的高跟，加入时尚面料，让年轻人也喜欢穿绣花鞋。

如今，邹红最担心的是王冠琴老人珍贵的绣鞋手工艺术的流失。王冠琴老人已经近七十岁了，至今未找到合适的传承人。邹红认为，要把绣花鞋作为一种商品来开发，以此来保护我们的传统文化遗产。她还想开拓更大的市场，既然意大利的皮鞋可以卖到世界各地，绣花鞋店遍布全球一点也不过分嘛！现在她的绣花鞋已在国内国外遍地"开花"，比如在王府井工美大厦的柜台第 3 个月就获得纯利 1 万多元。邹红相信一定会有越来越多的中国人因绣花鞋而足下生辉。

【小店前景分析】

绣花鞋店经营的商品看似单一，但购买的人群却很宽泛，不但包括喜爱中国文化的外国人，还包括喜欢怀旧的中国人与收藏者。其中，大部分顾客的文化素养都比较高，也具有相当的经济消费实力。

另外，年轻女性也是绣花鞋的一大购买主体，大部分年轻女士买了都是自己穿，这不仅是一种文化品位的象征，也是一种时尚潮流。男士购买则主要是为了送女朋友或老婆穿，这种礼物送出手不但新鲜也很有点另类的趣味。

从传统中掘金——绣花鞋垫也能卖上百元

经营的产品无大小之分，千万别小瞧一些传统的服饰类产品，比如有人已经率先通过小小的绣花鞋垫走上了致富之路。

【小店淘金成功案例】

张红的老家在重庆万州区龙驹镇，2001 年举家搬迁至万州市。张红在重庆打过工，学过美容，还在一家美甲店干过，但一直没有赚到多少钱。2003 年，在外面飘荡了两年的张红回到老家，无意中发现天天有人来找母亲做绣花鞋垫，母亲做的绣花鞋垫竟如此受人欢迎。一直在寻找商机的张红不禁眼前一亮：自己在外面找来找去都没找到赚钱的好项目，而妈妈的绣花鞋垫既然做得这么漂亮，乡下的人们这么喜欢，城里人说不定会更喜欢。而只要他们喜欢，就不愁没钱赚。自己反正坐在家里也闲着没事，不如试试！这样想着，第二天，张红就把母亲做的一些绣花鞋垫打了个包，背到万州城里，找了个摆摊的朋友，把绣花鞋垫往旁边一搁。第一次独立做生意，她也不好意思吆喝，就傻傻地站在一边等顾客上门。尽管这样，不到半天，她带去的几十双绣花鞋垫还是全都卖完了。成本约 6 元钱的一双绣花鞋垫，卖到 20 多元人们仍旧抢着要。

张红回到家里把事情一说，母亲也吃惊不小。老人家绣了一辈子鞋垫，从未想到过自己绣的鞋垫能够这么值钱。这以后，母亲绣，张红卖，持续了一段时间。

有一天，张红正在吃饭的时候，朋友打电话来，就是经常借她的摊位卖鞋垫的那位朋友。朋友说，有人正在她的摊上，想买几十双绣花鞋垫，问她还有没有。天哪，几十双鞋垫，那得多长时间才能绣出来？张红说没有，让朋友把那个人的电话记下来，说等有了货再通知他。

放下电话，张红就问母亲多长时间能绣出那么多鞋垫来。母亲说，最快也得要绣上一两个月才行。眼看送到嘴边的肥肉吃不着，张红未免有点沮丧。母亲问清楚了情况，说她一下子绣不出来，但乡下会绣鞋垫的妇女多着哪，从她们手里收过来，然后你再转手卖给别人不就行了？

张红这才茅塞顿开。

次日，张红便在母亲的陪伴下，坐车来到乡下挨家挨户地收购绣花鞋垫。因为是第一次有人上门出钱买这玩意儿，村民们都觉得稀罕，要的价钱都非常低。那一天，张红收了200多双绣花鞋垫。临走，她还叮嘱大家有空多绣一些，她可以负责包销。

回城后，张红找了家塑料厂订制了一批塑料薄膜，然后根据绣花鞋垫的不同题材和不同质量，分门别类做好包装。这时，那位摆摊的朋友因为生意不太景气，也同意将一半的摊位交给张红经营，摊租一人负责一半。这样，张红独立挑起了一摊，开始正儿八经做生意。

开始的时候，张红一个月只能赚两三千元。她觉得按照这东西的价值，应该不止赚这么点钱。经过仔细观察，她发现好东西之所以没有卖出好价的原因，在于到她摊上买绣花鞋垫的大多是老年人。老年人消费能力不强，买东西斤斤计较，当然不可能让她赚太多。她想，要是这东西的消费主力能够变成年轻人，那么一定会比卖给老年人强得多。可是，像这种东西，怎么能让追求时尚的年轻人喜欢呢？

这个问题让张红伤透了脑筋。这样过了几个月，张红一直没找到解决问题的办法。有一天，她闲着没事随便翻一本杂志，突然看到这样几句话："同西方人不同，中国人很重视情义，礼品文化源远流长。"张红盯着这一行字停顿了一下，忽然有了一个想法：为什么不将绣花鞋垫做成礼品呢？加上一些时尚元素，城里的年轻人一定会喜欢的。

张红说干就干。她知道农村妇女绣鞋垫的手艺是不错的，但谈到文化就有点奢求了，所以，她的想法要实现，首先就要过产品设计这一关。具体到绣花鞋垫，所谓产品设计主要就是个图案设计的问题。这个并不太难，现成的图案就有很多种，稍加变化就是很好的绣花图样，加上朋友帮忙弄到的一些图样，短时间足够用了。其次，是产品生产速度问题。做绣花鞋垫是纯手工活，从粘鞋垫到绣鞋垫，做好一双快手至少也得一天多。为了提高生产速度，张红找厂家先做出半成品，以每双2.5元的低价提供给刺绣者，这样，绣花的妇女便省去了粘鞋垫的麻烦，只要照着半成品上的图样绣完就可以了，大大提高了成品的产出率。

经过努力，如今，张红的绣花鞋垫已形成了多个系列，如合适后辈作为礼物送给长辈的祝寿系列，适合过年过节送给朋友、亲人的平安贺喜系列，适合商人的马到成功系列，适合司机的一路平安系列，适合夫妻间馈赠的勿忘我系列，适合公务员的步步高升系列等等。还有两双一起卖的情侣鞋垫，即两双鞋垫拼合在一起，才能形成一个完整的图案。真是丰富多彩，琳琅满目。在现代商业手段的包装运作下，张红的绣花鞋垫很快就打出了名声，产品不仅畅销附近的万州、重庆等地，还销到外地，甚至远销到海外。随着产品供不应求，张红又和附近乡镇和街道办联系，办起了十多个妇女刺绣学习班，前后培训了6000多名妇女。出师后的妇女，张红以每双30~40元的价格收购她们的产品，既解决了令当地政府头痛的就业问题，又增加了这些妇女们的收入，同时，张红的货源也得到了保障，可谓一举多得。

目前，张红已为自己的绣花鞋垫申请了注册商标，唤作"巧大嫂"。如今的张红早就不再是摆"半边摊"的那个张红了。她在万州最繁华的地方开起了自己的绣花鞋垫专卖店。在她的商店里，一双绣花鞋垫普遍要价高达100元以上，最低也要90元。她还在重庆、成都开了两家分店，还准备在上海、北京开加盟店。

【小店前景分析】

绣花鞋垫、十字绣鞋垫在中国有着悠久的传统。因为采用的是纯棉材料，人工用糨糊粘合制成，穿着柔软舒适，而且透气、吸汗，加上绣上的精美图案，日益受到年轻人的追捧，更是他们用来对亲人、爱人表达情意的最好方式。绣花鞋垫、十字绣鞋垫是真正的绿色环保产品，加上时尚的元素，已越来越受到人们的青睐。

绣花鞋垫、十字绣鞋垫消费市场巨大。新世纪定将引发足下革命，健康时尚的人们，一定不会忽略他们的脚下，从而使其市场定会越做越大。

个性鞋吧——不怕价高就怕没个性

当今的年轻人追求个性与时尚，精致漂亮的鞋子备受女孩子们喜爱。因此开家独具风格的"鞋吧"生意一定不错。

【小店淘金成功案例】

在法国，温州鞋几乎是低档货的代名词，有的一双只卖 5 欧元还乏人问津。然而郑州女孩于丽从图案精美的荷兰木屐中受到启示，在鞋上大胆"润色"，巧妙地注入了时尚元素，这些很不起眼的"地摊货"马上被卖到 60 欧元，身价提高十几倍还供不应求！如今她的"个性鞋"已风靡比利时、瑞士等国，她注册的 AERPST 商标就价值 80 万欧元。

于丽是个性格开朗的郑州女孩，2000 年从一所美术学院毕业后，在一位亲戚帮助下移民去了法国。法国是当今世界数得上的经济发达国家，人们的生活非常富裕。令人不解的是，很多人（包括富翁）却对跳蚤市场情有独钟。一位法国朋友告诉她，去露天跳蚤市场已成为人们日常的娱乐休闲活动，许多人不买东西也喜欢来转一转。

跳蚤市场出售的东西真是五花八门，邮票、书籍、字画、毛毯、餐桌、鞋帽衣裤、陶艺雕塑等等应有尽有。价格也是出奇的便宜，即使是未曾用过的物品也会以极低的价格出手。这里的卖家不是为赚钱，只是自得其乐；买家也未必拮据，讨价还价也乐在其中。于丽曾在跳蚤市场遇到一位浙江女老板卖旅游鞋，鞋子绝对是新的，每双仅卖 8 欧元却乏人问津。要知道，同样的法国货要卖 40 欧元以上呢！那个女老板告诉于丽，在她的家乡流传着一个绝对真实的故事：一位温州教师到巴黎后开了一段时间饭店，由于手艺一般，饭店生意不怎么样。后来看到温州鞋在当地很畅销，便关了饭店开起鞋店。哪知鞋店一开，生意好得不得了，一年后竟连开了 5 家温州鞋专卖店，3 年后就成了千万富翁。她就是听了这个成功个案后来到法国的，由于温州鞋价廉物美，最初在市场上很受欢迎，她也大赚了一笔。可是好景不长，后来因温州老板大打价格战搞恶性竞争，使得温州鞋的形象一落千丈，最终沦为地摊货，有的鞋一双只卖 5 欧元都没人要。她说自己处理完这批存货就回国，在巴黎赚钱太难了。

于丽细看这些纯白色运动鞋，质量和做工都不差，她买了一双穿在脚上，感觉也很舒服。可是如此实惠的东西，法国人为什么却偏偏不买账呢？也许是出于对女老板的同情，一路上她都在琢磨：怎么能让这种很不错的鞋子受到人们的青睐呢？

因为母亲是搞时装设计的，受其影响，于丽平时在穿着打扮上相当注重格调和时尚。在穿鞋上她更是讲究，仅是各种漂亮的凉鞋、松糕鞋她就收藏了 60 多双。回到住处，再看自己买回来的这双运动鞋，虽然穿着很舒服，但鞋面全是纯白色，太平淡无奇了，连她自己都觉得有点"老土"。在巴黎一家时装公司当模特的表姐说："你既然是学美术的，怎么不在'光板鞋'上弄个时尚、漂亮的手绘图案呢？那才够个性、够完美啊！"真是一语惊醒梦中人，又联想到图案精美的荷兰木屐，她从中受到很大启发。买来一堆颜料后，她就进行了一个有趣的设计：让两只鞋构成一只卷毛狮子狗的图案，加上闪粉及闪片的效果，使那只小狗看起来栩栩如生，不仅非常华丽，还神气十足呢！表姐看后惊呼："哇，太酷了，这哪里是鞋呀，简直是件艺术品！能不能帮我也绘一双？"

几天后，一帮衣着光鲜的时尚女孩找上门来，纷纷请她做"酷鞋"。原来表姐穿着那双手绘鞋去公司时，因为个性十足，一下就吸引住了模特们，大家都说太时尚、太有创意了。可市面上根本没有卖的，于是，十几名洋美女就带着满腹好奇，嘻嘻哈哈地找到了于丽。这些模特分别来自西班牙、俄罗斯、希腊等国，都是见过大世面的美貌才女，艺术素养自然不差。为了让对方满意，她逐个询问了她们的爱好，并有针对性地设计了多种个性图案。

3 天后，14 双精美绝伦的"个性鞋子"摆在了美女们面前。有的绘制的是美丽的花草、水果；

有的绘上了她们心爱的宠物；有的在鞋面上写有"不准践踏"的路牌。真是千姿百态，个性十足。模特们一阵惊呼后，纷纷扔掉脚上的高跟鞋试穿这种个性手绘鞋。接着又叽叽喳喳地挤到试衣镜前，自我欣赏并陶醉一番。一时，她的小木屋里热闹得像"鞋秀"表演一般！

当模特们要付费给于丽时，她坦率地告诉她们，这种运动鞋产自中国温州，是她在跳蚤市场采购的，每双 7 欧元，颜料和饰品 2 欧元，每双的成本在 9 欧元左右。她们一阵嘀咕后，每人竟付了 100 欧元！于丽连忙摇手用法语说："不，不，你们给的太多了，我不能收！"一位法国女孩却说："中国女孩，你出售的不是鞋子，而是艺术。艺术是无价的！"按照西方人的思维方式，即使朋友愿意为你帮忙干活也得付小费，这不仅是对朋友的感激，更是对其劳动成果的尊重。当时表姐也鼓励于丽"理直气壮"地收下，说这本来就是她应得的报酬。就这样，于丽仅仅 3 天时间就赚了 1274 欧元，若折合成人民币将近 1.3 万元呢！

于丽突然产生了一个大胆的想法。巴黎有"美女之都"、"时尚之都"之称，既然人们如此崇尚个性，自己何不开家"个性鞋店"，专门出售手绘时尚鞋呢？很快，她在塞纳河畔著名的"左岸"租了一个面积约 30 多平米的小店，装修是东方式的，门前悬挂的一对大红灯笼，不仅突出了民族特色，而且十分吸引洋人。广告词写得也很逗："想得到一双只属于你自己的个性鞋子吗？全世界仅此一双，还犹豫什么？"当她绘制的那批图案绚丽多彩又各具特色的"酷鞋"摆上小店的橱窗，马上吸引了一大批金发碧眼的时髦女郎。她们有的惊叹，有的议论，一时小店里热闹异常。

其间有位进店来看的女孩有些担心地问于丽，这种手绘图案会不会因水洗而褪色？于丽告诉她，她是用一种从植物中提取的特殊纺织颜料在鞋子上作画的，由于这种环保颜料具有防水功能，鞋子脏了无论是机洗还是手洗都不会洗掉图案，而且对脚也不会产生任何伤害。女孩很高兴，马上就买了一双笑着向于丽道别。

不过，每双 60 欧元的标价并不算低，事实上当时于丽对普通收入的人能否接受这个价位还有些担心，但出人意料的是，仅两天时间，她展出的 60 多双鞋就被抢购一空。因为库存有限，搞得自己不得不连夜加班绘制。

一周后于丽的店里竟断货了，开业前她根本没想到个性鞋会如此受欢迎，所以因备货不足显得十分被动。情急之下，她赶忙向一些学美术的中国留学生求援，请他们做兼职彩绘人员。大伙挺高兴，说她开出的报酬比给洋老板打工划算多了。她对他们的唯一要求是，充分发挥自己的想象力，图案设计越个性越好，但绝对不能重复！几位女孩搞不懂，说反复画一种图案既省时省力又能多出活，效益不是更好吗？她解释说，人家要的是作品，而不是印刷品。这其实是对个性的追求。可以说她的手绘鞋店，刚好满足了时尚女性追求个性的需求。也只有如此，生意才能火起来。

当然除她们的即兴作品外，有的顾客还会提出一些特殊要求，比如在鞋上面画中国龙、狮子等。受此启发，于丽又从电脑里搜寻出大量很有个性的图片，如韩国的七彩珠图案、美国和日本的卡通系列等，琳琅满目，应有尽有，数以万计的鞋面图案任由顾客自己选择。为保证"独一无二"，每种图案用后就从电脑里删除，决不再给其他人使用。

于丽的个性鞋进入市场后，它的独具魅力很快成为一种服饰流行时尚，成了大批法国女性的超级喜爱。仅 2001 年这一年她就赚了 20 多万欧元。尽管兼职画工从最初的 8 人增加到了 30 多人，但"酷鞋"仍供不应求，店里经常出现断货现象，甚至有的顾客按照约定时间来了几次都拿不到鞋。一时于丽心急如焚。

于丽的表姐不愧是走南闯北的人，了解情况后替她参谋说，手绘鞋卖的是个性，无法批量生产。法国的劳动力成本又很高，你不妨和国内的制鞋厂家联系，把图案从网上发过去，让他们找人做，大不了每双鞋加几十元人民币的绘制费。这样既解决了供货问题，又能帮厂家出口赚外汇，还能提高中国鞋在欧洲的品位和形象呢！她同温州几家制鞋企业一联系，有两家鞋厂当即就表示很感兴趣，只要交些订金就行。事情出奇地顺利，仅仅几天时间，对方的业务代表就带着样品飞到巴黎，亲自与她签约。温州的确人才济济，手绘鞋最难的要数画动物的神态，因为这个要画出个性，他们做得非常专业。接着，第一批价值 300 万人民币的货就发了过来，各种美轮美奂的图案让人看得眼花缭乱。除了自己直接销售外，她又通过"先试销后付款"的方式把个性鞋推进了巴黎的几家商场。最初对方心里也没底，就抱着试试看的态度勉强收下了，没想到一摆上货架，这些风格独特的手绘鞋就引得时尚女孩们竞相购买，不到一周各商场都销售一空！结完账他们就火急火燎地催她"赶快供货"！从此，订单开始接踵而至。

半年以后，随着手绘鞋市场的日趋火爆，于丽意识到了"做品牌"的重要性。是啊，这是个讲究品牌的时代。一把木梳，因为有了"谭木匠"的品牌，把专卖店开到全中国200多个城市，最高一把梳子可以卖到800多元；一个刺绣包，因为有了品牌，竟然能卖到数千元。她经营个性手绘鞋，也得有自己的品牌！2003年8月，她终于在巴黎完成了"AERPST"个性手绘鞋商标的注册，并正式成立了自己的鞋业贸易公司。

后来，除了法国，她还和欧洲另外7个国家的鞋类批销商建立了业务关系，在短短一年内就使自己的AERPST个性手绘鞋风靡比利时、卢森堡、瑞士等国。为树立"AERPST"的形象，她的中国鞋同路易·威登高级手袋一样，无论交易额有多大，从不打折！

由于"AERPST"渐渐有了些知名度，2005年1月，巴黎郎斯特鞋业公司老板找到于丽，提出一次性买断她的商标使用权，价格也由50万欧元一路追加到80万欧元。尽管这个数字很诱人，但最终于丽还是十分坚定地拒绝了。如果说AERPST现在还是一株小苗的话，于丽有信心用10年甚至毕生的精力，把它精心培育成一棵参天大树，让它的名字同"老人头"、"鳄鱼"等名牌一样，能响彻全球。

【小店前景分析】

国内的鞋类消费观念相对比较落后，大部分消费者还习惯于去购买那些款式中规中矩的皮鞋，而国外的消费者却早已钟情于那些专营休闲鞋类的个性专卖店。在中国一二线城市，服饰上的"个性风"也在悄然刮起，而在鞋靴行业中，恰恰就缺少迎合这种需求的个性鞋店。

个性鞋吧的选址应选择商业区域或市中心。在鞋店的装修方面，不求豪华，个性才是关键，只要能恰到好处地展现个性，普普通通的材料照样能达到意想不到的效果。

既然卖点是个性，那么鞋吧的起名也一定要有新意，应蕴藏着独特的经营理念。鞋吧中的服务应尽力体现人性化的理念，让顾客有自由选择的空间，对顾客不要太过热情地缠上去推销，当顾客对某种商品产生兴趣后，店员才主动去做一些简单的介绍。

此外，由于经营的是个性鞋，一定会面对顾客千差万别的要求，所以在店里你可以准备一本留言簿，顾客有什么具体建议可以随时记录下来，并留下联系方式，待他们的要求得到了满足或店里上了新货就可以随时联系他们了，这也是小店多争取生意的好做法。

手工布鞋亦时尚

如今，人们在服饰上的观念正日益趋向自然和健康，脚踏布鞋的那份怀旧感成了现代人心底共存的一份纯真情怀。穿一双布鞋，已经成为时尚潮流的一个另类标记。

【小店淘金成功案例】

在株洲市河西花园一村菜场对面，有一家叫步源轩的布鞋小店，店主李群和他的新婚妻子都是80后。

这家小店只10来平方米，但装修精致，店内货架、柜台、收银台等都干净亮丽，给人感觉舒适。货架上，摆放着整整齐齐的布鞋。这家布鞋专卖店内顾客来来往往，生意很火。

这是夫妻俩在株洲开的第5家布鞋店。而从白手起家，到开第5家店，他们只用了3年时间。

2006年4月，李群出差到江苏镇江，当地几个同学请他吃饭。他发现同学大都穿的是布鞋，问其原因，同学回答：布鞋穿着舒服，不臭，而且也显得有档次。并告诉他，当地人都以穿布鞋为时髦，街上的布鞋店非常多。说者无意，听者有心。当时，在国企上班的李群，一直有自己创业的想法，但一直找不到小本投资的项目。第二天，他特意到街上的一些布鞋店进行了考察，给他的感觉是：没想到布鞋的款式也这么多，买布鞋的人也这么多。

李群认为，布鞋在株洲虽然不会成为主流，但它有它的优点，随着株洲卫生、道路环境的优化，想必穿布鞋的人会越来越多。同时，他还上网查了下，发现一些大城市有很多布鞋店，都经营得不错。不久，他联系到厂家，做了株洲的总代理。

2006年5月，李群和女友在市公安局对面找到了一个门面，开起了人生的第一家店。投资7万，其中大部分资金是借的。店开张后，生意没预想的好。毕竟，当时在株洲没有多少人对布鞋感兴趣，要穿布鞋的，也是买几元钱一双的，而他们的布鞋平均要几十块钱一双，人们一时难以接受。

从没做过生意的李群不知道该怎么办，但他坚信，只要有付出就有回报。他印了大量的名片，到附近发放，对顾客宣传布鞋的优点。为了多销售出一双鞋，他不放过任何一次机会。一次，一位来自田心的老太太看中了一双45元的布鞋，但店里没有她要的尺码。李群就让老太太留下住址。几天后，货来了，他就骑着摩托车把鞋送到了老太太家。

有了这样的服务意识，小店的生意越来越好。同年，他们还在株洲百货商场开了专柜，生意也做得很红火。

小店生意好，他们想扩大发展，但他们知道，布鞋这种非主流的产品，不能在一个地方把店面开得很大，只有多开分店，才能扩大销售。于是，从2008年起至今，他们陆续在响石广场、湘天桥、花园一村开了分店，加上原来贺嘉土的店和株百的专柜，共有5家店了。

【小店前景分析】

近年来，在国内大中城市吹起了一股清新的土布流行风。这股回归质朴而又不失时尚的潮流袭击了城市的大街小巷，布包、布衣、布裙、布鞋等顿时都成为了一种时尚。其中，布鞋更是走在流行前线。布鞋不仅是中老年人休闲时首选的鞋类，如今也成了追逐时尚的年轻人的偏好。

专家分析，按照正常的消费标准，一个人每年购买一双布鞋，是最基本的生活需要，与皮鞋、运动鞋能共同形成三足鼎立的市场格局。调查显示：在北京王府井，一个10平方米的布鞋小店，每天的销售都在万元上下，旺季可以达到两万元。然而在我国大部分地区，布鞋专卖还是空白，这使得庞大的消费需求找不到爆发口。面对这样一个沉寂多年而突然膨胀的市场，你是否已经认识到并做好了充分的投资准备？

布鞋店在选址上相对其他鞋店更加灵活，商场、超市、商业街、大学校园、写字楼旁、住宅小区、时尚店铺集散地等都是比较适合的选址。

个性定制布鞋店的生意经

传统布鞋虽然舒服，但样式大多老旧，难以满足现代人对鞋靴的审美。如果你能不失时机地开一家个性定制布鞋店，只需稍稍追求下样式上的革新，必定能吸引众多潜在的布鞋爱好者。

【小店淘金成功案例】

孔令文是山东曲阜人，做布鞋生意四年。如今他的布鞋店生意红红火火，每月都有十来万元的销售额。其实他的生意路走得颇为曲折。他从某高炮部队退役后在曲阜一家贸易公司工作，

1999 年下岗在家闲着无事，贩卖过土豆和经营过旧家电，两次创业都告失败。

一个偶然的机会他看到了报纸上的一篇文章，让他找到了下岗后的第三份事业。那篇文章公布了一项市场调查的结果：85%的家庭认为穿布鞋舒适，手工布鞋很有市场潜力。孔令文于是打算做布鞋生意。不过，拿起针拿起线来，纳底做鞋时才发现这比自己想象的要难得多，既要注意工艺，还要讲究造型和款式。两个月后，他终于掌握了做布鞋的技术，于是借钱买了一些布料，组织农村妇女帮他加工。周围有朋友告诫他，布鞋已淘汰过时，大街上人人都以穿皮鞋为时髦。琢磨着本地人爱穿布鞋的少，孔令文想到了来曲阜的外地游客。2002 年 1 月，他在孔府孔庙之间的步行街上开设了布鞋专卖店。在这里，虽然布鞋销量有所增加，但除去成本等，依然入不敷出。

他和妻子在琢磨后发现，布鞋是平跟的，顾客以中老年为主，但他们的消费能力显然偏低，而购买力比较强的是 18~45 岁的女顾客，要做大生意就应该做年轻女性喜欢的时尚鞋。于是，孔令文顶着经济压力买了做时尚鞋用的鞋楦，又从互联网上搜集了时尚女鞋的样式，天天在家摸索试验。

2002 年底，孔令文做出了第一批时尚款女式布鞋，这些布鞋一上市就有很好的销售势头，尤其受外国人和大城市来的女性游客青睐，有的外国朋友一买就是十几双。随后孔令文还注册了商标。2003 年 9 月国际孔子文化艺术节期间，他专门聘请了两位礼仪小姐为他做布鞋宣传。结果不仅顾客增多，还给他带来了不少外地经销商。

如今，孔令文还找到了一个可以轻松获得新颖鞋款的办法：他经常到游客集中的地方去看游客的鞋子，那来来往往的脚上五花八门的鞋子，给他带来许多灵感，产品也日益受到顾客认可。

【小店前景分析】

布鞋在我国的历史可以追溯到三千年前。在老百姓心中，布鞋代表的是温暖、朴实与舒适，那份代表家乡气息而具有的特殊魅力，是皮鞋、运动鞋等鞋子所不能比拟的。

手工布鞋是历史的见证，将会一直延续。曾经一首脍炙人口的歌曲中就写道："最爱穿的鞋是妈妈纳的千层底儿，站得稳，行得正，踏踏实实走天下。"

传统布鞋虽然舒服，但样式大多老旧，难以满足现代人对鞋靴的审美。很多上班族和商务人士虽然对布鞋的舒适度很有好感，但是在公众场合又不好当众穿着。个性定制布鞋店便是针对这个问题诞生的，像案例中的孔老板那样，你只需稍稍追求下样式上的革新，就能让传统的布鞋焕发出时尚的光芒，从而吸引众多潜在的布鞋爱好者。

利润可观的中高档袜子店

袜子虽说只是服饰行业的小小配角，但是在"钱景"上却是一点也不逊于服装。

【小店淘金成功案例】

深圳市的林云的先生长期做外贸进出口生意，一个偶然机会，林云拿到一些进口袜子样板，发现这些袜子的面料非常好，穿上也很舒适。同时，她发现市场上很少有这种类型的袜子。而在一些大商场，在深圳较为常见的品牌如 Wolford、CK、ASICS 等，价格至少得三四十元，有的高达每双几百元。她开始心动了。

不久，林云和她先生在振华路租下了一个铺面，尝试经营中高档袜子。在振华路的袜子专卖店里，她没有将袜子挂在货架上销售，而是拿出一些样品，一双双展开，摆出造型钉在墙上，其他有特色的袜子也摆在店中央的桌子上展示，整个 40 多平方米的小店像是袜子的 T 形舞台，吸引了许多人来到小店。

林云的袜子是从日本拿来的外贸货，成本相对较低，但相对于一些低端袜子，成本仍高出许多。刚开张的时候，袜子的销售量不如人意。于是她想到发展消费群，让更多的人来尝试购买这些袜子。于是，林云与先生商量，把其中的2万双袜子以成本价出售，每双售价5元，以吸引更多的顾客来尝试这些中高档袜子。这一招的确奏效，2万双袜子很快销售一空，光顾小店的客人越来越多，营业额不断攀升，日营业额达到3000元左右。

后来，林云把小店迁到了华联地铁商城，有不少顾客也打听到这里，跟随而来。林云和这些老熟客慢慢地成为朋友，每次为他们推荐好的款式，适当地打点折扣。这些老熟客也给林云做些广告，经常介绍一些亲人朋友到小店购物。

目前，林云在北京、珠海等地有5家袜子加盟店，每个月这些加盟店都要从她这里拿上万双袜子。在做袜子生意尝到甜头后，她表示还准备找个店面开个生活馆，专门卖袜子、毛巾等小件高端生活日用品。

【小店前景分析】

在普通的袜子市场上，销售者常常把袜子堆成一堆，或挂在一起，顾客来选袜子要非常认真地从一堆袜子中选出自己要买的男袜、女袜、儿童袜或老年人的袜子。在专营的袜店里，店主可以将袜子分门别类，并将挂件钉在墙上，做一面袜墙，让消费者一目了然，轻松选择自己所需要的。

袜子对每个人来说都很重要，并且是生活的必需品。袜子的磨损率也非常高，人们要经常购置替换袜子，因此，专门经销袜子的店面非常有市场潜力。不同档次的袜子会给店主带来不同的商机和利润，尤其是中高档袜子，销售利润更是可观。经营袜子专卖店，你可以主打中高档产品，而中高档袜子的目标消费群一般在30岁以上。这类顾客更注重产品品质，购买力相对较强，能为你带来稳定的收益。

另外，你的袜子专卖店还可以在保健概念上花些心思。中医认为，人的双脚是各内脏穴位的汇集地，对于健康有着非常重要的影响。为了呵护它们，人们常常花费不菲的价格去购置鞋子，做足底按摩，却常常漠视每天与脚密切接触的袜子。因此，店主可以选择一些健康材质的袜子，例如竹炭的或者其他有防御疾病或保健作用的袜子，相信注重养生的中老年人定会是这些袜子的忠实客户，因为他们宁可花几倍的价钱也愿意把健康穿在脚上。

袜子精细化专卖店，走出一片新天地

只要花一点心思，长短厚薄总相宜的袜子会为你带来意想不到的收益。开家专卖精细化袜子的店，必将吸引那些追求细节的消费者的眼光。

【小店淘金成功案例】

1979年，谭碧辉出生在江西萍乡一个农民家庭。高中毕业后，她来到广东珠海打工，应聘到一家公司跑业务。几年下来，她虽然没赚到什么钱，却收获了一份爱情——2003年夏天，她和一位名叫阿刚的大学毕业生相恋了。

一天，阿刚带着谭碧辉来到珠海情侣路，一边看海一边闲逛。走着走着，谭碧辉突然感觉脚丫奇痒无比，便脱下高跟鞋和长丝袜，让脚丫也"呼吸呼吸"新鲜空气。细心的阿刚发现她的脚趾发出一股怪味，便问她是怎么回事。她很不好意思地说："我做业务，天天到处跑，不起脚气才怪！"阿刚听了，心疼不已。

没多久，搞电器营销的阿刚利用到上海出差的机会，给谭碧辉买了两双精致漂亮的五趾丝袜，说："这种袜子穿起来健康、时尚，有露趾的和裹趾的两种，露趾袜子适合夏秋季节穿，裹趾袜子则适合冬春季节穿。穿五趾袜子的好处，就是脚趾与脚趾之间有袜子隔着，不会产生摩擦，每个脚趾都能活动自如，而且透气性好，可以防脚气。"谭碧辉不仅为男友的这份体贴感动，而且还萌生了一个大胆的想法：如果自己也能开一家袜子专卖店肯定不错！

有了这种想法后，谭碧辉便着手准备。可她还没有开始，就遭到了男友的极力反对。他说："我在外面跑了不少地方，也见过不少袜子批发店，就是没见过袜子专卖店。一双小小的袜子，能赚几个钱呢？你就别做梦了吧！"

可在谭碧辉的眼里，她要开的并不是一般的袜店，喜欢时尚的她想开一家"五趾袜店"。因为她了解到，珠海是一个小家碧玉风格的城市，浪漫是这里最动人的情调，而五趾袜子与这种氛围刚好吻合。为了证明自己的想法，她来到珠海的各大商业中心和广场考察，发现那里经常会有促销活动或露天舞会，一些模特小姐经常在那里表演"美腿Show（秀）"。经过一段时间的市场调查，她还发现珠海竟然没有一家专门卖诸如五趾袜子之类的袜店，虽然几家大型商场也有零售，但都不成气候。

谭碧辉说服了男友阿刚后，便将自己调查的内容进行整理，草拟了一份创业计划。她认为：人们的生活水准提高后，袜子已不仅仅具有防寒、防晒、防尘和舒适这些最基本的功能，它还是人身上一件不可或缺的时尚饰物。以前，袜子仅仅是一块麻布制成的，现在却已经有尼龙袜、包芯纱袜、天鹅绒袜、棉袜、羊毛袜和毛线袜等等，产品丰富到了无以复加的地步。男人也许只会在要穿袜子的时候才去买，但女人不同，她们会把袜子当成一种时尚用品，甚至为买不到合适的袜子而犯愁。因此，要做袜子生意，一定要抓住年轻女人的心，紧跟时尚和浪漫……

有了明确的定位后，谭碧辉便开始上网搜索有关五趾袜子的相关资料。她发现，浙江诸暨市中华袜业有限公司和浙江义乌小商品批发市场均可以提供各种类型的五趾袜，一双五趾袜批发价约5~10元钱。考虑到资金有限，谭碧辉第一次只订购了1万元的五趾袜。

在选择店铺位置时，开始朋友建议谭碧辉选择一般的地段，因为繁华地段的租金高，一个小小的袜店恐怕连租金都赚不回。谭碧辉却认为，她开的"五趾袜店"是面向时尚白领一族的，如果位置太偏了，何来顾客？2004年初，她大胆地在珠海市前山明珠南路，即市内繁华的商业街，租了一个10多平方米的门面，月租金2000元。之后，她又花钱购买了一些摆放袜子的架子，并到工商局办理了营业执照，然后对小店进行了一番装修。很快，她的"碧玉五趾袜子专卖店"在珠海开张了！

在繁华的闹市开袜店，弄不好会亏本。谭碧辉的五趾袜专卖店刚开张时，生意也不见好。为了体现个性，她干脆将个性鲜明的五趾袜直接挂在小店的玻璃橱窗里，以此吸引顾客。不仅如此，她还按春夏秋冬四季，将五趾袜子分季节出售。

2004年2月，珠海的天气不冷也不热，但经常会下些小雨，这样的气候不适合穿露趾丝袜，也不适合穿很厚的天鹅绒或毛线五趾袜，所以，她进的五趾袜大都是纯棉或尼龙纱的薄五趾袜。此外，她还根据顾客的不同性格和当季的主题颜色，购进了大量可爱的卡通船袜、"乖乖兔"袜和公仔图案袜等五趾袜。这些袜子穿起来既时尚又保暖，深受户外运动一族或者喜欢逛街的白领一族的喜爱。这样，小店的生意才慢慢好了起来。她第一个月基本保本，到了第二个月，销售量就达到300多双，除去成本和租店的各种费用，净赚了1500多元。

到了4月份，珠海开始变得风情万种。谭碧辉发现，女孩子喜欢在这个季节买一些看起来与众不同、又有品位的"小玩意儿"，以便让自己的着装不落俗套，走在时尚的前沿。谭碧辉想，时下流行的五趾袜肯定也会受到她们的青睐。她特地跑到浙江义乌小商品批发市场，购进了一大批色泽淡雅、款式颇具创意的五趾袜。果然，这些五趾袜一下子吸引了许多时尚女性，销量不错。

2004年"五一"黄金周，珠海街头美女如云，谭碧辉的小店也人如潮涌。5月5日那天，有3位从外地来旅游的美女来到小店，每人看中了一双五趾丝袜后，便坐下来要试穿一下。其中一位美女脱下鞋子后，因为有脚气，不好意思地说："唉呀，老板娘，请问你这里有水吗？我想洗洗脚，不然把新袜子弄脏了……"谭碧辉把那位美女带到洗漱间，给她打了一盆水，见她脚趾甲长了，又替她找来一把指甲刀，让她自己修理一番。美女洗完脚，穿上崭新的五趾丝袜，笑着建议说："说实话，这种露趾头的袜子真漂亮，可我总觉得露出来的脚趾头和时尚的袜子不协调啊！老板娘，要是有指甲油，那整体看起来肯定更加美观了！"到了晚上，店里安静后，谭碧辉仔细琢磨那位美女的提议，心想：对呀，何不在顾客买袜子的同时，提供洗脚、修剪趾甲和涂指甲油之类的服务呢？

那时，谭碧辉仅零售袜子，生意再好，一个月的营业额也只有 6000 多元钱，除去成本，纯利润只有两三千元钱。为了增加盈利，谭碧辉经过一番仔细考虑后，觉得这个主意完全行得通！因为顾客买袜子后，肯定想试一试，万一不合脚还可以换一换；更重要的是，漂亮的五趾袜子必须有漂亮的脚趾相配，才显万种风情。再说，逛街的人走累了，也可以趁此机会在这里歇歇脚。因此，她想，只要价格合理、技艺得当，配套做脚趾美容服务同样可行。那样既能推销自己的袜子，又增加了另一种赢利方式，岂不是一举两得的好事？

说干就干，她招聘了 3 名服务员，并在店门前打出脚趾美容的服务广告："要想大方地穿上露脚趾的袜子和凉鞋，而不让粗糙的老皮和不洁的趾甲使自己过于尴尬，就请你来'碧玉五趾美容店'吧！"那时，她的五趾美容分为"五部曲"：第一步，用热水浸泡顾客双脚 5 分钟，待脚部皮肤柔软时，开始修剪趾甲；第二步，用软皮甲油除去趾甲边、脚跟等经常与鞋摩擦部位的死皮；第三步，用脚部磨砂膏按摩脚面，使双脚由灰瘀变成白滑；第四步，涂脚部润肤膏，以保持皮肤弹性及柔软度；第五步，穿上本店专卖的时尚五趾袜子，并涂上指甲油，一双光泽润滑的玉足就呈现在眼前了。

谭碧辉推出五趾美容的时候，正值珠海美女们"美腿 Show"的夏季。这时，许多女孩子喜欢穿着裙子、凉鞋展示自己的个性魅力，可有些女孩却苦于双脚又干燥又有死皮，只能穿长袜子、皮鞋或运动鞋。这样，无论化妆及衣服配搭多完美，也显得"脚上无光"。谭碧辉正是抓住了女孩们的这个"弱点"，不仅让那些喜欢穿凉鞋的女孩来做脚趾美容，而且就连过去常穿皮鞋或运动鞋的女孩也加入了起来。

就这样，在谭碧辉的五趾美容店内，时尚袜子的万种风情和脚趾美容的独特服务相辅相成，店还是原来的店，但利润却翻了一番。

谭碧辉靠脚趾美容赢得了一笔不菲的收入，同时也带动了五趾袜子的销售。这时，人们见这个行业有利可图，便纷纷仿效，尤其是珠海街头的一些足浴中心，也推出了脚趾美容服务。为此，2004 年 9 月，谭碧辉在提高脚趾美容服务质量的前提下，与其打起了价格战。一般的足浴中心美趾甲一次，少则几十元，多则上百元。可在谭碧辉的小店里，做一次脚趾美容只需 10 元钱左右，再加上买一双时尚的五趾袜，总共也不过三四十元钱。谭碧辉觉得，这个价位比较适合大众时尚消费，可以让年轻女性在享受超值服务的同时，真正"买得开心、美得舒心"。

结果，那些爱美的上班族和普通白领女性成了五趾美容店的常客，她们每星期都会来这里做一至两次脚趾美容。有时，她们不一定买袜子，但却给小店带来了人气，许多原本只想买双袜子的顾客，看到络绎不绝的人来做脚趾美容后，也禁不住坐下来"享受"一番。久而久之，她的顾客群越来越大，生意也越来越稳定了。

2004 年 11 月，珠海的气温逐渐降低，谭碧辉发现，打了大半年"赤脚"的女士们，又开始穿厚袜子了。于是，她也跟着改变战略方针：在袜子的选购上注重那种能保暖防寒的五趾袜，在款式上追求新潮个性，诸如咖啡五趾袜、"彩虹妹妹"毛袜、"花姿花伴"毛袜、"柔情似水"毛袜和"青涩之恋"毛袜等。然而，尽管五趾袜仍然销得不错，但由于秋冬季节的袜子不再露趾，顾客对涂指甲油等美趾服务的需求大幅降低。于是，谭碧辉结合街头美容店和足浴中心的经营管理方式，将服务重点放在足浴上。经过一番战略调整后，谭碧辉的生意即使是在秋冬季节，也依然火爆。

后来，鉴于五趾美容店的名气越来越大，顾客的需求也越来越多，她又开始兼营一些指甲油和与足浴相关的产品。同时，在经营的过程中，她还要求自己和手下的人多学习服装搭配知识。因为她觉得，袜子虽小，但选择什么样的袜子与衣服搭配，对一个人穿着的整体效果会产生极大的影响。如果搭配得当，袜子完全能做到扬长避短，甚至起到画龙点睛的作用。

2005 年元旦前夕，谭碧辉每月已能赢利 1 万元左右。为了让小店新年换新貌，谭碧辉在扩大店铺经营面积的同时，又重新换了一副店面招牌，把原来的"碧玉五趾袜子专卖店"改成了"恋上你的脚"。这样，小店更时尚了，也更能吸引年轻女性了。

不仅如此，谭碧辉还特别注重在一些特殊的纪念性节假日进行有针对性的让利服务。2005年情人节那天，她对外宣传承诺："男士带恋人前来小店购袜一双，并做脚趾美容一次，可免费赠送一次脚趾美容！"没想到，此广告宣传效果奇佳，那天前来消费的情侣在店门前排成了长队！自然，她当天就有 1000 多元的收入进账。

【小店前景分析】

如今，专卖店的种类越来越多，如帽子专卖店、衣服专卖店、手提包专卖店、内衣专卖店和鞋子专卖店，唯独缺乏袜子专卖店，这是因为袜子的利润太小。案例中的小老板谭碧辉大胆地在租金最贵的旺铺开办了这样一个小小的袜店，没有批发，只靠零售，为何能脱颖而出，月赚 1 万元呢？显然，她的制胜诀窍就在于除了卖袜子外，比别人想到了更多的细节。比如：年轻女性来小店买时尚袜子是因为爱美，而脚趾是美女们最容易忽视的细小部位，生活质量的提高和人际交流的频繁，使她们越来越注重每一个细节的修饰，如果能满足消费者的这些细节需求，就不愁没有生意。

袜子是不分季节和年龄，男女老少都需要的必备品，如果能够找到好的进货渠道，开一家有质量保证、品种齐全的袜子专卖店，不失为一些上班族一边工作一边赚外快的好选择。一方面投资不高；另一方面，店面易于打点，只要找到好的进货渠道，特别是如果能寻找到一些出口到日韩等国的外贸袜子转内销或多余的订单，并且将店面开到人流量较大的地段，那小店就不愁没有钱赚了。

鸳鸯鞋和鸳鸯耳环的致富经

谁说鞋子和耳环只能是两只相同的款式，王娟的"鸳鸯饰品"店就成功地打破了这个规则。

【小店淘金成功案例】

2008 年夏天刚到的时候，王娟买了两双凉鞋，款式一模一样，都是圆头缀着亮片，颜色则是一双粉红，一双嫩绿。王娟别出心裁地左脚一只粉红的，右脚穿一只嫩绿的，配上绿色的小裙子和粉红的外套，走在街上，结果回头率几乎达到百分之百。刚好表姐从韩国旅游回来，看见王娟的打扮，兴奋地说："哎呀，这不是在韩国很受欢迎的'鸳鸯鞋'吗？我正后悔没有在那边买一双呢，你在什么地方买的？快告诉我！"嘿嘿，没想到王娟的无心之作竟然暗合了韩国的最新流行趋势。王娟得意地告诉表姐，这是她自己的创造发明，于是把另外的两只鞋子送给了表姐，让她也过一把"鸳鸯鞋"的瘾。

表姐高兴地走了，王娟却开始沉思：我们 80 年代出生的人是张扬个性的一代，也应是自我的一代，谁规定两只鞋子必须一模一样呢？一定有很多年轻人跟我一样，希望自己搭配鞋子的颜色，炫出个性的风采！也正因为这样，同样的创意才会在韩国大受欢迎。据王娟所知，她们那里还没有那样的鞋店呢，但是王娟有信心，鸳鸯鞋一定会受到和她一样的年轻人的欢迎。从来没有做过生意的她，头脑里却冒出了一个念头：干脆来开一家"鸳鸯鞋"店，专门经营各种各样可以自由搭配颜色的鞋子吧。

说干就干。趁着暑假，王娟找她妈妈赞助了 3 万元钱，开始准备这个小店了。那段时间，王娟天天都冒着大太阳在外面跑，在各个鞋城考察最新的鞋款。还假装要买鞋的样子，旁敲侧击地跟人打听进货的渠道。通过努力，王娟找到一个专门生产时装鞋的工厂，跟他们达成协议，让他们为自己提供不同颜色的鞋，价格也不贵，一双不过几十元钱。令王娟高兴的是，他们答应可以以进价 60% 的价格回收她没有卖完的鞋子，这样无形中降低了王娟的经营风险。然后，王娟在市中心租了一个很小的店面，用她最喜欢的糖果色和卡通风格装修了一下，小店很快就开业了。

第一次进货，王娟只选了几种比较可爱的款式，颜色也是自己精心搭配的：左脚的紫色搭配右脚的黄色，因为很鲜明，很抢眼；左脚的粉红搭配右脚的白色，因为都是浅色，很好搭配衣服……别出心裁的鸳鸯鞋果然受到了很多顾客的欢迎，都是一些年龄和王娟差不多、追求时尚新潮的女孩子，她们都觉得鸳鸯鞋既新鲜，又好搭配衣服，往往一边挑鞋子一边唧唧喳喳地跟王娟聊天，一来二去，王娟居然还交到了不少好朋友。不过她们也给王娟出了不少难题：有的顾客要求的色彩搭配是王娟根本就无法想象的，像米黄色和松绿色啊，黑色和白色啊……后来王娟干脆把所有颜色的鞋子都陈列在店里，让顾客自己搭配，自己挑。这一下，王娟的小店简直就成了一个色彩工作室，经常有顾客抱着新买的衣服来到店里，把所有的鞋子都试个遍，挑出两只颜色最搭配、最别致的。反正店里的鞋子价格都很便宜，最贵的也不超过 100 元，很多女孩子买一套衣服就来挑两只鞋子。再后来，应顾客的要求，王娟针对老顾客推出可以把鞋子拆零了卖的政策。比如某个顾客已经买了白色配松绿的鞋子，之后她新买了蓝色的裙子，那王娟可以再卖一只同款式蓝色的鞋子给她，白色配蓝色的鞋子加上蓝色的裙子，效果一下子就出来了，价格比买一双鞋省了一半。因为有和厂家的协议，王娟剩的那一只鞋子也比较好处理。就这样，王娟的生意越来越好，夏天过去，王娟的投资也收回了一大半。

2008 年秋天的时候，有顾客提到，鞋子能拆开卖固然是件好事情，什么时候耳环首饰也能一样只一只就好了。王娟心里一动：听说首饰的利润特别高，不如在店里放一个柜台也卖首饰，有了这么多的老顾客，生意应该会不错的。于是她试着进了一批耳环，还是老办法，左右分开陈列，让顾客自己来挑，价格比买整副的当然就要贵一些。有了新项目，就应该做一些宣传和推广才对，可是王娟并没有多的钱作为广告费啊。怎么办呢？刚好那段时间，市里一个时尚周刊在举行一个征文活动，王娟灵机一动，请一个作者朋友帮她写了一个爱情小故事，名字叫做《寻找谁是你的另一半》，把故事背景放在王娟的店里，故事的发生就从男孩把一对不一样的耳环送给心爱的女孩开始……这个故事在周刊上刊登以后，相当于给小店做了一次免费的广告，王娟的小店由此名声大噪，好多男孩居然都慕名跑来为喜欢的女孩子挑"鸳鸯耳环"。

由于首饰的利润很高，到 2008 年年底，王娟不但收回了全部的投资，而且还有了 3 万元左右的盈利。

【小店前景分析】

穿鞋"配对"是有说法有名目的，香港就把它叫做"鸳鸯鞋"，这种鞋在香港可以到鞋匠那里定做，选择自己喜爱的颜色和款式；另外，穿鸳鸯鞋的不仅仅只是青春洋溢的小资白领，也有已入徐娘之列的行业资深人士，甚至是政府的官员。

穿鸳鸯鞋的最大好处就是投入少产出大，买两双同色的鞋就有"两同两异"四种搭配穿法，就等于拥有了四双鞋。这恐怕就是鸳鸯鞋时兴的一个重要原因。

一位著名的珠宝设计师说，她出差只要带三双鸳鸯鞋就足够风头出尽。你算算，三双鞋六种色，就足足有九个组合啊！

鸳鸯鞋的流行也带来了商业机会，既然可以做鸳鸯鞋，同样可以做鸳鸯耳环、鸳鸯手套、鸳鸯袜……我们知道，时尚就是不怕有人看，就怕不敢穿；时尚就是只怕想不到，不怕做不到；没有石破天惊效果的就算不上真时尚。要做到这一点，错位还真是个不错的创作手法。

二、各色饰品店，美丽由配饰扮起

如今这个年代，佩戴饰品不再仅仅是年轻女孩的嗜好，不论男士、女士，甚至小孩和老年人都难以抵挡饰品的诱惑。开一家独具个人特色的饰品店将是一项不错的创业选择。

时尚 MM 饰品店——我型我秀，魅力新宠

只要选择合适的店址，坚持正确的经营理念，具有独到的策略眼光，在看似拥挤不堪的时尚少女饰品市场也会有你的一席立足之地。

【小店淘金成功案例】

时尚饰品让女生释放青春活力，美丽情结让女生们慷慨解囊，为了让读者对这个行业的潜力有更多的了解，我们来讲述目前小饰品行业中最成功的"阿呀呀"饰品连锁专卖店的创业故事：

47 岁的吴胜利从岳阳起重电磁铁厂下岗后，妻子不久也内退在家了，只有女儿在一所学校任教。不服输的吴胜利决心开创自己的新事业，他的想法得到了妻子和女儿的支持。于是，一家三口先是在岳阳开了一家服装店，小本经营，收入仅能糊口。吴胜利对此心有不甘，第二年，他和女儿去了北京，在外国语学院旁边开了一家服装店，兼营女孩用的饰品。经过一段时间的经营，他发现头发夹类饰品虽然价格低，但市场空间大，利润也可观。于是，他们决定专做饰品，并给自己的店子取名"时尚女生女孩店"。

吴胜利的这第一家饰品店投资 3 万元，想不到一个月就收回了投资。尝到甜头的吴胜利连忙四处筹措资金，在北京接二连三地开起了分店，接着将分店开到了上海、长沙。饰品生意火爆，饰品市场出现了不少仿冒的品牌。为此，吴胜利将饰品店改名，并在工商部门注册了"阿呀呀"这一品牌。

小饰品市场是非常细分、富于变化的市场。"阿呀呀"的定位以 14~26 岁为主线，兼及 10~13 岁和 27~40 岁这两个区间，适应不同生活方式的女人。2003 年起，"阿呀呀"开始大力发展连锁加盟业务。2004 年，首开饰品界先河，斥巨资聘请台湾小天后蔡依林做形象代言人。蔡依林的加盟，虽然使得公司耗资巨大，但加强了加盟商的信心，同时也使品牌得以迅速提高，花得值。目前，"阿呀呀"加盟店已发展到近千家，内地除西藏外，其他省（直辖市、自治区）都有其加盟店。

【小店前景分析】

据我国权威机构对中国女性饰品市场的调查，我国女性饰品市场占有率不足 10%，而日本达到 98.2%，泰国为 68%，新加坡为 48%，马来西亚为 47%。随着国内经济的不断发展和国

民收入的高速增长，女性对饰品的需求与日俱增。仅 2005 年，女性饰品的全球消费量就超过 1400 亿人民币。据专家预计，到 2012 年，中国的女性饰品占有率将增至 55% 以上。目前，我国女性用品消费率正按 19% 的年增长率递增。女生成为小饰品消费人群的主体，她们需要大量满足精神需求的时尚且价格低廉的饰品。因此，小饰品市场潜力巨大，极具开发价值。

开一家饰品店，你的目标要主要锁定在追求时尚的年轻一族身上，因此这类商铺的选址应在年轻人聚集的地方。

1. 在选择店铺位置的时候，最好选择那些地段好且人流量较大的地方，比如有地铁途经或公交网络发达地区的临街铺或商场铺等。投资潮流饰品店除了考虑地段和交通因素以外，还要看周边是否有传统或大型的商圈做依托，是否拥有功能齐全的大型商业设施，为年轻人提供吃喝玩乐的一站式服务。在此要提醒第一次做饰品生意的人，千万不要贪便宜选择一些位置不那么好的铺位，宁可选择租金贵一些但位置比较旺、人流比较多的铺位。

2. 商铺自身的配套设施也非常重要，一定要有一流的照明设施、一流的通风系统和消防系统。如果商铺的照明不足，在一定程度上会减弱消费者的购买欲望。

3. 年轻一代最喜欢三五成群结伴逛街购物，特别是在校学生，多数会利用节假日外出寻找时尚潮流的事物。所以经营潮流饰品店与其他商铺不同，要有自己的特色，针对年轻人比较喜欢新奇、潮流东西的特点，装修最好要别出心裁一些，若将商铺打扮得光亮、奇特、另类，则更能吸引其目光。

DIY 饰品店——给生活加点创意

女性在消费上表现得更为感性，其消费欲望往往是建立在潮流、时尚和产品的新颖性上的。如果你想要在女性饰品行业有立足之地，又尚未具备雄厚的资金条件，那么开一家自助饰品店不失为一条捷径。

【小店淘金成功案例】

在上海的东华大学旁，有一家名为"inlife"的自助饰品店，仅用了短短一年的时间，便积累了数百名会员顾客，并成功开出了分店。

高小姐在第一家"inlife"店铺的投资为 10 万元，包括首批存货、首期房租以及店铺装修等等。在货品上，虽然首批原材料价格不高，但是产品细化很厉害，加上颜色丰富，因此投入不可小视。

高小姐的两家店铺面积分别为 10 平方米和 7 平方米，对于经营单件产品体积较小的首饰，或者大多以原材料形式出现的首饰而言，这样大小的面积已经可以展开经营。当然，如果条件允许，可以适当增加面积以增加顾客在店内制作饰品时的舒适度。在装修上，必须体现出一定的品位和格调，且氛围必须符合女性顾客的喜好，让顾客觉得物有所值。比如，柔和的灯光，明快的音乐，清爽的玻璃桌，藤制的椅子，时尚的杂志，这些小细节都可以大大刺激顾客的购买欲。

目前在高小姐的"inlife"自助饰品店的经营中，最大的一项支出便是房租，每月 4000 元。前期装修总共 6 万元，分为 24 个月摊销，每月分摊 2500 元。因为雇用一名员工，员工工资和福利支出每月约为 2000 元。再加上 1000 多元水电、税费等支出，每个月的经营成本至少要超过 10000 元。目前自助首饰毛利大约在 50% 左右，那么要达到盈亏平衡，只需要每月的营业额超过 20000 元即可。需要注意的是，这里并没有将店主的工资计算入内，如果折入店主的收入则需获得更高的营业收入。

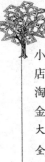

【小店前景分析】

DIY是指自己动手制作物品，不受性别、年龄的限制，每个人都可以自己动手。DIY兴起于近几年，随着人们的喜爱逐渐流行开来。使用DIY出来的物品自有一份自在与舒适。

经营DIY饰品店的门槛并不高，竞争远没有时尚服饰那么激烈，因而吸引了越来越多的投资者。不过，由于DIY饰品店的产品细化很厉害，加上颜色丰富，投资风险比较大，一不小心就可能造成库存积压，所以一定要谨慎为之。

DIY饰品店店址的选择视经营者自己的投资能力来决定。地段越好生意肯定会越好，但这样的投资风险较大。通常情况下，可主选有服装销售氛围的商业街、高校比较集中的区域等。饰品店面积一般20~30平方米，店内装修要有主题和特色，情调要时尚明快。

经营DIY饰品店还存在着另一个风险，因为首饰属于流行的东西，一旦产品过时，就会造成货品积压销不出去。因此，在投资初期建议不要一开始就投入大量资金进货，饰品市场瞬息万变，要随时注意顾客口味的变化而调整自家的经营策略。

把居家饰品店当精品店经营

开一家具有鲜明特色的家居饰品店，将其当做精品店用心经营，你会发现小小家饰也可以为你带来丰厚回报。

【小店淘金成功案例】

随着生活品质的提升，家庭主妇开始重视室内装潢，家饰业因而呈现一片繁荣景象。

做生意相当有一套的Anthony决定以具特色的产品吸引顾客。"梦想家"这家店所贩售的产品种类很多，包括厨房用的橱柜、灯饰、相框、镜子、烛台、花瓶等，甚至还有珠宝。其中家具产品占90%，珠宝产品占10%。

Anthony为什么会成功呢？现在总结她的开店过程中的一些优势策略：

1. 具特色的商品。Anthony挑选的产品都需符合"独特的、美丽的、实用的"等3项标准之一，当然若能同时具备2种甚至3种标准更棒。目前店里约有10%~20%的商品是由艺术家手工制作而成，为了让"梦想家"更具竞争力，Anthony希望这个比例能够持续增加，但她也强调，请艺术家设计制作产品并非要让她的家具店成为手工艺品店，只不过是希望艺术家能设计出高品质并可以真正为顾客所用的家饰。

2. 多渠道行销。除了在当地刊物及一些贸易杂志上登广告，使潜在顾客认识"梦想家"，Anthony有时也会在大城市的日报刊登广告。然而最有效果、也是Anthony最期待的，是与当地的一些新兴商家共同于每个月第一个星期四晚上所举办的"FirstThursday"庆祝活动。"FirstThursday"是这样进行的：参加"FirstThursday"活动的商家就会延长工作时间，聚集在一起庆祝该组织又增加了哪些成员，并展示艺术工作者的作品。透过"FirstThursday"，不但让当地顾客更进一步地认识商家，也拉近彼此感情；此外，也为当地艺术工作者增加了曝光机会，共同拉抬成员们的知名度。

3. 贴心的客户服务。"梦想家"的成功因素之一在于Anthony良好的客户服务态度。Anthony会给予顾客最适合的装潢设计建议，并允许顾客将产品带回家看看是否与现行的布置协调。更贴心的是，她曾经好几次亲自到顾客的家中视察，以给予最贴切的建议。

【小店前景分析】

有专家做过调查，全国家居饰品的年消费能力高达2000~3000亿元。一个10万人口的小县城，家居饰品的年消费能力也不会低于1000万元。调查表明，饰品行业的市场容量极大，而且未来发展空间不可估量。

据了解，很多注重生活品位的消费者，在家居的整体设计和饰品的选择中，非常需要档次高、环境好的精品店来选购合适的精品家饰。因此，对于家居饰品经营者来说，做好自身的品牌、在细节上令消费者满意是最重要的。只要把家饰店当做精品店来经营，必定会有非常广阔的市场前景。

男士饰品店——男人也要"臭美"

近年来，随着人们生活水平与审美水平的提升，诸多男士也日渐关注并提高自身品位了。爱美不再是女性的专利，饰品经营商亦开始瞄上了男士的钱包。

【小店淘金成功案例】

在温州素有"男人街"之称的府学巷有一家男性饰品专卖店，名叫"TRUEMAN"。该店是店主陈小姐从香港加盟的，主要经营钨金材质的项链、戒指和手链，单品售价一般在百元以上。

说起经营男性饰品的缘由，其实是陈小姐无意间在报上读到的一则新闻。该文提到：据美国珠宝商（JA）组织称，美国往年全年珠宝与手表的零售额为450亿美元，其中50亿美元即2000万多件珠宝首饰，均为男性顾客购买，其购买意图包括馈赠与自行佩戴，显示出男性饰品是一个巨大的待开发市场。读罢新闻，陈小姐脑中灵光一闪：从目前状况看，现在国内首饰市场主要还是以女性顾客为主。既然那么多商家都把目光齐聚女性饰品，自己何不到男性饰品市场去试一试？说不定还能获得意想中的收获呢。

于是，陈小姐从网上找到一个香港品牌。因为走的是精品路线，开这家店不算房租和3万元的加盟费，陈小姐还投入了十几万元。陈小姐从加盟商那里进来的男饰用品，除了戒指、领带夹、胸针、腰带、臂箍、钱夹等传统饰品外，还有一些新近流行，以重金属造型、品牌配饰、沙滩休闲风格等为主要潮流的男士首饰。不出意料，这些商品上架后销售情况非常好。开业的第一个月里，小店就已积累了一些20~40岁的男性固定顾客。除了男性顾客外，一些女性顾客也经常为选购礼物而来店里。

有了成功经验后，陈小姐信心很足，接下来她打算物色一个适合的商场，再开一个专柜，毕竟这个领域现在做的人不多。

【小店前景分析】

随着社会的发展，男人也会越来越关注自身。这里面除了注重完善自身的言谈举止等内在修养外，还应包括对个人外在形象的包装。一个有品位的男人，除了注意服装的款式、质地的选择以及自身的保养以外，必定会对手表、眼镜、皮带甚至打火机、皮夹等进行仔细选购。虽然这都是细节，但却是男人必需的随身品，对塑造男人的形象有着不可忽视的作用。

随着时尚潮流的发展，现代男性对于品位的要求也在提高。在不少男士眼中，倘要将自己打造为一个"成功男人"，佩戴合适的饰品也会起到一定作用。

市场上专门卖女性饰品的小店非常多，在大型商场首饰专柜里，琳琅满目的女性饰品占据

大半江山，却还没有一个专业的男士饰品品牌。大多数的男士配饰品是在服装店或普通的精品店里销售，这些店铺的男士饰品只是作为一种辅助的产品来销售，经营的男士饰品不仅品种少，款式也显单调，没有形成系列化、专业化、规模化，远远满足不了市场的需求。所以说男士饰品作为一个新兴的市场，蕴含着巨大的机遇。

开家特色伞店

开一家特色伞店，让不同的人群都能在你的店里找到自己钟意的伞，肯定会很受欢迎，也可为你赢取利润。

【小店淘金成功案例】

平日里，随便走到哪家商场、超市，都会有卖伞的柜台，下雨天提着一桶伞到处叫卖的也不少。但是专门卖伞的伞店却不多见。

随着人们生活水平的提高，伞不仅仅只有避雨一个功能了，人们越来越重视伞的美感与个性。开一家特色伞店，肯定会很受欢迎。

王小军大学毕业后一直未能谋到一份称心的职业，在一次偶然的"遭遇"中突发奇想，开了一家特色伞店，从此走上了一条致富路。

风和日丽的时候，爱美的姑娘们要买把遮阳伞，当然这遮阳伞不能用普通雨伞代替，需要精巧漂亮，还兼有防紫外线功能。伞的功能还在进一步扩展，比如儿童伞开发玩具功能，情侣伞撑出一片柔情蜜意，催泪伞对抗暴徒，以及下雨时将伞从拐杖中抽出挡雨的拐杖伞，附在双肩背包上或车把上的骑车伞等。伞的种类越来越繁多，让人眼花缭乱。按照行情来看，一把轻巧的防紫外线遮阳伞便宜一些的也在100元以上，贵一点的要300元以上。不过这些伞的确精致可人，再昂贵的价格也抵不过它对爱美姑娘们的诱惑。

王小军的伞店面向各种群体的消费者，比如雨伞、遮阳伞、儿童伞、情侣伞、骑车伞等，但将伞的功能在传统的基础上有了进一步扩展。如儿童伞开发了玩具功能，在伞柄上装一个可爱的玩具娃娃，或者装上声响功能。同时还开发了催泪伞来对抗暴徒，专门为盲人设计了拐杖伞，能够在下雨的时候将伞从拐杖中抽出来挡雨。将这些功能和不同的需求群体结合起来而设计的伞很受欢迎。

根据功能的不同，王小军在伞的造型方面也颇有要求，除了最普通的圆形外，还有菱形、方形甚至三角形或是适合儿童好奇心理的各种其他不同的形状。材料上既有年轻人喜爱的印花布、素面帆布、透明的PVC材料，还用上了让儿童们喜爱的绒质布等，另外，现在越来越多的都市人开始怀旧，于是各式的仿古油纸伞也很受欢迎。

【小店前景分析】

开一家伞店，若经营得当，获得稳定收益是没问题的。

以最普通的雨伞为例，制伞用布的成本价格为5元，伞柄为3元，但一般都要卖到15~20元，这样算利润便为50%左右。同时还可以将回收的废弃伞再利用。如果是顾客自己定做或参与的话，还可以适当地收取一点服务或指导费。

开伞店需要选址在人流量比较大或是交通方便的繁华路段，或者在大商场或超市附近的居民住宅区附近。店内的装饰要突出特色伞店的氛围，装修时要考虑时尚和古朴两大元素，可以分部分来装修。同时还可以考虑一些背景图案，如情侣伞的温馨氛围，遮阳伞的时尚氛围等。天花板和墙上可以装饰一些装饰物。同时还可以在墙上或柜台上摆设一些成品。条件允许的情况下，伞艺作坊也要布置得有特色，不能凌乱不堪。还可以放置几本时尚杂志和一些儿童喜欢的布娃娃或女孩子喜欢的饰物。

目前，伞店还不是开店的主流，因此开业初期的宣传也是很重要的。你可以在店面附近人流量大的路段或者商场、超市外投递宣传单，宣传单上要介绍经营业务、店址、联系方式、主要特色等。还可以和当地的一些服装布料批发市场联系，发放一些客户消费卡，让他们先行感受。开业前一段时间可以优惠促销。

开一家伞店最重要的是用自己的特色来吸引顾客，当然不能只是卖伞，所以可以同时在店内留出一定的店面来做伞艺作坊或者伞吧。在伞艺作坊里可以满足顾客的好奇心理，包括让顾客参观伞的制作过程，或让顾客亲手尝试如何做伞，同时还可以根据顾客的不同要求，为他们专门制作他们喜欢的伞。伞艺作坊里也可以开设修理服务，如果伞坏了，可以到你的作坊里修补。对于顾客家里的废弃伞，则可以回收将其改头换面变成时尚伞。伞吧里可以专门收藏一些有意义和欣赏价值的伞等。

个性手绘店，因特别而赚钱

如果有这么一家小店，能够帮你手绘出拥有个性特征、全世界独一无二的商品，你是否会前去购买一件呢？个性手绘店就是这种店铺。

【小店淘金成功案例】

"阿妹妹"手绘店的店主小胖专门从事手绘已经有几个年头了。还在上大学时，她无意中在杂志上看到 DIY 球鞋的做法，便想自己也手绘一双更炫更靓的球鞋。于是，她跑到合肥城隍庙买了一双白胶鞋，用颜料在上面画了一幅几米漫画。穿出去后，立刻成了焦点，很多人跑过来问是哪里买来的。当时，在好友的恳求下，小胖成了非常繁忙的免费加工者。

后来，小胖敏锐地发现，越来越多的青少年喜欢与众不同，追求个性。她想，如果有这么一家小店，能够帮你制作出拥有个人独特特征、全世界独一无二的商品，一定会受人欢迎。在合肥这个高校林立、中小学校遍地开花的科教城市，其中又蕴藏着多么巨大的商机。于是，大学毕业后，小胖并没有像她的同学一样去谋一份稳定的工作，而是在网上开了一家手绘店，出售自己绘制的衣服、鞋子、饰品，走上了创业之路。

没想到这店一开就火了。刚开始的时候多是经由熟人朋友的介绍，现在除了合肥本地的市场，小胖的网络客户来自北京、上海等全国各地。在夏天旺季的时候，一个月曾经接过 200 多份订单，多的时候一天接到 20 多份订单。

与小胖的全职手绘不同，对还在合工大读研究生的陆萌来说，利用课余时间经营的手绘店更像是"玩票"性质。一双白底帆布鞋的价格是 20 来元，加上颜料，成本不到 25 元，T 恤的话更便宜，而绘制好的鞋可以卖 45~90 元，T 恤一般卖 60~120 元不等，手绘一双鞋子或 T 恤所花的时间要看图案的复杂程度，一般半天就可以完成。

在陆萌的小店"草堂设计"，色彩斑斓的各类手绘商品将她的网络空间装饰成一个充满童话色彩、纯真无邪的国度：图案稚趣的史努比手绘杯子、讨人喜爱的小樱手绘 T 恤、"向左走，向右走"的几米漫画手绘鞋，还有一串串色彩斑斓、笑嘻嘻的 Q 版卡通人物的网店模版。这些人物和造型基本上都是青少年熟悉又非常喜爱的。

【小店前景分析】

随着市场环境的成熟和竞争的加剧，人们的消费观也在不断升级，虽然吃饭、穿衣、通讯的基本诉求从没改变，但彰显个性已是更新更高的消费主流和要求。手绘商机也正是附着在提供"个性选择"上，即使落笔于同样的材质，由于创作者当时心境和灵感的不同，也会在笔下呈现出迥异的风情。因此，手绘业的发展前景不可估量。手绘业在中国的发展，早期一直都是以出口外国为主，图案一般是传统的花鸟虫鱼，当时的手绘业还处于一种出口商品状态，国人对手绘了解并不多，在很多人看来，手绘是个新鲜事物。现在，越来越多的人投入到手绘这一行业中，才形成了今天手绘行业的蓬勃发展。

由于手绘店做的多是学生生意，所以学生的作息时间和小店的经营密切相关。每年的开学期间、备考期间和春节后的一段时间就是手绘店的淡季。另外，手绘作品因为制作过程简单，创意也很容易被抄袭，所以可能会面对同行的恶性竞争，导致利润下降。因此，你在做手绘店铺以外，还可以开拓一些网上业务，这样不但可以省去铺租，还可以尽可能地扩大消费群。

十字绣品店——越绣越美

"十字绣"起源于欧洲，最初是在宫廷中风行，后来才传入民间。经过几百年的发展，十字绣已演变为一项时髦的产业了。

【小店淘金成功案例】

几年前，潘梦宁的母亲特别喜欢刺绣和做一些精细的手工活，自从她学会了十字绣以后，更加一发不可收拾，当时家里到处都挂着她的作品。那时街坊邻居流行编织一些小工艺品，于是潘梦宁的母亲也去学了。为了巩固技巧，她就天天在家练习绣一些东西。当时也没有想过可以拿出去卖，只是自己爱好。作品渐渐多了，小潘就将这些十字绣挂在墙上，到最后，家里的墙上都挂不下了。看着那些精美的十字绣，小潘觉得放在家里"积灰"很浪费，便和母亲商量拿些出去卖。

过了两天，小潘拿着母亲的作品去朋友位于夫子庙的店铺卖，不过销路不太好，一个月也卖不掉一件。那时为了打开销路，小潘经常在网上转悠，想寻找一些商机。小潘做海员7年，对计算机、网络基本上没有概念，只能自己摸索。随着知识和经验的不断积累，他逐渐从一个"菜鸟"变成了"大虾"。他看见有不少人在网上开店，而且生意红火，就决定试试。于是他也开了一家网络商店，专卖母亲的作品。

潘梦宁的第一笔订单邮寄地点在宁夏，可能是接到订单太兴奋了，在要求对方汇款时，没有将投递邮费算进去。当时那件货品只有10元的利润，但邮费就要20元，不过为了诚信，他只能给客户寄。虽然亏了钱，但那笔生意却让他看到了网络销售的希望。如今，除了卖母亲的十字绣外，小潘的网上店铺还经营其他传统工艺品。到目前，光卖十字绣每月收入就在3000元左右。现在连小潘的女友也加入了制作的行列。

在不断积累网络销售经验之后，小潘渐渐总结出了完整的网络销售的规律。"现在我已经拓展了其他的网络业务，并注册了自己的公司。现在公司的生意还不错，已经接了几个上市公司的活儿。"但专门卖母亲十字绣的店铺依旧是公司的"主打"，毕竟，如果没有母亲的十字绣，小潘也不可能发展到现在。

【小店前景分析】

在休闲文化流行的今天，原来默默无闻的十字绣突然在全国很多大城市红火起来，销售店铺如雨后春笋般冒出，吸引了广大投资人士的关注。这是个典型的投资小、风险小、收益大的投资领域。据业内人士称，行业平均利润可达100%~200%。

十字绣虽然在市场上已经出现多年，但市场上的十字绣大多图案雷同、缺乏个性，加上款式有限、更新慢、铺租费用高，实体店的经营容易遭遇瓶颈。而网店的经营就比较灵活，不但展示的品种数量不受限制，还可以做一些特色的经营。

除了传统的经营方式，近年来，十字绣还流行起"来图定制"。顾客只要提供自己的照片给商家，比如结婚照、宝宝的生活照等，便可从商家处得到一张十字绣的图纸和效果图，自备针线，依样画葫芦，就可以绣出一幅个性化的十字绣图案，避免了十字绣图案的千篇一律。

手工绣品店——专做"孤品"的地方

手工刺绣可以绣在枕套上、手绢上、桌布上、布包上等，肯定会有很多女孩子青睐。

【小店淘金成功案例】

赵大姐的手工绣品店大巧若拙，正迎合了当下的潮流。走进她的店里，就好像走进了一个艺术天地，花草树木、鸟兽虫鱼在穿针引线中栩栩如生，一根根五彩丝线幻化出一个多彩的世界。不仅花色品种让人眼花缭乱，各种绣品也让人应接不暇，衣服、手帕、背包、钱包、手机套、手机链子……应有尽有。

四十多岁的赵大姐自小就心灵手巧，尤其是学了一手绝妙的刺绣手艺，因为她是真的喜爱这种手工活。即便是在刺绣无人问津的时候，赵大姐也没忘了这门手艺，在她的家里，随处可见她精心制作的绣品。女儿的衣服往往在她恰到好处地绣上一点什么东西后就变得高雅起来，让女儿的同学们羡慕，街坊朋友们也赞不绝口。

2001年，赵大姐下岗了。平时勤快惯了的她一下子无事可做，虽说家里没有什么经济负担，但人总是提不起精神。贴心的女儿给她出了个主意，不如开家手工绣品店，正好发挥其刺绣特长，再说如今时兴这种手工制品，可以提供特别的服装刺绣服务，保管受人欢迎。女儿的提议得到了家里人的一致赞同，赵大姐更是跃跃欲试。

赵大姐给自己三个月的准备时间，她和两个也擅长刺绣的姐妹则日夜赶制第一批绣品。到了手工绣品店开张的时候，品种已经不少，分为服装类、家居类、时尚饰品类等好几类。其中诸如手机链这种小玩意儿自然是女儿出的主意，女儿说手工绣品店就是要用"传统的包装秀出时尚的追求"。

小店在步行街开业了，门面虽然不大，却在清一色的潮流时尚中吹进了一股古典风。不仅学生、年轻人喜欢到店里逛，中年妈妈们也喜欢来瞧一瞧，吸引他们的都是那种"传统＋时尚"的味道。学生们挑的是时尚饰品，妈妈们则看重家居饰品，各有所好，都能满足需要。现售的商品卖得很好，订制的服务也越来越受人欢迎。订制价格虽然略有上涨，但正如顾客说的，买的就是一种感觉。

赵大姐的女儿现在还在读大学，跟所有年轻人一样，她活泼，喜欢时尚的东西。但他们也能感觉到，这个女孩显然不盲目追随时尚，骨子里有传统的东西。后来，女儿又给赵大姐出了一个点子，要搞一个刺绣俱乐部，让喜欢刺绣的女孩子来学，自己的绣品可以留给自己，也可以直接在店里出售。她已经想好了这个系列产品的名称，就叫"女孩一族"。

【小店前景分析】

这几年流行复古潮、返璞归真情，大街上的帅哥靓女们都忙不迭地把麻的、丝的、缎的中式衣服往身上套，不过在这个追求个性的年代里，要想款式面料与众不同可不是一件容易的事。可是假如在服装上绣点有特色的图案，那他们所穿的服装不就变成独一无二的孤品了吗？开一个手工绣品店，正好迎合了顾客在这方面的需要。

假如开一家手工绣品店，一方面出售自己制作的绣品，另一方面还可以顺带开一个刺绣俱乐部，找一些简单的花样，供女孩子们学习，收取适当的会费。

手工绣品店的投资预算并不大。一间 20 平方米的屋子，装修得具有中国文化气氛即可。擅长刺绣的员工在一些效益不好的丝绸厂能找到合适的人选，条件是应该具有创新精神，并具有较好的文学修养，以便能针对不同的顾客设计不同的绣品，充分展现绣品店的品位和价值。

怀旧纺绣吧，引领复古潮

怀旧的年龄正在提前，这缘于日益加快的现代生活节奏，越来越多的人希望过一种返璞归真的生活，怀旧纺绣吧因此在城市中出现，给人们带来一种清新复古的轻松生活乐趣。

【小店淘金成功案例】

李明朝下岗后苦于找不到一份适合自己的工作。在一次与朋友的聚会中他了解到，时下人们最喜欢有怀旧感的物件。由此，他突发奇想要开一家怀旧纺绣吧，让人们（尤其是女性消费群体）在温馨、恬静的气氛中抒发怀旧心绪。

李明朝认为怀旧纺绣吧面向的顾客以知识型中青年女性为主，所以在选址、店面装修、工具、原材料（丝线和成品布）的选购等方面都力争能对她们产生强烈的吸引力。他觉得现在能将民族文化和现代感结合起来设计应该比较受欢迎，而彝族和苗族都有悠久的纺绣历史，于是聘请两名当地妇女，穿着民族服装，做店里顾客的指导老师，或现场操作、表演，供顾客欣赏。

在李明朝的怀旧纺绣吧中，所用的织布机主要有三种：一种是古老的织布机；一种是小型的织布玩具，它的横截面就像 32 开的纸那么大，用它织布大概半小时就能织出一块面积为十平方厘米的花布；还有一种织布机的大小介乎以上两者之间。顾客可以根据自身时间安排选择不同类型的工具。

刺绣的材料简单，花样相对重要一些。花样可以在农村收集，再做成纸样。可以先收录一份，再根据实际需要进行描绘，价格不会很昂贵。这一项目的目标顾客以年轻女性为主，学生和白领阶层都喜欢尝试新鲜事物，追求个性，她们比较愿意在这些方面消费。除了一些绣品外，还可以绣一些小巧的手机套、钱包、抱枕等，以作为礼物送给亲人朋友等。

【小店前景分析】

怀旧纺绣吧有如下几个鲜明特征：

1. 彰显民族特色

因为绣吧的目标顾客以女白领为主，所以要在小店文化上对她们产生强烈的吸引力，现在能将民族文化和现代感结合起来的设计是非常受欢迎的。

2. 重拾历史记忆

随着时代的发展，中国传统的纺线织布技艺仿佛已经被人们遗忘，看着形形色色的服装，五颜六色的衣物，人们却越来越淡忘了它们的源头。在纺绣吧里，人们可以重拾历史的记忆，回到那自给自足的时代，体验世外桃源的清美，感受小女"当户织"的愉悦，遗忘大都市的纷扰繁杂，享受这一时半刻的 DIY 手工。

3. 重视手工刺绣

市场上也有许多专门做刺绣工艺的店面，但是纺绣吧与此不同，它强调的是 DIY，强调顾客的参与制作。现在市面上风行的是十字绣，这种绣法相对简略，但也有必然的缺点，难以和传统绣工相媲美。在绣吧里面，顾客自纺自织后可以在自己的劳动成果上进行刺绣，当然，小店里会配备专业人员进行领导和操作。

　　店内装饰不必太豪华，但要突出"纺绣"的氛围，装修透露出浓郁的乡土气息。可以考虑安排熏香、背景音乐等，让顾客感受到一种浓浓的温馨气氛。天花板和墙上可以装饰仿真的玉米、葡萄藤，还有绣屏、剪纸等装饰物。可以在墙上挂一些成品，展示柜上摆几个竹篮，里面放满各色丝线。条件允许的情况下，可以设立制作区，一张桌子两把椅子足矣。还可以在桌子上摆放几本时尚杂志，在椅子上摆放布娃娃等女孩子喜欢的饰物。店内放置一台用作装饰的大木架织布机（越古旧越好），里层可摆放一些采购自全国各地的手工布料，如苗族蜡染、民间纺织的土布、丝绸等，供顾客参观欣赏或购买。原材料和工具的投资在3~5万元之间。

　　手工刺绣所用原料简略，因此，花样的选择很重要。花样可以在社会上广泛征集，把它们做成纸样，然后根据实际需要进行刻画，因此，手工刺绣是经营的一个亮点。另外，还可以外卖原料，消费者可以带回家自己绣。

　　经营者还可为顾客提供纺线和织布工具，让顾客选择中意的彩线，在店面人员帮助下穿好纵线，再用梭子穿横线，织出来的布可以做成小饰物。

　　店铺刚开业时，可以在店面附近人流量大的商业步行街、大商场外和高校附近对初步选定的目标顾客投递宣传单，宣传单上简单介绍店址、联系方式、主营业务（包括照片）等等。还可以请人虚拟一段缠绵悱恻的小故事作为开店的缘由，吸引人们阅读。也可以和当地服装布料批发市场联系，给予一些客户免费卡，让他们先行感受。如果有能力，可以考虑在当地电视台做个小广告。

10万元开生态饰品店，有生气也有财气

　　现在，越来越多的都市人愿意在闲暇时刻选择一种自然轻松的生活方式，家居、办公的装饰风尚也随之一转，天然不露雕凿痕迹的装饰小用品受到了普遍的欢迎。

【小店淘金成功案例】

　　家住深圳市罗湖区的毛小姐，在地铁商铺开了家商行，专营各种生态饰品，让花草虫鱼这些简单的摆设给生活增添一些灵动色彩。开店经营三个月来，她的这些充满灵气的商品也很得人缘，吸引了不少顾客。

　　毛小姐的生态饰品店面积十几平方米左右，店铺门口对面墙壁上陈列着两幅大型的生态壁画，右侧的墙面挂着大大小小的各种壁画供顾客挑选。这些贝艺画都是用珊瑚、贝壳、水草等东西精致拼装而成，颇有一些原汁原味的脱俗感。店铺的左侧则陈列着各式各样的盆栽植物，小巧翠绿，颇为养眼。

　　毛小姐原本在某银行从事信贷工作，为了给工作环境增添一些生气，她对花草小鱼等装饰品一直都很感兴趣，于是在2008年5月尝试经营了一家生态饰品店。

　　从店铺正式营业，毛小姐最初投入了近10万元开店。装修花去了2万多，此外，租金要花费8000余元，还有四五万元流动资金用于进货。她认为经营店铺心态要好，不能一心只惦记着如何赚钱。生态饰品毕竟不是生活必需品，买一个能放很久，不可能天天顾客盈门，要把它当成乐趣所在，要根据市场和顾客的喜好调整经营思路，不断去找些更好的产品去销售。在她的细心地经营下，开店第一个月销售额就将近2万元。

　　起初毛小姐的小店只是经营生态壁画和少量陶瓷灯饰。生态壁画价位相对比较高，如店铺中的两幅生态壁画标价近2000元，目前的销量相对不太大。后来，她主动增添了些盆栽植物，小店的人气更旺了。现在店里有适合家庭的中型盆栽，也有适宜放在办公桌上的七彩小盆；植

物的种类也是各种各样，罗汉松、夜光芦荟、狼尾蕨等形态漂亮的盆栽特别受欢迎。毛小姐还打算印制小卡片来介绍如何照料盆栽小植物，并打算尽快开第二家分店。

【小店前景分析】

随着时代的发展，绿色、环保、健康逐渐成为了时代的潮流。生态产业的发展速度惊人，生态饰品作为新经济增长点，在发达国家已逐步走向成熟，年贸易总量近 1300 亿美金，已形成一个庞大、规范的市场化体系。纵观中国，生态饰品市场仍然一片空白。

原生态饰品一来让常年生活在钢筋水泥丛林中的都市白领感受到了自然的气息，二来也符合现代人对环保的要求。为了迎合消费者的个性需要，许多家装设计师都在努力寻找这样的家居饰品，因此必然热销。

民族风情饰品店有商机

每一个有情调的城市，都会有其独特的文化氛围，民族风情浓厚的小店，已成为了都市不可或缺的一景，在那种氛围里徜徉，足以让人忘记喧嚣红尘的纷扰，感受古朴神秘所带来的宁静与温暖。

质地粗犷的银饰，风格古朴典雅的链珠，色彩绚丽的提袋、背包……一切充满了浪漫的色彩，个性十足，在这样的小店里的感觉只有一个，除了神秘，还是神秘。

【小店淘金成功案例】

在广州最热闹的商业中心天河城附近有五家云南工艺品小店，名字大体相同，比如彩云南、彩云间、彩云天，里面整齐地摆放着充满民族风情的饰品，它们颜色丰富，设计独特，不仅可以单独欣赏，整体搭配起来更有独特的艺术效果。这五家小店的老板都是林先生。下面让我们来看看他的生意经。

林先生高高的个子，带着一顶云南风味的帽子，和小店的风格非常搭。他的第一家店是2005 年 2 月 1 日开的，在天河南路，除了店租，只花了 3800 元就把小店弄好了，所有的店面装饰都是自己动手做的，连收银台也是按照云南特色弄的。几乎没有人相信，3800 元能在天河城附近开店，但他做到了。开店第一个月，林先生就盈利了，这也是别人不敢相信的事实。

一个充满云南特色的工艺品小店瞬间走红，这让年轻的林先生兴奋不已。2005 年 4 月 1 日，林先生的第二家小店开张。仅隔两个月，就冒出两家云南工艺品小店，这让周边经营民族工艺品的商家大为紧张。从一个 3800 元的小店，发展到后来的 5 家分店，每家店面的盈利能力都在 2 万元以上，林先生的成功，不仅因为他稳稳地抓住了现代城里人对民族工艺品的热切向往，更是有一位导师在背后默默地支持着。

早在 3 年前，林先生刚刚大学毕业，没有找到合适的工作。这个时候，林先生的小学老师惠兰（化名）介绍了一个项目让他去开一家小店。惠兰在大学里读的是中文专业，对中国传统文化非常感兴趣，尤其是充满民族特色的工艺品。他一直想把全国各少数民族的特色工艺品引入广州这个现代化城市里来，但由于教学忙的原因，没有付诸实施。

当林先生处于职业迷茫期的时候，惠兰很快意识到这是个机会，于是对林先生说："我们合开一家民族工艺品店，我出资金，你来管理店面。"师徒俩一拍即合，于是林先生开始按照老师的指引寻找最具特色的工艺品。林先生的一个云南朋友推荐他做云南风格的传统工艺品，因为云南是我国少数民族最多的地区，不仅具有丰富的货源，而且一些少数民族极具特色的传统工艺品也没有被挖掘出来，在广州这样的大都市一定会受到消费者的青睐。

提起云南，很多人可能会马上想到少数民族。布朗族村寨、白族蝴蝶泉、傣族竹楼、独龙族的居室、蘑菇房、木楞房……还有那绚丽的重彩工艺品，如蜡染、银制饰物、木雕、斑铜、玉石等，这些都是云南的特色。

对云南各少数民族的传统工艺详细了解后，惠兰非常看好云南工艺品的市场前景，于是马上决定开一家名叫"彩云南"的小店。小店的选址也是经过惠兰精心挑选的，在广州市最旺的商业中心天河城附近，租金贵没有关系，关键是要一炮打响。

不过问题还是出现了：由于天河城附近的店面租金十分昂贵，目前宏城广场的"彩云南"面积大约98平方米，月租高达2万多元，而且还要2万元的押金；除了店租，林先生只剩下3800元做店面装修和进货。当时一切都要自己动手装修，要的就是那种原始自然的状态，给消费者一种古朴的民族味道。他们大量采用木头做装修材料，木头都是自己去买的，有的甚至是从乡下收过来的，非常便宜。收银台是一个美术老师设计的，有点像云南农村的柜子，独具特色。好在林先生进的货大多是云南那边的朋友提供的，因此这方面几乎没有花什么钱。没有想到，一个90多平方米的小店，居然用3800元就搞定了。到现在，林先生还在为自己创造的奇迹而感到自豪。

"彩云南"把云南的五彩斑斓发挥到极致，离得很远就已经被它的木制品和密密麻麻的挂饰吸引。走进去一看，里面实在是太丰富了，每一处都放着精致的饰品。墙上挂着竹制的席子，席子上挂着很多铜制的耳环。藏银手镯上的神秘花纹，或简单，或复杂，都令人爱不释手。云南的蜡染最出名，一般以普蓝为背景色，上面的画神秘而美丽。店里还有很多夸张、奇异的民族装饰，无论是花瓶、牛头骨还是木雕，都让人眼前一亮。

"彩云南"开张第一个月就盈利了，这不仅得益于天河城商业圈旺盛的人气，更得益于云南各少数民族的特色工艺品的魅力。

为了更好地推广中国民族文化，惠兰成立了一个专门的民族文化推广机构——慧兰芳引，让更多具有民族特色的工艺品展现在消费者面前。目前的"彩云南"有贵州傩文化系列、云南东巴文化系列、西藏文化系列及蜡染扎染、陕西泥塑等。

对于"彩云南"工艺品的特色，林先生非常自豪："可以说，在广州，我们店里的民族装饰品是最齐的，款式也是最新的。别人能拿到的货，我们基本上能拿到；我们能拿到的一些特色货，别人基本上拿不到，因为我们有专门的搜货人员遍布在云南和西藏等边远地方。"

2005年2月1日开第一家店，然后第二家、第三家，到目前林先生已经在天河城附近拥有5家小店，每家小店每个月都有2万多元的盈利能力。就拿宏城广场的"彩云南"来说，98平方米的店面，月租2万；员工7人，每月工资总计1.5万多元，电费2000元，税费2000元，每月进货成本3万多元，而这家店每月有10万多元的营业额。如此算来，"彩云南"每月有3万元的盈利。

"彩云南"的发展当然离不开一支年轻活跃的销售队伍，他们大部分是刚毕业的学生，而且还有很多兼职的学生店员。用惠兰的话来说，就是让这些充满活力的年轻人在市场中去了解民族特色文化，这也是推广民族文化的一种方式。实际上，年轻人跳跃的追求新潮的思想，与民族工艺品的有机结合，正好为传统工艺带来生机，至少是一种活力，这或许也是吸引顾客的一个原因。

曾经有一个外国客户来到"彩云南"小店，被色彩斑斓的工艺品深深吸引，当天就买了很多东西。第二天他又来小店买东西。由于语言不通，林先生用蹩脚的英语和这位客人聊天，而这位客人也用刚刚学会不多的中文和林先生调侃。就这样，两人开心交谈了很久。最后，这位外国客人非要请林先生和其他店员去吃饭。为了回报这位热情的客人，晚上，林先生请他去吃广州特色生蚝。一来一往，这位外国客人成了"彩云南"的铁杆顾客了，不断带自己的亲朋好友来光顾这家小店。

面对民族工艺品的热销，惠兰和林先生开始考虑做一个属于自己的品牌，而不是简单地集合各地的工艺品来卖，这是一条漫长的路，但他们深信自己能把这条路走好。

【小店前景分析】

在个性化被日益推崇的今天，在都市人的眼中，那一挂挂或古朴典雅或艳丽无比的骨质或仿真玛瑙项链、手链并不比黄金等饰品逊色。相反，充满神秘与浪漫气息的藏饰品更能体现自己与众不同的个性。当女孩翩然漫步街头，耳垂、脖颈亦或是手腕上，飘逸着精致灵动的个性饰品，肩上挎着棉布或亚麻质地的富有民族特色的背包，会有种从远古香格里拉飘来的古朴气息，清新而悠长。

卖民俗风情配饰，时令性不会很强，民俗元素的重新设计则可以吸引一部分对此情有独钟的年轻人，所以开这样一间店，如场地稍大，可辟出一半来建立"DIY梦工厂"，以提高饰品的附加值。

可从格尔森、拉萨、成都或青海省会西宁采购银铜饰品、半宝石首饰、珊瑚饰品、挂在脖子上的转经轮、尼泊尔彩织包等，又可托胶东及南通的朋友购买当地的大红牡丹土布、蓝印花布、蜡染花布，或托云南的朋友采购各式苗绣背包、苗绣黑长裤、苗绣花边等。

民俗风情配饰店的店址最好选择在大学区，尤其是艺术类及师范类院校附近，因为这里的教师和学生往往有厚重的人文情结，是民俗饰品天生的拥趸。另外在美术馆或博物馆旁，有心的参观者往往打扮新奇，不同一般，热爱民间艺术，这里也可考虑。在民俗旅游区，如上海的城隍庙、南京夫子庙、天津古文化街、北京厂甸、杭州的湖滨，可以做旅游者的生意。个性店铺一条街也是选择之一，每到周末，摩肩接踵的都是23岁以下年轻人，正可"谋杀"他们袋中的银两，保证他们刚购的新衣有新包配，乐开怀。

需要注意的是，民俗风情配饰店属于市场慢热型的，刚开业并不能保证十足的火爆，但是经过一段时间后，熟客就会越来越多，生意也会越做越好。从青海或藏南采购回来的铜镯、半银镯、镀银嵌宝首饰等，单价为12~40元，回内地销售，不做任何改动就可以翻一倍价；如果你在这方面上有进心，多读读首饰、包装设计方面的书，将采购来的原料重组，获利能高达200%，这就是卖设计了。

为了让先买者不致坠入观望犹豫的怪圈，店内饰品要永不降价。节假日的促销策略可采用买一赠一、赠送店主手制的绳饰和手机套，以及本店的绝版"纪念银勺"。也可以与当地的时尚媒体联动，无偿提供配饰让他们做模特拍摄（免费广告）；还可以与女子俱乐部联动免费教授首饰设计法，教会大家DIY，培养大批对民俗配饰感兴趣的潜在消费者。记住，去讲课时，要带足名片去应付学员的索取，名片设计也要有民俗风味，因为名片就是你店面的"第二张脸"。同时，你要对市场的慢热有充分的心理准备，要耐得住寂寞。

定做腰带受欢迎

年轻的杨小姐在饰品店铺林立的南京新街口商业圈做起了专门经营腰带的生意，由于差异化、个性化的经营理念，吸引了很多学生。

【小店淘金成功案例】

高中毕业进入社会后，杨小姐和朋友就看到了饰品行业的广阔前景，于是决定租铺做饰品生意。她考虑到自己的经济实力，只可能做小本投入，主要做消费能力有限的学生的生意，所以决定还是在新街口开店。

于是杨小姐在新街口附近租到了一间5平方米的铺子。刚开张的那会儿生意还有些亮点，可是好景不长，杨小姐的饰品店除了经营头饰、挂饰以外还有腰带等衣物配饰，5平方米的小店挤得满满的，货品根本展示不开。开张不到两个月的时间，临近的地方又相继开了三四家类似的饰品店，竞争激烈了，杨小姐的生意下滑得很厉害。经过几天的观察，她发现自己店里各种类型的腰带卖得最好，于是她觉得与其这样面面俱到地经营，还不如"抓大放小"，专做腰带一项生意。

有了这个想法，杨小姐就投入到艰苦的市场调查中。她接连在街上逛了20多天，专门观察街上人们的腰带，每看到一条腰带，就在笔记本上画好一个大概的图像，对于那些反复出现的，则用画"正"字的方法记录，最后整理出了50类出现频率最高的特色腰带图样。整理完毕后，杨小姐去了附近的批发市场，寻找类似的产品。她从40家进货商中挑出了15位进货种类最多的，一一跟他们讨价还价，终于确定了其中5位，争取到了折扣在45%到55%之间的提货价格。

当杨小姐的腰带专门店开张时，确实火了一把，但之后又沉寂了下来。开店3个月后的一天，一位常来光顾的学生妹向杨小姐抱怨：小店里都是些跟风货，没有什么特色，想找些和别人不一样的腰带好难。这启发了杨小姐。于是，杨小姐和朋友一起研究时尚杂志，参照杂志自己设计了几款样式，向厂家定做这些特别款式的腰带，然后拿到店里试卖，居然特别抢手，很多顾客指定要这些特别定做的腰带。顾客的喜好是在不断变化的，杨小姐保持定做货品三个月就更新款式，不断给顾客新鲜感。有些熟客还会向杨小姐提供创意。到后来，杨小姐店里厂家定做的腰带竟然占到了1/3。

【小店前景分析】

在效率化和精细化的时代里，像案例中的杨小姐那样做一家专门店更容易吸引年轻人的注意力，省去了他们选择的麻烦。

只做一门生意固然精专，但也有其风险性。比如杨小姐经营的腰带生意就有淡旺季之分，冬天的生意往往不及其他季节。如果你开一家腰带专门店，为了保持小店整个经营状态良好，在保持腰带为主打产品的情况下，进入淡季时，就要适当地搭配经营围巾等一些配饰，这样每月的利润就能有保证。

开家颈饰店也赚钱

项链是女孩子最钟爱的饰物之一，如果想经营美丽事业赚女人钱，千万别忘了在展示女性风情万种的"颈上风景"上做文章。

【小店淘金成功案例】

大学毕业两年的李华开了一家颈饰店，霎时间引来了许多爱美的女士，也让他赚足了女人钱。

李华的店铺位于北京新街口商业区，店中专营项链、项圈等颈部饰品。由于新街口是北京潮流人士的聚集地，虽然只经营颈饰一种产品，李华的店铺仍能获得很大收益。

李华的成功，很大程度源于他对颈饰行业的深刻了解与在经营中的细心观察。不同体型与气质类型的顾客，适合的颈饰并不一样，而李华在经营的过程中总结出了很多规律，在接待顾客时他会把这些东西悉数告诉顾客，因此受到了顾客的好评。

比如说，李华发现颈饰最配的服装是V字领的，其次是比较大的圆领，然后是合身的高领。比较尴尬的是领子和颈饰的边缘模糊不清，或者有相交的，那样是比较难搭配的情况。而且，实际情况还不止这么简单，得因人因场合因季节而异。

再比如，李华发现对于脖子比较短的顾客来说，用颈圈的机会相对较少，但如果脸型不是

特别圆或者特别短，还是可以找到合适的样式。于是，当这种类型的顾客入店，李华就会给他们推荐那些细细的并且可以挂羽毛的项圈，这样即使顾客脖子较短，带上去也会很漂亮。羽毛垂下来破坏了原来的形状，也就对脸型没有很大的影响了。

正因为李华真心为顾客着想，他的颈饰店生意才红火得不得了。

【小店前景分析】

颈饰店最好开在娱乐场所、大学或是风景旅游区附近，这样能保证充足而稳定的客源。

独具特色的"一双一对"情侣礼品店

爱情是人类亘古不变的美好话题，专门针对情侣的各种情侣礼品店就是一个好的创意。如果有心创业，不防从这一行当入手。

【小店淘金成功案例】

走进广州市这家不过二三十平方米的情侣礼品店，很快就会被里面让人眼花缭乱的货品所打动。从小小的情侣手机感应器，到设计精致的情侣装，再到各式各样的情侣工艺品，甚至是奇妙的心灵感应灯，无不设计精巧，品种又应有尽有。店主宋小姐当初之所以开这家小店，正是因为看中了专业销售情侣礼品市场的空缺。

宋小姐的开店灵感其实来自于朋友的抱怨。一次，一个男性朋友向她抱怨说，为了给女朋友买个生日礼物，跑遍了北京路，选来选去不是缺乏新意就是质量不过关，好不容易选上了一件礼品，女朋友又不太满意，搞得他很是郁闷。其实，这样的抱怨宋小姐已经不止一次地听到，她自己也是深有体会。时下各色各样的"情人节"太多了，生日、七夕甚至圣诞节都是，但是专门卖情侣礼品的店则太少了，买份礼物往往要花上一天的时间，如果能有一个这样的专门店就好了。

想法是有了，下面就是付诸实施了。搞营销出身的她研究了半年市场后，揣着几万元的资金开始了其创业过程。她把店址定在了天河城旁边的天河南路，因为这里的人流量比较大。但是后面的搜货过程可就比预想的困难多了，这种专业产品少而且分散，专卖店里卖的多是情侣表或情侣装之类的东西，价格贵却又缺乏特色，其他小的礼品店里货品则太散，有时质量还不过关。宋小姐深知产品特色的重要性，于是自己设计了一些简单的情侣杯，却由于订货量太少，生产厂家多半都不愿意生产。宋小姐只好四处利用朋友的关系，最终有人答应生产了。这样来回跑了一个月左右，真是搜货搜到腿发软，开店的货品才算凑齐。终于，这个名为"爱情密码"的小店正式开张营业了。

因为地段不错，再加上特色的产品，小店确实吸引了不少的来客。宋小姐别出心裁地把小店的货品分为男士、女士和公用礼品区，在柔和的灯光下货品都显得很漂亮，一般价格也都不贵，比如一对情侣杯不过几十元左右。当然也有品牌产品，但是大多数价格都比较适中。

宋小姐做生意很爱思考，小店后来又推出了自己的特色服务，比如爱情策划——帮助一些不懂浪漫的人利用礼品营造气氛，还有免费的配送服务——只要消费到一定数目就可以配送。这些小招数吸引了不少的顾客，每逢节假日，礼品店的生意就特别火，有时候一天的营业额就可以达到两三千元。

【小店前景分析】

据不完全统计，我国18~35岁之间的情侣约3亿对左右，互送礼物、信物表情达意已成时尚，情侣经济前景广阔。生活中，琳琅满目的情侣商品令人眼花缭乱，比如情侣服装、情侣金笔、情侣手表、情侣套餐、情侣书籍……一些地方还出现了"情侣购物专柜"、"情侣摄影中心"、"情侣一条街"、"情侣城"等。

大都市中并不缺少礼品店，但是专做情侣礼品的仍不多。常常光顾情侣礼品店的，主要还是学生，他们大多会选择一些价位较低的饰品，或者新奇漂亮的礼品，比如大部分年轻人都喜欢将照片烫印到衣服、被子、抱枕上。而有点年纪的人，选择的礼品价位就相对较高，注重礼品的档次和实用。所以，店内的摆设可主要以年轻人喜欢的潮流礼品为主，也附带一些高价位礼品，满足不同人群需要。

需要提示的是：由于这种专卖店经营的产品较特殊，面向的对象多是年轻人，时令性强，而且入行门槛比较低，因此随着竞争的加剧，利润水平将逐步与其他行业拉平。

经典时尚银饰店，利润不薄有钱赚

在这个银饰大行其道的年代，不少年轻人很是痴迷银饰，这就给开家时尚银饰店提供了很好的条件。

【小店淘金成功案例】

张南在恒大女子百货五楼的71-72号有一家店铺，她的店铺没有名字，但这家店已开了5年之久。张南的小店大约15个平方米，和大多数银饰店的布置相似，几个长方形透明玻璃柜台，戒指、手链、挂件等陈放其中，既是产品陈列柜，也是整个店铺的柜台。墙上制作了一个简单的壁挂展示板，铺上黑布就又成了项链、耳环等的展示区，再配上一些玻璃镜子，有关银饰的装备就完成了。

虽然张南的店铺陈列了几百款男女饰品，但实际只占了整个店面的1/3左右，其他区域则被充分利用起来经营发夹、钱包等其他商品。这里的主要顾客群体为学生及一些时尚人士，目前以比较细巧精致的项链、手链、脚链以及耳环、耳钉等销量最好。由于银饰品潮流风向转变较快，所以店主张南每个星期都要进一次货，主要进货地点就在义乌，因为这里交通方便且供货商多。

想做出出色的银饰，首先要解决影响银饰美观的主要弊病：褪色、变黑。许多银饰才戴几周就发黑发黄，美丽的光泽全都不见了，清洗起来很麻烦。如何让银饰永葆靓丽？店主张南自有解决这个问题的办法。她为自己经营的银饰上了一层铂铑合金镀层，有这个镀层的保护，银饰就能够持久保持纯净的光泽。

聪明的张南还给店里的每一款银饰取了名字，比如智慧之花、心心相印等。仔细比对银饰的款式，会发现这些名字除了别致、动听外，也非常贴切，表达了设计师在设计作品时想表达的理念。这样一来，张南银饰店里的每一件商品都成了店主对世界的一次独特表达，着实吸引了不少年轻人的目光。

为了对抗同行们的仿版，张南通常会在一个季度末对产品来个大换血，只保留个别的经典款式，这样就将模仿者远远地甩在了身后。这也是她的银饰小店能够长葆生机的重要一环。

【小店前景分析】

没有哪个女人不喜欢首饰，耳畔、颈间如果没有了它们的忽隐忽现，不知会少了多少韵味和风致。可是，要添置合适的首饰实在难：精致的难免价格昂贵；廉价一些的，又觉得粗俗、幼稚。还好有银饰出现，它们质朴不俗，华而不贵，可以让女人们由着性儿买来搭配不同的服装。

银饰产品的定位主要是 18~35 岁的年轻人，以 18~30 岁的顾客群为主。产品价位最好偏于中、低，一般在二百元左右。

目前商场中的银饰品牌众多，但产品良莠不齐。有些品牌专门模仿他人的产品；有些品牌只是收一些别人家的货品，然后贴上自己家的商标再出售；也有一些品牌完全是自己设计、生产，有自己的风格和品位。

对银饰业的后来者，我们要提出几个忠告：首先是热爱这一行；其次要了解市场，找到自己独特的切入点；三要有自己的风格，并一直坚持下去；四要有摸爬滚打的精神，勇敢地接受起伏，保持工作热情。

时尚又赚钱的个性手表定做店

在化妆品、保养品都能"量身定制"的时代，手表也要由消费者自己做主，发挥出真我个性。开家个性手表定做店，让人们在定制的手表中体验时尚，也是一项不错的选择。

【小店淘金成功案例】

过去的观念认为手表就是计时用的，计时越准确越好。现在的观念则发生了明显变化，人们选择手表，如同购买服装一样，不再把内在性能当做衡量质量的唯一标准。在上海的共富新村内，就有这样一家专门定制个性手表的工作室——欧立文，店名是英文 ONLY ONE 的音译，顾名思义，就是在这里定制的手表都是独一无二的。目前，这家手表定制工作室月营业额有数万元，毛利更是高达七成。

走进欧立文手表定制工作室，感觉与一般图文制作的门店并没有什么太大的区别，都是电脑、打印机等一些相同的设备。但是，当欧立文的老板奚坚宏将工作室的成品呈现在顾客面前时，它的特别之处以及所带来的冲击是其他图文制作所无可比拟的。

欧立文经营的商品是全新概念的个性手表，除了正常的计时功能外，由于表盘是单个设计制造的，所以更有个性，更具人文色彩。表盘的题材涉及方方面面，甜蜜如见证幸福婚姻的爱情礼赞，可爱如描画家中宝贝笑颜的孩提童趣，还有记录人生轨迹的成长历程，以及彰显自我风范的个性写真等等。而可供选择的手表的材质也是多种多样：塑料、不锈钢、真皮、钨钢……市面上常见的制表材料在这边都能找到。而手表的价格大抵也是根据材料而定，从 58 元至 258 元不等。

目前欧立文手表定制工作室的顾客主要分为团购顾客和散客两种，其中团购顾客已经占到70%的份额。而在散客中，以大中学生、时尚白领等年轻一族为主。他们购买的目的也各不相同：有的顾客希望在情侣纪念日、同学临别留念、亲友生日等温馨的日子作为一种意蕴深远的礼品赠送；有的为表达感谢之意，馈赠老师、长辈、上司以及业务协作伙伴；还有的则是将自己珍爱的照片、邮票、书画等等印制在上面，自我欣赏。

欧立文的老板奚坚宏一直都是一位用脑筋赚钱的创业者。与很多人不同，他人生的"第一桶金"是从自己最初工作的国有企业中赚得的。当时在上海一家国有手表生产厂担任销售经理的他，看到了企业在体制运作上的不足之处，主动站出来向领导表述了自己的改革建议，并提出将自己作为改革试点进行尝试。那一年，奚坚宏成绩斐然，用他自己的话说，"一年可以开一部奥迪车回家"。

然而，随着国内手表制作的重心由上海向深圳转移，手表在上海正从一个朝阳产业渐渐没落。奚坚宏决定离开国有企业，走自主创业的道路。但是国内手表的高端市场由进口手表占据着，而下面又有各种低端商品铺天盖地，如何在夹缝中选择一条生存之路，并将这条路走长、走好？他又开始了新的思索。

最终给了奚坚宏创业灵感的是瑞士著名手表品牌斯沃琪的发展历程。现在的斯沃琪是以它的时尚而知名的，但最开始它并不是以此发家的，它依靠的是做各种各样的题材，如奥运会、F1赛车等等，于是奚坚宏想到了自己也可以在手表的题材上做文章。一天，奚坚宏看见电视上出现了一块价值1200万美元的天价手表，它的表盘是由一名现代派画家微雕所成，因而价值连城。这条消息让他决定：要做比斯沃琪还要有创意的手表！

为此，他花了将近两年的时间，攻克了将图片印制在金属表面上的高分子转印技术，开始开办手表定制工作室。

从2003年年底至今，尽管奚坚宏办妥了所有的开业手续，但欧立文一直都是以工作室的形式存在着，并没有自己独立的门店。曾经也有很多人建议奚坚宏开个门店，那样会有更多的人认识个性手表定制。但是就他个人而言，对于经营门店没有任何的经验。这毕竟和开办工作室是不一样的，增加一大笔店铺租金成本不谈，光是在店面的装修和设计上就是一门很深的学问。还有一个很重要的原因，就是定制个性手表并不是立等可取的，它一般需要四天到一周的时间，这对于一个门店而言意义就不是特别大。所以，奚坚宏一直没有贸然尝试。

尽管对于开设门店缺乏经验，但对于未来店铺的选址，奚坚宏却是胸有成竹的，他认为一家个性手表店并不需要很多的门店，四家就够了。一家在现在的工作室附近，一家在徐家汇，另外两家分别位于杨浦和松江大学城附近，这样既能保证宣传效果，还能紧跟目标顾客，原先的老顾客也不会流失。

奚坚宏的生意做起来了，手表定制的创意也吸引了不少希望可以参与其中的人，但是他一一回绝了。奚坚宏也知道，发展加盟他能够获取一部分不小的收入，但是从目前而言，他希望暂缓发展加盟这一条路，先将自己发展好，发展强大，这样也是对未来的加盟者负责。

【小店前景分析】

个性店定做服装虽价格不菲，但人们追求的是那份独特感。此外，体现个性的油画、DVD、VCD和挂历，生意都不错。现代都市人偏爱个性、情感消费，舍得花钱"玩"文化，逐渐形成一种新的消费潮流。而定做手表又成为另一种定制时尚。

需要提醒的是，此类工作室的存货主要为手表的外壳和表带，但此类商品的款式流行速度较快，因此不建议一次性购进较大数量的存货。

手表定制店铺的面积在20平方米左右，由于设备面积并不是十分庞大，商品体积也较小，所以无论是以工作室还是门店的形式，这样的面积都足以维持日常的营运。对于初次经营的创业者而言，必须多准备一些流动资金，以备不时之需。

手表定制的目标客户主要是追求个性的年轻人，以学生和白领居多。但是团购作为其中占据较大销售比重的部分，也不容忽视，一些注重企业文化的单位以及经常搞促销活动的酒吧、餐厅都是可以开发的销售对象。根据对个性手表目标客户群的分析，建议找年轻人多的地方，商业街、学校附近或者大型居民区都是不错的选择，另外超市和书店、音像店中也可以用租赁柜台的形式来做，成本会更低一些。

从手表定制的业态上分析，广开销路是关键。除零售外有以下几种渠道：

一、主动出击，走向团购单位向其推销；

二、在网上以特色店铺的形式出现，将销售扩大至本市以外；

三、寄售，将此类业务放在相关的其他店铺内，由其接单，销售产生的利润分成。

由于个性手表是一种带有艺术品性质的消费品，这决定了经营者必须具备一定的美术功底以及艺术鉴赏能力。此外，作为一种新兴事物的推广营销者，具有一定的销售和管理能力也是必然的要求。同时，销售人员要有与消费者勤沟通的敬业精神和能力，并把了解到的客户需求及时反馈，根据市场流行的趋势不断更新产品。

开一家户外用品店

在中国，户外旅游用品市场是一个有待进一步开发的市场，正走在方兴未艾的路上。

【小店淘金成功案例】

广州有一家户外旅游用品店，店面不算大，里面却大有天地，帐篷、睡袋、各式登山鞋、灯具、登山杖等一应俱全。店主卢奕琨 1999 年开始接触户外用品这个行业，之前做过电脑软件和装饰材料生意。当时有一些闲置资金，便用来"炒店铺"。手头上一家体育用品商城的铺面一时未租出去，他想与其闲置不如做点什么，于是就随便在铺内摆了些背包。想不到的是，进来买背包的顾客居然还不少，而且还提出要购买其他户外用品。

经营了一段时间，卢奕琨感觉户外用品的市场空间很大，于是索性放弃了软件、装饰材料等其他生意，专做户外旅游用品。开了第一间店后，卢奕琨越做越有信心，到 2001 年初，他又选择在交通比较方便、当时租金也不是很贵的天河区开了间分店。现在这里的地租比当初贵了一倍多，但是赢利的势头上升得更猛。后来，他又在东山区开了一家分店。

随着生意的发展，卢奕琨现在不仅经销旅游用品，还委托厂家生产，打造自己的品牌。前几年，户外用品的国内品牌很少见，而外国的品牌又很贵，于是卢奕琨就打算做自己的品牌通过上网寻找生产厂家。2002 年，他注册了自己的品牌，按照国际名牌的标准，委托东莞的一家企业进行生产。现在他店内的货品除科技含量非常高的产品需要进口外，其他都是自己品牌的产品了。卢奕琨做品牌的最大动力是能够价廉物美，比如有一种防潮垫，同类进口产品卖 500 多元，而自己的品牌就只卖 280 元。由于同样是按照国际名牌的标准生产的，所以在品质上自有品牌的货品并不比进口货差，因此吸引了不少讲求实惠的顾客。到后来，全国各地都有户外用品店来他这里进货。

【小店前景分析】

在中国，户外旅游用品市场是一个正在发展中的市场。过去的人们穿双解放鞋就去登山，随便穿件运动服就去搞野外活动，现在随着技术进步，体育用品行业也大量引进高科技，设计出多种类型的专用户外旅行用品，可以大大提高户外活动的安全性和舒适度。

开家户外用品商店的投资主要是首次进货需要较大的支出，其次就是店面租金。只要你生意做得不是太差，一年可以收回投资成本。

光顾户外用品商店的，多为专业人士或白领，尤其是外贸公司和 IT 行业年龄在 20~40 岁之间，的人士。开店选址应首先考虑交通和泊车是否便利，可以选在次商业地段，租金比人流量极大的黄金商业区要低很多。店铺面积一般 30 平方米左右，如果租金便宜，可以扩大营业面积，增加一块酒吧式的交流区，张贴"驴友"们拍摄的各地照片、定期发布出游攻略，成为"驴友"们交流"驴行"心得的休闲场所。

户外用品包括很多种类，有包类、户外服装、鞋袜类、帐篷、野外照明、野外饮食、水具、登山攀岩、防护药品、工具、仪器、眼镜、书刊、音像、野外睡具等。你可以根据户外用品的耐用程度来安排店面的产品结构，如旅行包和帐篷等可长期使用，在进货时就要注意数量不宜过大，且在品牌和式样上追求多样化。鞋袜类属耐用性较差的物品，除保证产品质量外，应在数量上有所储备。从大的方面来讲，由于包类和野外睡眠产品是户外运动很重要的大件用品，因此顾客在选购这样一些东西时要让他们进行仔细的对比和选择。包类和睡眠产品属大件，价格也高，是商家大的利润点所在。在开设户外用品店时，要确立好主打产品。

目前，户外产品还是以洋品牌打头，国外品牌以历史悠久、质量上乘而深受户外运动爱好者的青睐。但由于国外品牌价格贵，代理费高，进货渠道复杂，因此进货成本也高。国内户外用品厂商虽然刚刚起步，但发展很快，已经崛起了几家实力雄厚的企业。户外用品店可以选择代理某个产品，将有助于稳定货源和产品质量，也可以最大限度地降低进货成本。

户外用品店的宣传也很重要，具体方法上，你可以联合一些有关部门举办攀岩、群众性登山等活动，或者在网上开设"户外用品网"，宣传推介自己的产品。另外，提高店员的服务水准也是宣传自己店铺的一部分。你必须让店员能给顾客提供专业的技术咨询，推荐适当的产品，这就要求员工对产品的功能和特点都要非常了解，并熟悉重要旅游景点的气候、地形特征及相关的户外用品采购知识。

开家苏绣特色布艺店

苏绣这一深具中国特色的布艺，如今早已走出国门，成了外国市场的抢手货。甚至有人把店开在了国外。下面我们就来看一个开苏绣店的女店主的自述。

【小店淘金成功案例】

孙静文是个浪漫而个性十足的成都女孩，1996 年从四川大学毕业后，因托福分数较高，她被柏林大学录取了。刚到德国时，由于生活习惯的不同，孙静文有些难以适应。后来，在与德国人的交往中，她吃惊地发现，别看他们很富有，如果家里有什么活却很少雇人干，都是自己动手。理由很简单，因为他们崇尚"一专多能"。一位柏林朋友介绍说，许多德国人都有第二第三甚至第四职业，一个人同时端着几个饭碗吃饭的现象十分常见。

德国的物价很高，一棵半斤左右的生菜，竟然就要 1.5 欧元，折合人民币就是 15 元钱！所以，在这里生活开支很大，生存相当艰难。为解决生存问题，孙静文先是在一家超市打工，后来听了朋友的建议，开始自己开时装店。出人意料的是，尽管进来看衣服的女性很多，但真正掏钱买的却寥寥无几。原来，近几年随着国内厂家竞相降价和恶性竞争，在欧洲人眼里，物美价廉的中国服装几乎成了"地摊货"的代名词。

孙静文的衣服虽然卖不动，她却发现不少德国人对自己店里装饰用的绣品很感兴趣。这种制作工艺复杂、画面惟妙惟肖的刺绣，她们认为才是真正的中国艺术品。有位女士看了一幅名为《蒙娜丽莎》的人物肖像双面绣后，连声赞叹：太美了，太美了！孙静文告诉她，这是苏绣。孙静文的母亲就出生在有"中国刺绣之乡"美誉的苏州，这些绣品都是出国前母亲的亲戚作为纪念品赠送给孙静文的。见她不对外出售，那位女士十分失望地离开了。

没想到，第二天她又带着丈夫来了，那位先生是搞美术的，不仅对中国画很有研究，对苏绣也十分感兴趣。最后他竟然提出用 800 欧元买走这幅绣品，当他说出这个数字时，连孙静文自己都吓了一跳——这可相当于 8000 元人民币呀！结果买卖顺利成交。

没想到，这仅仅是生意的开始。不久，孙静文店里的另外几幅绣品《黄山》、《可爱的大熊猫》等，也先后被德国人高价买走。与其说是"买"，不如说是"抢"：孙静文百般向他们解释，这是装饰品，不卖的，人家却幽默地说，这是艺术，艺术是不分国界的，自然，他们也可以与孙静文分享！这些德国人的思维方式有时真让人哭笑不得。

真应了"无心插柳柳成荫"那句古话，服装卖不出去，绣品却意外成了抢手货！真没想到，在国内时孙静文压根就没留意过的苏绣，竟会有如此大的艺术魅力。当晚，她兴奋得几乎一夜未眠。欧洲人普遍富裕又崇尚艺术，如果将这种颇具中国文化特色的手工艺品运一些过来，一定会大有市场！黎明时，孙静文按捺不住内心的兴奋，赶忙给远在成都的母亲打电话，告诉她自己开店的经过，以及苏绣在柏林大受欢迎的情况。母亲说，那还不好办，过几天让你舅舅从上海发过去一批。

很快，舅舅从上海发出了第一批价值 2 万多元人民币的货。当孙静文撤掉小店里所有的时装，展出这些绣品后，马上就吸引了大批顾客。看着这一件件精美绝伦的手工艺品，不少人都被中国博大精深的文化艺术底蕴所震撼。尽管这些绣品件件价格不菲，但不到半小时，就有 15 件被人买走。不久，就连一些学院院士、大学教授、外国游客甚至使馆工作人员也纷纷慕名光顾小店。结果不到一个月，这批货就销售一空。

第二批货数量很大，价值大约 10 万元人民币，但遗憾的是店面太小，放不下更多的样品，从而影响了顾客选购的兴趣。孙静文立马在店堂里安装了一台可供顾客翻看绣品的电脑，那里面有上百个分门别类、可以购买的样品。有了这一措施，这些绣品就不愁没有地方展示了——顾客在店里没挑选到中意的绣品，孙静文便指点他们到自己的虚拟仓库里去浏览，若看中合适的样品，就立马付款取货。同时，为了扩大销售范围，孙静文还请 IT 界的朋友专门为小店设计了一个网站，使不想外出的顾客和外地顾客，坐在家中也可以任意选购自己需要的绣品。事后证明，这种经营方式的确效果不错。后来孙静文还聘请两位学工艺美术的德国女孩做导购，她们在向顾客介绍绣品时有优势，常常能把不懂中国苏绣艺术的顾客说得欢天喜地地购买。

有趣的是，不仅小店里的现货卖得很火，有时还会遇到预订！一天，一位名叫玛丽亚的老人，邀请孙静文到她家里谈生意。老人说她是研究东方艺术的，又是位收藏家，一直很喜欢中国画，尤其酷爱宋代画家的传世之作《清明上河图》。她请求孙静文在中国请一流的刺绣艺术大师，按照原画绣成绣品。

《清明上河图》是高 24.8 厘米、长 528 厘米的长卷风俗画，要完成这样一件图案规模宏大的绣品，难度之大可想而知。但与舅舅在电话里商谈后，孙静文还是接下了这个订单。他们找到了苏州一位大师，他带着工作室的 8 名绣女，面对长长的原作，先是一遍遍地揣摩画面，再一部分一部分地观察人物的不同变化，仅"读画"就用了 10 天时间。9 个月后，《清明上河图》绣品终于问世了！

《清明上河图》绣品几乎与原画一模一样而且绣技精美纤巧，生动逼真，即使是一根篙、一棵树、一缕水波，都被绣得纤细逼真，与原作如出一辙。这位德国女收藏家付了 50 万美金的巨款购买作品，但她仍表示"十分满意和兴奋"。

2002 年，孙静文拿到了金融管理博士学位时，一家专门经营中国苏绣的"博艺"公司也在柏林诞生了。如今，孙静文他们经营的这种高档艺术品，已被德国许多大型商场及旅行社接受，有的作品还被欧洲的一些收藏家收藏。

几年来，通过经营苏绣这一中国国粹，孙静文已经有了 2000 多万美金的资产，若折合成人民币，可算是亿万富翁了！但眼前的成就不会松懈她奋进的脚步，除德国外，孙静文还准备将苏绣卖遍整个欧洲。在创造财富的同时，还能为传播中国文化做贡献，何乐而不为！

【小店前景分析】

时至今日，已有不少优秀的民间手工艺相继失传，但历经了中国工艺市场的几经衰败和复兴，拥有近千年历史的苏绣丝毫未因时光飞逝而褪却光泽。相反，经能工巧匠的世代传承、不断创新，苏绣艺术恰似老树萌新枝，更加春意盎然，生机勃发。而在全球时尚界劲吹中国风的当下，苏绣开启了新的商机。

就苏绣而言，外国顾客以及有一定消费能力的顾客是主要的消费群体。因此，可以考虑将店址选址在客流量较大的旅游风景区，或者境外人士居住相对集中的区域。另外，苏绣也有居家装饰及礼品的性质和作用，所以也可以考虑选址于一些新兴的社区或者建材及家装市场附近，相信也会有不错的效果。绣坊店铺的面积不需要太大，10 平方米左右即可。

其实，经营苏绣专卖店的面积弹性相对较大，资金或其他实力较为雄厚的投资者可选择面积较大的商铺，以陈列更多的苏绣商品以供顾客挑选；而资金实力相对有限的投资者，可在面积不大的店铺内，陈列几种主要形式的苏绣商品，其他形式相近而内容有所差异的作品可以图片等形式出现。在装修上，费用主要投在苏绣摆件所放置的货架上，其余部分苏绣本身的装饰作用如能加以充分利用，不但能省下一大笔装修的费用，还能达到事半功倍的效果。再加上一定流动资金以备不时之需。

大多数产品都有一定的淘汰周期，例如高科技产品一般上市三个月左右就面临更新换代，服装必须为了适应潮流而不断淘汰旧款式，化妆品、食品则具有一定的保质期。但苏绣不仅是普通商品，也是一件艺术品，所以它的价值会随着典藏期的延长而与日增值，所以在一定程度降低了投资者在配货当中的风险。

开家粘花小店

粘花不但有商业价值，而且能让人们在学习粘花技艺的同时，体验自己动手完成一件美好事情的快乐。

【小店淘金成功案例】

上海女人大都心细手巧，普通的呢绒丝网经过工艺粘贴会变成惟妙惟肖的鲜花和工艺品，上海弄堂里独具特色的"粘坊"因此成了女人竞技的天下。李丽在上海读大学的儿子在一次偶然逛过粘坊之后，便想让下岗在家的妈妈来试试。受儿子的催促和启发，下岗工人李丽和已经退休的姐姐一起去上海学艺，并开起了长春第一家粘花坊。

李丽姐妹俩能粘出的花卉和其他工艺品品种有几十种之多，包括向日葵、玫瑰、圣诞红、百合、绣球、梅花、孔雀等。姐妹俩在长春市也开起了两家连锁粘坊，一家在同志街与西安大路交会处，一家在火车站附近，她们在出售粘花成品和原料的同时，也免费向爱好者毫不保留地讲述粘花的制作工艺。

另外，李丽姐妹俩还在不断尝试应用新型的原料工创新粘花工艺。比如，选用比呢绒丝网更加便宜的手工纸作为粘花的原料，还试用黏土、超轻土、石粉土、树脂黏土等材料进行粘花的实验。她们还在花的种类上动脑筋做文章，将粘花做成生日花篮，试着自制更多的粘花品种，比如金菊、风信子、康乃馨等。

【小店前景分析】

粘花作为一种工艺品，在南方许多大城市中销路很好，可在北方城市才刚刚起步。所以，要想专门做这种粘花的生意就要靠细心、耐心和勤劳，本着多劳多得、薄利多销的思路，让越来越多的人认同粘花工艺。

如果不算上店面的费用，开一个粘花坊仅需要投入3000元左右，如果制作出来的粘花拥有市场，那么，在很短的时间内回收成本不成问题。

三、占领边缘市场，服装服务店也能创大利

价格昂贵的衣服没穿几次却过时了，百般珍惜的衣服却不小心破了个洞，刚买的衣服没穿几次却发现不是很合身……要改变这种状况，服装缝补和改修是最经济实惠的方法。然而，现代社会很多人已经失去了缝补的技术，面对这种状况，服装服务店便有了生存的空间，而很多服装服务店的老板也在缝缝补补这种不起眼的生意中赚得了大财富。

开家适应时代需求的裁缝店

小型裁缝店投资都不大，但要形成自己的顾客群，并不断提高服务对象的阶层，自身的业务水平是关键。

【小店淘金成功案例】

在浙江师范大学校园外，有几家裁缝店，前来修补衣裤的学生还真不少，缝纫机旁放着大大小小装着衣裤的袋子。很多拿着衣服过来的同学说，前两天刚买的衣服，由于有点大，就拿过来改，以前拉链什么的坏了，也是拿到这里来修的，如果因为一点破损就丢掉，太可惜了。

由于高校人口密集，学生买的多为潮流服饰，一点破损又不舍得丢弃，他们这种既想节俭又要时尚的心理被店主摸透，市场也逐渐被开发。一个裁缝师傅说，浙师大裁缝店铺的兴盛就在这三五年，而且现在生意越来越好，有的学生来不只是修衣裁裤，一些抱枕被单类也时常要修补，每天都有活。街头巷尾家属院，小区路边传达室，随处可见的都是小额投资的裁缝店。往往几百元就可以铺个摊，几千元就可以开个店。在这些传统裁缝店，主要顾客是普通的工薪阶层、下岗退休人员及买不到合适衣服的其他顾客，总体来说，人们主要还是图便宜为了节约而进小裁缝店。裁缝店的顾客也有部分的流行追随者。

【小店前景分析】

如今，又有不少顾客开始"回归"裁缝店，越来越多喜欢买成衣的工薪阶层、年轻人甚至白领阶层，也开始量身定做服装，这让昔日冷清的裁缝店的生意重新火起来。

裁缝店在我国还处于初级阶段，未来发展的趋势是个性化服务与高档化服务，即服务的层次将越来越高，手工费也会不断提高。小型裁缝店要想在众多的同行中独树一帜，必须提升自身的技术含量，开发手工工艺，如手工盘扣、手工刺绣、手工补花等。也就是说，投资小可以靠设计与技术来弥补先天的不足，关键是老板的眼光和头脑。如果接待顾客的老板不懂设计知识，就很难进一步提高营业利润。例如当顾客进入店门之后，量体裁衣的同时还要考虑以下设计因素：

第一，认真观察穿衣者的身体条件和心理条件，如体形、爱好、职业、身份等，并做好详细记录。

第二，与顾客交谈沟通，了解什么时间穿着，如春、夏、秋、冬，早上、晚上等，了解什么场合穿着，如上学、上班、郊游、访问、谈判等，了解穿衣者期望给他人一种什么印象，即服装穿着的文化主题是什么。

第三，要绘制简单的设计草图。虽然不必一定达到专业设计师的水平，但绘制平面草图应该是其基本能力，并以平面草图的形式与顾客交换意见，最终确定款式。如果能向顾客讲出一些穿衣的道理，如流行文化、色彩表现、体形弥补等，则获得回头客的机会就会更多。

服装定做专门店，为每个人量体裁衣

当下，人们越来越追求与众不同，即便着装，也希望能穿出自己的品位。这股时尚风潮使得提供私人定做的服装店应运而生。

【小店淘金成功案例】

服装定做店"一花一服"的老板兼首席设计师袁芳，是服装设计专业科班出身，她不甘于在大公司里做设计师，开高级礼服定制店面不仅是圆自己作为设计师的梦，更是想在精耕细作若干年后做出其中精髓。

一位颇有经济实力的朋友向她展示刚刚从专卖店买回的新衣，"据说花了五六千，内行人一看就是十几块钱一米的料子，还没啥设计。"袁芳也反对"花大价钱保证不出错"的穿衣理念，她的理解是：服装就是要让人变得更美，突出身材掩盖缺陷。而穿上特意为自己设计的衣服，不仅体现了独特个性，更重要的是比较好地把握了身材的优缺点。

身为小店首席设计师，袁芳做事颇有原则，比如反对"买不起就抄袭"的低端定制，拒绝接单纯抄袭的活儿，而是主张顾客按个人气质寻找适合自己的流行元素。小店开业若干年，很多老顾客都是按季节约设计师帮忙设计，或是自己提出想法让设计师帮他们完成。而设计师所做的，就是把握顾客的心态和审美需求。

较之传统的高级定制，袁芳的小店侧重于向流行元素的靠拢，她有一本私家图册，搜集有眼下最流行的服装款式，为顾客提供灵感。店内通常只有一两名店员，诸如带着图片或者成衣这样的简单定做，他们就能搞定。专业定制的话就需要预约袁芳了，经过简单的沟通后，袁芳可以现场绘制草图，再根据顾客的要求修改到其满意再开工。基本款的衬衣、小西服等均按布料收费，最迟四天完工；还能定做明星穿过的小礼服，款式不复杂的话三四百元就能搞定，价格还算合理。

【小店前景分析】

开办服装定制店，与开普通的服装店还是有些区别的。服装定制店的目标人群是高端商务人群，眼下选择定做的顾客多为追求个性、具备一定消费水平的中年白领女性。这个群体多在外贸企业、医药器材公司、媒体单位、银行、保险公司等上班。

服装定制店的选址很重要。因为一个好的地段，对于客户群的建立和维护非常方便，同时选地段还要考虑到成本因素。高级服装定制店的选址，在高端商务人群集聚的地方以及时尚人群经常关顾的地方为宜。不同于以往的裁缝店纯粹做衣服那么简单，现在的个人服装工作室更多的是要融入时尚元素。为避免落伍，店中的服装师一般都会定期看服装杂志，留意每季的服装流行发布会，时不时地上网、看碟片，到外地采风。这样，设计师在针对顾客发型、肤色、身材、

气质和职业、穿着场合设计适合顾客的时装时，能给出中肯的意见和建议。

由于高级服装定制店定位比较高档，启动资金也相应比较高。以一间开在一线城市主流商业区的门店为例，前期投入约在 50 万元到 60 万元之间。主要的资金投入集中在租金、面料采购以及设计团队的人力资源成本上。不过，一般情况下，1 年时间内收回开店的成本，对于服装定制店来说还是比较乐观。

在此要提醒广大创业者，服装定制店的老板在经营中普遍存在一些理想主义的色彩。比如会花很多精力去考虑如何把门店布置得特别一些，同时认为给客户提供舒适的休息环境就可以吸引客户，而在经营过程中缺乏对成本的严格控制，以致出现店面租金、装修投入过多等情况。

时装改制店，低碳又赚钱

每到换季的时候，总有许多人翻出往年的衣服，却发现款式已经过时了，扔了吧，又觉得舍不得。针对此，隐藏于某些商业街中的小缝衣店悄然掀起了改衣风，经过裁缝们的巧手修改，过时的服装往往能变得新潮时尚。

【小店淘金成功案例】

现代都市快节奏的生活，造就了一批打电脑键盘如飞，可缝个扣子都拿不起针线的"新女性"，由此也制造出了一个新的商机——缝衣、改衣走俏。

天津市有一家老裁缝店的生意非常好，不少女士都拿着不再流行的旧衣或是刚"淘"来的打折衣服来做二次加工。"一件几百元的新装一季之后就会落伍，丢了多可惜。而在裁缝店只要花少许钱就可以改成时下最流行的新装。"一位前来改衣的顾客说道。

这家裁缝店的店主谢女士对于时下"改衣热"的原因有自己的见解，她认为："这主要是因为现在大家都讲究节约了，毕竟一件过时的衣服可以改款式、大小、长短，再搭配点配饰，只要很低的价钱就有一件新衣服了，很划算。还有就是现在不少人都讲求个性，改衣服可以自己做主，能够满足他们的这种需求。"

同过去不同，现代人对缝缝补补的需求主要是二次加工，除了简单的裁短、缲边，二次加工还意味让自己变得更时尚。如今服装款式变化很快，往年还很流行的衣服，今年再穿也许就会显得落伍，但是一件很贵的衣服又让人狠不下心来淘汰。在这种情况下，一些人就把衣服送到改衣店里重新设计加工，就可以改成一件新装了。

有些顾客经常会把皮尔卡丹男西服、CK 休闲装、韩版名牌女装等交给谢女士进行过二次加工。谢女士每每如数家珍地说起自己改过的衣服，口气里都会透着一丝骄傲，现在她这里每天差不多都有十几单的活儿，旺季时顾客取衣服得等一个星期。每月纯利润大概有 5000 元左右。

【小店前景分析】

如今的时尚变化总是太快，而口袋来钱总是太慢，工薪一族有时感觉总也追不上流行的步伐。一件几百元的新装一季之后就可能落伍，弃之可惜，接着穿又嫌丢了身份，如同鸡肋一样，让人左右为难。对于高收入者来说，花钱买时髦新装是一件乐事，但对于中低收入者来说，往往难以支付层出不穷的新装消费，至于在校学生，其经济条件更是赶不上日新月异的服装款式。在这种情况下，时装改制店就应运而生了。

值得提醒的是，尽管专业改衣在市场上是新兴行业，前景广阔，但做这一行在经济上投入很容易，在技术上的投入却很难。人手和市场都是制约其规模发展的问题，因此这一行很难做大。

第四章

为千家万户添温馨

开家家居用品店

日常生活中，人们离不开各种各样的家居用品。在现代的中国，随着房地产业的飞速发展，家居用品市场也得到了突飞猛进的发展。要想开好一家家居用品店，首先你要看准人们的需求，找准市场空白点出其不意地创新开店。如果你所开的店既适合了市场需求，又为他人带来便利，那么一定会为你带来财源和事业成功的。

多种经营的创意家居用品店

李伟斌的家居用品店"BENSHOP"生意很不错。老板李伟斌凭借着敏锐的市场嗅觉，在原创艺术与市场需求中找到了平衡点，使得这家货品"曲高"的小店并不"和寡"，小店屹立在闹市区已超过了5年，在同行中算得上一个不大不小的奇迹。

【小店淘金成功案例】

作为艺术工作者，李伟斌投资开设家居店是在无意之中作出的决定。但他认为，文化与利润从来都不是两个背道而驰的概念，向顾客推荐包含文化概念的商业用品，只要实用性强、质地上乘，都能受到大众青睐。

早在2005年，李伟斌就想到，不如投资开设一家原创风格的家居用品店，销售自己所爱的外国产品与朋友们的作品。于是他上网搜索相关信息，一些外国的小店给了他一些启发：发达国家的原创作品店很少以独立的零售店模式出现，而更像一个个生活馆，而且功能多样化。李伟斌发现，这些小店销售的不仅是产品，更是一种慢慢过日子的生活方式。于是这成了他开店的核心理念。

于是，租赁店铺之后，李伟斌也如法炮制装修，加进了两个"生活馆"的元素。一是咖啡吧——他将前台收银处修成了咖啡台，顾客买完原创产品后还可以在这里买饮料喝。二是书吧——他在小店的角落里放置了几排书架和沙发，供读者阅读和喝咖啡聊天之用。这样一来，一个顾客但凡进店里来，可干的事情就有了四种：看书、买产品、喝咖啡、与朋友聊天。

多年在商场沉浮，目睹了太多同行在商业大潮中迷失了自己，李伟斌却凭借独特的眼光与嗅觉脱颖而出。

开始的时候，李伟斌出于对原创理想的坚守，进来的货品不是国外新潮流艺术家的最新作品，就是国内精英原创团队的样板作品，但价格难免偏贵。之后，他进行了两个方面的改革。一方面，他引进了更多的供货商，尤其增加了年轻人偏爱的文具与洁具，并将色彩斑斓的浴巾、可爱的模型陈列在店铺的醒目之处，吸引年轻顾客的目光。此外，环保概念也成为李伟斌抓住男性顾客、中性偏好女性顾客的重头戏。李伟斌做广告设计多年，对于产品定位有着深刻理解，环保理念中，淳朴的质感、洁净的材料是与男性审美需求不谋而合的。于是，小店的产品被他重新划分了类别，顾客各安其所，人流量一下子大了起来。开业一年多，小店就进入了稳步盈利状态，并且在业内打响了名声。

【小店前景分析】

中国社会调查事务所(SSIC)在内地做的家居装修、装饰专项问卷调查显示，在2006年后，中国公众家庭家居装修、装饰将会涌现新的潮流。更多的人预备将装修费省下来，用以购买能够让居家布满个性和情趣的家居用品和装饰品。所有时尚潮流饰品市场引导性资料均显示：大众消费水准的不断提高，直接诱发了人们对生活情趣更高层次的追求；时尚、品质、个性，越来越成为生活、办公中不可或缺的重要主题。家饰重要性的凸显使得时尚潮流饰品已成为单位、个人赠予的时髦礼物，国内时尚创意用品市场的需求空间在强劲的消费拉动下将变得空前宽广。

但是，市场调查显示，目前此类产品相对分散，仍处于"品种少、质量差、流通慢、价格高、无品牌、市场乱"的初级发展阶段，而在绝大多数中小城市时尚类专营店中几乎属于空白，因此急需一个品牌化、专卖化、规范化、产业化的时尚品牌来引领中国市场。

多数产品售价偏高，暂时不属于大众消费。同餐饮服务业相比，该类生意进货昂贵、毛利率偏低。

在北京、上海，类似小店的生意都是越做越红火；随着经济的发展和市民文化素质的提高，个性化需求将更高，此类小店的前景将更加值得期待。

壁饰店引领居家时尚

壁饰店时尚感强，开店投入小且回收快，非常符合现代人需求。开一家壁饰店不失为一种创业的好选择。

【小店淘金成功案例】

人们每天所接触的从交通工具到生活日用品等，大多是出自于工业化的成果，都是一些缺少情感的模式化产物。随着社会生活节奏的加快，长期生活在繁华大都市的人们，开始常常怀念质朴的自然环境，渴望人与人之间的情感交流。

王凤发正是看到了这一点，创办了一家专门生产和经销壁饰艺术的公司。公司设计风格是欧美流派和中日式流派相结合，经营壁饰、各类书画、陶罐、工艺品、盆花、镜框加工等，创立了一种更贴近人类生活及美化居室环境的壁饰艺术。

在不断提升产品质量和吸引力的基础上，王凤发对自己选择的事业非常有信心。他认为，将壁饰，尤其是将那些用手工精心制作的壁饰装饰居室，可营造一种温馨又富有个性的艺术氛围，也使人们渴望回归自然的心愿在一定程度上得到满足，必然会受到越来越多消费者的青睐。

根据材料和制作工艺的不同，王凤发所经销的壁饰可以分为三个档次：第一，以藤、木为主要材料，售价都在200元以下，不但价格低廉而且品质最自然；第二，以装饰材料为主，即在自然材料之外运用复合材料，一般零售价为200~400元；第三，把绘画艺术与各种材质结合起来的高端产品，一般在400元以上。

虽然店铺刚开不久，但王凤发并不急功近利，而是用真心慢慢打响自己的品牌。在服务顾客方面，王凤发会尽量满足他们的需求。一次有位顾客只买了一幅200元的小壁饰，王凤发还亲自为他上门安装，并多次调整，直到顾客满意为止。顾客很感动，第二天马上又来买了两幅壁饰回去。五一节期间，有位顾客在店里一下子买了五六幅壁饰，第二天王凤发去送货，顾客说在某个地方还想再多挂一幅。王凤发并没有为了多做一笔生意而欣然接受，反而劝其不要买了，因为家里东西挂得太多效果反而不好。如此从顾客立场出发的经营理念使得王凤发的店有了越来越多的回头客。现在王凤发每个月都能赚到2万多元的纯利。

【小店前景分析】

壁饰店的经营者最好具有一定的艺术鉴赏能力，并且在家庭软装潢的最新趋势方面能有一定的认识，这样才能更好地推荐自己的产品。

壁饰店的选址十分重要，选择不当将导致客流量不足。考虑到租金等各方面因素，建议选择商业街的边缘门面、旅游品街、工艺品街、超市店中店、百货商场工艺品区域等，最为理想的是家具城和建材城。也可以寻找新兴居民区附近的门面，不过，由于壁饰不是重复消费品，小区附近市场到一定程度会饱和，所以，那里只适合短期开店，不适合长期发展。

引领时尚潮流的家用香熏小店

香熏产品进入市场虽然时间不长，但已成为一种时尚消费潮流，拥有相当不错的市场前景。

【小店淘金成功案例】

在中国，香熏疗法已经有好几百年的历史了。近年来，香熏这种古老的美容和调理疗法又渐渐展现出它的魅力来。

王敏在上海南京路附近开了一家香熏小店。香熏用品的外形、香型、包装、质量往往决定着经营成败与否，因此，王敏在货源组织上颇花了些心思，她积极与多家供货商联系，引进新潮而独特的产品，如SPA专用香熏灯、瘦身香熏精油、香熏浴盐等；在香型选择上也紧跟潮流，选择薰衣草香型、绿茶香型、迷迭香香型等，她深知只有这样才能吸引顾客。

王敏的香熏化妆品店商品摆放很整齐，展示柜分成若干个小方格子，每个方格子里展示一种香熏化妆品，当然不同种类的香熏化妆品功用也是不同的，这也许就是她分开摆放的本意吧。王敏认为，选择香熏化妆品很有讲究，尤其要注意根据自己肌肤的不同特点和出现的不同症状来选择。比如说，干性肌肤就适宜选择薰衣草、檀香木、橙花、玫瑰、天竺葵等植物精油类护肤品；油性肌肤适宜选择佛手柑、尤加利、茶树、柠檬、迷迭香等精油类护肤品；混合性肌肤适宜选择依兰、茉莉等精油类护肤品；而如果是过敏性肌肤，薰衣草、甘菊类精油护肤品就很适宜。另外，天竺葵、佛手柑、檀香木、橙花类精油护肤品具有抗老化和抗皱的功效，甘菊、天竺葵、薰衣草类精油护肤品能治疗皮肤发炎，柠檬、佛手柑类精油护肤品美白效果明显，茶树油护肤品则可以祛除青春痘。

此外，王敏的香熏化妆品小店还有一个最吸引人的地方，那就是商品的价格要比市面上其他香熏化妆品店低将近20%。对此，王敏的理由是，由于小店新开张不久，加之日化型香熏化妆品市场尚处于市场初期，她希望借较低的价格能吸引更多的香熏化妆品消费者，让这种健康便捷的美容护肤方式流行开来。

【小店前景分析】

在广州、上海等大城市中，大大小小、品牌多样的香熏精品专卖小店已成为热闹繁华的商业街上一道新的风景。通过燃烧含有植物香精油的香熏蜡烛来获得身心上的放松，是现代都市人休闲减压的新方式。随着这种新的消费方式的日益普及，嗅觉灵敏、眼光尖锐的创业人士也因此洞察到了香熏小店里隐藏的巨大商业潜力。

香熏既可养颜怡性、祛病强身，也可视为一种高雅陈设，故现已成众多年轻男女追求的时尚。开一家香熏店所需的投资大致包括以下几部分：店铺租金、装修费用、进货费。其中店铺租金和装修费用的地域差异较大，进货费根据品牌的不同，也有比较大的差异。目前香熏店多是加盟连锁的形式，因此选择一家正规成熟的品牌加盟商，不仅省了白手起家创业的艰辛，还能较好地保证利润。

俗话说，机遇与风险同在，赢利与亏本同生。经营香熏店要根据具体的情况来确定营销计划，因为开任何店都会有一段时间的"探索期"和"磨合期"。目前市场上类似的香熏产品让人眼花缭乱，如果经营者不懂香熏产品的特殊性，不在营销方式上推陈出新，而仅仅依赖于加盟品牌的效力，恐怕难以经营成功。只有做出自己的特色，走品牌之路，才能赢得客户和市场的认可。

值得一提的是，虽然香熏在大都市里颇受年轻白领们的欢迎，在有些中小城市或都市郊区，香熏专卖店的数量却很少。原因不是人们不接受这种消费方式，而是不了解。人们一旦把消费观念及时转变过来，香熏产品就大有市场潜力。

小小纸艺店——手工生活乐趣多

纸艺坊作为市场上一个全新的更有创意的行业，会在引领时尚潮流的同时，让你快乐并赚钱。

【小店淘金成功案例】

阿黄是一家纸艺店的女老板，她的店不是做普通的纸花、玩具，而是专做平面卡纸类用品，如卡片、笔记本、相册等。阿黄开纸艺店的初衷是追求一种情感，比如自制贺卡以表达真挚的情谊。

在阿黄的纸艺店中，虽然她经营的一些艺术折纸价格不低，但仍能吸引不少顾客。因为DIY纸艺可以培养观察力、创造力及耐心，还能开发儿童智力。成年人忙碌之余学习纸艺，则可放松心情，动手的乐趣就蕴藏在轻松自在的折纸氛围中。制作纸艺重在手艺，阿黄的纸艺店一条主要的经营思路也是通过指导顾客DIY来获利。

阿黄的纸艺店主要提供各类卡纸和一些已剪好图案的小卡片，顾客可以买了卡纸回去慢慢做。即使不会剪纸也没关系，店里有很多已做好的半成品，顾客只需把图片拼成想要的画面就行。在惠顾纸艺店的顾客中，很多是为亲人或爱人制作折纸花。一般制作纸花的价格20~50元不等，在店员手把手指导下，一个新手完成一朵玫瑰约需10分钟，一件较简单的情景作品约需2小时。

开店几个月，阿黄的纸艺店就得到不少顾客认同，很快会员就发展到了二百多人。

【小店前景分析】

做纸艺的原材料可利用过期的挂历纸、广告纸及宣纸等。纸工艺品在造型上可融入华夏五千年的古老神秘文化，也可采用西方现代夸张、大胆的手法。纸工艺品全手工操作，每件都是独一无二，同时凭个人的灵感及意念可随意创造造型。纸艺品具有环保（可利用废弃纸张）、不易破碎、陈设独特（半圆花瓶可挂在墙上、四分之一圆花瓶可挂墙角处）等特点。

开一家纸艺坊可以选择下列的经销途径：

1. 加工制作：面向各礼品店、工艺品店、花店、手工艺品批发市场及各商场超市礼品工艺品专柜。

2. 自助吧（纸吧）：可满足"新新人类"及休闲娱乐派（金领、白领及其他中高收的群体）。

3. 老年人市场：中国正逐步步入老年社会，老年人的生活和娱乐逐渐引起人们的关注，纸工艺品可以让他们在休闲之余体会到更大的乐趣，可以在制作的同时陶冶情操，充实其生活的分分秒秒。

4.**学生市场**：随着教育的多元化，社会对学生的要求从动脑转化到动手能力，对学生的操作能力日益加强，因而对手工制作课的要求也相应加强，纸工艺品是一种新颖且环保型的手工制作项目，在学校有很大的发展前景。

显然，小小纸艺店经营得当，就能创造不少商机。专家指出，投资纸艺店首先要注意定位，不妨结合年轻人喜欢浪漫、追求新奇的心理，提供简单制作纸花、绢花、布艺之类的小型艺术品的原材料，或开发多种手工制作的低成本礼品，也可让顾客自带原材料，店内提供工具，让其自行设计制作。同时，收费要适中，遵循"薄利多销"的原则能赢得更多消费者。

选址方面，店铺选择至关重要，高端写字楼、社区附近最佳，可靠近目标消费群体。但这些地区租金往往较高，同时娱乐设施选择也相当多，市场份额可能受到冲击。店主应追求时尚和个性，并有一定的动手能力，能引导顾客制作。也可以会员制为主要经营形式，即会员在店内学习纸艺，店里免费提供原材料。此外，还可零售纸工艺品，主要面向礼仪公司、服装公司等大客户。

营销方面，重在选准时机，不妨在情人节、三八节、七夕节等节日前印制宣传单，倡导亲手制作纸艺的意义，既可满足消费者需求，也能带来更多经济效益。

改变生活理念的艺术马桶专卖店

马桶从来都是躲在卫生间里，难登大雅之堂的，但它又是人们生活必需的物品。现在马桶也要披上时尚的外衣了，很多人在家装中又增加了新亮点：要在卫生间这块隐私之地透出主人的情趣。这也为开店创业者打开了一扇新意大门。

假如有这样一间艺术马桶专卖店，店门是一个巨大的马桶盖，店里就是马桶世界：深海世界的水草和鱼、激情燃烧的沙漠绿洲、搞笑的漫画、恐怖的怪兽等应有尽有。坐在粉红色马桶状沙发上挑个艺术马桶回家，给自己的生活以全新的感触，相信这样的艺术马桶店一定能够吸引很多消费者驻足观望，满足那些对生活充满求新求变渴望的人们，同时也将给经营者带来可观的收益。

【小店淘金成功案例】

日本一直有"洗厕开运"之说，即向"厕神"祈祷可开财运，而让"厕神"高兴的最好方式莫过于保持卫生间的清洁。有人称，卫生间的清洁程度是同主人钱包的厚度成正比的。甚至有人将股票解套、彩票中奖、升迁、病愈都归功于洗厕所致。

我们暂且不论这种说法的来源，但厕所文化所引发的商机却是不容置疑的。马桶确实可以装扮家居，将马桶变成艺术品、把卫生间变成"艺术空间"已成为现代人的一种新时尚。

在台湾就有一家专门经营艺术马桶的专卖店，其店门就是一个巨大的马桶盖，店里各式马桶应有尽有：沙漠绿洲、搞笑漫画、恐怖怪兽、海底世界……顾客则坐在马桶状的沙发上挑选自己中意的马桶。根据制作材料的不同，艺术马桶的价格从几百元到数千元不等。

在这个善变的时代，马桶盖DIY也是个好主意。台湾一些马桶店都有这样的服务：顾客提供图片，工作人员用数码技术将其拷贝到马桶盖上，短短10分钟，一个彰显主人个性的马桶盖便出炉了，简便、经济，还可随时替换。

【小店前景分析】

艺术马桶价格可以从几百元到数千元不等，这主要根据所用的材料来定，大部分马桶适合于普通家庭且方便更换。马桶的采购很关键，这是决定利润多寡的重要环节。你最好能从厂家直接订购，这样可以拿到最低的价格。马桶店要有艺术品位，开始要本着向顾客灌输新思想的原则来经营店面。店内布置要别具特色，最好都与马桶有关。若店主对艺术设计和房间装修方面很内行，做起来将会得心应手。艺术马桶是一种生活理念的改变，并不是玩闹的绘画游戏，所以不排除其成为生活主流的可能。

艺术马桶的观念普及会需要一段时间，所以在开店之初你不要急于盈利，要给顾客以心理接受期。在开张的前期最好通过宣传单、报纸广告等形式来扩大影响吸引人气，在新楼盘区更要加大宣传力度。

另外，你可以组织一些强力营销活动，比如：请一流的设计师设计"未来的洗手间"，请歌唱家为马桶唱赞歌，请茶道家、插花家、钢琴家坐在马桶上表演艺术等，这种全新的广告推广理念不仅可能改变人们对马桶的看法，还具有化腐朽为神奇之功，使艺术马桶吸引更多的人前来观看，使他们认识到艺术马桶的内在之美，从而使他们产生购买艺术马桶的冲动。

开一家家具寄售店

如果你对室内设计感兴趣，或者对古董和家具质量有一定的鉴别力，不妨试着开一家家具寄售店。

【小店淘金成功案例】

在市区及周边乡镇的寄售店，一般只有几张桌子、几台自用电脑，很少看到顾客寄售的商品。寄售行到底寄售什么？他们是怎么赚钱的？

按规定，寄售业务作为民间委托代售的中介行为，寄售的商品仅限于日常生活用品、小件物品。寄售出去后，寄售商扣除佣金和其他费用后，将货款再交付给寄售人。

一般上寄售行是做熟人生意的，有些东西不需要了会拿到店里来寄售。而在实际运作中，寄售的程序十分灵活。一些大件寄售物品，如成套的家具、冰箱、床等，不方便送到店里，如果碰上买家，由店方派人陪着到现场看货，成交后店方收取一定比例的佣金。

寄售业手续费一般是物品售价的 5%~10%，对于高档物品，一般会设手续费最高封顶金额，一般上限 2000 元。一些寄售店从事部分典当业务。而开设典当公司需先领到国家商务部核发的经营许可证及公安部门的特种行业许可证，工商部门才予以登记，且注册资本 500 万元以上。

寄售业的悄然兴起，对一些有多余物资的人来说是件好事，对缓解资金紧张也起到了一定的作用。目前，温州市区的一些寄售行业已相当繁荣，寄售店的经营范围涉及所有二手及全新民用品，包括珠宝玉器、钟表眼镜、工艺礼品、名牌奢侈品、数码产品、日用百货等。

【小店前景分析】

家具是寄售业中发展最快的部分之一。越来越多的非家具寄售店已开始在店内增设家具库存，或干脆另外开一家专门寄售家具的铺面。

你要的应该是那些洁净并深受喜爱的家具及其附件，并把它们陈设出来代售。不必局限于沙发和桌子。你可以效仿其他比较不错的家具店或古董店，将印刷品、书画和装饰品等都纳入自己的库存，此外，你还应当花些时间去人们家中鉴定家具，然后将它们带回店中。

由于你是以寄售方式接货的，因此在其售出之前你无需付费，这正合了那些刚开始创业的人的心意。有些寄售店给货物定下价格，如果在约定时间内卖不出去就将原物奉还，而有些店对未售出的货则每月降价 10%。

这一行的好处是有创意，与其他零售业务比起来少花许多本钱，且通过帮顾客们花小钱买

大件，你亦会倍觉欣慰，更何况你也不知道什么时候门外又会送进一件引人注目的东西。

你得有商品陈设和做买卖的天才，还得密切注视质量和最新潮流，比如说，那种上世纪70年代很流行的橘黄配翠绿的锦缎沙发，在今天就很难有销路了。对古董和收藏略知一二也很必要，这样你就可以分辨真品和赝品了。此外你还需要了解如何正确定价，以便顾客们得到满意的折扣，而同时你和你的寄售委托人又能挣一笔。

你要是想开设一家家具寄售店，那么就要做好以下准备：

你得准备一个店面，只要有足够的面积进行家具展销就行了。它所需的本钱极少，除了租金外，只需4000~6000元即可。

招揽生意最好的办法就是以原价1/3定价，不过这可以根据物品的受喜爱程度而有所变化。还有别忘了，做家具寄售的乐趣之一便是，每隔三周你可以将滞销货降价，这一定是个留住回头客的绝妙办法。此外，再存一些关于古董和收藏的参考书，以及一辆耐用的货车，一些小轮手推车和大板车。

古董店和其他家具店的顾客都会光顾你的店，关键是吸引他们的注意力，并在双方都受益的基础上卖出自己的货品。除本地广播、报纸这些常规广告途径之外，你还可以为本地妇女团体主持家具和收藏展览，并在学院和社区中心举办有关家具设计、古董和收藏的主题研讨会及讲习班。

彩色泥巴里的大生意

在国外有一种非常流行的工艺品，在国内才刚刚兴起，名叫花泥画，是用彩色泥巴做的一种精美的艺术装饰画，其画面均呈立体形状，颜色多样，层次分明，手按上去较硬，就像少数民族的彩绘画一样。如果在学校门口或附近开一家花泥画廊，瞄准学生做生意准能赚钱。

【小店淘金成功案例】

在大多数人的眼里，取之不尽用之不竭的泥巴可能是世界上最不值钱的东西了。可是，湖南的打工妹刘体英却慧眼识金，通过她的巧手，化腐朽为神奇，把一堆堆泥巴变成了精美绝伦的花泥画。短短的4年时间，她从零开始，一跃成了远近闻名的"花泥画皇后"，拥有了上百万元的资产。刘体英是怎样将泥巴变成金疙瘩的呢？就让我们一起来看看她的淘金故事吧。

刘体英是湖南省常德市鼎城区草坪乡人。小时候，因为家里穷，买不起玩具，活泼而又顽皮的她和村里的小伙伴除了捉迷藏，最喜欢玩的游戏就是聚在一起玩泥巴，捏泥人和小动物。刘体英爱动脑筋，手脚麻利，因此她每次捏出的泥人总是又快又好。

一转眼，刘体英初中毕业了。因为家境窘迫，她无法再继续求学。眼看村里的姐妹们纷纷外出打工，18岁那年，在家干了几年农活的她再也坐不住了，于是背着行囊来到了常德市。转了大半个市区后，她终于在一家大酒店找到了工作，当了一名服务员。

这一干就是6年。2000年5月，因为竞争激烈，酒店的经营每况愈下，刘体英被迫辞职了。走在街头，当时已24岁的她茫然不知所措，不知道只有初中文化的自己适合干些什么。无奈之际，她决定先回家，跟丈夫商量后再作打算。

丈夫很体谅刘体英，劝她先在家里休息一段时间，工作的事慢慢想办法。可刘体英是个闲不住的人，每天做完家务之余，就来到街头转悠，希望发现有人招工。一天，她转累了，于是来到附近的一家书报亭，顺手拿起一本杂志翻阅了起来。这一看，顿时让她心潮澎湃：她发现杂志上刊登的文章里，有很多下岗女工和打工妹依靠白手起家创业当老板的故事。既然别人能成功，为什么自己不能呢？好像漫漫长夜里在远方出现了一线光亮，刘体英觉得眼前似乎有了希望。

然而，对于既无多少本钱，又无创业经验的刘体英来说，白手起家谈何容易！好在丈夫很支持她，这无形中给了她创业的勇气和信心。最后经过反复比较，刘体英觉得如今的学生大多是独生子女，相对来说他们的钱应该比较好赚一些。就这样，她在一所小学的门口摆了一个小摊位，经营起了文具、玩具和书籍等学生用品。

渐渐地，刘体英发现这些学生更喜欢一些新奇的东西，只要有新东西出现，他们往往会跟风购买。一次，刘体英在进货时，老板给她推荐了一种流动山水画和沙画，并当场给她演示了起来。看完老板的演示，刘体英觉得很有趣，于是试着进了一批货。没想到这批画一亮相，果然大受学生们的欢迎，不到一个星期就销售一空了。尤其是沙画，更是让他们爱不释手，甚至有好些没有买上的同学还埋怨她为什么不多进一点。

看到这种情形，刘体英很后悔当初没有多进，于是马上再去进货。可当她赶到那家批发店时，老板告诉她已经断货好几天了。失望之余，刘体英只好补充了一些其他的货离开了。

一路上，刘体英后悔不已，满脑子都是那些沙画。想着想着，突然一个新奇的念头跳进了她的脑海：既然沙子能作画，那么用泥巴是否也能作出画来呢？如果可行的话，那自己不就找到一条别出心裁的创业之路了吗？

刘体英为自己的这个想法激动不已，于是一回到家里，她就迫不及待地跟丈夫说起了这个设想。丈夫听后，仔细一琢磨，觉得很有创意，于是鼓励她说："好主意！你大胆地试吧，我相信一定能行的！"得到丈夫的肯定后，刘体英顿觉信心百倍，也更加坚定了自己这一近乎异想天开的想法。

2000年9月，刘体英开始了认真的准备工作。刘体英琢磨起了这泥巴画到底如何定位和操作的问题。一天，当她整理摊位时，眼前的橡皮泥、水彩笔和填色册等低龄学生特别喜欢的用品顿时令她眼前一亮：对，自己就将橡皮泥等的优点集合在一起，研制一种全新的集教、学、玩于一体的教育和学习的趣味玩具，这样既能锻炼动手能力，又能锻炼动脑能力，岂不更受欢迎？

说做就做，刘体英马上开始寻找制作泥画的原料——黄泥巴。可当她转遍了整个城区，就是没有发现合适的黄泥巴。正在沮丧之际，有一次刘体英去乡下的一个亲戚家串门，回来时无意中发现一座山上的泥巴金黄金黄的。真是"踏破铁鞋无觅处，得来全不费功夫"，这不正是自己苦苦寻找的黄泥巴吗？当时正是骄阳似火的炎炎夏日，可她顾不了那么多，飞快地跑了过去，用塑料袋装了满满一袋的黄泥巴提回了家。

黄泥巴解决了，可到哪里寻找到绿泥巴、红泥巴和蓝泥巴等五颜六色的泥巴呢？这可给刘体英出了个不大不小的难题。

一天晚上，刘体英在看电视时，屏幕上突然出现了当地一个石材加工厂的广告。画面上，加工现场堆满了各种规格的石材，在石材的旁边，还积聚了一大堆加工石材时留下的白色膏泥。刘体英脑海里灵光一闪，顿时有了主意：何不以这种白色的石材膏泥为基本原料，再加进各种化工颜料，进而调配出各种彩色泥巴呢？

很快，刘体英调配出了黑色、橙色、红色、蓝色、咖啡色等十余种颜色的彩色泥巴，并制成了第一幅泥巴画。可是，令她失望的是，用泥巴制作出来的画干了后很容易脱落、褪色。刘体英只好请教学化工的丈夫和他的同事。他们建议她往泥巴里加进一些发泡剂和轻质材料试试。最后经过反复试制，泥巴画脱落、褪色的问题总算解决了。

接下来，刘体英觉得应该给这种全新的泥巴画取一个好听的名字，以利于推广。考虑到橡皮泥又叫彩泥，为让两者区别开来，刘体英反复琢磨，决定为这种新颖独特的彩色泥巴起名为"花泥"，并且把用花泥制作出来的画叫做"花泥画"。

为了让花泥画一炮打响，刘体英制作了十几幅各种题材的花泥画样品。一切就绪后，她选择了离家较近的一所小学，一大早就来到了学校门口。为吸引这些小顾客，她将样品画一字排开后，还特意打出了一面"你同样可以做出漂亮的花泥画"的横幅。果然，学生们一见校门口突然冒出来的这道美丽风景，纷纷涌了过来，并唧唧喳喳地议论开了："哇，真漂亮！""这是用什么材料制作出来的呀？""要是我也能做就好了！"……当听说这些画是用泥巴制作出来的后，学生们一个个惊讶得张大了嘴巴，觉得简直有些不可思议。

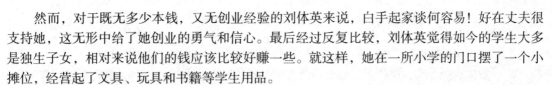

第四章　开家家居用品店

161

正在此时，一位40多岁的中年妇女走了过来，远远地就嚷开了："学校门口是不许摆摊卖东西的，难道你不知道吗？"一听这话，学生们吓得全都跑开了。中年妇女走过来，看了看她摆出的花泥画和打出的横幅，问道："你卖的是什么东西啊？蛮漂亮的嘛！"

听完刘体英的介绍，这位中年妇女一改先前的严肃，微笑着对她说："确实不错，有创意。我看这样吧，既然学生们都很喜欢你这个花泥画，我们学校也开设了手工课和美术课，你拿一些花泥来，我们就建议每个同学先买一套试试……"

令刘体英做梦也没有想到的是，原来这位中年妇女是这所小学的校长。这一次，她几乎没费任何周折，就销售了近600套。以每套花泥20元计，扣除成本，她差不多赚了近8000元。花泥画第一次亮相，就取得了这样的销售业绩，这大大出乎了刘体英的意料，使她信心大增，同时也让她看到了花泥画巨大的潜在市场。

此后，刘体英以学校为依托，每到一所学校，就主动与学校负责人联系，介绍自己的花泥和花泥画，并告知对方有哪些学校采用了她的花泥作为教学用具。就这样，靠着一家一家地上门推销，刘体英的花泥画迅速被常德城区的中小学校所接受。短短3个月，她就赚了2万余元。

可是，问题很快就出来了。最先购买刘体英花泥的那所学校反映，因为她的花泥是用塑料袋包装的，在使用过程中很容易变干，而且也不美观，使用起来还不方便，如果在包装上加以改进，他们也许会考虑再次购买。

刘体英觉得对方提出的意见很中肯。她清醒地意识到：产品只有不断加以完善，尽可能满足顾客的需求，才会最终赢得市场。可是用什么材料来包装花泥好呢？

一天，刘体英去一家照相馆洗照片，无意中发现有人正在收购装胶卷的废旧塑料瓶。她觉得很好奇，于是就问对方收购这些塑料瓶干什么用。对方告诉她，他是常德市棉科所的科技人员，因为这种塑料瓶质地轻巧，密封性能好，他们用它来搞良种繁育的，效果相当不错。听完对方的介绍，刘体英突然眼前一亮：自己用这种塑料瓶来包装花泥不是正好吗？

回家后，刘体英立即从抽屉里翻出了几个装胶卷的旧塑料瓶。经过试用，果然效果非常好，而且又美观大方。于是，她便以每只五分至一角的价格一口气收购了5000多个塑料瓶。紧接着，她就将花泥分装到塑料瓶中，每瓶30克，然后在瓶身上贴上不干胶标签，最后以每12种颜色组成一组，再用专用的精美纸盒包装好。

当刘体英提着新包装的花泥来到那所学校，那位女校长一见，连连称赞说："真不错！这样一改既有了密封性，也漂亮多了。"果然，女校长当下就与刘体英达成了协议：再订购600套花泥！

花泥的包装问题解决后，没想到又冒出了新的问题。这天，有一部分购买花泥的学生向刘体英诉苦说，因为他们所在的学校没有开设手工课，所以他们有时候想制作那些比较复杂的花泥画，不知道怎样操作。为此，刘体英又开动了脑筋。经过几个月的摸索，她终于找到了一个好办法：先到市场上买来三合板，裁成同样规格的小木板，再用铅笔把各种漂亮的卡通形象、动物、人物、风景、文字等造型和图案描到三合板上，做成绘画所需要的画板。这样，没有任何绘画基础的人，只需按照画板上的图案随心所欲地贴上花泥就行了，而颜色又可以任意组合。因此，同一张画板，就可以制作出不同风格的花泥画来。

为验证这套画板的可操作性，刘体英来到一所学校，随意选取了一些小朋友做起了试验。令她惊喜万分的是，这些第一次接触花泥画的小朋友经她稍稍指点，一幅幅色彩鲜艳、层次分明且极具立体感的花泥画就从他们手里诞生了。刘体英开心地笑了。

此后，为了更好地为小朋友服务，更快捷地推广花泥画，刘体英又对花泥进行了重新包装。在每组花泥里，除赠送描有图案的一张画板和一套制作工具外，另外附上了详细的使用说明书，还注明了联系地址、电话等等。这么一改，她的花泥更受小朋友的欢迎了。到2002年初，不到一年时间，刘体英的资产就达到了近20万元。

渐渐地，刘体英有了"野心"，对自己的经营有些不满意了。她发现自己的业务范围仅限于常德市，既然花泥画这么受欢迎，能不能使它走出本市，走向全国呢？

于是，刘体英决定先开一家花泥画专卖店，再以此为依托，逐步向外辐射。在经营方式上，她引进了时下在国际上风行的"DIY"消费理念，让小顾客在动手制作花泥画的过程中充分发挥自主性和创造性，让他们体验到前所未有的成就感。

经过考察，刘体英将店址选在了常德市武陵中心小学附近，因为这里毗邻常德市有名的桥南市场，人流量大，相对来说影响也大。2002年3月，刘体英的"美雅花泥画廊"正式开张了。

果然，画廊一开张，就吸引一群群小朋友。与此同时，刘体英的花泥画廊引起了很多家长的注意。他们走进来一看，发现学做花泥画既培养了孩子们的动手动脑能力及想象力，还可以让孩子们远离网吧和游戏机，称得上"儿童的健康乐园"，因此对其非常赞同。此后，一传十，十传百，刘体英的花泥画廊名声越来越响了。

2003年10月，常德电视台以《美的辐射》为题对刘体英和她的美雅花泥画廊进行了专题报道，接着，湖南卫视、中央电视台都前来采访报道。随着电视报道的播出，刘体英源源不断地接到了来自全国各地的电话和信件，这其中，有称赞她有头脑的，有夸她给孩子们办了件好事的，更多的则是表示要与她合作，买断花泥画在当地的独家使用权。

这些来信和来电，给了刘体英很大的启发。她意识到这是个不可多得的发展机遇。经过慎重的考虑，她决定采取代理制，尽快将花泥画推向全国。与此同时，她又建立了自己的网站，并用店名"美雅花泥画廊"申请了网络中文实名，客户在网上只要搜索中文"美雅花泥画廊"即可直达网站，这样给客户提供了很大的方便。从此，电子商务为她的花泥画插上了腾飞的翅膀。

一天，一个年轻人来到刘体英的花泥画廊，说他家正在搞装修，想定做几幅花泥装饰画。刘体英眼睛一亮，随即意识到这又是一个新的商机。果然，当那位年轻人以400元买下5幅精美的花泥装饰画后，竟然介绍了许多朋友前来买画。这意外的插曲，让刘体英看到了花泥装饰画广阔的市场前景。

一转眼，2004年圣诞节即将来临。刘体英意识到如今的年轻人喜欢过洋节，说不定这就是个销售花泥装饰画的绝好机会。于是，她精心准备了2000多幅圣诞老人系列礼品花泥装饰画，结果一投放市场，立即被抢购一空。这一次，刘体英赚了整整10万元。

泥巴是再普通不过的东西了，但刘体英却从中发现了独特的商机，将这最不值钱的东西变成了赚钱的工具。目前，刘体英的花泥画廊加盟店已发展到了260多家，仅此一项，她一年的收入就能达到50多万元。

【小店前景分析】

开这样的一家店可以把目标锁定在一所中小学，租下一家20平方米的店面，如果有可能，最好在里面铺设地砖，墙壁要粉刷得洁白干净点，里面再放5张桌子、30把小椅子。房屋最好高点，打上吊顶，墙上最好挂上大大小小的花泥画成品和半成品，如果还有空余的地方，最好从市场上买些仿生藤叶、瓜果之类，然后用细铁丝拉成一条条、一串串，让整个店铺充满艺术气息。接下来写一些宣传标语，如"培养孩子亲和力和耐心的场所"、"素质教育的园地"等等，并将这些内容张贴在画廊的里里外外或做成广告宣传招牌。也要给店面起个比较有艺术气息的名字，用红底黄字的布幅悬挂，既醒目又独具风格。

在经营策略上，要注意以下3点。

1. 差异化策略：考虑到学生的年级不同、经济条件有别及图案的复杂程度不同等因素，为规范经营和管理，重点推出上述的小、中、大3种规格的画板，分类排列摆放在贴墙的架位上，且在每块画板上角标明制作者的姓名、班级。这样做不仅一目了然，拿放方便，更重要的是拉开了档次，学生们做大做小顺其自然，随心所欲。

2. 服务创新策略：在现场制作材料免费使用且免费指导的服务基础上，重点突出图案的更新服务。刚开始仅限于花仙子、白雪公主等卡通人物图案，之后陆续增加动物、风景、文字等上百种新图案，每推出一种漂亮的新图案就会掀起一轮新的制作高潮。

3. 激励宣传策略：在学生每介绍一人可获奖励一次的同时，再推出花泥画制作月赛：按规定每月制作花泥画5幅以上的学生，才有资格参加花泥画月赛，月赛评选出一二三等奖，且奖品在某个特别时间发放，以便扩大影响。

方兴未艾的仿真水果专卖坊

仿真水果可以用于家居装饰，不同的仿真水果还可传达不同的寓意，因此深受时尚人士的喜欢。经营仿真水果的利润也不小，市场又有越来越大的需求，此时开一家仿真水果店可谓正当其时。

【小店淘金成功案例】

现在市场上出现的一些用新型材料制成的仿真水果，跟以往的很不一样，它们不仅看着和真的一样，拿在手里的质感和重量也与实物相吻合。目前，市场上这类优质仿真水果的品种已较为齐全，诸如苹果、葡萄、樱桃、香蕉等，可谓应有尽有。

张先生瞅准商机开了一家仿真水果专卖坊，目前生意非常红火。张先生指出，经营仿真水果产品，关键一点是品种要齐全。目前，市场上的仿真水果已经开发出300多种，极其丰富，所以，只要进货全，就不用担心顾客找不到满意的商品。而且，随着时下浙江省义乌市一些厂商大量生产，近年来仿真水果产品的价格也有所下降，但零售商仍能以两三倍的价格出售，因此越早介入，获利空间就越大。

此外，经营仿真水果店不需要多大的店面，一般15~20平方米就可以。如果在批发市场有柜台就更好，摆放一些工艺样品，再悬挂、摆放一些独立的水果。还有就是要准备漂亮的瓶子，然后批零兼营，有利于生意拓展。同时，除了瞄准个人顾客市场，也不妨去一些有消费潜力的机构推销，譬如一些小饭馆需要布置环境时，仿真水果就能派上用场。当然，这里说的仿真水果还包括一部分仿真蔬菜，如马铃薯、辣椒、南瓜等，这些是小饭馆最好的装饰品。与之类似，酒吧、咖啡屋、时装店等，也都能成为不错的买家，关键是经营者要有一双善于发现的眼睛。

【小店前景分析】

仿真水果几年前就已经上市了，但是几年前的仿真水果还都是手工制作。手工制作决定了仿真水果很高的市场价格，而价格太高其生意就很难做开。现在，仿真水果已经能批量生产，成本大大下降。成本虽然下降了，可利润有多大？举个例子，一个批发价为1元的仿真水果，零售价至少可在3元。但是，仿真水果并不是一个苹果一个梨地出售，而是制成果球、果篮、果塔等各种赏心悦目的工艺品后再整体销售的。这样，附加值会提高，产品更好卖，利润也会更高。如出厂一个25元左右的产品，到批发商手里是50元，再到零售商则为100元，消费者买到的价格最终可能达200元左右。

仿真水果制成的工艺品可以用于居室布置。市面上经常将仿真苹果放入密封水瓶里卖的，那是非常漂亮的。如果摆在家里的餐桌上，绝对是亮丽的风景。这样的工艺品送人再合适不过了，比如朋友喜迁新居送上一个，朋友一定笑逐颜开。送苹果的意思，中国人都知道，有平平安安、吉祥如意的意味。

当然，以上只是仿真水果的一种形式，我们可以发挥创造力，制成各种艺术品与吉祥物。比如宾馆、饭店等开业的时候，用仿真水果制成各种造型用来烘托气氛也是流行的趋势。

窗帘小店，让家居生活美起来

在家庭装修中，窗帘是绕不开的必备品，这是家居业的一个重要市场。小小的窗帘也可以闯出一片大世界。

【小店淘金成功案例】

在宁夏银川乃至整个西北地区的窗饰布艺行业内有一个响当当的名字——"洋洋布艺"。从1996年创业至今，"洋洋布艺"的陈海建已将当初在商都仅有30平方米营业面积的小店，扩展为现今近1000平方米、经营中高档窗饰布艺和家居饰品的大型卖场。

1996年，20岁出头的陈海建总想干点自己的事情，在银川最大的装饰城华泰龙打工的经历让这个聪明的小伙子看到了一线商机——经营百叶窗。于是，陈海建在商都相中了一个30平米的店面，为了节省开销、降低成本，他干脆在自家的简易楼前盖了一间小平房作为加工点和仓库，并亲自进货，使加工、销售成为一体。就这样，陈海建的"洋洋百叶窗"小店在1996年年底开张了。

船小好调头。陈海建的小店运作成本低，百叶窗的价钱比华泰龙便宜了不少，产品质量和服务态度又好，很快凭借这些优势迎来了大量客源，每天的生意很红火。陈海建和雇来的工人没日没夜地干，白天出去安装，晚上在家加工，一个星期最少要熬两个通宵。激情是无穷的力量，虽然每天的工作量巨大，可是看着生意这么好，再苦再累也干得欢。就这样，陈海建忙忙碌碌、兢兢业业地干到了1998年。他奢望中的运输车——摩托车早已变成了现实，自己当初的投入也变为现实的利润极大地回报了自己。

但是好景不长。由于百叶窗的高额利润像一块诱人的蛋糕，引来众多分食之人，1998年银川的百叶窗市场急速扩张，一时间，经营者众多，良莠不齐，泥沙俱下。百叶窗的市场价从110元每平米，迅速跌至30元每平米，利润从200%骤然滑落到不足20%！再好的产品和服务也抵挡不住恶性竞争的伤害，又苦苦经营大半年之后，陈海建毅然撤退，图谋东山再起。

经过对市场的观察和分析之后，他看到了新的商机——窗饰布艺！经过几年的时间，百叶窗所占市场份额正在逐渐减少，人们已不再满足于百叶窗效果单一的装饰作用，富于变化的新材料必将逐步取代百叶窗的统领地位。

从1999年开始，银川的房地产业也逐步进入快速发展时期，越来越多的家庭准备更换住房或重新装修，人们的消费观念也逐步变得更加灵活，银川的窗饰行业潜力巨大。习惯思考的海建又看到了新的希望。

当时银川市场上窗帘布艺店不多，且品种单一，档次偏低，整体水平不高，是一个很好的切入时机。陈海建的哥哥一直在做服装专业的老师，于是他决定辞职，利用自己的专长和弟弟一起打拼，拿着二姐用9万多元的新出租车换来的7万元，两兄弟满怀希望地开始了"二次创业"。

1999年底，70多平米营业面积的"洋洋布艺"在众商云集的新华街开业了！陈海建亲自寻找货源，哥哥陈海洋精心设计款式，让每一个进到店内的人不由得耳目一新。花色、品种繁多的布料制作而成的款式新颖的窗帘，彻底颠覆了人们的陈旧观念。用布窗帘装点家居温馨且自然，消费者很快就接受了"洋洋布艺"的风格，生意自然有如芝麻开花般节节升高。

到了2000年，陈海建想把店面营业面积扩大，以增添更多的品种，吸引更多的顾客。最后，新店面选择在了南关清真寺旁，对面是一个大型灯具市场。因装修家居来挑选灯具的顾客很容易被吸引到"洋洋布艺"，无形中又增加了许多潜在消费者。新店200多平方米的面积也使得陈海建有了更大的空间来增加花色品种和经营项目，顾客的选择余地也变得更大。

陈海建是个时刻有"企图心"的人。他意识到窗帘布艺市场的发展趋势将是走大规模、集约化经营之路，功能完善、环境优良的大店终会将个个小店逐步吞并，因此他的目标不仅是要让"洋洋布艺"长久地发展下去，更希望做成银川市场乃至西北地区的一流名店！

经过反复选择，2002 年初，陈海建兄弟俩把店搬到了银川市商业银行分行旁一处拥有近千平方米的二层营业楼。他们谈定十几家品牌的独家代理，增添了家装饰品、中高档床具及床上用品、餐桌、休闲桌椅、各式各样的窗帘轨道等，扩大了仓库及加工车间，推出了"设计、加工、安装、售后全免费"的优质一条龙服务。店内所有款式的窗帘均是最新流行，每一个半月厂家最新款的设计成品就会悬挂在店内供顾客选购。

陈海建亲把面料质量关，价格则做到全市标价最低。论规模、档次、款式、质量、价格、影响，现在的"洋洋窗饰布艺广场"已经成为名副其实的银川窗饰布艺第一大店，在西北地区也是名列前茅的。楼上楼下精心布置的展厅，为顾客提供了一个宽敞舒适的购物环境，国内外数百种精品让人看得应接不暇，让人可以选到称心的窗饰，省却奔波选购之苦。

至此，以前的"洋洋布艺"以傲人的实力真正成为了宁夏同行业中的龙头老大！新华百货办公区、区政府办公楼改造等办公楼项目的窗饰部分，牡丹园、民生花园、永康家园、邻秀一居等高尚住宅区样板间的软装饰部分，以及外市县的大批工程项目都无一例外地选择了"洋洋布艺"。

【小店前景分析】

窗帘生意前景很好，买房的人多了，相应便拉动了装修装饰业的火爆。装修新房一定会光顾窗帘布艺店，而其中很多人喜欢去中低档的店，毕竟价格比较实惠，而做工并不差。所以，中低档窗帘布艺店的市场很大。

开一家窗帘店不是开杂货铺，技术上的东西很多，需要学习。初入行的新手想开店，建议先去某家窗帘店上班学习上几个月，积累一些经验再下手。

开一家窗帘店，首先你要了解你所在地方的窗帘市场情况，主要就是住房开发情况，因为新住房都需要装窗帘，这就是你的潜在顾客群。还有就是当地的消费水平，这决定了你将来的窗帘店如何定位，以及经营什么类型的货品最合适。

窗帘店的选址首选在市中心装饰公司多的地方，或者窗帘店多的地方，因为现在大家做装修基本都是找装饰公司，人家去装饰公司可以顺便看看你的窗帘。

窗帘店的进货主要有三个渠道：进口窗帘、广东窗帘和浙江窗帘。进口窗帘主要是从韩国和欧洲进货，这样的货品价位高，虽然利润丰厚，但不是很容易推销。广东货也不错，很多是模仿欧洲的，价位也偏高。浙江的窗帘基本都是仿广东的，价位低，但是质量相对差了些。

如果你是一家小型窗帘店，当然不能直接从厂家拿货，一般就可以从几个大批发市场拿货，北方的朋友可以考虑淄博周村，那是北方最大的布料批发市场。靠近浙江的朋友当然可以去绍兴进货，另外武汉汉口批发市场也很大，浙江货、广东货都有。

擦地拖鞋市场广阔

擦地拖鞋，顾名思义就是既可当拖鞋穿，又可以清扫室内地板使之保持洁净，免去反复擦地之苦。

【小店淘金成功案例】

小华是一位普通的下岗女工，由于她看到了擦地拖鞋拥有的广阔市场前景，如今，她的工厂已经从原来的小作坊发展成为拥有员工近二百人的民营企业，她自己也早已有了自己的小车和洋房，生活和事业都很如意。

高中毕业后，小华到南宁一家制鞋厂当了一名工人，几年后工厂效益滑坡，厂里发不出工资，只好用鞋制品抵冲。为了推销这些"工资鞋"，小华只好白天上班，晚上去夜市卖鞋。由于小华和爱人全都在这个厂工作，他们家里的鞋也越积越多，尤其是拖鞋，有几千双之多。后来小两口双双买断了工龄，拿着买断工龄的几万元钱和积压的几千双拖鞋，小两口陷入了迷茫和困顿中。

一天，小华碰到原来的销售厂长，从他那儿小华知道，工厂要迁往郊区，急需处理库存的积压鞋。厂里决定，谁能把这批鞋卖出去，利润就归谁。回家的路上，小华想，自己家里那几千双"工资鞋"还没着落呢，哪有法子推销厂里的库存鞋？但小华不知道，一个创富机会正悄悄地向她走来。

小华有一个同学，两人从小就要好。有一天，小华到她家去玩，正赶上这位同学在擦地，同学怀孕几个月了，挺着个大肚子，弯腰费劲，只能把毛巾捆在拖鞋上，一边走动一边擦地，小华看了不禁眼前一亮：对啊！那些积压的拖鞋能不能都改成擦地拖鞋呢？那样的话该多方便啊！

从同学家回来，小华兴奋地投入了实验：她找来纱布和一些吸尘性能良好的化纤材料，用线将其缠好套在拖鞋上，这样一双简易的擦地拖鞋就做好了。小华穿在脚上在房间里来回走了几个来回，再回头看看地板，地板还真被擦得干干净净。

过了没几天，小华把托人精心加工的"擦地拖鞋"拿了两双送给那位怀孕的同学，没想到几天之后这位同学就打电话对小华说："你那种擦地拖鞋能不能再拿过来十双八双的，我的三个大姑姐要……"

之后，小华和丈夫商量，专门联系了一个做拖鞋的小作坊，投入三千多元，做出了400多双拖鞋。当小华和爱人兴奋地把这些擦地拖鞋扛到夜市上去卖的时候，效果却并没有想象的那样好，虽然当天卖出去了十多双，但火爆的场景没有出现。回到家，小华和丈夫仔细分析了一下，明白了夜市的消费人群大都是年轻人，而擦地鞋的消费群体，应该是那些老年人、行动不变的孕妇和忙碌的白领阶层。

第二天一早，小华又和丈夫把这些拖鞋扛到了南宁市区的一些住宅小区，没想到产品出奇地好卖，短短三天时间，400多双鞋销售一空。

于是，小华找到销售厂长，说工厂积压的库存拖鞋她全要了。厂长正在为库存积压发愁呢，立马答应他们夫妇可以采取赊销的方式，货卖完之后再回款。近十万双积压拖鞋虽然是成品，但是要想改成擦地拖鞋还需要再加工。小华和爱人又根据消费者反馈的意见，对原有的擦地拖鞋进行了改进，采用嵌入的方法把擦地材料固定在鞋底，这样擦地材料就不会从鞋底脱落出来了。

小华和爱人进行了分工，小华负责产品原材料的采购，丈夫负责生产。加工完成后，产品全都销售给了超市和商场。小华说之所以没销往夜市，是因为夜市压价太低，虽然拖鞋也很受摊主的欢迎，但自己赚不了多少钱。

擦地拖鞋的热销，在南宁引起了不小的轰动，一些报纸的记者闻风而动，什么"超市发现能擦地的拖鞋"、"拖鞋能擦地吸尘，你信吗"之类的文章，无疑给小华做了免费广告。一年后，厂里积压的近十万双拖鞋全都卖了出去，有的还销往越南，小华不但成功地给工厂回了款，自己也从中获利近十万元。

积压的拖鞋卖出去不久，小华和丈夫开始自己购进原材料，自产自销擦地拖鞋。做出几批后，小华发现产品竟然出现了滞销。原来，擦地拖鞋热销以来，引来了鞋类厂家的跟风，市面上同类产品大量出现，使擦地拖鞋的售价一降再降，到后来小华的鞋厂月产量下降到原来的40%，库房却积压了近十万双鞋，急得小华吃不好睡不香，瘦了十多斤。

要想了解市场，就得深入市场。小华对市场进行了一番考察，发现现在人们的住宅条件改变了，房屋面积增大了，擦地就成了一个问题或者说一个负担，看来擦地拖鞋的市场潜力还是有的。在对客户的回访中，小华听有些客户反映：擦地拖鞋好是好，但冲洗晾晒的时候不能用，这样就要备两双拖鞋，很麻烦。为此，小华对擦地拖鞋进行了改良，变成了可脱式擦地拖鞋。

可脱式擦地拖鞋就是将拖鞋外边做一个大小合适的套，擦地时套上套，再把鞋底换成一种可黏合的尼龙胶带，胶带可以随时取下来，这样鞋底的拖布就可以随时清洗了，可脱式擦地拖鞋一推出，迅速扭转了产品销量下降的局面。

在对客户的回访中，小华发现高档住宅楼的客户反映鞋子看上去不高档、不美观，于是她又根据这些人的需求推出了擦地拖鞋新品种地毯式拖鞋。这种地毯式拖鞋是用厚厚的地毯做成的，它除了具有吸尘功能之外，最重要的是它穿起来十分舒服，看起来也有档次，适合较高收入的人群使用。果然地毯式拖鞋推出后也出现了热销的状况。

几年过去了，小华根据客户的需求不断地对擦地拖鞋进行改造，在此基础上，她推出了十多种创新品种，深受各个年龄层消费者的喜爱。

【小店前景分析】

现今，城市人大都住上了楼房，房间内有铺瓷砖地板的，也有铺木地板的。房间漂亮、舒适了，但是也给人们带来了无尽的烦恼和劳累——需要经常拖擦地板。拖擦地板少则十几分钟，多则几十分钟，费时又费力。如果家中有老人、孕妇和孩子，就更麻烦了。虽然擦地板的工具不断改进，但还是解决不了根本的问题，因为每天只要有人在走动，就会有灰尘。

擦地拖鞋不但具有鞋的实用性，而且附加了擦地的功能，而且价格也不会太贵，每个家庭都出得起这个价钱。擦地拖鞋外观可以做得和普通拖鞋一样，但是它的底部增加了一层防滑、耐磨、吸尘力强的丝状化纤材料。穿上这种拖鞋，在房间里来回走动的同时，会将地板擦得干干净净！逢到节假日，家里人越多，地板就擦得越干净。另外，这种拖鞋由于在底部增加了一层化纤材料，穿着更加柔软、舒适，如同在高级地毯上走路一般，感觉将会更舒服。而且清洗也很容易，放在水中即可清洗干净。

要经营这样一家擦地拖鞋的小店，你应该做好如下规划：

1. 必备基本工具：缝纫机一台，工作案台一个，另备剪刀、米尺等日常工具。

2. 化工材料配备：所需的三种化纤材料和高粘剂，全国各地均可买到。

3. 作业选址：可以是家庭作坊式个人作业，减少一切费用。

4. 拖鞋胚料：全国生产普通室内拖鞋的厂商大把，可以考虑从人家那儿批发一些过来合成加工。当然如果能自己生产利润就更高了，不过投资也将更大。

婴儿纪念品店：开发独具特色的商机

目前婴儿纪念品商店在我国各大城市也开始出现。只要你能真正服务到"家"，并抓好宣传，生意肯定会红火。

【小店淘金成功案例】

日本大阪市有一家马克公司，它专营婴儿纪念品。主要服务项目是把婴儿的足印和手印，用特殊技术印在金箔或银箔纸上，然后装饰在镜框里，同时附上祝福语和婴儿出生的年、月、日以及身高、体重等记录。这项独特的服务刚一面世，立即受到社会各界的欢迎。因为这些纪念品既可体现父母的爱子之心，又可以让婴儿长大后能回味自己温馨的童年。如今，马克公司已承制了80万个婴儿手足印的制品，订单还在像雪片一样飞来。

受此鼓励，马克公司继续加强这方面的研究，之后又推出了"胎毛笔"和"初步鞋"两个服务项目。"胎毛笔"是用6个月大的婴儿头发制成的；"初步鞋"是用金箔印出的幼儿初次学步的鞋印。它们在婴儿父母的眼中弥足珍贵，父母期待着婴儿长大后会对父母留下的礼品爱不释手，抚摸着它，怀想童年的岁月和父母养育的恩德。

【小店前景分析】

孩子是父母的心头肉。随着人们生活水平的提高，父母们越来越舍得在孩子身上花钱，这就为商家提供了不少赚钱的机会。有人在这方面捷足先登，开创了不少奇特的新生意。

宝宝出生后，胎发长到一定程度，需要做适当的修剪，可现今绝大多数理发店都不能为婴儿理发；十月怀胎，一朝分娩，年轻的父母渴望为自己的宝宝留一份恒久珍贵的纪念，而如今市面上除了简陋的出生牌、手脚印和普通的胎毛笔外，找不出多少既精美又可伴随孩子一生的纪念品来。开一家爱婴儿童纪念品店，瞅准市场空白，独具匠心地推出特色爱婴服务，专为宝宝提供上门理发和订制系列纪念品一条龙服务，既有经济效益，又有社会效益，生意自然会火。

选择此项目，投入资金极少。除必须购置的材料和一些工具以及技术培训费外，不需要做大的固定投入。投资者可根据自己的实际情况，租门面或家庭经营，也可挂靠某一个医院或诊所。该生意是订做，又全是现金交易，因而无拖欠，流动资金几乎为零。

制作出的胎毛画、胎毛笔、婴儿立体手足纪念画等，视其材料，分普通类和高档类，价格在几十元到上千元不等。此类项目适合大、中、小各类城市，月利可达万元。

由于这种店铺是针对婴儿的，所以在卫生方面需要特别注意：

1. 理发师需要经过婴儿头部护理及理发的双重培训，具有给婴儿理发的丰富经验。

2. 理发用具必须是具有高度安全性的婴儿专用理发工具，而且每次理发前都要经过严格的消毒，以避免交叉感染。

3. 可开发制作婴儿生肖合成胎毛画、婴儿立体手足纪念画、精嵌胎毛笔等系列产品，力求工艺精湛，外形美观，既给孩子留下终身纪念，放在家中还是一种高雅的装饰品。

此类店铺对地点没有固定的要求，只要不在偏远的城郊便可。因此类店铺一般均为上门服务为主，在宣传时，要重点突出你的电话号码，让人们记住。顾客需要服务时，只须拨打电话便可。

懒汉用品店，专做"懒人"生意

在现代生活的快节奏下，谁不想节约点时间？如果偷点懒能挤出更多时间干别的，那不是一举两得吗？为了方便大众，不妨开家懒汉用品店。

【小店淘金成功案例】

几年前，在山东读大学的小郝毕业了，并随着男友来到了上海。凭借自己所学的计算机专业，她在一家 IT 公司做起了程序员。

在上海，白领往往又被称为"新懒人"。他们收入不错，崇尚简约的生活方式。小郝男友的生活就是典型的"懒汉相"，他的住处有一整套懒人必备的"新式武器"：为了便于搬家和出游，他喜欢睡充气床；他买的新型洗碗机连锅也能扔进去洗干净；他穿"懒汉袜"，为的是节省出每天早晨分辨脚后跟的时间；他用懒人早餐机，为的是每天能以惊人的速度自动生成香喷喷的三明治；他的扫地机根本不需要自己弯腰……

一天，一帮同事来到他们的住处玩，见到小郝和男友用的那些懒人产品后，非常惊喜，有人就建议小郝开一家"懒人用品专卖店"。小郝顿时受到了启发，觉得如果开一家"懒人用品店"，专卖那些可以让白领省时的懒人产品，肯定大有市场。

几个月后，小郝辞去了工作，并和男友拿出 6 万元积蓄，开始了"搜货行动"。他们逛遍上海各大批发市场，进了许多一次性产品，如一次性餐具、餐巾、台布，一次性毛巾、牙刷、香皂以及一次性使用的芳香型擦鞋布、纸制内衣裤、拖鞋等，这些都是不需要再循环使用的商品，

它们操作简单，用完就扔，很受懒汉们的喜爱。

同时，他们也不忘搜罗一些适合"新懒人"使用的新潮商品，如一个月只需浇一次水的"懒人花盆"；无论你想坐想卧想躺都让你舒舒服服的"懒骨头沙发"；能自动将垃圾的体积压缩三分之二的"懒人垃圾桶"等。

"懒汉用品"的服务群体主要是那些工作忙碌、经常加班出差、无暇打理生活的白领们。一个月后，他们在浦东某个写字楼集中的区域选中了一间40多平方米的闲置店铺，正式开始了开店生涯。

为便于"懒"顾客们选购，小郝将专卖店布置成超市的格局。小店的内部装饰显得简约、时尚，让"新懒人"们一见便觉得有亲和力。店刚开张时，为了让附近的白领能知道自己的"懒人店"，小郝还把工作台搬到店门口，当面给围观的白领男女演示这些"懒人用品"的奇妙之处。果然，这种现炒现卖的推销方式很快拉动了销售量。此外，小郝还精心制作了一款漂亮的直投手册，专门介绍她的"懒人商品"。这一招还真灵，短短一周后，小郝已经完全打开了销售局面，专卖店里的生意日渐火爆起来，每天都顾客盈门。

通过顾客们的口耳相传，小店渐渐有了知名度，而随着进入专卖店的"懒人"不断增多，她每月的收入也在迅速飙升。仅仅4个月，她就奇迹般地赚回了当初的所有投资。半年后，专卖店的月盈利突破了2万元大关。

当小郝手里已经积聚20万元财富，眼看狭小的店面已经不能满足顾客的需求，她决定扩张生意，开连锁店。3个月后，小郝在其他两个区开了两家分店，交给4名同乡雇员全权打理。新店开业后，生意也都很红火。

为了更好地发展，小郝决定多进新产品。于是，她开始频频光顾"广交会"、"华交会"和"义乌小商品交易会"等，从成千上万件参展商品中，挑选出适合懒人使用的新型产品拿回店里。经过一番搜货，店里的商品种类渐渐丰富起来，200多种懒人用品堆满了货架，已经涵盖衣、食、住、行、玩等各个方面。而其中一些时尚"懒货"都是男友从国外厂家那里少量批发回来的。

同时，为了抓住已有的顾客，小郝又学着超市里的促销手段，为老顾客办理了会员卡，持卡消费可以享受全场商品打9折的优惠，并且可以累计消费积分，分数积累到一定程度，即可从"懒人专卖店"换取大奖。

一天，上海一家大公司的老板竟一下从店里买走了3万多元的"懒人用品"。这位老板说，每到逢年过节，上海的中外企业都会为员工发一些福利品，他觉得送这些"懒人用品"给下属们，比别的赠品有新意，也更受"懒白领"们的欢迎。

截至目前，小郝已在上海拥有了5家分店和16名员工，个人资产达到130多万元。接下来，她不仅想把"懒人专卖店"开遍全国，还准备成立一家公司，生产出更多属于自己的"懒人产品"。

【小店前景分析】

懒汉用品店的服务群体主要是那些工作忙碌、经常加班出差、无暇打理生活的白领们，而且以男性为主，所以经营这些懒汉用品最好是在单身汉数量多的居民区内。小门脸可布置成超市的格局，便于顾客选购。店铺装饰上一定要突出"懒汉"的特色，让其一见便觉得亲切。其实这些东西在各种大大小小的商场里都能找着，可是"懒汉"哪有时间一个商场接一个商场地找它们呢？要做"懒汉"的生意就要勤快一点，挨家挨户将"懒汉"用品搜罗过来自己做专卖。这样，周围的大小男女"懒汉"们不用走儿步，下楼拐个弯到了店里，十几分钟就都搞定了。

"懒汉"们的消费能力将来会越来越高，如今国外的"懒汉"用品专卖店所销售的货品已经逐渐超越了小商品的范围，也许再过几年，像家具、电器这样的耐用消费品也将划入懒汉用品一族了。

家纺布艺店的温馨生意经

温馨的家庭中总少不了那么一两件精致的布艺品，胡女士正是看准这一点，将自己的布艺小店办得红红火火。

【小店淘金成功案例】

对家庭温馨感觉的爱好让胡女士开了一家家纺布艺店，而来她那里的人也是比较爱家的人。这就是胡女士的"温馨生意经"。

从 2002 年开第一家店以来，胡女士的家纺布艺店已经可以称为连锁经营了。她从来没有打过广告，名声都是靠口碑传出来的。胡女士庆幸自己找到了一个自己喜欢的职业，利润在其中，乐趣也在其中。

一直以来，家居行业都是"重装修、轻装饰"。但是面对偌大的新房，人们总觉得缺乏一种"家的感觉"。做生意讲"势"，逆势而为，事倍功半；顺势而为，事半功倍。胡女士恰恰找准了从"轻装饰"到"重装饰"这种转势之间的商机。

看准了商机就成功了一半。胡女士非常同意这个观点。从开办第一家布艺店以来，她的生意越做越红火，一间不到 20 个平方米的小店，年收入居然达到 8 万多元。

正是因为胡女士的精明打理，她的小店虽小，能提供的餐桌布却达 30 多个品种。各种地垫、靠垫、床上用品等加起来至少有四五百种，顾客到了她的店里，很少有空着手回家的。很多时候顾客本来只是进来看看，但看到这么齐全的货品之后，往往被一些新奇可爱的商品吸引而买走了很多东西，以后就成为了老顾客。这是胡女士最引以为豪的经营策略。

开家纺布艺店，关键要看准顾客群，找准地段。胡女士当初之所以选择到黄泥街这个小巷子开店，主要是看准了黄泥街童装市场周围地区的潜在消费空间。爱家、顾家的年轻妈妈们，带孩子买完童装之后，很可能会再给家里买些家居装饰的布艺品。尤其现在富裕阶层扩大，有车人士增多，更是具有很大的消费需求和能力。

选好店址后，还要根据顾客群的需要，看准货源进货。只有对布艺有感情，对流行时尚敏感，才有不断学习、不断更新产品的动力。胡女士现在对布艺已经很专业了，可以依据流行时尚、家装环境和器物特性等各方面因素，向顾客推荐很漂亮的东西，而且一般不会出现退货的情况。

胡女士的创业确实很累，这几年基本上没有时间休息，但她喜欢自己乐在其中的感觉。

【小店前景分析】

近年来，家用纺织品越来越被人们喜爱，家纺行业被前所未有地"激活"了。通过近几年来国内外的交流，中国的家纺布艺逐步与国际家纺接轨，浙江、江苏一带家纺外贸的量也越来越大，企业注重品牌形象与时尚化、个性化的产品特色，行业内专业化分工开始形成。

随着各种品牌服装的日益盛行，以前遍布各社区的裁缝店逐渐隐迹，与此同时，各种以窗帘、床上用品、饰品为主的布艺店则方兴未艾。

而要真正使布艺店被更多的顾客认识和接受，店面选址十分重要。家纺布艺店的最佳选址是大型居民社区和布料家居商城附近，因为很多来这里购买家居商品的人，大都是刚进行装修或搬新家的，要布置一个新家，肯定会买一些漂亮的布艺饰品，于是你的生意也就来了。

手绘家居店——妙手绘美家

将手绘艺术淋漓尽致地融入家居生活中，这个创业项目颇有"化腐朽为神奇"的意味。

【小店淘金成功案例】

原本从事广告设计的张小姐，两年前离开原来的单位，开起了手绘家居用品店。由于系百分之百纯手工制造，而且可以为消费者提供贴心的定制服务，现在这家开在上海某家具大卖场里的"爱家"手绘家居店已经有不少忠实的顾客。店里这些手工绘制的家具，大到床、衣柜、酒柜、餐桌等大件家具，小到边桌、花架、花瓶、烛台、梳妆镜等小型配饰，由于其独特的视觉美感，洋溢着亲切自然的感觉，正受到越来越多的人的喜爱。

张小姐把小店布置成一个温馨的房间，里面的摆设就是销售的商品。充满艺术气息的一件件器物，看上去十分吸引人。张小姐对不同风格的手绘家具在花纹的处理上也会有不同的倾向。目前比较流行的有轻重两色手绘家具，轻色手绘家具一般以本色为底，描绘清秀别致的图案，以淡淡的绿草、红花、紫花居多，清新雅致，很适合大件家具，比如床、大衣柜、酒柜等，与趋向于简约风格的现代家具也很容易搭配；重色手绘家具则以原本色、黑色、墨绿色等大漆为底，图案富丽堂皇，倾向于洛可可时代的浮华和欧洲宫廷的古典华丽风格，一般用于小配件客具的制作，适合与纯正的欧式家具相配。

来张小姐小店光顾的90%都是女性顾客。心细似乎是大多数女性的性格特点，所以她们经常在购买一件商品时左挑右选，有一点点的瑕疵就能影响她们的购物欲望。为了使产品真正地受到女性顾客的青睐，张小姐严把质量关。除了与厂家签订协议减少商品的瑕疵率之外，特价处理也是一种解决问题的方法，不但能增加诚信度，还迎合了女性喜爱打折物品的心理。

【小店前景分析】

虽然根据不同的进货渠道，手绘家居用品的利润有多有少，但从平均情况来看应该在50%左右。如果上半年经营顺利的话，基本上在一年内可以收回投资。

卖童趣灯饰月赚 5000 元

普通的灯饰加上童趣创意，使姚银连的灯饰店吸引了众多儿童的目光；店中打出的"护眼"健康牌，更是赢得家长的欢迎。由于目标群体明确，店内布置合理，姚银连的童趣灯饰店开业2个月生意就逐步稳定，每月盈利近5000元。

【小店淘金成功案例】

就算你卖的东西再平常，若有好的创意、好的包装，照样能吸引客人。位于世纪广场的流行新干线的这家灯饰店专营儿童灯饰，用充满梦幻色彩的装修、温馨且有意趣的灯光，吸引了许多顾客。

走进小店，各种形象逼真的卡通人物造型融合着柔美的灯光，仿佛让人回到童年时代。有动画片中的角色，有星星月亮，有梦幻般的童话意境，不仅吸引了不少儿童和家长，很多年轻夫妇也喜欢购买后放在卧室中。姚银连店内的灯饰都是从佛山进的货，共有近五六十款造型不一的灯饰，顾客可以根据自己不同的需求而选择。

视力下降已经成为现在大部分小孩的"通病"，也困扰着很多父母。姚银连在开店之前，就想到是否有专门可以保护小孩视力的灯。据了解，护眼灯主要是针对用眼特点，将普通的220V交流电转换成平稳的直流电，使灯泡发出与自然光一样持续均匀、明亮柔和的光，真实展现色彩，从而保护儿童视力。目前姚银连店内的灯饰都是明亮柔和的节能灯，对儿童的视力无害。很多家长来选购灯饰的时候，都很关心是否有护眼功效，这一远见确实为小店带来不少生意。

开店做生意讲究精打细算，合理利用店内有限空间也非常讲究，姚银连就很充分地利用了小店的空间，还起到了为客人带来惊喜的效果。小店的橱柜上摆设有各款台灯，店内的天花板上挂有各式吊灯，地面上另有几款落地灯，既最大限度地利用了小店的空间，不同造型、款式的搭配摆设又丝毫不显空间拥挤和繁杂，给人带来各样的惊喜。

就在小店的转弯处，姚银连也是发挥了自己聪明才智，他在转弯的墙壁上挂满了各种插式的照明小夜灯。这些小夜灯照明强度和亮度都非常低，主要是给晚上怕黑的小孩备用的，可以彻夜亮灯。

173

【小店前景分析】

据有关统计，在装修过程中，每个家庭的灯饰消费平均在1500元左右，超过3000元的也不少。中低档灯饰的市场最大，也最容易被消费者接受，这类灯饰的消费量较大。即使碰上销售淡季，巨大的灯饰市场还是会为灯饰店提供可观的纯利润空间。但是，这要求灯饰店拥有独特的经营管理理念。因为这是一个模式为王的时代，谁的营销模式领先一步，谁将领跑一路。

跟投资其他生意一样，灯饰店的选址是关键。有多年灯饰店管理经验的胡先生说，灯饰店的门市生意很重要，但是也不像诸如服装店那样要选在人流量很大的地方，因为消费者在需要灯饰的时候都会到灯饰店相对集中的地方选购，而不会是逛街买到的。因此，选址要有针对性，把店开在灯饰店密集的地方虽然竞争大，但也可以保证足够的客源。

在灯饰这个行业，如果能让一次性消费者转为回头客，且让他成为你的活广告，介绍身边的亲戚朋友都来购买你的产品，这样的话就非常成功了。在留住顾客这方面，有些灯饰店在"人情味"这三个字上下了不少功夫。他们会对购物达一定数额的用户实行送货上门服务；在规定的期限里如有质量问题包退包换。还有一些就是靠着常年打折、发放折扣优惠卡积累口碑，从而博得消费者的欢心。消费者李小姐表示，现在灯饰店很多，顾客选择的余地也很大，如果只是唯利是图，这样的灯饰店是做不长久的，经营者只有多替消费者着想，多提供一些贴心服务，才能留得住客人。

一个好的零售店，一定要有一两个品牌来吸引前期的消费者。好的品牌不仅能够带动其他产品的销售，也能够增加人气。如果想更省心的话，也可以选择做某个厂家的专卖店。灯饰店的地址一般应选在现有的建材市场周围，或周围都有灯具零售的地点。

通常来说，在二三线城市开家灯饰店估计需要5~10万元或以上的开业基金，大城市需要更多，这与房租、水电、人工等及当地物价水平相关，不能一概而论。但除去房租、装修等费用，手头现金通常不能低于5万元。

灯饰店开业前要准备以下几样东西：2米高的人字梯一把；冲击钻一把；大小螺丝刀各一把，手钳一把，小一点的榔头一把，绝缘胶布、自攻螺丝若干。除了搞卫生的工具以外，还应备几块干净的软布用来擦拭灯具，准备账簿和笔，以及供顾客休息的桌椅等。除此之外，灯饰店开业前要多做宣传，尽可能扩大影响力；能够考虑做几个产品的特价，让利于消费者；办理各种手续，如工商、税务的执照，避免造成不必要的麻烦；装饰店面，保持卫生整洁；对售后服务提前做好计划，并严格执行。

而在灯饰店的装修方面，要注意以下几项：
1. 吊顶的高度不要低于2.8米；
2. 店内装修不要过于明亮，不要有太多的自然光；

3.吊顶和墙面的灯具安装位置要充分考虑大小预留面积。墙面宽不要小于 0.5 米，吊顶方格不要小于 0.8 平方米，有条件的在显著位置应预留 4~6 块 1 平方米大小的大灯位；

4.装修颜色应主色一种，辅色不超过 2 种为宜。颜色太多太杂，会起到喧宾夺主的反效果；

5.店面的布局要合理，应以大灯或销量比较大的产品为主，占显著位置，其他产品则围绕着它们来做，多利用拐角、柱面安放几个小灯。

通常来说，灯饰小店以附近批发市场进货为宜，其他产品可以调货或分销别家的产品，虽然利润薄一点，但不会因眼光和经验问题造成太多产品积压。此外，灯饰小店的灯饰产品风格不要过多，每种产品花色不超过 3 种，每款 3~5 件为宜。进货时要多考虑产品与定位、价格和市场、花色与店面风格之间的关系，不要造成货品的积压。

温馨家居配饰店——关注幸福生活的细节

厌倦了宾馆一样标准化的家居装饰风格，温馨自然的田园生活家居配饰越来越受到人们的欢迎，开家温馨自然类型的居家配饰类小店正当时。

【小店淘金成功案例】

张小姐是一家家居配饰店的老板，她把铺子开在了北京女人街对面的临街铺面。这个区域算是北京的一个高档消费的区域，附近就有大使馆、高级写字楼、星级酒店等。她的家居配饰店主要以东南亚风格为主，主要销售藤木家具以及烛台、熏香、陶艺品、布艺品等，店内的主色调是暖色，感觉非常温馨。

张小姐的开店初衷比较偶然。几年前她到南方旅行，看到好些当地特色的小首饰，她灵机一动，觉得这么美的东西，拿到北京城肯定有人喜欢。于是，她投资 15 万元当上了家居配饰店的老板。其中包含一年的租金加上店面的装修，总共 12 万元，货品 3 万元。

每月万把元的房租，贵是贵，但还是很值。张小姐的顾客以外国人居多，也包括周围居住的年轻人，这个人群的消费能力很强。虽然店里的商品价位不低，如一盏手工制作的印度烛台就需要近 300 元，可是，生意却不错。张小姐现在每月的销售额有 6 万元左右，除去成本，每月的固定支出约有 17000 元，其中房租近 12000 元，水电费 1000 元，税费 1000 元，雇了员工两人，共 3000 元工资，每月可以净赚两万元以上。

【小店前景分析】

中国家居新趋势论坛调查显示，70% 以上的被调查者表示，将会加大自己在居室装饰方面的投入，其中，74% 的被调查者认为，装饰居室要体现个人风格、品位，55% 的被调查者表示，通过居室中小物品的摆放和点缀能够达到营造家居情趣的目的。这个市场背景对开一家家居配饰店非常有利。

经营家居店，要有眼光，尽可能做得有特色，对家居流行趋势要有一定的了解，并尽可能使家居配饰跟当前家居的风格保持一致；在货源认定上也应尽可能追求风格鲜明、做工考究。

由于家居消费品的消费需求对价格比较敏感，投资者要尽可能实行灵活的价格策略，能够根据消费额或消费量而实行累进折扣，例如，对购买 5 件家居商品的，享受折扣 5%，10 件享受折扣 10% 等，即购买数量越多，享受的折扣也就越多。这样既可以促进销售，也可以尽快回笼资金，减少库存。

最后值得一提的是，如果要开这样的家饰店，首先店主自己就一定要是一个非常热爱生活、热爱家庭的人。另外，店内布置也一定要像家一样温馨，让那些热爱生活的路人可以透过玻璃窗读到温暖的信息，从而被吸引进店门来。

商机无限的时尚"瓶中花"

　　如果你目前还没有清晰的开店方向，不妨多了解一些时尚新奇的玩艺，没准在这个了解的过程中你会发现无限的商机。瓶中花就是在时尚玩艺中发现的商机。

【小店淘金成功案例】

　　2003 年以前，北京的陈贞晓一直是做密封养鱼生意的，刚开始创业的时候，她做得非常好，当时商品供不应求，但后来由于技术原因，陈贞晓决定找其他项目，实现多种经营。由于陈贞晓租的店面在百荣世贸，一个月的店面租金就要近万元，当时她真的很困惑，不知选择什么项目。

　　某一天，陈贞晓收到来自日本朋友的一件礼物——微型玫瑰，敏感的她立刻被这精致漂亮的植物小精灵吸引住了。小小的玫瑰美观、时尚、便于携带，唯一美中不足的地方就是不能开盖，容易受污染，直觉告诉她这个项目蕴含着无限商机。过了两天同行的一位朋友就给她带来了"微型玫瑰"的种苗和资料，让她进行"微型玫瑰"的克隆繁殖，由此便揭开了"瓶中花"系列产品的序幕。

　　陈贞晓租的店面有 20 多平方米，位置也比较好，是年轻潮人的活动聚集地，他们思想前卫，很容易接受新事物，喜欢追逐时尚。所以，陈贞晓的店铺刚刚推出"微型玫瑰"和手机链时，店铺一个月的纯收入马上增加了 3000 元左右。

　　慢慢地，陈贞晓把店铺的重心转移到了"瓶中花"上。由于市场上做这种项目的店铺还很少，因此陈贞晓的回头客也特别多。对于未来的发展方向，陈贞晓打算和酒店、茶楼、公司建立联系，为他们做环境布置，这样成本小，利润还不错。

【小店前景分析】

　　"时尚瓶中花"最主要的目标顾客群的年龄在 18~35 岁之间，但事实上，美的东西人人都爱，而且"时尚瓶中花"价位也不高，所以顾客群体实际上极为广泛。

　　高分子多彩植物营养基所衍生的时尚瓶中花系列产品不仅具有新颖、美观的装饰效果，同时又具有既能种花又能插花的实用性，其广泛用途以及种花不需天天浇水、插花长时间不凋谢的独到卖点，决定了它必将有广阔的市场前景，同时也意味着会有可观的市场效益。其项目由于低成本、低风险、高收益，特别适合小本创业。

　　"时尚瓶中花"虽然有一定的气温要求，但就像一种"宠物"一样，太冷的时候主人可以把它放在包里或室内，所以不必担心气候影响销售。

　　对于开店经营者来说，瓶中花的利润率大概在 60% 左右。用培养基搭配花瓶，种上各式各样的花卉，形成一个盆卉，它的售价远远大于三种原料成本加在一起的价格，可能是成本的几倍。以每天 300 元左右的流水计算，每个月就会给经营者带来 3000~5000 元的收入。

　　开瓶中花店的成本主要就是店面租金和进货成本。选一个理想的店面位置尤其重要，根据自己对主要消费群的定位，店铺最好开在学校、写字楼聚集的地区，这个区域时尚的年轻人比较多，写字楼里的公司也经常需要布置会场，可以在卖成品的同时开展花卉租摆的经营项目。还有一点需要注意，店铺要有通风的环境，因为花卉这个项目对环境要求比别的项目高一些，通风的环境比较适合植物生长及保存。

蜡染小店：艺术魅力和诱人商机并存

在旅游经济的带动下，民族艺术奇葩——蜡染艺术品也"游"到了全国各地。淳朴的民间工艺品在陶冶人们性情的同时，也有了越来越大的市场需求。

【小店淘金成功案例】

在广州市地王广场的地下二层，张女士开了一间别具特色的小店，专门经营贵州少数民族的蜡染艺术作品：蜡染壁挂、蜡染字画、蜡染桌布、蜡染门帘、蜡染服饰、蜡染娃娃等。

张女士是在某一国有企业工作了多年的模范员工，下岗后在两年期间换了几份工作，都没有找到称心合意的。也许是与民间艺术品结下的缘分，她在一次去贵州旅游时被蜡染工艺品蕴涵着的民族文化所吸引，同时想到自己正在待业，能做个小老板，那是自己一直以来的愿望，于是就萌发了做这门生意的主意：到贵州进货，再运到广州出售。

她的小店虽然不大，但是生意相当不错。刚开张时，在她名为"染趣"的小店里只能买到一些简单的图案装裱，如原始的图腾等。随着业务的扩展，小店进了一些更为丰富的产品，满足了消费者的需求。

【小店前景分析】

蜡染作为我国古老的民间传统手工艺，历史非常悠久。蜡染艺术在西南少数民族地区世代相传，形成了独特的民族艺术风格，是中国极富特色的民族艺术之葩。贵阳市的工艺美术家们将传统的蜡染工艺与多种现代的绘画技法相结合，创造出极具民族特色的贵州蜡染装饰画及工艺品。随着现代高科技应用于蜡染，其作品也日益多样，除了丰富多彩的衣饰外，桌布、头巾、服装、挂包等实用工艺品也逐渐进入了蜡染的行列。目前，蜡染作为民族用品、旅游和出口商品，正被越来越多的人所认识，展示出无穷的艺术魅力和诱人的发展前景。

要开一家蜡染小店，在选址方面，应选择在人流量大的商业繁华区域内，或者选择民族特色产品集中街市，例如上海的城隍庙、苏州的观前街和杭州的河坊街等，这样就能够吸引大量外地游客和很多本地人光顾。

目前在贵州等西南少数民族地区有不少厂家供应蜡染产品，建议投资者多联系些供应商，从产品类型、价格和质量各方面进行比较。如果投资者要购买蜡染用设备和原料，也可以寻找这些厂家，同时参加他们举办的一对一培训，或聘请相应的技术人员。进货的价格要看具体情况而定，一般毛利润在百分之六七十成左右，再扣除运输费等杂费，纯利润可以达到30%~40%，利润回报十分可观。

投资万元做个都市"卖炭翁"

提起炭，总给人脏兮兮、黑黝黝的感觉。不过，炭也有其独特功效，它对空气中有害气体有着非常强的吸附能力。在现代都市，经营一家古朴的竹炭精品馆，做个都市"卖炭翁"，不仅是一件浪漫的事，而且还是一个特色经营的好项目。

【小店淘金成功案例】

韦兰是长沙市袁家岭一间 8 平方米的竹炭小店的店主，按照竹炭业 40% 的利润率计算，她目前每月的纯收入已经超过了 5000 元。

2003 年 8 月，一位朋友向韦兰推荐一种冰箱除味竹炭包，韦兰拿回家一试，两天就见效：冰箱里的异味没有了！韦兰觉得竹炭神奇得出乎自己的意料，多年在外打工做销售的她敏感地觉察到期待已久的创业机会降临了。于是，她从朋友处了解到竹炭可以做成鞋垫、床垫、座垫、枕头甚至洗澡用的香皂，能用来净化水质、美容美肤、养鱼种花，还能通过吸附作用消除新房装修异味和车内废气味等等。

韦兰惊讶地发现竹炭市场原来如此奇特和广阔，因此也更加坚定了开店的信心。在朋友的帮助下，当年 10 月，一间只有 8 平方米的小店就正式开张营业了，韦兰初次投资大约 4 万元，不到一年就把成本完全收回来了。

竹炭既有文化底蕴，又有科技含量，很多人见了就喜欢。有的顾客甚至比韦兰更加喜爱竹炭，如袁家岭附近一对老龄夫妇就比她"还懂炭"，小店初开时，他们经常登门拜访，向韦兰娓娓讲述有关炭制品的知识，还一再嘱咐要把店子开好。

由于此前从来没有涉足过竹炭行业，韦兰非常注意向顾客和品牌总店的学习。比如，有的顾客告诉她，衣柜里的竹炭包可以用裤夹夹着挂起来用，她就把这种方法向新顾客推销；有的顾客告诉她竹炭放在水桶里浸泡之后洗澡，洗后身体很光滑舒服，她也向新顾客介绍这种经验，以至于现在韦兰顾客中的回头客几乎占到了 50%！

由于韦兰的小店只有 8 平方米，不能大量存货，货物进储过程经常跟不上销售节奏，所以韦兰就想到人流量更大的地方开一家 20 平方米左右的新店。尽管韦兰是长沙最早做竹炭店生意的，老顾客圈比较广，但是她已经不满足于目前的经营状况和收入水平了。

【小店前景分析】

竹炭制品是近两年新兴的一个行业，作为小本投资最为适合。炭可以消除有害气体和怪味，经过加工之后的竹炭不但迎合了现代都市健康生活的理念，而且其功用被发挥到了极致：黑黝黝的竹炭变成了五光十色的环保产品——时尚的挂饰、花篮、风铃、枕头、鞋垫、棉袜，甚至还有香皂、洗化用品，千变万化，十分吸引人。

目前，随着国家可持续发展战略和"以竹代木"政策的实施以及消费者环保健康意识的提高，竹炭行业正面临国家积极产业政策和巨大市场需求的历史机遇。竹炭制品在日本、韩国、新加坡和我国台湾等地已受到广泛的青睐，是居家必备的用品。由于竹炭有环保、天然等特点和神奇的功效，人们对竹炭制品表现出了前所未有的兴趣和热情。但是，由于国内现在还没有形成与竹炭制品有关的产品标准，国内生产厂家比较杂乱，投资者一定要看好厂家的发展实力和信誉，谨慎加盟。

经营竹炭，关键是要选择好品牌。竹炭表面上都一样，黑黑的不起眼，但其中的学问可不小，从选料、晾晒到烧制的整个炭化过程都非常有讲究。竹炭的烧制必须在密闭无氧的环境中进行，而且不同用途的炭对烧制温度的要求也不同。普通炭包的烧制温度至少要达到 400 到 500 摄氏度，而如果是做枕头等的内容物，需要温度则在 1000 摄氏度以上，如果炭化过程不严格，效果就会大打折扣。现在很多号称竹炭的产品是用木炭代替的，很难有好效果。所以一定要选择有质量保证的品牌。

竹炭产品的消费群体从二十多岁到五六十岁都有，其中女性稍微多一些。开这样一家店铺，并不一定要在非常热闹的地段，你可以选择那些白领聚集的地点开店。

竹炭用途很广，比如可以吸潮、除味，还可以吸附装修后的甲醛等有害气体，而且竹炭中还有天然的红外线，对人体健康非常有帮助。这些都是竹炭产品的卖点，但顾客往往都不了解。开业初期，为了宣传竹炭知识，你可以制作一些宣传牌竖立在店门口，还可以在小店中专门空

出一块墙壁，悬挂上介绍竹炭产品的知识资料。

有声有色的香熏蜡烛自助店

　　模式化生产的成品蜡烛已经满足不了人们的审美情趣和不断提升的需要，手工产品的个性化特色成为人们追求的新时尚。充分发挥自己的想象力，制作出适合不同心境、不同气氛的令人惊喜的作品，用最短的时间、最常见的材料、最简单的方法做出具有新颖风格、独特造型的蜡烛，已经成为都市现代时尚一族生活的一部分。

　　在追求个性、时尚、独特的今天，DIY 正在盛行起来，如果开一间时尚的蜡烛自助店，让客人自己来做他设想的蜡烛，不是让新鲜的事物更加新鲜吗？

【小店淘金成功案例】

　　今天，蜡烛已经不单纯用于照明，已经成为点缀生活的一种艺术品。蜡烛不仅可以应用于节日、舞会、宴会等，还可以作为礼品赠送朋友。蜡烛已成为生活的一种点缀，一种心境的诠释，一种美的感悟。手工蜡烛在国外已经风行多年，至今依旧在不断掀起新的热潮。

　　2007 年的秋天，小刘收到一份精美的小礼物———个特可爱的蜡制小公主。这个栩栩如生的作品的做工、成色绝不亚于一般的塑料、陶瓷作品，但漂亮之余最吸引他的还在于它可以欣赏，可以点燃、照明，另外还散发着浓郁的香味。这样的礼物真是够特别的。

　　感叹中，他突发奇想：要是做一个这样的蜡烛店会不会有前景呢？于是，他欣喜若狂地将这个漂亮的小公主带到了许多同龄的朋友面前，果然大家为其精致生动而叹服。之后的半个月，小刘开始在网上查找这种香熏蜡烛的来源以及相关信息，得知原来国内并不是没有这种工艺蜡烛制造商，但都集中在沿海地区，并且也都基本上是小规模生产，成品大部分用于出口，国内的贸易做得很少。

　　据说，这和中国人的消费观点有关，蜡烛作为消耗品在大多数中国人眼中只是作为照明用具。但反过来说，香熏蜡烛这样的项目在中国国内还是有相当大的市场潜力，而且竞争也比较少。

　　一个月之后，小刘的香熏蜡烛小店便顺利开张了。小店开张最初的一个星期，生意并不像小刘想象中的那么火爆，但也吸引了很多学生，每天基本能赢利 200 元左右。很开心的是，后期在铺货投资上他可以将资金控制得很少，因为蜡烛有其特有的性质，即可以反复利用，做得不好烧化重做即可。这样的个性小店在几乎所有前来制作的人心中都极具口碑，顾客以熟客居多，也有熟客带来的朋友，小店也算开得有声有色。

【小店前景分析】

　　手工艺术蜡烛早已在欧美及中国的香港、台湾地区蔚为时尚，而在内地，却还是一个全新的行业，手工蜡烛 DIY，将会引发新一轮手工 DIY 热潮。

　　DIY 蜡烛香熏结合了很多特点，在这里时尚的年轻人可以通过 DIY 蜡烛表达爱意，老人和孩子也可以在这里动手享受 DIY 的乐趣。

　　DIY 蜡烛香熏店的主要顾客群体是以下几类：

　　1."新新人类"及休闲娱乐派（金领、白领及其他中高收入的群体）。

　　2.学生市场。随着教育的多元化，社会对学生的动手能力日益看重，因而对手工制作课的要求也相应地加强。蜡烛 DIY 是一种新颖且环保的手工制作项目，在学校有很大的发展前景，如可以在暑期开办针对学生的特训班等。

　　3.儿童市场。因为手工蜡烛的操作简单，儿童都可以很容易地做出漂亮的蜡烛，而家长现在更重视儿童的动手能力，可推出一些亲子同乐班等。

4. 老年人市场。中国逐步步入老龄化，老年人的生活和娱乐逐渐引起关注，蜡烛DIY可以让他们在休闲之余体会到更大的乐趣，可以制作的同时陶冶情操，充实生活的分分秒秒。

卖床上用品月入七八千

现在的人们越来越追求生活品位，并致力于为自己营造舒适的生活环境。市场对床上用品的需求日益增多，开家温馨的床上用品店，若经营得当，定会赢得消费者喜爱。

【小店淘金成功案例】

每到天气渐凉时，何先生专营的中国传统特色床上用品店就又迎来了新的销售旺季，店里常常人头攒动。虽然如今床上用品这一行业的竞争在加剧，何先生却凭借店面独特的装修风格和专业的陈列吸引了顾客，使小店后劲十足，在天气炎热、需求有限的海口市创出了月平均收入7000~8000元的业绩。

随着生活水平的提高，人们对床上用品的要求也越来越讲究，正是看到了床上用品这一行业的广阔前景，2004年，海南人何先生在海口市金融路开了一家床上用品店。

何先生一直认为，要想把生意做好，店址选择是第一位的，原本他是想把小店开在市中心的大型商场里，后来发现成本太高，而顾客群也受到限制，于是放弃了这个想法。为求稳妥，何先生花了数月时间详细考察了海口市主要街道的投资环境，还咨询了很多同业生意人、进货厂家的意见，最终把店址定在了比较繁华的金融路上。他的进货来源主要是广东省某知名高档品牌的中国特色床上用品，花色繁多而极富个性，更新速度几乎是每月两次。

何先生认为，只有把店面"包装"好，才能吸引顾客，突出产品的特点，否则便和一些低档的小店没有区别了。为此，何先生请来专业人员对店面的装修以及商品的陈列进行设计，并且从供货厂家那里拿到了所有其他旺销店的装修样本，去粗取精。最后，他选择用大红色基调装饰店面，辅以红、黄、紫三色的样本货品，以突出中国传统的喜庆氛围。

何先生在商品的陈列上则更为讲究，一般在正对店门的床上摆放鲜艳的、大花色图案的被子，达到以色夺人的效果，吸引顾客走进来。然后按照由深到浅原则，从传统系列过渡到雅致华丽的西洋系列，再到简洁实用的现代系列，同一柜台陈列同一系列的商品，既让人感到花团锦簇、种类多样，又不会产生凌乱、俗艳之感。这几招虽然简单，但收到了很好的效果，许多顾客为外观所吸引，纷纷进店，发现货品样式充足，设计巧妙，自然产生了选购的欲望。

依靠在选址和陈列上的取胜，开业后，小店生意异常火爆，这让何先生很是兴奋。不料，半年过后，顾客们的新鲜劲没了，店里的生意逐渐淡了下来，何先生非常着急。此时，头脑灵活的他又想到了新方法——做电视广告。他选中了海口电视台一个收视率颇高的"搜店"栏目，开始，他本人每晚在该栏目中花几分钟向顾客介绍床上用品保健知识与生活起居常识，诸如蚕丝被如何保养、羊毛毯如何使用等等，以真诚为用户着想的态度获得了电视观众的好感，之后再夹带着做宣传自己小店的广告。这样一来，观众在接受小知识的同时也了解了何先生的床上用品店，广告播出后，顾客纷至沓来，小店的生意重新有了起色。

【小店前景分析】

床上用品是生活中不可或缺的一部分，该类生意可长久做下去。质量好、设计独特的中高档床上用品市场方兴未艾。该类生意应选择在楼盘集中人口稠密的大型社区出入口处，面向小区居民服务。但是床上用品店在大城市里竞争已经比较激烈，特别是中国南方的城市，夏季气

候炎热而漫长，因此有很长的淡季。

开家特色枕头专卖店

由于每个人的身体条件不一样，对枕头的高度、材料、形状等方面的要求也就不一样，人们日益追求一个非常适合自己的枕头，所以枕头存在很大的市场需求。开家枕头专卖店，也是一种不错的赚钱方式。

【小店淘金成功案例】

吕进一直想开间家居用品专卖店，但是又觉得品牌床品价格不菲，担心不好销售。后来，有个朋友给他出了个主意——开间特色枕头专卖店。

思前想后，吕进觉得枕头存在很大的市场需求：人们生活水平在不断提高，对于健康越来越重视，因此对于生活用品的要求越来越高。人的身体条件不一样，对枕头的高度、材料、形状等方面要求也就不一样，所以人们都想选购一个非常适合自己的枕头。另外，枕头好存放，不会过期变质，也不会贬值，投资风险比较小。

在营业初期，吕进的专卖店采取直接销售各种品牌枕头的经营方式，从厂家直接进货，保证质量。专卖店要保证品种多，如一般枕头、保健枕头、药用枕头、首枕、腰枕、靠枕、耳枕等都要有，以适合各种需求、各个年龄段人群。从枕芯材料上来分，有荞麦枕、决明子枕、蚕砂枕、菊花枕、棉花枕、真空纤维枕，以及水枕、气枕、茶叶枕等枕头。另外还有给婴儿用的定型枕头、耳枕，给新婚夫妇的新人刺绣枕头，以及给老人专用的枕头等。

除此以外，还可根据客人要求定做各种样式、大小、高低、软硬及不同填充材料的枕头。他又请来民间艺人现场制作一些有着中国民间传统特色的工艺枕，如请玉石艺人加工制作一些玉枕和石枕，或是请木工艺人加工檀木、柏木、香木等木枕供人们观赏。

要提高枕头专卖店的销售量，就不能仅仅依靠商场的人流量，必须扩大专卖店影响，提高知名度。因此，吕进在产品促销上下了不少功夫：他印刷产品彩色宣传册，介绍与枕头相关的知识等。他采取各种促销和营业推广手段，如送货上门、免收运费，针对老人消费群体推出老人节送特别礼物，针对新婚夫妇推出"新人连心枕头"等。现在，吕进的小店生意红火，每月收入能达到1万元左右，大大超出了自己的想象。

【小店前景分析】

目前中国的枕头专卖行业已经进入了一个新的阶段，枕头专卖店可谓遍地开花。另外商场开始注意到这一行业，目前逐渐增加了保健枕头的产品系列。如果枕头专卖店继续停留在原来的经营层次上，将不能适应市场竞争的发展，因此迫切需要探讨新的经营思路，开辟新的利润增长点，保持枕头店的长期经营和良好运转。

枕头专卖店价格定价一定要低，几种最贵的特色保健中药枕也要比商场的价格低20~50元。

目前的枕头专卖属于一个慢热的行业，由于其产品单一性，目前的主要市场卖点还是在于其产品健康和全面的特色，但是这种"大而全的枕头专卖模式"需要非常有效率的促销思路和强有力的促销广告支持，才能取得较大成功。

第五章

服务贴心，客源自然滚滚来

开家家庭服务店

　　家务中的诸多琐事总让很多人不胜其烦，因此，家庭服务这一块蕴藏着无限商机。如果你能立足于现代家庭的需求，抢占家庭服务市场的先机，把店开到老百姓的心坎里去，还会发愁没钱可赚吗？

开家日常家政服务店

　　家政服务业不但能解决大量的就业问题，也解决了城市家庭生活中的困难。如果能从日常家政服务中寻找到不一样的商机，你的家政服务店无疑将开得红红火火的。

【小店淘金成功案例】

　　2002年，何女士所在的单位解散了。30年工龄的何女士，最后只从单位拿了2万多块钱回到家里。何女士没有做过生意，也不知道下一步该怎么做，手里这笔钱，一分钱也不敢乱用。

　　后来，何女士参加了南京市劳动和社会保障局举办的"小老板培训班"，在这个以创业为主旨的班里，何女士学到了各种法律法规以及创业所需的经营知识。何女士也接触到了家政服务的内容。当时她想，自己年龄大一些，又有亲和力，应该特别适合在社区里做家政工作。

　　何女士仔细观察分析了周围的小区，发现在这些小区里，年轻人不少，但是这些年轻人都不怎么会做家务，应该有一个很大的市场。而且，社会发展了，人们对各种家政服务的需求肯定有增无减。何女士这么想着，就决定去做。

　　在南京，一般做社区家政服务的都是"一张桌子一支笔、一部电话一个人"，投资小，条件十分简陋。但是何女士觉得一个家政中心要做好，要花工夫创造一个有吸引力的环境。何女士用两万块钱支付了房租、水电，购置了图书、音像制品、饮水机、电视机、桌椅等，挂上了字画。

　　一进何女士的家政中心，大家就会感受到很好的文化氛围。何女士还自己制作了各种示意图，将各种服务内容用图形表述得清清楚楚，一目了然。在南京社区里边，很少有人这么做。后来当人们来参观何女士的家政中心时，对何女士布置的环境都一致赞许。

　　何女士的工作内容就是为社区居民服务，主要包括介绍保姆、钟点工、为孤单老人介绍陪护、小孩的寄托等等，这是收入的主要来源。而且何女士的图书与音像制品也可以出租挣钱，这是第二部分收入。此外，一些商家针对家庭设计的产品也通过何女士他们来试用，何女士他们通过宣传推广可以拿到赞助费。比如，何女士的屋子里有一台理疗机，就是商家送的，一些居民没事就进来做做理疗。如果觉得好，想在家里也添置一台，何女士可以帮他们联系商家购买。

　　何女士经营家政服务业已有几年时间，目前何女士的月收入达到了四千余元。何女士认为，做社区的家政服务，其实是一个琐碎的过程，在这个过程里需要与社区居民们建立密切友好的关系。你要帮助别人处理各种家事，接受年轻人的请教，还有就是担当倾听者来接待那些需要倾诉的人。而这样的事情处理多了，大家也都愿意跟你沟通，更加相信你，你的工作也就更加好做。

【小店前景分析】

随着人口老龄化以及居民收入的不断增加，对家政服务的需求越来越大。劳动和社会保障部对沈阳、青岛、长沙、成都四个城市 1600 户居民的调查显示，有家政服务需求的家庭高达 40%。全国城镇家庭现有两亿多户，即使是平均有 15% 的需求率，也可提供 3000 万个就业岗位，也就是说还有许多工作机会有待开发。以平均每 100 个家政服务员需要一个管理人员计算，这一行业还能吸纳上百万包括大学生在内的家政管理人员。

专业化开始成为家政服务业的招牌。据商务部调查，目前各地家政市场虽仍以保洁、搬家、保姆等传统服务项目为主，但部分家政企业的专业化水平不断提高，一些对专业水平要求较高的家政服务项目，如月子护理、生活秘书、个性化服务等开始推广，并呈现快速发展态势；另一类向企业、政府机关、社区、医院等非家庭场所提供相关的清洁、绿化、医院陪护等项目服务的家政企业，实力开始壮大，专业化水平也逐渐提高。

不断增长的市场需求正迫使家政服务业尽快弥补不足、补齐短板。商务部的初步调查显示，目前全国共有各类家政服务企业和网点近 50 万家，在组织形式上依据实力大小可分为专业市场、社区服务站、企业、个体工商户、零工 5 种；虽然大部分企业属单店经营，但少数企业开始运用连锁经营等现代方式，服务范围覆盖全国，年营业额已达数千万元。

开办一家家政公司不太难，但要真正经营好、做大却不是易事，目前市场仍鱼龙混杂的状态既蕴含着巨大机会，同时也包含重大挑战，要在不规范的家政服务市场中生存，就必须把家政公司做出特色、树立品牌、形成良好口碑。

开家家装咨询公司

现代人都很重视家庭，也都希望自己的家庭能够装修得自然温馨。开家家装咨询公司，解决那些即将进行家庭装修的屋主的燃眉之急，无疑是有一定的商机的。

【小店淘金成功案例】

大学毕业后的曲波，一直想寻求一份适合自己的事业，一边打工一边做着自己的事业梦。在打工的过程中曲波了解到，如今人们越来越追求舒适而个性化的家居环境，为何不从这儿下手呢？正是由于这个突发奇想，一个新行业——家装咨询业才进入了人们的视线。

曲波知道开这样一家公司需要精通装修行业的各种知识，了解所在城市的装修市场及装修公司，能够及时有效地了解建材市场的行情。为此他走街串户进行了一番苦心调查，对所在地方的各种市场行情做了详尽的分析，为开公司做好了第一手准备。

曲波的家装咨询公司服务的内容包括：帮助顾客完善装修想法，提出建议，使装修计划合理化；提供相关建筑材料的性价比，帮助顾客选择有质量保证并且价格合适的材料；帮助顾客起草合法的装修合同书；提供家装公司的信息，以帮助顾客寻找合适的家装公司；最后可以提供陪同验收的服务。经营一年后，曲波得到了 10 万元的收益。

【小店前景分析】

开一个家装咨询公司，最首要的就是需要精通装修行业的各种知识，其次就是诚实可信的服务理念。具备了这两点后就可以着手开店了。

这种店铺最好选择在一个交通比较方便、人流量较大的繁华地区，门面不用大，但招牌和

名称要醒目，避免在城郊或交通不便的小区里开店。店内空间应在40平方米以上，布置要轻松、舒适而随意，方便双方交流。除了以店面招揽顾客外，还可以在各个新起的楼盘处发送传单进行宣传，甚至可以提供上门服务。收费的标准可按照需要的服务划分，建议最高不要超过顾客装修预算的20%。

装修监理公司——赚的就是检查费

家装监理公司在为那些不懂如何鉴别装修质量的人解决难题的同时，也为自己轻松赚取检查费。

【小店淘金成功案例】

龚庭喜的家装监理公司拥有预决算、材料、工艺、水电、瓦木、油漆等各方面专业的监理技术人员，他们的工作经验非常丰富，对装修装饰工程的每一个环节都非常了解，每次到现场检查，都逐日记录，发现问题会及时指出予以纠正，确保按时按质有序进行。同时，公司还聘请了水电工程师、工程造价师、结构工程师等一批具有中高级职称的人才，进行技术指导工作。所有监理人员还集体参加了建工局组织的"家装质量标准"培训，使公司具备了一支高素质、中青年结合的监理队伍。

龚庭喜从小对装饰的爱好让他离不开油漆和涂料，因此，他经常利用节假日帮单位里的朋友打家具或粉刷家具，有时甚至向单位请假来干这些他喜欢的活，那一阶段，真可以说是忙得不亦乐乎，他也成了大家心中的"活雷锋"。

在上世纪70年代，一贯对涂料和油漆有兴趣的龚庭喜组建了属于自己的装饰队伍——南京新艺地面装饰工程队。因为喜欢不断创新，他开始尝试用涂料在水泥地上做成仿木地板、大理石、瓷砖等装饰，同时也在墙面上用涂料做成各种花纹，如菊花、牡丹、牵牛花等。从此，这种地面装饰开始广为流行。80年代，龚总又成立了星火技术研究所，开始了另一种创新，主要是对石膏线条的创新改制和人造大理石磨具的开发。那个时候，他亲自刻模具，就算累了也觉得特别开心。这段时间，他为石膏线条和人造大理石的普及作了很大的贡献。因为有了前面的成绩，龚总又成立了装饰材料厂。后来又成立了南京首家家庭装饰公司——南京园庭装饰公司。为了推广以前他辛辛苦苦研究出来的技术，龚总还无偿地把这些技术转让给了其他装饰公司等。这些年来，他的这家公司的成立为广大顾客们带来了一定的好处，让他们在为自己的新居进行装饰时更省事省心，同时也让龚总大赚了一把"监督"钱。

【小店前景分析】

家装监理行业的出现是市场的需要，人们工作越来越繁忙，无暇将时间及精力放到家中的装修工程中。同时，行业的分工也越来越具体化，业主们面对完全陌生的装修自然会感到无法入手，所以，专业的家装监理才会应运而生，为广大业主提供解决问题的技术专业服务。家装监理在家装过程中扮演着相当于消费者协会的角色，给业主提供正规的专业建议，彻底遏制不规范施工队伍对业主造成的损失，为业主解决后顾之忧。在成为甲乙双方有效调解人角色的同时，也能使家装行业朝着一个健康、规范方向去发展。

初看起来，聘请家装监理，自然须多花一笔钱，这对于已经投入了几万元甚至十多万元、几十万元的业主来说，好像是增加了一笔负担。但是，对于家庭装潢这一专业性很强的行当，让外行管内行，其结果势必会为高估冒算、偷工减料带来可乘之机。家庭装潢第三方监理公司就是一个"内行管内行"的新兴行业，虽然聘请监理多花了一笔数千元的监理费，但就像花钱买保险一样，是买了个放心，不必再担心装潢公司在材料费、人工费上"宰"你，不必再担心施工队偷工减料，不必再担心装潢公司提供的材料以次充好、以假冒真。用少量的"保险费"换来整个工程的太平无事，自然是物有所值的。

目前，该行当中的企业和从业人员还不多，大多由原来从事建筑装潢的企业转业而成。可以说，家庭装潢监理市场才刚刚起步，但家居装饰监理公司的作用却正越来越被广大消费者所认识和接受。

开家家居清洁公司

家居清洁公司如果做得好，能够真正为居民提供合格的服务，其市场潜力将会是不容小视的。

【小店淘金成功案例】

苏州人丁全福四十来岁下岗，却用 2 万元在家里"搭"起了一家保洁公司。三四年间，他的业务已经做到了常州和上海等地。如今，丁全福创办的沧浪区明全保洁服务公司一共吸纳下岗失业人员、残疾人员 50 余人。昔日的下岗大龄职工，今日成了创业明星。

2000 年 12 月，突如其来的下岗风波，打破了丁全福原本平静的小家。作为家里的顶梁柱的他一下子失去了收入来源，全家人的生活顿时陷入了困境。几年后，他偶然听到人力资源和社会保障部门开办免费技能培训班的消息，马上报了名。他每天起早贪黑地坚持上课，从无缺席，最终顺利完成了物业管理专业的技能培训。碍于面子，很多中年人都半途而废了，好在丁全福坚持了下来，现在想来这是为他成功创业积累起的第一笔财富。

2007 年 3 月，丁全福怀揣着全家仅有的 2 万元积蓄，购置了部分清洁专用设备，聘请了 3 名保洁员，踏上了南来北往寻找客户的创业之路。为了开拓市场，丁全福每天坐着公交车挨家挨户地拜访企业、医院、学校，通常都会被拒之门外，即使进了门，也往往冷板凳一坐就是半天。很多时候是奔波了一整天连饭都顾不上吃，但业务上还是一无所获。为了帮助丁全福走出困境，二郎巷社区社保协管员为老丁介绍了茶楼、理发店等小型客户。创业三个月后，一家被丁全福拜访过 20 多次的物流公司看过他亲自策划的区域保洁计划书后终于被感动了。

在工作中，老丁总是以身作则、亲力亲为，以鼓励为主，处处维护员工的利益。在服务点上，哪里人手不够，哪里服务不达标，他二话不说，换上工作服就和大伙一起干，中午则自己贴钱为员工解决午饭问题。员工在工作上受了委屈，他总是在下班后耐心聆听，有时员工对他发脾气他也从不生气。员工经济上有了困难，老丁二话不说，总会预支一部分工资帮他们渡过难关。因为丁全福有过曾是一名下岗失业人员的经历，也曾为再就业而压抑烦恼过，所以如今他亲手创办的保洁公司只要需要招聘员工，他第一个想到的就是下岗职工。

由于工作认真负责，保质保量，服务到位，丁全福的公司口碑越来越好，业务走出了苏州，拓展到了常州、上海等城市，创业三年员工已发展到 200 多人。

【小店前景分析】

许多城市的环境卫生不太理想，开着窗子一天之内家具就会积上薄薄一层灰尘。另外，厨房的油垢，沙发、地毯上的污迹，高楼的窗玻璃清洗等都令人头痛。在这种情况下，如果开办一家具有专业水准的家居清洗公司，为居民们提供宾馆级的清洗服务，其市场潜力将是巨大的。

这样一家家居清洗公司需要这样一些基本设备：两台清洗机，一台大型的用以清洗地毯，一台小型的清洗沙发；一台大理石地面的保养机；一套玻璃清洗设备。这些设备一共需要 3 万元左右，这就是家居清洗公司的启动资金了。

具体的清洗过程对专业人员来说一点也不复杂。地毯和布艺沙发的清洗过程比较相似：先把专用的清洗剂倒入清洗机，开动机器，它会自动将水和清洗剂按比例混合、搅拌，打出泡沫，从喷嘴喷出。把机器在地毯或沙发上推动，污垢会被泡沫"吸"出，而泡沫同时会被机器的吸水器吸回。不用担心地毯或沙发因受潮而损坏，大约一两个小时就能干透。玻璃清洗也差不多，先用水淋湿，再用专门的刷子一刷即干，如果放一点玻璃清洗剂，效果更好。大理石地板的保养有专业的机器，能够一边清洗一边上光，一般家庭一年保养一两次就够了。相比之下木地板的保养不太复杂，但需更多人工擦拭、打蜡、上光，大概一年 2~4 次就能保持光亮如新。

家居清洗一般是两人一组外出服务，时间长短依清洗内容而定，如只清洗玻璃、沙发和木地板，大约一两个钟头可以结束。如果还要加上地毯、大理石地板和厨房、阳台清洗，可要半天才忙得完。当然收费也要根据清洗量来定，一般在一二百元左右。

给二手房消毒，月入也能上万

随着国内二手房成交量的攀升和人们对健康的关注，一项新的服务逐渐被人们所接受，那就是二手房消毒。如今，蔡士洁的二手房消毒公司每月已能净赚上万元了。

【小店淘金成功案例】

2009 年 7 月 23 日，当时正在一家医院做护士的蔡士洁无意间在报纸上看到一则《市民购二手房遭遇消毒烦恼》的新闻。蔡士洁想到，自己就是护士专业出身，经常消毒，二手房消毒市场这么大，为啥不试试呢？想到这里，她的创业激情被激发起来了。一周后，她毅然递交了辞职书。

蔡士洁的一个朋友在上海有一套房子出租，等房客住了四年搬走后，朋友将一些旧家具搬到了她家。租客留下了一个旧沙发套，朋友洗了两次就套在了自己的沙发上，但是他妻子在坐的时候，总是有意无意地去弹上面的"尘土"。"你虽然清洗了沙发套，但是并没有消毒。你老婆害怕的不是灰尘，是细菌。"蔡士洁这样对她的朋友说。于是，她接下了公司的第一笔消毒业务。

实际上，真正通过市场找到的第一笔业务是上海浦东世纪花园的一套四室两厅两卫的房子。那是一对从国外回来的小夫妻，因为已经养成了固定的生活习惯，在入住之前，一定要给房子消毒。这对小夫妻通过网络找到了蔡士洁，蔡士洁马上就对这套房子"望闻问切"，先看每个房间大小、装修材质和卫生情况，然后了解前房客的健康情况和生活习惯，最后再针对顾客的要求拿出了让大家满意的消毒方案。

【小店前景分析】

为二手房消毒作为一个新鲜的生意，或许能给地产经纪行业带来更多的启发。作为二手房交易的中间平台服务提供商，可以考虑渗透进整个二手房交易的售前售后的各个环节，提供附加服务的支持、拓展业务。而二手房消毒公司完全可以与房屋中介合作，建立稳定的宣传和业务渠道。

二手房消毒是非常必要的，因为凡二手房大多被人住过，有的入住时间很长，也有的甚至几易其主，因此其室内或多或少会留有一些病菌，如果原住户家人中有曾患过病的人，尤其是患过传染性疾病，那么二手房消毒就更是势在必行了。据许多基层疾病预防控制中心检测反映，有不少二手房内不仅留有病菌与病毒，而且种类数量也多。特别是房间的墙壁、天花板、地面、门窗把手处以及厨房、卫生间内都能存留大量的病毒、结核杆菌、大肠杆菌、破伤风杆菌等，而且这些病菌和病毒有的能存活多年，比如破伤风杆菌形成芽胞之后可以数年不死。由此看来，给二手房消毒这项业务会有很广阔的市场前景。

跑腿经济催生跑腿公司

如今的人们总是匆匆忙忙，每个人都感到自己的时间不够用。针对这一情况，出现了一个新的行业，叫"跑腿公司"，现在生意非常红火。

【小店淘金成功案例】

作为杭州第一家跑腿公司，王经理和她的五代公司同我们想象中的完全不一样。他们没有很大的门面，没有很宽敞的办公室，两台电脑、几部热线电话就成了其经营的大部分资本。

王经理当时也没想过能赚多少钱，只是听说在青岛有两个大学生搞了一个跑腿公司，觉得很新鲜，就想自己也搞一个。

公司是在2005年11月成立的，王经理接到的第一笔生意是帮一位家住杭州黄龙雅苑的孕妇到妇保医院挂号。由于公司刚刚成立，王经理和她的员工们没有任何经验，他们当时凌晨三点多钟就去医院咨询，然后再去孕妇家拿病历和医保卡，总共来回跑了三四趟。那时候正是冬天，其中的艰苦恐怕只有他们自己才能体味到。第一笔生意总算是做成了，最后那位女士还多支付了一点费用。

也许第一笔生意是帮忙挂号的缘故，现在五代公司的业务中，帮忙挂号的生意占到了总单数的一半，每天有近60单。王经理的办公室里有两大抽屉的病历卡呢，很多都是些老客户了，这些病历卡对于她和她的公司来说就是业绩的证明。

花钱买时间日益流行，这个市场肯定会越来越大。现在客户基本都是些中高收入的顾客，但最近像小孩、老人也有很多也打电话要求帮忙了。如今，就连买一盒纸巾、帮小孩买一盒画笔的事情都成了公司的业务。王经理的公司正准备在网上建立一个服务平台，而在公司里则制定了一些规章制度来提高员工的职业素质。

【小店前景分析】

跑腿公司在欧美发达国家十分普遍，跑腿经济也很活跃。从买一顿快餐，到帮公司送几千元的支票；从代购一两本课外读物，到买上几张飞机票：只要你想办，又不愿出门的事，都可以由跑腿公司去做。

跑腿经济的出现，是建立在经济发展和人民生活水平提高的基础之上的，改革开放30多年来，人民生活的普遍提高，跑腿经济已经有了广大的市场需求，具备了发展的基础和条件。就拿上海的近邻杭州来说，这座城市所拥有的跑腿公司数量及其业务量在全国都是名列前茅的，这与这座城市的人均消费水平和经济发达程度，特别是第三产业发展程度有关。

各跑腿公司在经营中也遇到许多问题和困难，主要是业务含金量低，劳动力价格上涨，缺乏行业规范等。仅在Google里就能搜到几十万条关于各地跑腿公司的信息。目前全国的跑腿公司少说也有几万家，而且多数公司的生意不错，所以不妨也开家专做人家"没空儿"做的事的跑腿公司。

手机美容店——为你的手机置身行头

面对巨大的市场,手机美容业以其投资小、利润高、见效快的特点成为了店铺投资的新亮点。

【小店淘金成功案例】

冯小姐是安徽人,一直在上海工作。来厦门没多久,她发现在上海很火爆的手机美容店,在厦门好像没怎么见到。于是,冯小姐便在定安路永乐思文海景店一楼开了一家小小的手机美容店。小店取名叫BOBO。

冯小姐很会取巧,当初选店址的时候,就专门在几个大型的手机卖场里挑。她说是这样设想的:在手机卖场里很多嫌旧机过时想换手机的人,说不定就能在我的店里把旧机改头换面了;而那些买了新手机的人,哪个不想到我的小店里转转啊。

BOBO的手机美容项目很齐全,包括手机包膜、喷漆、加香、消毒、图音下载等。有喜欢的图片,也可以喷绘到到手机外壳上,个性十足。不少顾客喜欢把自己或者朋友的照片喷到自己的手机上,很好玩。而且不仅是手机,MP3、MP4、电子词典等统统可以拿来打扮打扮。

原本是女生们比较喜欢扮靓自己的手机。为了扩大顾客群,冯小姐也为男生们设计了不少素一些的图案,她说,一些没有图案的透明包膜,在男生中也大受欢迎。

冯小姐有意识地把BOBO打造成了手机美容品牌,顾客不仅能在这个6平方米的小店里买到东西,还能根据需要到网上订购。冯小姐专门建了一个自己的网站,有什么新货品都会在网页上贴出来。网站提供会员服务,注册以后,就可以下订单了。

没过多久,冯小姐觉得光做手机美容,有点太单一了。于是6平方米的小店又开始加卖挂饰礼品。和精品店的批发进货方式不同,冯小姐卖的挂饰全是靠朋友"淘"回来的。她说,自己在北京、上海闯荡多年,结交了不少好朋友,朋友如果来厦门就顺便带过来一些挂饰品。

后来,BOBO手机美容又多了一个经营项目——冯小姐成了韩国"迷糊娃娃"的厦门总代理。这种类似芭比娃娃的玩具国风靡韩国。现在,这家6平方米的小店靠手机美容、挂饰等业务打天下,每一样的利润都很可观。

【小店前景分析】

在手机普及的时下,追求手机的时尚和个性化正成为年轻人的热衷项目之一。尽管手机款式不断更新,但依靠购买新手机来实现个性化的成本太高,这就需要在原有手机上下功夫,于是手机美容行业应运而生。手机美容这个新概念与传统贴膜、换壳、配饰不同,它更包含了图铃下载、加香、消毒、清洗等一整套个性化服务方案。

如今,手机美容行业发展越来越迅猛。手机美容就和人体美容一样,分内在美和外在美,都在不同侧面体现着时尚和实用。手机美容店具有成本投入低、简单易学、紧跟潮流、回报率高等特点。比如手机美容的核心项目就是贴膜,贴膜所需耗材的成本分0.8元和1.5元两种,而给手机正反面都贴膜的收费在40~60元。但目前这一行业还处于探索阶段,存在发展紊乱、技术含量不高等问题。而选择成熟品牌做连锁加盟,则可以统一形象,改变赢利单一的状况。

如果你有意开一家手机美容店,那么请把握好以下四个方面:

1. 选好店址

手机美容作为休闲类消费,要把店面选择在年轻人聚集、人流密集的场所,比如学校旁或商场边。店面不用太大,不然会增加成本,不要超过10平米,工作人员两人即可。

作为开店的第一步,选好地址对手机美容是很重要的,主要是控制店面租金和创造客流量两方面的权衡。

2. 销售经验

虽然手机美容店看上去简单，只要会电脑，能操作设备就可以，一般投资两三万元就能把一个店面运作起来。但把店面经营好，还是有难度的。开店前最好有一些商业经验，做过销售工作，这样才能了解客户的心理，善于和客户打交道，满足不同层次客户的需求。

3. 关注时尚

做手机美容的多是时尚的年轻一族，属于个性化消费。店主要关注时尚领域，比如流行的图案、文化潮流，这样才能选择出有代表性的款式向客户推荐。客户面对眼花缭乱的图案和配饰常常难以作出选择，如果店主针对客户的年龄和爱好作指导性消费，就能赢得信任，渐渐形成稳定的客户群。在做手机贴膜时，适时推荐符合风格的饰品会很容易被客户接受，增加利润的支撑点，而这些都需要店主具有时尚感。另外，手机美容除了使用设备进行操作，还需要一些手工制作，要把创意和美工达到最好的结合，所以熟练掌握手工是必须的。

4. 账目明细

手机美容店在管理上要对小件物品采取保护措施，防止遗失和掉落。手机佩饰一般都是挂在墙上，要用皮绳保护。每款产品放两个在外面展示，其他收到柜里放置。而在财务管理上最好把现金和账目分开，对账目进行细化，对于规模小的店，这一点同样不能忽视，不管是雇员工还是亲属帮忙，这样不但有利于财务安全，更有利于月底的核算。

独辟蹊径的自行车美容店

三百六十行，你听说过"自行车美容"这一行吗？现代都市中，几乎家家户户都有自行车和电动车，这一生意如果弄起来也算是填补了一个市场空白。

【小店淘金成功案例】

以前普通百姓吃完饭洗碗用冷水洗，油污洗不掉用热水洗，谁也不会花钱去洗碗，而现在几乎家家花钱洗碗，那就是花钱买洗涤剂。这原因就是以前除了用水洗外，人们找不到更方便的洗碗产品，现在有了这样的产品，并且能给人们带来方便，人们自然也就接受了。而自行车呢？如果有了专用的产品，方便、实惠，人们自然也会接受它，从而形成习惯。

2003年3月8日，河北省保定市开张了一家"红红火火自行车美容店"，他们针对自行车的挡泥板、瓦圈、轮胎等不同部位成功地推出自行车去污上光油、自行车清洁液、自行车轮胎复新液、自行车美容巾、打蜡器等系列自行车专用美容产品及工具。特别令人关注的是自行车美容巾，这种美容巾能为自行车去污增光，去除2年左右的浮锈效果尤为明显，而且不论是落满灰尘还是沾上油污，都能一次清除，美容一次成本只有0.4元，很适合自行车族的消费水平。

业内人士称，自行车美容是一个竞争较少而基数很大的市场，面对电动车数量急剧上升的状况，可把重点放在电动自行车的美容上。对于那些无一技之长的下岗及无业人员来说或许是一个不错的选择。

【小店前景分析】

虽然现在汽车得到了相当的普及，但对于我们这个拥有几亿辆自行车（包括电动自行车）的国家来说，相当多数的人还都是以其为主要交通工具。人们擦自行车大多是在家草草了事，而且多数的自行车常常是一年甚至几年难得擦洗一次，可见自行车清洁美容蕴藏着一个潜力巨大的市场，而这个巨大的市场多年来一直被商家所忽视，从而造成自行车美容产品、清洁产品及清洁美容工具的市场空白。

自行车美容维护清洗店的服务内容可包括全面维修、更换易磨损零部件、充气、清洁、上润滑油、涂防锈蜡油等；具备条件的，还可提供贴膜、手绘、喷漆等方式美化、"改装"自行车。

自行车美容维护清洗店不必在商业区，一般街道两侧和小区周边即可，店面10平方米左右就够。

自行车美容店在经营上也是有诀窍的，其经营方法可以采用以下几点：

1. 擦车加保养；

2. 收费标准根据当地消费水平而定；

3. 应选择车流量较大而租金又不高的地方；

4. 要讲信誉，讲质量，除擦洗外，开展的业务还可加上日常保养、翻新、义务加气等不同的方式；

5. 有条件的地方，可以发展会员，定时护理，免费享受一些额外的服务。

汽车美容店——汽车也要扮靓

时下，有车一族越来越多。走在马路上，身边来往穿梭的车辆中，有不少属于私家用车。与此同时，正如爱车者所言：汽车也像人一样需要呵护，需要装饰。因此，给汽车做好外部"美容养护"，使之看起来干净漂亮，用起来风光舒适，渐为众多车主所喜好。由此，也给投资者带来了一个全新的商机——"汽车美容"。

汽车美容装饰是个新兴的行业，目前在市场上十分火爆。抓紧时机开家汽车美容店是个很不错的选择。

【小店淘金成功案例】

下岗工人，打工仔，千万富翁，这几个似乎风马牛不相及的身份八年间在侯晓军的身上神奇变换，这位年近不惑遭遇下岗的普通中国工人，在八年间创造了一段颇有传奇色彩的财富佳话。

在经济相对发达的广东，侯晓军发现随着汽车进入家庭，与之配套的汽车服务业正逐渐成为朝阳产业，他自己就眼看着一些小小的汽车装饰店很快扩展了门面，增加了员工。这些眼皮底下的成功案例刺激了侯晓军，终于有一天，他决定回西安自己创业。

1997年春节，侯晓军怀揣着在深圳打工挣来的5万元创业资本，回到了西安。但那时的西安汽车经销商只卖车，不做新车装饰装修等配套服务，车主只能开着车满西安城跑，寻找汽车装饰店。而当时全城也只有几家汽车装饰装修店，规模和服务都不够需求。他开店第一月，收入就达到4000元。

随后，侯晓军继续通过或租房或交管理费的形式，先后进入陕西5大汽车经销点。稳定的客源帮助侯晓军在资本较少的创业初期，通过数量优势完成了资本的原始积累。这种"服务跟进销售"的经营方式，使侯晓军在后来竞争日渐激烈的西安汽车装饰业中脱颖而出。

为了扩大业务，1999年夏，侯晓军开始涉足旧车装修业。在当时，一些汽车装饰店"来一个宰一个"，用伪劣产品冒充高档次产品，而侯晓军坚持保证质量，同时在服务上下功夫。他率先在西安同行中引入计算机管理，将所有顾客资料集中管理，与客户建立经常的联系。这使他的公司逐渐飙升到陕西汽车装饰装修行业领头羊的地位。如今，侯晓军已经开到了6家分店，有员工160多人，总资产超过千万元。

【小店前景分析】

汽车美容店最大的特色是汽车美容装饰，这个服务项目目前在市场上很受欢迎，风险较低，利润空间大。据了解，汽车美容装饰项目除了一些电子类如音响、防盗中控、倒车雷达等外，其余的项目利润率均在 50% 以上。更有许多项目利润甚至高达 200% 至 300%。汽车美容店主要是依靠人工技术来获得利润，在设备及产品上的投入相对而言就小得多了，其资金投入主要是房屋租金和人员工资等。而对于那些对汽车护养行业不甚了解的人来说，汽车美容装饰的技术较容易学，上手很快，这样就自然而然地降低了上述的各种经营风险。

汽车美容业广阔的市场前景，将吸引众多投资者纷至沓来。那么，要想赢得部分市场，从中掘金，又该注意些什么呢？专家指出，成功与否的关键，便在于开店选址，因为这将对业务成败产生较大的影响。一般说来，以下三种地方是较为理想的店址。

1. 大型高档住宅区内。这里拥有私家车的业主通常较多，将店面开在这里，当业主开车回家，不用走多余的冤枉路。如此，店家能为区内业主们提供方便，久而久之就成为一个招牌。

2. 加油站或汽修店附近。将汽车美容店开在加油站或汽修店旁边，是一个上佳的选择，因为车主在给车加油和大修时，可以顺便给车装饰美容一番。

3. 车流量较大的公路附近。这个不用多说，明摆着生意会不错。

此外，虽然汽车美容业在国内有着广阔的发展空间，但其面临的竞争也将日益激烈。汽车美容概念的引进，在我国才短短十几年时间，真正有了市场需求，只是近几年方始显现。因此，投资者若想挖到汽车美容业的金矿，尤需好好计划。

假设一个标准汽车美容店每月的费用为 44500 元，收入为 93850 元，最低净收入为 93850 元 –44500 元 =49350 元。除去耗材、损耗外，按平均 50% 的纯利润计算，那么投资一个标准店的最低月纯利润为 24675 元。如果每天固定费用总支出为 44500 元 ÷30 天 =1483 元，那么每天的营业额达到 2500~3000 元即可保本。

由此可推算，标准的汽车美容店的投资回收期为（30 万 ÷24675 元 / 月）13 个月。由于考虑到开业初的 2~3 个月效益可能会不够理想，因而标准店的一般投资回报期为 15 个月左右。

汽车美容业虽然市场空间很大，而且有可预见的巨大市场发展潜力，但也存在一定的风险。投资者必须对其所处市场的需求有充分的了解，对该区域私家和公务车的数量及车流量要了然于胸，以决定是否投资兴建汽车美容店，以及规模大小。另外，要面对同质行业的竞争，如成本较低的洗车、修配厂也有相关的汽车保养项目，虽然他们在汽车美容服务方面并不专业，但低廉的价格仍然会对汽车美容店造成一定的影响，所以，投资者对周遭汽车相关行业的经营状况也要有一定的了解。

其次，对汽车美容店里的项目定位也决定美容店的生存，因为汽车美容店的项目有高、中、低档之分，分别满足不同层次消费者的需求。

即便是同一加盟连锁店，也会出现一系列不同档次的产品。如进口产品与国产产品的价位区别就非常大，选购产品时，用进口的还是国产的就要看当地消费者的习惯。此外，每个项目的针对性也不同，就以看似简单的打蜡为例，从顾客需求到光亮程度就分为固体、液体和水晶蜡等等。汽车美容项目种类繁多，投资者具体选用哪种，要根据当地消费者的需求而定。

第三，汽车美容装饰行业最重要的就是服务，这是汽车美容与汽车清洗、修配的最大区别，也是消费者走进汽车美容店最重要的原因。而服务涉及到各个细节，从服务态度到技术等各方面，细节都至关重要。如果汽车美容店的管理者不注意这方面的要求，会导致客源的流失，而客源是汽车美容店生存的命脉。

给汽车穿件"内衣"

汽车内饰是彰显汽车个性的重要组成部分，如果开一家专卖车内软装饰的小店，一定能受到那些有车族的青睐。

【小店淘金成功案例】

每个车主买了新车后，都希望能够与众不同，凸显个性。很多车主像装饰家一样装饰新车，忙不迭地把这个小挂饰那个新座套等往车里搬。所以说，开家汽车内衣饰专卖店应该是个淘金的好选择。

卢刚就看准了这一商机。卢刚发现现在一般的汽车内饰价格比较高，目前市场上最好的布艺车用座套的最高价格达到 1200 元一套，普通的 6 件套内饰，也要 500 元以上。还有一些车内小饰物价格也不菲，比如汽车香水、香料、净化器等。汽车内衣饰专卖店只要在车用布料的花色上和饰物的款式上做得比别家出色，价格高点消费者也能接受。而市场上一套 800 元的 6 件内饰的成本却不过 250 元左右，利润很高。汽车香水、香料、净化器等小饰物，利润也在 60% 左右。

丰厚的利润空间和不断发展的市场使得卢刚店铺的生意蒸蒸日上。

【小店前景分析】

已经拥有汽车的人都希望自己的座驾由内到外都彰显车主人的个性，然而汽车外形已经在买车的时候就定了，剩下的就只有车内的软装饰了。这些部位一般以纺织品较多，主要是车地面垫、车门内饰板、座套等等。

汽车软装店在选址和装修方面，要尽量选择临街店面，以一间陈列商铺和一间仓库、工作间为宜。店面设立配料陈列区、款式设计区、个性饰物陈列区。仓库可以改装成制作车间和安装车间。装修方面要符合汽车文化风格，但一定要突出个性。

商品进购方面，要以纺织品内饰为主，进购各种花色的布料，或者与供货厂家签订购销合约。在布料的花色和饰物的款式上，一定要紧跟汽车消费的潮流，把握现代人对汽车的消费心理，这样才不至于压货。

汽车内饰店不必聘请太多员工，缝纫制作工人 1 名，专业安装工人 2 名，设计人员 1 名（经营者最好能自己胜任）足矣。

开业初期，你可以在汽车市场散发传单，制作宣传画张贴到汽车市场。还可以做报纸的分类小广告。

汽车销售和配套服务行业在中国被人们称为"朝阳行业"，这样的行业一定有更多的人进入，因此，以后的竞争也会大大增加，风险当然就不可避免了。所以在运作的时候，要在抓住服务这个关键环节的同时，突出独特的设计文化品位，并以适中的价格留住消费者。

"天使宠物医院"的经营之道

随着家养宠物数量的急剧增加，宠物经济越来越受人关注，这一领域也因此成为新的创业"淘金地"。

【小店淘金成功案例】

开宠物医院6年后，老板王斌已成功完成了由"门外汉"向"宠物专家"的转型，并把自己的宠物医院经营得红红火火。下面，就来听听这位过来人的生意经。

王斌是学医出身的，毕业后没按部就班地进医院工作，而是选择自主创业。王斌当初的想法是开家私人诊所，没想到一个偶然事件，让他成了宠物医院的院长。

一天，王斌心爱的牧羊犬病了，由于对动物的治疗和用药心里没底，于是只好求助于宠物医院。三四百块钱花下来，病仍然没治好，情急之下，王斌只能亲自出马。他寻找了许多专业书籍，把给人治病的知识与宠物的病情结合起来。虽然是赶鸭子上架，但王斌却凭着所学的专业知识和自己的领悟能力，医好了牧羊犬的病。这件事后，朋友都劝说王斌：既然有这方面的天赋，又那么喜欢小动物，为何不开家宠物医院，来个事业和爱好一举两得呢？

王斌也觉得这主意不错，于是开始了市场调查。他先后在许多居民小区"踩点"，观察家养宠物的数量和品种，打听不同地区的房租价格，了解宠物医院的开业要求等。2004年8月，经过一番努力，王斌的"天使宠物医院"取得了营业执照。

王斌很有经营头脑，他的宠物医院不仅提供宠物医疗服务，还有宠物美容服务和宠物用品经营。应该说，定位很好，但正所谓"万事开头难"，由于大多数人没有花钱给宠物看病或美容的意识和习惯，因此，来看新鲜的人比真正需要服务的多。为应对这种"光打雷不下雨"的现象，王斌推出了给宠物免费体检服务和美容示范讲解，不仅消除了顾客的疑虑，而且还吸引那些原先只是观望的人。客流保证了，业务量自然也就上来了，"天使宠物医院"很快就走上了正轨。

宠物医院的生意虽然日益红火，但专业底子薄的问题也接踵而来。店里聘请的老兽医虽然经验丰富，但只有看家禽、大牲畜的经验。王斌自己虽是学医出身，但对宠物医疗知之甚少。因此，王斌重新背起书包，去上海市兽医协会"补课"。同时，为加强宠物医院的技术力量，他还聘请了三位本科学历的宠物医生和一位拥有国际宠物美容资格证书的美容师。给宠物理毛、掏耳朵、剪趾甲等，看似小菜一碟，其实都有很强的技术要求，更不用说给宠物看病了。技术力量决定着服务质量，而这正是宠物医院的竞争力所在。

经过两年多的摸索，王斌终于入门了：拿到了兽医上岗证书；摸熟了宠物用品的进货渠道；增加了各种专业设备；技术力量更是大大提高。不久，"天使宠物医院"又开了一家分店。

【小店前景分析】

宠物医院与宠物美容虽是全新的创业领域，发展潜力较大，概括起来有以下三大优势：

1. 市场空间较大。据统计，仅上海一地的家养宠物数量就已超过100万只，可见宠物经济的市场潜力不可低估。

2. 前期投入较低。宠物医院对店面的要求不高，一般只需10~20平方米即可，在启动资金上也只需5万元左右。

3. 赢利前景看好。从目前的行情看，普通的宠物美容一次可收费50~200元，宠物美容用品的销售利润约为15%~20%。虽不够"暴利"级别，但行情较为稳定。

但是，宠物医院的进入门槛不算高，因此市场竞争将日趋激烈。在这种情况下，能否提供优质服务，越来越成为竞争的焦点，而决定宠物服务质量的关键因素是技术实力。因此，如果创业者对医学知识了解甚少，没有此方面的经验，又缺乏专业人才撑"台面"，将很难维持下去。招聘兽医专业毕业的本科生，然后对其进行专业培训，双管齐下，就能有效提高宠物医院的专业水准。

走精品路线的宠物美容护理店

现在人们对宠物的需求不断增长，也更舍得为宠物花钱了。开家宠物美容护理店并且走精品路线将会有不错的经营前景。

【小店淘金成功案例】

走进张扬的店铺，就见一只白色的贵宾犬趴在一张台子上，张扬则穿着一件绘着小狗图案的围兜，带着口罩，用宠物专用的剃毛器在帮台子上的小狗修理毛发。贵宾犬很享受地躺在台子上，任由张扬"摆布"。

张扬当初开宠物店的初衷是因为自己太喜欢小猫、小狗这些小动物了。有一次，她在冬天买了一只松狮犬，没多久就发现小狗发烧了，带到宠物医院去看，得知是得了犬瘟热，医治了一个多月，花了2000多块钱，完全没有效果，最后小狗死在了一家诊所。无助的张扬在诊所门口哭了好久。从那以后，张扬就决定将来要开一家宠物店，不让自己店里的任何一只小狗生病死掉。

2005年，张扬从贵大中文系毕业。学新闻专业的她在电视台做了采编。可是，由于割舍不下那份深深的狗狗情结，一年之后，张扬毅然辞掉了令人羡慕的工作，在贵钢花鸟市场上开起了属于她自己的宠物店。

刚开始的时候，由于什么都不懂，她就和家人商量去外地学习宠物美容技术，先后花了几万块钱，分别向韩国、美国及中国国内老师学习，然后一级一级地参加考试，拿到了B级（相当于中级）宠物美容师资格证。有了手艺的张扬在宠物美容上更加充满了信心。

有一次，一名顾客抱着自己的宠物犬来到张扬开的小店，第一句话就问道："你会剪狗不？"张扬吃惊地望着顾客，肯定地点着头说："当然会啦！"接着顾客又问道："你能不能把它剪成比熊的样子？"原来，这名顾客已经带狗狗去了3家宠物美容店了，每一次剪出的造型都不让她满意。张扬马上行动起来，两个小时后，张扬指着顾客的比熊犬说："比熊就应该是这个样子的。"顾客看了也满意地点了点头，还马上为自己的小狗办了张年卡。

由于张扬对小狗完全是本着一份爱心，所以也交了很多顾客朋友，即使仅仅来她店里买过一两次狗食品、饰品的顾客，在小狗生病的时候，也会第一个想到张扬，给她打电话，咨询相关事宜，这点让张扬很欣慰。"只要是为那些小狗好，我都会介绍顾客去自己熟悉的又便宜又好的宠物诊所给狗狗看病。我不希望看到有顾客像我当年那样抱着狗狗在诊所门口哭泣。"张扬说道。

为了不断提高自己的技艺，张扬常常参加一些比赛，在其中不断充实自己，锻炼自己。虽然宠物市场目前还不够成熟，但还是有很大的潜在市场，因此做这行不能看短期效果，而要做长远打算。

【小店前景分析】

开一家宠物美容店成本不大，需要准备10~20平方米的铺面，购置刷子、梳子、剪刀、推子、电剪、电吹风等宠物美容器械，大约需要1万元；准备些医疗设备、药品和生活用品等（当然有条件配置一个恒温室更好）。当然，若有国家犬类美容师协会考核认证的高级专业美容师证明就更理想了。

人们喜欢带宠物到美容店消费，因为店里有专业水准的美容师，能帮助宠物做一些主人在家里没办法做好的环节，让心爱的小宝贝在这里变得更漂亮、更健康。专业的宠物美容店一定要有专业的宠物美容师，要了解各种宠物的性格、特点，学些宠物的饲养、保健医疗、护理知识。

除了健康理由外，宠物美容也是一种时尚潮流，美容技巧配合修剪技术可以把宠物的优点凸显出来，也可根据个人爱好和地区的不同，给宠物做出不同造型，使宠物更漂亮可爱。

目前，专门的宠物美容店越来越多，服务越来越完善，竞争越来越激烈，要经营好宠物美容店，必须有高招。

开宠物美容店必须选在宠物比较集中的地方，店面一定要洁净舒适，设置需完善、专业。经营宠物美容店一定要留得住常客。另外喜欢养宠物的大多经济条件比较好，他们有爱心也有耐心，因此店里最好能够放置一些关于宠物的杂志。

目前，一些宠物美容店还发放宠物美容优惠卡，宠物会员收费 150 元到 200 元不等，一年内的美容费用可享受相应优惠。

很多店主也不再单一经营，除了提供宠物美容外，还进行宠物医疗，经营宠物服装、宠物日用品、宠物摄影等。美容店还提供各种难度不同的训练，如训练它不吃别人的东西，定位大小便等，收费 100 至 300 元不等。如果主人要外出而不能照料宠物，美容店还提供宠物寄养。同时，为了招徕顾客，有些美容店还免费为宠物寻找配偶。

开一家家用电脑饰品店

中国的电脑拥量已经数以亿计。有这么大的用户量，随之而来的电脑饰品行业无疑也会有巨大的市场前景。

【小店淘金成功案例】

长沙市步行街南街动漫星空里的"卡普特电脑饰界"是长沙第一家专业以电脑饰品以及电脑附属产品为经营对象的店铺，自开业以来，由于店里所售电脑饰品的新奇性以及时尚性，受到了很多消费者的关注。

电脑饰品店生意依靠的是销售量，一件小的电脑饰品也许只能赚几元甚至几毛钱，若没有一定数量的顾客很难维持下去。而提高销售量依靠的就是积累回头客，这就需要提供良好的服务。小店的老板阿华认为，如果客户买回去的电脑饰品有质量问题或者想要更换，此时你的态度要比当初他来购买时还要好，而且要及时处理，能换则换，能退则退，让客户感到满意。这样才能适合专家提出的"80 / 20 法则"，即 80% 的业务都是来自 20% 的客户。当访客数相对固定时，成交率则主要靠员工的推销能力，争取通过连带推销，让顾客一次多买几样东西。

阿华为店铺制订的经营策略是多方法灵活经营。比如可以请顾客对电脑饰品进行现场搭配，在潜意识中加深对店铺及其服务的印象，从而迅速扩大产品及服务项目的公众知名度；还可以通过招募会员的形式发展顾客，形成新老顾客源源不断的良性循环态势。

阿华的小店的顾客群主要是年轻时尚女孩，她们喜欢用店里的小玩意给电脑"化妆"。阿华往往会推荐给她们几款畅销的货品，比如有一种漂亮的鼠标贴，可使用鼠标时常会出现的湿滑情况就不再发生，而经过商家验证，该款鼠标贴绝不会在鼠标上留下很难看的痕迹。摆在玻璃柜里的小老虎、小鸡崽、小狗等，表情丰富，或喜或忧或哀伤，十分可爱，而将这些小动物们统一放倒 90 度，这些东西底部具有的较厚纤维物，便可用来擦拭显示器屏幕。还有一款台灯的底座设计很有意思，其样子为鼠标状，而在使用时与鼠标也颇有几分相似。

目前，小店出售的产品大多只适合女孩子使用，颜色及图案都相当可爱。阿华认为这会在很大程度上限制顾客群，因此，将考虑经营一些技术含量较高的电脑附属品，比如防辐射的键盘套等，这样，可以提高经营档次，争取各种层次的客户。

【小店前景分析】

如今，电脑在人们的工作、生活中占据了越来越多的时间，人们不再将其仅仅当成冷冰冰的工具。于是，电脑饰品就成了人们热衷的选择。电脑饰品店经营的虽然是以装饰电脑为主的小配件，但毕竟也是饰品店，其消费群体肯定还是以女性为主。因此，在投资之前一定要做好充分的市场调查，在进行详细的投资分析后才能放心开店。

业内人士分析，从目前的电脑后续服务市场来看，相关行业只局限于维修、销售等领域，其他方面的配套少之又少，只有少数散落在电脑城和电子市场，明显缺乏专业化、个性化的品牌服务，像电脑饰品、电脑休闲品等项目更是少有人问津。很多人都看好这个市场，但这一领域的市场还有待开发，这无疑为创业者留下一个难得的商机。

有的创业者对电脑饰品这一行并不熟悉，这种情况可选择连锁经营方式，能够省去不少麻烦，并在一定程度上降低风险。不过，加盟也需按照规定缴纳一定的加盟费并遵守加盟店的一些条件等。

喜欢电脑饰品的消费者，很大一部分是13~30岁的年轻人，尤其是大、中学生，他们崇尚个性和自由，热爱时尚和流行。这个群体接受新鲜事物比较快，对时尚饰品有执著的追求。因此，一般来说，电脑饰品店选择在学校集中的区域比较合适，但由于经济能力受到限制，这部分消费者对价格很敏感，只有质优价低的市场定位才能最大程度地迎合他们的需要。

由于电脑饰品消费群体具有相当强的针对性，因此，如果店铺以电脑城为基点，或是直接在电脑城租个小门面，这样，连带的商业效果就会显现出来。

家用电脑饰品店在经营上可以采用以下几种方式：

1. 装修强化时代性。电脑饰品店的消费群大多为女性，在店铺装修时一定要谨记这一点，但由于电脑饰品店毕竟不同于一般的时尚女性用品饰品店，因此在装修方面也不宜太过花哨，而应简洁、素雅、大方，着重强化电脑饰品的时代性，让店面设计和招牌也成为广告，毕竟真正的主角是那些装饰电脑的小配件。

2. 注重品种与渠道。经营者在进货时一定要根据当地的消费水平和消费观念来选择电脑饰品的种类，价位则要根据店铺周围消费群体的年龄段和收入情况来确定。电脑饰品主要包括USB接口时尚产品、另类键盘鼠标、清洁用品等主流系列，货物要高、低档次兼有，以满足不同消费者的需求。

在进货上要注意一个问题，那就是慢速饰品驱逐快速饰品。有些电脑饰品店看起来货很足，品种也很丰富，但在专业人士看来，快速消费饰品（如卡通装饰贴纸、线缆捆扎带、屏幕清洁剂等）不足，慢速消费饰品（豪华显示器卡通外套、大型USB接口时尚产品、另类摄像头等）很多，这样就使慢速饰品挤占了快速饰品的位置，这也是一种隐性缺货。

电脑饰品店中快速饰品的单价一般保持在10~30元，这个价格区间的产品就属于快速消费品；而有些电脑饰品店，一些20~30元的重要饰品很少甚至没有，以至于形成看的多、买的少的局面。最后，要和当地及进货地的物流公司保持良好的合作关系，这样不仅运费会优惠很多，而且永远不会把你的货丢在最下面压着，货到了能够及时通知，及时上架。

3. 掌握频率与数量。好的饰品店有一个经营窍门，就是进货要"多频率，少数量"。饰品的作用就是给人带来漂亮和新鲜感，对于日新月异的电脑饰品来说更是如此。这种店铺由于位置选址比较明确，一般不需要过多地搞促销或者相关活动，只需要产品每天更新一点点（比如新鲜的鼠标卡通腕垫、另类图案的键盘保护贴膜等这些小玩意儿），这样，无论是新顾客还是老顾客，当他们每次来到店铺后都会有不同惊喜，使人感觉这个店铺充满生机和活力。进货频率掌握每周一次，如果是销售旺季还要尽量缩短周期，决不能为了贪图省事一次进足，那样就会使顾客失去新鲜感。

电脑饰品相比其他一般饰品来说，相对价格会稍微高一点，但在目前电脑使用普及的情况下，稍高的价位并不会影响销量。一般的电脑饰品店最多一年即可收回成本。

洗衣加宅配，愈送愈有钱

单纯的洗衣店市场已趋近饱和了，但如果能开家洗衣和宅配结合，无疑将比单纯的洗衣店吸引更多的顾客。

【小店淘金成功案例】

在日本东京，由中山夫妇所设立的家庭洗衣店，刚开始也是以家庭式的传统小店，提供邻居方便的洗衣服务，但在开业一年后，夫妇俩开始积极地为洗衣服务增值，凭着他们的努力，创造出年营业额增长 40% 的惊人成绩，而他们的法宝便是宅配。

原来，中山夫妇在购入厢型车后，便以宅配的方式，为不方便领取衣物的上班族家庭提供送衣到府的服务。他们选在一般人下班回家吃完晚饭后这段时间送衣，也让客户习惯于处理完所有家务后便可收到干净的衣服，并且顺路广发名片式的传单，主动让客户知道他们的配送服务。从此以后，夫妻俩的洗衣店生意蒸蒸日上。

【小店前景分析】

讲到洗衣店，首先映入人们脑海的不是位于住宅区的传统小店，就是位于办公区、为打入上班族市场而设的连锁洗衣店。但不论何者，都得等着客人送衣服至店内，洗完再等客人上门来取件，结果常造成店内累积过多过期未领的衣物，而收入也永远维持在一固定水平，没有太大的成长空间。洗衣加宅配的经营模式之所以能在市场上占有一席之地，其不可避免的优势如下：

1. 引入宅配概念。现代人常因为白天要上班，像衣物送洗的琐事，就必须等到假日才有空取送，若临时有衣物送洗，还得特地挪出时间。而中山夫妇的洗衣配送服务，省去一般人取送件的时间，在客户方便的时间，直接将洗好的衣物送到客户家，增加客户的便利性。

2. 广发名片主动出击。一般家庭式洗衣店总是躲在巷弄中，静待客人送衣上门，但中山夫妇可不这么想。他们借衣物宅配时，沿途广发自制的名片型传单，并定期在当地报纸刊登广告，主动让当地居民认识他们，进而选择他们提供的方便服务。

3. 锁定单身上班族。单身上班族平日忙于公事或聚会，家中亦无人处理家务琐事，而宅配洗送衣正好满足了这些单身者的需求。而且这些单身者们未来有可能在当地结婚、定居，成为家庭式的客户。锁定单身服务，也等于是为未来培养市场，所以可以创造令人惊讶的营业额增长。

引自国外的自助洗衣房赚钱有方

相较于传统的洗衣房，自助洗衣房在今后会有着更广阔的市场。开家自助洗衣房，按时间收费既新潮又赚钱。

【小店淘金成功案例】

很多人都吃过自助餐，也喝过自助茶，还可能从自动贩卖机里买过饮料，从银行自动柜员机里取钱那是更不用说了。总之，"自助"的概念正慢慢从潮流到普及。这不，现在杭州有些小区里便开始出现了"自助洗衣房"。

杨家沁苑社区里的这家"自助洗衣房"是一个十几平方米的门店，里面摆着5台洗衣机，边上有一张沙发供顾客休息，"无人值守"四个字让这家洗衣坊显得特别与众不同。

有人也想开这样的一家店，曾去那儿做过考察。中午来到那里的时候，已经有3个顾客在洗衣服了，但是不见老板，问了一下，他们说老板偶尔会来一下，这不是写着"无人值守"吗，要洗衣服投币就行了。

正说着，一个大姐拎着一大桶衣服走进来，"有没有位置啊，但愿不用等哦。"说着，她熟练地拿出5个一元的硬币，投进洗衣机右侧的投币箱，然后就开始洗衣服了。据那位大姐说，半个小时以后过来拿就行，她就住在小区里，不耽误事。洗衣房里贴着温馨提醒，比如怎么操作，衣服一次别放太多，颜色别混了，会洗多久等等。沙发上还准备了一些杂志、报刊，供顾客休息用，很是贴心。

前去考察的那人根据墙上的联系电话，联系上洗衣店的老板，是个姑娘。她说，她就住在边上，一般洗衣房开的时候顺便来打扫下，关门的时候来一下，因为自助的嘛！

姑娘叫洪霞，这个自助洗衣房是她一个人开的，她说这种方式国外很多的，一些港台电视剧中也经常能见到，杭州还不多，但自从她开了后，小区里边别人也开了几家了，说明确实有需求。

其实，洪霞2006年就想开这个自助洗衣房了，但没行动，直到转年的三四月份看到瓜山那边有人开了，才下了决心。原本想开一个高档次的，但是资金有限，便先开了个简单的，不过这正好适合农居小区租客多的需求，毕竟高档次的自助洗衣房现在大家可能还不能接受。

洪霞的自助洗衣房早上7点开，晚上11点关门，现在生意还挺好，双休日和晚上都要排队。洪霞的自助洗衣房中那几台洗衣机是从广东定制的，可投币也可刷卡，她说，其实深圳广州这种自助洗衣店已经蛮多了，杭州应该也会慢慢多起来。刚开始做的时候没经验，都是自己摸索，不过现在她有经验了，所以她打算在附近小区再开一家自助洗衣房。

【小店前景分析】

自助洗衣房可以开设在外来人口密集的地区，如城郊接合部、大、中院校和工厂区，提供洗涤设备供顾客自己操作，按使用时间收费。

自助洗衣房洗涤的物品主要有三类：

1. 内衣、内裤、衫衣等日常服饰；
2. 被单、床套、毛毯、窗帘等大件用品；
3. 西装等需干洗的高档服饰。

上述地区洗衣条件往往一般，特别是冬天，水温很低，洗衣服更是一件苦差事，自助洗衣房以低廉的费用招揽这部分顾客，同时干洗等费用也比外面的洗衣店低得多。

由送奶衍生出的无限商机

相比工业化生产的牛奶，如今新鲜牛奶得到了更多人的认可，而这其中则蕴藏着不小的商机。

【小店淘金成功案例】

送奶看似再简单不过的体力活，每天只要将鲜奶送到订户家便算完事。干着这样简单的工作，吴作仁的同事大多安于现状，把送奶仅当成一种任务去应付，送完鲜奶后，便在一起打牌或是闲聊。吴作仁却和他们不一样，他常常主动与订户交流、谈心，问他们的想法，听他们的建议，凡事都多留个心眼，因为他志存高远。吴作仁当过兵，复员后在郑州一家音像公司工作过，他到首都来，就是为了要干出一番事业。即使现在只能做送奶员，也要做最出色的。那时，公司鼓励送奶员在送奶时拉订奶业务，每拉到一个客户，给10%的提成。吴作仁在做好送奶工作的同时，想方设法开展订奶业务，没多久就博得一个全能送奶员的称号，收入也一下子增加了好几倍。

到1995年底，吴作仁手上已有了几万元存款，他想，可以用这些钱做本，去干一番事业了。当时中关村一带经营电脑的公司特别多，许多人一夜之间便成了百万富翁、千万富翁。他在海淀区黄庄租了几间门面房，装修成一家店铺，又向朋友借了一些钱，从中关村买回了一批电脑配件……就这样，吴作仁做起了经销电脑的生意。

可是，吴作仁还没尝到成功的喜悦，就发觉自己的决策失误了。当时在中关村经营电脑的公司多如牛毛，除了几家大公司外，其他的小公司生意并不好做。吴作仁本来就对计算机行业不太了解，缺乏这方面的专业知识，加之他的公司实在太小，因此生意十分难做。经历了这次惨痛的失败后，吴作仁开始冷静下来进行认真的思考。他觉得他之所以没有成功，主要是忽略了市场的运作法则，盲目地跟着别人走，涉足自己不在行的领域，没有经营优势……为此，吴作仁暗暗决定，以后再也不能轻意地投入自己不熟悉的行业了。

到底投资什么行业才是对口的呢？终于有一天，他感觉眼前一亮，对自己说：什么也别想了，干脆干老本行，开一家送奶的公司。他想，自己以前干过送奶工，对这一行十分熟悉，这也是优势啊。1997年6月，吴作仁的送奶公司——北京市鑫丹妮发展中心正式成立。包括他自己在内，公司仅有3个人，区区2000元固定资产和三个奶桶。谁也不会想到，吴作仁就是以此为本钱，最后却成为名震京城的送奶大王。

吴作仁的公司刚刚成立的时候，整个北京市有1000余家送奶公司。由于一些送奶公司信誉不佳，因此，许多市民对送奶公司备加提防。特别是一些小公司，更是面临着巨大的生存压力：一方面，奶业公司不相信他们，不愿委托其代理奶品递送；另一方面，客户不放心，不敢把钱交给送奶人员。

吴作仁知道，自己的送奶公司是小公司，与别的公司相比，没有资金和物力上的优势，要想取得一席之地，唯有树立良好的企业形象，要让大家都相信鑫丹妮，而要做到这一点，最重要的是"诚信"两个字——对奶业公司要诚信，对客户也要诚信。公司成立后，吴作仁迫切需要从一些奶业公司取得递送业务。他跑去北京市一家著名奶业公司，但当走进这家公司的经理办公室时，发现还有另一个人也来争取递送业务。

吴作仁一听那人说他的公司有400余人，固定资产500余万，心中就没底了，心想自己的公司才3个人，人家会相信这样的小公司吗？

轮到吴作仁说话时，他本准备按朋友所说的对公司吹嘘一番，但本性忠厚的他最终却说：他的公司现在规模还小，包括他在内，只有3个人，也许与别的递送公司相比，他们实在太小，可他们却有着一颗诚实善良的心……吴作仁一口气说了一大串，说完之后，他想，这次肯定是没希望了。可是，第二天，奶业公司却打来电话，说他们同意让鑫丹妮公司代理送奶业务。后来吴作仁得知，那天与他一起去争取业务的人却没有得到递送权，原来奶业公司了解到，那家公司的规模并没有他吹嘘的那么大，他们认为他不诚实，所以不让其代理。这件事也让吴作仁更加坚信：一个人坚持诚信，是不会吃亏的。

正是凭借诚信，越来越多的家庭成为了鑫丹妮公司的客户。鑫丹妮公司发展迅速，至2000年初，整个北京城已有近20万户家庭成了鑫丹妮公司的客户，每天都要喝鑫丹妮公司递送的牛奶，而且数量还在以每月近万户的速度递增，这在北京近2000家送奶公司中，不能不算个奇迹。

就在鑫丹妮公司快速发展的时候，吴作仁很快又发现了一个巨大的商机。2000年8月的一天，他的一位开广告传播公司的朋友打来电话，向他抱怨现在做广告传播成本太高，而客户出资太低，生意不好做……这无意间获得的信息立即触发了吴作仁的联想：鑫丹妮公司现在有20万家庭订户，这是一个极其庞大的网络，而目前这张网只用于送奶，为什么不以此为载体，在送奶的同时，兼做广告传播呢？吴作仁很快就把设想变成了现实。2000年11月，鑫丹妮广告传播公司宣告成立，公司的广告传播人员几乎全由送奶工兼任，也就是说，吴作仁利用不变的资源，转眼之间却让业务由一拓展为二。

不久，北京市一家著名大公司想发布一个新产品广告，他们起初在京城一些报刊上做过广告，但效果并不明显。这家公司的负责人便到处另寻有效的传媒。吴作仁得知此事后，亲自找上门去对这家公司的负责人说：如果广告达到了预期的效果，广告费双倍付清，如果达不到预期效果，不仅不用你付一分钱广告费，还由他们鑫丹妮公司双倍赔偿其损失。这位负责人听后窃喜，在他看来，他们这是只赢不输的事，因此十分爽快地答应了。而吴作仁之所以敢这么说，并不是他在冒险，而是他以他敏锐的眼光认识到，鑫丹妮广告传播公司有这样的实力。果不出吴作仁所料，广告信息发布后，效果十分好，那家公司的销售部电话几乎被打爆，产品不到半个月便销售一空。此举不仅为鑫丹妮公司赢来了一笔巨额广告费，更让吴作仁意想不到的是，经这家客户一宣传，京城上下立即就有许多人知道了鑫丹妮以及其巨大的传播影响力。于是，找上门来要求进行广告传播的客户一天比一天多。

有了新业务扩展的成功先例，吴作仁再次决定以送奶网络为载体，兼营更多的业务。不久，鑫丹妮公司与一些商场合作，进行电子商务配送。除此以外，吴作仁还创办了《E生活广告》杂志以及鑫丹妮网络技术公司。所有这些，都是依托于鑫丹妮公司的奶品递送这张巨型大网。

【小店前景分析】

曾经有段时间，牛奶公司会向附近居民提供送奶上门服务。但20世纪90年代中期以后，随着人们可以越来越容易且便宜地从食品杂货店或者超市里买到牛奶，再加上牛奶的保存期限也逐渐增长，送奶工慢慢地退出了人们的生活舞台。不过最近几年，特别是乳业三聚氰胺事件曝光之后，人们开始对每日送到的新鲜牛奶重新燃起了兴趣，送奶工也又回到了人们的生活中。

值得一提的是，送奶入户的一对一、面对面，不仅可以直接反馈顾客需求的信息，同时也是最真实有效的直销宣传和服务宣传，可以说是集市场调查、广告宣传、终端销售为一体。就销售通路的建设而言，它越过传统的流通环节，直接贴近消费者，既真实又可靠，管理难度也不是很大。送奶还可以兼顾承揽一些广告业务，仅就宣传效果而言，它也比泛泛地面对市场的广告轰炸投入少，效果好。

美食中介公司的独特赚钱术

在这个注重饮食文化的时代，要从人们的"口腹之欲"中赚钱的商机实在很多，但不一定非要花昂贵的租金开家门面餐馆，还有一个赚钱高招就是，你可以替那些想在家里饱尝美味或款待客户亲朋的客人提供烹饪美食服务。

【小店淘金成功案例】

本节案例的主人公小惠就开了一家这样的"美食中介"公司。顾名思义，"美食中介"就是提供一种烹饪的中介服务，将身怀技艺的烹饪高人集中起来，为客人提供临时性服务。让他们在家里也能从容待客，饱尝美食。

当然不是小惠自己当厨师，而是她负责联系一些有好手艺的人（不一定是专业厨师），如退休的烹饪爱好者、厨师，赋闲在家的主妇，或是能做西式餐点的人，把他们网罗起来，根据各自特长，将将其资料放到网上，如中餐类、西餐类、点心类，这其中又可细化，如中餐类可分湘菜、杭帮菜、川菜等，一旦有客人提出口味要求，便可很快根据各人专长派出这些钟点师傅上门服务。

兼职师傅不论年龄职业性别，只需要有两个共同特点：一是喜爱烹饪，有展示自己手艺的强烈欲望；二是有一技在身，不求高难度但求特色，能烧出几个特色菜或制作一些别致的西式餐点，中餐最好是家传的或有浓郁地方特色的，西餐类要精致可口，或可为客人介绍些西餐类的饮食习惯礼仪等。

小惠说，要开好一家美食中介公司离不开良好的宣传，可与当地报纸、电视台的美食栏目联合搞些与家庭烹饪有关的活动等，获奖者可被聘请为公司顾问或高厨，这对提高公司知名度大有好处，会吸引不少慕名而来的美食爱好者。

【小店前景分析】

美食中介公司本身的赢利方式可通过中介费赚取，如一单业务提成 30%，一天如果派出 12 位师傅为 12 户家庭服务（中晚餐各 6 位），每个家庭每位师傅的平均收入是 100 元，公司中介费就有 30 元，12 位就是 360 元，如此每月就有过万的收入，除去房租水电人工开支，利润空间很大。

美食中介公司经营上可实行钟点式收费或全包式收费，钟点式收费可根据时间来收费，如对方提供原材料，师傅只负责烹饪烧制，那么 3 个钟点可收烹饪加工费 100 元左右。这 3 个钟点，熟练的师傅完全可烧出一桌能招待七八个客人的菜来，菜的原材料价加上加工费对请客的东家来说还是很划算的，味道不比酒店差，但比在酒店消费便宜多了，起码酒水饮料这道就省了很多，且家庭宴客别有一咱温馨亲切而随意的气氛，主客自便，饭后还能进行一些赏花观鱼或卡拉 OK 等娱乐活动。

全包式收费可包括代客采购材料，让客人给出一个标准，如菜的道数、口味及荤素搭配等，由公司师傅按客人要求的时间、菜式负责弄出一桌可口佳肴来。美食中介公司可与一些净菜公司、水产肉类公司建立起长期联系，以最优惠价格采购到最新鲜品质的原材料。

这种全包式收费对主顾来说十分方便，宾主只需聊天尽欢，无需为请客的繁琐事务伤神。比如主顾想请五个朋友在家吃饭，标准是 300 元左右，要求六荤四素四冷盘一汤一主食，那么师傅可扣除大约 100 元左右的人工服务费，余下全按标准去采买搭配，200 元完全可准备一桌丰盛又合乎要求的菜肴。

西式餐点的烹饪服务可以成为公司吸引客人的一大亮点。西餐以其风雅简洁越来越为更多人青睐，凉拌沙拉、蕃茄酱凉面、奶油蘑菇汤、烤牛排、咖喱薯仔饭、蛋奶曲奇……西式餐点能为你招待客人多添别样风情，配上开胃红酒、午后红茶（咖啡）、方格台布、水瓶装鲜花、蓝调音乐，客人一定会度过一个轻松浪漫的下午。而且西餐烹饪并非人们想象的那样神秘，越来越多年轻的美食爱好者若从电视、时尚刊物里学会了西式餐点的厨艺，做烹饪钟点工，既可以赚到外快，又可以通过烹饪服务交到一些西餐爱好者。

抓住节日商机开间礼品寄售店

开一家礼品寄售店，既可解除人们的烦恼及不必要的浪费，又可为需要购买礼品的人提供方便和实惠，自己更能从中获得不少利益，真可谓一举数得。

【小店淘金成功案例】

小张 2007 年投资 20 万元成立了一家网络科技公司，然后因为经营不善而月月赔钱，撑到 2008 年 6 月的时候，公司已经没有一分钱可以运转了，只好解散，变卖了电脑和办公家具大约 1 万元。在沉沦了几个月后，他无意中接触到一个新项目——礼品寄售。这在中国还是很少听说的，但小张立刻感觉到这个项目有门。

逢年过节的时候，不少人家要面对着一大堆亲戚朋友送的礼品发愁。去年，小张就见姐姐对着好多袋小孩吃的糖果、几十瓶白酒发愁，最后只好将其往各家送。看着这情景，小张不禁想，要是开个礼品寄售店收购这些东西该多好。

说做就做，小张对这个项目进行了相当深入的了解，确定了运营的整个流程，经过前期繁忙的准备，他的礼品寄售店开张了。

小张认为，开这种店在选址时应选择在相对人流量大的地方，比如居民集中区——这里相对房租会便宜一些。当然商业街、大型医院住院部附近也是不错的选择，但在这些地方房租相对要贵很多。

【小店前景分析】

在中国，每逢到了隆重的节日，免不了会有礼品往来，你来他往，很多人家自己花钱买了很多礼品送出去了，相应的对方也给自己回了不少礼。但礼品多数都有保质期，无论是多吃还是过期后被扔掉都是一种浪费。这时候如果可以把礼品进行套现换成钱，一定会大受欢迎。而在春节期间开一家春节礼品寄售店，通过寄售礼品提成，一定会给创业者带来不错的收益。开这样的店，投资不大，但回报较大。

但是，开这类店应具备识别各类礼品真伪的常识，以免收进假货。再者礼品回收店不应以牟取暴利为目的，薄利多销，方可做到生意兴旺。

只有具备了这些必备的条件，开店后，才能对自己所寄售的礼品把好关，不至于让自己寄售的礼品因是假货或货价高而砸了自己的牌子。目前对于礼品寄售主要集中在烟、酒和保质期限相对较长的一些食用性礼品上，但对于这些礼品，寄售经营者一定要有一个很好的定位，一般应集中在一些比较好销的礼品上。

另外，对于开寄售店，在开业之初因经营者所开的店面没有多大的名声，并且是刚开始，肯定不会有货源。为了避免出现有顾客来买礼品而没有礼品可卖的尴尬，经营者在开业之前就需要用自己的资金先行批发一些礼品，以备顾客前来挑选和购买。当然即使礼品寄售店开了一段时间后，已经有一些寄售者前来光顾后，经营者也还需拿自己的一部分资金对礼品进行补充，如此才会因礼品寄售店有更多的礼品供顾客选择，而吸引来更多的顾客前来光顾，从而真正让礼品寄售店火起来。当然这种店也可以常年经营，而且如果经营得好的话，还可以扩大自己经营的项目品种，除寄售礼品外，也可寄售服装、首饰等一些其他商品。

最后，经营者对于寄售的礼品，一定要有严格的标准。一般来说，寄售的礼品必须是全新的；九成新可以适当考虑寄售；对于破损、脏污和成色差的，坚决拒收。同时为避免出现纠纷，对于客人来委托寄售的必须要签订一份"寄售合同"，并把寄售的一些规矩，以及寄售后如何分成写进去。而对于礼品的价格主要由客户自定，经营者有时也可以给客户的定价提供参考。寄售期最长三个月，如果寄售的礼品能在其间卖出，经营者可收取佣金，一般定在 20%~30%；如果卖不出，则原物退还，可以适当收取 3~5 元的保管费。原则上如果客户寄售的礼品比较多，总值达到 100 元时，即通知其过来结账。如按上述来经营，一则经营者会保证自己所销售礼品的质量，对购买本店所销售礼品的顾客有保证，从而吸引回头客，二则，对于寄卖者也表明了一种负责态度。由此，就会取得他们的信任，从而保证货源上的供应，使更多的寄售者愿意和经营者打交道。

5000 元，家用空调清洗店开起来

开一家家用空调清洗店，不仅有利于改善人们的生活环境，而且可以给经营者带来滚滚财源。

【小店淘金成功案例】

苏州的刘女士在 3 年前突然失业了。作为一名下岗职工，她一直没能找到一份称心的工作。在闲暇读报时无意间了解到空调清洗市场潜力十分巨大，于是她尝试着做空调清洗。一开始她不太懂经营，也没有固定的门店，所以生意一直比较冷淡。尤其因为空调清洗具有鲜明的旺季和淡季的区别，生意没法维持红火。后来，她想出了一个办法，那就是拓宽服务项目，还根据客人需要直接销售专业清洗消毒产品，这就保证了店面的长期经营。

刘女士的空调清洗主要是上门服务，所以她只租了一间普通的办公室，一部电话、2~4 名工人就可经营作业。启动资金 5000 元，主要用于购买工具、专用清洗剂。创办空调清洗店只需 10 余平方米的店面即可。其店面选在了人流量较大的临街地带，店内只做了简单装修，干净明亮，突出服务风格。

刘女士的空调清洗店采用专用清洗剂清洗，不需将空调拆下，只要将清洗剂直接对着空调的室内、室外机就可清洗，同时清洗时不会污染墙面和地面。清洗一台空调一人只需 20 分钟。现在，刘女士的公司一个工人一天可清洗 10 台空调，其为公司创利可达 320~380 元，两个工人就可达 640~760 元，4 个工人一天就可达 1280 元以上，一个月就赚 3.8 万多元。

【小店前景分析】

目前全国共有 3.5 亿台空调，城镇空调普及率达 40% 以上。空调普及也给空调服务业，特别是空调清洗业带来了前所未有的赚钱商机，因为空调在使用过程中，至少每年都要全面清洗保养一次，否则内部因积聚大量的灰尘污垢，容易损坏空调，传染疾病等。

以一个 50 万人口的中等城市为例，按 5 人拥有一台空调测算，总拥有量应在 10 万台左右；空调清洗每年按其总量的 70% 计算，每台空调清洗服务费按 40~50 元算，则每年的空调清洗产生的价值就可达 200 万 ~300 万元。另外，通过空调清洗又可带动安装、加氟、维修等相关服务，每年的服务营业额又可提高 20% ~30%，所以空调清洗市场潜力十分巨大。

对于家用空调清洗，80% 的空调用户均未加以重视，有的认为家用空调根本不需要清洗，空调长时间不用或已用多年没清洗的空调刚启动时吹出来的风带有很大的异味（各种细菌也随着扩散出来，容易传播疾病），或噪音异常，制冷、制热量不理想。其实只要通过专业清洗，以上的一切问题都能全部解决。所以最重要的是要加以宣传引导，让广大用户充分了解家用空调清洗的重要性和必要性，引导人们改变观念，接受家用空调清洗保养这一新生事物。

开业期间可在当地晨报、晚报上等做些科普广告，以为公司业务打基础；同时派人在居民小区散发传单，组织业务人员上门联系单位业务，也可以与物业管理公司合作，由物业管理公司出面，承揽一些成片的家用空调清洗业务与其分成。这样在 50 万人口以上的城市平均每天至少可以清洗 15~20 台家用空调，每月清洗 500~600 台，月利润可达 2 万元左右。

开电脑翻新店，让你赚足钱

如今各式各样的"翻新"概念倍出，服装服饰、家居家装都讲究翻新。人们日常使用的电脑的翻新市场更是一座金矿。

【小店淘金成功案例】

电脑翻新公司主要从事电脑及其他办公自动化设备的维护保养工作，实行全天候上门服务，收费低廉，还免费示范保护方法。电脑翻新公司的市场前景十分看好。

南京的张先生便看准这一商机，大赚了一把。他在南京开了一家电脑清洁翻新店，其中要服务客户为以下三类：

1. 学生。目前很多家庭购机主要是为了学生学习，很多家长本身不懂电脑，而学生中又有相当一部分只在电脑应用上略知一二，其他知识掌握较差，是维护和清洁的双客户资源。

2. 单位。单位电脑一般疏于清洁，加上使用人员混杂，许多软硬件的小问题不愿请专门的技术人员来修理，因而也是一个业务点。

3. 网吧。很多人认为网吧都有专业的维护人员，业务会难于开发。其实不然。电脑外围的清洁影响到整个网吧的形象和档次，而外围的翻新实则是经验和专业性的产物。只要你把清洁工作做仔细，网吧业主一定会非常愿意把生意交给你做的。网吧的业务量大，利润可能稍次，但仍不失为一个业务点。

【小店前景分析】

从几年前的开网吧、办电脑租赁，到现在的 IT 教育培训、技能认证，林林总总的电脑服务大都只着眼于人，很少注重电脑本身的服务。开家电脑翻新公司就是目前维修店转型的首选开店模式。

电脑翻新的主要工作并不太难，归结起来有：翻新键盘、显示器、机箱及各外围设备，打扫主机各板卡灰尘，润滑风扇，清理机箱内的线路，修正一切有可能影响美观及制造噪音的问题。其业务主要集中在对家庭和单位电脑内外部的清洁翻新及简单维护上。

洗电话也能赚大钱

电话机上面容易潜伏大量的致病微生物，如不及时清洗，危害无穷。开一家清洗电话店，立足于人们的身体健康，将会更容易打开市场。

【小店淘金成功案例】

2000 年，小王大学毕业后到珠海一家电信器材销售公司服务部工作。在工作中，小王发现绝大多数送来维修的话机话筒、按键都很脏，造成电源接触不良，影响通话质量，而只要将话机彻底清洗干净就能恢复正常使用。

于是，小王提醒顾客应注意对话机的清洗消毒。可是，几乎 90% 的顾客都说不知道如何清洗话机，担心因自己不了解话机结构，将话机洗坏，同时很多顾客报怨市面上话机维修、手机美容的店倒是不少，就没有一家专门做话机清洗消毒的，说如果有这样的店，每月花上两块钱对手机或话机清洗消毒，还是有不少人愿意掏这点钱的。

顾客的议论触动了小王的心思：现在市面上搞手机加香美容、话机维修的店确实不少，但对话机进行专门清洗消毒的店还真没有，自己何不捷足先登去填补这一市场空白呢？

由于资金问题，小王的创业之旅只能从走街串巷开始，而且，创业之初并不像想象中的那么顺利。很多时候，当小王好不容易敲开一户人家的门，正要说明来意，人家一见他那口大皮箱，以为是搞推销的，马上不客气地关上了门。态度好些的，倚着门听他说上几句后，摇摇头说："我家电话不脏，用不着清洗消毒，你到别人家去看看吧。"

小王的信心开始动摇了，怀疑自己真的走错了路。但就这么放弃，又于心不甘。正当小王进退两难的时候，一次偶然的机会让他的境遇有了转机。

有一天，小王去一个同学单位拿东西。也许是出于职业习惯，小王不自觉地朝他们的电话看去，发现果然有很多污垢。小王开始动起了脑筋：同学的单位是一家大型私营企业，至少应该有200部电话，而且公司福利待遇都不错。这样的公司，为了企业职工的健康，应该是不会吝啬几个洗话机的小钱的。

于是，小王通过同学见到了公司老板。小王对公司老板这样讲："电话是一种使用频率比较高的办公用品，又是多人共用，所以电话机是最脏的。据媒体报道，有关专家曾做过检测，马桶坐圈上的细菌要比计算机键盘、鼠标和电话机拨号盘上的细菌少得多。因此，如果不对电话机、计算机等办公用品定期清洗消毒，上面所沾满的污垢和病菌，就会对企业员工的身体造成伤害，使企业蒙受损失。"

为了用事实说话，小王又拿出显微镜请对方先观察一下电话机，然后用清洗剂清洗消毒后，再次请他检测，让老板确信小王说的是事实。这一招果然有效，在听了小王的介绍和看过演示后，该公司老板爽快地请小王清洗单位的电话。这是小王接到的第一笔生意。后来，小王又去了很多这样的公司，用同样的方法去游说，拉来不少生意。渐渐地，知道小王的人越来越多，生意渐渐火爆起来。一年后，小王租了家店面，做起了老板。

见小王做话机清洗有钱赚，很快又有几家新的话机清洗店紧挨着开业了。面对日益激烈的竞争，为了保证客源和扩大市场份额，小王推出了服务卡制，同时还刻苦钻研各种话机的维修技术，在搞话机清洗的同时，也从事维修服务，一般问题免费修理，损坏严重的，修理费比专业维修部低20%，对于清洗和美容都做的客户，一律8折优惠。这样既增加了收入，也稳定了客源，全方位的服务还与许多单位建立了长期合作关系。经过几年的拼搏，小王积累了上百万的资产。

【小店前景分析】

电话、手机上面除了汗渍、污垢外，还潜附着大量的致病微生物、霉菌以及伤害大脑的电子微尘等。由于这类伤害是潜在的，均在不知不觉中发生，因而还未引起国人的重视。随着人们健康意识的普及与提高，毫无疑问，这是一个成熟、巨大的市场，新的市场需求蓄势待发。

以一个县城为例，电话、手机的数量不少于10万部，大城市的话机拥有量更甭说了。清洗一部电话（手机）成本也就是0.2~0.3元；一台国家专利仪器及其专用清洗泡沫，仅仅2000元人民币不到。如果每部话机一年清洗2次，每次收费3~5元，一个地区一年的市场收入就在100万元以上，所以市场前景相当乐观。

"洗电话"是一个新兴行业，为了让市场大众更快地接受，可以采取以下策略：

1. 年票制。一户×元/年，清洗电话、手机×次，饮水机、冰箱消毒除臭各×次，以薄利启动市场，锁定客源。

2. 宣传科普知识。寻常百姓人家不一定意识到电话等家庭"隐形杀手"的危害，不妨通过社区小报、阅报栏、传单等形式宣传普及，提高居民的防范意识，扩大市场份额。

3. 做广告。可选择当地的电视报、晚报等市民翻阅率高的报刊，一个月几次小广告，费用也不大，恰能起到广而告之的作用。

4. 借船下海。同一些知名的商店、专卖柜联办"购物满××元即送电话、手机、饮水机清洗×次"活动，聪明的商家都会乐意接受这个创意。

总之，事在人为，多动动脑筋，多为客户想想，这个市场就能牢牢握在你的手中。

回收再生金属店，环保先锋冲"钱"线

开一家回收再生金属店，既为环保事业做出了自己的一份贡献，又是一项不错的赚钱项目。

【小店淘金成功案例】

赵先生于 1992 年来成都，刚开始在成都市五桂桥一自行车装配点干零工，后经熟人介绍，开始以收购废品为生。1994 年，他自筹资金 1.5 万元，办起了一个废品收购点，主要收购玻璃、塑料、废旧金属等，后来从某大型再生资源回收加工处理中心获得信息，该中心长期大量需要有色金属，1996 年，赵先生便专门收购有色金属，目前资产早已达 1000 多万元。

【小店前景分析】

据相关资料统计，我国已有各类废旧物资回收网点 16 万个，回收企业 5000 多家，从业人员 140 多万人，并已形成了广泛的资源回收网络。现已有各种规模的有色金属再生利用企业 700 多家，年回收量 150 万吨，2001 年，有 20% 的有色金属原料来自对废金属的再生利用。

但是废旧有色金属市场回收空间仍然巨大。据相关部门统计，目前我国可以回收而没有回收利用的再生资源价值达 300 亿至 350 亿元，其中有 20 多万吨的废旧有色金属没有得到回收利用，每年有大量的废旧家电、电脑及其他电子废弃物也尚未拆解回收处理。

在再生资源丢弃现象严重的同时，另一面却是我国目前一些有色金属资源的高强度消耗和矿山地质勘探投入的严重不足，三分之二的有色金属矿山已进入开采中的晚期。目前我国再生有色金属产业已涉及废旧有色金属回收、再生利用和进口拆解领域，已经拥有清洗、拆解、破碎、除杂以及加工等一整套技术，有的已十分先进。比如，在铂族金属回收利用工艺研究上，我国已充分运用现代分离提取技术，实现高效回收和提纯，某些废旧物资如铅、锑等回收利用技术已接近或达到国际水平。

不仅如此，我国政府还为废旧有色金属的回收提供了发展空间，2002 年 6 月，国家经贸委专门出台了《再生资源回收利用的"十五"发展规划》，要求各地鼓励再生资源回收利用，例如废旧物资回收企业免征增值税等。政府还将为再生资源回收加工处理中心、再生资源信息网络等方面的示范项目优先安排技改投资并给予财政贴息等。

有了良好的市场发展前景，有了国家相应政策的支持，关键的一步是经营者如何操作才能赚钱。开办一家有色金属回收点，赚钱的关键是如何转变卖这一关，如果仅仅只是转手倒卖，这样利润就十分少。要想使自己收购的废品变废为宝，一是要把所收的有色金属分门别类，其次是把所收的一些废品拆卸后卖，并且要懂得正确送往所需要的金属回收处理中心。譬如电脑中的芯片、镍、铬、铜等有色金属片经拆卸后能卖上几十甚至两三百元，是收购价的几十倍，而如果处理不当，就只能当成一般的废旧塑料或金属论斤去卖，所以掌握好这一步才是赚钱的关键。

旧物寄卖店，让好东西"发挥余热"

旧物寄卖店能让很多东西"变闲为宝"，解决了很多人的后顾之忧，开一家旧物寄卖店是一个不错的开店项目。

【小店淘金成功案例】

现在很多家庭或多或少会有些闲置物品，留之无用，弃之可惜。而市场上"闲品寄卖店"的出现，不但解除了家庭中闲置物品的困扰，需要此类物品的人群提供了方便，经营者又可从中获取收益，真可谓一举多得。

做了十几年典当生意的孟先生，后来改做寄卖店生意，可谓游刃有余。寄卖店不同于典当行，不需要投入较大成本，风险也较低，这是他做起这个行当的原因。其实所谓"寄卖"，就是谁家有闲置或要淘汰但还具有一定使用价值的物品，可拿到寄卖行里按质估价寄售，寄卖店充当一个"中转站"的角色。孟先生他们店里寄售的货品很多，有笔记本电脑、服装、金银、家用电器等等，其中家电、金银玉器、服装的成交比较好。

寄卖店在建立初期投入的成本主要为租房费用，每月为4000~6000元，再加上工商管理费、税费等，月经营费用在1000元左右。而店里的主要收入来源是商品成交后的服务费和手续费。顾客寄卖的货品一旦成交，寄卖行将按成交价收取10%的服务费。而如商品在一个月内没有成交，每月就要按寄售价收取5%的寄存费。与寄卖人相关协议的签订是最值得注意的，内容包括：寄卖物品、定价、寄卖佣金，卖主身份验定等。

谈到开店应该具备哪些条件时，孟先生表示，一是要有固定的经营场所，二是要有熟悉业务的专业人员和经营管理人员。"干我们这行，必须具备辨别真假能力，就黄金来讲，只要我拿到手里掂一掂、看一看，就能大概估出其品质和价值。"这还不算，孟先生表示，如果顾客要价太高，不仅影响商品的出售，也会影响商家的信誉。所以孟先生目前的身份不只是商家，还称得上是销售顾问、行情分析师、消费心理师。另外还要建立登记制度和检验制度，即查验物品的来源是否合法等等。

【小店前景分析】

社会的发展是靠突飞猛进的技术创新推动的，它直接导致了产品升级换代频率日益加快。今天流行这种颜色，明天风行那种款式，结果便是原有的产品不断被淘汰掉。但被淘汰的产品并不是没用的产品，有些甚至完好如初，有些稍作修缮即可放心使用。其实许多人都在打这一行当的主意，就是卖旧货。

旧物寄卖店的经营内容主要包括各种旧货及字画、古玩等。其经营方式主要有以下几种：

1. 所谓寄卖，就是这些旧货不是收来的，而是代人售卖的。所以先要与寄卖者签订相关的协议。

2. 对业余字画，一方面与当地业余书画家联系，另一方面与当地美术学院的学生联系，这种字画是无限期寄卖。与之签订的协议得与旧货不同，要考虑到这些字画以后的增值潜力。

3. 对古玩的寄卖与旧货相似，但对其价格或质地要有相关的鉴定。

4. 若店面有一定规模或知名度后，还可与当地的拍卖中心联系，签订委托拍卖协议，寄卖拍卖物品。

5. 开通寄卖网站，将即将出售的物品更加直观生动地放在网上，附上图片、标价，等待买主竞价。

旧物寄卖店因为卖的是旧物，所以以要更加注意营销方法，要不定期地在当地媒体上发布最新旧货信息，这样既能招来买家，也会招来寄卖者。同时要积极开拓与寄卖货品相关的消费市场。

开家别具一格的"植物医院"

一方面是大量的需求，另一方面是大量的空白市场，嗅觉敏锐者似乎已闻到了"植物医院"这项新兴产业暗藏的商机，试图从"病花"丛中去发掘财富。

【小店淘金成功案例】

上海的邬志星的园艺工作室自开办以来，顾客盈门，电话咨询者也达到三四千人。"植物医生"邬志星说，每年入春以来，前来就诊的"植物病人"数量更是骤增，周末最多时一天的挂号量多达二百多，更有养花人专门打车将很重的盆花搬来看病。忙过了这一阵，梅雨季的门诊量预计更是只多不少。邬志星说，目前买花者的养护知识，一般都由卖者附带传授，而现在上海具有一定规模的花店、花亭有5000多家，算上一些小花摊共有8000多家，但其中不少花店小老板自己也不懂花，更别说对症下药了，所以很多人买回花卉或盆景后，由于没有基本的知识，护理不当，最终往往只能看着它凋零。

目前的养花者人数众多，而其中缺乏植物养护基本知识的大约占到七成左右。这些养花人非常需要类似给小猫小狗看病的宠物医院那样专治花草病症的植物医院。而除了一般创业都需要的投入资金，开办植物医院对技术投入也有一定的要求。对于有兴趣的投资者来说，没有专业背景可能是他们最大的顾虑。

邬志星原是上海植物园的高级工程师，长期从事植物、园艺科技科普工作，在行业内是公认的资深专家。邬志星园艺工作室由新颖花卉公司与他联手合作，一方提供资金、场地，一方提供技术支持。园艺工作室以专家邬志星之名命名，慕名者自然纷至沓来。

邬志星认为，开办植物医院是一项薄利的生意，所以唯有上门求诊的数量得到保证，生意才能稳妥做大。他建议，开办植物医院选址最好是在现有的较为成熟的花卉市场内或者是可以为居民提供便捷服务的社区附近，这些地段能够吸引一批消费者，形成一定的客户群。而开办的规模则可以根据投资者自身实力以及周边环境等因素来决定。

【小店前景分析】

叶片发黄的君子兰、树苑烂掉的铁树、光秃秃的文竹……虽然人们在多年花卉植物的绿色消费的过程中，或多或少已掌握了一些养护知识，但更多的爱花人仍是不会养花。怎样养护娇嫩的盆景花卉？这让人大伤脑筋。眼下，鲜花消费已经成为人们日常消费的一部分，绿色植物对于装饰家居更是必不可少。除了自己养，遇上节庆假日走亲访友时，一盆鲜活的盆景花卉也是颇受人们青睐的送礼佳品。然而，由于没有养护知识，养花不得法，每年被扔进垃圾箱的花有上百万盆。如此巨大的市场需求将为投资创业者提供广阔的舞台，投资者不妨独辟蹊径到"病花"丛中去发掘财富。

除了为植物看病的主业以外，你还可以拓宽业务范围，增加赢利的渠道，降低薄利的经营风险。仅植物医院看病的业务，就可以接收前来就诊者，也可以提供上门服务，方便一些不易搬动的大型或者珍贵植物。此外，还可以接收住院"病人"，通过植物医院一段时间的养护，待花草恢复健康后再交回主人手里。同样还可为养花人出远门时提供寄存服务。另外，如果条件允许，你还可附带一些园艺工具、鲜花盆景或是园艺饰品的出售，这其中也有一定的利润。

废旧蓄电池修理店，环保又节能

废旧蓄电池的翻新既可创收，又有利于环境保护，在各地市场基本还是空白，发展前景很大。

【小店淘金成功案例】

蓄电池广泛应用于通信、交通、电力、计算机网络、应急照明系统、电动助力车能源等领域，是使用最广泛的电池。蓄电池有免维护的新型铅酸蓄电池和普通蓄电池两种，但不论是哪种，其使用寿命都在1~3年，其循环充放电在300次左右。蓄电池使用时间一久，容量会下降，很难充电，而报废的蓄电池将会对环境造成污染。

我国每年报废的蓄电池为8000万只，一个县级城市每年都要报废大约1万只蓄电池（电瓶），而一个中等城市每年报废的蓄电池更是高达 5 万只左右。其实，这些蓄电池只是电极出了问题，大部分的部件和化工原料可以利用，所以将其维修复新拥有极高的利润。

有人就看准了这个商机，由此圆了自己的发财梦，周先生就是其中一位。他开了一家废旧蓄电池修理店。据周先生介绍，以车用蓄电池的翻新为例，开一家这样的废旧蓄电池修理店，可以租一个 10 平方米的场地，或者在自己家里也可。设备上，只需一只万用表、一只比重计、一台充电机以及各种化工原料等，总投资不到 1000 元。一只原价 200~600 元的废旧畜电池修理成本需 3~15 元，收费在 50~100 元；修理一台原价 100 元左右的废旧蓄电池，成本在 0.3~1 元，而收费大约在 15~30 元，一年可获纯利 15 万元。

【小店前景分析】

铅酸蓄电池现今应用十分广泛，像各种车辆、船舶、铁路、矿山、通讯等领域都大量使用电瓶。但由于硫酸盐化，90% 以上的电瓶实际寿命只有 1~2 年。据有关资料显示，每年会有数以万计的电瓶报废，废旧电瓶对环境污染很大，因此国家规定各地废旧电瓶不得外运。修理废旧电瓶再利用，既可创收，又有利于保护环境，市场前景非常大。

时下，许多人一遇到电瓶没劲了或打不着车了，便认为电瓶寿命到头了，于是当废品卖掉，再买新的。其实大多数寿命"到头"的旧电瓶是能修复的。目前我国出租车一般一年换一个电瓶，私家车二三年换一个，只有少数三四年换一个，按上述使用周期，如果有 70% 的电瓶通过修复再投入使用一个周期，这将是一个巨大的市场。旧电瓶修复不过花几十元，得到的是一个如同新电瓶一样的使用价值，潜力无限。原先的蓄电池修复采用加蒸馏水维护，但不能从根本上解决问题，本技术采用化工原料加入方法，使修复的电瓶可以使用一年半以上。

此技术的关键点是药液，无需专用设备，因此此项目最适合手头资金不多的创业者。它使用电化学的方法来修复，所需原料当地都可购到，无三废污染，技术易学，所用工具设备投入 1000 多元即可起步。另外需要 10 平方米的通风场地和少量流动资金就能运作。

因为该项目涉及到环境保护问题，所以需要到环保部门申报登记，同时，因为该项目有一定的技术性，所以创业者还需要阅读有关蓄电池制造方面的专业书籍，并需要具有一定的化学知识。

电池修理店的开张初期可在自己家里修理，而委托各汽车、摩托车修理部收活。也可印一些名片，上写"专业维修各种废旧铅酸蓄电池，上门取送"，再加上你的联系方式。然后发送各修理部、汽配商店及各有车单位。同时，印一些宣传单，介绍废旧蓄电池对环境危害的知识，提倡物尽其用，然后发送给各出租车司机及其他货运司机。这种公益性宣传很容易让人接受。

电池租赁，既赚钱又环保

随着国民素质的不断提高，人们的环保意识也越来越强，租赁电池将越来越被更多的人认可。开家电池出租铺正当其时。

【小店淘金成功案例】

魏汉麟出生在陕西咸阳一个贫穷落后的农民家庭。1987 年，他来到梦寐以求的复旦大学。毕业后的几年间，他专心致力于电池研究与探索，多项研究成果都获得了国家专利，部分专利被一些大型单位看中并购买。

1998 年，他运用所学到的蓄电池知识和仅有的技术专利转让费，开始了他的创业历程，在家乡开办了陕西省泾阳县麟字特种电源有限责任公司。创业的道路一波三折，其中的辛酸与坎坷常人无法想象。经过 3 年的发展，公司终于在他不懈的努力下迈上了一个新的台阶。

2001 年，公司为了扩大规模，迁址于铜川市新区，注册成立铜川市麟字特种电源有限公司。公司的稳定发展，使他欣慰。但作为电池业的研究探索者，在环保呼声日益高涨的今天，电池业日趋显现的污染问题却时时困扰着他，为此他感到不安。

他查阅大量的专业刊物得知：一只小小的 5 号电池造成的污染能使 1 平方米的土壤绝收，一粒纽扣电池可污染 60 万升水，等于一个人一生的饮水量，而我国对于废旧电池的处理却属于空白。国家虽号召回收，但对于我国每年 210 亿只的产销量，电池的回收量犹如沧海一粟，且回收的电池堆积在一起无法处理。电池环保，路在哪里？后来他想，何不摒弃以往的模式，而将电池实行租赁呢？

接下来的日子，魏汉麟组织科技人员，研究整体实施方案，很快一种成熟的方案应运而生——新开发生产的电池租赁设备集充电、放电、检测为一体。麟字租赁电池采用绿色环保的镍氢电池，材料特殊，可任意充电、放电及储存，具有可反复充电 500~1000 次的寿命。和其他电池相比，容量提高 20%~30%，经测试对比，10 只麟字电池（5 #）串联，用 100w 汽车灯泡放电，时间长达 4 分钟 30 秒，而 10 只同型号普通电池在同等条件下放电时间仅为 1 分钟 30 秒。并且在低温或高温下都有极好的充放电功能。一台充电设备、一组环保电池，开启了电池业的另一道大门。

随着电子产品如儿童玩具、复读机、CD 机、随身听等日益增加，人们对电池的需求量越来越大，而麟字公司推出的这种租赁电池无疑是消费者之首选。他首先在国内以"只租不卖"为经营理念，提倡"租一次电池，留一片绿色"，在学校、社区、宾馆、幼儿园等场所全面开展租赁业务，实行分卡制消费，设立年卡、季卡、月卡，为消费者大大节约了开支。租赁项目又为各地投资者创造了一次创业机会，使他们以最少的资金赚取最稳固的利润。

在特色经营方式的吸引下，魏汉麟的租赁店开了一家又一家，各地的经销、代理商纷至沓来，市场发展正常而有序，而魏汉麟也因此成为千万富翁。目前，麟字电池租赁的加盟店已有上百家，可魏汉麟并不满足这些，他的目标是在全国各地建立上千家或上万家电池租赁店，造福于人们，更造福于子孙后代。

【小店前景分析】

"电池租赁"作为一个开店新项目还是很有优势的。

环保充电电池因独特设计构造，容量大、内阻小，能反复充、放电 500 次以上，配置小电流、恒流充电设备，充 100 节 5# 电池成本仅为 1 元左右（以 1 元 / 度电计）。充电柜采用智能自动化控制，采用专用夹具，5#、7# 电池位置可调整，每组电池单独控制，具有电源指示、充电指示、放电指示。带放电功能，可放掉欲充电电池剩余电量，能消除电池的记忆效应。设备操作与经营只需 1 人即可，店面只需几平方米。租赁专用电池采用绿色环保镍氢电池，独特设计超长寿命、内阻小、容量大、持久性强。

开家社区电脑医院

如今有越来越多的人感到电脑也需要有家庭医生，而不是等电脑瘫痪时才去"治"它。电脑急诊式服务需求的出现，使得社区电脑医院成为一个盲点，有着颇为诱人的商机。

【小店淘金成功案例】

电脑早已经成为人们工作和生活中不可或缺的工具，因而开办电脑维修店有着很大的市场潜力。作为小企业来说，若管理机制不健全，会面临越来越多的计算机及网络系统的维护和管理的问题，如系统硬件故障、病毒防范、系统升级等。特别是对于非 IT 行业的单位，如果不能及时有效地处理好这些问题，将会给企业正常运作带来影响。对于家庭用户来说，现在的绝大多数应用只停留于基本的使用层面，对电脑软故障产生的原因缺乏分析能力和解决能力。由此，电脑急诊式服务需求逐步形成，比如电脑的维护升级，网络故障分析维护维修，定期系统优化，数据备份等等。

陈军大学毕业后，经朋友介绍在一家电脑公司打工，常常看老板的脸色办事，工资也很微薄，只能勉强维持生活。他多次想离开公司重寻工作，但由于就业压力大，为了生计问题只能委曲求全。经过一段时间的磨炼，他不仅掌握了许多电脑维修等方面的知识，还对电脑市场的信息了解到不少，决定利用自己现有的一技之长，来实现自己的梦想，于是开了一家电脑医院。

根据陈军的经验，电脑维修不同于电脑销售，开店地址不必像电脑销售店一定要选择商业旺铺，那样成本过高。为了节省房租，可以到大的小区里面或者闹市的二楼这样的地方，如果当地有专门的电脑商场也是个选择。小店装修只要简洁干净些就可以了，操作间和仓库算一间，外面摆点外设和耗材。店名需要起个响亮一点的，牌子设计上要花点心思，醒目一点，比如电脑医院、电脑救援公司等等。平时可以上门发一些简装名片，把地址、联系电话、维修范围写清楚，甚至可以搞一些免费维修 3 天之类的小活动，关键就是让附近的客户源知道你这个地方以及干什么业务的。

一般说来，电脑维修店要面对的客户主要有三种：一是金融、证券等公司重要部门的高端客户；二是各类学校、中小型企业的中端客户；三是缺少电脑维护知识的大众电脑用户。对每类客户的主要需求和消费习惯要做一个详细调查，比如找回丢失的数据、硬件维修、网络或者周边设备故障维修，然后有的放矢地开展业务。

电脑维修服务的范畴很广，比如有的用户电脑浏览器打不开了，有的电脑打印机连不上了，有的电脑完全黑屏什么都不显示，有的电脑由拨号上网改装宽带问题频发，有的重要数据被破坏需要恢复，或者遭遇病毒感染不能收发电子邮件等等。面对五花八门的电脑病症，作为专业的电脑维修店都要一一帮助用户去解决，目前看来主要有以下几种业务。

1. 硬件、配件维修

这项业务一般是查出损坏的部件，在用户同意的情况下，进行更换或维修。如果上门服务则收取相应的服务费及材料费，未能查出故障则不收任何费用。

2. 软件维护、网络调试

主要解决系统软件、应用软件、网络等安装使用中的问题。如果解决问题或已帮助用户避开软件缺陷，能正常使用，则收取上门服务费及维修调试费用，否则不收任何费用。可以承接的业务包括：操作系统的安装、调试及维护、各类应用软件安装维护、软件故障的排除、系统软件升级、优化、病毒防范和清除病毒、系统数据备份、网络调试维护。

3. 软硬件、耗材、周边产品送货上门

可以根据用户电话要求提供各种相关外设，如打印机、扫描仪、刻录机、墨盒、墨水、打印纸、空白刻录盘等各种消耗材料代购，所有商品均按市场价加收一定的送货服务费。

4. 电脑升级服务

可以上门指导用户对其电脑进行硬件升级、推荐配置及核算总价，在客户同意的情况下，采购所需零部件并上门安装调试，客户必须在安装当日支付其材料费。

5. 电脑维护服务

定期对电脑进行保养及测试，发现问题及时更换处理或预留备品、备件及应急处理。通常一次性维护包括（材料费另计）：杀毒、检查硬盘可靠性、检查外设性能及备件、优化系统、整理硬盘、备份数据。

6. 企业签约长期维护

中小企业可以按年度签署长期维护合同，电脑出现故障随时召唤，不限次数。

要做好电脑维修业务，首先，服务要快捷。用户的机器一旦出现故障，一定非常着急，应该在第一时间作出反应。可以对用户提出的服务需求进行筛选分析，做出优先排序，并依据优

先级进行服务。比如，特急型半个小时内上门进行服务；加急型2小时内上门服务；一般型5小时内上门服务。要尽量提高服务需求达成率，对不能及时完成的服务也要和客户协商时间解决。

其次，积极发展会员。对每一个服务对象进行用户情况登记，详细记录客户的电脑软硬件资料和维护履历，义务对客户进行电话回访和基本的软件升级。办理会员卡，为会员提供更加优质和优惠的服务。

最后，与品牌电脑商和兼容机销售商合作。这是一个双赢的策略，电脑销售商可依靠维修公司拓展服务区域和空间，而维修公司依靠代理品牌服务可取得稳定的客户源，进一步扩大知名度，这对长期发展是相当有利的。

【小店前景分析】

电脑服务市场中目前占主导地位的是品牌机的售后服务网点，这是和品牌机的销售量密不可分的。但是，市场化程度的提高，使电脑服务市场也出现市场细分现象。电脑是一个使用频率相当高的家用电器，如果不能提供快速专业的服务，这对需要即时解决问题的电脑用户来说是无法接受的。因此，开办这样急诊式的电脑医院，将切入细分的服务市场，获得丰厚利润。

开一家社区便利店

开一家社区便利店，立足于社区，服务于社区，也是一种不错的小本创业选择。

【小店淘金成功案例】

宁波的张先生是以副食小店起家的零售商，随着周边居民生活水平的提高，他的小店也变成了一家经营上千种商品的小型超市。起初生意做得相当不错，客源也比较稳定。可自从一家大型连锁超市在附近（相隔两站路左右）开业后，他的生意直线下滑，所得利润连房租、水电都很难保证。

在了解到社区便利店这种零售形式后，张先生对其经营的小超市进行了一次大的调整：首先，将近200平米的店面一分为二，一半用于出租，以降低成本；另一半重新装修，改头换面，将超市改成了便利店；接着，延长营业时间到凌晨；第三，增加了服务，为社区居民免费送货。效果立竿见影，开业的当月就实现了盈利，销售额也开始逐月上升。

为了方便顾客，突出便利店的特点，张先生在店里增加了一些增值服务，如代缴电费、水费、电话费，还代售移动和联通的充值卡。由于代缴费的顾客越来越多，张先生不得不安排专人负责处理。为了吸引更多的顾客，张先生不断增加经营品种，从最初的食品、饮料、日常生活用品，到日杂用品、小五金等，几乎成了一个名副其实的小百货店。这些措施，为便利店带来了人气和销售额的不断增长，但同时也带来了烦恼。

随着顾客增多，员工的素质和服务意识无法跟上，服务质量自然难以保证，引起了许多新老顾客的抱怨。经营品种的不断增加，不仅占用了大量的流动资金，使店面显得凌乱不堪，也使货品的质量难以控制，许多要求较高的顾客不断流失。张先生每天疲于应付顾客的投诉、员工的抱怨、供应商的谈判，没有时间也没有精力关注便利店的发展，致使成本不断上升，利润不断下降，就这样在开业不到一年，又重新步入困境。

张先生反省了自己的便利店在"求全"经营策略上的一些失误。首先是顾客求全——把所有顾客都当成了目标顾客；其次是品种求全——在产品结构上，试图满足居民的所有需求，从而丧失了作为便利店的竞争优势；最后是服务求全——只是增加了成本，却难以保证服务质量，也人为制造了更多犯错的机会。

于是在 2008 年新年来临之际，张先生及时调整了经营思路，以拾遗补缺、应急消费型顾客为主要对象，将经营品种重新定位为以食品及日常生活用品为主，商品价格根据超市价格上浮 5%~10%。取消了部分代缴费业务，增加了预订商品服务。同时，便利店的经营环境也得到了极大改善，张先生在空出来的橱窗边上增加了两套休闲桌椅，为居民提供一个临时休息的地方，并提供简单快餐（免费加热）、热饮等服务。现在，张先生的便利店已经成为社区里的一道风景线，真正成为了社区居民的"便利伙伴"。

【小店前景分析】

现代意义上的便利店，不同于传统意义上"夫妻店"。作为一种商业业态，便利店是一种满足顾客即刻需求的商店，强调的是快捷、便利，一般以个人消费为主。顾客对便利店的基本诉求是快速与便利，其有效商圈范围只 300~500 米，约有 80% 的顾客是在 3 分钟内完成购物过程的，另有约 20% 的顾客在 5 分钟内完成购物。

一个便利店要想获得可观的收益，首先要有好的选址，这是便利店成功的最重要的因素。很多便利店都是开设在社区和娱乐设施比较集中的地区，使得顾客购物更加方便。如果在社区，最好在 300 米范围内没有竞争者，而 20 多个楼座完全可以养活一个小型便利店。

对于一个社区便利店来说，一般空间需要 30~50 平方米。投资社区便利店成本包括：房屋租赁金、门面和店内装饰费、必要的设备投资如收银系统、冷鲜保存柜、货架，以及首批铺货款等。

在这些成本中，房屋租赁费和首批铺货款占的数量最大。平均来看，在二线城市投资一个 40 平方米大小的社区便利店一年租金需 8~10 万元。首批铺货款最少 3 万元。其他支出，冷鲜保存柜约需 2000 元，收银系统 3000 元，装修和货架款需 6000 元左右。

对于没有便利店经营经验的投资者来说，相对稳妥的投资途径是加盟品牌连锁，因为连锁的品牌效应将提高便利店在顾客中的信任度。同时，投资者还可以从加盟方获取经营指导。

在选址确定、装修开业后，还需要讲究便利店内的商品摆放布局。一般来说，便利店门口应以"堆投"的方式布置应季商品，如夏季的冷饮、水果、饮料等。另外，货架商品摆放应该突出端架，因为端架商品往往代表了整排货架的商品类型，要做到让顾客一目了然。在货架和货架之间，商品摆放要有过渡。一般来说，一个 40 平方米左右的便利店能放三排货架，最方便顾客购物的第一排应该是饮料食品类，第二排应该是洗化类商品，第三排是日用生活品，如毛巾、洗碗刷等。

办一家民营托老中心

托老中心不但能照顾老人的生活起居，而且中心里还有很多老人朋友相伴。随着中国步入老龄化时代，托老机构将成为朝阳行业。

【小店淘金成功案例】

王女士在办理好"民办托老中心"有关手续后，就在市区新开了一家托老机构，开张仅几个月，她就接收了 20 多位老人，现在她正酝酿着如何扩张。王女士认为专门为老年人提供托养服务的托老机构正显露出无限商机。

王女士的托老中心所服务的老人们，不少是主动要求入住托老中心的。他们一般身体还过得去，又不想拖累子女们，而在这里可以一起打打麻将、看看电视，有说有笑的，比独自在家里过得开心多了。

政府或民办的托老机构收费基本相同，按生活能自理、半自理、不能自理和特别护理等程度不同而收费，住房费包括管理护理费、杂费等。如果是生活能够自理的老人，其退休金加上子女们负担的那部分费用，支付托老中心的收费是不成问题的。

目前，60岁以上的老人绝大部分都有多个子女，因此子女们分摊交付的费用并不多，大家都可以承受。王女士曾作过一个比较，一个行动不便的老人，在家请一个保姆照顾所需费用（伙食费另计）与入住托老中心相差不多。在托老中心里，一般都有很多老人相伴，再加上细心专业的护理员予以照顾，可以说，老人入住托老中心要放心得多。

王女士所经营的托老中心总面积大约在250平方米，首期投入资金约8万元，包括租金、装修、床铺、电视、风扇、轮椅、厨房设备等，每月的开支有护理人员的薪酬、水电等费用，如果入住率达到六成就可以盈利。托老机构回报率不算高，但它确是更适合长线投资的"朝阳行业"。

【小店前景分析】

现在有些年轻人因上班或做生意顾不上照顾老人，有的老年人手中虽有钱，因年事已高不能自理。在这种情况下，需要将老人托付到一个可靠的场所由可靠的人来照料。社会需要托老所，开办一个托老所既合时宜，又有钱可赚。

托老所的最大开业成本是房租，如果你是刚起步，也可将托老所开办在自家。将房子进行简单装修，地面要作防滑处理，墙壁、厕所、浴室等要安装扶手。

第六章

美容美发加保健，男女老少皆适用

开家美容保健店

美容保健行业是完全竞争的成长型产业，也是颇具发展空间、内涵丰富、供求弹性大的行业。时至今日，美容保健消费者正从当年的盲目消费、跟风消费成长为理性成熟消费。如能在这个行业中寻找到商机，发现不同的开店之路，你的创业淘金之路将会走得更顺利。

"美男"工作室，专攻"白领男"

美容行业日渐兴隆，虽然最红火的还是女性美容行业，但加入女性美容行业的大军，竞争似乎太过激烈。相较而言，男性美容业的市场还有很大的空白，如果能开家"美男"工作室，还有相当大的发展空间。

【小店淘金成功案例】

爱美之心人皆有之，美容行业的热闹现状也就成了事实。但从护肤、修眉、化妆、按摩等一系列美容项目中可以窥见，现在美容行业的顾客群绝对是女性的天下。上海姑娘李璐羽从中看到了创业的灵感：男士其实也需要专业护理。经过一系列的市场调研，"璐羽男子美容工作室"热热闹闹开张了，专为男士提供美容护理、化妆造型等服务。工作室坐落在交通便捷，人流量极高的繁华街道上。

现在市面上的专业女士美容用品至少有3000种，男士专业美容用品却少得可怜，很多时尚男士只好使用"舶来品"。实际上，一些欧美国家的美容用品并不适合亚洲男子的需求。于是，为顾客检测肤质，找到最适用的美容产品，成了李璐羽的第一个难题。

李璐羽的工作室开张伊始并不顺利。按照李璐羽当初的设想，媒体、娱乐业男性从业人员对美容、化妆造型的需求比较高，因此工作室的顾客群主要定位在这些行业。但是她忽略了这一行业的忙碌现状，即很少有哪个记者、主持人会有时间从容地享受一两个小时的美容护理。开业两周后，李璐羽迅速调整了顾客定位：为所有的时尚男士们服务，尤其是那些需要以最佳状态面对工作、谈判、酒会的男性，经过1个多小时的美容护理，可以使他们看上去年轻好几岁。

李璐羽是上海戏剧学院造型化妆专业科班出身的，她认为自己就是工作室最宝贵的财富。这个行业一半靠专业，一半还要靠好的感觉。扎实专业的美容、化妆、造型设计技术和丰富的行业经验，都是工作室必须具备的基本条件。时尚男士们眼界可高呢，糊弄不了他们。

说到投资回报率，李璐羽预测：3个月左右达到收支平衡。这样预测的依据是目前美容行业不低于30%的利润率，而且顾客多是白领男士，估算工作室每个月的营业额可达三四万元，扣除一定数量的税金、费用之后，3个月后赢利应不算太难。

【小店前景分析】

业内人士分析认为，由于男士美容意识的觉醒，越来越多的男性加入到美容消费中来，对于商家而言，男性美容市场就像一个有待开发的金矿，蕴藏着无限商机。商家应该从男性消费心理及消费特点入手，积极开发针对性产品，完善配套服务，满足男士美容时尚的需求。

相对女性美容来说，目前男士美容产品品种较少，仅限于少数商场有销售，大多数零售店缺乏男士化妆品，即使有也只有洗面奶、面霜等极少数品种，至于专业美容院更是凤毛麟角。事实上，男性除了在防晒、收缩毛孔、祛痘消炎、滋润抗皱、运动护理等功能上有很大的需求外，对面部、眼部、手部、足部等身体不同部位的护理需求同样很大。

中国的男士美容市场无论从市场容量还是目前的实际情形看，都很像10年前的女性美容市场，还存在着巨大的发展空间。有关资料显示，在欧美国家，男士护理用品的市场份额已占到整个化妆品市场的30%以上。近年来，法国有约4成男人使用高档护肤品，有1/3的男人在美容方面投资。英国男性每年化妆品的消费额达1亿英镑，美国男士化妆品年消费额高达23亿美元。而中国男士化妆品的市场刚刚起步，是一个非常具有潜力的巨大市场。

男士美容店，时尚新行业

一个清清爽爽、干净利落的男人形象，现在可以借助男士专业美容来完成。开家男士美容店是一个时尚的开店选择。

【小店淘金成功案例】

非凡空间男士健康会馆是京城几家专业男子美容机构之一，90多平方米的大厅被玻璃隔成一个个小房间，房间设计典雅大方，主要服务项目有护肤、足疗、刮痧、保健按摩、轮廓修饰、祛痘、祛斑、减压放松水疗等。每个单项目服务一次收费在10~20元，全套服务288元，办理一张美容月卡只需160元左右，可以在本月内多次使用。

这家健康会馆的吴老板开这家机构投了约10万元，其中包括办理各种证照、装修及设备和原料等费用。自开业之日起，每月营业额在6~7万元，扣除各种费用，每月纯赢利在1万元左右。

在美容方法上，男士与女士也有很大不同。男士毛孔粗，皮脂分泌多，因此需要注意保持皮肤清洁。与女士相比，男士很少在家里做皮肤保养。而男士也应适当做面部按摩、熏面，以促进血液循环，增加肌肉弹性，减少皮脂和污垢，使得面部更加润泽、光滑。所以，从生理的角度讲，男士也应做美容。男士们奔波于事业，在繁忙的工作之余，非常需要有一个既可以美容又可以放松的地方，这也是这家男士美容院推出的另一个原因。

【小店前景分析】

男士形象和角色正在发生变化，投资商机就蕴藏在这些变化中。尽管男士美容刚刚兴起，但他们的收入水平和消费能力都远高于女士。男士美容的潜在消费群体很庞大，所以投资回报不会低。

要开设男士美容美发店，一定要在店面上突出自己的特色，对店面的服务对象做好定位，用专业化的服务赢得顾客的信赖。同时也要注重经营模式上的创新。

1. 店面要选址和店内布置有讲究

店址应该选在交通便捷、商务办公楼较为集中、人流量高的繁华街道上，便于白领光顾。店内布置要简洁明快、干净舒适。另外可以在室内摆放一些时尚报刊，让客人一边做美容，一边翻阅时尚杂志，品尝难得的惬意自在。

2. 服务应体现专业化

对男士美容的从业人员的专业素质要求也比较高，应该是美容相关专业科班出身，有扎实的专业美容、化妆、造型设计技术和丰富的行业经验，来不得半点虚假，因为时尚男士的眼睛可是很亮的。

3. 可使用会员制经营模式

男士美容店初期创业一定要挖掘到固定顾客，具体来说，可以通过优惠方式吸引附近单位的白领男士成为会员。

时尚数码美甲店赚大钱

爱美是女人的天性，女孩子有一双玉手还不够，那漂亮的指甲上若绘上各种美丽的图案，方寸间的妩媚则能带来风情万种。

【小店淘金成功案例】

江苏南京的陈晨是众多美甲师中的一位。起初她只是出于爱美与好奇，将自己的手指与脚趾装扮得漂漂亮亮，后来发现若开一家美甲店不仅可以装扮自己，而且还可以赚钱。但机灵的她同时意识到，如果开一家和别人一样的美甲店，很可能会因为市场竞争激烈而被淘汰。

2006年10月，她发现市面上出现了一种多功能数码美甲机，可以将图片印制在鲜花、手机、饰品、MP3、鸡蛋等上面，完全超出了传统的美甲的范畴。早有准备的她不失时机地开始了她的创业计划，她将店址选在南京新街口一个7平方米的店面，连店面装修一共花掉一万多元。由于店面与白领聚集的商务写字楼、中医学院、实验中学、电影学院以及旅游学校相邻，陈晨的会员制小店一下子就吸引了大量的学生，并成为她的主力客户，使她顺利地赚到了第一桶金。

虽然创业时间不长，陈晨却为自己的创业总结了几点经验：一要看准市场潮流，二要结合自己的经济实力，三要有周密的工作计划，四是要把握好市场主动出击。

【小店前景分析】

如今，数码美甲吸引了很多爱美的"新新人类"。这种数码美甲使用数码美甲机，只需短短5分钟，便能在一只手的五个指甲上绘出精美的图案。一台数码美甲机里面备有近千个图案可供选择，包括卡通、脸谱、明星、星座、花卉及风景画等。如果顾客不满意现有的图案，还可将自己扫描或拍好的相片、图案存进数码美甲机的电脑内，甚至可把自己的照片一并弄上去，绝对做到独一无二。

开一家数码美甲店的模式大致有两种。一种是加盟，这种模式要交纳不菲的加盟费，由加盟店配送设备与耗材，省事不省钱；第二种是自己配置设备，可以节省几千元的费用。如果自己已有电脑，买美甲机及耗材等的费用只要5000~8000元就够了，初期投资要尽量少一点，以减轻经营压力。

由于美甲主要针对的客户群体是中高收入阶层，因此最好把店址选择在人流量较大的闹市区，或且环境优雅的购物中心、酒店或者高档住宅区。一般来说，数码美甲店不需要专门的临街房，可以向商场、购物中心等租一小块经营面积，安置自己的美甲工作台即可。数码美甲店虽不要求店面面积，但一定要有特色和自己的风格。店铺设计要温馨、舒适而不失前卫，要从装修风格、布局和服务上都体现自己对时尚的把握和对客人的关怀。

开业后的美甲店需要一些必要的宣传，比较经济的做法是制作印刷精美的传单，在附近的小区投放，或以发展会员、发行优惠券等吸引顾客。只要有了第一批客人，就会带来更多的客户。

创业有成功也有失败，美甲行业竞争本来就比较激烈，因此服务质量是十分重要的，要采用各种手段留住顾客。由于时代的进步，美甲已不仅仅是女人的专利，因此也可以标新立异，开拓男士美甲市场等。

总之，选择数码美甲创业前景十分广阔，其营销的手段也是千变万化的，关键还是要靠自己把握市场，结合本地实际，不断开拓新局面。

开家专业牙齿整形诊所

当人们意识到拥有一口白净的牙齿和拥有一副苗条的身材、一张光洁的面容同等重要时，一个细分的消费市场就开启了。对于许多追求时尚的消费者——其中包括年轻人和中老年人——来说，一口黄牙是留在脸上的另一个缺陷。

【小店淘金成功案例】

刘医生和他的两个牙医朋友投资开了间牙科诊所。在开诊所之初，这三位在医院里打了半辈子工的老实人对牙齿美容市场并没有太多的认识，是应接不暇的顾客引导着他们的市场眼光。

开牙医诊所，资质当然是排在首位的硬件。在医院里摸爬滚打了大半辈子的老牙医开设牙医诊所，资质自然没得说，于是离职的刘医生和一位退休牙医，还有一位在职的牙医，三个人各出 7 万元开了这间牙科诊所。开业第一个月亏损，第二个月持平，第三个月正赶上春节，顾客盈门，平均一天要不停手地做十多个小时。刘医生说，现在洗牙的顾客里不但年轻人多，老年人也多，爱美是不分年龄的。

虽然洗牙的顾客让刘医生他们应接不暇，但镶牙补牙的顾客也很多。在镶牙补牙的顾客中，有近三成是港澳和海外人士。刘医生说，由于境外看牙科的收费比境内高许多，镶一颗牙，香港的收费是内地收费的 3~4 倍，美国则是其 8~10 倍，所以一些港澳和海外人士也都趁着回广州探亲等机会来做牙齿护理。

牙科诊所要想顾客盈门，一要服务好，二要收费低。服务好不仅仅是医术好、服务态度好，而且要设备好，一台好的牙科治疗床可以起到事半功倍的效果。刘医生举例说，牙床上磨牙用的车嘴，每分钟转速在一万转以上，低档的牙嘴震动大，会增加病人的痛苦，而高级牙床机械速度稳定，震动小，顾客感觉好，对诊所的信任度就会高。刘医生说，他们用的就是从国外进口的牙床，虽然这些牙床比国产的要贵。

价格从来都是打开市场最快速的营销手法。刘医生说，私人诊所的管理费用和成本都低于大医院，只要保持一个合理的利润空间，收费应该宁低不高。举例说，镶一颗牙大医院收费是 380 元，他们收费是 300 元，比大医院便宜 80 元；补牙收 40 元，比大医院便宜 10 元；大医院的专家门诊收费是 15 元，他们收费是 7 元。刘医生说，收费低、医术好、设备先进加上服务好，诊所就找到了自己的市场空间。

【小店前景分析】

目前，私人开设牙医诊所已经放开，但从业者还是要有相关职称或从业资格证明，然后便可在工商部门、卫生部门办理相关手续。

牙科生意一般投资回收期最长的不会超过 5 年。目前设备先进、医生素质高的私人诊所并不多，市场正处在发育期。开牙医诊所主要是设备投资，牙科治疗床又占大头。一般来说，一间牙科诊所要有两张牙床，一张牙床要配一位医生和一位护士，因此如果创业者自己是牙医，只要请两个护士就可以了，经营成本并不高。此外，在镶牙和洗牙的营业收入中，由于假牙等外包加工费占了镶牙费用的 1/3，所以虽然看上去镶牙收费高一些，但洗牙为诊所带来的纯利更高。

开家水晶美牙屋

水晶牙饰已经风靡欧美等地，掀起了一波水晶美牙热。在热潮涌来时，如果你能抓住这个时机，说不定就能轻轻松松赚大钱。

【小店淘金成功案例】

张小琴是学医的，当她从河南安阳南下广州后，便在一家牙科诊所里干上了。她说，这叫专业对口。这里只有一个老牙医，张小琴的主要工作就是协助他。慢慢地张小琴也可以单独给人做洗牙、贴面等工作了。

2003年6月的一天，张小琴在报纸上看到消息：欧美掀起"水晶美牙热"，这股热潮现在已经波及上海、北京。

张小琴为之一动：广州也是时尚的前沿，哪能没有牙饰店呢？想到就行动，她立刻给那则消息的责任编辑打了电话，热心的女编辑说："好啊，我可以给你提供些具体的数字，你先了解一下这个行业。"听着听着，张小琴的心急跳起来，她看到了希望。

张小琴取出全部积蓄5万元，租了间闹市边上的门面房。然后她去上海进了一批水晶牙饰和粘合剂，又买了相关的洗牙设备和器械。

开业那天，室内那些闪闪发光的牙饰晃花了看稀奇的女孩们的眼，但谁也不敢去尝试。下午1点，进来了一位姑娘，其实她是张小琴事先安排好的。张小琴知道，只要有人走出第一步，就会后继有人。她把那些远远观望的顾客都请到操作台边，决定当着大家的面露一手。

张小琴先将顾客需要镶嵌的牙面酸蚀一分钟后吹干，然后在酸蚀过的牙面上涂上粘接剂，点一小滴流动树脂在粘接剂上，把牙饰放在流动的树脂上，轻轻压实，树脂稍稍包住牙饰边缘，再从边缘各面光照30秒。不到一刻钟，张小琴就完成了一粒简恩蓝色牙饰的镶嵌。果然，当朋友起身对众人灿然一笑时，所有的人都"哇"了一声："好靓哇！"

开业当天下午，除了张小琴请的那个朋友系免费之外，共做了7个人，其中有2颗300元的，5颗80元的，除去成本，张小琴赚了260元。

当天晚上，张小琴又打起小算盘：这个市场很有潜力，很快会在时尚女性中流行，但牙饰店只有一个人肯定不行，到哪里找个牙医助手呢？

天亮后，她便给同学陈艳打了电话，陈艳正在河南一家私人诊所里打工。张小琴问道："你现在多少钱一月？"

"800啊，怎么了？"

"我开了个牙饰店，缺少人手，你过来吧，月薪2000。"

第三天陈艳就从河南赶到了广州，她也顾不得休息，连夜熟悉那些器械，揣摸张小琴记下的操作心得。好在两人本身都是学医的，交流起来就很容易了。

牙饰店的出现引来爱美女子，但张小琴对要装牙饰的顾客也不是有求必应的。

有一天，进来一对情侣，女孩很刁蛮的样子，一进门就说："老板，我要镶最好的那一种。"

张小琴检查后发现女孩患有牙周炎，便说："小姐，你正患有轻度牙周炎，不宜进行酸处理，等牙周炎完全康复了，我们会为你提供最完善的服务。"

女孩听了很不高兴。张小琴又说："我真的是为你的健康着想，这里有一份装牙的注意事项，你先拿回去看看，好吗？"

女孩很不情愿地接过资料。

张小琴看着不解的陈艳说："别忘了，我们首先是医生。不能让她的牙齿美是美了，却因此患上其他牙病。"

在为顾客检查口腔的过程中，张小琴发现很多人的牙齿都有这样那样的毛病，便决定在服务项目上拓宽思路，开展洗牙、镶牙服务。这项业务的开通，又给牙饰店带来了不少的收入。因为听了张小琴的解说后，大多数顾客会选择先洗牙后装牙饰。这样一来，牙饰店的业务就成了洗牙、镶牙、装牙饰一条龙了。

这天，一个在夜总会领舞的黑人女孩来到牙饰店。她一直兴奋地说，在高高的舞台上，若洁白的牙齿上能光芒四射，那太性感了！她要求装 3 颗，精钻色、景绿色、彩粉色各一颗。她还激动地对张小琴说："你们能想象得出台下人被我的灿烂微笑诱惑得要眩晕的样子吧！"跟着，她做了 3 个艳舞的动作，把张小琴逗笑了。

针对黑人唇齿偏大的特点和她张扬的个性，张小琴给她选了 3 粒直径为 2.5mm 的水晶饰。当黑人舞女从操作台上坐起来后，她夸张地对着镜子里的自己亲了一下："太漂亮了，我喜欢！"

以后，便不断有外国女郎到店里来，有不少是那个黑人女郎介绍来的。她们都赞赏张小琴的手艺，说她做得又快又好。

又一个月过去，张小琴算了笔账，除去陈艳工资及其他开支，净赚 15000 多，张小琴暗暗庆幸选对了创业项目。

2003 年国庆节前一天下午，一个姓高的小姐打来电话，说她马上要跟随老总去北京开会，老总责令她在动身前一定要把牙齿上那闪闪发光的东西取下来，因为他们要见的是一个非常传统的客户。高小姐说她一个小时后就要去机场，而此刻她在公司等一份资料，想要人上门服务。

找到高小姐时，她都快急哭了。取下牙饰只用了 3 分钟，高小姐付给张小琴 200 元，说一部分是上门服务费，另一部分是对她服务的奖励。

张小琴婉拒了："为顾客取下牙饰是不收费用的，现在加收 50 块钱的来回的士费就够了。"

高小姐连连说，这么好的服务，她一定多介绍些朋友来。

张小琴的牙饰店就是在这样的口口相传中越来越火的，在此前她没打过任何广告。

后来，张小琴为了扩大影响决定印制名片，在人流量大的地方散发。在为顾客做完牙饰后，张小琴还发给她们一份资料，介绍如何做好牙齿护理和饰品保养，虽然全是一些细微的生活小节，但字里行间充满了对客户的关爱。

这一招效果非常好，让更多的人找到那间并不显眼的牙饰店。

在美齿问题上，男女也平等。

一天上午，一个非常帅气的男孩走进牙饰店，要求在门牙右侧第二颗牙上装 2 粒简恩蓝和红色的牙饰！

张小琴愣了半天，男孩问："怎么，没有货吗？"

"不、不！"张小琴回过神来，她把自己的思维定在了女性身上，却忘了男孩也爱美，也追求时尚的。

男孩是做 DJ 的，喜欢一切新鲜事物。

张小琴告诉他，说他是她们店里第一个装牙饰的男孩。

男孩哈哈笑了："看来，我是走在时尚的前头啊！"

2004 年年底，张小琴的店里又招进一个男助理，因为张小琴相信，男孩也向往灿烂的笑容。

对于张小琴来说，在打造这份美丽的事业时，收获的不仅仅是一个个美丽的笑脸，还有一大笔财富。

【小店前景分析】

现在走在街头，如果有人冲你龇牙一乐时，牙上闪着亮光，你千万别惊讶，这就是牙齿美容中最流行的水晶牙饰。水晶牙饰一经推出就受到年轻一代的青睐，他们觉得可以展现个性，突出自我，而对于事业有成的人则增加了一种自信和魅力。这种牙饰是从瑞士进口的，看起来像一颗小小的圆形钻石，但其实是一种高级玻璃物质，取材于天然水晶，有透明、红、蓝等颜色，直径在 1.8~2.5 毫米，可以镶嵌在牙齿表面。由于只在牙釉质层面进行操作，因此不会破坏牙齿。戴一段时间后，如果感觉腻了，可以摘下来保存，想戴时可再镶上。由于是进口货，价格不菲。

开一家牙饰店，只需租用一个 10 平方米左右的门面。相关的镶牙、洗牙设备和器械需 1

万元左右。购置一部分水晶牙饰、粘合剂，花费 3000 元。

装水晶牙饰和洗牙、补牙等一样，要求有一个清洁过程，使用的器械、粘合剂是否消毒无菌至关重要。对于有明显口腔疾病的人，建议其治疗以后再来做，以免产生纠纷。如果能聘请到专业的牙科医生则更好，可以同时开展洗牙、镶牙和矫正牙齿等业务。

亲近自然的绿色化妆品店

如今，"返璞归真"正成为人们追求的时尚，以纯天然植物成分为主的绿色化妆品因此成为潮流。开家绿色化妆品专卖店，将是一个不错的选择。

【小店淘金成功案例】

自然、健康的养生美容理念是现代都市人对生活品质的追求，绿色化妆品专卖店就是紧紧抓住"绿色、自然、健康"这个理念，以"绿色"为经营特色的化妆品专卖店。专卖店所销售的每一款化妆品、个人护理用品都是从水果、蔬菜等植物中萃取的天然元素精制而成的，不含人造防腐剂、人造香精等，能更好地保证顾客使用的安全性。

王女士抓住了这个很好的商机，开了一家绿色化妆品专卖店，自开店以来生意非常红火。

在王女士的专卖店中，每名销售人员都要经过专业的培训，熟练掌握皮肤护理及化妆品使用知识。工作人员会通过专业的"数字化果蔬皮肤测试分析系统"为每一个客人进行免费的皮肤检测，然后由计算机根据人体皮肤所需的美容元素，如维生素、不饱和脂肪酸、纤维素、微量元素等，给顾客提供一个以水果蔬菜为主要原料进行护理的美容方案，并且依据测试结果给顾客推荐使用绿色果蔬化妆品或个人护理用品。

【小店前景分析】

开一家"绿色化妆品专卖店"总投资含房屋租金、装修费、加盟费、办公设备费、首期购货资金等。门店需在繁华的商业区或中、高档生活小区，面积 10~20 平方米为宜。这种专卖店由于特色化的产品以及区别于传统化妆品专卖店的销售模式，利润一般要比普通的专卖店或个人护理用品商店高 15%~30%。

白领化妆店，月赚近 2 万

写字楼里体面的白领生活常常会出现以下状况：你午饭后拿起化妆包直奔洗手间补妆，在同一时间、同一洗手间常常能碰到若干和自己一样赶来补妆的同事。甚至到了下班临走前，要去的地方还是洗手间，因为晚上的约会、与客户联络感情等都马虎不得。在写字楼里，人人都"有头有脸"，没有谁敢把自己的形象问题随意处置。但这样一来要花大量的时间自己打理，二来大家都挤在狭小的洗手间里，难免会影响"水平发挥"。

这正是很多在写字楼工作的白领所遇到的尴尬境况。在洗手间里化妆，已经成了大家约定俗成的事，但即使是在卫生条件很好的公共洗手间里化妆，也会有一种异样的感觉。化妆成了最为困扰白领人士的难题，如果能够开一家白领化妆店，无疑是有市场的。

【小店淘金成功案例】

在福州琯尾街、洋下新村一带有许多化妆小店，生意十分火爆。据了解，这些化妆店，即是专门为年轻女性特别是白领们提供梳头、化妆服务的店铺。每次顾客只要花上 10 元钱，就可以将化妆的工作交由店内的化妆师完成。

早上 7 点半到 9 点，晚上 6 点到 9 点，是街头化妆店里生意的高峰期，小店内往往会聚集不少女孩等着化妆。据店里的一位常客李小姐说，她是一家日资企业的前台文员，公司要求女性职员每天都要化淡妆，所以她每天早上 8 点到化妆店，一个普通的生活妆在化妆师的巧手下只需要 15 分钟左右便可以完成，刚好赶得及上班。

街头化妆店是一种全新的服务业态，无论是服务内容，还是营运模式，均不同于传统意义上的化妆品店或美容院。它的主要服务对象是年轻女性，其主要服务内容就是每天为女性顾客提供化妆服务，收费也很容易让人接受，比如面部的职业妆、闪亮妆 10 元一次，梳头 5 元一次，美甲 10 元一次等等。以时下白领女性的收入水平，每月百余元的支出完全可接受。也难怪街头化妆店似雨后春笋般一家家接连开张，仅一条琯尾街，就能找到四五家提供化妆的店铺，老板大多是 20 出头的年轻一族，有男有女，自己兼做化妆师。

在洋下新村有一家名叫"妆点时尚"的化妆店，据这里的化妆师介绍，她来自古田，这家店是她与姐妹合开的，经营了 4 个多月，生意不错。除了每月 1000 多元的店租外，每个人还能分红 3000 上下。接近年末和特殊的节日，化妆店的生意应该会更好。

这些街头化妆店里的化妆师虽没经过专业学校的培训，仅在一些较大的婚纱影楼里边看边学，可化起妆来倒是又快又好。据一名化妆师说，以前没有这一行业，她们只能在影楼里打下手，不仅收入微薄，还得看老板脸色。现在她们几个姐妹从家里筹点钱，合开这样一家店，不但有了自己的小事业，多时还能给家里寄点钱。所以，很多化妆师都说，街头化妆店不但解决了她们这些低学历人群的就业问题，更让她们正正当当淘到属于自己的第一桶金。

【小店前景分析】

化妆店当然要购买一批针对白领女性的不同品牌和定位的中高档彩妆和保养品，并参照本地美容美发的常规价格制定价格。此外，为了吸引稳定的客源，还可以定出"日常妆容购卡包月优惠"的价格策略。对于那些自带化妆品的顾客，则更可享受优惠。

这种化妆店里的客流高峰主要集中在早晨 7：30~9：00、中午 12：00~2：00、傍晚 5：00~7：00 三个时间段，这恰好与其他发廊、美容院的客流相反。根据这种情况，还可以找两个美容技师，高峰时段来店里做兼职，按所完成的工作量计算工资。这样，人手问题也迎刃而解了。

由于这种店很大部分是在做熟客的生意，所以可以为她们办包月卡，一般一个月售出二三十张包月卡不成问题，而且还有相当数量的散客。

白领化妆店的选址最好是在高尚写字楼附近，或白领、中产阶层相对集中的住宅区附近。店面装修不求华丽，但求个性鲜明，招牌显眼，能让人过目不忘。因为服务周期具有持续性，所服务人群又多互相认识，所以尤其需注意口碑效应。好的服务质量和态度能留住熟客，并能通过她们介绍新客。但稍有疏忽，可能就一传十，十传百，不但失去了回头客，连潜在客源都可能被截断。对于熟客，要留心不同客户的性格特征、着装习惯和化妆特点，当她们要出席某些特定场合时，可以提出最合适的化妆建议，这会让她们觉得你的服务很贴心。

开家毕业生形象设计店

形象包装设计已经成为现代大学生就业前的一种时尚，开家毕业生形象包装设计店可谓顺应了时代潮流，商机无限。

【小店淘金成功案例】

随着社会的发展，用人单位对招聘人员的要求越来越高，加上大学毕业生的总体就业形势非常严峻，作为只有一纸文凭而缺乏实际工作经验的大学毕业生，要在如此激烈的人才市场竞争中打败竞争对手而谋取一份理想职业实属不易。因此，每一位大学毕业生在求职前把自己精心包装一下以增强竞争能力是至关重要的一环。而办一家大学毕业生形象包装设计店，为大学生塑造一个良好的求职形象，非常适合大学毕业生的需要。

胡先生看准了这个商机，开了一家毕业生形象设计店，专门赚取求职"包装费"。目前，他的月收入 5000~6000 元，收入非常可观。

胡先生所开的毕业生形象设计店，业务主要包括以下几个方面：

一是仪态包装，主要是美容和发型设计。要根据毕业生的性别、年龄和打算去应聘的职业性质设计出相应的形象，显示出当代大学生的精神风貌和气质特征。

二是衣着包装。衣着包装是一种形象策划，而不是出售服装，服装设计的大小、款式、颜色等都要具体人具体分析。

三是自荐材料包装。一般情况下，用人单位在招聘人才时，除了对应试者面试之外，最主要的是从毕业生的推荐材料中了解其人。因此，能设计出一份精美而充实的自荐材料是大学生迈出成功就业的第一步。自荐材料设计包括对材料的封面、目录、求职信、个人简历与专业介绍等的设计打印，也包括对各种证件、证书和发表的文章等原件的复印。毕业生只需把原件交给设计员，设计员就会非常熟练地为其设计出一份精美的自荐材料。

【小店前景分析】

毕业生形象设计店选址宜设在大学校园内、多所高校接合部或人才市场中心附近。从业人员需懂电脑，会理发美容并有一定的服装欣赏水平。经营场所需 30 平方米左右的门面，内设一台电脑、打印机和复印机，以及一部电话、一套美发工具。

毕业生形象设计店实际上可以经营为"四季店"，淡旺两季可以改头换面交替使用，淡季可以理发、打字复印等，而在每年大学生毕业找工作的时候又可转为形象包装设计，一举两得。

足疗保健店也能做大做强

近年来，各地大型的足疗保健休闲场馆如雨后春笋般出现，也进一步引导了现代人的休闲消费，使足疗保健真正发展成一个全新的休闲行业。

【小店淘金成功案例】

1996 年，年轻的张崇英被分配到咸阳市渭城区周陵镇卫生院工作。到 1998 年，面对着一个月 300 元的微薄收入，再加上单位面临困境，她离开了岗位，开始走上了艰难的创业之路。

回家后，她除了自费在医学院深造中医专业外，又积极寻找发展的机遇。1999 年，一次偶然的机会，她结识了一位中医医师，受其指点，开始学习中医理论，苦练足疗实用技巧。学到技术后，她没有资金，就背着足疗用品上门服务。随着人们对足疗的认可和观念的转变，做足疗的人越来越多，有人建议她开个足疗店。2000 年 2 月，经过半个月的准备，她用手里仅有 350 元钱租了一个简单的门面，算是有了一个属自己的足疗店。

足疗店开张了，顾客少却是一大难题。她便坚持上门为顾客服务，热情周到的服务和精湛的技艺，使她赢得了众人的称赞，新老顾客络绎不绝。到 2002 年底，当咸阳市把推广足疗保健作为产业来抓时，张崇英所办的崇英足疗中心已开办了近三年。实践使她意识到，咸阳的足疗产业要实现大发展，就要树立足疗品牌的形象。

为了增强员工的服务意识，提高员工的服务技能，她每天晚上 12 点下班后，都要组织员工学习中医理论，手把手地传授足疗技艺，直到凌晨 3 点才休息。她开拓思路，在咸阳市开设了首家"男士专业护肤中心"，设有肾部保养、背部推盐及拔火罐等十多个项目。2004 年被评为"中国男士美容品牌店"。她率先创建足疗行业独特的企业文化，提升崇英足疗品牌的文化内涵，"以服务人的健康为本"来指导企业文化建设，以"知足常乐，健康人生"为宗旨，以"协作创新，敬业奉献"为理念，以"铸造健康，共创福祉"为准则，以"精湛技术，全程服务"为支点，将"崇英足疗"打造成面向全国、走向世界的品牌，全心全意为每一位顾客提供周到的服务，她本人也被评为咸阳市劳动模范。

张崇英在事业成功后不忘回报社会，崇英足疗有限公司成立 8 年来，陆续安置城镇下岗职工和农村剩余劳动力 300 多名，先后为咸阳市区及所属县乡培训了 3000 多名人员，使他们学到了技能，掌握了致富本领。家住宝鸡千阳农村的冉小梅经崇英足疗店培训后，在外地开办了足疗店，供两个弟弟完成了学业。

【 小店前景分析 】

现代人快节奏的生活方式和激烈的竞争带来的工作压力无时不在威胁人们的健康，人们需要释放压力，解除身心的疲劳；另一方面，随着物质生活的日益丰富，人们的现代休闲理念也更加成熟，对喧闹的、无益于健康的庸俗休闲方式越来越排斥，足疗保健作为健康的高品位的休闲方式正好迎合了现代人的消费需要。

足疗保健作为服务业中的一个休闲行业出现，也只有几年的时间。之前街头巷尾出现的"洗脚房"、"足疗店"，一方面由于条件差，技术不规范，经营规模小，甚至经营管理不规范，所以难成气候。另一方面，因消费理念不够成熟，社会认知度和认可度较低，即使有少数正规的足疗保健品牌一直在致力于市场培育，由于缺乏品牌的群体效应，也难以担负起推动行业发展的重任。

由于发展的时间短，缺乏统一的行业标准，足疗保健行业还不够成熟，正处于行业上升阶段，但从投资角度看，足疗保健行业目前则拥有大量的投资机会。成熟行业由于有成熟的行业标准和行业规范，再加上其中原有企业根基深厚，因此投资门槛高，竞争更激烈，利润更透明，很少有投资机会；刚出现的新奇特项目，由于缺乏成熟的市场认知，需要很长时间的市场培育，变数太多太大，投资风险难以预测和控制，需谨慎进入。唯有处于快速上升阶段的行业，既具备了巨大的市场潜力，又形成了广泛的市场认知度，竞争也远未达到成熟行业那么惨烈，而利润空间也没有成熟行业那么透明，同时由于市场又近在眼前，无需培育和等待，几乎没有不确定的可变因素，因此处于上升阶段的行业才是最稳妥的投资选择方向。

由于足疗保健能很好地解除身心疲劳，释放生活和工作上的压力，所以是商务接待的最佳选择。从消费能力上看，足疗保健的消费群主要是中上阶层的消费群体，他们的较高收入和高品位的生活方式使他们有能力频繁光顾高档的足疗保健场馆。

从年龄上看，足浴店的顾客群基本都是 25~70 岁的人群，其中以 40 左右为主体。无论在家庭里还是社会中，他们都属于中流砥柱，是最重要的角色。他们承载着家庭和社会双重的生活压力和工作压力，同时他们的人生积淀也最为丰富，需要高品位的休闲方式释放压力。

从性别上看，以男性为主，女性为辅。由于他们的身份、地位以及相对稳定的收入，使他们在选择休闲消费品时，更注重服务的品质。因此，足疗保健业应始终坚持高质的经营策略，以高品质的服务获得高额的利润回报。

那么，怎么样才能开好一家足疗店呢？

首先，足疗店越高档生命力越强。足浴店可分低、中、高档三类，高档足疗场所面积大，投资资金超过数百万元，因此其生命力较强，利润也较高；中档的，投资多在 50 万元左右，是目前为数最多的类型；小型足疗店不仅面积小、投资小，连所提供的服务也时常打折扣，往往在激烈竞争中最先出局。

足疗店的选址和美容院等类似，在大型居住小区、写字楼群间以及人流密集的道路较合适。足浴店多为包厢式的，两三人的小包、多人的大包一应俱全。经过几年的发展，足浴的"花头"越来越多，不仅可以选择中药足疗、日式足疗、牛奶足疗、香熏足疗、汉方足疗等不同疗效的项目，还有修脚等其他服务。有些考究的店铺，甚至还提供茶点、自助餐等配套餐饮服务。

从足疗店需要的资源配置看，首先需要的是足疗技师。据了解，目前足浴行业从业人员超过 2 万人，足疗技师的基本月收入 2000~4000 元，且还有较高的提成，包吃包住，因此吸引了大批外来务工人员。但其中真正经过专业培训的足疗技师却不多，培训足疗技师的行内技师则更少。不过，足疗技师的技法直接影响顾客的回头率，所以大型足浴店经常花费大量成本在员工培训上。足疗店另需管理、后勤人员若干名。设备配置中，除了必要的足浴桶、药材、足浴床，电视机、空调等休闲娱乐设施也需要。

目前足疗业发展呈现两大趋势：

首先，行业日益获得认同，消费者将其作为休闲服务业接受，而不再像以前带着有色眼光评头论足。另一个趋势是，投资者看重其发展潜力，认为只要有专业的技艺、优质的服务，足疗的投资回报可观。

不过，足疗店与美容院的一个相似点是：由于前几年的迅速发展，也在经历洗牌的过程，投资人不可存在混水摸鱼的侥幸心理，洗牌期的足浴行业对门外汉来说未必是进入的时机。虽然足疗店对资本的要求不高，但对投资人的经营定位、经营思路有诸多要求。

一般来说，足疗店的经营不存在明显的淡旺季之分，不过相对来说周末、夜间等休息时间的生意比较繁忙。由于店面尚存大小之分，选择哪个档次的店铺是投资人首先应当决定的，但各类型也各存风险，没有一类是万无一失的。其次，对所服务的消费者也应有各自的定位，如是以商务人士为主还是以附近住家为主，如选择商务客，则在店面布置时要更多考虑诸如上网服务、各种必要的办公设备等。

保健按摩店的差异服务

现在都市人尤其是上班族的工作压力越来越大，他们常常伏案或久坐于电脑前面，身体各部位都有不同程度的酸累之感，很需要放松身心，保健按摩店的出现很适应他们的需要。

【小店淘金成功案例】

李开明原来在物流公司上了两年班，他发现物流行业利润可观，于是大着胆子注册了个物流公司，但干了一年多，没挣到什么钱。不过他却亲身体会到了一句话，就是上班还是没有自己干好。李开明家乡是北京农村的，娶了个东北的老婆，性格开朗，老跟他叨叨买房的事情，李开明快被她烦死了，想着靠打工是买不起房的，于是才有了开保健按摩店的想法。

保健按摩是指医者运用按摩手法在人体的适当部位进行操作，所产生的刺激信息通过反射方式对人体的神经体液调整功能施以影响，从而达到消除疲劳、调节体内信息、增强体质、健美防衰、延年益寿的目的。

按摩对落枕、腰肌劳损、腰扭伤、颈椎病、肩周炎、风湿骨痛、椎间盘突出、神经衰弱等有一定的治疗及缓解作用。

而之所以选择盲人作为店中的主力店员，李开明主要是考虑到他们自食其力的决心。因为自身原因，他们所能从事的行业有限，相对而言，他们更珍惜自己的工作，因此也就做得更好。

【小店前景分析】

保健按摩是人类同疾病斗争中产生发展起来的一种养生方法，是我国传统中医呵护身体的有效方法，有着悠久的历史。它可以使现代人在紧张工作之余，放松身体，降压减负，深受消费者的喜爱。

保健按摩店选址宜在小区集中地带或住宅小区内，一般的小型保健按摩店，摆放三四张按摩床就可以。

开保健按摩店技术是关键，可以采取自己学习技术后开店或聘请专业保健按摩人员两种方式。

保健按摩店一定要做到正规、专业，因此，学习技术一定要到正规的地方学习，同时有必要考取保健按摩师职称。学习时应选择多年经营的保健按摩店跟店学习，对一些只有培训中心而没有自己开店经营的培训机构要慎重。学习时，要查看传授技术者的保健按摩资格证书及合法的营业执照。宣传时要注意正确使用宣传用语，因为此行业不属于医疗行业，只是保健行业。

开家保健花卉盆景店

现在人们现在越来越注重养生保健，而花卉盆景不仅可以观赏还能起到防病治痛、强身健体、延年益寿的作用，可说是对健康大有裨益。目前国际也正流行"以自然之道，养自然之身"的自然养生法。探望长辈、病人时带一盆保健花卉特别实在，爱美的女性也可以用来美容。这么分析下来，保健用花卉盆景的确购买潜力极大，前景看好，效益当然也可观。

【小店淘金成功案例】

杨老伯全家人开了一家"迎迎"保健花卉店，专营保健花卉，一年多下来取得了不小的成绩。年近80岁的杨老伯看起来比实际年龄要年轻十几岁，脸色红润，耳不聋，腰不弯，走路不比年轻人慢。当别人问起杨老伯的养生秘诀，他指着大大小小一盆盆的花花草草笑着说："那就是秘诀。"

杨老伯说他从小喜爱弄些花花草草，退休之后更是以种花自娱，而且家住老城区，也有个可种花的小院子。闲着没事他也去逛逛花鸟市场，一来二去地跟很多档主都成了朋友。后来孝顺的儿子给他订了一份花鸟报，从报上知道很多花草有保健功能，他于是照着报上说的，种了一些枸杞、首乌、芦荟等拿来食用，没想到挺有功效。杨老伯种花也种得内行起来，这些在后来都成为了他开保健花卉店的有利条件。

后来儿子儿媳下了岗，一家人研究怎么办的时候，自然而然地想到了他家的这些花花草草。儿子请教了一些人，打探市场之后，极有信心地跟他说，父子俩合作开个保健花卉店准成。

杨家住的院子有间临街的房子，稍加装修就成了铺面。花店一开，儿子负责销售，杨老伯就负责研究和种植。这下子，他对花鸟报研究得更仔细，那些卖花的老朋友也联系得更多了。店里的品种也挺多，有防病治病的，有美容的，有可以增进智力的，价钱从几元到几百元不等。

这些品种有的是卖花朋友推荐的，有的是儿子调查市场后引进的。

由于市场把握得准，卖花的朋友们以很低的价格给他货，再加上杨老伯的亲身体验就是活广告，花店一开就生意兴隆。先是街坊邻居帮衬，后来名声渐渐传播开了，开车来买的人都有。儿子跑销售也慢慢跑出门道来了，宣传促销都有自己的一套。他见到超市的一些宣传单，也仿着做了一些，然后随货赠送。上面有品种功效、使用方法和栽培等说明，既是宣传，还能增长知识，印制得也非常精美。花店现在还和一些敬老院、老年协会、社区服务中心等建立了业务关系，做起了团体订购生意。第一年下来，这家小小花店净赚了十几万元。

【小店前景分析】

保健用花卉盆景不仅具有一般花卉盆景的观赏价值，而且具有特殊的保健药用价值。将其置于室内、阳台，常闻其气味，饮其汁液，食其果实，能起到防病治病、强身健体、延年益寿的作用，对健康大有裨益。保健花卉又是探望长辈、病人时极好的礼品，比送鲜花更实在，更受欢迎。

保健用花卉盆景可分为三类：第一类可防病治病，消费对象为病人及广大的中老年朋友。主要品种有矮化枸杞盆景、矮化银杏盆景、矮化刺梨、百合、佛手瓜、灵芝盆景、墨西哥食用仙人掌等。它们均有各自不同的保健药用功效：有的可防癌，有的对防治糖尿病、高血压有作用等。第二类可美容，如芦荟、樱桃番茄等。

要开保健花卉盆景店首先要选择好店址，可以选 20 平方米左右的门面房一间，应在医院、居民密集区等。其次要在资金上有一个大致的预算：购置保健用花卉盆景种子、花盆和成品等，首批进货约 3000 元即可启动；办营业执照、税务登记等约 1000 元；其他开支约 1000 元。不计门面租金，约 5000 元即可正常营业。

第七章

情深爱意浓，宝宝成长添助力

开家宝宝周边用品店

在中国，孩子就是父母的心头肉，父母总想把最好的捧在孩子的面前，因此开店选择赚孩子的钱绝对不会错。但究竟开什么样的宝宝用品店才能在趋于饱和的市场上占据一席之地？怎样的开店策略才能让自家小店在众多婴儿用品店中脱颖而出呢？

宝宝断奶餐厅，小顾客有大商机

宝宝断奶不是一件容易的事，为因此烦恼的父母们开一家宝宝断奶餐厅，无疑将会有着不错的前景。

【小店淘金成功案例】

杨青出生在广西南宁市，在给自己的孩子断奶的过程中，她遇到了很多问题。聪明的她便想到要开一家断奶餐厅。

2006 年 9 月，杨青的断奶餐厅开始试营业。餐厅不太大，总体的颜色是暖色，除了很具有艺术风格的几张桌子和一些有颜色的餐具，还有几张可以推动的小床，它们是为来这里就餐的小宝宝休息用的，另外还有一些小玩具随意地挂在墙上。

开业之前，很多熟人和朋友都不看好这样的生意，都劝杨青别开这样的餐厅，觉得这个群体的顾客不好伺候，而且要求高。杨青却认为这个行业大有干头。她招聘了几个有育儿经验的员工，先到附近的小区发传单，又去妇产医院向那些即将分娩和已经生产的妈妈们做宣传。杨青还在妇幼保健网上发了帖子，里面的宣传文案这样写道：来断奶餐厅给宝宝妈妈般的温暖与呵护，让孩子更加茁壮，做一个没烦恼的漂亮妈妈吧！

开张几天后，第一位顾客终于上门了。这位叫张璇的年轻妈妈抱着 6 个月大的宝宝来咨询。因为工作原因，这位妈妈不准备再给孩子喂母乳，这两天就打算给宝宝断奶，在断奶餐厅给宝宝订餐。杨青根据孩子的饮食量，当场给宝宝做了碗水果面包粥：没有漂白的面包 1/3 片，鸡汤两大匙，切碎的水果少许。取掉面包的边缘，切成 5 毫米的小方块，然后把切好的面包、水果和鸡汤放在锅里煮一会儿，再用汤匙捣碎。小宝宝也许是第一次吃到这么有滋味的东西，很快就把粥吃完了。张璇问杨青孩子是否吃饱了，杨青告诉她刚开始要少给其吃点，因为婴儿的消化系统对陌生食物有一个适应过程，要等孩子适应以后再逐渐添量，否则一次性喂多了的话，孩子很可能出现反咽的现象。

随后，杨青告诉张璇，断奶餐厅还可以送餐上门，并能保证时间和温度。张璇高兴极了，她说这样可以节省很多时间，自己就可以安心工作了。后来，杨青又给她讲了一些断奶的常识性问题，让她平时多注意观察孩子的大便，有什么变化及时跟餐厅沟通，以便在饮食上及时做出调整。

付出就有回报，杨青的细心和负责赢得了人们的赞赏，店里顾客渐渐多了起来。为了避免口味单一使得孩子们吃腻，杨青推出了每周套餐，根据孩子的体重制订一周的食谱。为了让孩子每餐都觉得新鲜、可口，她绞尽脑汁，翻阅了大量的饮食书籍，然后，根据营养学精心调配

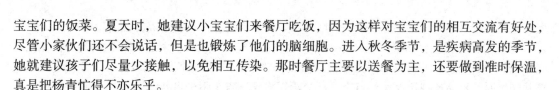

宝宝们的饭菜。夏天时，她建议小宝宝们来餐厅吃饭，因为这样对宝宝们的相互交流有好处，尽管小家伙们还不会说话，但是也锻炼了他们的脑细胞。进入秋冬季节，是疾病高发的季节，她就建议孩子们尽量少接触，以免相互传染。那时餐厅主要以送餐为主，还要做到准时保温，真是把杨青忙得不亦乐乎。

杨青给每个小顾客都建立了档案，每个月都要为他们称体重，以便根据情况调整饮食结构。并且，每周六她还要对宝宝们进行电话回访。她的细心让很多妈妈们都自叹不如，而她却认为这些都是她必须做的，要想把生意做好，首先要做到负责和勤奋。

2007年7月底，杨青请了一位婴幼儿营养专家来到店里，并把那些准妈妈和已经做了妈妈的人们都请了来，一起听专家讲课。这样既是对餐厅的宣传，也让妈妈们都学到了知识，双方都受益。断奶的时候其实妈妈们也很痛苦，乳房涨得硬硬的，还不停有奶水淌出来，彻底断掉奶水需要一到两周的时间，这期间保养不好还会引起一些疾病。而且，几乎所有的女人都希望断奶后能够恢复乳房原来漂亮的形状。为此，杨青做了一张保健乳房的挂图张贴在餐厅里，妈妈们来这里后，她便细心地告诉她们怎样锻炼才能让乳房更漂亮。杨青还特意准备了母婴套餐，为了让年轻妈妈们能够平稳地将奶水断掉，特意为她们准备了口味较为清淡但富有营养的饮食。在推出母婴套餐后，年轻妈妈们可以跟孩子一块儿吃饭，不会因为没有人帮着照顾孩子，妈妈就吃不上饭。

此外，杨青还给妈妈们讲解孩子断奶的知识。有些妈妈给孩子断奶时，事先不给孩子心理准备，采取突然"急刹车"的断奶办法，在自己奶头上涂些苦或辣的东西，使孩子不敢吃母乳；还有的母亲采取躲避的办法，与孩子隔离数日，宝宝忽然见不到妈妈，日夜思念，还吃不到母乳，大哭大闹，痛苦万分地断掉母乳。她说这些"突然袭击"式的断奶方式，强制性地改变了孩子的饮食习惯，非常不好。它不仅会影响到宝宝的肠胃功能和营养的摄取，而且使宝宝心神不安，情绪不稳，夜惊多梦，严重影响宝宝的身心健康。

杨青告诉年轻妈妈们给宝宝断奶应采取逐步过渡的方式，从出生不久就要做好准备工作：3个月前，先让宝宝学会用奶瓶喝水或喝果汁、菜汁；4~5个月时学会从小匙中吃半流质的辅助食品，譬如奶糕、蛋黄、菜泥等；7~8个月时可逐步添加一些固体食物，如饼干、蛋糕、面包、碎菜、肝泥、肉末等；9个月到1岁时，可以根据宝宝吃各种辅食的情况及身体健康状况，来决定断奶的时间。只有采取有计划、按月添加辅助食品，由少到多，逐步减少吃奶次数，增加辅食次数和量的办法，才能使宝宝乐于接受。这样做既符合婴儿的心理卫生，又能使婴儿的胃肠消化功能逐渐适应，保证正常的生长发育。

杨青辛勤的付出也给她带来了不菲的收入，除刚开业那两个月收入不太好以外，之后每月断奶餐厅的平均收入都在万元以上。而且杨青还有更大胆的想法，她想在北京再开几家分店，甚至还打算在上海、广州等大城市开分店，将断奶餐厅做成一大品牌。

【小店前景分析】

开家宝宝断奶餐厅正迎合了目前80后父母们的需求。宝宝断奶是个让父母心疼又头疼的过程。断奶起码要分三个阶段进行，先一点一点地减少母乳喂养量，增加牛奶量，再一点一点地增加辅助食物量，最后才能达到断奶的目的。那么，婴儿断奶餐厅的食物就要适合各阶段婴儿的需要，当然无论哪个阶段的食物都需要精心选择。

宝宝的食物中一定要含有丰富的蛋白质、维生素和多种微量元素，比如水果、蔬菜、谷类、各种肉类等，都是选择的对象。这些原材料一定要选择上好质量的，然后再进行配制。还要根据婴儿的大小，将这些材料该加热的加热，该打成泥状的打成泥状，该煮成汤的煮成汤，总而言之，一点儿不能含糊。

因为服务对象是小顾客，所以经营宝宝断奶餐厅要特别注意卫生，而且色彩一定要温馨，各种设施对宝宝们来说一定要保证安全。断奶餐厅的服务还可以进一步延伸，对于不方便到餐厅吃饭的小客人，可增加送餐和订餐的业务。另外，特别要注意，给宝宝送餐一定要准时，而且食品的温度既不能太凉，也不能太热，要放在保温箱里及时送到。另外还可以增加营养专家

咨询业务，可以定期请营养专家来到餐厅，为妈妈们解答各种有关营养方面的问题。

这种餐厅比较适合在城市里开办，而且地址最好选在离几个大社区都不远的地方。相信有不少妈妈对断奶餐厅有需求，因为给宝宝做饭既费时又费力，如果真的开办一个断奶餐厅，把婴儿断奶时的食品成规模地生产出来，那会给很多家庭省了不少事儿。

需要提示的是，给宝宝吃的食品质量是至关重要的，食品选材一定要新鲜，不能加香料，不能过腻或口味过重，一定要达到卫生标准，否则的话，就很有破产的危险。

娃娃澡堂，让宝宝们爱上洗澡

如今的家长都舍得为孩子花钱，希望换来对宝宝更好的呵护与照顾。开家娃娃澡堂，赚宝宝的钱也是一种不错的创业选择。

【小店淘金成功案例】

2001年，做了6年月嫂的张晓丽决定自己创业。她发现，如今为成年人提供洗浴保健按摩服务的很多，但是为婴幼儿提供这项服务的几乎没有。自己做了6年的月嫂，在这方面有一定的专长，何不就此做点文章？

张晓丽考察了当地市场后，发现这还是一个不为人知的行业，于是决定开一家"娃娃澡堂"。

为了稳妥，她决定找个小门面先试试。她租了一个50多平方米的店面。2001年9月，"娃娃澡堂"在人们怀疑和好奇的眼光中开业了。

给孩子洗澡实际上是一门很深的学问，仅药物调理就大有名堂，得根据宝宝的不同情况，在洗澡水中加入用何首乌、蒲公英、银花藤等数十种普通中药以不同比例、火候煎制出来的药水。张晓丽把这些专业知识制作成宣传展板，让顾客清楚他们的行业水准。她又精心制作了宣传单，全方位介绍这个行业，然后印了5000份，雇人拿到街上去散发。这样一来，更多的人开始了解这家小店了。这种初期宣传无疑是很有用的，张晓丽"娃娃澡堂"的生意从此开始步入运营。

很多父母都开始把小孩往张晓丽这里送，一来价格便宜，二来自己省事。局面终于打开了，她的店也开始有了微利。

有一天，张晓丽从一本书上看到，孩子健康成长一要营养，二要保健。而保健就是给婴幼儿做按摩。后来她还在网上了解到，国外很多发达国家现在都有了专门为婴幼儿按摩的按摩室。张晓丽心想，要是给宝宝们来个洗澡加按摩，自己店里的生意肯定会更火爆。她决定把按摩正式引入澡堂的经营范围，果然受到了广大家长的欢迎。

"娃娃澡堂"经营了一年后，受到了众多消费者的青睐，原来的洗澡堂显得比较狭窄了，张晓丽决定扩大规模，并更名为"宝宝洗澡按摩店"。紧随其后，张晓丽出了一个奇招，那就是"观浴"。她在靠街面的方向装上了玻璃墙，让顾客观看娃娃洗澡。这样做，一是可以让父母安心，二是可给自己做活广告。这一招还真灵，张晓丽的生意一下子火了起来。

张晓丽"宝宝洗澡按摩店"的出现，也正好与医院形成了互补，因为全国各地到目前为止，还很少设立婴儿保健和疾病预防的专科，而张晓丽的洗澡保健按摩可以治疗一些婴儿的常见病，这无疑打开了一个潜在的市场。至今，张晓丽的"宝宝洗澡按摩店"分店已经开了5家，张晓丽也已从一个身无分文的打工妹，成为了拥有固定资产数百万元的老板了。

【小店前景分析】

对于给婴儿洗澡，过去中国人的老传统是等孩子满月了才可进行，可现在更多的年轻家长已经彻底改变了这个观念，小宝宝诞生后就开始了他们的洗澡旅程。鉴于此，如果有心创业者能够抓住这个商机，开一家婴儿洗澡堂肯定会实现自己的赚钱梦想。

开婴儿洗澡堂室内空间不需要特别大，但也不能太小，一般在35平方米左右便可以了，所以开店的投资并不是特别大。

娃娃澡堂毕竟是开店行业中的新生事物，因此一定要在经营策略上多下功夫，只有经营得当，才会为你带来源源不断的财富。以下是几点针对店主的经营建议：

首先，开婴儿洗澡堂不同于开大人的洗澡堂，对于雇请的洗澡人员自身条件应有严格的要求，最好是有为婴儿洗澡护理经验的专业人士，如果不是专业人士，则在上岗前必须进行专业的培训。

其次，在婴儿洗澡堂开业前就应印制一些宣传资料，并在开业前后大量向周边有需求的家庭派发，当然妇产医院、儿童医院也是宣传资料派发的首选对象，如果宣传到位了，一旦婴儿洗澡堂开业自然就会有顾客找上门。

再次，婴儿澡堂中的用水一定要适合婴儿娇嫩的皮肤。澡堂内的温度及水的温度一定要合适，这是婴儿澡堂能否成功的一个关键点。

同时，为了能吸引家长，也可以在小宝宝洗完澡后提供护理服务。

妇婴用品店——准妈妈的购物天堂

开一家妇婴用品店，立足于为妈妈和孩子服务，只要做得好，就不愁没有钱赚。

【小店淘金成功案例】

华景路上都是成熟的社区，两边店铺林立，有超市、银行、饮食店、美容美发店、药店、洗衣店等等。古女士的"今生宝贝妇婴用品店"就在这条路上。虽然小店里的装修不是特别讲究，却给人一种很温馨的感觉。100平方米大小的店铺中，除了10平方米左右的仓库、1平方米的试衣间外全部摆满了妇婴用品：孕妇和BB服装、奶粉、奶瓶、奶嘴、纸尿片、小孩的泳衣、泳裤、泳圈、婴儿车、婴儿床及配套床上用品、婴儿餐椅、清洗剂和洗衣液，还有玩具专区……

如今，开一家妇婴用品店若只有"尿片＋奶瓶"已经完全不能适应现代生活的需要了，宝宝们的产品正向着多功能、多样化的趋势发展。除了宝宝衣服、玩具、营养品外，尿湿提醒器、蹬被提醒器、防丢失提醒器等高科技安防产品也成为了父母们的新宠。而妈妈们的孕后用品也越来越丰富，孕妇装做得越来越漂亮，有些还具有防辐射等附加功能。

在古女士看来，婴儿服装的利润空间最大，这点大家都清楚。而奶粉等则没多大利润可言，主要是为了做齐品种，而且进货时都是几箱几箱的，经常压货。虽然可以用打折来促销，但不同产品利润不同，打折时也是因产品而异，一般服装可以打8折左右，其他产品就不能有这么低的折扣了。

【小店前景分析】

从"再苦不能苦孩子"的角度出发，现在年轻的父母在孩子身上的人力、物力与财力投入显得更加无怨无悔。虽然宝宝自己不能主动消费，但围绕一个小孩，有父母和其他直系亲属等至少8~12个具有购买能力的成人。而统计显示，目前新生儿的年消费在2000元到5000元（不含食品）之间，而且其消费的侧重点正在向专业化产品方面转移。

孕婴用品的消费主体（礼品除外）主要是为怀孕6~10个月的孕妇（准妈妈）和新生儿这两类特定消费群体。她们具有活动不便、对安全性要求特别强等消费共性，更加看重交通便利与优雅的购物环境。在安全及品质的双重需求下，出现在家门口或能提供社区服务的专营性品

牌店无疑具有更强的消费吸引力。对于没有经验的投资者来说，不妨考虑加盟一些孕婴产品店来进行经营。

一站式营销的儿童家具店

宜家（IKEA）的家居文化精神包含在产品开发和销售的点滴之中，这也是其最神秘的市场利器，令竞争对手难以超越。学习宜家的思路，开设一站式营销的儿童家具店，就算只是学个皮毛，也将使你的店铺营销如虎添翼。

【小店淘金成功案例】

近年来，百姓的居住条件不断改善，许多孩子都有了自己独立的房间。对于家中唯一的"小皇帝"或"小公主"，家长总希望他们生活得更舒适。因此，在儿童居室的布置上，父母们往往投入很大。

其实这也难怪。以前在不少家庭中，小孩使用成人家具的现象十分普遍，家长并不愿为子女购买合适的儿童家具，原因是随着孩子成长，儿童家具（比如小床、小衣柜）会像衣服一样迅速"变小"，无法再用。但如今，一方面大家的生活水平迅速提高，家长们舍得为孩子各阶段的成长花钱；另一方面，家具生产厂商亦在市场上推出了可调整高度、长度的儿童家具，有效延长了使用寿命，使家长们得以放心为子女挑选。由此，儿童家具逐渐受到消费者的青睐。一些颇具眼光的经营者就此捕捉到商机，把目光从重点经销成人家具转向儿童家具，乃至开办起了儿童家具专卖店。

郑州市的小罗就是这样一位有眼光的有心者。

在开儿童家具店之前，小罗在市区开有一家非常普通的家具店，主要经营的是市场上常见的传统家具，款式总体不够新潮，且颜色较为单调，因此店面的生意只能用"一般"两字来形容。

某天，小罗在一家大型商厦购物，逛至5楼的家具专卖场，他无意中发现里面竟有个小小的儿童家具区。那一套套精美、简洁、新颖的儿童家具，莫说让一些来此购物的家长与孩子喜欢不已，连小罗这么个行家也觉得开了眼界。

据商厦里的销售员介绍，他们每天都要接待不少儿童和家长。尽管儿童家具价格不低，但现在的家长尤其年轻父母，只要觉得对孩子的成长有利，还是舍得花钱的，所以销售情况甚好。

说者无意，听者有心。销售员的话当即给了小罗以启发：商厦开辟小小的儿童家具区，生意都能这么好，自己若能经营一家儿童家具专卖店，或许能使业绩大大改观。于是，小罗同一些原有生意往来的家具厂商联系，开始专门营销起全新的儿童家具。

显然，与传统家具相比，儿童家具具有鲜艳的色彩、活泼的造型，突破了传统家具的老式和呆板，活跃了普通家庭的室内设计。例如，店内有一套儿童书架，分别采用十二生肖动物的夸张造型，合理摆放，既是书架又是动物形态，既美化环境，又培养孩子的读书兴趣。又如一张汽车造型的儿童床，采用世界名牌跑车法拉利红色经典款型，床帮是仿真汽车轮胎，床栏有亮闪闪的车灯、保险杠，置于室内，堪称点睛之笔。除了这样富有个性的单件式外，小罗的店内还有组合式儿童家具，可组可拆，可连可叠，适应大小不同的儿童房间，也为儿童成长后的使用提供了较大空间。

在开业初期，小罗为减少风险，聘请了经验丰富的木匠设计制造儿童家具，并在颜色和款式上下功夫，还根据顾客要求上门定做儿童家具。

在引进经营产品时，小罗特别注意了家具的造型设计是否灵活多变。譬如色彩鲜艳的方块、三角、圆球等几何形体的家具，形象生动，线条简单，就很符合学龄前儿童的心理特点。而家具尺寸要与人体的高度相配合，儿童桌椅最好具有能按身高变化进行调整的功能。

可想而知，如此全新的经营项目很快吸引了顾客的眼球，不少家长带着孩子慕名而来。小罗的店面生意日渐红火，走出了与以往不同的一条道路。

显然，由于目前市面上的家具店几乎都是大家具一统天下，鲜见儿童家具专卖，因此小罗的家具店捷足先登，赢利也在情理之中。不过，虽然儿童家具的销售利润比传统成人家具高，但经营时仍要注意市场变化，迎合消费者心理。

小罗认为，经营儿童家具，除了在正式开店前先掌握市场行情，多到家具城做调查以了解儿童家具的主流款式外，关键是要能迎合儿童的消费心理。一般儿童最注重样式和颜色，因此要在这方面多下功夫。同时，一定要保证儿童家具的质量和安全，不能以次充好。

【小店前景分析】

开一家儿童家具店，首先应在大量市场调研的基础上进行准确定位，是走高端品牌还是低端品牌的路线，引入具有明显特征的产品；在设计和管理上，要应用标准化思想，进行系统化设计，降低设计和生产成本；要以较少的零部件个数做出丰富的品种，满足各个儿童阶段心理和生理需要，同时简化管理、生产和营销环节。综合实力强的企业可生产种类较齐全的儿童家具，规模小、底子薄的企业可生产专项产品做精做好，甚至可为综合性大厂提供专项配套产品。

其次，目前儿童家具市场发展两极化现象明显，即一方面质量好的产品价格偏高，另一方面价格低的产品在做工和款式方面达不到要求。这是可以发展的两块。最关键的是要提高设计水平，提高产品的附加值；其次是降低生产和管理成本，采用先进的制造技术和管理方法，向自己要利润，同时凸显自己的鲜明个性，实现差异化经营。

第三，要想把儿童家具店开得红火，还要投入人力和财力打造品牌，提升品牌的文化内涵，明确品牌的设计理念，通过产品、商标、包装、服务和强势的企业宣传，综合打造自己的品牌。未来的市场，没有品牌是很难生存的。不要只看眼前利益，看订单做不完，就忽略宣传和内部提升。因为品牌的创立和维护非一日之功可为，需要积累和延续。

第四，在购买儿童用品时，大人指定品牌的情况占多数，但有60%的家长在购物时会征求孩子的意见后作出决定，不过起决定性作用的还是家长。家长对广告投放量大的儿童用品有明显的记忆，在作购买决策时，首先会考虑到这些品牌，目前尚未发现不靠广告而只靠终端做得好就得到高知名度、美誉度的品牌。儿童家具生产企业目前规模普遍较小，经济实力很有限，因此也不宜将大量资金用于广告上，可以采用灵活多样的形式进行企业宣传，并逐步加强，并要考虑家具的特点，重要的是要突出产品的优势和特色。

第五，在行销方式上进行创新。目前市场上品牌系列化行销的不多，而且宣传促销手段相对成人用品市场比较落后，方式比较单一，品牌意识不强，没有强调自己的特色，鱼目混珠。市场上儿童家具的品牌专卖店较少，已经开设的专卖店的布局、陈列、装潢也往往比较陈俗、老套，不能给家长和孩子一个赏心悦目的购物享受和参与机会，在这方面要下大力气。其实还可以通过会员俱乐部、积分返点或赠服务等方式，搞活营销，要善于借鉴其他行业成功的行销方式，吐故纳新，丰富营销手段，改善营销结果。

最后是经营问题。专卖店中经营种类应以儿童家具为主，以玩具、床上用品、灯具、挂件甚至文具盒等所有的配饰为辅的方式，实现所谓儿童用品的"一站式"购物。这在宜家（IKEA）和国外的儿童家具卖场已经是定式了。这就保证了带着孩子的家长当走入你的店中时，自然而然地就被你设计的样板房或提供的所有东西所吸引，从中知道孩子需要什么。孩子自己也会兴趣盎然地挑选自己喜欢的各种东西，如一个洋娃娃甚至一支铅笔。

在这样的环境中不仅卖掉了家具，还顺带卖出了其他辅助商品，而且消费者还认为你的经营很周到，富有人情味。

年轻妈妈开儿童时装店有高招

俗话说：孩子的钱最好赚，而孩子穿衣着装方面的钱尤为好赚。开家儿童时装店无疑有着美好的赚钱前景。

【小店淘金成功案例】

上海市的徐琳开儿童服装店算是一个偶然。一次，她的一个朋友说认识一个人准备转让位于七浦路的一家儿童服装店，问徐琳有没有兴趣。徐琳从来没有接触过服装生意，但听说是儿童服装，她就多了份兴趣。因为她平时最喜欢给女儿买衣服，每次去逛街，只要看到好看的童装，都会忍不住买给女儿。于是徐琳动心了。店主开出的转让价格还算合理，但还有个附加要求，就是把店里库存的一批儿童服装也一起转让给徐琳。徐琳看了看衣服，觉得还不错，问了价格，也觉得很便宜，于是没有任何的怀疑，很爽快地就把这家店和所有的衣服都盘了下来。

但是徐琳忽略了一个很重要的问题，那就是她是站在一个顾客的角度来衡量这批童装的价格，而不是一个经营童装的生意人。在她看来，原来的店主盘给她的童装已经比她平时买给女儿的衣服便宜了许多，所以她没有任何的怀疑和犹豫就买下了所有的衣服。

但是，在徐琳的小店开张后，有个做服装的朋友才告诉她，她盘下的这些货根本不值这个价。徐琳在整个市场逛了一圈，再仔细盘算一下，才发觉刚开张的小店已经亏了两万元。可是徐琳并没有就此泄气，她跟自己说只当是吃了一次亏，买个教训。

徐琳小店的地理位置决定了小店最适合做批发生意，因为七浦路市场本身就是以批发为主，零售的生意太有限。但是，徐琳这个老板娘一不懂儿童服装，二不懂批发生意，所以她认识到要想办法找两个熟悉这行的人帮她。于是，徐琳并不急于开始做生意，而是每天在市场里逛，物色合适的人选。总算工夫不负有心人，让她找到了两个四十多岁的女营业员。她们在七浦路市场已经做了好几年了，对服装批发很熟悉，而且能很准确地分辨出前来光顾的顾客是想成批进货的客户，还是普通的零买几件衣服的顾客。

刚开张的时候，徐琳每天守在店里，向两个营业员讨教经验，同时了解顾客的需求。之前盘店时买进的那批服装即使价格便宜一半也卖不出去。徐琳没有办法，只好开始联系服装生产厂家，重新进货。此前对服装行业一窍不通的徐琳只能将勤补拙，四处去联系厂家。从上海的近郊到江苏、浙江，甚至是青岛，徐琳前前后后跑了无数的地方。这次，她学聪明了，懂得了货比三家，不但要比价格，还要比款式、做工。好在儿童服装不像成人的服装每一季度都有最新的流行款式，而相对要简单很多。徐琳所选择的衣服都是两岁到七八岁孩子的衣服。徐琳自己也是妈妈，她知道作为妈妈在给孩子选衣服的时候，除了要挑漂亮的，还要看面料和做工。面料不好，孩子穿着不舒服，做工不好，孩子好动，衣服就容易坏。所以对于这些问题，徐琳都非常注意。

渐渐地，店铺有了几家比较固定的供货商。然后就是争取客户了。做批发不比做零售，不可能在短时间内积聚人气。同一家商场里，其他做童装批发生意的，大多做了近10年，已经有了比较固定的客户会定期来大批进货。做生意的大都会认为生意做生不如做熟，彼此熟悉了谈起要求、价格来都比较方便而且比较有保障。新开的店，大批发客户一般不会来光顾。所以，对于偶然路过她小店的顾客，徐琳要求两个营业员尽量为客人介绍仔细，要实事求是，因为她知道只有靠诚信才能慢慢积累客户。有些顾客这次来可能只批发几十件衣服，但下次可能就会来批发几百件或是几千件了，所以一定要留给客人好印象。

为了寻找更多的客源，也为了多掌握一些经验，徐琳开始上各种有关批发生意的网站、论坛，跟同行交流心得，也跟客户联络。在网站上，徐琳为自己的小店起了一个温馨的名字，叫"妈妈的小屋"。徐琳自己就是个妈妈，所以她了解妈妈们的需要。

店铺很快开业满一年了，在这一年里，徐琳已经有了一些固定的客户，但对于批发生意而言，这点时间还只能算是刚刚起步，所以生意量还是很有限。

另外来零买的客户只能占营业额很小的一部分，相对每月固定的、数目不小的开支来说，就更是杯水车薪了。因为上海的七浦路市场已经做出了名气，人气一直很旺，所以房租就自然而然地跟着往上涨。徐琳的铺子不过是十几个平方米，每年的房租费、物业管理费以及其他一些费用，总共却要7万元。

而做批发生意，每月的生意量都不固定。有的客户进了一批货，可能就要再过几个月才来光顾。所以徐琳一年的收入，平均到每个月最多只有几千元。但令人欣慰的是，徐琳在这一年中学到了服装店主应有的经验，也吸取了足够的教训，并积累了越来越多的客户。

【小店前景分析】

儿童服饰与成人服饰相比，虽然单位售价在同一层次上悬殊较大，但我们要看到一个事实，那就是一件衣服，成人能穿几年甚至十几年，但孩子就不一样了，随着生活水平的不断提高，其成长速度异常加快。

根据有关统计，现在孩子的身高，较50年前平均增加了10公分，生长速度平均增加了30%。这一事实就成为了儿童服装生意中的重要参照系。

既然儿童服装店有着良好的经济前景，那么如何开好一家儿童时装店呢？

首先，你要明确你店铺的定位。儿童服装也有高中低档之分，首先你要确定把自己的店铺归于哪一类，这也决定了你店铺的选址。如果你要卖中低档次的儿童服装，建议开在临近居民区主要街道或者幼儿园、学校附近。如果你要卖中高档次的儿童服装，建议开在店铺林立的步行街或者是商业街中。另外，开儿童服装店铺也讲究扎堆，同行多的地方虽然竞争激烈，但是只要对自己的货物和价格有把握，由于客流量的稳定，肯定会赢得很多老客户的。

其次是在进货方面。如果你要经营品牌的儿童服装，可能在价格与利润上会受到限制，因为品牌服装虽然有品牌做后盾，但是也有一个价格透明度的问题，所以利润会很难提高。另外，品牌服装在新奇程度上也会打折扣，因为品牌服装的重复率太高了。最后，品牌服装的进货和加盟也有很多制约。面对一家强势的品牌服装供应商，进货的款式、尺寸、颜色等都是你不能完全做主的。

小店初开张，建议你还是多找一些外贸服装厂家进货。选择外贸儿童服装的原因主要有以下两点：

1. 价格便宜。外贸服装的质量都是不错的，并且出口商品的做工和款式都很新颖，又不会重复在国内出现的。建议你不要进库存货，只要加工后的原单货，这样面料、做工、商标等都基本能达到出口水平。

2. 款式新颖。如果能拿到真正的原单货的话，那基本上每个款式看外商定货量的大小，多到百件少到几件都有。这样能至少保证同一城市重复款式的机会下降，而购买者也就无从对比价格。

儿童玩具专门店，巧赚童心钱

玩具伴随着儿童的成长而不断更新，因此儿童玩具消费需求稳定。开家儿童玩具消费店不失为一种稳健的创业选择。

【小店淘金成功案例】

在开店做老板之前，张春暄是一名幼儿园老师。他很喜欢小孩子，而且读大学的时候，就对儿童智力开发感兴趣。2004年，张春暄索性辞掉了幼师的工作，选择卖儿童智力玩具。

在开业之前，张春暄去北京参加过智力玩具展览会，得知一些幼儿园都从宁波的一个厂家进智力玩具，就到宁波去看了看，选了一些智力玩具回来卖。儿童智力玩具的价位比普通玩具要高一些，为了节省资金，又要有客流量，张春暄就在铁东百世特超市二楼电梯口租下一家10平米的小店面。一些逛超市的家长看到智力玩具都很感兴趣，再加上张春暄以前就有当幼师的经历，他推荐给顾客的智力玩具和图书很有针对性，渐渐地便取得了家长的信赖。店铺开张的第一个月，张春暄就挣了5000元。2005年，张春暄的小店运营半年多了，他雇了一个员工，自己抽身出来为店铺发掘更大的成长空间。

那时候，东北地区的大超市还不多，张春暄把智力玩具转向了沈阳、丹东、辽阳的大超市。他专门给超市配货，然后雇用员工在超市里卖。运营了一段时候觉察情况并不好，进店费高，玩具破损很多，而且大型超市的结款也不是很及时。这些因素使经营成本大大增加，干了不到半年，张春暄放弃了这种模式。

2006年5月，张春暄在景子街五楼租下一间300平方米的店面，开了一家儿童文娱城。他的文娱城里除了有一些大型的儿童玩具外，还有一些儿童游乐装备，孩子们能够自己画画、做手工。有着之前的经验和资本，店里的生意很好。开业不久，店里的会员就到达了2000人。除了日常经营之外，张春暄还会不定期地请北京的专家、运营玩具品牌的商家，给会员作收费讲座，家长得到专家的指点，对如何教育孩子有很大的帮助。店里设置了玩具体验区，孩子们进店后，能够在体验区域里挑选自己喜爱的玩具。

2009年5月，张春暄开始做第二家店铺，现在，这家店铺的会员也达到了4000多人，年盈利达到20多万元。

【小店前景分析】

据统计，北京市16岁以下少年儿童人均年玩具消费额为656元，北京市16岁以下少年儿童约有180万。如此推算，仅北京市，儿童玩具市场规模就达12亿元，每年人均玩具花费200~1000元的为主体市场，约占一半以上；年消费在200元以下的约占1/4。

调查数据显示，不同年龄段儿童对于各种类型玩具的喜好程度差别很大，总体来讲儿童最喜欢的玩具依次为：毛绒玩具、遥控玩具、有声玩具、积木玩具、模型类玩具等。具体来讲，各年龄段儿童最喜欢的玩具类型为：3岁以下婴幼儿近半最喜欢有声玩具，四成最喜欢毛绒玩具；各有接近半数的4~6岁儿童最喜欢毛绒和电动遥控玩具；分别有近四成的7~10岁儿童最喜欢毛绒和模型类玩具；11~13岁儿童喜欢毛绒和电动遥控玩具的比例也都在50%左右，远高于其他类型玩具；14~16岁的少年最喜欢的是毛绒玩具，这一比例高达七成多。

就性别偏好来讲，男女童之间差异也非常明显。七成多的女孩最喜欢毛绒玩具，而只有不到两成的男孩子最喜欢毛绒玩具。男孩更偏爱电动遥控、变形玩具和模型类玩具。除了最喜欢的玩具类型之外，最不喜欢的玩具类型为：有一半的男孩不喜欢毛绒玩具，而女孩的这一比率不到6%；同时，近一半的女孩不喜欢变形类玩具。

据了解，目前各大中城市里的消费者普遍可接受的玩具价格大致在100元以下。然而，在不少大城市乃至一些中型城市里，高达1000元以上甚至1万元左右的新颖、高档玩具，同样有其市场。

开一家儿童玩具店并不像想象中那么简单，必须在产品和经营上都多下功夫。具体说来，开玩具店要注意以下几个方面：

第一，开玩具店要自己"爱玩"。俗话说，干一行爱一行，如果自己都不喜欢玩这些玩具，很难想象店主能熟悉自己的产品，也不知道如何向顾客推荐好玩的玩具。再说，如果店主自己爱玩，也可以引起顾客的注意。

第二，产品要不断更新。玩具要玩出花样，需要不断有新产品进来，这样不但能吸引新顾客，还能留住老顾客。

第三，产品要讲究新奇特。开玩具店并非产品越多越好，应该要有所选择，尽量不要跟普通玩具店的产品雷同，多进一些市场冷门的好玩具，这样往往能给顾客带来意外的惊喜，让其毅然决定掏钱购买满足一时的欲望。新奇特是你的法宝，是你最大的招牌。

第四，推荐产品要有针对性。不同的顾客需求不同，掌握顾客的需求心理是成交的关键。对儿童我们要给他们推荐益智启迪类的产品，小孩喜欢，大人也愿意掏钱，比如说城堡积木、七巧板、3D立体拼图等，产品美观大方，价格不高；对青少年可以推荐一些刚兴起的魔术类玩具，搞笑不伤人的玩具，因为青少年的好奇心特别强，也喜欢刺激，所以这些比较受欢迎；要是女孩子的话，尽量推荐一些造型美观、可爱又比较实用的玩具，像市场上的魔盒、功夫老鼠等都是女孩的首选，毕竟爱美是她们的天性。

为儿童理发，商机无限

现如今，专业的成人美发机构遍地都是，数不胜数，但是专门针对儿童理发的机构却极为罕见。专业儿童理发店市场蕴含着巨大的潜力。

【小店淘金成功案例】

吴琼曾是一家公司的普通职员，那时她的苦恼之一就是给自己的宝宝剪发。到成人理发店给宝宝剪发，人多手杂不卫生，心里不情愿。可是在家自己剪，花了好几百块从商场买了名牌儿童电推子，也没让这项每月必做的"功课"变得简单。每次剪发宝宝都像上刑般地号啕大哭，使劲与妈妈"肉搏"，头发理不出型不说，还弄得被汗水打湿的头发茬到处都是。

为什么就不能有一家专门针对小孩子开的理发店呢？吴琼心里暗暗萌生了开店的想法，可是又不知该从何下手。恰巧这时从美国回来探亲的朋友无意中聊起了当地一家很出名的儿童理发店，吴琼就有心地记下了，并迅速和那家儿童理发店联系"取经"。最终她下决心辞了工作，自己开了第一家儿童理发店。

在吴琼开的理发店里，进口弹子机、儿童学习机、天线宝宝玩偶、小驾驶器、玩具木马等儿童喜欢的玩具都在这里聚齐。在真正剪发的地方，大镜子、理发箱"藏"在柔绿色的组合柜中间，电视、DVD机倒成了"主打"。这里也没有规规矩矩的理发椅，就像是游戏室的延伸，在某种程度上减轻了儿童理发时的心理恐惧。

在吴琼的店里，给宝宝剪个头要收30元。有趣的是，这样的高价不仅没有吓跑顾客，反而引来不少"尝鲜"的家长。一年下来，很多家长都成了儿童理发店的铁杆支持者。

吴琼所选的店址在一个居民收入中等的小区里，而且还跟幼儿园是邻居，占尽了地利。家长之间的聊天就给吴琼的店做了免费广告。会做"长线"的吴琼还顺势推出了会员卡和制作胎毛笔的附加业务，加速了投资的回报速度。

【小店前景分析】

如何给儿童理发一向是父母最头痛的问题，当孩子该理发的时候，父母与孩子往往先是来一番争论，然后在父母的软硬兼施下孩子才忐忑不安地走进理发店，怯生生地坐在理发椅上等待理发师的修剪。也许理发师才拿出剪刀，孩子已经从椅子上跳下来，挂着眼泪逃跑了。

儿童理发店的胜出，恰恰是抓住了儿童消费市场细分的商机，将潜在的市场需求变成了真正的创业机会，赚到了好点子带来的真金白银。

一家小型儿童理发店的营业面积应在30平方米左右，大规模的儿童理发店也可在40~70平方米之间。

儿童理发店所需要的相关器材有：儿童理发专业用具，如理发剪刀、毛刷、电推刀等。理发用坐椅、儿童洗发产品、儿童洗头设备等。如规模较大还要配备相应的儿童娱乐设施，如儿童滑梯等。

开儿童理发店一定要比别的店在经营上多下功夫，下面我们为大家提供了一些经营建议：

1. 可增加相应的增值服务。儿童理发店服务对象主要是0~12岁的儿童，可增加上门理发服务，并可配置如彩色水晶像、宝宝手足印制作等增值服务。

2. 要严格注意每个环节的儿童安全问题。

3. 光靠专业儿童理发来创业，也许就能活得很好了，不过针对儿童的专业服务还可以延伸，游戏室的作用和功能也可以进一步放大。现在学前教育最讲究的就是寓教于乐，儿童理发店的游戏区不妨引进合适的幼教机构专业人士"坐堂"，让孩子在等候剪发时能学点新东西，家长在孩子剪发时也不白白浪费时间，能听些科学的育儿经，消除教育子女过程中的困惑。这样的相关服务，应该可以为儿童理发店赢得额外的惊喜收入和更多新顾客的青睐。

儿童影楼，童趣珍藏地

童年是一去不复返的快乐时光，而家长们都乐意花上几百元至几千元，为自己孩子的童年留下珍贵的影像记录。儿童影楼的生意便可应运而生了。

【小店淘金成功案例】

小宝贝们在专业引导阿姨的呵护下，或憨态可掬，或欢呼雀跃，一旁的专业摄影师则不停地按动快门，留下宝贝最美最可爱的瞬间。现在越来越多的父母都愿意以此种方式用镜头记录孩子成长的足迹，留下宝贝纯真的童颜。

熊先生之所以开儿童创意摄影店，源于熊先生喜得贵子。儿子出生后，老婆在家休息没事干，他就想开一家店来打发时间。由于老婆是摄影记者出身，而自己是学美术的，开儿童摄影店的想法，两个人一拍即合。

开店之前，熊先生做过充分的市场调查。他看到，当前市场上的摄影店，无论是成人的婚纱摄影，还是儿童摄影，从拍摄、收费到运营，多是模式化的管理。儿童摄影更是如出一辙，几乎所有的儿童摄影店，都只拍内景。熊先生了解到，家长普遍反映，从各家不同的儿童摄影店拍摄出来的照片，均是千篇一律没有创意。

此外，儿童摄影的收费也存在很多猫腻。儿童摄影是"温柔一刀"，市面上一些高端的儿童摄影店，一次就要收费几千元。目前，市面上的摄影店，利润大部分是来自冲洗照片和制作相册，而前期拍摄则声称是免费的。

由于节省有方，熊先生开一家20平方米的门店的投入只用了2万元，包括3500元的铺租，3000元的装修以及其他必要的电脑和用于摆设展示的商品。用于摆设的儿童纪念品，均是从某批发市场买来的，价格非常便宜，而且每样只拿一个，让顾客感到独一无二。

装修上，由于摄影店的前身是一家画廊，熊先生就尽量保持画廊的装饰，用一些颇有创意的儿童宣传画掩盖原来的墙壁。当下，市面上的儿童摄影店都是集摄影棚与展示门店于一体，这样开一家摄影店，就要耗费巨资去购买设备，同时要雇请专业摄影师和助手，花费大量的人力物力。而熊先生则将摄影棚与门店分开，每个门店只用于展示和推广，摄影棚则转移到后台。

目前，摄影棚就藏身于门店上面写字楼上，熊先生戏称其为"空中楼阁"。摄影棚设在写字楼里面，除了节约成本，还能制作一种魔幻世界的感觉。这样，摄影棚的规模就可以逐步扩大，而加盟者只需要开门店接单，节省投入的成本，适合小本创业的人加盟。未来，他们计划利用写字楼里摄影棚外的一片空地制造外景，所有的设计，都是由摄影师完成。

熊先生采取了分段的独立收费，即拍摄费、后期制作费、相册费等各项费用分开收取。拍摄费是 300~500 元 / 小时，视拍摄难度和摄影师的专业水平高低而定。这样下来，顾客的平均消费就只有 1000 元左右，远远低于市价。

针对不同顾客的不同需求，他们还推出了一些个性化服务，比如应家长的要求，到香港迪斯尼、麦当劳等儿童喜欢的娱乐场所去拍摄。有一次，熊先生就应了一位家长的要求，到二沙岛的广州美术馆拍摄孩子参观画展的过程。未来，他们还计划推出一些非主流摄影，比如 Cosplay（角色扮演）等的服务。

将行业的最高点当成起点，给同行制造障碍，这是熊先生开店的策略与想法。为了区别于市面上的儿童摄影店，熊先生投入了大量资金去策划制作摄影主题，仅购买拍摄设备就花了三四十万元，包括必要的摄影设备和制作场景的设备，这在儿童摄影市场上是独一无二的。其中，一台相机的价格就达到十几万元。为了构造各种各样的主题场景，他们购买了起泡机、鼓风机、喷雾机、雪花机等等，其中雪花机是为迎接圣诞节而专门购买的。此外，他们还独创了海底世界场景，雇请专人设计制作了一块模拟海底世界的水雾墙玻璃，投入数千元。经过短短两年多的发展，熊先生的儿童摄影店年利润已达到 80 多万元。

【小店前景分析】

儿童摄影是 21 世纪的朝阳产业。据中国权威机构调查显示，中国每年有 2000 万至 3000 万名婴儿出生，其中 0~4 周岁婴幼儿消费群体就有 8000 万人。据统计，中国 0~3 岁新生儿用品家庭月消费为 900 多元，加上广大农村城镇地区婴幼儿消费，中国的婴幼儿用品市场每年将超过 1000 亿元。

随着现在自主创业的人数和行业的增多，投资开设专业儿童摄影店的人越来越多。儿童摄影正被越来越多的生意人看好，从小的摄影棚到专业儿童摄影店，似乎有遍地开花之势。以杭州为例，专业儿童类摄影店最早开于 2000 年，目前较为知名的专业机构有宝宝贝贝、爱你宝贝等几家。经过几年的发展，有些还开出了连锁分店。

开一家专业儿童摄影店一定要选择一个好的开店地址，而交通便利、周边环境干净应是首选目标。儿童影楼不宜选在闹市区，且面积不宜太大，以"点小面广"的运作方式较好。给儿童影楼起个好名字也是非常关键的，更容易被大人小孩记住。

儿童影楼装修一定要突出儿童的趣味感和卡通味道，不宜装修得太豪华。儿童摄影的目标消费者应定位在"高知、高薪"的年轻父母身上，因此把店开在年轻父母爱去的场所，能吸引真正的客源，并能起到活广告的作用。

一般来说，节日期间各儿童摄影机构每天能接待顾客一百多人，平时约在六成左右。儿童摄影能提供的服务从满月照、百日照到儿童写真集，目标消费群是出生 30 天到十六七岁的孩子，现在有些儿童影楼把怀孕的准妈妈也当成了目标消费群。影楼供消费者选择的拍摄套系有几十种，价格有三四百的，也有上千的，最贵的高达 5000 元以上。而 2000 元左右的套系因价格适中、场景丰富，最受家长青睐。

儿童影楼的投入比婚纱影楼要小，利润却不小。儿童摄影所需服装相对便宜。婚纱摄影大多为一次消费，而儿童摄影客源稳定且可循环，很多小孩每年生日都会拍上一套，可以说回头客不少。现在，很多原先只涉足成人摄影的影楼也开辟了儿童摄影服务。

在儿童摄影店遍地开花的情况下，要赢得消费者的首肯，就必须推出一些自己的特色服务。据了解，目前最受欢迎的儿童摄影模式为：它从妈妈怀孕起记录，直到宝宝一周岁，期间分多次提供连续性拍摄服务。

影楼的服务质量对其成败影响不浅。为了让消费者体会到更人性化的服务，有些影楼甚至提供为低龄宝宝上门拍摄服务，所需费用却与门店服务相同。另外，也可以提供版画、水晶画、海报，甚至挂历、台历等照片后期制作选择，既丰富了影楼的产品内容，又不失为一条增收的渠道。

在服装上，不仅要提供风格各异的服装，同时要达到"唯我独有"的效果，现在很多影楼不惜跑到北京、香港购买服装，或者聘请设计师专为自己门店设计特色服装，也就是为了让自己的服装更具竞争力。在注重样式的同时，还要注重服装的质地，以棉制服装为主，因为涤纶或化纤面料容易刺激宝宝的皮肤。

另外，店内的摆设也非常重要，受服务对象的限制，摆设上应突出体现可爱、温馨的一面。只有让摄影棚充满童趣，孩子才会喜欢，拍出的笑容才更真实、灿烂。

在经营策略上，可以先以中、低档摄影吸引顾客，逐渐向高档过渡。在开店之前，经营者最好先"充充电"，了解一些有关儿童摄影方面的基本知识。在开店伊始，老板一定要亲历亲为，不能当甩手掌柜。此外，还有很关键的一点，即摄影师一定要具有专业水准，因为儿童天性多动，要拍好儿童照片，不仅仅要掌握摄影技巧，还要熟悉儿童心理，必须善于与孩子沟通，才能够把孩子最可爱、最具个性的画面拍下来，这一点只有经验丰富的摄影师才能胜任。

针对婴幼儿，可将照相馆中分出天使馆、公主馆、王子馆等工作室，营造不同的氛围和背景。拍摄孕妇照的最佳时期为七个月左右，此时孕妇的肚子浑圆，更能拍出韵味十足的图片；但如果想分阶段留念，可在四个月、六个月、八个月时分别拍摄，最后装订成册。现在的父母大多追求孩子的个性化发展，当然也不希望孩子拍出的照片都是千篇一律的一个效果，因此，儿童摄影店一定要有自己独特的风格，或以贵族化风格见长，或追求清新自然的效果，总之，一定要与众不同。

儿童食品店，瞄准市场巧赚钱

时下，以儿童为主要目标群体的食品越来越多，儿童在正餐以外的食品费用也已经成为家庭的重要开支项目之一。这难道不是一条很好的发财路吗？

【小店淘金成功案例】

目前儿童食品分散在乳制品、糖制品、焙烤制品、休闲小食品、饮料、罐头、膨化食品等众多领域中。随着儿童食品品种越来越丰富，作为家长在为儿童选购时也越来越感到困惑：由于儿童食品与成人食品并没有严格的界定，很多家长在为孩子选择食品的时候往往无所适从。很多包装袋表面花花绿绿，或绘有卡通图案，深受家长和孩子的喜欢，而实际上，这些食品并不一定适合儿童食用。添加剂容易对儿童肝脏、肾脏、血液系统形成危害。还有很多膨化食品，儿童长期食用会造成油脂、热量摄入高，粗纤维摄入不足，同时会影响儿童正常饮食，导致多种营养得不到保障和供给，易出现营养不良。

另一方面，我国儿童和青少年已提前进入自主消费时期，手中有可观的零花钱，懂得如何支配。全国大城市青少年零花钱平均在76.5元／月，而零花钱的流向主要是零食和文化类用品。

因此，开一家专门经营儿童食品的小型超市或店面，来引导和帮助儿童零食消费者正确选购，是一条具有广阔发展前景的创业途径。

如果说吃零食是一种习惯，对于小孩来说，吃零食就是一种生活方式，用糖果店张老板的话说就是，只有不吃零食的成年人，没有不爱吃零食的小孩。对儿童食品生意十分看好的张老板，两年里开了三家儿童食品店。

近年来，风行东南亚地区的各种零食开始涌入广州，改变了广州零食业的格局，以前广州零食业品种并不丰富，现在来自泰国、马来西亚、菲律宾等地口味新奇的零食极大地丰富了广州零食业的品种，猪松卷、肚脐饼，还有什么大树菠萝干、石榴干、榴莲干等零食在广州大受小孩的欢迎。

张老板说，市场消费力是投资一门生意必须考虑的事情，如果市场消费力太低的话，投资人尽管用心去做，成功的几率也比投资其他生意要低。从近两年来的经营情况来看，大城市的小孩几乎人人手上都有零花钱，而且也舍得花钱，买一次零食花费十多元或者二三十元是十分常见的事。因此，张老板看准了儿童食品市场这一商机，这几年大赚了一把。

【小店前景分析】

目前，在我国专门经营儿童食品的超市或专卖店还不多见，很多儿童食品都混在成人食品中进行销售，并且很多标识并不明显，家长与儿童都搞不清楚哪些适合大人，哪些适合小孩吃，往往只按自己的口味、喜好来进行选择。除了麦当劳、肯德基、比萨饼屋等一些洋快餐连锁店外，还没有发现一家专门经营儿童食品的加盟公司存在。所以现在也没有现成的成功经营模式可供参考。

在开店之前应做好如下规划：

1. 选址。只有一个原则，就是尽量在儿童比较集中的地方，例如繁华商业区、学校门口、年轻社区和公园附近等等。

2. 进货。进货一定要从正规渠道，首先要保证食品的质量，其次要保证食品的安全，如有些儿童食品袋内夹带有玩具，就要仔细检查一下这些玩具儿童玩起来会不会造成伤害。其次，货品的种类要齐全，根据调研，产品种类、数量多的店铺销售业绩普遍好出很多，原因是儿童都有一种心理，摆得越琳琅满目就越有好感，至于要买什么倒还在其次。

3. 货品摆放。首先要按年龄阶段分类摆放，如0~3岁儿童类，4~6岁儿童类，7~12岁儿童类等。在某个类别里，又可按作用或者功能进行分类，如有保健类的、休闲类的，或者饼干类、糖果类、饮料类。目标消费者年龄小一些的，摆的位置低一些，年龄大一点的，摆的位置高一点，让他们伸手就能拿得到。儿童食品的布置要有引导作用，必要的可以加一些温馨小提示，例如儿童食用果冻注意事项，不能用方便面代替正餐，哪些零食可以多吃一点，哪些零食只宜少吃等，这样表面看会损失一些生意，但从长远来看，会使顾客对店铺产生信任感，形成固定客户。经济类的小包装与礼品类的大包装要分开来放，儿童、学生自己消费一般会选几颗糖、几块巧克力或几块饼干的小包装，家长馈赠亲友则是精美大气、稍豪华一些的大包装。分得越细，家长越方便选择。

4. 销售宣传。因为目前专门经营儿童食品的还不多见，只要你做到了前面几个步骤，消费者自然会"一传十，十传百"地给你宣传开来，但是做一些其他的适当的宣传工作也是必要的。

儿童主题餐厅，让吃饭变得有趣

儿童主题餐厅是通过一系列围绕一个或多个儿童相关主题为吸引标志，向儿童提供饮食所需的基本场所。

目前在我国快餐市场中，已形成优势品牌与地位的有上海的"芭迪熊"、北京的"ABC"等儿童主题餐厅。越来越多的家长儿童开始尝试新的适合儿童的餐饮环境。由于儿童主题餐厅拥有较多的目标顾客，决定了其有着广阔的发展前景。

【小店淘金成功案例】

经常头疼带孩子到哪里玩的北京家长们惊喜地发现，在金源商业中心地下一层出现了一片色彩绚丽的童话世界，那里有小小的彩色桌椅、热带雨林般的梦境小岛、海盗船、宝物箱以及各种有趣的玩具。实际上，这是一家儿童主题餐厅，不少不好好吃饭的小朋友都能快乐地跑进餐厅，乐不知返。

这家名为"芭迪熊"的儿童主题餐厅创始人是年轻的字维新，它创建于2006年1月1日。

在第一家"芭迪熊"儿童主题餐厅，小朋友吃饭要先探险，首先要登上一条木制"帆船"，开始探险之旅：在沙滩区有"椰子树"和花朵形餐桌；在海洋区，独一无二的水母椅子、可爱的大蘑菇饮料站都很吸引小朋友。

另外，"眼镜熊的图书馆"、"困困熊的卧室"等可以分享你和好朋友的小秘密。餐厅一角，有一个为孩子设计的"儿童乐园"，它是小熊们的乐园，也成了孩子们互相交流的场所。餐厅还会不定期地邀请魔术团，为孩子的生活增添神秘色彩，儿童剧场还可以让孩子在专业老师指导下，边学英语边表演。

开在上海的第一家儿童餐厅很快顾客盈门，生意红火，据字维新说，餐厅每个月的营业收入已达三四十万元，盈利数额逐月提高，月最高净利已达三四万元。由此可见，儿童餐厅的理念在中国一线城市可以完全被消费者接受。他决定复制"芭迪熊"，进行品牌扩张，于是"芭迪熊"开到了北京。

北京的"芭迪熊"儿童主题餐厅在全国最大儿童商场"成长天地"——金源地下一层——开张营业，这里整整一层全部是国内外儿童品牌主力店，来这里的顾客几乎全是带着孩子的家长，客流量很高，而且目标顾客非常集中。不少孩子逛累了，看见这么有趣的餐厅就干脆不走了，家长也可以歇歇脚。

北京金源"芭迪熊"儿童主题餐厅早在试营业阶段，就已经很受小朋友欢迎，因为这里的一切都是为孩子量身定做的，包括小桌椅、菜品和各种卡通设计。"芭迪熊"对菜品的追求是"活泼、时尚、健康、营养"，最初，为了适合孩子的口味，菜品比较偏淡、偏甜，随着不同层次顾客的增多，现在的菜品口味逐渐丰富起来。餐厅的菜单上还特别标注"普、护、辅、限"等字样，这是根据菜品和食客的不同需要注意的陪护服务提醒。目前，他们又推出独家"卡通餐"，不光口味好，连菜品的造型也是卡通的。

置身"芭迪熊"的儿童主题餐厅，很多大人会觉得这里完全不像一个餐厅，因为在这里吃饭已经变成了很次要的活动，孩子们更多的是玩耍，听故事，交朋友，甚至学知识，实际上它更像一个室内主题乐园。

这确实是"芭迪熊"餐厅经营中的一个重点。据经营者介绍，国外类似的儿童餐厅，多是把餐馆和娱乐结合起来，但在中国情况有所不同，中国的父母可能是要求最高的父母，他们不仅希望孩子能得到娱乐，更希望他们能得到教育。于是寓教于玩、寓教于食，就成了"芭迪熊"餐厅的特色。

在这间餐厅，每天都有活动，每个月都有新的活动主题。如开办"宝贝厨房"，让孩子们自己动手做比萨和饼干；如"故事屋"，有大姐姐以表演的方式讲故事；或在"芭迪熊"的生日派对上，由服务员扮演的公主、王子、印第安人等和小朋友一起过生日。"芭迪熊"就这样把娱乐、教育和餐饮完美地结合了起来，难怪很快就取得了成功。

【小店前景分析】

目前儿童主题餐厅在西方已是一种成熟的业态，拥有一套独特的经营方式和理念，和成人餐饮业完全不同，然而它在中国还相当新鲜。如何从"另类儿童经济"中掘金，关键是要从儿童的心理需求特点出发，结合消费体验，将其他成熟领域里已成形的商业模式"变形"借用过来，加入儿童元素，形成新的经营模式。

下面介绍经营一家儿童主题餐厅的几点方法：

1. 突出主题的方法。

突出儿童主题，这就需要餐厅的经营人员在设计各类主题时，应深入挖掘主题的文化内涵，借助全方位的主题文化"反思"，这样才能寻找到合适的卖点。应聘用专业的室内设计员，以一些儿童所喜爱热衷的事物进行情景设计，如可以以动画片和一些著名的童话故事为背景来装饰餐厅，或者将餐厅装演成太空世界、神州六号飞船等。

2. 内部设计的方法。

一是层次化布局。首先通过对顾客的消费心理、购买习惯以及餐厅本身的形状大小等各种因素进行统筹考虑，在此基础上形成量化平面图，分割出不同的销售区域，如儿童就餐区、儿童玩耍区、家长接待区等。其次围绕餐厅选定的主题，运用儿童喜爱的明亮色彩，运用粗重轻柔不一的材料，创造出造型各异的物质设施，使目标消费者的视觉和触觉都为之吸引。最后要突出整个餐厅的流动性，打破拘谨呆板的静态格局，增强动力和情趣，激发儿童及家长消费者的购买欲望和行为。

二是多变性布局。一家好的儿童主题餐厅不但要有一个好的创意来留住目标顾客的脚步，更重要的是持续保持一种变化，即通过经常对餐厅的某些方面——如店面、陈列、色彩、桌椅布局等——合适的调整变更，达到常往常新的效果。一般，儿童主题餐厅可根据季节、不同节日、不同的促销活动、流行节拍以及儿童群体的偏好等因素进行变换。例如，感恩节可通过彩蛋、卡片、礼盒、动物以及人物等进行布置。一些较大的场景，更能吸引儿童进出，其乐无穷。

3. 开发儿童食品的方法。

根据儿童自身所具有的特点，儿童主题餐厅在开辟儿童产品和服务方面可以做以下考虑：

一是食品造型要有吸引力。近几年来，随着洋快餐风靡国内，其食品造型夸张可爱，深受儿童青睐。因此可以设计西式中餐，迎合儿童需要，例如将传统的粗粮制作成各种形态的西点，配以新鲜蔬菜制作的色拉，造型美观又富有营养。

二是菜名趣味化。儿童跟大人们一起就餐时，对菜名往往不感兴趣。在儿童主题餐厅里，能有专门属于自己的菜单对于儿童来说是很有趣的事情。首先，菜肴名称要突出童趣，可以选用一些儿童常用语来引起儿童的共鸣。例如，"芭迪熊"儿童主题餐厅的菜单均是"熊熊真漂亮"等可爱的句子。其次，可根据儿童正处在识字阶段的特点，在菜单上做到图文并茂或者标注汉语拼音，不仅新颖有趣，也迎合了家长的心态。

三是餐具与主题配套化。儿童餐具要和食品相配套，才能达到最佳效果。例如：推出一款名为"香蕉批萨"的水果点心，如果盛放在一般的圆盘里就很普通了，按照儿童的欣赏模式，同种食品，若是盛放在香蕉形盘子里应该会更加有趣。所以，抛弃以往的餐具观念，采用新型的餐具是很有必要的。当然，在选择餐具时，应充分考虑儿童安全问题，尽量避免尖利的形状和玻璃的材质。

开孩童溜冰馆，大二男生月入五千

如今，溜冰运动已经趋向孩童化，儿童溜冰行业也渐渐显现出它的商机。

【小店淘金成功案例】

上大学的时候李科加入了某溜冰协会。慢慢地，他发现溜冰培训这个行业利润空间很大，就自己创业当起了老板。如今，李科的儿童溜冰馆已开至珠三角的南海、惠州等地，其月收入也达到了2万元的水平。

由于学习溜冰的多是小朋友，李科曾经尝试与学校合作，在学校里办班，但尝试了一个学期发现，学校里学员少、利润也低，生意并不好做。

首先，学生一般也不会选择在学校里学，因为在小区内学习，家长可以陪同，在学校里则不能，所以真正报名的学生并不多，一般小学里只有十几个学生，按每个学生700元算，一期的收入也只有7000元，除去两名教练的工资2500元左右，再除去场地的租金和分成，自己所得的利润已经十分微薄了。

另外，学校的作息制度也限制了学生的课余活动时间。一般教学的时间，只有周一到周五，而且只能在下午四五点钟上完课之后才有一到两小时的时间自由活动。在政府出台了不准学校办辅导班的政策之后，学校也相应取消了这些课余兴趣班。而且，教练无法及时调配，通常在小区或广场的上课时间是5点钟，从学校里上完课再赶往小区里已经来不及了。

李科后来发现，顾客的消费心理有时候很奇妙，如向顾客推销，换一种说法也许就能轻易让顾客接受。在人群消费能力高的地段，每名小朋友的学费是 698 元，包含了一套溜冰设备和初级课程的培训。但在消费能力较低的地方，家长就会觉得这个价位不能接受。此时，如果换一种说法，将学费的 698 元说成是 298 元的学费加 400 元的装备费，家长则会觉得非常廉价。

俱乐部的学员，大多是几周岁的小朋友，最大的也就十几岁。教小朋友溜冰，很大程度上就是"带小孩"，有的小朋友学员只有两三岁，非常调皮，不听话，注意力也不集中，两年的教学中，李科学到的就是如何和小朋友玩。学计算机出身的李科，性格十分开朗，和年仅三四岁的小朋友也能打成一片，这也为他争取到了家长的信任，同时也取得了源源不断的财源。

【小店前景分析】

教小孩溜冰的创业投入并不大，包括买设备和租场地，如果只在一个小区里教，初次投入不会很高。不过，选好小区和地段是关键。在好的小区或地段，不但顾客多，溜冰设备的价格也可以卖得高一点，一整套溜冰设备，好坏地段的售价相差几百元不等。

一般来说，一个溜冰教学点只需要投入 7000~8000 元的设备费，包含了大概 40 套溜冰设备，包括溜冰鞋、头盔、护腕、护膝等。每套设备的成本，便宜的只有 110~120 元，贵的也就 190 元左右。

与跆拳道等运动相比，旺淡季对溜冰培训的收入影响较大，因为跆拳道一般在室内培训，而溜冰则一般在室外培训。溜冰的旺季集中在暑假，淡季集中在寒假。

教孩子溜冰，一定要有适宜的场地，在场地的选择上，既有需付租金的广场，也有不需付租金的广场。

第八章

靠好点子撑起你的旺铺

开家创意服务店

走在大街上，你会看到各种各样林立的店铺，很多人觉得，现在的实体店铺已经达到一种饱和的状态。然而，只要你睁大眼睛仔细观察，会发现商机永远都存在。在同业竞争激烈的现状下，你所开的小店能否赚钱，就要看其是否有创意。只要有创意，要闯出一片天地并不是难事。

数码瓷像馆，将瞬间的美好铸成永恒

在商机无限的今天，资金有限的你想要开创一片属于自己的天地，是否面对过多过滥的选择而无所适从？现在将一种新项目——数码瓷像介绍给你，或许可使你美梦成真。

【小店淘金成功案例】

随着生活水平的提高，人们对精神生活的要求也越来越高。家居艺术品作为精神生活不可缺少的一部分，需求量逐年增加，而数码瓷像，正好满足了这一需求。

数码瓷像是利用现代化高科技数码技术，把照片或画像转印、烤印到瓷器上。这种数码瓷像克服了传统瓷像工艺繁琐、画面模糊、易褪色等诸多缺点，做出的瓷像效果超过照片，永不褪色，可以在普通的瓷片、瓷盘等瓷器上印制。

下岗后的王先生就看准了这个商机，在繁华街道开了一家数码瓷像馆。据王先生介绍，他的数码瓷像馆只投入15000元左右，其中包括房租、有关审批费用、设备配置、人员工资等。一间十几平方米的店面做展示厅和门面，一间五六平方米的房间做加工间，只需两人即可营业。以其中两种产品为例，8寸和12寸的人物艺术照加工成瓷像，零售价120~160元，每只毛利为110~148元，以每天加工5个瓷像计算，毛利润最少600元，月毛利18000元，纯利润就看其他费用的开支情况了。

【小店前景分析】

数码瓷像技术问世不久，在全国大部分地区还没有推广。它利用现代化高科技数码技术，把照片或图像转印、烤印到瓷器上。这种数码瓷像不同于以往的瓷像，改变了传统瓷像的工艺繁琐、画面模糊、尺寸限制、简陋褪色、易失败等诸多缺点，做出的资像效果超过照片，全部机械操作永不褪色，可以在普通的瓷片、瓷盘等瓷器上印制。生产题材不拘一格，市场广泛，可用于情侣艺术照、儿童艺术照、装饰业、旅游业、工艺品业、丧葬业等。

开数码瓷像馆首先要做好市场预测，调查本地消费者倾向，即哪一系列产品市场需求量最大，然后采取以此产品为主、其余为辅的经营方针。再者，前期运作要加大宣传，可花少量的钱在当地的报纸中缝刊登小广告，让人知道有此技术。除此之外，可通过不同的渠道拓展业务，例如，艺术照类瓷像可与照相馆合作，让他们代收瓷像加工业务，其他系列依此类推。可采取团体和个人兼做的方式，使业务不断扩大。

数码冲印店带来的财富

随着国内数码相机的快速普及，人们的数码冲印需求也随之增长。于是，街头巷尾的彩扩店主们都开始瞄准这一商机，纷纷琢磨着购进数码冲印设备，改头换面为数码冲印店。

【小店淘金成功案例】

借款 2 万元开了一家数码冲印店，两年后，27 岁的何飞不仅还清了借款，还准备在主城买房安家。何飞认为，大学毕业生不一定要在职场上挤独木桥，开家 10 来平米的数码充印店，旺季时一个月能赚五六千，淡季也有三四千，虽说不是很多，但可以为自己下一步创业积累经验。

何飞来自四川达州，家境贫寒，但他就读的四川美术学院，每年光是学费就要花一万多。2002 年大学毕业后，何飞就急切地想找一份高薪工作赚钱贴补家用。

照一张数码登记照要 10 元，然而成本就一两块钱；冲印一张 6 寸的照片，也有两三毛钱的利润。喜欢摄影的何飞经常去数码店冲照片，通过店员的介绍，他发现了其中的商机。然而通过调查，何飞发现，光是买一台好的数码冲印机就至少要十多万，再加上人工、场地的投入，没有四五十万根本无法将店开起来。

正当何飞准备放弃这个项目时，一个朋友给他提供了一个信息：重庆一家叫美丽缘数码网络冲印的公司在招加盟商。加盟的门店负责拍照和接件，除了登记照在门店直接打印外，大宗的照片则送到中心店冲印。由于节省了冲印设备，2 万元就能将店开起来。

何飞好不容易凑足了 2 万元本钱，从加盟商那里领回了电脑、数码相机、照片打印机、柜台等设备。2005 年 1 月，在渝北加州新世纪超市旁边 10 多平方米的小店内，何飞的数码冲印店终于开业了。

开业当天一大早，设备都还没有来得及理顺，何飞的店里就来了一位照登记照的顾客。整整一天何飞接了 100 多张照片的冲印业务。结果他当月就实现了赢利，不到五个月的时间就收回了成本，旺季月收入能达到 6000 元以上。由于业务繁忙，不久又招聘了一名员工。

以自己的小店为例，何飞大致计算了开一家数码照片冲印加盟店的投入和赢利。一次性投入：交纳 2 万元的押金，可从加盟商那里领回开业所需要的电脑、数码相机、打印机等开业所需的所有设备；每月运转费用：房租 3000 多元、宽带费 120 元、水电 100 元、税费和员工工资 1500 元，总支出在 5000 元左右。

赢利大致是：冲印一张照片的利润是 2~3 毛，旺季时一个月可接七八千张。每天照 6~8 张登记照，每张利润 8 元。另外，加工数码个性化产品，如相册、印有个人照片的水晶饰品也是利润来源。此外，为了充分利用门面，还可以在店里做代卖机票等业务。冲印分淡季和旺季，节假日是旺季，三四月份是淡季，扣除支出，旺季的纯利有四五千，淡季也有两三千。

【小店前景分析】

作为一名精明的冲印店老板，你需要算计的是，尽管增设数码冲印是大势所趋，可昂贵的设备投入何时能够回本？怎样在日益激烈的数码冲印竞争中赚更多的钱？这就需要经营者提高增值业务的比例，比如要在增加摄影乐趣上下功夫，引导顾客进行更多的拍摄和冲印。

如今，单纯的数码冲印利润已经越来越薄，而婚纱摄影等却一直是高利润的业务，这是因为婚纱等唯美拍摄需要特殊专业的打光技术，普通顾客自己是做不了的。而"造相馆"就是能够为顾客提供一个具有专业布光等技术帮助的拍摄场所。这样的高附加值服务必然能给顾客带来不断的乐趣，起到引导摄影消费的作用，也为店主带来丰厚的利润。

其实，要想做一个成功的数码冲印店老板，一定要学会发掘新的高附加值服务，这样不但

能够从低利润的经营中解脱出来，还能因为独特的服务给顾客带来乐趣，也给自己带来利润。

与几万到十几万元投资的彩扩店不同，数码冲印店需要至少 100 万元的投资。其中，数码冲印设备是最大投资项目，价格从 60 多万到 120 万元不等，还有电脑、数码相机、扫描仪、读卡机等也需要购置。此外，每月的固定成本还包括房租、药水和相纸等耗材以及水电费、人工费、其他杂费等。

通常来说数码店的收入来源主要为三部分：

销售收入，包括卖胶卷、相册、相框等的收入；

照相收入，包括照一些证件照、儿童照、个人明星照等的收入；

数码冲印收入，包括个人业务和同行小冲印店送来的数码冲印业务。

随着数码冲印店数量的增加，数码冲印价格的逐渐探底，投资者将面临激烈的竞争和利润空间的缩小。

"隐茶杯"也能赚个天翻地覆

小小的"隐茶杯"却给高波带来了极为可观的收入。这真是市场处处有商机，就看你留心不留心。

【小店淘金成功案例】

高波中专毕业后，被分配到牡丹江市一家国有机械修造厂工作。2004 年春节，高波的一位表哥从韩国打工回来，邀请高波去他家做客。刚一进门，表哥从柜里拿出一只纸杯，到饮水机前给他接了一杯白开水。哥俩说了一会儿话后，高波觉得口渴，于是就端起纸杯喝了几口水。奇怪的是，明明自己喝的是白开水，高波却觉得满口茶香四溢。

原来这纸杯是高波的表哥从韩国带回来的，纸杯里实际上放有茶叶，但经过特殊工艺加工处理后，使茶叶隐藏在杯底部，很难看出来，这种杯子由此得名"隐茶杯"。由于使用"隐茶杯"沏茶水非常方便、快捷，可以随身携带，自用待客都可以，用后又可随手抛弃，相当于一次性卫生纸杯的换代产品，加上此产品在韩国亦属新鲜出炉，所以十分畅销。高波的表哥从韩国带回了制作此杯的小型设备，原打算在国内生产销售，但因为家中生意忙不过来，所以机器一直闲置着。

高波想，方便、快捷的"隐茶杯"一定会受到人们的喜爱，如果生产一些投放市场中，准能热销。于是他从表哥那里购买了设备，随后购回原材料，开始在家生产起"隐茶杯"，然后拿着首批生产的 1000 多只到市场上试销。

茶是深受人们喜爱的饮品，但是沏茶的过程却比较繁琐，冲泡的时间短了，茶水中会漂浮一些碎茶叶，影响饮用时的口感，而沏好的茶水则需要当天饮用完，不能过夜。于是每天必须将浸泡后的茶叶倒掉，冲洗茶壶。这种沏茶方式很难适应现代人快节奏生活方式。而使用"隐茶杯"，无需放入茶叶，只需用白开水倒入杯中即可，不到两分钟就可以享受到一杯香浓的茶水，方便快捷，并且在茶水中不会有碎茶叶。高波根据人们对茶叶品种的不同需求，在生产的"隐茶杯"中"隐藏"了不同的茶叶品种，如龙井茶、凤眼茶、乌龙茶、茉莉花茶等各种茶叶，使得这个每只仅售 0.2 元的水杯很快就被抢购一空。

此时，高波的心里别提有多高兴了，细心核算了一下，每只"隐茶杯"的制作成本不足一角钱，而这 1000 多只"隐茶杯"扣除原料成本后，让他净赚了 100 多元。

干了一段时间并积累了一些资金后，高波很快就扩大了生产规模。他花高薪聘请技术人员根据从韩国带回的机器又仿制了几台设备，并且开始联系酒店、宾馆、银行等企事业单位。高波向订购单位承诺，凡是一次订购"隐茶杯"的数量在 3 万只以上，免收印刷费，就可把企业的名称、标识及广告词语印制在杯体上。很多单位看到"隐茶杯"不仅经济实用，而且杯体还是一种很好的广告宣传，纷纷大量订购。

【 小店前景分析 】

一次性纸杯早已经是人们的习惯消费品了，茶饮料更是中国人的主要饮品，著名营销专家路长全在《软战争》中指出："在中国，卖茶是一个大产业。"据统计，全国每年的一次性纸杯消费量高达万亿只，其市场份额占一次性消费品之首。且市场呈明显的上升趋势，更重要的是永不饱和。而"隐茶杯"的新颖、创实用、适用广、成本低廉、泡制茶叶速度快、色味香浓等特点能满足各种不同行业的需求，可谓当今纸杯历史上的一次革命，所以有很广的市场开发前景，也有很好的经济效益和社会效益。宾馆、酒店、饭店、旅游景区、机场、车站、机关行政单位、企业事业单位、家庭等都是这类产品需求的大客户，因此可以说，"隐茶杯"有一个广阔而长盛不衰的市场。

"拈花惹草"也赚钱

司空见惯的花花草草，让有心者稍加改变后也可以是"钱"景无限的。

【 小店淘金成功案例 】

1996 年国庆，在广东打工的张松和朋友去佛山玩，看见一种用蝴蝶做成的书签要卖 5 元，也想自己试做一下，但由于蝴蝶太厚过不了塑，他折腾了半年多也没有结果，只好作罢。

2002 年，张松随便翻看以前的书本时，看到一张书签，才想起自己曾经摆弄过的蝴蝶。他想，蝴蝶覆不了膜，那能不能用真花做成书签呢？经过一个星期的试做，书签终于做成了。但书签上的花草不仅形状变了，颜色也变了。不过这次张松没有放弃，经过半年多的刻苦钻研，通过压制干燥，张松解决了花草变形变色的难题。

2003 年的"五一"前夕，张松制作了 800 多张有花有叶的书签贺卡，送到城里的几所中学商店代销，短短一周内就被学生们抢购一空。真花产品如此受城里人和学生的欢迎是张松始料不及的，回家后他动员全家齐动手，但仍远远不能满足市场需求。

经过几年的刻苦钻研，张松和妻子刘燕飞一道，不仅解决了花材褪色、发霉的难题，还开发出了一系列压花工艺品、叶脉工艺品、蝴蝶昆虫工艺品、五谷字画工艺品和干花工艺品。如今，他们已开发出的系列产品如压花蝴蝶、书签、花卡、贺卡、相夹、台历、手机链、钥匙扣、项链、手镯、包饰、烟灰缸、压花画、七彩画、婚纱画等，可谓琳琅满目。

从前湘西大山里分文不值的野花野草，经过张松夫妻俩的加工，一年就卖出了 30 多万元。2005 年春节前后，他们销售了十多万元的产品，还办起了一个十多人的工厂。对于张松制作的压花作品，许多学生都很好奇。针对他们的好奇心，张松开设了一个花吧，让学生自己动手制作各种产品，体验创作的快乐。

随着市场的扩大，张松发现简单的压花产品只能吸引学生，为了引起更多消费者的注意，他开始摸索制作压花像框、压花装饰画等系列产品，还和浙江一家工厂合作开发了更高档的产品。这些产品一投放市场就受到了顾客的喜爱。

【 小店前景分析 】

现在的人们热爱自然，崇尚返璞归真，花草工艺品由于采用了大自然中形形色色的花草树叶及蝴蝶、蜻蜓等真实材料做成，绝无雷同，在很大程度上满足了人们返璞归真的心理及表达情感的个性需求，由此延伸出的各种工艺品在礼品和旅游用品市场上也有着很大的发展空间。该项目投资小，见效快，比较适合资金不很充足的下岗工人和普通打工者。

坟场餐馆创造的奇迹

从 400 元到 20 万元，看似有一道无法逾越的鸿沟，然而这个奇迹竟然发生在一个农家女身上。有很多人认为杨艳丽的成功纯属幸运，其实不然。

【小店淘金成功案例】

杨艳丽是河南省周口市川汇区赵寨人，1997 年与丈夫杨海水结婚后，日子过得倒也其乐融融。但随着第一个孩子的长大，第二个孩子的即将出世，小家庭在经济上逐渐捉襟见肘，杨艳丽只得想办法尽量多挣钱。她卖过面条，当过临时工，可是这些微薄的收入根本无法应付日益增长的家庭开支。

2005 年 5 月的一天，杨艳丽下早班后匆忙往家里赶。走到半路上，突然听到一阵"嘣、嘣"的鞭炮声。原来是清明节快到了，许多人在一大片坟地里扫墓，那热闹的场面吸引着杨艳丽看了半天。到了中午，那些人开始议论纷纷："上了一天的坟，好累啊，要是能在这里吃吃饭，休息一下多好。"另一人马上附和道："就是啊，要是在父母坟前，陪老人吃顿饭该有多好，以前母亲可是最喜欢看着一大家人吃饭的！"

说者无意，听者有心。听了这话，杨艳丽不由得心里一动！她心想：我何不就在坟地开个餐馆，让上坟祭祖的人都能吃上热菜热饭？谁知回家跟丈夫一商量，杨海水却表示强烈反对，还说她这个想法太荒谬了。

转眼间到了农历十月，杨艳丽再次经过那片坟地，一位老人跑过来问她："小妹，你知道这里什么地方有开水啊？我全家五口来上坟，泡方便面都找不到开水！"杨艳丽告诉她方圆十里都没有人家。

晚上，杨艳丽陷入了深思。她咬了咬牙，想到自己辛苦一个月才挣 400 元，家里连吃饭都成了问题，自己何不大胆试一试呢？这里有好几百家的上千坟头，若按一个坟头关联 5 人计算，就是好几千人，哪怕只有 30 家在这里就餐，每人平均消费 10 元，30 家人就是 1500 元。按最低利润 20% 计算，一天就是 300 元！那时候，她压根儿就没想到，祭祖就清明、重阳那寥寥几个节日，而平时的客源从哪里来？

2005 年，毅然辞去工作的杨艳丽，偷偷拿出家里 400 元的全部积蓄，来到坟场周围租房。可是周围根本就没有人家，最终她只在离坟场 200 米的地方找到一间破房，那是人家早前看守西瓜地临时搭建的，杨艳丽以一年 150 元的租金租下了房子。

杨艳丽考虑了很久，认为自己在坟场里开餐馆，肯定得别出心裁才行。想到在坟地纪念亲人，一般人不会吃大鱼大肉，而河南人都喜欢带上公鸡做供品，于是她想出了主打菜：柴鸡烙馍。

三个月后，杨艳丽的坟场餐馆终于开门营业了。不知是不是她的运气真的好，太阳快把晨露吹干的时候，就见有上坟的人来了！一辆小车停在了她的门口，从车上下来三四个人。杨艳丽定神一看，竟是原来自己工作过的工厂的李厂长带着一家老少来上坟。李厂长老远就看到了杨艳丽，忙问道："杨艳丽，你也来上坟啊？"杨艳丽知道瞒不过厂长，便硬着头皮说："我在这儿开了个饭店，专为上坟的人准备饭菜。"

出于对杨艳丽的同情，李厂长一家在那里吃了一顿午饭。然而吃过后，李厂长禁不住大加赞赏，连说饭菜的味道不错。他的母亲更是高兴地说："吃着小柴鸡烙馍，喝着荠荠菜手工面条，就想起了以前的光景。"

杨艳丽这天虽然只做成了两笔生意，但她非常高兴，因为单这两笔生意她就赚了100多元，她开餐馆总共花了400多元，第一天就收回了25%的成本！更为难得的是，因为这艰难的一步的迈出，让她看到了希望。

刚开始，杨艳丽平均每天只有一拨客人，但慢慢就增加到两拨、三拨。杨艳丽特别注意菜品质量，柴鸡是自己到附近村里收的，野菜也是从附近菜农家买的，中间少了几道环节，成本自然就低，而且全为绿色食品。杨艳丽开了一个月，到月底一算账，除去费用外，净赚了2000多元！丈夫杨海水见此情况，也同意了杨艳丽的想法，把工作辞掉了，专心来帮助杨艳丽，这让杨艳丽信心大增，干劲更足了。

不知不觉，2006年的清明节到了，上坟的人络绎不绝。杨艳丽早早就把东西准备好，把精心供客人挑选的小柴鸡栓在门前的树上。杨艳丽忙得不亦乐乎。不到11点，客人就订下了10桌，很多前来吃饭的客人只得排队等候。

有位客人见没有位子，便把饭菜端到了自家的坟头上，一边吃，一边给父母倒酒，表达自己的敬意。旁人一见，纷纷效仿，觉得和过世的人一起吃饭才是表达自己心意的最好方式。于是，很多打算进城吃饭的客人也放弃了计划，到杨艳丽的餐馆前排队等候。这天，杨艳丽忙坏了，屋里屋外跑进跑出，一天下来，竟然赚了4000元！

有一天晚上8点，杨艳丽已经准备收摊，餐馆里却来了一位名叫陈强平的。他开着宝马车，身上穿着名牌衣服，对杨艳丽说："你帮我准备两瓶酒，晚饭做得好一点，然后帮我准备几只煤油灯，钱没有问题，给你1000元，我今天晚上就在坟头上过！"

陈强平从杨艳丽那里提着酒菜就走进了坟场，不一会儿坟头里就亮起了煤油灯。深夜11点，杨艳丽一觉醒来，发现坟场里有哭泣声。她怕陈强平出什么意外，连忙把丈夫叫上，两人走到陈强平的旁边，发现他在坟头上早已醉得不省人事。杨艳丽连忙把他送到了自家餐馆，并给他烧水洗漱。

第二天，苏醒后的陈强平得知昨天的事情后对杨艳丽感谢不已，并告诉了他们事情的原委。原来，陈强平在母亲生前忙于生意，对母亲缺少关心，母亲一个人在家煤气中毒死亡。陈强平虽然此后挣了很多钱，成为了千万富翁，但心理非常愧疚。他一直想在母亲的坟头上过夜，救赎自己的灵魂，可一个人在坟堆里待上一夜又害怕。当他听说附近开了一家坟头餐馆后，便连忙跑来实现自己的愿望。

以后的日子里，杨艳丽竟然惊奇地发现，像陈强平这样非清明节上坟的人越来越多：有的是过世的人生辰到了；有的是像陈强平那样前来"赎罪"；有的是遇到了不顺心的事向过世的人诉说……

有一天，一位朋友到杨艳丽的餐馆玩，杨艳丽说出了坟场上的这一奇特现象。朋友先是大感意外，然后帮她分析道："按照常例，一般的人只会清明节才来上坟。如果不是，就只有过世的人生辰到了，一家人才来。或者随着社会压力越来越大，人们要来找清静或者找心灵上的超脱，所以你要在这上面做文章啊，不然你的客户群就会萎缩，只能做清明、重阳节这几天的生意！"

一语惊醒梦中人！杨艳丽之所以这些日子客人不断，那是因为这个坟场共有上千座坟，而附近唯独只自己一家餐馆，自己是凭运气才每天都有客户的。如果自己不好好分析客户的心理，迟早会垮台！

第二天，杨艳丽说干就干。她请人做了20多个煤油灯，专供像陈强平这样的晚上客人在坟头上用。同时，她请教了一些专家，把自己做的饭菜名字改了，比如：青菜烫豆腐汤改成"心灵煲汤"，意思是如果在坟头上吃了这道汤，心灵会得到安宁；回锅肉改成了"反复回头"，意思是吃了这道菜，祝愿过世的人早日超脱，自己也会得到心灵的安宁……

杨艳丽的这一做法取得了立竿见影的效果。很多前来上坟的人听了她的介绍后，都愿意留下来吃一顿具有特别意义的饭；一些客人还专门慕名前来，他们来这里，已不仅仅是吃饭，而是为了享受一种宁静，暂时远离城市的喧嚣，怀念过去的时光。

为了吸引更多的客人，她的餐馆前总是栓着十几只柴鸡，由大家选，屋里的野菜和一些灶具全是农村的家当。很多前来上坟的人听了杨艳丽的介绍，都想尝尝这坟地餐馆的饭菜。这些客人回去后，很多就向朋友们介绍，说餐馆里所有的东西都是绿色食品，做饭菜也用的是地锅烧柴火，别具风格。这样一传十、十传百，杨艳丽的生意越来越好。

生意好了，丈夫想涨价，但杨艳丽一直保持着原来的低价位。她觉得做生意应该长远看，不能一下子想吃一个大胖子。此举更是得到了大家赞同。农忙过后，炎热的夏天到了。城里热气冲天，坟地里却凉爽无比。每天来吃饭的客人越来越多，不但市区的客人来，周边各县的客人也不断地来坟地就餐。不知是谁给杨艳丽的餐馆起了个"坟头小鸡烙馍"的名字，渐渐地，"坟头餐馆"名气越来越大，2006年在淮阳召开国际神话研讨会时，有几个外宾不知怎么听说了，就让翻译带他们来到杨艳丽的餐馆。外宾们看到大片的坟地，吃着小鸡烙馍，边吃边伸出大拇指说OK。

夏天的晚上，坟地成了避暑胜地，一辆辆小车把坟地四周停满了，昔日的荒凉坟头完全成了一个热闹之地。树下坐满了人，客人们边吃边聊天，把紧张的神经放松一下，让疲惫的身体得到片刻的休息。有时他们会想起过去，想起家人，想起去世的亲人，就把酒倒上一杯，洒在坟头上，说一说平时所受的委屈……

生意越来越红火，杨艳丽把一个火灶改成两个，后来两个也不够用，就又支了两个。厨房也由原来的一小间改成了两大间，最后竟然盖成了10间房！2006年12月，杨艳丽大约计算了一下总账，坟头餐馆开张近一年，自己竟然赚了20万！

【小店前景分析】

现代人的生存压力越来越大，精神苦闷越来越严重，而祭祖或向先人倾诉，业已成为现代人的一道心灵鸡汤。杨艳丽所在的那座大坟场有上千座坟，每个墓主都有生日、忌日，再加清明、重阳等节，潜在的市场其实一点也不小。所以，杨艳丽每天都有客人，一点也不是幸运。她就靠着巧打现代人的情感牌，最终获得了成功！

"戒网"吧的冷门赚钱术

近年来，随着互联网产业高速发展，网吧在我国也是大行其道。在大中城市的街头巷尾，大小网吧几乎个个爆满，搞得有声有色。不过，就在这股热潮中，却有人反其道而行之，偏偏开起了"戒网"吧。

【小店淘金成功案例】

两年前，江西小伙子小曾从师范学院毕业，到广州珠海当了一名中学语文教师。由于人生地不熟，他开始迷恋上网，并很快沉湎于其中。渐渐地，他对工作失去了热情，变得草率、敷衍，不但引起学生不满，还遭到校领导的批评。但他依然我行我素，终于被学校解聘。

事后，小曾的悔意油然而生，决心一定要把网瘾戒了。于是，他制定了一个"戒网"计划，在网瘾上来的时候，给自己安排一些充实的活动。不知不觉中，一个月过去，他不再像以前那样痴迷上网了。

有朋友知道此事，开玩笑地说："你可以开个戒网培训班了。"这让小曾心里一动：这是个好主意，但不知是否有市场。为此，他调查了周边学校和居民区，发现确实有许多学生上网成瘾，成为学校和家长的一大心病。这样，小曾信心倍增，决定开个"戒网"吧。于是，他与当地少年宫、群艺馆等团体联系并合作，对方都表示了欢迎。

很快，小曾的戒网吧开业了。在朋友的热情推荐下，有18个人前来报名。为了让学员适应新环境，小曾很注意营造"戒网"吧的气氛，并精心安排活动：周一至周五开展打球、溜冰、舞蹈等文娱活动；周六和周日进行爬山登高、郊游赏花、定向越野等户外运动，许多学员们玩得兴高采烈，都把网络抛在了脑后。一个月后，首批学员顺利从"戒网"吧"毕业"了。除去必要开支，小曾赚了 6000 多元，于是，他的干劲更足了。

不过，小曾慢慢发现，刚进"戒网"吧时一些学员还很守规矩，可是当他们互相熟识后，不但常聚在一起交流上网经验，还时不时溜到外面去上网。他意识到，仅靠转移注意力来帮助学员戒网远远不够，关键是如何根治。

一天，他从一名老师那里了解到，青少年的逆反心理很强，越是不让做的事，他们越想尝试。小曾想，何不利用这种心理来根除他们的网瘾？由此，每当学员们一起交流时，他除了讲授网络知识外，还故意把网络吹得天花乱坠，但时间一长，学员们就厌了。趁此机会，他就讲述一些上网成瘾者影响学业、工作甚至被骗的真实个案。渐渐地，学员们从内心深处对网络产生了戒备心理。小曾由此获得了经验：只要找准方法，什么困难都能克服。

他对前来为孩子报名的家长们承诺：凡没能成功地戒掉网瘾的，可以免费再来，直到满意为止。此举受到了家长和学员们的欢迎，于是"戒网"吧的生意更火了。经过一年多的摸索经营，"戒网"吧终于走上了正轨。

255

【小店前景分析】

高科技的出现为社会带来了很大的进步，尤其像网络的出现为人们的信息交流提供了极大的方便。但在提供方便的同时也让一些青少年深受网络之害，网络之中的不健康内容在慢慢侵蚀着他们纯洁的心灵。网络游戏更能让人上瘾，而暴力游戏则可能让其产生一些暴力行为倾向，从而诱发青少年犯罪。针对青少年网瘾的戒除势在必行，由此可见，开一家戒网瘾的店会有很好的市场前景。

开一家农家旅舍，返璞归真最流行

随着现代人休闲度假生活方式的深入人心，渐成时尚的乡村旅游开始为开家农家旅舍提供了广阔的空间，开一家农家旅社既休闲又赚钱，不失为投资的好选择。

【小店淘金成功案例】

2004 年 2 月，音寨发生了一件让人不可思议的事情：刚刚在贵定县城里定居下来的村民付江菊，却又把家搬回了寨子。跳出农门曾是音寨人梦寐以求的愿望，她怎么会突然又把家搬回了农村呢？

付江菊并不是一时冲动，她是得到家乡要开发乡村旅游的消息后才做出这个举动的。乡村旅游真的有这么大的诱惑吗？过惯了穷日子的音寨人疑惑重重。这个时候，寨子里已经发展了几十家的农家饭店。在"罗二妹农家饭庄"里，付江菊正在招揽游客吃饭。

布依族传统的农家饭，吸引着越来越多的游客前来就餐。除了农家饭店外，付江菊还经营着一家农家旅馆。尽管每天忙得不可开交，但她的心里却是乐开了花。

在付江菊的旅社中，每天住宿的客人都有二三十人，因人手不够，她就到外面去请了很多人，每天在她家里面做工的人有十多个。2006 年仅 3 月这一个月，付江菊就收入了 5 万多元钱，这是她以前想都不敢想的。音寨的乡村游开发了 2 年，就给村民们带来了意想不到的惊喜。在付江菊的带动下，外出打工的村民，都陆续地回了村子。

音寨背靠观音山，前临音寨河，环境十分优美。寨子周围种着上万亩的油菜和特产水果李子。每年的三月份，美丽的油菜花形成"金色的海洋"，山上成片的李树花开汇成"雪的世界"，

形成了"金海雪山"的美丽景观。

这种景观让当地的决策者受到了很大的启发，2004年3月，贵定县政府在音寨举办了第一届"金海雪山"旅游节。藏匿于深山中的音寨很快名声大振，贵州本省的一些地区，特别是距离音寨不到一百公里的贵阳市和都均市的市民，很多都把这里当成了休闲度假的首选之地。

【小店前景分析】

据世界旅游组织预测，到2020年中国将成为世界最大的旅游目的地，占世界市场份额的8.6%。据世界旅游组织公布的资料，旅游部门每增加直接收入1元，相关行业的收入就能增加4.3元；旅游部门每增加1个就业机会，社会就能增加5个就业机会。另据世界旅游组织统计，欧洲每年旅游总收入中农业旅游收入占5%～10%。西班牙重视乡村旅游，36%的西班牙人季节休假是在1306个乡村旅游点中的房屋里度过的。乡村旅游具有使游客接触大自然、领略田园风光、体验乡土气息、参观民俗风情、品尝传统风味、购买土特产和手工艺品的独具魅力；同时，在那里还可以享受价格低廉的好处。在全国各地，开办农家旅舍前景十分看好。

开办农家旅店，首期投入需要多少钱呢？

以3间客房为例，可设置6~8张床，投资约需4000元，另需购置厨具若干，有2000元足矣，再加上2000元作为流动资金，总共投资8000多元即可开张。

宠物"婚姻介绍所"，给猫猫狗狗找个伴儿

"宠物婚姻介绍所"是个新生事物，市场目前尚处于空白，是投资开店的极佳项目。

【小店淘金成功案例】

近年来南京出现了专职的"宠物红娘"店铺，有的一年竟能赚十几万，一点也不比一般的婚介所差。

南京的罗小姐家有一只白色雄性迷你贵宾犬，买时花了8000元人民币。因狗的血统比较纯正，经常会有一些狗友找来要求给自家的母狗配种。如今，罗小姐家的这只贵宾犬已经当了五六次爸爸了，只要对方母狗怀孕一次，就可收费1000块钱左右，现在已快把买狗的钱赚回来了。据养宠物的圈内人士讲，现在越来越多的人知道养狗就要养好狗，好狗是不断增值的，在经济方面有一定的回报，同时自己又可以得到很多的乐趣。

正是看中了这个赚钱的职业，一些人干脆当起了专职"宠物红娘"。今年步入不惑之年的李锦荣先生养狗多年，几年前觉得宠物行业很赚钱，索性辞掉了工作，一心一意做起了宠物家庭繁殖。现在李先生家里养了6条贵宾犬，2公4母，主要是自家宠物配对繁殖，附带配种。一只母狗一年生两窝，一窝三四只，一只可以卖到5000~7000元，这样光卖狗一年收入就有10万元。而公狗成功配种一次1000~4000元，收入也相当可观。李先生这个"红娘"越当越开心，他现在打算积聚一笔钱，在南京开一个大的宠物养殖场。

据了解，北京和上海等城市早就出现了比较专业的"宠物婚姻介绍所"。这些"宠物婚姻介绍所"一般都在豪华住宅小区集聚，收取20%左右的中介费，你要什么好狗，他代你找；你的好狗卖不上价钱，他代你卖。南京目前还没有一家专业的"宠物婚姻介绍所"。现在虽然有一些宠物医院在做兼职的"宠物红娘"，但多数都是帮忙性质，李先生认为，如果有人能够把"宠物红娘"专业化，登记那些持有血统证书的宠物，把价格规范，相信会是个赚钱的好生意。

【小店前景分析】

清晨或傍晚走在城市的街头，各种各样的宠物伴随在主人身前身后，这种情景已成为现代大都市的一道风景线。宠物一族是一支不可忽视的队伍，各种各样的宠物已成为这类人群不可缺少的精神寄托和生活"伴侣"。很多宠物主人都想为自己心爱的宠物留下优质的后代，却苦于找不到相匹配的同类宠物，有的即使能够找到，又担心宠物之间会传染疾病，因此备感困扰。如果能够开一家"宠物婚姻介绍所"，则既能帮助这些人解除困扰，又能让自己有钱可赚。

这类的店面应选在高档住宅小区集聚地，小型店面积30平方米左右即可，如果办成宠物综合服务中心，门面面积应不少于100平方米。门面装饰要富有闲情雅韵，正面采用玻璃装饰，尽量全透明，精选宠物图片点缀其间，突出"宠物婚介"的特点。室内一般装修即可，墙壁点缀宠物图片，标明服务项目、服务程序、质量标准和收费标准。有条件的还可添置饲养设备、美容设备、医疗设备、照相设备等。一般投资两三万元即可。

无论是小型"宠物婚姻介绍所"，还是宠物综合服务中心，都应该根据顾客的需求来确定服务内容，并根据自身的条件不断拓展服务范围。作为一间"宠物婚姻介绍所"，至少应做好以下几个方面的服务：

1. 宠物档案。凡是来这里找"对象"的宠物，首先要对宠物的年龄、品种、健康状况等进行详细登记，建立宠物档案。

2. 宠物美容。为宠物清洗消毒、整理毛发、美容化妆、佩戴饰物，提高宠物"相亲"的形象。

3. 宠物照相。用于宠物档案和刊登宠物"征婚启事"，同时方便宠物主人建立宠物相册，留下宠物的"青春容颜"。

4. 宠物"征婚"。刊登宠物"征婚启事"，根据宠物主人对配种宠物的体重、体型、血型等要求，为宠物寻找"门当户对"的"婚嫁对象"。

5. 宠物体检。为宠物检查疾病，防止宠物交友或婚配时传染疾病。有条件的还可以开设宠物医院，为宠物提供饲养咨询、治病疗伤。

6. 其他服务。如宠物用品、宠物时装、宠物寄养及宠物交友等，可购进一些小巧精致的宠物玩具、宠物服装、宠物用品、养宠物书籍，供养宠物者选购。宠物有时也很孤单的，需要找同伴交流，因此还可提供宠物临时寄养及宠物交友等便利服务。

7. 广告宣传。如在街道、厂房、商厦旁做些广告牌等，可提高知名度，还可印制一些名片，向宠物爱好者散发，多揽一些生意。

8. 收费标准。宠物"婚介"收费，主要是根据宠物的名贵程度和寻找宠物"婚嫁对象"的难易程度，随行就市。宠物档案、宠物美容、宠物照相、宠物体检和其他宠物服务，则可以计时或计次收费。

投资"宠物婚姻介绍所"最令人心动的在于它的市场空白和消费份额。由于宠物主人群体相对稳定，加之这个群体多半为富贵人家，舍得在这方面花钱，所以，消费量虽少，消费额却很高。"宠物婚姻介绍所"是个新生事物，市场目前尚处于空白，有需求无店铺，是投资的最佳项目。但宠物消费毕竟是特殊消费，市场很容易饱和，投资者必须抢先登陆，才有利可图。如果你所在的城市已有一两家办得很好的宠物服务场所，建议不要盲目跟进，以免造成经济损失。

巧做生意，"卖时间"赚钱

在高效率快节奏的今天，"时间就是金钱"的观念被人们广泛认同。有些精明的生意人则抓住"时间"的稀缺性，专门出卖"时间"成了他们小本发财的好契机。

【小店淘金成功案例】

"休息30分钟500日元",这不是宾馆的行情,而是日本近两年出现的一门新生意。做法是:租下一间旧公寓,在里面放置几个单人帐篷,提供给一些疲惫却无法休息的上班族小睡片刻,好让他们在1小时后生龙活虎地回到工作岗位上去。消费者如果想要长期使用,可以买张卡,使用22次(一个月的中午)只要9000日元。

类似的小生意正在日本悄悄兴起。例如有公司出租办公室,30分钟230日元;办公桌则是用长长的桌子隔成的几个小空间,每30分钟100日元。还有一家"办公便利商店",配置电脑供租用,365天24小时服务,按15分钟250日元收费。除此之外,还经营快速指甲美容、快速修剪眉毛。快速日光浴可以让人在15分钟内就拥有巧克力般的动人肌肤。而快速美容指甲店就像中国医院的一个注射室,台上摆放指甲美容工具,台后坐着服务小姐,你坐台前,只要伸出十指,小姐就能在几分钟内帮你在指甲上涂上满意的颜色。

【小店前景分析】

做时间的生意大多低成本、低技术,然而都以"快"字为要诀,而这个"快"字正好迎合了时代的需求。在今天这个快速变化的时代,谁都嫌时间不够用,因此,卖"时间"也可以赚钱。如果明白了这个道理,手中钱不多、技术又不足的人倒也可以开办一个这样的店铺,开拓许多新的服务内容,你也能成为卖"时间"赚钱的人。

"玉米虫"两年挣回100万

因为域名和"玉米"的发音相近,注册域名被网虫们叫做"煮玉米",从事这一行业的人被人们称为"玉米虫",也叫做"米农"。23岁的小伙子戴跃就是一个"玉米虫",他以280元起家,仅仅两年的时间,身家已过百万,并拥有了一家属于自己的IT公司。

【小店淘金成功案例】

戴跃出生在湖南省宁乡县的一个小镇,高中毕业后顺利地考入了长沙大学,学的是他最感兴趣的计算机专业。2003年大学毕业后,戴跃应聘到长沙一家IT公司工作,开始了他的打工生涯。在公司,他主要负责产品推销和网站建设。由于做事勤快,熟悉业务,很快,他的月薪拿到了6000元。

在为客户建设网站的过程中,有不少客户常常为取域名犯难,好的域名已被注册,不理想的域名又不愿接受,所以经常要戴跃为他们编域名。一次,一家公司要戴跃帮其编一个域名,他一连编了好几个,到网站一查,都已被注册。当他又编好一个域名,到网站查询时,查到的结果是"此域名正在出售,有意购买者请联系"。公司经理见状说,注册一个好域名真是不容易,干脆就将这个域名买下来吧。最后,以1000元买下了这个域名。一个域名不就是几个英文字母组合在一起吗?怎么一转眼就卖了1000元?有了这次经历后,他对域名产生了浓厚的兴趣。

2004年3月,戴跃用自己打工的积蓄买了一台笔记本电脑,利用业余时间开始用心钻研域名。这是一个低成本、高利润的买卖,注册一个".cn"域名的成本费是100元(注册管理费),而一个好的域名成交价通常都在1000元以上,有的甚至达到上万元、几十万元。

9月的一天,戴跃无意中发现了一个自己很感兴趣的域名,1861.com.cn,而这个域名已经过期了。他想,这个域名对手机、电信等通信行业的公司来说,是再好不过了,于是花280元将它注册下来。

注册成功后，戴跃并没怎么记在心上。当时他想，如果有人愿意买，只要能赚个几十块，就卖了算了。可他没有想到的是，还不到一个星期，就有一家通信公司给他发来邮件，愿意用15000元购买这一域名。看到这封邮件，戴跃大吃一惊，280元的成本，一下就升到了15000元，这该不会是假的吧？他一连看了几遍邮件，又打电话和对方联系，才确认这是真的。

戴跃静下心来一想：既然几天的时间就升值那么多，说明这个域名还会继续升值。于是他委婉地拒绝了对方，决定看看行情再说。从此，戴跃决定做一个域名投资人。

2005年4月初的一天，戴跃向公司递交了辞职书，一心一意做起了域名投资。当时有很多人都无法理解，要知道，在长沙6000元月薪的工作可不好找啊！只有戴跃自己才清楚，打工对于他来说只是一个过渡，他一直梦想着拥有一份属于自己的事业。

戴跃选择了资源依然丰富的.cn域名作为突破口。他每天的时间大都花在寻找感兴趣的域名上，多数时候一天要分析800个域名，对它的背景、流量、价格进行分析，也就是看这个域名有什么含义，与之相关的行业是否被广泛关注，这一行业的前景怎么样。

有一天，他正在电脑前寻找理想的域名，一个朋友打电话邀他去张家界玩。他突然灵机一动：如果注册到一个与张家界有关的域名，那它的价值肯定非同一般。于是他连忙编好了一个域名，zjj.com.cn，到网站一查询，竟然还没有人注册，他赶紧将这个域名注册下来。没多久，张家界某公司发来邮件，要求购买这一域名建立门户网站，最后戴跃以15000元的价格将这一域名卖给了对方。仅这一个域名便赢利14000多元。

戴跃发现，要找到一个好的域名也并不是一件容易的事。一次，他发现了一个非常不错的域名，17951.com.cn，虽然已被人注册，但当时已经过期，要过15天的续费期，如果注册人没有继续交纳管理费，便能开放注册。戴跃估计，肯定有不少人会盯住这个域名，于是他每天都要看一下这个域名，临近到期的那两天，更是一直盯着电脑屏幕不放，直到注册成功。现在，这个域名已经升值了50多倍。

好的域名都已经被注册，有时候一天的时间都难得找到一个好域名，戴跃开始发起愁来。虽说这一行利润较高，但没有好的域名，买家不感兴趣，手中的域名卖不出去，利润从何而来？

2006年4月的一天，戴跃出去办事，当他经过一条街道时，看到许多花店都摆满了各种各样的玫瑰，并打出大幅广告"送一枝玫瑰，见证你的爱！"戴跃动起了心思，心想：如果将人的名字编成域名，送给自己的爱人，既可以用来网上开店，也可以用来写博客，这不是时尚一族中最浪漫的礼物吗？这种域名虽然利润不是很高，但需求量十分大，前景广阔。于是，戴跃赶紧抢注了一批这样的域名，并在情人节期间推到网上出售。他的这一想法恰好迎合了追求时尚的年轻人的心理，很多人都来抢购这种个性域名。当时注册一个这样的域名只要花上五块钱，而售价高的却达到了几百元甚至上千元。

戴跃的思路变得越来越宽：既然情人节可以将域名当礼物，那么平时不也有很多人需要送礼吗？域名有着传统礼品不可替代的优势，因为一旦用自己的名字注册，同姓名的人就不能再注册了，属于一种不可复制的资源。送一份这样的礼物，更容易让接受礼物者体会到受尊重的感觉，特别是公司若将这份别具一格的礼物送给VIP客户，花费不多，却能很好地和客户联络感情。于是，情人节后，戴跃又及时推出了"姓名.cn"域名，一经推出，就受到不少人的欢迎。

随后，戴跃又不失时机地推出了手机域名、星座域名、爱好域名等个性域名，每一批域名的推出，都吸引着时尚一族的眼球。就这样，戴跃不断创新，效益不断攀升，一年多后，手中就有了60多万元的现金。

虽然有不少好点子，但要注册到一个价值不菲的域名，仍然是比较难的，因为好的域名绝大多数都被抢注。于是，戴跃在一边寻找好域名的同时，一边收购一些自己认为比较有价值的域名——有些域名虽然售价不低，但他只要认定了，就毫不犹豫地收进。

有一天，他看到一个hnw.com.cn的域名在网上出售，顿时来了兴趣，他通过仔细分析，认定这是一个升值空间很大的域名。它可以做好几个地方的门户网站，比如湖南网、河南网、海南网、华南网，但和对方联系后，对方一口咬定要2000元。虽然价格不低，但戴跃还是很快买了下来。十几天后，就有客户出7000元向他购买这一域名，但他没有轻易出手，因为他知道，这个域名远不是这个价格可以买到的。

戴跃的手头有不少好域名，比如 mzd.cn，客户出价 4500 元，戴跃都没有卖，他说，少于 10000 元绝对不会出手。再比如 chaogu.com（炒股）、dyj.com（打印机），虽有很多客户要购买，但戴跃都未轻易出手，他知道，这种域名远远不止当前这个价格，随着互联网的发展，这些不可复制的资源每天都在升值，几乎每 6 个月就可以翻一番。

正因为域名升值快，所以戴跃现在只注册和买进，达不到理想的价格决不卖出。但随着买进和注册的域名越来越多，他手头的资金开始告急，戴跃又想出了新点子。今年，他开通了中国域名投资网，集域名注册、交易、代售等功能于一体，并注册成立了长沙 1861 电子商务有限公司，聘请了 10 名员工，公司业务涉及产品网站建设、网络宣传、企业电子商务、企业电子邮局、数据库开发等多个方面。同时推出了"只用投资坐收利润，风险我来承担"的融资方案，即由对方出钱注册公司指定的 CN 域名，一年快到期的时候，对方若决定续费，那就按照市场价格续费；对方若决定不续费，可以无条件让公司以原注册价格的 110% 全盘买下。在一年内，对方可以出售任意一个域名，价格自行决定，也可以由公司代售，公司只收取 15% 的手续费。这个方案一推出，就吸引了不少的投资者，长沙的一个客户一次性投资 10 万元，戴跃说，利用这一笔资金，可以购买 400 个比较好的域名了。这些域名一年后可以升值两倍，投资方和公司都能从中获得丰厚的回报。

【小店前景分析】

投资域名并不需要多么专业的知识，只要有一定的眼光，肯动脑子，即使没有高学历也同样可以做。随着网络的发展，域名投资将会被越来越多的人看好，甚至引发一场域名投资热。当然，既然是市场经济，任何的投资都不可能没有风险，如果你不肯钻研，不肯努力去学，那么，你将永远赚不到钱。

开家打工者俱乐部

繁华的都市总少不了异乡人的身影，越来越多的打工者走进城市寻找自己的人生价值，而他们的喜怒哀乐却往往被忽略。如果开家打工者俱乐部，让城市异乡人有一个情感宣泄的处所，在为他们送去温情的同时，更能充实你的钱袋。

【小店淘金成功案例】

钱桐在家乡扬州开了家打工者俱乐部，他简单地算了一笔账：租用 50 平方米的场地，月租 1000 元左右，无需在商业区（最好靠近社区），场地简单装修 3000 元，购置桌椅茶具设备 3000 元，订阅各类报刊书籍 2000 元，装一部公用电话 500 元等，初期投入大概 10000 元多一点。

据钱桐介绍，俱乐部以会员制方式营业，月收费每人 50 元。按平均每月 100 人计算，茶水、饮料月获利 2000 多元，公用电话月盈利 1500 元，除去工资及其他费用 3000 元，月收入在 6000 元以上。

【小店前景分析】

外地打工者是一个我们不可忽视的消费群体，他们漂泊异乡，大多数处在弱势地位。他们有着许多无奈和辛酸，渴望倾诉；他们在工作和生活中有很多困难，企盼得到及时的帮助；他们希望下了班，能有个地方和一些兴趣爱好相同的朋友调侃心得感受，或者参与一些联谊活动，倾听成功者的经历和感想；当然，他们也希望能和好友知己品一杯香茗，翻阅一些喜欢看的书籍，唱唱歌、跳跳舞，锻炼一下身体，结交一些新朋友；等等。

打工俱乐部正是这样一个福音之地，其沙龙可按兴趣划分，组成文学、摄影、绘画、体育等小组；或按地域划分，组成若干个老乡小组。既可分开活动，各取所好，又可融为一个整体，活跃气氛。打工者人数之多，市场之大，"钱"途之广，不可低估。

要想经营好一家打工者俱乐部，可以从以下几方面入手：

1. 举办形式多样的座谈会、演讲会，多邀请成功的打工朋友畅谈创业感悟，交流成功经验。

2. 建立若干个服务部，如法律维权服务部、职业介绍服务部、婚姻介绍服务部、专业技能培训部等，帮助打工者解决打工中遇到的问题，增加俱乐部吸引力。

3. 多订阅各类流行报刊，有场地条件的，还可开设歌舞厅、上网室、健身房等，满足不同爱好者的需要。

4. 提供的茶点、果汁要有特色，报刊阅览和普通茶水免费供应，以区别于普通的酒吧和茶楼。

5. 注意做好广告宣传，如在街道、厂房、商厦旁做些广告牌，以提高知名度。

6. 注意和当地大量用人单位挂钩，可采取比例分红方式形成利益捆绑，这样就有了稳定的客源。

投资 2 万元开家牛奶专卖店

目前居民对奶制品需求仍处于成长期，估计今后很长一段时间内客源应有保证，没多少本钱的个人投资开一家小型牛奶加盟店应该是一个不错的选择。

【小店淘金成功案例】

某牛奶专卖店王小姐是光大花园牛奶专卖店的老板娘。一年前一个偶然的机会，本来做服装生意的她决定和丈夫尝试开设牛奶专卖店。

夫妻俩开的是一间不到 20 平方米的小店，由于位置是在小区商业街较为偏僻的一角，因此每个月的租金大概在 2500 元左右。店面虽小，但生意却非常红火。

据王小姐的丈夫介绍，每天销售鲜奶不下 400 瓶，每月纯利在 5000 元左右。王小姐认为，客人一旦对某个品牌的口味喜欢上了肯定很难改变习惯。经过三个月的经营，夫妻两人从最开始的一天 27 瓶的销售额一直做到现在的几百瓶。王小姐的丈夫谈到小店经营很有感慨。他说，这间牛奶专卖店一路走来不容易，刚开始的几个月还亏钱。

按照他一年来的经营经验总结，他说，开专卖店最重要的是保证牛奶的质量和服务一定要到位。小区里牛奶店的经营是长期的，一旦有一瓶牛奶的质量出现问题，很快就会传遍小区，整个专卖店的招牌就会砸掉。所以他一再和厂家的市场管理人员强调牛奶质量。

夫妻俩的另一个经营秘诀就是把顾客当朋友，而不是把顾客当上帝。他们认为，市场竞争如此激烈，服务是非常重要的。牛奶最重要的是要保鲜。所以，一般而言，他们对工作较忙的客户，采取送货上门，鲜奶一到，15 分钟内就送上门。在小店，来的都是老人小孩，因此小店要做到童叟无欺。

王小姐夫妇认为，牛奶小店经营一定要走专卖路线。如果什么品牌都卖的话，首先是消费者不知该选择什么品牌，也会觉得店主对自己的牛奶自信不足，如果长期这样经营的话，消费者的口味也会很杂，不容易培养客户的忠诚度。另外，厂家对你的经营支持也会大打折扣，因为企业对专卖店的支持力度肯定要比对普通经销商的力度大。另外，统一的品牌形象也容易吸引消费者。因此，开专卖店要比混合经营的风险小。

开一家牛奶店，若经营对路的话，三个月或半年内可收回成本，一年后可盈利。关键是要

坚持下去，做好长久经营的打算。此外，选择品牌要选择有一定竞争力的，刚起步的时候，争取让企业给予促销支持。总的来说，牛奶店的广告宣传方式是以人际传播为主，口碑做出来了，生意也就上来了。

【小店前景分析】

2002 年，全国人均奶类消费量为 11.5 千克，中国奶类的人均消费与世界人均消费 100 千克的平均水平相比，差距仍然很大。而人均消费纯牛奶的数量，中国人为 6 升 / 年，发达国家为 200 升 / 年。因此，纯牛奶市场前景非常广阔。估计未来 5 年内，奶类消费年增长速度在 15% 以上。

目前，市场上比较知名的牛奶品牌如蒙牛等均允许个人投资者加盟。其中，蒙牛做的是乳品专卖，伊利是冷制品为主，而当地品牌则是鲜奶和常温奶、酸奶专卖。

不过本地的奶业品牌似乎更适合本地人投资。

首先，从口味而言，本地品牌可能更适合本地人的口味，本地品牌的牛奶基地离本地较近，鲜奶供应有保证和竞争力。

其次，本地品牌基本上不收取加盟费。据悉，许多在本地的牛奶品牌暂时不收加盟费。不过根据企业提供的设备，需收取几千块不等的押金。

仿真动物玩具专卖店利润可观

眼放蓝光的波斯猫在攀爬电视机；两只慵懒的腊肠狗偎依蜷缩在竹篮里打瞌睡……但奇怪的是，这些可爱的小家伙，不拉屎拉尿，不吃食物，这是为什么？原来，它们是用动物皮毛按照实物大小做成的仿真宠物。

【小店淘金成功案例】

一位年轻妈妈陈雪玫经营起了一家仿真动物玩具专卖店，不但如此，如果谁家心爱的宠物死了，她还可以仿照它的样子"克隆"一只一模一样的小宠物，以抚慰主人感伤之苦。

就在不久前，陈雪玫花 3 万元代理费，成了北京圣奥仿真宠物公司重庆地区总代理。如今，她已在观音桥金源地下城开了一家总店，沙坪坝、杨家坪分别开了一家加盟店。

目前，陈雪玫的总店每天营业额可达 800 元。据称，由于成本较低，经营仿真宠物的毛利润往往在 50% 以上。如果按平均每月 18000 元的销售额计算，她每月的毛利润在 9000 元左右。而陈雪玫自称，她开总店的时候，进第一批货只花了 3000 元，共有 70 多只仿真宠物。

六一儿童节，陈雪玫还搞了一次促销活动，当日的销量超过了 1000 元。在当月，其总店和两家分店总共卖出了 3 万多元。

其实陈雪玫萌发做仿真宠物的念头实属偶然。去年底，她在中央电视台的节目里看到，在山东和内蒙古有人将动物的皮毛制成小宠物，由于形态逼真，很受人喜爱。

以前，陈雪玫的女儿一直嚷嚷着要养一个小宠物，但都因陈雪玫觉得麻烦和不卫生而拒绝了，而仿真宠物正合了她的心意。可就在陈雪玫决定买时，她转遍了重庆各大卖场都不见其踪影。她立即意识到，仿真宠物的市场前景应该不错。

刚开始的时候，陈雪玫的生意并没有意料中的好。虽然这些可爱的小家伙赚足了眼球和顾客的称赞，但往往看的人多，买的人少。这使她不得不静下心来探究其中的原由。原来，因为这些仿真宠物大部分都是按宠物实物的比例制作的，虽然形态逼真，惹人怜爱，但不少顾客担心个头太大，放在家里占地方，再加上这些仿真宠物价格太高，单价大都在 300 元以上，一般顾客不易接受。

于是，陈雪玫开始调整路线，以经营单价 200 元以下的小型宠物为主，200~500 元的为辅。

除了可爱以外，仿真宠物的造型还要具有一定的实用价值。比如，让小狗抱上竹篮，这种造型可放在书桌上当笔筒；把小猫做成弯勾型，可以直接挂在电脑或电视机屏幕上，既美观又起到保护作用，而这样一只约 0.5 米长、用动物皮毛制成的"小猫咪"售价才 30 多元。

据陈雪玫介绍，仿真宠物的品种包括十二生肖以及其他常见的动物，售价从 6 元到 1000 元以上不等，适合不同消费档次的顾客需要。

另外，经营仿真宠物没有季节性，风险较低，而且前期投入也比较低，毛利润往往在 50% 以上，比较适合小本经营者发展。

陈雪玫的账是这样算的：

前期投入：加盟费 2000 元（一次性投资）+ 门面费 2500 元 / 月 + 进货成本 9000 元 / 月（视销售情况有所增减）+ 礼品包装费 100 元 / 月（包括口袋、彩带、彩花等）+ 店员工资 1000 元 / 月（1 名）+ 展台展架 1000 元（一次性投资）=15600 元。

月利润：经营额约 20000 元 / 月 – 门面费 2500 元 / 月 – 进货成本 9000 元 / 月 – 店员工资 1000 元 / 月 – 礼品包装费 100 元 / 月 =7600 元。

陈雪玫说，为保障每个加盟店的利润，在方圆 10 公里的范围内，不会再开新的加盟店。除统一的店面设计外，厂家还统一货物配送和价格指导，并在每月新推 4~5 款品种，供加盟商选择。

【小店前景分析】

仿真宠物更大的卖点在于，可以复原已经死去的小宠物。宠物死后，留下它的正面、左侧面、右侧面、背面四个不同方位的照片，然后再让主人回忆一番和小宠物在一起的那些美妙日子，复制它最可爱的形态、动作等。只要半个月或一个月时间，厂家就能根据主人的描述，设计出小家伙的动作神态，复原它生前的模样，让它鲜活地再现在顾客面前。

订做的价格，一般身长 1 米以下的在 500 元以下，1~1.5 米的要 500~900 元，当然，根据制作难度不同，价格还有所变化。厂家先根据照片上宠物的体格，用塑料制成模具，往内填充海棉、棉花等柔软物质，外边贴上宠物的皮毛。经过专业处理的皮毛没有异味，不会腐败，不会变色，能保存多年。

钟爱这些仿真宠物的顾客，多以小孩、老人为主，此外还有时尚年轻人和忙碌的上班族。他们花上几十元、几百元买上一个，不用喂食物，也不用担心它们在家里地板上随处拉屎拉尿，也不会咬人又不会掉毛，环保干净，让人省心。由此看来，这一行的市场前景的确非常广阔。

开一家针对都市女性的"女子沙龙"

城市抑郁症被专家喻为 21 世纪第二大疾病，被各种心理疾病困扰的都市女性，迫切需要以倾诉的方式排解忧愁，因而，一种全新的场所——"快乐女子沙龙"作为心理学的补充，正迅速成为都市经济中的新亮点。

【小店淘金成功案例】

汪小姐目前在一家美容机构担任美容顾问兼讲师，做得比较成功，可是她最大的心愿是为自己打工。根据以往的经验，她觉得创业还得从熟悉的领域入手，而开家"女子沙龙"是她的理想，虽然目前还停留在纸上谈兵的阶段，但多少也已经在筹划的过程中。

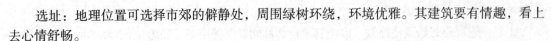
选址：地理位置可选择市郊的僻静处，周围绿树环绕，环境优雅。其建筑要有情趣，看上去心情舒畅。

目标人群：追求高质量生活，愿意与人交流分享，年龄在25岁以上，有一定生活阅历，有固定职业的高收入都市女性。

资金投入：长期租用一个150平方米左右的经营场地，月租金控制在6000元左右，沙龙的环境装饰及布置要显得轻松、休闲、时尚，最好是暖色调风格，装修费用1万元左右，配置开业设备等1万元，员工工资5000元。办理营业执照等经营手续需1000元，总投资5万多元便可操作运行了。

女子沙龙最好每期都有一个主题，要经常组织一些室内外活动来丰富女士们的生活。沙龙主题要尽量做出自己的特色，同时还要贴近日常需要，如丝巾秀、茶道、礼仪、插花、煲汤、学习服饰或色彩搭配的技巧等等，同时还可以邀请一些嘉宾来参与活动，每次设定一两个互动性强的栏目，并准备一些小礼品来活跃现场气氛。

另外经营范围不能只局限在办主题沙龙上，汪小姐还计划将来每年组织会员去上海或香港集体购物，由公司派专业顾问陪同。另外她还准备和一些国际知名品牌的服装和化妆品公司建立联系，代理他们的产品，不定期地邀请专业人士推广并介绍最新的流行色彩、服装、发型等，也可以根据会员的要求现场做演示。女子沙龙需要为会员准备一系列的优惠方案，也就是说凡是女子沙龙的会员都可以最优惠的价格买到来自意大利、英国、法国的各类高档时装和化妆品，总之方便大家是最重要的。良好的服务是成功的法宝，女子沙龙应该从服务入手抓住会员的心，了解她们要什么，千万不能不顾会员的实际情况就将自认为好的服务强加到她们头上。同时，要善于从细微处着眼，往往一个小小的人文关怀就能体现出女子沙龙的整体服务质量。

因为主题沙龙一般都会占用周末的时间，所以平时会相对空闲一些。能做点什么呢，汪小姐计划在平时的时候可以改成一个倾诉室。倾诉室咨询员可以是大学心理系的研究生，也可以是当过教师、医生的复合型人才，这样可以满足不同咨询者的要求。工作内容是，同会员聊天，聆听她们的倾诉，帮助她们排解心中的烦恼，解除工作和生活中的压力。这里不仅是沙龙，还是心理诊所，让每个怀着抑郁情绪来到这里的人出去的时候心情都是轻松的。

效益分析：经营女子沙龙，收费标准主要有三种形式：月卡、季卡和年卡。当然如果感兴趣也可随时参加，每次的费用100~150元不等。按固定会员60人计算，每月收入大约是3～4万元，再加上其他方面的收入，每月纯毛收入约4万元，扣除房租、员工工资及其他费用2万元，这样每月净利润在2万元左右。

汪小姐目前正在为她的梦想忙碌着，她希望通过自己的努力能够为所有关爱自己、热爱生活的女性朋友搭建起一个社交的平台。当然，梦想的实现还需各方面的支持。汪小姐也早有心理准备，但她表示自己会尽力而为，化不可能为可能。

【小店前景分析】

女子沙龙在硬件上可以租用200平方米左右的经营场地，店内装修温馨、典雅，配置开业设备如桌椅、电话、热饮食品等，雇用几位兼职心理咨询员，咨询员可以轮流上岗，每天工作约3小时。

沙龙的选址上，可选择市郊的僻静处，里面设有发泄室、假面聊天室、倾诉室等等。

营销建议：快乐女子沙龙的主要消费群体是都市女性一族，所以沙龙的环境装饰及布置要显得"轻松、休闲、时尚"，主要风格最好是暖色。

1. 倾诉室：倾诉室咨询员没有年龄限制，但要有资质。

2. 发泄室：室内可设沙袋、橡胶人体、拳击手套、专门的乐器、舞厅、卡拉OK。在发泄室里，人们来到这里后，能根据自己的需要，或唱歌、跳舞、打鼓、弹琴、吹号，或呐喊，或拳击沙袋等，用这些方法排遣心中的不快。

3. 假面聊天室：现代都市中，有很多人一方面非常渴望向人倾诉心中的喜怒哀乐，也十分向往了解别人生存的故事和内心深处的情感，另一方面，他们又常常不愿意被自己所熟识的人看出心中的秘密。我们不妨借用假面舞会的精华，开一个假面聊天室，进入假面聊天室的客人都要求戴上假面具，这样人们互不认识，就可以敞开心扉随意交谈，谈完天喝完茶走人，不必有任何担心和牵挂，本来就是匆匆过客嘛。

创意十足的"候妻吧"

许多男士陪妻子逛商场时都会表现得极不痛快，他们往往是一脸无奈的表情，更愿意找个地方等候购起物来没完没了的妻子。顺应这一需求，开家"候妻吧"是一项不错的选择。

【小店淘金成功案例】

杨莲天生活泼好动，从小就有一股不服输的劲。大专毕业后的她，进了一家单位做文秘，后因不适应而辞职。到重庆有名的富豪俱乐部做了一名红酒促销员。一年后，杨莲再次提出辞职，这次是因为她发现了一个自认为很不错的商机。

有一天，杨莲到重庆百货商场购物时，发现许多男士陪妻子逛商场都会表现得极不痛快，他们更情愿留在商场门口，燃上一支烟，看着报纸，呼吸着新鲜空气等候购起物来没完没了的妻子。同时杨莲还听到几个男士坐在商场门口的台阶上聊天，其中一位先生说："我老婆一进商场就没有了时间概念，往往一逛就是大半天，回去时常会累得我骨头要散架似的……"

当晚，杨莲在床上翻来覆去睡不着，脑海里一直回想着白天的遭遇以及那些"候妻"男人们的话，这让她心里产生了震动。她想，能有个安静舒适的地方让他们休息就好了……想到这里，一个念头在她的脑海中蓦地一闪：何不在解放碑这个重庆最繁华的商业区，开一家让陪妻子逛街的丈夫们歇歇脚的茶座呢？就像在火车站或大型超市寄存物品一样，女士逛街时先把丈夫临时"寄存"在茶座，离开时再来"领走"。

杨莲的想法得到了朋友的赞同。2002年8月1日，"美美候妻吧"正式开张营业了。由于"候妻"吧装修雅致，并且茶饮烟果、联网电脑、纯平电视机等一应俱全，在这里可以俯瞰楼底的整个营业大厅，这一切都让在这里休息的人们感觉非常舒适惬意。再加上这是以前人们闻所未闻的新鲜事物，特别引人好奇，因此，这个特殊的"吧"一开张，就赢得了顾客们的欢迎。

生意意外红火让杨莲措手不及，在原来请了一个帮手的基础上她不得不再请了两个侍应生。这尽管增加了成本，但能给顾客提供更快捷优质的服务，从而为"候妻吧"赢得了声誉。

一开始，很多人以为"候妻吧"只给男士提供服务，很多人也不知道这里到底有些什么样的服务，只是一个"美美候妻吧"的招牌，所以让不了解的人摸不着头脑。有一回，一位女士走过"候妻吧"时问道："'候妻吧'是婚姻介绍所吗？"当杨莲知道人们对这一新兴时尚名词并不了解的时候，她赶紧制作了一个精美的、说明服务事项的广告招牌，打出了"给我10分钟，还你一天轻松"的广告语。广告招牌打出后，正如杨莲想象的一样，生意比以前更加火爆，吸引了无数逛商场而疲惫的男男女女。

打出这个广告前，杨莲是深有感触的，因为逛商场的不仅是成双成对的夫妻、恋人，还有很多单身和独自逛街购物的先生、小姐，而这是一块很大的蛋糕！为何不让他们也加入到这里来呢？于是，杨莲在打出上述诱人广告的同时，又增加了更多的服务。比如，除了提供更多的茶品、咖啡、啤酒和饮料外，为了照顾不抽烟的女性，使她们在休息时不受男士们烟雾的干扰，杨莲特意在环形长廊里隔出40平方米，装修成一间安静、高雅而又温馨的小吧，在这里，一杯菊花香茶，几本美容时尚杂志，一瓶巴黎香水，一面供临时整妆用的镜子，就够女士们享受一段温馨浪漫的好时光了。

"美美候妻吧"开业3个月后，收入已能保持在每月两万元以上，加上里面卖茶水饮料、烟酒瓜果的盈利，算到一起每个月的纯利润是杨莲做红酒促销员时的10倍还多！满心喜悦的杨莲不由感叹：商业时代，只要善于发现和为别人服务，财富挡都挡不住。随着"候妻吧"生意的红火，逛街购物的人们累了总会到那里小憩一会儿，喝喝茶、聊聊天，忘却一身的疲惫。一天，一位单身女性让她同来的朋友再陪她去购物，而那位朋友却因有事拒绝了，这让那位单身女性大扫兴致。杨莲顿时就想：我们何不提供陪购服务呢？一来，可吸引更多的顾客，二来可成为"候妻吧"新的经济增长点。

杨莲说干就干，但由于陪购在当时根本不为人们所知，到哪里去找陪购服务员呢？经过与朋友的多次商量，他们认为，陪购的任务除了帮客人提东西外，更主要的是能提供购物参考。这要求陪购员除了懂得服饰搭配的知识外，还得有耐心。有了这样的定位，杨莲先是高薪挖了一个大商场的有经验的男服务员。没想到这一项服务在后来让单身购物的女士们非常满意，而且还经常有女顾客给小费。这件事让杨莲看到了新的商机，于是她就大胆招聘了 10 多名男女员工进行培训，继而安排他们以"候妻吧"服务员兼陪购员的身份上岗。这让"候妻吧"的生意又上了一个新台阶。

"美美候妻吧"开业 3 年来，生意红红火火。为不断扩大规模，杨莲倾注了许多心血，并时不时甩出一个个创意点子，为其注入新鲜的血液。对此，杨莲感慨地说："赚钱并不是唯一的目的。能每天为成百上千名顾客提供一个休息场所，替他们排忧解难，让他们放心购物，我觉得年轻的自己正在社会上发挥着价值，自然感到内心很充实。"

【小店前景分析】

丈夫休息室营业场地最好在 50 平方米以上，室内装修设计要简单明快，给人以轻松愉悦的感觉。室内要划分出几个区，如休息区、阅览区、娱乐区、礼品区等。休息区摆放沙发、茶几、茶具、衣架等，可兼售饮料、啤酒等；阅览区可提供报刊、书画供顾客浏览；娱乐区可提供数量适当的电脑、游戏机、各种棋牌供顾客玩乐；礼品区可经营一些小礼品，每件礼品的利润定在 5~50 元以内。结合自身实力，如果资金紧张，可购买一些二手器具。

另外还可以规定凡进入休闲室者，可持通票进入各休闲区休息、娱乐或阅览，也可持单项票到某休闲区去休闲。卖票收入再加上饮料、小礼品的收入，去掉租金、电费、工资等各项开支，每月至少盈利在万元以上。由于是为时尚白领一族消除疲劳，享受轻松休闲，让他们在逛街购物后享受温馨舒适的服务，他们往往不太在乎花钱的多少，更在乎服务是否周到。因此，"候妻吧"的室内装修一定要时尚高档有品位，服务要周到热情。

投资 20 万元，开家代驾服务社

酒后代驾，商务代驾，旅游代驾，长途代驾……形式繁多的代驾服务解决了很多人的燃眉之急。

【小店淘金成功案例】

赵北平在上海经营着一家汽车代驾服务社。

每年的春秋两季，往往都是旅游代驾的旺季。在一些单位，遇到需要租车代驾的情况比较多，但是说到比较稳定并在一段时间内固定服务的，就是班车代驾。上海公司多，员工多，很多员工上班的交通并不方便，在高峰时间的拥堵路段更是如此，现在很多公司都寻找租车代驾。此外，在代驾服务社还有不少陪驾的业务。不少刚刚考取驾驶证的新手，并不敢贸然开车上路；还有一些本本族，有证无车，缺少实践经验，这些人都会找专业驾驶员来陪驾。

经营一家车辆代驾服务社，最让老板操心的就是车辆的行驶安全问题。一向行事小心的赵北平便从最关键的驾驶员开始抓起。在招聘员工的时候，除了询问驾龄以及以往经历之外，一个细节是赵北平必须过问的，就是是否有棋牌或者喝酒这样的嗜好。"也许有些驾驶员有自控能力，但是作为老板是很难控制和把握的，所以，一旦应聘者有这些爱好，驾龄再长，我也是要放弃的。"

在赵北平的办公室内，所有的墙壁上都贴满了他的排班表，其中密密麻麻地记录了每次出行的人员和公里数。"为了保证员工能有充足的精力驾驶，我允许他们把车开回家，但必须将公里数记录下来，可以监督他们在工作结束之后尽量休息。有时，在晚上我会打电话到这些驾驶员家中，关心他们的休息情况。这些事看似繁琐，但对于保证顾客安全是必不可少的。"

赵北平代驾服务的前期投资在 20 万元左右，当时主要的花费就是买了一部福特全顺的 17 座面包车，以及上牌的一些费用。其后，赵北平购置的 2 部车辆为同一车型，他认为，固定同一车型的好处是，一旦有顾客需要这一车型的车辆服务时，便能够在第一时间想到他的服务社。赵北平的房租一年为 8000 元，在享受政府的创业优惠政策之后，招收失业协保人员得到房租补贴，这部分支出被抵消。但是，对于普通创业者而言，这部分开支是必不可少的，除了车辆、办公用房，还需考虑是否有可供停放车辆的位置。

【小店前景分析】

赵北平的车辆代驾服务社，每月最大的支出不是房租，而是前期车辆购置费用的摊销。车辆代驾服务社有 3 辆车，以每部 10 万元、5 年摊销来计算，折到每月为 5000 元。雇佣 4 个员工，平均每人每月工资及其他福利支出在 2500 元左右，合计在 1 万元左右。另外，由于汽油价格不断攀升，每月油耗和车辆保养费以及其他各项杂费的开销也不可小视，每月大约在 6000 元左右。由于有创业优惠政策支持，税费是减免的。所以，要达到盈亏平衡，只需要每月的营业额超过 2.5 万元即可，平均下来，按 30 天计算，每部车只需要每天实现 300 元左右的营业额。

但是，这种代驾服务社也存在着一定的市场风险。

首先，作为一个新生事物，它在人群中的接受程度有待于进一步加深。其次，目前车辆代驾的相关法规、制度并不十分完善和规范。另外，对于经营者而言，最大的风险在于车辆的行驶安全。赵北平认为，无论是有责任方，还是无责任方，一旦遭遇交通意外，就是百分之百的损失，而且这样的损失有可能是难以弥补的。

所以要与相关的律师共同认真拟定《公司驾驶员协议书》，不仅明确提出对驾驶员的要求，而且明确其义务和责任（如在代驾过程中发生交通意外、顾客一旦发现车内物品丢失等，这种责任都要明细化）。代驾司机跟顾客之间是一种雇用合同关系，而驾驶员素质的高低也将会直接影响公司形象，所以，签订协议书能起更好的管理作用。

小裁缝专"倒"二手校服，一年竟赚 10 万元

在江西省，有一个打工嫂把城里学生穿过的旧校服卖到乡下去，年收入竟然超过 10 万元，还在城里盖起了大房子。

【小店淘金成功案例】

年近四十的田惠是江西省赣州市赣县梅林镇人。初中毕业后，她曾在广东打工十多年。2002 年，她利用自己在服装厂学会的裁剪技术，在赣县县城东的一个居民住宅小区开了家小裁缝店。然而，她的裁缝店除了给一些老年人做衣服外，更多的只是为别人换换拉链扣子、打打边什么的。因为生意一直不好，她总想换一个行当。

2003年9月1日新学期开学时，田惠带着女儿去县二中报名交费，没想到每个学生还要交65元购买一套新校服。这时，一个经济困难的家长询问收费的班主任："校服太贵了！我们能不能向别人买一套旧校服呢？"班主任说："只要款式、颜色相同，也可以的。"听了班主任的话，那个家长很高兴，说："我的几个邻居的小孩都读高中了，家里的校服正不知怎么处理呢。花一点钱，他们就会同意卖给我……"田惠听后暗自高兴，她想：我何不也去给女儿买套旧校服呢？

数天后，她向一个经常光顾她店里的顾客谈起了想为女儿买套二中的旧校服的事。那个顾客听了，笑道："巧啦！我女儿上高一了，她正是在县二中读的初中。她的初中校服还新着呢，就送给你吧，哪能要你的钱呢！"随后，这个顾客送来了好几套半新不旧的校服。田惠从中挑选出两套与新校服颜色、款式相同，尺寸也适合女儿穿的旧校服，洗干净后让女儿穿着去了学校。开始时，田惠心里还忐忑不安，怕别人嘲笑自己的女儿穿旧校服，直到见女儿穿了几天没什么反应，她这才放心。

这件事让田惠茅塞顿开，她突然想到：来年开学又要买新校服，是不是很多家长也像自己一样，因为经济原因舍不得给孩子买新校服？那自己是不是可以收购一些旧校服，以适当的价格销售给这些家庭经济不宽裕的学生呢？

田惠立即进行了市场调查，她走访了一些学生及其家长、老师甚至教育局的干部。调查的结果是：城镇大多数学生都不是很喜欢穿校服，平时他们根本不愿意穿，而且因为身体发育快，学生们几年书念下来，家里都会留下几套旧校服。这些旧校服基本上都是八成新的，再扎扎实实穿两三年都没问题。而家长们如果扔掉这些校服会觉得可惜，留在家里又占地方，因此左右为难。

得知田惠想回收并销售旧校服后，当地一些教育界人士认为：现在倡导节约新风，如果能回收旧校服，让愿意购买的学生选购，这显然是一件好事。现在城镇学生中大多是独生子女，他们中不少人不懂得节约，花钱大手大脚，新买的校服没穿几次就随意丢弃，这不仅是经济上的浪费，而且对他们的成长不利。不过，尽管回收旧校服是物尽其用，但学校和老师操作起来有诸多不便，如果有私人从事这项业务，那就皆大欢喜了。

经过这番行情调查，田惠果断决定，把回收和销售中小学校服当成一项生意来做。2004年初，田惠开始着手二手校服的回收工作。为了让别人知道自己这个新开设的服务项目，她在裁缝店门口写了一个醒目的招牌——中小学校服回收销售中心。同时，她还拟写了一个标题为"勤俭节约是美德，奢侈浪费不可取"的广告："您的孩子的旧校服积存多了放哪里去？怎样减少您每年为孩子买新校服的费用支出？中小学校服回收销售中心将为您提供最真诚的服务……"然后，她去文印店打印了几十张这样的广告，亲自到县城各个广告张贴处、各社区宣传栏和中小学大门前的公告栏里张贴。

然而，广告贴出后，把旧校服送到田惠店里的人却寥寥无几。她调查分析后才发现，原来各种张贴的小广告太多了，许多人根本不看此类小广告。于是，她开始骑着自行车走街串巷，上门去收购旧校服。她在自行车前面挂上"收购校服"的牌子，然后根据校服的新旧程度，给出每套3元至12元不等的收购价格。但是这样跑了一段时间，才收购了100多套旧校服。这时，有人向她建议，买一个具有录放功能的扩音器，将收购校服的广告内容录制好，放在自行车上自动播放。这招果然灵，她骑车在路上走，扩音器便替她吆喝，引得路两边的人驻足关注。结果，把旧校服送到回收车或她店里的人越来越多。仅仅半个月，她就收购了1000多套不同规格款式的旧校服。

为了让顾客买得放心，田惠让女儿上网替她查阅衣服如何消毒的资料。根据这些资料，她先用0.3%的过氧乙酸溶液把衣物浸泡30分钟，然后用清水冲洗干净，再放到洗衣机里用洗衣粉洗涤，最后挂到室外，在阳光下接受紫外线照射。因为有些旧校服还有红蓝墨水、圆珠笔划痕等污渍，田惠在清洗前还要用双氧水、酒精对这些旧校服做去污处理——经过这样洗涤，那些有污渍的校服便干干净净了。此外，因为中小学生好动，有些校服虽然穿得少，但袖口、拉链却损坏了，她就要缝补换新。最后，她还要对旧校服进行熨烫。这样，每套校服经过田惠的消毒、洗涤、晾晒、熨烫和包装后，都显得如同新衣。

2004年上半年，田惠将处理好的校服陈列在店里，并在店门口设置一个摊位，每套校服明码标价，以 10~35 元的价格出售。与此同时，为打开销路，田惠还带上了 10 套经处理包装好的旧校服，找到女儿所在班级的班主任和另外不同年级的 3 个班主任，请这些老师把这些旧校服免费送给那些因家庭困难而在本学期没有购买新校服的学生。这 10 个家庭困难的学生得到田惠赠送的旧校服后，都非常高兴，一个学生的父亲还特意找上门来道谢。

这次免费赠送旧校服活动，既奉献了爱心，又等于做了一次别致的宣传。渐渐地，来田惠店里选购二手校服的学生和家长多了起来。不到一个月，田惠就把 500 多套校服全部销售了出去，足足赚了 5000 多元，差不多是以前她开小裁缝店一年的收入。

但是不多久，田惠新收购的一批校服却卖不动了。原来，学校已经开学了一段时间，该买校服的学生已经买了，因此除了那些把校服丢失或弄烂了学生前来购买外，几乎没有人上门。田惠这才意识到，原来，二手校服的销售也有旺季和淡季之分，城市里一年只能做两次开学时的生意，因此并没有多少发展前景！那么，怎样才能改变这种格局呢？

2004 年 5 月的一天，田惠到乡下走亲戚。她惊奇地发现，乡下的孩子上学都没有穿校服！她不禁想：农村穷，很多家庭的孩子还辍学了，所以乡下的学校都没有特别要求学生买校服；但是，哪所学校不希望学生们衣着整洁一致，哪个学生不喜欢漂亮？自己何不向农村的孩子推销物美价廉的城里二手校服呢？如果打开了这个市场，自己的生意不就没有了淡季？

说干就干。当天下午，田惠便跑到当地的村小学去和校长洽谈。听说她提供旧校服，村小学的李校长很感兴趣，对她说：“只要你提供的校服价格合适，款式统一，你可以先带样品到我们学校来看看。”

回到县城后，田惠挑选了一批款式一样的校服，再次来到这所村小学。这批校服是夏装，考虑到乡下孩子的家庭经济状况大多不太好，田惠以 10 元一套的价格向学生销售。因为这批旧校服的质量不错，款式也新颖，因此很受学生和家长的欢迎。那天，不到一个上午的时间，她带来的 100 多套校服就被抢购一空——几乎每个学生都买了旧校服！有的家长还为自己的孩子买了两三套，因为他们觉得这样的衣服比别的衣服还便宜，而且不但可以在学校穿，甚至在干农活时也可以穿。

有了这次成功的经验后，田惠开始在乡下推荐二手校服。每次前往各乡镇中小学校时，她都要先带着几款旧校服样品，在征得校方的同意后，再根据学校的人数带着货物上门销售。虽然每套校服卖给乡下的孩子只能赚到两三块，但田惠还是很满意，因为她终于可以使自己的生意没有淡季了。2004 年一年下来，田惠靠卖二手校服，获利 4 万多元，这比以前打工和开店强多了。

此后，田惠除了在学校开学前后的那段日子在城里销售二手校服，其他时间就到乡下的中小学校去推销。就这样，她大部分时间都在乡下，把自己的销售重点也转移到了乡下。

二手校服因为价格低，质量好，在乡村学校很受学生及家长的欢迎。有些偏远山村小学的学生不曾穿过校服，现在穿上漂亮的校服，因此个个显得精神抖擞，甚至还把穿校服当做时尚。而统一着装也方便了学校的管理，因而受到校方的支持。有的乡下中小学的校领导来县城开会时，甚至会到田惠的店里看货，让田惠按其要求送到学校。这样的交易，往往一次就达到数十套乃至上百套。

二手校服一般都印有原校名，这让那些购买二手校服的学校的老师们觉得不合适。为了满足校方的要求，田惠用汽油把这些二手校服上的校名、图案除去后，再到丝印厂重新印上乡下学校的校名进行销售。这样一来，就更有针对性了，也更受校方和学生的欢迎了。

把二手校服销售给乡下孩子时，田惠对消毒、洗涤同样丝毫不马虎。后来，为让选购者消除顾虑，能放心地穿着，她还主动把校服送到县卫生防疫站进行卫生检验，将卫生部门开具的“卫生检查合格证明”经缩印后附于包装袋内。

当然，田惠在乡下销售时也会遇到一些麻烦。2006 年初，她去大埔乡大坑小学推销时，有个四年级的男生见她推销的二手校服很漂亮，没经家长同意就用自己的零花钱买了一套带回家。这个男生的母亲见他买了回收的旧校服，不但对他训斥了一顿，还按照包装袋上的电话号码把电话打到田惠处。在电话里，她盛气凌人地责问田惠：“你怎么把别人穿过的校服卖给我的小孩穿？你瞧不起我们乡下人，以为我们穷，买不起新衣服呀！”不管田惠怎么解释，她就是听不进，还要状告田惠。原来，这个家长是当地有名的果业大户，每年仅种脐橙一项的年收入就超过 20 万元，所以她认为孩子穿二手校服丢了她家的面子。田惠想，此事非同小可，处理不好将直接影响以后自己的校服在乡村学校的销路。次日一早，她就乘客车去了大坑小学。就在她刚踏进校长的办公室时，那个学生的父亲也因此事来了学校，他仔仔细细地看了那套校服，说："这校服不错！质量、款式和布料都好，尤其是还有卫生合格证，在市场上买这种衣服少说也要 50 元，还不一定有卖的！"随后，他还为妻子的不当言行，向远道而来的田惠表示歉意。一场风波，就这样被田惠预先的防范措施平息了。

生意越来越好，但田惠又开始为如何能收购到更多的旧校服犯愁了。怎么解决这个问题呢？她把目光转向了赣州市。2006 年 6 月，想到每个学期结束或学生毕业离校时，是回收校服的最好时机，田惠开始在赣州市区收购旧校服。赣州的学校多，旧校服自然也多，因此为田惠提供了充足的货源。

2006 年 7 月，田惠在赣县成才路租了一个新门面，向赣县工商局申请办理了工商营业执照。这时，她把二手校服生意越做越红火，一年的收入已超过 10 万元！

2006 年底，她花 20 多万元在县城买了块 120 平方米的地皮，建起了一栋三层的小洋房。如今，田惠一个人已经忙不过来了，她因此聘请了两个员工。下一步，她打算开设"中小学校服回收销售中心"连锁店，把二手校服生意拓展到赣南十八个县市的每一所乡村学校，力争年收入超过 50 万元。

【小店前景分析】

校服的开销是一项不小的支出，要把所有的校服全都配齐备，而且一式两件备用大概要花几百元。经营二手校服的回收销售，既有利于资源的节约，又能使个人创业者获利，可谓一举数得，而且据目前的形势来看，二手校服仍有很好的市场前景。

瞄准求职经济：女大学生租衣赚钱

如今大学生就业难，而求职的置装费用对于刚毕业的大学生来说也是一笔不小的费用。专门为临毕业的大学生服务的租衣店就抓住了这一潜在商机。

【小店淘金成功案例】

上海松江大学城内一家提供服装租赁服务的公司正逐渐走入求职者的视线，业务几至供不应求。这家名为"NISA"服装道具租赁公司由上海对外贸易学院的大三学生胡莹创办，虽然该公司尚未完成注册，但其挖掘的市场正逐步显露出来。

由于大学里许多文艺活动都需要租赁服装，胡莹在创立公司之前选择了这个切入点，以租赁表演服装为主。但很快又发现学生对于求职服装租赁有着很大的需求，于是购置了 28 套女式正装和 10 套男式正装，但依然供不应求。

胡莹所租赁的正装价格是每天 30 元，演出服从 60 元 / 天起。一般情况下 20 多套女装能全部租完，遇上周末的招聘会，有些服装一天甚至能租上两次；而男装租赁相对要少很多；演出服主要在文艺活动的时候使用。目前公司只是在大学城内做宣传，尚未在网上推广，许多求职者还不知道服装可以租赁，如果现在就在网上开展业务，业务量肯定会大增。

【小店前景分析】

　　随着每年求职高峰的临近，与求职相关的服务市场也被极大地带动起来。目前国内专业从事服装租赁的公司还不多，主要集中在北京、上海等城市，大多以租赁演出服为主。由于这几年大学生找工作难的问题相当严重，除了修炼内在素质外，不少学生也开始在衣着打扮上花心思，以给人留下良好的第一印象。而大学生由于缺乏经济来源，几百上千元的正装费用是一笔不小的开支，所以选择租赁求职服装便成了一大潮流。

开一家信物回收礼品商店

　　当昔日情人已成人生过客，那些曾经代表爱情的信物和礼物，弃之可惜，留之伤心。据此，有创业者想到"爱情回收"这个商机。

【小店淘金成功案例】

　　"爱情回收"商店不是一般的出售情侣商品的商店，相反，它以回收情侣物品为主。

　　大学毕业才几年的朱小姐，在一家小公司工作几年之后，发现帮人打工的生活并不是自己想要的，生在商人家庭的她更希望能拥有自己的事业。可是做什么好呢？

　　当时，刚结束一段长达5年的恋情的她，看着前男友以前送的一大堆礼物，回忆一点一滴涌上心头。她想过把这些东西扔掉，可是又觉得可惜，于是把这些东西一样一样按照朋友的需要送给了朋友。

　　之后，朱小姐心想，如果能通过某种方式帮助和她一样失恋的人处理伤心物，未尝不是一件好事。一开始朱小姐只是想帮人保存东西，收取一定的保管费，等哪天恋人和好了，再来拿回去。但后来发现如果以收取保管费为主来经营的话，最后连店面的租金都交不起。于是，朱小姐就以收购和出售为主了。

　　一日，一位张姓女士拿着一部手机和一部MP3来到朱小姐的店铺，这些东西都是她以前的男朋友送的礼物。朱小姐特意提醒她可以先寄存三个月，张女士却决绝地以300元的价格把原价共一千多元的手机和MP3卖给了朱小姐，并说道："爱情走了就是走了，我一点都不介意能换到多少钱，还是让它们到需要它们的人手上去吧。"没过几天，那部MP3就被一个小伙子买去了，因为小伙子的女朋友一直想要的就是这款，而且他对价格也很满意。

　　后来，朱小姐通过经营"爱情回收"礼品商店，找到了越来越多的乐趣。她认为，通过开这样一家帮别人处理爱情信物的商店，既帮助了别人，又让自己赚了钱，一举两得。

【小店前景分析】

　　根据目前情侣礼品回收店的经营状况来看，情侣礼品回收的平均纯利润在70%左右，投资回收期约6~12个月。经营理念独特，同业竞争小，投资规模小，投资回收快，利润高，这是情侣礼品行业无可比拟的优势。

连沃尔玛都采购的个性鼠标垫

随着电脑的逐步普及，各种各样的商机应运而生，就连小小的鼠标垫中也蕴藏着巨大的机会呢。

【小店淘金成功案例】

2003年11月的一天，在上海打工的刘玉芬到一个刚买了电脑的朋友家串门，发现鼠标放置在一张粗糙的旧桌上，用起来很不灵活。她找来一块光滑的小木板当鼠标垫，并在木板上画上几朵鲜艳的玫瑰花，既美观又实用，乐得朋友连连夸她头脑活络，适合创业。

就是这一次偶然的机会，让刘玉芬的创业想法有了突破口。

2004年4月的一天，刘玉芬路过一家电脑城时，发现几位顾客正在埋怨，说电脑鼠标垫做工太粗糙，而且款式单一没什么花样，电脑经销商对此也无可奈何。刘玉芬立即联想到几个月前帮朋友制作的简单鼠标垫，顿时心里一动：既然大家对电脑鼠标垫都不满意，说明这中间有潜在的市场。于是，她跑遍整个电脑城搜集了一大堆鼠标垫拿回来做研究。经过仔细对比，刘玉芬发现，这些鼠标垫几乎都是深灰色，材质也很简单，不过是在胶皮上加了一层布纹而已。

刘玉芬曾经在工厂做过胶水工，知道做这种鼠标垫不仅工艺简单，而且成本只有2元钱左右。此时，一个想法在她脑海里蹦了出来：自己何不设计个性鼠标垫卖？现在人们买电脑上万元都不含糊，谁还在乎多花点钱买一个美丽时尚的鼠标垫？再说这也代表一种生活品位啊！

说干就干，有一定美术基础的刘玉芬，立即在电脑上绘制出两幅个性鼠标垫的效果图，一幅为金黄色的底色，图案为两只蝴蝶围绕着绚丽的鲜花翩翩起舞；另一幅为蓝绿相间的底纹，上面一个卡通小天使捧着一颗鲜红的心。当她将这两个自己设计出来的鼠标垫纸样拿到电脑城给业务员看时，一名电脑销售员连声称赞："我预订1000个，你赶快联系厂家生产吧。"

然而事情并没有想象中那么顺利。由于批量生产要制作专用模具，1000个数量太少，几番打听，没有厂家愿意接这种小单。一位老板更是坦言："就你这点数量，赚的钱还不够买专用模具。"

总不能自己动手一块一块粘贴吧？正在刘玉芬一筹莫展时，一位网友无意中提醒了她："你何不到网上去征求生产商呢？"刘玉芬听了恍然大悟，立即在阿里巴巴网站上发布了自己想生产和销售个性鼠标垫的帖子。没想到，不到两天就有30多人打电话来咨询。第四天，上海浦东一家公司要求刘玉芬为他们生产1万个设计独特、新颖的个性鼠标垫，但强调要先看样品，才能正式签协议。

为接下这单业务，刘玉芬不惜花高价买来模具，请一家小塑胶厂代为加工。那些日子，无论是出模具、粘贴还是印刷、压膜等一系列工序，刘玉芬每天都守在现场，生怕产品质量不过关。样品出来后，商家看了非常满意，当即就和她签下合同。短短10天时间，第一批个性鼠标垫全部交货，刘玉芬净赚2万多元，相当于她过去打工一年的收入。

淘到人生第一桶金后，刘玉芬更加坚信个性鼠标垫有很大的市场前景。她开始日夜不停地设计各种各样的个性化鼠标垫。

不久，电脑城那位业务员打来电话惊喜地告诉她："你供的那批货太'俏'了，几天就被抢购一空，快过来咱们谈谈下批货的事！"这次对方的订货量是上次的15倍，再加上其他用户，总共订了33000个鼠标垫！

见刘玉芬又送来这么一份大订单，橡胶厂老板也不得不对这个"外来妹"刮目相看。这次他不仅态度热情，活儿也干得相当漂亮、认真。

那时，人们对鼠标垫的生产并不看好，认为它利润少，当时国内只有十几家生产鼠标垫的工厂，做工粗糙，样式呆板陈旧。是个性和时尚给刘玉芬提供了一个难得的发展机会，仅仅一年半时间，她就赚了 37 万元。很快，她在上海闵行区成立了自己的小公司。有意思的是，在她招聘的 6 名员工中有 4 人是大学生，还有一位是市场营销硕士。

精明的刘玉芬知道，生意要想做大，必须充分发挥网络的作用。2006 年，刘玉芬请人制作了中英文网页介绍公司产品，世界各地只要有人看到她的信息并有需求，可以立即通过网络向她订货。

一天，美国苹果电脑公司驻上海分公司经理约翰先生的夫人找上门来，拿着爱犬的照片，问能否把它制作到鼠标垫上去，刘玉芬说："绝对没问题！"她把照片用压膜机压在鼠标垫上。见到这个"全世界仅此一件"的个性鼠标垫，约翰夫人高兴极了。

很快，苹果电脑公司驻上海的工作人员根据地址主动找到刘玉芬，说约翰先生很喜欢她设计的产品，下个月是公司的周年庆典，公司打算为长期使用苹果电脑的高端用户派送 15 万个鼠标垫作为礼品，要求高档、时尚，图案有美国特色。

第一次接到这么大的订单，又是美国知名电脑公司送来的，刘玉芬真有点受宠若惊。为了做好这份订单，刘玉芬特意搜集了有关资料，专门设计了以米老鼠与唐老鸭为经典形象的卡通系列，以向日葵等为代表的世界名画系列，以及反映美国著名旅游胜地的风景系列，共 60 多种精美图案。客户对此十分满意。

正当她沉浸在成功的喜悦中时，不料第二天对方通知她：为确保产品质量，生产鼠标垫时，必须使用美国的 3M 胶水！刘玉芬一打听，吓了一大跳，这种 3M 胶水质量确实很好，但价格要比国产胶水贵 20 多倍，本来她的报价就很低，如果按对方的要求去做，就几乎没什么利润了。刘玉芬也可以拒绝，因为供货合同上根本没有明确用什么胶水这一条，但为了争取国外用户，刘玉芬咬了咬牙，决定满足对方的要求。这一次，刘玉芬带着 6 名员工没日没夜地忙了半个多月却没赚到什么钱。但是，她在客户中赢得了信誉。

此后，在约翰先生的热情介绍和推荐下，戴尔、IBM、西门子等著名公司也纷纷开始垂青刘玉芬的个性鼠标垫，有的还特意要求刘玉芬做他们的礼品供货商。紧接着，腾讯、TCL 电脑、明基电脑等国内知名企业，也先后找到刘玉芬，要求她为公司生产礼品鼠标垫。

最令刘玉芬激动的事还在后面。2007 年 8 月，世界最大零售采购商沃尔玛打电话向她订货。于是，一批款式独特，载着故宫、长城、仕女图、京剧脸谱等美丽图案的个性鼠标垫，漂洋过海"飞"到美国。刘玉芬相信有民族文化底蕴的产品在国外才更具竞争力。结果不出所料，这种个性十足的小玩艺儿在洛杉矶、纽约、旧金山等城市刚推出，就受到年轻人的青睐，他们不仅自己购买，很多人还把它当做礼物送给朋友。

如今，刘玉芬的个人资产已达 170 多万元，公司员工也由最初的 6 人发展到了 28 人。为了适应日益激烈的市场竞争，她还参加了中国人民大学举办的成人函授班，主修经济管理专业，充电后的她在商业舞台上更加游刃有余，对于未来的发展，也更充满信心。

【小店前景分析】

全国鼠标垫的市场销售量按 2005 年电脑销售量的 80% 计算（2005 年我国个人电脑销量为 2900 万台），鼠标垫的年销售数量为 2320 万个。具有个性的电脑鼠标垫是传统鼠标垫的换代产品，新产品一旦推向市场，其国内销量每年至少应占市场需求量的 40%（约 900 万个）（不包括国际市场），每年的销售额为：（900 万个 × 20 元）= 1.8 亿元。

开办一家个性鼠标店需要经营面积 30 平方米左右，简单装修，最好选在电脑销售旺地，这样自然而然就有了许多生意源。设备只需要电脑、打印机、过塑机、压膜机即可。普通一个个性鼠标垫的制作费用为 20~100 元不等，视难易程度而定。如果特别复杂的可适当浮动，一般来说一天可以制作三四十个。

"眼镜影院"赚酷钱

　　随着科技的进步与发展，各种高新技术产品陆续走进了人们的日常生活，一种名叫"眼睛影院"的新产品便让一位大学毕业不久的小伙子当上了老板赚了大钱。

【小店淘金成功案例】

　　大学毕业以后，刘源一直在一家知名的外企公司工作，有着让人羡慕的不菲的收入。尽管工作十分忙碌，但作为发烧友的他只要一有时间就会摆弄他的视听音响设备，欣赏音乐和国外大片。

　　一次偶然的机会，刘源去一家发烧友俱乐部参加活动，从一位俱乐部会员那里得到一个消息，说深圳一家高科技公司推出一种叫"眼镜影院"的产品。这种"电影院"没有我们通常所见的大银幕、放映机和观众席，而是由一种奇怪的眼镜式微显示器（但内有超大液晶显示屏）和便携式影碟机组成，而且它的重量仅仅 200 克，使用方便，处处显示着与众不同的时尚气息。

　　这种"眼镜影院"首先出现在美国，是由军用的红外夜视仪转民用而成的革命性视听产品，可以连接各种输出设备，可播放 VCD、SVCD、DVD、CD、MP3 等。屏幕上放映的内容除了自己以外别人根本看不到，具有独特的隐私保护性。戴上这种眼镜后，眼前 2~3 米处就会出现一个 40 英寸左右的大屏幕，配合双声道立体声耳机产生的逼真声效，使观看者如身临其境，兴奋不已。刘源一听，对这种"眼镜影院"神往不已，赶忙向俱乐部会员要来了"眼镜影院"生产厂家的电话。

　　第二天刘源就向深圳的那家生产厂家订购了一台"眼镜影院"。当刘源抱着个宝贝在家尽情享受的时候，上大学的表妹突然来到他家，看到他这个"眼镜影院"后非常喜欢，执意要借用几天，刘源没办法只好借给她。

　　一个星期以后，表妹如期将"眼镜影院"还给了刘源，她说她的同学都非常喜欢它，如果在她们学校附近能有个"眼镜影院"的影吧，她们一定会经常光顾。表妹走后，刘源想：既然大学生这么喜欢"眼镜影院"，我完全可以自己开个影吧呀，这样既可以满足自己的兴趣爱好，说不定还可以闯出自己的一番事业呢！

　　刘源立即对市场做了调研，调研结果表明"眼镜影院"具有天然的独特性和时尚性，用它来开影吧，完全避开了同行业的竞争，市场前景十分看好。于是刘源毅然辞职，全力开创自己的事业。

　　刘源在表妹所在的大学附近找了一家 20 平方米的门面，这里既靠近大学校园，又临近多个社区，可以保证充足的客源。经过精心设计，刘源的影吧装修简单大方，凸显时尚感。他在影吧里张贴了一些电影招贴画，摆放了几本影视报刊，营造出特别的影院气氛。他又从正规音像批发市场进了一些大片和音像制品。一切准备就绪之后，刘源一次性从深圳的厂家订购了20 台"眼镜影院"，整个影吧的投资不到 4 万元。令刘源没有想到的是，自影吧开业起，生意天天红火，每天的营业收入都在六七百元左右，扣除每天的费用 100 多元，每个月的利润都在15000 元以上，不到三个月的时间就收回了投资。

　　现在，刘源正在筹划再开两家影吧，搞连锁经营，让更多的消费者体验到科技带来的时尚和神奇。另外，刘源发现了"眼镜影院"更多的市场空白点：由于它超强的隐秘性，歌厅、茶馆、桑拿房、足浴城、休闲屋都可以用它来提高服务档次、吸引人气、增加收入，老板一个月就能收回设备投资；可在长途汽车、火车上及医院病房里出租，极受欢迎；可装在小轿车里做"隐形车载影院"，深受有车族的喜爱；在教学领域，可提供给中学生、大学生用来学英语，可视可听，互不干扰，极大地提高了学习效率；还可以作为时尚数码礼品，做会议礼品或送给有身份的人等。市场真是太大了！于是，刘源以影吧为基础，招了一些业务员，顺藤摸瓜开发了以上市场，没想到每月做销售赚的钱比开影吧赚的钱还要多几倍！

刘源靠"眼镜影院"赚了钱，也改变了他的生活状态。目前，他一切的生意都已经雇人打理，而刘源自己呢，正在自由自在地享受着"眼镜影院"给他带来的快乐时光。

【小店前景分析】

电影是大多数都市人喜爱的娱乐形式，但由于现代人的生活节奏过快，到电影院看电影成了一项奢侈的活动，VCD、DVD 等又缺乏影院的效果，许多人对此很无奈。

眼镜影院的出现正好填补了这项空白。因它同时拥有影院的震撼效果和影碟机的随心所欲，并兼具私密性和便携性，再加上其时尚的外观，无疑将受到广大消费者的青睐。无论是在悠闲的洗浴中心、美容院，还是在奔驰的列车、拥挤的公交车上，或是广阔的野外，都可以发挥它独特的优势，市场前景极为广阔。

清华女生开桌游店，既赚钱又赚人气

要说现在年轻人最流行玩什么？答案是：桌游。从 2008 年左右开始，桌游在北京大热，桌游吧也遍地开花，据说现在已经有近百家。

【小店淘金成功案例】

"桌游"是桌面游戏的简称，就是玩家们面对面围坐在桌子旁，用卡牌、版图等道具按照特定规则进行的游戏。广义上讲，扑克牌与棋类都算是桌游，它最初发源于德国，在欧美已风行几十年。

如今北京的桌游吧，经营特色不一，生意有好有坏。清华大学门口有一家颇有特色的桌游吧，老板是两个年轻的"80 后"女孩，都是毕业于清华的学生，其中还有一位是博士。她们坚称："开店只为兴趣，不为赚钱。"然而就是这种发自内心的兴趣，最终在她们周围聚集了一大批玩家高手，也使这家小店也成为海淀大学区人气很高的桌游吧。

这家开在清华东门的名为"五道口一刻馆"的桌游吧不久前刚刚办完他们的开业一周年店庆，两位老板雷拉和离离兴奋地推出了一系列优惠活动，并在自己小店的网站上狂呼口号："桌游拉近你我，欢乐消除隔阂，从今天起，给你不插电的快乐……"

雷拉毕业于清华美院服装设计专业，如今在一家服装公司工作，开桌游吧则是工作之外的兴趣。桌游刚刚进入中国时，清华大学是最早开始玩桌游的地方，后来桌游甚至成了清华学生娱乐活动的一个"传统"，从这个圈子里走出了很多桌游高手，包括做"三国杀"的离离。因为这个圈子的熏陶，也因为对桌游的热爱，两个女孩决定开一家自己的桌游吧。

那时候两位老板刚毕业不久，走出学校进入社会，发现身边的朋友在不断流散，熟悉的圈子也在渐渐消失，大家都很忙，难得一聚，作为在北京工作的外地女孩，生活其实是很寂寞的。她们就想通过桌游搞一个朋友据点，形成一个社交团体，留住老朋友，结交新朋友，让有兴趣的人可以聚在一起，毕竟生活中不光只有工作。

这家开在清华大学门口的小店注定和清华有着千丝万缕的联系。她们能开起这家店，多亏了校友的帮忙，会员群体中清华学生也占相当大一部分，因而这里简直可以算是清华的一个校外社团。当初，一位师兄正好在学校东门有套空房，大约 120 多平方米，就以很优惠的价格租给了她们。她们进行了简单的装修，置办了沙发桌椅，隔出了两个包间，可以容纳五六十人，花费不多，但是装饰得简洁随意，很有年轻人的格调。俩人当初的开店成本大约在 20 多万元，除了半年的房租算是大项开销，其中最大的投入就是购进了很多原版的国外桌游。

外国原版桌游一套价格都要五六百元，她们的店里目前有200多套，这在桌游吧里算是相当高的配置了，光这一项就投入了10多万元，但只有这样才能吸引住比较专业的玩家。来她们店的客人很大一部分是附近高校的学生和原来桌游圈子里的朋友，不少人都是高手，还有人是专业或者兼职做桌游的，他们会把自己研制的原创桌游拿来做测试或者让大家试玩。每逢这时，雷拉和离离就会呼朋唤友，召集会员一起为新游戏出谋划策。学美术的雷拉还会帮助绘制游戏牌卡，总之，这里有相当浓厚的桌游"研讨"气氛。不断推出的新游戏对于热衷此道的桌游迷来说有相当大的吸引力，而这也是她们的经营诀窍之一。

谈起小店为什么能在一年中就聚集起了相当高的人气，除了依托清华的资源之外，雷拉坦言："现在开桌游吧的人越来越多，其实游戏都差不多，价格也是透明的，关键还是要做出自己的特色，要不然就是死路一条。"

至于"一刻馆"的最大特色，雷拉认为她们和别家最大的不同就是从老板到讲解都是80、90后的女孩子，这在以男性顾客为主体的桌游群中确实有很大的亲和力。店里请了七八位讲解员，不少是勤工俭学的学生，还有兼职帮忙的朋友，别看年龄不大，都是玩桌游的行家，而且都有着不俗的学历，本科生那是最低的。她们讲解起来非常耐心周到，服务也很细致，本身的高素质自然吸引了不少来自高校的会员。

"一刻馆"的另一大特色就是每周都有主题游戏或者活动，这些活动可以牢牢吸引固定的玩家。雷拉说，他们把这种游戏叫做"跑团"，由于桌游吧都是平时冷清周末热闹，所以她们就在人比较少的周二周四"跑团"。"跑团"也就是"真人角色扮演游戏"，一群人各自扮演自己的角色一起去完成一项任务。喜欢的玩家现在已经有了固定的群体，每次必到，所以店里平时也基本可以客满。

因为喜欢桌游，也因为喜欢和朋友们在一起，所以两位老板一定会把这个店好好做下去。她们下一步的目标就是充分利用圈子中的专业力量，推出自己的原创桌游，推广到更大的市场中去，这样玩家就可以在梦寐以求的中国故事中扮演自己的角色了。

【小店前景分析】

随着桌游的普及和发展，会越来越广泛地走向大众，成为人们生活中不可缺少的娱乐文化项目，桌游店也会得益于此。玩桌游是一种缓解工作压力的很好方法，平时上班压力大，下班后大家一起来玩玩，从游戏中互相交流和取乐，不但缓解了紧张的工作压力，也能增进友谊。一份最新数据显示：2010年1~5月份，各地"桌面游戏"的搜索排名大幅攀升。其中，上海作为引领消费时尚的城市，"桌面游戏"在前五个月的搜索量超过了44000次。据了解，大众点评网上仅上海就已经有102家桌面游戏商户，已有15家商户进行电子优惠券推广，火爆程度正在超越"网游"。

要开一家桌游吧，前期投资动辄几万十几万元，其中最主要的投资是游戏道具和房租。以一家普通规模的桌游吧为例，光购置相对便宜的卡牌游戏就得投入十几万元。如果想做得规模更大，光购置游戏就要数十万元。全球的桌游有数千款，在北京风行的也有上百款之多。按照玩法分类，角色扮演类的有《三国杀》，手牌规划类的有《乌诺》，交易建设类的有《卡坦岛》，区域控制类的有《卡卡颂》，拍卖竞价类的有《现代艺术》，骰子类的有《马尼拉》，等等。游戏不同，道具也不同，最便宜的自然是卡牌类，一副卡牌从5元到500元不等。而大型桌游排兵布阵需要的道具大多是进口的，价格从百余元到上千元不等，有些极品还能达到数千元。

经营一家桌游吧，你要做好心理准备，因为桌游吧一般在周一、周二没多少生意，周三晚到周日晚才有客人上来。桌游店按小时收费，但按照一周要闲两天多的架势，场租费显然不能满足每个月的花费。于是，卖饮料和食品也可以成为桌游吧重要的收入来源。

第九章

文化与收益的最佳结合点

开家文化主题店

　　在知识经济时代，那些具有浓郁的文化气息的东西在不知不觉中已经具有其不可轻忽的商品价值。开家文化类主题店，在赚钱中时时熏染着文化气息，可谓是文化与赚钱的最佳结合了。

亲民的街头书报摊，你便利我赢利

　　开一家亲民的街头书报摊，把书报送到那些交通相对来说不太便利的地方，在为他人带来便利的同时也能为你带来赢利。

【小店淘金成功案例】

　　在广东江门市的大街小巷，有不少小书报摊，主要出售各类报纸和杂志书籍。这种书报摊大都处于微利状态，月盈利能达到千元的算是不错了。为了增加盈利，有的便兼营公用电话、文具、饮料，通常赢利也不过 2000 元左右。但在江海路，有一家名为"四海书报"的书报摊却一枝独秀，它专门经营书报，月平均盈利额稳定地维持在 8000 元左右，不能不说是一个小小的奇迹。

　　吕文红自从接管过姐姐的书摊，她那不寻常的创业历程就开始了。一天，她的书报摊里进来了一男一女两个年轻人，他们翻看着摊上的杂志，后来就一口气要了十几本。吕文红觉得很奇怪，通过询问，她了解到，他们是城郊工厂的工人，进一次城很不容易，于是工人们都纷纷托他们带书和杂志回去，所以两人每次进城都会买很多书。两个人走后，吕文红就开始琢磨：他们那里要买杂志愁买不到，我这里有杂志愁卖不出去，把杂志直接送到那里去卖，不就皆大欢喜了吗？

　　过了几天，她就用自行车驮了一大捆新出的杂志去到那家工厂，选择工厂下班的时候在厂门口摆起了书摊。果然，很多人从厂区出来，一看见她的书摊马上就围了过来，不到半个钟头，她带去的杂志就销出了大半，回来一清点，那半个钟头的营业额比守在城里看摊一天还多。

　　这件事使她发现了一个巨大的商机：这个城市市内没有大规模的工业区，工厂大多是零星地分布在郊区各地，交通不便，生活服务设施不全，这就为她的杂志零售提供了一个广大的市场。由于这些工厂太分散，大的书商不愿意开展上门售书业务，她决定去开拓这片市场。她把书报摊的营业时间改变了一下，上午在城里守摊，午后 4 点关门，轮流去各地工厂摆流动书摊卖书。这一改变很快就收到了明显的效果，书报摊的杂志销售额由最初的每月不足 1000 册一下子猛增到了将近 3000 册。

　　吕文红为经营好书报摊动了很多脑筋，吃了很多苦，但是她的努力没有白费，书报摊的业务在不断地扩大。从 2001 年开始，店里又先后增加了 3 名员工，一名负责看摊守店，两名专门到各地流动送货，她自己当起了小老板，把主要精力用于调查市场和组织进货。短短 2 年的时间里，吕文红的书报摊纯赚了近 30 万元。

【小店前景分析】

有很多城市由于大工厂都在市郊，分布零星，交通不便，没有完善的生活服务设施。那些工人们要想获得"精神食粮"，要到很远的市区内，大型的书商们又不愿意去这些偏远的地方售书，这就无疑给那些小摊贩们提供了很大的商机。而且，街头小书摊成本低，流动性强，经营方式灵活，所以有很好的市场前景。

"书柜"进社区，书店有奇招

居民社区的消费人群虽然有限，但只要善于发现商机，真正做社区人需要的生意，比如"书柜"，你会发现有限的消费人群中也能创造出无限的财富。

【小店淘金成功案例】

如今开书店的人不少，真能做出点特色的却不多，而沙宏伟就是后者中一个。"书柜"的店名，让人进入其中有置身自家书房打开书柜随便翻阅的亲切感和身心的放松；坚守小区经营，了解不同人群的消费需求，在"特"字上下功夫，更是沙宏伟成功的关键。所以仅几年的时间，他就开了5家分店，且每一家都经营得有声有色。

第一间书店开设于2000年，沙宏伟在天河区一间较大型的小区内选好了店址，并把这间书店取名叫"书柜"。因为资金不多，店面很小，大概只有20平方米左右吧，所以名字也取得很小，当时的他不敢也不想贪大。

其实，沙宏伟的"书柜"进驻这个小区之前，那里早就有了两家规模远大过"书柜"的书店，所以朋友和家人并不看好沙宏伟的投资计划。不过沙宏伟从一开始就胸有成竹，他已经反复对广州各个小区的书店进行过调查，发现这些书店基本上都贪图一个"全"字，里面什么书都有，但其实，你再怎么全也比不过图书大厦吧，所以一定要在特色上下功夫。

经过调查，沙宏伟认为自己所在的小区居民多数是年轻人，时尚，前卫，因此他柜上的书有三分之二是自助游方面的，另外三分之一是休闲类杂志。一般的主妇、老人、小孩子都不会进他的书店，可以说这个书店就是针对那些下班之后已经根本不想面对工作的上班族，要让他们的心有一个远游的梦想之地。

最后，沙宏伟总结出了几条在小区做生意的门道，供有心在社区书店方面发展的读者参考：

1. 了解小区居民真正的本质性的需求，不要被表面现象所蒙骗。

2. 不要在装修上花费太多金钱，小区居民大多数追求实实在在的东西，只要有特色就行。

3. 尽量找一手业主租铺面，这样较有保证，除非万不得已，不要考虑顶手经营，因为顶手费用是相当高的，而且很多人会在顶手费上狠宰下家一刀。

4. 租铺前一定要搞清楚整个小区的规划前景，有时候你以为是好位置的铺面，说不定明年就在你门前挖条大沟。

【小店前景分析】

社区"书柜"是丰富居民文化生活、提高居民素质的重要阵地，社区居民通过"书柜"这个桥梁，大家一起读书，交流体会，学习了知识，融洽了感情，也增进了和谐。像这样的"书柜"很受居民的欢迎，因此前景非常广阔。

为何社区书店在居民中很吃香呢？说起来还是要归功于社区书店的五大特色。

1. 地理凸显社区性

因为是开在小区附近，所以这类书店的顾客大多是附近社区的居民。这一类的书店，往往面积不大，小的十几平米，大的也就二三十平米。装修都不豪华，说它简洁大方应该是比较合适的。

2. 书店会员制更方便

社区书店的顾客一般都是家住附近的居民，走路几分钟就到，这样固定的圈子让很多社区书店都愿意采取会员制的方法来稳定自己的客源。成为社区书店的会员，往往是通过往会员卡中充值的形式来完成。根据充值金额的大小不同，会员等级也就不同，充值越多，等级越高，相应得到的折扣也就越高，成为会员后得到的实惠也就越多。当然，加入时充入会员卡中的钱，实际上都是可以用来消费的，买书或者租书都可以直接从会员卡中扣钱。对于连锁经营的社区书店来说，一些书店的会员卡是通用的。

3. 书类配置更贴合读者需要

对于社区书店来说，因为受到场地限制，这里书的品种绝对不可能和大的书城或是图书大厦相比。根据记者的调查，一般社区书店的藏书都在千本左右，杂志更是五花八门，包括了时尚类、军事类等等。一些较大的社区书店比如"博瑞书坊"的各个连锁店，藏书可以达到3000余册，已经算是不错了。正是由于这类书店场地小这一特点，怎么在有限的空间里，尽可能满足顾客的购书需求，就是非常值得考虑的一个重要方面。另外，社区书店每隔一段时间，最好根据对会员们购书种类的分析，调整自己店里的书籍类型，以满足顾客的需要。

4. 可租可售外加代购

对于一些爱看书但却不喜欢藏书的顾客来说，社区书店提供的租书服务是他们非常欢迎的。特别是一些风格轻松，现在比较流行的青春、文艺小说，看的时候轻松愉快，但并不具有太大的收藏价值，若是买回去放在家里，贵不说，还占地方，而自己不一定会拿出来看第二遍。于是，社区书屋的租书服务可是帮了一个大忙。一般来说，根据所租的图书价格的不同，租书的价格从每天几角到数元不等，时效性较高的杂志的租借价格比起一般小说的租借价格高。

5. 根据实际提供更多附加服务

如果你是连锁经营的社区书店，还可以开设订报、出售彩票和演唱会门票等业务，将贴近社区的门店特色发挥到极致。另外，如果你开的社区书店店面较大，更可以在里面摆放桌椅，让到这里买书、看书的顾客能安安静静地坐下来，慢慢品味书籍带来的乐趣。

驻扎菜场的书店也赚钱

你见过把书店开在菜市场上的吗？这两者混在一起看似矛盾，但其实却可能蕴藏着不一般的商机。

【小店淘金成功案例】

王卫国在"知天命"之年突然下岗了，仅得到了5万元补偿金。有一天，女儿要钱买考试辅导用书。一听到要掏钱，他就头大，他和女儿算了笔账，说这个学期买辅导书已经花了300多元了。但女儿说同学们对买辅导书仍是趋之若鹜，就因为这，学校门口卖辅导书的书店发了。听女儿这么说，王卫国的脑子里闪过一个念头：若开家书店倒不妨一试，基本的启动资金也有了，但关键是开什么样的书店，开在哪里。

要开就得与众不同，这样才能保证书店站稳脚跟。经过一番调查，王卫国看到，文学类的书籍明显不景气，计算机的前阵子太火，最好的时机也已经过了，而考试辅导用书是提高学生成绩的不二法门，因此他下定决心，开了家专门卖考试辅导用书的书店，商机就这样被他发现了。

开书店要的是人气，学校旁边当然是最好的选择，但那里早开了两三家书屋；小区显然不合适，人流量太少；汽车站是个好地方，但同样已是人家的天下了。王卫国就到处转悠，他发现父母经常带着孩子一起上菜市场，这给了他一个启发，何不把店开在菜市场旁边？大家离不开吃，总要经过这个书店去买菜啊，人气足的地方总有市场和商机。这里虽不是中心地带，但也有好处，房价很便宜，一间 20 平方米的屋子一个月只要 1000 元，远比学校和车站同类的店面便宜。租好了店面，也办好了执照，税务登记也完成了，现在是万事俱备只欠东风。

王卫国的书店就叫"考试书店"，显得别具一格又很通俗。他善于思考，琢磨出了自己的经营方针，而这个经营方针其实是大家很熟悉却又不太容易做到的：人无我有，人有我优，人优我新。根据这个理念，他的书店办得有声有色，很快就门庭若市。

他从图书市场批发来从小学一年级到高三年级各学科的考试辅导用书，又根据初三面临中考，高三面临高考的情况，在显著位置摆放这两个年级的考试辅导书。他批来的书质量好，都是最新版本的，并且配合教材改革，对学生帮助很大，所以很受学生喜爱，销量好得让他乐得嘴都合不拢。他经营有方，给每个到他店里买书的人发了张登记卡，卡上记录着每次买书的数量和价格，以后累计，给予他们相应的优惠，数额越大，优惠越多。最优惠的是在成本价上加一成利润，而家长当然乐意花更少的钱买最好的书。

"考试书店"一步步走了过来，随着规模的扩大，王卫国增加了店面面积，购置了两台电脑，请人设计了个简单的查询系统，顾客想买什么书，只要用电脑查一下就知道，很受顾客欢迎，这使得书店更受顾客青睐。

【小店前景分析】

开书店是店铺中相对微利的行业，特别是在房租高企的当下，很多私人小书店纷纷倒闭关张。在这种情况下，只有创新出位者才能生存下去。案例中的王卫国就给了我们一个启示。把书店开到菜市场去，确实是兼顾客流与租金的选址好方式。

在菜市场开书店，你会有稳定而大量的客源。为了应付小书店存货不足的现状，你可以开展"缺书登记"和"上门送书"的服务，即在门口放个本子，如果书店没有顾客所需要的书，就请他们在本子上登记书名和出版社的名字以及顾客的电话号码，等书批来以后，免费送书上门，这又可以吸引很大一批顾客。

开书店要懂创新，跟在人家屁股后边转，永远只能吃人家吃剩的残羹剩饭，只有创新才能赢利。如果你开的也是考试书店，当看到家长急着为孩子找家教时，你也可以免费为家长找教员，这一方面为大学生勤工俭学提供了机会，同时又为家长提供了方便，可以让你和很多家长建立良好的关系，有利于你今后的图书销售。

开一家特价折扣书店

在竞争激烈的图书市场中，还能做出什么成绩呢？相信谁都想做投资少、见效快、多赚钱的行业。那么，你考虑过开办折扣书店吗？

【小店淘金成功案例】

侯先生在新闻出版业干了 10 余年，一直寻觅小本创富的机会，考虑再三，他计划开书店。侯先生认为开书店的关键是进货，只有进到低价格的货品，才会有更大的利润空间。他发挥在出版业干过的优势，联系了几家大出版社，低价购进了对方的积压存货。

侯先生从存货做起的原因是想别出心裁地开一家特价书店。他凭经验知道，某类书是不会过时的，如世界名著、工具书等，只要细心，完全可以在存货的海洋里找到宝贝。在调查市场行情后，他计划以 5 折书价开店，先将书店的人气做上去。

由于相信自己的经营思路符合市场需求，侯先生在寻找铺面上并没有特别挑剔。他很快找到了位于龙津东路龙津商场下一处完全不需要顶手费的临街铺面，按照品牌书店的标准装修一新。

因为不少学生反映其他租书店的押金昂贵，但取消或降低押金又会承担比较大的创业风险，侯先生权衡再三，想出了好办法：顾客每次租书都要支付相当于书本原价或原价以上的"预付租费"，由书店在电脑里存档并给顾客开卡，顾客退书的时候从中扣除租费，再借书再从中扣钱，如此循环，只要所剩余额不低于当时所借书的价格，就不用再往卡里存钱。

当然，依照惯例，侯先生也将租书费定得比市场价格略低，特价书店嘛，自然样样价低。在这之后，他又设立了畅销书专柜，以 8.8 折的优惠带给"特价店"更多的新意，店里的利润于是呈现直线上升的趋势。

侯先生通过购买出版社存货的方法，获得了大量价廉物美的特价图书，再以 5 折销售吸引顾客，并以不收取押金的"预存租金"方法大量出租图书，这些都是他经营成功的秘笈。

小型书店的选址一般依傍在学校附近或一些大型的社区内较为适合，不要选择在主要干道的街铺。一般小型书店，应该选择有一定深度的商铺，门面宽度大约 1.3~2 米较为适合，这样既方便图书的摆放又节约了空间。

【小店前景分析】

"我扑在书籍上，就像饥饿的人扑在面包上。"高尔基的名言颇能够引发人们的共鸣。的确，一本好书有让人不忍释卷之感，捧书细细读来就好似品尝了一道原汁原味的精神大餐。虽然网络图书、手机阅读等多媒体与读者的关系越来越近，但是图书仍然以其独有的系统性、可保存性受到读者的喜爱。但随着经营成本的不断增高，书价也越来越贵，动辄几十元上百元，让很多市民虽有爱书藏书之心，却无奈地望价兴叹。那么，如何让读者买得起书呢？在这种情形下，"折扣书店"应运而生。

图书作为一种文化的主要载体，其经营是不会过时的，所以商机总还是有。由于折扣书店经营的图书价格低，因而易为大多数读者所接受。在市场经济条件下，竞争越来越激烈，很多出版社的图书稍有积压即削价经营，这就为折扣书店提供了源源不断的货源。

由于折扣图书进货成本低，所以风险也就低。在进货时把握好如下几点，风险也就更低了：

1. 不进盗版书。

2. 不进质量差、来价过高、时间性很强的书。

3. 不贪小便宜，避免因小失大。

4. 经营灵活、规范管理。万一出现经营不善要转让时，优先考虑处理给教育系统或经营出租图书的书店。

也可网上经营特价折扣书店，但一定要抓好以下三方面。

1. 抓采购

采购可以用两种形式：一是纯粹的供求关系；二是建立长期友好的合作方案。采购重点把握好三个环节：

（1）质量要上乘。必须明白，折扣书店的生死存亡不在于进货价高低，而在于所购进图书是否适销、畅销。

（2）品种上应具多样性。总体来说，品种越多越好，但也要综合资金、场地各因素考虑，以 1500 种为宜，每个品种 5~10 本（套），并以文学、历史、生活、纪实等的单本（或每套 20 本以下）书为主。

（3）货源要可靠，价格较低。

2. 抓销售

经营折扣书价格要灵活，以便赢得更多的顾客。

3. 抓管理

要办好折扣书店抓管理也是十分重要的。首先是员工的管理，开始就要聘用素质较高的人员，通过员工的优质服务赢得顾客。其次是制度要健全，做好月（季）盘点及各种情况记录及宣传广告，特别是门前的宣传广告，因为门前广告能直接吸引更多的顾客。再次，还可通过电话、书信等形式加强与客户和推销员的联系，特别是交易量较大的客户和推销员要保持经常的联系，做好特别的登记，若有新到的书应第一时间通知他们，并在价格上给予更多的优惠。

开家有特色的休闲书吧

书店比比皆是，要想在这个竞争激烈的市场中脱颖而出，就要求新求变，在附加服务等方面多做文章。

【小店淘金成功案例】

在广州时代广场 5 楼，经过桌椅、花碟铺呈的家居走廊后，有一个可以看看书、喝喝咖啡、歇歇脚的地方，称为"联邦咖啡书屋"。

"联邦咖啡书屋"中的图书总量不算多，仅有 1000 余册，以设计、旅游、摄影等时尚生活类图书杂志为主，除了售书和租书外，还提供咖啡与茶的配套服务，特别是还有很专业的咖啡器具可以选购。联邦咖啡书屋有"商务晴港、白领天地"之称，一到下午，就经常有设计沙龙在此举行。

"联邦咖啡书屋"集图书馆、书店、茶馆的功能于一身，人们可以在喝茶聊天的时候翻翻时尚杂志或流行小说，在舒缓的音乐中忘记工作的疲劳和学习的压力，放松身心，同时也是小资白领们交流、聚会的好地方。"联邦咖啡书屋"开业不到两年，但经营情况非常好，除了收回初期投资外，已经盈利 10 万元有余。

【小店前景分析】

开个休闲书吧不需要太大的投入，门面面积在 20~40 平米即可，因为消费者以学生和白领为主，服务价格不宜过高，同时租金不要过高，最好选择在文化气氛比较浓厚的大学区或商业区周围。以长沙为例，在大学附近租一个 30 平米左右的门面房，租金大概 6 万元一年。书吧装修以简洁明快为主，可以饰以名画等文化气息比较浓厚的饰品，体现安静、休闲的风格。店面装修大概在 2 万元左右。此外，购买图书杂志以及茶具、食品、饮料等支出大概花费 1 万元，加上办理执照等费用，总共投入 8 万元左右即可开张营业。

在突出书店的个性方面，可以学习广州的"学而优书店"，这家书店无疑是个性书店的一面旗手，以其"学而优，可以仕，可以商，可以深入治学，可以自在悠游……"的信条而广受关注。"学而优"有两家店，新店和旧店都在中山大学附近，店门口经常十分热闹。画展、考研现场咨询通报、新书海报等等林立，常常有一种十分热烈的气氛。

书吧的特色必须在服务中体现出来，比如，在提供饮料、水果、点心等收费服务的同时，每位读者只收取 10 元左右的费用，还可为读者提供预售书、订阅等服务。读者在翻看书籍之余，一定会有一些想带回去细细阅读，因此看好了再买，可以让读者买到最满意的书，节省了他们的开支，也为书吧培养了潜在客户。此外，书吧最好及时收集各种畅销书的书讯，有条件的话可以自己编制一个畅销书排行榜，为读者提供及时有用的信息。

为了培养稳定的客户群，大多数书吧都有会员制服务，可以推出读者会员卡，持有会员卡可以享受 8 折优惠，可以在保持书刊整洁的同时免费借阅图书，或者年底享受相应的赠阅优惠等。

需要注意的是，书籍不同于食品、日用品的销售，店主没有一定的文化知识水平难以胜任。目前国内各大高校附近书店林立，但真正经营好的却非常少。原因有几个方面，其中一个便是很多书店没有品牌和特色经营的意识，各个门类的书籍都有，但各个门类都不精不全，与其他书店相比没有任何特色可言。其次便是缺乏文化气息。买书的人看重的不只是书籍本身，还有书店的气氛及附加服务。如果没有特殊的服务，比如文化交流、名人座谈等吸引人气的活动，价格上又没有优势，就很难做得很出众。

旧书报专卖店卖的就是"旧"

旧书以前在大部分人眼中是"破烂"，如今随着社会收藏热的不断延伸，部分人从中淘到了宝贝、赚了钱。开家旧书报专卖店无疑有着不错的市场需求。

【小店淘金成功案例】

旧书买卖利润到底有多大？旧书老板如何能成为高薪群体呢？

在哪儿能买到旧书？随便问任何一位从事旧书买卖的人士，他们一致的答案是：南直桥下的"破烂市"。以前，在道外十八道街、十九道街改造前，那里的旧物市场是哈尔滨旧书买卖者的集散地。如今，南直桥下的"破烂市"是旧书买卖最集中的区域，每周六、周日开市，热闹非凡。

旧书市刚一开市，众多淘书者便开始在旧书堆里"淘宝"。这些淘书人大都打扮得很体面，在"破烂市"的脏乱环境中很显眼，他们迅速地搜索着自己需要的旧书，熟练地和书摊老板砍价。

南直桥下的这个旧书市虽然环境比较差，但目前在整个黑龙江省都有影响，除了哈尔滨人，黑龙江各地的旧书买卖人几乎每周都会来，他们往往是周五就到哈尔滨，周六起大早来淘书。这里最大的特点就是摊位多，旧书量大，比较集中，已经形成了固定的交易时间和模式。

除了南直桥下，哈尔滨还有几处比较好的旧书市场，例如道外区"药六古玩城"附近、道里区安升街早市、哈师大胡同等，也都是淘书者的好去处。当然，旧书摊上的书也不都是宝贝，价钱便宜、无太大保存价值的旧书占大多数。能不能淘到好东西，一靠机会，二靠眼光，买卖做得好的淘书人眼光往往很独到，什么书只要一打眼，估价便八九不离十。

除了专门从事旧书买卖的人，还有不少知识分子也爱到旧书市场买书。他们多为大学在校老师、学者和学生，买旧书是用于资料性研究和学习，也有部分普通收藏者是抱着对旧书的偏爱来这里淘书的。这些人群构成了旧书买卖行业的基础，并且在不断扩大。

从事旧书买卖的人也分两类，有的以收藏为主，专门收藏某一类书籍。在哈尔滨，有收集红色文献、地方志和文学类书籍的，这些人淘到自己喜欢的书籍一般不轻易出手。此外，就是专门倒腾旧书的了，也就是旧书贩子。这些人的学历一般不太高，但这并不妨碍他们把旧书买卖做得风生水起。

在哈尔滨卖旧书的刘鹏干这行20年了，颇具直觉和眼力，一看到书就能估出价，他收10本书，起码有8本能赚钱。刘鹏认为淘旧书肯定赔不了，利润至少能达到50%。刘鹏有一次颇为得意的"淘宝"经历：三年前，他在南岗区一个早市花几十元买了一本样板戏的连环画，之后转手卖出上百元，价钱翻了好几倍。除了有利润空间，买卖旧书这个行业还有更大的魅力，那就是淘书的过程让人兴奋，看到好书像捡到了宝贝一样，特别兴奋！

由于旧书货源不一，收购价也不同，从业者收入差距很大，很多摊主还抱怨这个行业的辛苦。从事旧书销售的这批人，不仅靠地摊买卖，很多还在网络上销售，做好了，一年赚十多万元没问题，做得一般的，一年也能赚到两三万元。

旧书买卖行当很讲究收货，换句话说，货源渠道非常关键，基本上决定了收入的多少。据

小店淘金大全集

284

了解，即将动迁的区域、学校图书馆、资料室等都是旧书摊主们主要的货源渠道。在旧书行业，收货就跟炒股、买彩票一样，碰到一笔合适的就发了！但风险可比炒股小多了。旧书摊主韩先生一语道破这个行业的魅力所在。2008年，哈尔滨道外区动迁户特别多，韩先生他们提前去收旧书，那些小棚子里和居民家走廊里都堆满了旧书，很多人着急搬走，都低价处理那些旧书，其中还有解放前的画报，很值钱的。后来道外区再次动迁，韩先生再去收旧书，又是满载而归。

除了城市大规模动迁，一些大企业和文化单位改制，也使大批旧书流入市场。有一年，亚麻厂清理旧书，韩先生提前知道了消息，拉着卡车去收，这些书在市场上卖了好多天。还曾有一家单位清理资料室，韩先生花2000元收了几百本旧书，其中要有一两本能卖上大价钱，本钱就回来了。即便这些书没有一本太值钱的，把它们稍加整理分类，拿到市场上出售也能赚钱。

【小店前景分析】

总体而言，各地的书市是旧书市场的主营地，很多城市的街头旧书摊前总是聚着不少人。除了书市外，在各地高校附近也有旧书卖。旧书店依托学校的方式很好，这主要服务于周边的在校学生。大学门口一般都有几家旧书经销商，这些地方的经营范围比较杂，主要以小说为主，可供租售。如果要买的话，价格依情况而定。

面对五花八门的图书市场，经营者绝对不能"贪"，面面俱到是经营旧书的致命弱点。旧书业作为一种文化消费模式，具有特殊性，买者素质高，成交量也高。要做到专，对书店老板也是一种挑战。经营者要有文化素质、有品位，这样才能收购到高质量又好卖的旧书，才不会使一本绝版好书总是垫压在箱底下。

在电子商务时代，旧书店还可以开设网上交易，以便于与同行交流。做得好的话，网上交易量能够占到书店总业务量的15%~20%。

开一家时尚动漫书吧

引领时代潮流的动漫书吧开业快捷方便，投资风险低，回报又高，是动漫爱好者们创业开店的首选。

【小店淘金成功案例】

深圳市第一家以动漫周边产品为主题的专营店"酷语动漫书吧"在财富广场地下商场开业。一时间，在深圳刮起一场不小的"动漫风"，仅仅一个月时间，"酷语动漫书吧"在深圳就有了三家自营店，其中位于南山的一家自营店，开业当月就发展了近100个会员，当月销售额超过3万元。

"酷语动漫书吧"的王经理经过市场调研后了解到，在日本，动漫产业早已与娱乐一起成为国内经济文化的主流，动漫周边产品的年营业额超过90亿美元。而在国内，动漫行业也被称为21世纪最具活力的朝阳产业，目前，动漫产业拥有每年200亿元以上的大市场，动漫产品的需求量几乎以每年100%的速度增长。

深圳作为现代化都市，不乏动漫追随者，中学生和具有消费能力的年轻时尚白领是动漫产品的主要消费群体。依靠他们的支持，深圳动漫产品的市场潜力非常大。截止到2005年12月30日，"酷语"共有3家自营门店及10家加盟店，并在短短一年时间内先后在潮州、惠州、东莞、重庆等地开设加盟店共18家。

"酷语动漫书吧"主要经营包括以游戏文化、动漫为特色的服装、仿真玩具、文具、生活用品、装饰品等实物产品，同时也包括音乐、图片、书籍等文化产品。除此以外，以会员形式租借时尚杂志、经典漫画、流行网络小说及文艺小说也是"酷语"的主要赢利模式。

另外会员间的共享、互动模式是酷语的独创：在店内设置"会员服务区"，会员可以把多余的书或者动漫产品放在这里代卖或展示，会员也可以通过"酷语"独创的网络系统进行会员间的资源共享和交流。

虽然"酷语"在深圳发展比较好，但也受到冲击，这个冲击不是来自市场，而是学生家长和老师。"酷语"一般是傍中学而开，很多学生一放学便钻在店里看书，家长、老师一看孩子沉迷于动漫书就非常着急，开始想办法限制。为此，"酷语"又研究了一套与家长互动方案：将会员的资料信息输入系统，会员每次借什么书、消费多少在系统里都有记录，以方便家长合理安排学生的学习和娱乐时间。这个办法出来后，受到很多家长欢迎，一些家长还主动将孩子带到"酷语"办会员卡。

由于已经打出名气，目前加盟"酷语"需要10万元加盟费——包括店面管理费、开业辅导费、店面统一装修费以及首次进货的费用。

"酷语"总店设置了网络进货平台，将每一季最新、最流行的书籍、动漫产品拍成照片并附上说明及价格登陆在平台上，加盟店不用亲到总店进货，直接通过网络平台就可以选择货品。总店还会根据加盟店产品的销售情况，负责对产品进行调换。

【小店前景分析】

对伴随着动漫和网络游戏成长起来的当代年轻人来说，一个蜘蛛侠模型、一本魔兽世界游戏攻略、一套《骑士传说》漫画丛书这类有关动漫的产品或书刊都能引起他们的极大兴趣。动漫书吧结合了目前最时尚的两种消费行业，即动漫游戏行业和租书行业，以学生和白领为主要消费群体，通过以会员制为主的消费模式为顾客提供一种时尚健康的生活方式，将时下流行的动漫游戏产品和时尚读书文化有效地结合起来。

动漫书吧一般专营动漫游戏周边产品，以及时尚书刊租赁、销售，非常适合年轻消费群体。主要经营产品有两大类，一类是动漫类产品，包括以流行动漫、网络游戏、电玩游戏为主题的周边产品，另一类是时尚杂志和图书，这两者间也有一定的相关性，譬如漫画书、漫画杂志、画集、电玩杂志、网游攻略等，都是两者之间的交叉产品。

有些动漫书吧在选择经营品种时，显得煞费苦心，一方面，其经营的动漫周边产品以当前最流行、人气最高的漫画和游戏为主线，贯穿文具、玩具、饰品等几大类。另一方面，店内经营的图书杂志还会有别于传统的综合类书店或卖场，在品种选择上不追求多而全，而是少而精。甚至依据学生、社区居民和白领人群的生活方式，区分为流行文丛、漫画、家居生活、管理财经、电脑技术和学生课外辅导教材等类别。有意投资动漫书吧的创业者，选择这一新兴行业模式，因总体上投资风险较低，有望获得较高回报。

女性书店的独特商机

近年来，国内书市上以女性为主题的书系、杂志纷纷亮相，且种类繁多。有心者不妨开家女性书店，市场前景相当广阔。

【小店淘金成功案例】

美国第一家女性书店"亚马逊书店"（AmazonBookstore，此书店与"亚马逊公司"之网上书店非同一家）于1970年在明尼苏达州的明尼阿波利斯正式成立。后来又涌现出许多类似的书店。

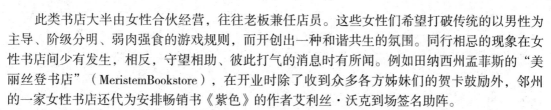

此类书店大半由女性合伙经营，往往老板兼任店员。这些女性们希望打破传统的以男性为主导、阶级分明、弱肉强食的游戏规则，而开创出一种和谐共生的氛围。同行相忌的现象在女性书店间少有发生，相反，守望相助、彼此打气的消息时有所闻。例如田纳西州孟菲斯的"美丽丝登书店"（MeristemBookstore），在开业时除了收到众多各方姊妹们的贺卡鼓励外，邻州的一家女性书店还代为安排畅销书《紫色》的作者艾利丝·沃克到场签名助阵。

除了书种的齐全，女性书店更企图提供人性化的空间。

以北加州柏克莱大学附近的"熊妈妈"（MamaBears）女性书店为例：一进大门，就见右侧一张大布告栏，上面张贴着各式广告、节目单，再往内走是个咖啡区，平时供人休憩，假日则作为作者签名区或表演区，一旁的小风琴还能帮忙助兴，墙壁四周则流通一些妇女们寄售的艺术品。

"熊妈妈"一如其名，像个温暖的大家长，给予社区贴心的服务。

【小店前景分析】

据相关报道，在美国以女性为目标受众的出版物早已卓然有成，且市场发展相当迅猛。不仅如此，更衍生出上百家女性书店——即由女老板掌控，且销售的书籍从学术类、实用类乃至娱乐类，基本都以女性话题为主的书店，同样经营有道。由此，就给了有心者一个启发：若将女性书店引进国内，市场前景亦有望看好。不过专家指出，开办这类书店也要注意一些问题，并非跟风就能成功。

首先，店址选择有讲究，最好设在"女人街"、大型美容院或女士用品商场附近，形成系列服务，或与其他书店连在一起经营。店的面积不需很大，二三十平方米就可以。

其次，对于店面装修及书架的购买，除了种类要齐全，女性书店更要提供人性化空间。

经营策略方面，一是考虑读者"零损失"，即读者来书店既可买书，也可租书，只要保存完好，缴纳相应天数的租金即可，使风险和损失为零，这种特殊的销售战术能吸引众多读者。

二是采取分期付款。一套定价百余元甚至几百元的书，不是所有读者都买得起的，读者首期支付一定的书款，押上本人有效证件就可将书拿走，余下部分1~2次付清，也会赢得更多顾客。

此外，可以旧换新，具体要处理好旧书的折价比率和旧书的出路问题。一般来讲，旧书可用来出租或设专柜出售。还可实行会员制，既可通过发展会员筹集资金，又能围绕书店形成一批固定的读者，保证书店的销售收入。

但要注意的是，采用会员制销售图书，书店对会员的服务和图书的质量保证是最重要的，女性书店亦无例外。

手绘图书专卖，一炮走红

手绘本图书带着浓厚的原创味道，利用艺术画的形式讲述情节简单的故事。在欧美各国，2005年以后，手绘本图书开始流行。

【小店淘金成功案例】

在上海普陀区的常德路上，有沪上首家专业儿童绘本书店——"绘本大巴"。开业仅三个月，"绘本大巴"就已经发展了500名会员。

在绿树掩映中，"绘本大巴"并不醒目，甚至有点不起眼。推门而入，窗明几净的店堂内井井有条地陈列着色彩鲜艳的儿童绘本。据"绘本大巴"的市场经理杨先生介绍，这里的儿童绘本现有800种之多，很快这一数字会增加到1200种。

在"绘本大巴"儿童书屋，主要经营中外精品儿童绘本，其中不仅有国内优秀的绘本作品，更有来自日本、英国、美国以及我国台湾地区的经典绘本，很多都是海外的获奖书、畅销书。此外还有一小部分是亲子、儿童科普、儿童手工、儿童绘画等各类精品童书。由于是专门书店，汇集了蒲蒲兰绘本馆、爱心树绘本馆、启发绘本、海豚绘本、信谊绘本等国内优秀的童书绘本品牌，同时汇聚了少年儿童出版社、21世纪出版社、明天出版社等优秀少儿出版社出版的精品童书。

由于孩子对文字没有概念，但是容易受颜色刺激，因此绘本书容易引起孩子的读书兴趣，可以通过图画读懂故事。

目前"绘本大巴"的主要客户是30岁左右的年轻妈妈，她们对新鲜事物接受较快，而孩子则以0~10岁的为主。另外，幼儿园、幼教机构、图书馆则是"绘本大巴"的批发客户。其实，目前儿童绘本的阅读群并不仅仅只有儿童，很多大中学生包括成人也非常喜欢阅读绘本，甚至有不少成年人将优秀绘本作为收藏。

"绘本大巴"儿童书店的老板杨先生在调查过国内的市场之后，发现国内的家长对于低龄儿童的教育依然停留在强调知识性和技能性的培养上，对于艺术欣赏和情操培育比较淡漠。在日常的家庭教育中，中国的家长仍习惯强调"不能做什么"，而国外的家长很少提出类似的限制性要求，更多的是通过鼓励的方式引导孩子的成长，这恰恰是绘本所擅长表达的内容。所以在他看来，绘本在国内还是一个相对空白的领域，在未来将会是一种文化潮流和发展趋势。

针对这种市场需求，他在2007年底创办了上海首家儿童绘本书店。杨先生想把这里作为一个基地，将大量的优秀绘本集中起来。现在的家长工作都非常忙碌，通过这样的努力，把适合儿童阅读的书籍挑选出来，就能节省爸爸妈妈的挑选时间。

现在年轻家长基本上是上世纪七八十年代出生，他们是网民的主力人群之一，平常也愿意通过论坛来关注和交流育儿或其他方面的信息，是一些网上育儿吧的主要光顾者，只要宣传到位，绘本的消费观念、教育理念及本身的价格都更容易为这一群体所接受。为此，"绘本大巴"儿童书店特意制作了网站并在淘宝网上设立了网络销售平台。

"绘本大巴"实行的是会员制销售模式，买书即可成为会员，普通会员可以享受8.5折优惠，消费累积满500元以上即可以享受VIP会员待遇，消费享受8折优惠。

因为绘本的最终使用者仍是孩子，所以书店很注重与孩子们的互动。在店堂内设立了专门的活动区域，安装了适合孩子们使用的小型桌椅板凳以及软性材料的地板，既方便孩子们阅读和玩耍，也能为父母与孩子的亲子交流提供足够的空间。同时店里还定期举办故事会，把生动而富有教育意义的绘本故事讲述给孩子们听。

【小店前景分析】

绘本其实就是儿童图画书，"绘本"是日本人的叫法，欧美叫做"picturebook"，它是一种文与图结合的特有出版形式，是用再创造的方法把语言和绘画两种艺术完美结合，表现为书这种特殊的物质载体形式。与一般插画图书相比，它最显著的特点是，图画本身具有很强的叙事能力。

绘本书的特色是，目前中国原创的较少，大部分为从欧美和日本引进，需要购买版权，因此绘本书的价格相对较高，一般一本在20~25元。绘本书本身的特色有两个：一是开本大，容易吸引孩子，且阅读不易疲劳；二是印刷讲究，考虑到儿童的阅读安全，材料选择涉及到纸张、颜色、气味等方方面面。

儿童绘本不仅能给孩子们带来难以想象的快乐，而且美文美图蕴含的真情真理，也能起到寓教于乐的良好效果。伴随着家长对儿童教育理念的升级，从欧美和日本引进的儿童绘本的商业空间和机会也会逐渐增大。其实，孩子是喜欢看书的，因为书里头有好多精彩绝伦的故事，那是一个多彩多姿的迷人世界。而且，家长也愿意让孩子进入一个彩色的绘本世界，凭直觉认知、思考与想象。

开一家绘本书店的前期投资主要为首批存货和首期房租。对于相对专业的特色书籍而言，开始书目会相对有限，购置费用在 10 万元左右。书店若包括营业区域、办公区域以及仓储区域大概需 50 平方米，如果作为单一的特色书店经营场所，则并不需要这样大的面积，一般而言，30 平方米以上即可。对于特色书店而言，以上这些费用相对明朗且有限，一旦为树立品牌扩大渠道等加大投入，如建立网站、组建服务团队等等，这些费用则会不可估计，且有可能会超过前者的投入。

选址方面，在考虑客流的同时要避免过于嘈杂的区域，一般而言，大型且成熟的社区、商务楼集中区域都是主要选择范围。考虑到儿童读者这一特殊的客户群，可以考虑选在一些早教机构、母婴用品商店、学校以及儿童游乐场所附近，更有利于接近低幼儿童以及家长。

从儿童绘本已经发展得相当成熟的日本市场来看，在那里也不是一下子就热起来的，也有一个比较长的培育过程。日本白杨社及一些国内出版者也通过办故事会等形式，来拉近家长和孩子与绘本间的距离以培育读者。因此经营者可以效仿，办故事会之初由老师讲故事，后期让孩子成为主角，既培养孩子的阅读兴趣，也让家长看到成效。

"书籍银行"也可赚钱

如今，人们购买的书越来越多，如何收藏这些书的问题便接踵而来。鉴于书籍收藏难的问题，开家"书籍银行"，一定会有利可图。

【小店淘金成功案例】

崇州来蓉的曾秀兰投资 1.5 万元在某社区开了一家书店，和其他书店不同的是，曾秀兰将自己的店定位为"书籍银行"。除了普通的卖书和租书外，读者可以将自己的藏书按 10% 的年息租给曾秀兰，由她再租给读者。

开办这家"书籍银行"，只有高中文化的曾秀兰说自己想得很简单，最早想开书店的时候，她也没想到要这么搞，只是想简单卖点书就行了。2005 年 3 月，通过卖书，曾秀兰认识了曾在新疆教书、退休后回到成都居住的赵老师。这位老师酷爱读书，家里四处都堆满了书，人也和气，每次来买书，曾秀兰都会给她打折。也许就是这样，一来二去，两人成了朋友。赵老师不定期地会送给她一些旧书，说家里放不下，放到她那里出租总能帮着赚几个钱。赵老师送的书保存得很好，外观上看上去都还不错。曾秀兰把这些书摆到店里后，出租的频率很高，如果卖，有的书还能卖到原价的 6 折甚至 7 折。

看到这样的情形，赵老师为她出了个主意。"书籍不易保管，容易被鼠、虫所咬，占据空间又比较大，很多人家里都有一些闲置不用的书，如果能把这些闲书集中起来，搞个类似银行那样的可以'自由存贷'旧书的生意，一定有利可图。"就这样，曾秀兰的"书籍银行"开张了。

曾秀兰在开办初期，大约投入了 2.5 万元，其中 5000 元用于购买第一批书籍（调剂书和出卖书），3500 元用于购买摆放书籍的书架，8000 元用于付房租与简单装修，200 元用于制作存书、租书卡。

"书籍银行"的主要盈利在于存入书与借出书的息差，也就是获得的借书租金减去存书的利息。一般情况下，存书的利息都在 10% 左右，对于特别好的书或者是读者急需的书，当然也可以提高利息。如果一个人在 2006 年 1 月 1 日存入一本价格为 10 元的图书，存期为一年，年利率为 10%，即可以得到这本书的年利息 1 元，一年之后，存书人可以将书拿走。如果这本书 1 年内共租出去 20 次，按每次收 0.5 元租金计算，则该书的年借书租金为 10 元，也就是说"书籍银行"得到的利润为 10 - 1=9 元。

曾秀兰说，如果她每年能收到这样的存书 3000 册，每本存书的年利润按 9 元计算，每年的毛收入便有 3000 元 ×9=27000 元，如果再加上代售一些书籍，每年的毛利润便会在 5 万元左右。

减去税金、房租和其他各项开支，每年的纯收益就可以有 3.5 万元。

从现在的情况来看，曾秀兰每个月能收到存书120本左右，加上卖书，总体利润也不少。现在，她最想做的是总结一定的经验后，在成都再开两家这样的店铺。

【小店前景分析】

"书籍银行"的地址必须选择在居民集中区和文化区附近，租两三间房的门面便可以了。为便于与外界联系，应安装一部电话，同时还需要购买一些摆放书籍的书架，制作一些存书、租书卡等。

为能让"书籍银行"有一个良好的开端，首先，应做好前期的宣传工作，可以通过在周边地区散发宣传单的形式，让人们知道一个"书籍银行"即将或已经开业了。

其次，开"书籍银行"在选择存书时，一定要把好关，没有出租价值的书一律不收存，同时对选好的存书，应相应按书的新旧档次付给"利息"。

再次，对大宗的存书户，可以实行上门取书服务，当然要收取一些相应的服务费（服务费可以从存书户所得的利息中扣除），而对于经常租书的租书者应实行一些优惠，如办理月租书卡（月租书卡租书费用要低于日租书费）、节假日优惠租书等，如此，便会稳定一部分租书者。

卖好专业书，一家书店变六家

大街上各种各样的书店林立，多你一家或少你一家似乎没有什么影响，因此要想在众多的书店中脱颖而出，就要做出特色。不妨立足于学术，开一家专卖专业书的书店。

【小店淘金成功案例】

朱升华开"枫林晚"书店的成功秘诀是：做专业书店，专门出售大型书店里面不容易找到的专业书籍。在他的书店中，因图书经营的成功，已不仅仅卖书，还靠经营特色，包括咖啡、名家讲座、沙龙、诗会、新书信息、二级域名等。这些卖点，使"枫林晚"被评为了杭州最佳书店。以个性化经营为依托，朱升华凝聚了一个忠实读者圈，他称之为"核心竞争力"。

1997年，大学毕业不到一年的朱升华辞掉待遇优厚的投资分析师的工作，着手创办"枫林晚"。5万元起家，20平米的小屋，几千册书，这是一个普通得不能再普通的书店。但是朱升华为他的书店设计了一条与众不同的发展道路。

脚踏遍地是文化的杭州古城，背靠学术风气浓郁的浙江大学，从一开始，朱升华就把"枫林晚"定位为以经营人文社科类学术书籍为主的学术书店。

杭州一些大书店难买到的学术书，在"枫林晚"能找到；如果顾客要求，即使"枫林晚"没有，朱升华也能想方设法进货。久而久之，"枫林晚"的名字渐渐在当地学术圈子里传开了，形成了稳定的客户群，80%都是老顾客，你一本，我一本，累加起来，竟也销量惊人。

朱升华喜欢和读书人交朋友。店面扩大以后，他就腾出一块空间来为一些学术沙龙和诗会提供坐席。两年前搬家时，"枫林晚"索性打出了"书店+咖啡屋"的招牌。朱升华的口号是"让真正喜欢书的人体会到读书的快乐"。

"枫林晚"曾经以每周两次的密度，在固定的时间段里连续推出"浙江学派枫林晚学术系列讲座"。在这个活动中，"浙江学派"的著名学者几乎被"一网打尽"。

著名作家汪丁丁甚至把《记住未来》、《海的寓言》等几部新书的首发式都放到"枫林晚"举行。

由于"枫林晚"在学术圈子里具有的独特影响力，商务印书馆找到朱升华，希望"枫林晚"

做即将创办的商务印书馆专卖店在浙江的总代理。

如今，"枫林晚"已经在北京、杭州、宁波等地拥有6家分店，在天涯论坛上长期占据杭州书店排行榜的头把交椅。

【小店前景分析】

如今，在日益激烈的图书零售竞争中，随着出版市场的不断细分和发展，经营特色显著、专业化分工定位明显的专业书店更具有商机。如计算机类图书，因细分领域多，更新速度快，普通书店难以单凭一个专柜来包罗万象，而专业书店则能集中力量深入到更加细小的专业领域。同样，随着医药教材垄断的打破以及医药行业人才紧缺等变化，医学出版市场发展较快，专业医药书也有了很大的市场。在这种情况下，具有创新意识的行家、专家办专业书店便成为一种趋势。

不同于综合类的大型书店，专业书店服务于一类或几类专业人士，这使得他们不需要太大规模，或者太多折扣，就能够吸引相对稳定的购买群体。

业内人士认为，专业书店在货源上弥补了综合书店的不足，中小型规模则正好可以和大型综合书店形成互补。要把影响面铺开，吸引更多客户，书店应采取种种措施促进自身发展，并加快相关产品的增值转化。

一般来讲，专业化图书都相对比较枯燥，说教味重而可操作性不够。书店对此要有清晰的定位，在专业化的基础上，通过选择大众传播和专业研究结合较好的图书来定位、规划和建立独有的市场。

比如新闻书店，在吸引媒体记者、编辑、大专院校新闻系师生等读者的同时，广泛推介类似《大事背后》、《中国封面》等具有焦点性时事性的图书，同样可以吸引读者。旅游书店也是一个好的方向。与传统认识不同，现在的旅游图书已拓展为吃穿住用旅游商贸于一体的综合性指南，而近几年旅游图书的推陈出新，旅游热的有增无减，使旅游书店有很大的挖掘空间。

向行业纵深拓展，比如行业内相关产品的增值服务，也可以使专业书店具备可观的前景。

用文化理念来经营普洱茶茶庄

对于茶这种文化内涵颇高的商品来说，如果选择用文化理念去经营，能吸引更多人的目光。

【小店淘金成功案例】

张雅丽的普洱茶茶庄开在她家附近，因为装修得特别古朴，与周围现代化的建筑反差很大，因此特别能引起人们的注意，大多数人是揣着好奇心走进她的茶庄的，并没有买茶的心思，但对各种各样质朴中透着奢华的包装很感兴趣。请客品茶是一般茶庄都会做的事，也没有什么特别，但是，在古香古色的茶庄里，美丽的女老板加上精湛的茶艺，不得不说是一道优美的风景。

让很多人没有想到的是，老板紧接着开始讲普洱茶的来龙去脉和文化内涵，这让人们开始觉得她与众不同。卖产品是每个商人的天职，传播商品的文化内涵，却不是每个商人都会有耐心去做的。这种经营之道，对于茶这样文化内涵颇高的商品来说，很匹配。

张雅丽是从一个消费者变成一个经营者的。她是在云南工作时开始迷恋普洱茶的，第一次喝普洱茶，她就知道自己找对了茶。回到新疆后，她告诉自己要从事一种自己喜欢的工作，她选择了经营普洱茶。对于她这种衣食无忧的女性来说，经营一个茶庄，不光是为了赚钱，每天与自己喜欢的普洱茶打交道，卖茶、传播茶文化，然后以茶会友，人生的乐趣就在于此。她的茶庄没有卖过那种天价普洱茶，同样，她的茶也没有因为普洱茶价格的暴跌而低价甩卖，一直维持在一个很平稳的价位。

开这个茶庄，张雅丽可没少费功夫，为了更好地体现普洱茶的文化内涵，她专门将两个茶艺师送到云南去学习普洱茶的知识。在茶的包装上，她也是精挑细选，让每一块普洱茶看起来都像一件工艺品。她的茶庄还有很多印刷精美的小册子，专门用来介绍普洱茶的茶文化。

她用40岁的女子来形容普洱茶，她说："好的陈年普洱茶就好比一个底蕴深厚的40岁女子，在经历了很多的人情世故之后，经过了时间的打磨，有了积累，有了对生活情感的沉淀，也就有了自己独特的风韵，她的好不再是一望而知的表象，而是需要慢慢地去品味。普洱茶也是一样，越陈越香醇，需要用味觉、嗅觉等细细体会，用心去感受。"

可能也正是有着这样的心境，张雅丽才会把传播茶文化的理念在普洱茶的经营上用得这样纯熟。

【小店前景分析】

普洱茶的茶质优良，具有叶质柔软、浓绿，芽头壮实、白毫显露等特点，冲泡饮用时色泽乌润、香气馥郁、汤色明亮、醇厚回甘、毛尖清香如荷、新绿可爱，内质外形兼优，不仅具有一般茶叶解渴、提神、明目、解油腻的作用，还有消食、化痰、利尿、解毒、减肥等功效。

历史上，由于普洱一带交通不便，运输主要靠马帮。为了便于运输，普洱茶多制成团、砖、饼等形状的紧茶。经千里之遥运输，途中经热湿乃至寒冷各地段，茶内茶多酚促其氧化自然发酵，茶叶变成黑色，味有陈香，有别于其他茶叶，别具特色。此外，这一区域栽植的茶树由于是大叶种茶，嫩芽有显著的白色细毛，故所制毛尖略呈银白色，所制红茶色浓味厚，无印度茶、锡兰茶之辛涩味，颇合欧美人之饮茶习惯。在一些地区的茶树还因与樟树混作，故在品质上又另具特点，与酥油极易混合，因而又特别受到藏族人民的欢迎，市场前景非常广阔。

开家文具用品店，用品质铸就事业

文具用品行业要淘到金，找好货源和巧妙营销起着关键性作用。

【小店淘金成功案例】

辉瑞和朋友合作开了一家文具店。选址就在市中心，周围有办公区和学校。刚开始，可能是客人都不知道的原因，生意很淡，3个月后才终于有了起色。正当他们高兴的时候，旁边又开了两家文具店，很快客人们都不上他们这里买东西了。经过了解之后，才知道旁边的文具店的文具比他们的便宜些。于是，辉瑞和朋友开始在进货渠道上找原因。原来批发商看他们是新手，给的批发价高很多。于是，他们马上寻找新的进货渠道。

接下来，辉瑞和朋友们打出了降价的口号，这样一来，人流多了一些。但好景不长，旁边两家店也进行了大降价，而且比辉瑞他们的还便宜。辉瑞和朋友就想：不能再这样下去了，否则大家会两败俱伤。看来必须要细分市场，于是，辉瑞和朋友放弃学生的生意，专门做写字楼的生意，因为白领对价格高低不那么敏感，而且帮单位买东西，不太讲价，再说办公用品的消耗量也很大。

通过研究，辉瑞和朋友制订了计划，凡是单位采购的，发给积分卡，根据积分可以按季度换取好又多超市的购物卡，这样一来采购人员既得到了实惠，又不会有受贿的嫌疑。

接下来，辉瑞和朋友就打印了一些传单，亲自去周边的写字楼里面，准备挨家挨户派送。可是，刚刚开始就让保安发现了，给赶了出来。他们又招聘了2个业务员，让他们按照黄页给附近的公司打电话，可是多数人一听到是推销的，连你的是什么产品都不想知道就挂了。业务员就这样打了 2 天的电话，由于工作上的挫折感太深辞职走了。这时，一个做报刊发行的同学给了辉瑞他们一个网络传真平台的账号，让他们发传真给写字楼里的公司。按照同学教的办法，辉瑞他们开始把自己的促销积分计划宣传资料传真给周围的公司和单位。接下来，不但附近的，连稍微远一点的公司都到他们这里来买东西了，每天送打印纸的车都要派好多次。

【小店前景分析】

这一行生意不是很难做，只要在开业前考虑如何定位，也就是说，要决定经营的方向是以办公用品为中心，还是以文具类的商品为中心。如果是以办公用品为中心，店铺的位置就要选择在公司或事业机构集中的地方。

一家文具店要生存下去，商品质量是最重要的，它决定着销量的大小。目前，消费者对文具用品的购买还处于功能导向阶段，学生和办公室人员是主要的消费群体，他们一般对货物的质量和款式十分挑剔。

学生是文具店的主要顾客群，由于学生思维活跃，猎奇性强，接受新生事物快，而且使用文具频率高，一般都追求最新的款式和最好的质量，因此只有两者结合才是最畅销的文具。

此外，在经销办公用品时，为了适应市场需要，要准确把握办公用品最近的消费动向，这样才便于寻找目标，及时地调整自己的经营方针和策略。

以文具销售为中心的店铺，营销范围当然更广泛了。因为没有哪个办公处所、商店之类的地方不使用钢笔、圆珠笔、签字笔或其他文具的，但如果能招来这些顾客，或者能把店铺开到那些地方去的话，建议还是以经营办公用品为主较为合适，因为经营办公用品比经营文具利润要高。如果是做专门的文具生意，还是要以学校或家庭为主要对象。

但如今在任何学校附近都可能有一到两家文具店，要想再做这行生意，就要做好和别人竞争的准备，详细地调查情况，周密地制定自己的经营对策。

值得注意的是，在进货时都要考虑到学校消耗文具的时令性，如在新学期开始前，货源要十分充足。还有，在经营的同时要多和学校、公司等进行联系，积极推销新商品，争取多订货。

对于文具行业，损耗是成本控制方面一个比较大的问题。由于不断有新款文具面世冲击市场，一种文具在货架上摆上一两周卖不出去，就可能再也卖不出去了。据业内人士估计，现在整个行业平均压货率达 10% 以上，即使是控制得好，生意比较兴旺的店，损耗率也有 2%~3%。

较高的损耗率决定着整个行业必须采取有效的手段进行促销。有的店开展打折销售，有的店实行"买一送一"，有的针对学生等消费者推出团购业务……据业内人士透露，目前最有效的促销手段是会员制，针对会员，店家可通过开展种种活动，拉近彼此间的距离，而积分打折，则更是让一些消费者欲罢不能。会员制能使易变的商家与消费者的关系更加紧密，让买卖关系趋于长期化。

大受公司欢迎的办公用品速配店

在商务楼里开一家办公用品速配店，给白领们提供急需的物品，让处于快速的工作节奏下的白领们能够心无旁骛，不走出办公室也能得到充足的后勤保障，也必能获得不菲的回报。

【小店淘金成功案例】

对于办公用品速配店的经营，来自北京的吴先生显得非常有心得。33 岁的吴先生 4 年前从德国回来，在一家外企工作半年后，他一下子瞄准了国内商务服务的空白，于是办起了一家具有秘书性质的办公用品速配店。由于确实适应了写字楼内很多公司的实际需要，他的生意越来越火。所以现在一提起商务服务，吴先生总是很兴奋，说国外的服务形式太多了，要把它们逐步地引进到中国来。

吴先生首先将办公用品摆到了写字楼的商务中心。与此同时，他建立了自己的个人网站，在去各个办公室洽谈生意的同时进行自己网站的推广，使需要购买办公用品的客户能够轻松地在网上选购。此外，他与办公耗材的制造商也保持着密切的合作关系，把日常办公最需要的产品摆放到特设的写字楼商务中心的"办公耗材供应柜"，客户一下楼就可以买到，或者在网上订了货可以立刻有人送到。由于吴先生有这样独一无二的展示柜，很多以往难以打入写字楼的办公产品，也可以通过网络和柜台进行展示，对产品推广很有好处。

此外，吴先生还提供了不少衍生服务。比如对于一些新成立公司的年轻老板来说，办公司需要的手续、财务记账、代理报税、法律咨询，包括找翻译公司、商务印刷等等诸如此类琐碎的事，没有经验的公司往往很难应付。吴先生经营的这家小店在这些方面都有长期的合作伙伴，因此他把这些服务也放在了网上，为公司的日常营运提供综合的商务服务。

【小店前景分析】

经过市场调研，商务楼中的办公人员基本上都有抱怨，觉得要经常出去买东西很不方便，尤其是在急需的情况下。对于在楼内设置专门的用品站，他们都非常欢迎。其次，市场上类似的业态基本没有。

这种店的店面面积不宜过大，控制在 20~50 平方米为宜。速配店的老板与店员应有初步上网能力、初级财会能力及运货送货的能力。每一个店由 3~5 人组成：店长 1 人，送货员 2~4 人。

体育用品店的特色经营

随着"全民运动"的观念越来越深入民心，体育用品已成市民日常消费的必需品。开家具有经营特色的体育用品店正当时。

【小店淘金成功案例】

33 岁的陈锡俊是温州人，2001 年和妻子来到宁波，在鼓楼开了一家小小的体育用品店。起初由于店铺位置较偏，人流不多，加上店里商品多而杂，没有特色，生意很清淡。维持了一段时间后，陈锡俊把店面迁到了府桥街路口，人流是多了，可附近有好几家更大的体育用品店，陈锡俊的生意依然平平。

细心观察了周边几个体育用品店后，陈锡俊发现凡是生意较好的店都有自己的特色产品，比如有的店的篮球销量宁波第一，有的店以销售网球拍、羽毛球拍为主。于是，他开始考虑自己的店也要脱离全而杂的模式，主打某一拳头产品。

2003 年，陈锡俊去上海参加了一个国际体育产品博览会，看到了一个自己从来没见过的新产品——单排轮滑鞋。陈锡俊认为，南方缺乏北方滑真冰的条件，滑旱冰是一个较好的替代，而且这一运动适用的人群较广，因此这种单排轮滑鞋就是自己一直要找的特色产品。

生产商告诉他，目前公司在浙江省只有杭州一个代理商，如果他想做宁波的独家代理，每年必须达到厂方规定的销售量，此外在付款方式上还必须预先全额打入货款，没有卖光的鞋子不能退货。面对这些苛刻的条件，陈锡俊再三考虑后还是与厂方签订了协议。

从上海回来的第二个月，陈锡俊向生产商汇去 1 万多元货款，进了 40 多双轮滑鞋。鞋子被摆在了店里最醒目的位置，可是当时宁波玩轮滑的人寥寥无几，半个月过去了，陈锡俊一双都没卖出去。

不过，这半个月陈锡俊也没闲着，他从网上下载了很多轮滑的视频，开始自学轮滑。由于以前从没玩过，一开始他可摔了不少跤。当时陈锡俊不光自己学，还带着一岁多的女儿楚楚学。去广场练习的第一天，楚楚穿着儿童轮滑鞋，在广场上蹒跚滑行的情景吸引了许多人的注意，不少人被可爱的孩子逗乐了。有个报社的摄影记者当时正好经过广场，第二天，楚楚穿着轮滑鞋在广场上滑行的照片见报了。

过了没几天，一位女士带着上幼儿园的儿子找到了陈锡俊的店，指名要买楚楚穿的那种轮滑鞋。该女士告诉陈锡俊，她在广场上看到了楚楚玩轮滑的场面，觉得才一岁多的女孩都能玩，自己的儿子应该也能玩。这件事情给了他很大启发，让他意识到示范推广的重要性，要想自己的轮滑鞋能卖得好，全靠示范推广。

在那之后，陈锡俊开始有意识地带着女儿经常去中山广场玩轮滑，一旦遇到感兴趣的市民，陈锡俊就掏出自己的名片，邀请对方去自己的店里逛逛。2004年6月，有位世界轮滑冠军到宁波参加一个商务活动，得知消息的陈锡俊通过朋友把这位世界冠军邀请到中山广场，组织宁波当地的轮滑爱好者与其进行现场交流。由于对方是世界冠军，玩的又是当时很少见的轮滑，因此活动吸引了大批市民前来围观，许多人看了精彩的表演后很心动，事后专门到陈锡俊的店里购买了轮滑鞋。

一年过去了，陈锡俊勉强达到了厂方规定的销售量，仔细一算账，自己并没赚多少钱，可是他却很有信心："通过第一年的示范推广，初步让不少宁波市民了解了轮滑运动，只要市民接受了这项运动，产品的销路会越来越好。"为了更好地推广轮滑鞋，陈锡俊组织轮滑爱好者成立宁波首个轮滑俱乐部，建立了网站和论坛，定期举办活动，还参加元旦长跑活动，轮滑俱乐部的成员穿着统一服装，举着旗帜滑行在长跑队伍的最前面。从2004年开始，陈锡俊还自掏腰包，每年举办轮滑邀请赛，每届比赛都有300多名选手参加，成为宁波地区规模最大的轮滑赛事。

通过种种努力，轮滑鞋的销量渐渐上去了。许多家长又向陈锡俊反映，虽然买了鞋子，但是由于没有人教，自己的孩子练习轮滑的机会很少。于是陈锡俊又办起了轮滑培训班，并向前来买鞋的家长承诺，在他的店里买鞋，都可以参加有专业教练指导的培训班，直到教会孩子为止。

开一个体育用品店的门槛其实并不高。以陈锡俊的店为例，他目前的店面在府桥街，店面租金一年12万元，装修2万元，工商税务等费用一年大约5000元，陈锡俊说，这些基本就是开店的全部投资了，剩下的主要是用于进货的流动资金，大致保证在两三万元左右就可以了。

目前陈锡俊的店面是批发加零售，以轮滑鞋和其他体育用品为主，每月的销售额平均15万元，其中轮滑鞋和相关附件的销售占了60%以上。轮滑鞋的毛利率可达25%，目前夫妻俩的年收入达到20万元。

【 小店前景分析 】

随着人们生活水平提高和业余时间增多，从欧美发达国家引入的"泛运动"概念已被越来越多的中国人所认可和接受。尤其是青年人和学生群体，已将运动视为一种时尚、健康的生活方式。据估算，在占据全国人口五分之一的年轻人群体中，意味着至少有500亿元的巨额市场。并且随着高质量生活的延伸，体育相关产业的市场容量还将稳步扩大。

据某国际知名咨询公司对中国3000余家体育用品专卖店和连锁店的市场调研与分析，这一行业的利润位居中国服务行业的前列。平均消费者回头率高达75%，个别连锁店甚至创下了95%的佳绩。看来，体育用品的经营确实有望成为一个黄金产业。

和过去相比，眼下体育用品异常丰富，出现了不断细化、专业化的趋势。一般来说，投资者可从两种路径确定经营范围。

一是开设单一品牌的专卖店。例如只经营耐克或阿迪达斯的产品。其全套商品可包括运动服装、鞋、袜、帽、包，以及各式运动配件和体育器材。

二是走多品牌道路。可同时经营多种运动品牌，甚至还可兼营鳄鱼、诺帝卡等休闲品牌。同时，根据投资实力和经营方向，还可以适当引进一些专业运动器材和户外运动产品。

开设一家体育用品店，尤其是主推国际顶级运动品牌的专卖店，投入的金额不能太少。首先是备货，一般按零售价格计，首批进货量要达到 50 万元（实际支付的进货价格低于此数字）。其次是整体的店面装潢，包括器材货架、电话、收银设备等，花费约为十七八万元；第三是租金，这部分支出会根据选址的城市、区域、地段呈现出很大的差别。据估算，在江浙一带的小城市，一间 60 平方米（据了解，目前大部分品牌店面面积在 80 平米以上，主力店 120 平米）商铺的年租金少则十三四万元，多则 20 多万元。而上海地区，市区的租金价格十分高昂，在较为偏远的松江一带也要 20 万元左右。此外，投资者还需要备有几万元的流动资金。初步计算，总投资额应该在七八十万元之间。

体育用品专卖店的面积要视经营的商品范围以及发展目标而定。规模可大可小，但一般而言，以 60 平方米以上的店铺面积为宜，即大约能占到两个门面。如此，才能显现出运动专卖店所具有的品牌形象。

尽管一些顶级品牌在国内的知名度并不小，不少年轻人对其新款产品也如数家珍，但在目前的消费水平下，更多的人并不会考究到打篮球穿篮球鞋，打网球穿网球鞋。一般选购商品时，考虑的主要因素还是品牌和外观，而不是功能。因此，在产品概念尚未推广到如此细化和深入的情况下，经营者更要重视品牌路线，并在销售中通过沟通，提高消费者对产品的认知能力。

体育用品店的人员方面一般需要 4 名店员（含 1 名店长）。当然，具体人员配置应当按照实际客流量进行调整。自营体育用品专卖店的关键是觅到可靠、稳定的进货渠道，既能保证货品的充足，也要做到货真价实，杜绝假冒伪劣商品。

对于没有相关行业经验、尚未达到一定规模的投资者来说，选择加盟一家发展较为成熟的体育用品连锁店，可能是更合理的投资手法。目前，不少顶级体育品牌在国内的经销商或合作伙伴，已发展成颇具规模的体育用品连锁零售企业。加盟的好处是，通过总部的集中进货，门店可以较低的价格购进经营道具和产品，从而降低成本，保证货品品质。同时，总部良好的公众形象、知名度也能让消费者增添信任感。另外，加盟还可以得到开店位置评估、员工系统培训、统一广告宣传、参加期货订货等诸多帮助。当然，加盟方必须遵守总部的规章制度。比如打折促销手段，虽然是各店的自主行为，但打折的幅度和额度也有一定的制约，一般上市三个月内的新品不能自行降价。

经营一个店铺，并不能简单地看销售金额。在开店之前，要通过调查来明确主要的消费群体，并据此进行商品的组合。开始经营后，除了靠店员和消费者之间的直接沟通来了解客户需求外，还必须分析和监控销售数据（借助系统管理软件做到及时了解库存），以把握销售热点和发展趋势，从而为准备下一季的进货提供可靠的信息。

第十章

玩乐生意中自有黄金屋

开家娱乐休闲店

现代人生活压力太大，很多人会选择各种各样的方式来减压，其中娱乐是大多数人减压必选的方式。可以说，娱乐休闲行业的市场前景相当广阔，如果能瞄准时机，开一家娱乐休闲店，其"钱景"自然美好。

小型网吧——自娱自乐的小天地

限于资金压力，很多人在开网吧初期不可能一次性拿出很大的投入来投资大中规模的网吧，小型网吧便成为多数资金较紧张的人士的首选。

【小店淘金成功案例】

1991年，19岁的王乃峰中专毕业，来到一家日资企业打工。一个很好的机会，他到日本企业本部接受培训，回国后在企业担任中层干部。当时，他的妻子在一家超市当售货员，每个月只有几百元的收入。在莱阳市区工作的堂哥告诉他，开网吧很赚钱，为给妻子找到一个好工作，2001年，王乃峰在工业园附近开起了第一家网吧。

开始只有十几台电脑，虽然赚钱不多，但总比妻子上班挣的多。2002年，莱阳农学院迁入城阳，王乃峰和妻子一商量，又在莱阳农学院附近开了一家网吧，电脑总数达到60台。网吧的生意越来越好，多数时间都由妻子一个人打理。王乃峰经过反复考虑，最后决定辞掉外资企业的工作，和妻子一起干。

工业园里的工人闲暇之余多喜欢上网聊天，这里的网吧生意更好些，于是王乃峰卖掉了学校附近的网吧，又在工业园附近开了拥有160台电脑的另一家大型网吧。开网吧规模小不赚钱，规模太大费用又过高，人流量达不到也不行。他算了一笔账，一个月下来，两家网吧的收入基本保持在5万元左右。

【小店前景分析】

网吧大小是以电脑台数为基本衡量标准的，以目前的情况来看，一般将具备50台电脑以内的网吧称为小型网吧，将具备50~200台电脑的网吧称为中型网吧，而大型网吧一般需具备200台以上的电脑规模。在大城市的城郊接合部，或中小城市乃至乡镇，50台电脑以内的小型网吧是网吧市场的主流。

据调查统计，200台电脑以上的大型网吧在全国网吧总数中所占比例只有5%左右，而100~200台电脑的中型网吧在全国网吧总数中所占比例也不会超过15%，目前市场上仍是50~100台电脑的中小型网吧和50台以下电脑的小型网吧占绝对主流的时代。

虽然大型网吧一般多为集团化运作，资金实力比较强，营销水平较高，但中小网吧由于内部人员结构较简单，也具备运作机制较灵活等优势。并且由于大型网吧档次的提升，对于一些消费能力有限的消费者难免会产生"门难进"的顾虑，造成其日常的上网娱乐还是更喜欢在熟悉的中小网吧完成。

所以，只要中小网吧能有针对性地对自身的上网环境和服务稍作改善，并增添一些个性化、人性化内容，在大小网吧的竞争博弈中，其还是具有竞争力的，这亦是虽然目前大网吧、连锁网吧日渐增多，而小网吧在数量上仍占绝对优势的主要原因。

对于一些乡镇网吧来说，或许只有 4~10 台电脑组成，为乡镇上的群众提供互联网服务。

具体来说，在处理器的选择上，一般小型网吧首选赛扬 (赛扬 420、430 等) 或闪龙 (如 LE-1100、LE-1150 等，280 元左右)、Athlon64X2 等低价型的产品，其性能已足以满足网吧所有应用的需求。如常见的赛扬 420 处理器，基于全新酷睿微架构 Conroe-L 核心，采用 65 纳米制程工艺，拥有 1.6GHz 主频，外频为 200MHz，倍频为 8，处理器二级缓存为 512KB，具备 800MHz 前端总线，支持 MMS、SSE、SSE2、SSE3、Sup-SSE3、EM64T 等指令集，满足一般的网吧应用没问题，其报价才 220 元左右。

"宽带路由器 + 交换机" 已成为目前小型网吧组建的基本方案。对于少于 10 台电脑的超小型网吧，可选用普通的 "SOHO 级宽带路由器 +8 口 SOHO 交换机" 的方案。这类产品配置简单，支持定时、按需拨号、上网权限管理、病毒自动隔离、IEEE802.1X、UPnP、DDNS、系统安全日志等高级功能，同时提供全中文配置界面，用户界面友好，产品投入一般在 200-300 元左右。

而对于 20~50 台电脑的主流小型网吧，TP-LINK、网件、D-LINK、腾达等品牌的网吧专用宽带路由器是必选，这类产品在功能和性能上更强大。以 TP-LINK 的 TL-R4148 新一代网吧专用宽带路由器为例，其采用 IntelIXP 网络专用处理器，主频 266MHz，同时采用六层 PCB，1U 钢壳，并内置电源，充分保证整机的稳定可靠。提供 1 个 10/100M 自适应以太网 (WAN) 接口，可接 xDSL/ 以太网 /Cable；提供 4 个 10/100M 自适应以太网 (LAN) 接口，可与内部局域网或其它交换机连接。除包含所有宽带路由器常见功能外，还支持攻击防护、基于 IP 的 QoS、单机连接数控制、IP 与 MAC 绑定、端口镜像、配置文件备份 / 导入等特别适合网吧应用的功能，其报价为 1180 元。

而在交换机的选择上，普通的基本型交换机是首选。可按需选择 1 到数个 16~48 端口的基本型以太网交换机进行组网布线。目前普通的基本型交换机都支持 MAC 地址自学习，所有端口均支持自动翻转功能 (AutoMDI/MDIX)，既可用作普通口，也可用作 Uplink 口。这样用户在进行网络布线时无需考虑交叉线和直通线的问题，全部将网线简单地做成直通线即可完成布线。这类国产品牌产品的报价一般在 300(16 口)~1200(48 口) 元左右。

并且，由于宽带路由器这类设备的采用，让网吧网络的组建变得简单化。用户一般只需对宽带路由器进行简单设置，便能很好地让网吧电脑接入互联网。以 ADSL 拨号上网为例，只需在宽带路由器配置页面中，选择 PPPoE(以太网上的点到点连接) 方式，然后填入 ISP(宽带服务商) 给您提供的上网账号和上网口令即可。

然后将宽带路由器的 DHCP 服务器设为打开和自动分配即可，它能够自动分配 IP 地址给局域网中的计算机。而电脑端只需采用默认的自动获取 IP 地址即可，这样不再需要对 IP 地址、子网掩码、网关以及 DNS 服务器进行一一手工设置，大大减少了网吧的网管复杂度。

在主板方面，目前市场上主流的 NVIDIAC68、AMD690G、Intel945G 系列整合主流都是较好的选择，其价格一般在 399~499 元左右。这类主板集成的显卡已能在低特效情况下流畅地运行象魔兽世界这类主流游戏。如 NVIDIA 的 MPC68 整合芯片组内建 GeForce7 显示核心，配备两条渲染管线，提供 HDMI 输出。并提供 16XPCI-E 插槽，可方便地根据网吧需要添加高性能独立显卡。并且，目前的主流主板大多集成了百兆或千兆网卡，板载六或八声道音频输出芯片，可节省这方面的采购费用。

而对于内存来说，512MB 内存就不用考虑了，1GB 内存是最低配置，而考虑到各种程序的流畅性，最好能考虑 2GB 内存。目前单条 DDR26671GB 的内存售价仅在 130~150 元左右。考虑到目前的游戏越做越大，160GB 的硬盘是最低配置，其价格一般在 380~400 元左右。

而考虑到部分用户对游戏的偏爱，网吧中一部分的机器可考虑采用独立显卡。不用太顶级，目前 399 元左右的显卡已能满足这种需求，在选择时要注意所选显卡的档次不要低于 128MB128bit7300GT（399 元左右）一档次就行了。而对于考虑到前瞻性的要求更高的网吧用户来说，500 元左右的 7600GT、8500GT 等显卡也是不错的选择，这类产品应付未来两年内推出的新游戏不会有太大问题。

此外，机箱电源可考虑品牌厂商的套装产品，200元左右的就行了；是标配音箱还是耳麦，可按需选择，一般二三十元的产品就行；而键盘鼠标也一定要选用知名品牌产品，不要考虑杂牌货（此类产品很容易出现字迹脱落，按键失灵等毛病），其使用时间更长，能更好地满足网吧高强度使用的需求，这类套装低价产品价格一般在50元左右。

对于强调价格的用户来说，700元左右的17英寸的纯平显示器仍有一定可选性。而对于主流网吧经营者来说，液晶显示器应该成为标配（或者至少一半的机器采用液晶显示器，做网吧"招牌"用），以便能更好地吸引客户关注，提升网吧档次。目前市场上15.4~21.6英寸的宽屏液晶显示器价格在1000~2000元左右，网吧经营者可根据自身的资金实力按需选择。

并且，由于是多机采购，与单机相比，在与商家谈价时还可更多地争取一些价格上的优惠。通过以上的选购与组建，网吧在硬件上就算组建好了，就可开门营业，广纳财源了。

开家电玩店，"模拟人生"中辟财路

每当暑假来临，除了各种夏令营、兴趣辅导班外，电子玩具也回到了孩子们身边。找准时机，开间电玩店也许是种不错的开店选择。

【小店淘金成功案例】

25岁的杨海涛在长江经济广播电台做广告业务员。忙碌但琐碎的业务工作让他觉得很憋闷，于是，想实现自我价值的他便萌生出了"自己出来做"的念头。

就在这时，命运之神向他招手了。2002年8月，他在一家经常浏览的网站上看到，一款新推出的电玩产品正在寻找代理商。杨海涛从小喜欢电玩，对这一行非常了解。他认为这款产品前景不错，决定抓住这个机会。

同妻子商量后，杨海涛打算先从代理做起。与厂商洽谈后，他和妻子立刻行动起来。他们背着背包，奔走在武汉三镇，向各家电玩店推销。由于很多店主没有听说过这款产品，或者了解不多，杨海涛和妻子屡遭拒绝和冷落。但夫妻俩毫不气馁，凭着一股不服输的韧劲，终于在半个月后卖出了第一件产品。回忆起做代理的日子，杨海涛觉得那时候虽然有些辛苦，但一想到是为自己做，就觉得没什么了。

2003年2月，杨海涛正式辞职，全身心投入到自己的事业中。这年3月15日，在华中电脑数码城一楼，他的"口袋电玩"店开张了。

有了固定的门面，杨海涛便琢磨起如何扩大知名度。他买来电脑书，自己动手制作了一个网站，又在《游戏机实用技术》上连续刊登广告。同顾客打交道，杨海涛坚持"要做事，先做人"，尊重顾客，诚心诚意和他们交朋友。武汉理工大学的郁老师是店里的常客，杨海涛常和他交流玩游戏的经验，两人成了无话不谈的朋友。

杨海涛的精心经营得到了回报。"口袋电玩"的毛利润从最初每月1000元左右上升到了后来的近9000元。再后来杨海涛投资3万元，先后在华中电脑数码城和南极电脑城开办了两家分店。

【小店前景分析】

目前在我国至少有几千家电玩店，而随着就业问题日益突出，越来越多的人选择了自主创业，而其中不乏游戏玩家，很多人便把创业项目锁定在了开电玩店上。对于电玩这个行业，市场前景又如何呢？

随着电脑的普及和模拟器的出现，以及价格逐渐透明化，对我国电玩行业产生了一定的影响，很多人也担心，做电玩还能赚钱吗？其实不然，电玩这个行业在我国其实才刚刚起步。

相信会有很多人持反驳的意见，因为从"小霸王"时代至今，我国电玩行业也算是有了近20年的历史了。但是，尽管其已经历了很长一段时间，然而据调查统计，我国有87%的电玩店尚处于零售及搭配零售的状态，在经营理念、货源渠道、进货方式等方面都存在很大的问题，大多数电玩店的经营流于传统和保守，无法与国际电玩市场的经营接轨，很多店主也对这个行业不了解，缺乏专业的电玩维修技术，这些都造成了我国电玩行业发展的缓慢。而随着我国市场的不断开放，各类网站、杂志的宣传，以及人们消费意识的上升、对电玩认可度的增加和越来越多玩家的进入，产品不断更新换代，电玩行业其实已经开始呈现出大力发展的趋势。

至于模拟器的出现，一方面可以说是电玩玩家越来越多的产物，二来也不是我们需要担心的，因为模拟器远远不能做到模拟当今最新主机的能力，而随着主机机能的不断强大，模拟器更是望尘莫及，而像任天堂、索尼、微软这些公司，他们的主机已越来越多地搭载了各种普通电脑无法实现的功能，比如DS、wii以及3DS。而功能的增多也促进了越来越多周边产品及服务的发展，正是这些周边产品及服务促进了电玩行业的利润。如果说不赚钱，那一定是你没有摸透其中的商机。

大头贴拍拍店，锁定精彩浪漫的瞬间

　　"大头贴"特别受时下年轻人的青睐，它可以记录你与伙伴的青春故事，因此消费者众多，赚钱自然就不是难事。

【小店淘金成功案例】

"大头贴"又名"魔贴"，最早出现于日本，是专为年轻人设计的时尚照相，拍摄方便，一次成像，即拍即现，而且有不同的卡通背景和照片尺寸，配合年轻人不同的表情和姿势，照片效果独特，还可粘贴在皮夹、手机、贺卡、笔记本等上面。

"大头贴"流行至今已有十多年时间，仍有其市场。

郭潇开大头贴店两年了，他从一台机器干起，直到发展为本地最有名的大头贴店，可谓心得颇多。

郭潇开店时并没有经验，有的只是多年的电脑使用经验。在开店前他找了很多网上的文章学习经验，特别是阿里巴巴论坛，不仅学到了很多经营理念，还得到了一个进货渠道。

因为刚开店没有太多经验，郭潇只上了一台大头贴机进行摸索。

为了维持初期的生意，他利用在阿里巴巴上学习的经验，改装了一台旧电脑作为pos（销售点情报管理系统）收款机，从网上进了一些时尚礼品进行销售，并且利用pos软件设立了完善的会员消费积分系统，能通过电脑自动结算，又花了5000元左右为店铺进行了一定的装修。

因为紧邻的两所学校虽然是本地最好的初中和高中，但学校附近的小店几乎都是装修并不考究的小店，即使是小型超市，也没有上pos机，因此在营业初期，顾客立刻就发现了他的店与其他店的不同，在第一个月总营业额3600元，但大头贴营业额只占到总营业额的16%。

同时，店内所有商品都发布到淘宝网等交易平台进行销售，不仅增加了销售额，也让实体店顾客看到大包小包往外发货，感到还是这家店比较牛。

后来，随着对大头贴机器的深入了解和改善，郭潇的效益压过了附近所有的竞争对手。然后立即上了第二台，这样，大头贴收入达到了26%，可谓在竞争中已经站住了脚。经过了寒假淡季后，到了第二年毕业前夕，郭潇店里已上了5台机器，可谓本地第一多，占总营业额的80%。郭潇的所有机柜后来都是自己做，机器自己配，因此可以省下不少钱，降低了成本。

【小店前景分析】

据说日本的女中学生平均每人拥有 500~1000 张"大头贴"，这已成为其形象代表，甚至有代替签名之势。"大头贴"被引入中国市场后，很快就被年轻人所接受，特别是中学生和年轻的情侣，隔三差五就会跑来拍一套，有的人甚至拍了全套背景的"大头贴"。

这类照相吧的主要消费者是中小学生及年轻人，因此店址应选在校园周围，影剧院或娱乐场所及公园、少年宫等处。

拍"大头帖"，选择背景图片很重要，顾客选择时往往会左右权衡，占用很长的时间。这时候要耐心服务，不要怕影响做下一单生意而再三催促。建议摆上一些桌椅，方便顾客安心选择，店员也可推荐一些中选率较高的图片，或是最新流行的图片，提供贴心服务。

同样的价格，同样的图片，可有些店面门庭若市，有些却门可罗雀，关键在于照片的印刷质量。好的进口墨水要 200 多元一盒，印刷效果鲜艳明亮，差的墨盒只有六七十元，但印出的照片明显暗淡无光。如果贪便宜，照片质量就会大打折扣，不利于留住回头客。因此，一分价钱一分货，千万不要因小失大。

开一家这样的时尚小店，需要投入的资金主要包括以下几个方面：自装贴纸相机 8000 元；购买贴纸相机软件 1800 元；采集卡 400 元；专用摄像头 300 元（最好的需要 1000 多元）；专用背胶 A4 打印纸，3 元一张；电脑一台 4000 左右；打印机 500 元左右；找木匠做机柜 1 个大约 800 元。

照片效果是大头贴经营的关键，它直接影响到大头贴店是否有回头客。很多顾客到店里先是看看你贴出来的样照效果，好的话就照，不好的话转头就走。而且若你的效果好，会有好多客人再次光临的。大头贴的效果好坏与很多因素都有关系，如打印的纸张、打印用的墨盒、打印机的设置，还有关键硬件的配置、灯光等。正确的调色应该用如下程序进行：

1. 先把摄像头部分的设置调好，如光圈和自动白平衡等。

2. 把打印机的色彩调整还原默认值，灯光都到平常状态。

3. 开始拍照，照 4 张的款式，一张近、一张远，另外两张把眼睛和牙齿照清晰，背景选择红、黄、蓝、灰四种背景（灰用来调明亮对比度，其他用来调色）。

4. 打印出相片，对照相片调整显示器。好多显示器调法不同，所以一般只调对比度和明亮度两个。色温和曲线一般不动。调到和相片的对比明亮一致即可。如果调不到一致（如太暗或太亮），调到接近也行。

5. 然后开始调颜色属性，红黄蓝三种颜色对照显示器里的调打印机的高级色彩设置，一般都五个五个地加或减，不要害怕，少了没有效果。

6. 自己觉得差不多了就重复打印第二张，然后继续前面的步骤。有经验的一般 3 张就能全部校准机子。

成人玩具也大有商机

随着年龄的增长，人越来越爱怀念童年的情趣，开家童趣用品店，出售一些复古玩具和零食，自然能吸引大批怀旧的人士。

【小店淘金成功案例】

现在社会上的中坚分子，大多为三四十岁的 70、80 后中青年，这一群人的童年有点尴尬，既没有上一辈人的贫乏，也没有下一代人的热闹，他们"卡"在极复古与超现代之间，找不到着力点。小町玩具店的出现，为这些人提供了一个适当的缅怀空间。

人声鼎沸的大街后巷，悄悄出现了一家专门贩售复古玩具和零食的趣味商店——小町玩具店。小店和比邻而居的发型设计屋装潢风格一致，虽说属性完全不同，倒也不显突兀。

罗小姐原本是音乐老师，长期和孩子相处，个性也颇具童趣。每次出国，塞满行李箱的不是当季最流行的服饰彩妆，也不是当地饶富风味的名物特产，而是一个又一个小巧可爱的小玩意儿。这些小玩意儿虽然可以拿来玩，但对一个三十岁左右的人来说，这些东西的象征意义大过实际赏玩的功能，因为这可都是童年珍贵的回忆呢。

当初和从事美发业的先生因为工作需要，时常相偕到日本考察，观看最新美发用品，闲暇时因为自己向来喜欢小饰品，于是总带回一箱又一箱的小东西，几次之后，这些以前在"柑仔店"常见的小东西便把家里的橱柜塞满了。先生终于忍不住说：干脆开一家店摆这些小东西好了。她把这句话放在了心上，认真考虑，于是"小町"就这么诞生了。

小町的诞生，从进货、包装、定价、上架……样样不假手于他人。在做这些工作的同时，主人自己仿佛又经历了一遍孩童时代的纯真岁月，既是工作又可玩耍，对她而言，开店虽然辛苦，但却比别人多了一份趣味。

由于是以自己的兴趣为出发点，从进货即可窥见主人的喜好。商品数量虽不多，种类却多到足以让人眼花缭乱，从小时候大家都喜欢的泡泡糖、牛奶糖、口香糖、仙女棒、竹签纸风车，到女生喜欢的各种造型发饰、钥匙圈、小吊饰等，在这家小店里都可看到。虽说是小时候的玩意儿，但包装一点也不含糊，少了以往的粗糙，却多了份亲切。

"小町"店面不过10平米左右，却有上千种不同的商品，从门口、墙壁到柜台，可以利用的空间都被不同的小玩具占领，客人只要一进门，眼珠就会随着蔓延整家店的小东西游走，可见这些东西是多么惹人喜爱。

说到客人的年龄层，除了三四十岁的人是主力客户外，还向下延伸到15岁左右，这些价钱在10~200元不等的小玩意儿，竟然有如此大的吸引力，倒是老板所始料未及的。

店内商品走的是复古风，材质和做工也讲究要符合年代。由于定价不高，不论是小学生或上班族，只要手中有一把零钱，就可以带点东西回家。

这些可爱的小东西，有些看起来不怎么显眼，用起来却是物超所值：像一些贴指甲用的贴片，乍看之下好象和一般贴指没什么差别，可是贴在指甲上，因为模型裁剪合宜，颜色饱和度好，反而比涂上去的指甲油耐看、吸引人，而且这些贴片可以持续一个礼拜左右，很划算。

不过有些东西看起来很无厘头，有些商品则看似应该有特殊功能，结果往往是客人想太多了，这些小东西讲究的就是趣味和创意，只要能吸引目光，没什么道理可言，也没那么多学问。

【小店前景分析】

日本20岁以上的白领中，至少有84%的人拥有自己的玩具；美国的玩具公司透露，每年40%以上的产品是专门为成年人制作的；我国白领的年玩具消费额平均还不到20元，基本属于市场空白。专家估算，中国成人玩具年需求值超过500亿元。

商机无限的珍禽标本工艺品店

珍禽既稀有又漂亮，人们对其很感兴趣。若以漂亮、逼真的珍禽标本用于装饰室内空间，不但生机倍增，也有很高的艺术品位。独特的珍禽标本工艺品，可让有志之士"钱"途无量。

【小店淘金成功案例】

福建省永定县闽西招宝珍禽开发公司大规模养殖珍禽已有12年的历史，他们在给宾馆、酒家送山鸡等珍禽时，发现不论大人还是小孩，对漂亮的山鸡都赞叹不已，一位客人还建议，如果山鸡不会飞走，制成标本放在家里供人们观赏，既可以满足人们对珍禽的好奇心，增长知识，又省了饲养的麻烦，该有多好！他们从中得到启示，认为将养殖的山鸡、孔雀、锦鸡等珍禽加工成一只只形态各异、振翅欲飞的标本，投放市场，一定可以大量进入家居、办公室，会大有"钱"途。

事实果然如此。他们制作的标本新奇漂亮、动感十足，又物美价廉，比买植物盆景、花卉还划算。加上无须刻意呵护，摆设多年不变形、不褪色，倍受人们喜爱。现在他们制作的珍禽标本已走进家庭、宾馆、酒店、商店、学校、高档办公室等场所，一直供不应求，并已大量出口。一只珍禽的饲养成本不到10元，市场上鲜活产品销售一只30~50元，但加工成标本一只可卖250~500元。而且制作标本时掏出的珍禽肉还可加工成精美可口的软包装食品销售，一举多得，经济效益整整翻了10倍，而且还增加了几个销售渠道，卖得更多。

他们成功的原因在于：孔雀、山鸡、红腹锦鸡等珍禽标本栩栩如生、美观可爱、便于保存，这是很多工艺品所没有的优点，作为礼品送人，显得高贵、珍稀，很上档次，具有新颖性和祝愿美好前程之意。因此各地众多的礼品公司、花卉商店、宾馆、酒店、企业、学校对他们制作的珍禽标本的需求与日俱增，产品供不应求。

近年来，为了满足市场需求，他们在福建省永定县闽西招宝珍禽开发公司驻地开办了多期珍禽标本制作技术培训班，面向全国招生，先期培训的学员学成归去后不少成了珍禽标本制作高手，产品畅销国内外，也走上了致富之路。

【小店前景分析】

无论是城市还是乡村，用鲜花、盆景等装饰室内空间已成为时尚，但装饰中大都用植物，很少有用动物的。于是，有人想到把那些色彩绚丽、极富观赏性的珍禽制作成标本，如孔雀、贵妃鸡、鹧鸪、红腹锦鸡、白鹇等，做成标本后具有漂亮、高贵、典雅的形态特征，一般标本保存时间长达30年。标本若配上艺术根雕，衬以常绿植物、花木盆景，一只只珍禽标本或如闲庭信步，或如引吭高歌，或如振翅欲飞，或如呢喃细语，俨然一派动中有静、生机盎然的自然风光。这些珍禽标本是提升居家品位和送人的极好礼品，将很快成为装饰行业的新宠。

办一家珍禽工艺品店一般有流动资金几千元便可。制作一只标本，其成本视珍禽种类而定，每只标本可获利15~100元，每天按最少出售5只来计算，月纯收入也在3000元以上。

想要经营好一家珍禽工艺品店，就应注意以下几点：

1. 经营者应与各类养殖户建立良好的业务关系，保证原料供应不断。

2. 可与旅游部门合作，把珍禽标本当成旅游纪念品向游人推出。

3. 与家具店、装饰店等合作，把标本寄存到这些店里卖，店主们会很乐意，不但可提高商店的品位、档次，又增加了品种选择的余地。顾客在购买家具的同时，可能会买一二只标本回家，两者相得益彰，可大大促进销量。

4. 由于珍禽标本是装饰新品，为了使更多的人接受，可把它带到展销会上展出，说不定被外商看中，从而有可能让你制作的珍禽标本"飞"出国门，走向世界。

成人玩具吧，让童年时光倒流

时下都市生活的节奏不断加快，造成许多人的精神承受巨大压力，很多人需要一种全新的精神调剂，而玩玩具就是一种较好的精神消遣。开家成人玩具店，让备感生活压力的成年人在体验玩具的乐趣中放松自己的神经，无疑会受很多人欢迎。

【小店淘金成功案例】

青海姑娘李亚楠瞅准机会，在上海开了一家"成人原创玩具吧"，生意一下就火爆起来，每月的利润高达5万元以上。

李亚楠出生在青海西宁市，2002年从上海一所技工学校毕业后，学电子专业的她却被安排到浦东一家电器生产企业的仓库，做了一名打包工。

一天，毕业于上海复旦大学、在一家著名软件公司做程序员的表哥来看望她。李亚楠见表哥西装革履、风度翩翩，不由心生羡慕。谁知这位月薪7000多元的白领不但没有一点高兴的样子，反而皱着眉头说："小妹呀，你不知道我们工作压力有多大，一天十几个小时坐在电脑前，每天的任务像一座大山压在肩上。唉！年纪轻轻都有肩周炎、颈椎病了，以后年纪大了，可怎么办啊……"表哥又诉说了办公室人际关系的复杂以及老板的苛刻，李亚楠这才知道，看起来风光体面的白领，其实活得很累。

表哥还回忆起小时候和李亚楠一起玩陀螺、折纸船的童年趣事，感叹地说："唉，真想现在也能开开心心地玩一回啊！"言者无心，听者有意。李亚楠想，像表哥这样的白领一族在都市里并不少见，他们的工作压力太大，渴望放松，也渴望能重温童年的感觉，像个小孩子一样忘我地玩上那么一会儿。那么，专门给大人提供玩具，会不会是一条新鲜的生财之道呢？

想到这一点后，她赶紧到处搜索资料，果然发现，由于生活节奏快，职场和生存压力大，玩成人玩具在西方白领中早已十分盛行。人们都喜欢通过玩各种益智、挑战及娱乐性的玩具来放松自己，找回失去的笑声和童心。在日本和韩国，玩玩具的主体早已不仅仅是孩子，美国玩具公司每年40%以上的产品则是专门为白领设计制作的。而在我国，成年人的玩具消费基本属于一片空白。

【小店前景分析】

在欧美一些国家，一个人玩玩具可以从0岁玩到100岁，在他们的文化中，玩具是生活的一部分。针对目前的形式及发展趋势，开家成人玩具吧是确实可行的，它可以丰富人们的业余生活，有益智功效，又能减轻压力，并且有投入资金较少、投资回报快、项目易于操作、经营效益稳定等诸多优势。

成人玩具吧可以为顾客提供各类成人玩具，可令顾客一玩爱不释手、留连忘返。

这类店的经营地址应选择在写字楼或大专院校附近，可使您在开业初期便拥有较稳定的消费群体。除经营玩具外，还可兼营茶、糕点等小吃，既方便了顾客，又可增加收入。最后，还可以向周边的市、县销售成人玩具，也可发展加盟连锁店，这样，你的生意定会越来越红火。

开家"混搭"玩具店，让1~100岁都能玩起来

爱玩是每个人的天性，不管你是1岁还是100岁。青岛市的张玲玲和张丽丽就是一对爱玩的姐妹，因为爱玩，她们开了一个玩具店，在那里，从1岁到100岁的人都可以找到适合自己的玩具。

【小店淘金成功案例】

张玲玲和张丽丽的魔术智力玩具店已经开了两家，分别在菜市一路和桑梓路。初次走进，很容易被满屋子的玩具弄得眼花缭乱，从传统的魔方、九连环、孔明锁到各种棋类、拼图、魔

术道具，还有很多根本叫不上名字的，但却忍不住拿起来摆弄两下。

姐妹俩的第一家玩具店是 2001 年开的。当时她们都没有工作，就想一起开个小店，也没打算开得多么有特色。有了开店的想法后，姐妹俩突然想起了几年前在广交会上看到的各种各样的成人智力玩具非常有趣，她们俩本来就很喜欢琢磨事情，特别喜欢这种好玩的东西，于是就想干脆开个玩具店吧！

刚开业，姐妹俩对小店的定位很准确，只卖成人系列的木制智力玩具。但是，当时青岛卖这种玩具的还很少，在很多人的印象中，玩具只是给孩子玩的，很多顾客进门看了一圈儿，说句"原来是卖木头的"就走了。在最初大半年的时间里，姐妹俩的玩具店都在赔本经营，整天坐在空空的店里没有顾客，急得两人都上火生病，但想想房子已经租了，货已经进了，干脆再等等看吧。

慢慢地姐妹俩发现，很多顾客都会询问有没有儿童玩具，便想到进一些儿童玩具，也许能带动成人的一起卖；材料也不必局限于木制的，好玩的塑料玩具也可以卖，质量好就行……在慢慢摸索中，小店的顾客越来越多了。

卖智力玩具，姐妹俩总结出一个道理：自己玩得越好就卖得越好。所以，一方面是兴趣，一方面是工作需要，小店里进的智力玩具，姐妹俩都要先探个究竟。店里的玩具，姐妹俩差不多都能玩得十分在行。有的顾客是第一次来，不知道该选什么样的，她们先随便玩一个，就能将其吸引住。

为了琢磨这些玩具，姐妹俩可是费了不少脑子，但也有她们琢磨不出来的。张玲玲拿出一个孔明锁的"升级版"说："这个是新进的玩具，我们还没琢磨出来。不过，也有顾客来了会问：'有没有你们也玩不了的？'然后买走回家研究。"

开店时间长了，什么样的玩具适合什么样的人，姐妹俩都能做到心里有数。她们总是把自己认为最好的、最适合的推荐给顾客，如果单纯为了卖东西，去推销那些不好玩的，人家下次就不会来了。也有六七十岁的老年人来买智力玩具，往往开口便要"难度最大的"，但张玲玲认为难度大的玩一两个月不得法，会打击人的积极性，便会哄着老人买那些中等难度的，既能有探索研究的乐趣，也有挑战胜利的成功感。"帮顾客选择他最需要的"，就是凭着这条法则，两姐妹自开店以来，积累的回头客越来越多。

在众多的智力玩具中，张玲玲最喜欢的还是魔方，现在，她和妹妹都能在 2 分钟之内把魔方还原。张玲玲曾一直认为魔方非常非常难，自己不可能学会，但去年暑假有个女孩来买魔方送朋友，店里只有一个被打乱的，还原不了，女孩便走了。张玲玲很懊悔，觉得要是自己会，那天不就卖出去了？当天晚上，她从网上找到了魔方的口诀，开始对着电脑练习。到了深夜 12 点多，终于成功了，张玲玲兴奋得不得了。熟练了之后，只要是到店里买魔方的，姐妹俩都会免费教。

2009 年的春节晚会火了刘谦，也火了魔术。姐妹俩的小店里，买魔术玩具的年轻人越来越多了。以前店里没有这么多的魔术玩具，买的人也大多是因为好奇，开始她自己也是这样，买回魔术玩具后就想探个究竟，捅破了那层窗户纸后才发现是如此简单，好像上当受骗了，所以张玲玲都不敢给顾客推荐魔术玩具，心虚，怕人家一旦弄明白了觉得不值这个钱。但现在不一样了，很多人买魔术玩具是为了表演给同学朋友看。姐妹俩也学会了很多小魔术，免费教给顾客。节假日的时候，小店里会站满了"学艺"的年轻人。玩具店的生意越来越好，姐妹俩也很高兴，不过让她们最高兴的，还是能把快乐带给更多的人。

【小店前景分析】

玩具绝不是儿童的专利，不管年龄多大，只要你怀有一颗童心，那些益智玩具、卡通观赏玩具、多人合作棋类玩具、魔术玩具的吸引力依旧存在，只是不同的人群喜好不同罢了。青少年会对一些刚兴起的魔术类玩具、搞笑不伤人的玩具感兴趣；女孩子会对那些造型美观、可爱的摆设玩具爱不释手；年轻白领偏爱一些智力带休闲的玩具；成年人则对有益身心的益智玩具情有独钟。

物美价廉的货源是开混搭玩具店经营成功的关键，城堡积木、强手游戏、七巧板、3D 立体拼图等都是不错的商品选择。初涉该领域的创业者可考虑通过加盟来降低风险，因为连锁加盟的差异化策略有利于创业者进行特色化经营。此外，开混搭玩具店需要有一定的知名度，因此店址应选择在闹市区或商业街上。

开家 Q 版玩具店

开家 Q 版玩具店，把赚钱的目光转向可爱又有趣的 Q 版玩具，只要眼光独到，你所进的货自然会受到广大年轻人的欢迎。

【小店淘金成功案例】

广州市的阿伦早年也和叔叔在"流行前线"经营过玩具生意，但随着竞争日渐激烈，铺租飞涨，利润空间越来越有限。偶然的旅游机会让阿伦发现厦门市比较有发展潜力。通过细心观察，阿伦发现广州如"流行前线"销售的一般都是从日本直接进的高档货，而厦门则多半是从广东和浙江两地进的物美价廉产品，自己身处"玩具集散地"广州，去厦门做生意应该有得天独厚的优势。

然而，操作起来却远没有想象中那样简单。来到一德路的玩具批发市场，阿伦由于进的货物少，多数批发商的反应都比较冷淡，价格始终压不下来；再者，已向其他厦门零售商供货的批发商表示，如果阿伦需要与别人一起享受向厦门发货的送货待遇，必须先征求其他几位零售商的同意，阿伦原以为其他零售商因为可节约运货成本，应会接受他，但却事与愿违，他们并不愿意合作。

思忖再三，阿伦决定先不盲目订货，先回到厦门实地调查，再决定究竟要订什么样的货品。阿伦请了几位当地中学生，守在几家精品玩具店铺门口调查了一天，咨询出入顾客的所需所想，终于获得了想要的信息：结果显示，颇具"QQ"特征的塑料玩偶与价廉实用的"吊饰"类玩具是当今市场的新宠，而体形庞大的存钱罐、相框等产品已经不再受消费者重视。

回来后，阿伦心里有了底儿，不再去一德路的批发个体户那里，而是直接去联系广州周边的生产厂家，几番比较后，他选定了一家，以相当低廉的价格签订了进货合约，但厂家只负责将货物送到厦门的联系处，阿伦则要从联系处自己取货。

很快到了选址阶段，阿伦走遍了厦门的大街小巷，还是发现中山路附近是最理想的生意场。但中山路主干道的铺租昂贵，动辄上万元，人流量虽大，主要消费群学生并不多；而与中山路毗邻的鹭江路，铺租只有中山路的一半，运动专卖店较多，是年轻一族最爱逛的地方，性价比十分合理。不久后，他的"巴巴豆豆"Q 版小店就在鹭江路一个街角开业了，之后，根据顾客的需求，他又从广州进货，开设了"偶像用品"专柜，生意越来越好，利润每月达到了 7500 元，超过了他仍在广州奋斗的同行。

【小店前景分析】

针对日益增长的年轻一族，开设 Q 版玩具店铺应当有广阔的市场潜力，既可以满足白领、学生的收藏偏好，又可以吸引随父母逛街的小朋友的目光。

开 Q 版玩具店最好的地段当然是商业区，但一间二三十平米的商铺在重点商业区的月租价格一般要在 15000 元左右，开设 Q 版店的风险比较大。因此可以选择开在商业区的周边地区或者是学校附近，特别是可选择那些年轻服饰、运动用品、漫画书屋集中的路段开设，比较可以保证盈利水平。

需要提示的是：开 Q 版玩具店包含一定的潮流因素，风潮过后，如果不能及时更换货物，推陈出新，就很有可能走入冷场。而且，在一些消费能力相对较低的二三线城市，居民务实节俭，开 Q 版玩具店需要投资者更长的前期投资时间，因此在入行前要有充分的思想准备。

动漫模型店，赚钱的同时带来无限乐趣

动漫产业投资回报高，如果你能选择开家动漫模型店，借助动漫产业的东风赚钱，也许是一项不错的投资。

【小店淘金成功案例】

走进倪鸣在广埠屯的店子，只见四周都是码放得整整齐齐的五颜六色的动漫模型产品。人们走进其中，就仿佛进入了一个动漫小天地：科幻类、人物手办类、军品模型类……现在他除了销售和代工外，还开办了一个模型工作室，专门负责模型制作的培训，里面都有好几个培训骨干了。

倪鸣是上世纪 70 年代末生人，和很多人一样，在童年时期他就十分喜爱动漫。当时的七龙珠、圣斗士星矢、机器猫等等，他无一不喜欢，只是限于家庭经济条件，不可能接触到更多的动漫周边产品以及模型。不过他对于动漫的热情一直没有消退过，到现在他还喜欢看各种动画片。从学校毕业之后，他更换了很多次工作，在几次更换工作之后，他开始尝试创业。可能是因为一直都很喜欢动漫，对这个领域比较熟悉，所以后来倪鸣的创业之梦就从这里开始了。

倪鸣的动漫店在 2005 年开张了。刚开始他做的并不是模型店，其实是动漫周边。当时动漫周边很火，市场销售很不错。不过后来进入这个行业的人多了，竞争也就激烈起来。于是倪鸣想到了转行。

就在这时，模型制作吸引了倪鸣的眼光。模型制作跟动漫周边不一样，因为模型制作的技术要求很高，不是轻松就能学来的，有一定的入行门槛；同时做这一块有较高的附加值，能够使店铺深入发展下去。倪鸣一下子就把模型制作作为了自己的新事业方向。

玩具这个行业不断有技术创新，倪鸣也坚信活到老学到老，永无止境。有些顾客起步较早，得到了不少实践经验，所以倪鸣一边跟一些来店的顾客交流切磋，一边自己找学习资料研究，丰富理论知识。

工夫不负有心人，倪鸣终于在动漫模型制作上有了自己独特的造诣，并开始代人制作模型。模型制作是件很耗费时间的事情，有时候完成一件作品要花去倪鸣大半个月的时间，而对于一些不太熟练的人来说，就更漫长，有时候还会遇到很多技术难题。所以现在有很多人选择了请人制作模型，就是前面说的代工。

比如五星物语的机甲胸像树脂模型，需要经过打磨瑕疵、上底漆、上面漆、上保护漆和拼装等多个工序。这个模型是比较复杂的，一大堆零件，每一个都要细细制作，哪个部位只要稍微有点错误，就得重新上漆制作，推倒重来。动漫人物手办模型，则更讲究人物的上色、服装褶皱的阴影和层次感。这些都要通过一些上色手法体现出来。其实模型人物上色是要严格讲究色彩学的，比如显现黑色就需要先涂上一层黑色然后再加上铁色，显现银色则是要先打层黑色底然后再上银色，黄色则是要在白底上加黄色。如果颜色配合得不对，就会出现颜色不突出，甚至颜色错误的情况。倪鸣已经完成的这个五星物语机甲树脂模型，现在在国内都是很少见的，做好后会送到国外，原版盒装 2000 元，倪鸣收取的手工费也与这个价格相等。

模型适应人群比较广泛。倪鸣的顾客，从 5 岁到 60 岁的都有。不过最适宜玩模型的年龄段在 25 岁左右，这个年龄段，大多有一定的休闲时间，也有了稳定的经济收入，接受力很强，比较容易玩出水平来。

目前倪鸣所经营的模型中，价格从几百元到几千元不等，其中价格在 300 元左右的塑料模型销售很不错。这些塑料模型在组件的原色上可以加上一些着色，对新手来说有一定挑战。而如果制作水平再上升一些档次的话，就可以制作树脂白模了，这些模型的组件没有任何颜色，对于制作者各方面的制作水平要求都比较高，非一般新手能够完成。

现在的模友们，很多都是通过看网上资料和购买书籍来学习模型制作。这些教程中有很多是缺乏针对性、比较偏理论化的阐述。而模型制作需要的是实践性很强的技术，有很多东西是书上和网上学不来的。

针对这个情况，倪鸣开办了模型培训班，根据模友不同的水平，来进行相应的培训。"我们现在通过开办培训班把新手带出来，从最基础的模型打磨开始，逐渐提升。一般来说，一个新手只要认真学习，3 个月左右就可以达到制作入门树脂白模的水平了。"倪鸣说。他目前有几个学生比较出色，已经能够独立培训。而其他一些学得好的学员，可以承接一些代工制作。

"工作室是模友们交流的平台。我们现在都很少上网，一般在工作室里做模型，有问题可以到这里解决。"倪鸣说，"我注意到，现在高校的学生很喜欢动漫，对于模型制作的热情也很高，所以我们现在也跟高校的模型组织有联系。像地质大学模型协会的一些会员，就经常过来。"

据倪鸣说，想在模型领域创业并非易事。对于想开店的人来说，需要扎实的技术水平做支撑，同时也要积累一定的圈内人脉。一般来说，在高校边大概几万元就能开个动漫模型店。不过现在竞争比较激烈，要上档次的话，考虑到流动资金、店面成本等，则需要 20 多万元成本。倪鸣说，现在他主要还是从事零部件加工，以后他们会走上自己设计生产模型的道路，那样他的模型创业之路会越走越广阔。

【小店前景分析】

以动画卡通、网络游戏、手机游戏、多媒体产品等为代表的动漫业被誉为 21 世纪最有希望的朝阳产业，一些动漫玩具小店也如雨后春笋般出现在街头巷尾。在许多年轻人聚集的地方，都有动漫店的身影，售卖的东西包罗万象，除了动漫游戏和配件、游戏卡、动漫人物模型、游戏攻略手册等相关产品外，还有各种漫画书和各类由动漫造型衍生的学习、生活用品和玩具，以及各类能将普通人快速装扮动漫人物的服装、饰品等。

目前正处于中国动漫玩具兴起期，动漫玩具广受上世纪七八十年代出生的年轻人欢迎，再加上小型动漫玩具店的初期投资额低，如果做得好的话，可达到 50% 的回报率，较为适合一些小有积蓄、想赚外快的公司白领经营。

要想成功地经营一家动漫玩具店，需要注意以下几点：

1. 动漫玩具店经营者要对市场流行敏感。动漫业涉及面极广，周边产品多，因此开店前，一定要先了解市场行情，如当前最流行的动漫游戏和游戏机机型等，再根据自己的专长和市场走向，确定以哪种类型产品为自己的主营点，一开始不能什么都做，要慢慢积累才能形成规模。

2. 动漫玩具店选址要跟着年轻人走，动漫是年轻人的"玩意儿"，他们身上深深地烙有动漫情结，而这群消费者中又以学生为主。在动漫玩具店里，经常可发现穿着校服的学生们，一般来说，有一半顾客都是学生，特别是一些年轻小女孩。因此店面最好选择在学校、地铁站附近或者大型居民区、商业街，一定要找年轻人多的地方，人流通频繁的地段。

3. 动漫玩具店进货要注重品质，坚持卖正版，不要只图眼前利益。有些商家为了经营降低成本，到劣质产品生产商那里进货。从短期经营来看，盈利比卖正版要多，但从长远来看，这种做法是在自断财路。动漫玩具在年轻人眼中是一种文化，不是一个简单商品，所以买动漫玩具时，他们不会图便宜，进口的正版产品虽然价格要贵很多，但上乘的质量是绝对有力的号召力，销售反而不错。开动漫玩具店要长远打算，初入行的，可选择与一些连锁动漫产品厂商合作，产品由总店提供，若产品保持原样的话，一个月内可调换，能适当减少风险。在供货商的选择上一定要慎重，对产品的质量也要仔细检查，不仅要检查玩具的外观、做工，材料也要仔细看过。

4. 动漫玩具店要要以特色吸引回头客，要配合相关的服务，如游戏机升级、动漫品制作、动漫期刊借阅等，因此店里一定得有相关的懂点技术的人员。

5.动漫玩具店要重视广告投放,这对炒出经营气氛、烘托出旺盛的人气是很必要的。不一定要制作许多漂亮的宣传单,可通过开网上店,不花钱就能配合运营。也可尝试与大学里的各种社团合作,比如去学校的社团报做广告等,其广告费用不会很高,但广告效果却很好。

6.动漫玩具店的经营者一定要爱动漫,要保持一颗年轻爱玩的心,生意一定要跟着潮流走,玩者群中流行着什么游戏,就得卖跟它有关的产品。作为动漫玩具店的经营者,一定要自己对动漫玩具感兴趣,了解动漫商品的特点。因为经常进动漫玩具店购物的消费者中以动漫发烧友为主,顾客会问些专业的问题,如谈到某个动漫经典版的片段,如果不懂,无言以对,那顾客很有可能下次就不会再来了。有时候,进动漫玩具店的顾客不是为了购物,而是为找人聊些有关动漫的话题,聊完了才顺便买一些东西走。可以通过看一些专门的动漫杂志了解热门游戏的最新动态,最好能够做一些市场调查,以获得最直接、最迅速的游戏市场信息。这样才会使你的店不落伍,永远卖着最前沿和畅销的产品。

7.适时促销以免积货。近几年来,动漫周边店的数量增长快速,动漫周边产品的价格经常有较大降幅,电子类产品更新快速,有些产品往往一月一价甚至一周一价,因此不妨时不时地到学校送货上门,搞些特价吸引人气。一般而言,每年的三四月份是一年之中比较淡的季节,而九十月份因为动漫展比较密集,生意最为火爆。经营时一定要把握好这些季节变化才能不造成积货。

8.采用会员制经营促销售。可为经常光顾的消费者办理免费会员卡,并可享受 8~9 折的优惠,培养忠诚顾客,同时,作为一种时尚消费品,动漫玩具的流行周期比较短,不能大量库存,通过做会员卡掌握顾客数量,进货时心里会比较有底。

丑陋玩具店:要的就是别出心裁

人都有猎奇的心理,相比大家看惯玩惯的漂亮玩具,丑陋的玩具一样能吸引消费者。因此开家丑陋玩具店正是要抓住消费者的猎奇心理来赚钱。

【小店淘金成功案例】

不论哪里的商店,出售的儿童玩具都以漂亮、美丽、天真、可爱为设计制作标准,如有着大眼睛和卷曲金发的洋娃娃、充满天真稚气的长毛绒小动物等等。

谁都认为这是理所当然的事。然而,偏偏有人反其道而行之,这人就是美国艾思龙公司的老板波西奈。一天,他在乡村散步时,忽然发现有几个小孩子在玩一只奇丑无比的昆虫,他们玩得是那样专心致志、爱不释手。并不美丽的东西,小孩子也喜欢玩,假如生产一些丑陋玩具,儿童们会不会喜欢呢?

波西奈大脑中涌现出前所未有的灵感。他马上和公司的开发设计人员进行了研究,决定设计诸如“疯球”、“丑八怪”之类的玩具。“疯球”是一串印着许多丑陋古怪的面孔的小球儿;橡皮制作的“丑八怪”则长着绿色的皮肤、枯黄的头发、布满血丝的突起的眼球,一眨眼就发出刺耳怪异的叫声。连波西奈自己也没想到,“丑陋玩具”一上市就格外走俏,价格迅速上升,直到超过了漂亮玩具,而且丑陋玩具在儿童中很快风行,大街小巷的孩子们手里随处可见“疯球”和“丑八怪”的身影。这类玩具不仅孩子们喜欢,甚至成了许多成人的宠物。艾思龙公司因此而大发横财。

【小店前景分析】

也许,你小时候也曾津津有味地玩过各种丑陋的小虫子或在纸上画过一些古怪丑陋的人物,可是你长大以后就淡忘了，就不自觉地以成年人的心理去揣测孩子。

其实，不论是成年人还是孩子，对新鲜、奇异的追求都是很普遍的。既然如此，你能否想象各种古怪的服饰、原始粗陋的工艺装饰品，以及七扭八歪的家具？当然，继续沿着玩具的思路想下去，或许还能获得外观专利并带来财运呢。

丑陋玩具因其新奇的构思和创意而大受欢迎，消费群体不仅是儿童，还有不少成人也将这些丑陋玩具当做了自己的宠物。像这样的独特的一个店，只要用心去经营，肯定会有很好的市场前景。

做布偶闯出一片新天地

开家布偶 DIY 店，让那些渴望亲手缝制布偶的人在你的店中体验亲手缝制布偶的乐趣，无疑是一种新型的开店模式。

【小店淘金成功案例】

网上开店除了出售自己的产品，更多的还能出售自己的技巧，有创意的作品更能有自己的前途。一个年轻的宁波姑娘，因为爱做布艺品，开了一家小店，用自己一针针亲手缝出的布艺娃娃，闯出了一片天地。现在，她不仅拥有了自己的品牌，有了自己的淘宝网店，还出了两本有关布艺的书。再后来，她的"出其布艺"小店开到了北京中关村购物广场，让更多的人走进了她的布艺店。

这个宁波姑娘叫小窗，原本是一名音乐老师，2005 年辞去工作后，在家里闲来无事，做起了幼年时喜爱的手工艺品，于是萌生了开一家小店的念头。

店里面所有的布艺玩具都是小窗自己的原创作品，如憨态可掬的"窗能能"小熊系列一开店就受到了很多人的欢迎。有一个香港的女孩，爸爸在宁波工作，每次来宁波，都要去店里买两只熊，说是要送给朋友，后来她妈妈告诉小窗，其实每次回去她都不舍得送给别人，都放在香港的家里了。

小窗早已正式注册了她的"出其布意"布艺品牌，她从一开始就想要做一个品牌的，她感觉手工艺品必然要做专门的品牌店，许多杂牌放在一起，没有那种气氛的。现在，不仅宁波本地有很多人知道她的店，很多外国人到宁波都要光顾这家小店，买几个布偶带回国。

现在，小窗自己设计制作的"窗能能"小熊布偶、"贤伉俪"婚纱娃娃系列已经成为"出其布艺"品牌的代表，非常受顾客的欢迎。

在开"出其布意"布艺店后，2006 年 11 月，小窗又在淘宝网开出了网店，2007 年 7 月出版了自己的第一本布艺书，书名叫做《布，该这样玩》。这本书当时在当当网热销排行榜上停留了 20 周之久。2009 年 1 月，她的第二本书《简略家居小布艺》出版。她还想把店开到她喜爱的其他城市，要更多的人知道她的布艺品牌，让更多的人知道布是可以这样玩的。

【小店前景分析】

人们总以为拥有可爱造型的布偶，只能在街头店面里买到。其实只要有心，自己动手做布偶，独立构思、裁剪、缝制，一个生动活泼的布偶也会在你的手中呈现。

可能有的人认为，制作布偶是无所事事的太太们所做的活动，但事实证明，在今天，各行各业的女性都可以在毫无经验的情况下，亲手缝制出令人爱不释手的布偶，并在过程中获得心灵上的满足。更可以带着孩子一起来感受 DIY 的乐趣，一起陶醉在大人小孩都喜爱的欢愉气氛中。

布偶工作坊中必定是充满惊讶与想象力的地方，可以见到打扮入时的上班族，也可以看到重回社会的妈妈族和拥有童心的银发族。这里也没有年龄上的差距，因为每个人都可以在针线中显露出自己的童心，童年的梦想在此一览无遗。这也是布偶工作坊最大的卖点。

DIY 布偶不但可以抱、可以洗，又可以换衣服，是一种触感舒适、看了就想拥有的玩具。店里除去提供布偶 DIY 服务还可以成立布偶 DIY 教学，也可出版布偶 DIY 类书籍，或设立布偶 DIY 网站。

开一家别具特色的拟人公仔店

如今做拟人玩偶生意的小本商铺并不多，开家拟人公仔店，用特色来吸引顾客才好赚钱。

【小店淘金成功案例】

什么是拟人公仔？就是将顾客脸谱复制到陶瓷公仔上去的 DIY 礼品。说起来，这在广州已不算新潮概念，2004 年，某香港企业就在"流行前线"投资开设了拟人公仔小店。也就是从那个时候起，广州时尚青年阿群打心眼里爱上了这种新鲜玩意。2008 年，他决定小本创业时，首先想到的就是从此入手。阿群调查了珠三角的几十家拟人公仔企业，发现生产正版陶瓷公仔的很少。不得已，他就去香港从正规零售店里查找货源，终于在广州市郊找到给香港商铺提供货品的企业，签订了长期协议。

在选址方面，阿群听取了朋友的意见：做精品生意首先要看人流量。纵观市中心，人流量大且性价比合理的地方没有几个，2008 年秋天，他辗转找到了正佳广场负一层。

阿群的三大类生意，并非一蹴而就形成的。制作拟人公仔，需要不断与顾客磨合。有人喜欢这种，有人喜欢那种，众口难调，刚开始做时，十分辛苦。不过，阿群很快就总结出了规律：对于第一次来制做公仔的顾客，不能给他太多选择，不如建议他做经典款式；否则挑花了眼，自己累，顾客也累。而对于资深顾客，则不妨建议他将自己最具代表性的着装照片拿过来，自己再照葫芦画瓢，委托企业量身定做。

依照这个规律，小店开业后三个月，拟人公仔项目即步入正轨。阿群于是想到了扩大经营品种。他想，自己的拟人公仔主要面向白领销售，不如围绕大人玩具这个概念做大做强。

之后的一个月，他感觉自己仍有余力，就去"流行前线"和地王广场考察，发现那里的益智玩具正卖得如火如荼，就又增加了益智玩具这个项目。三条腿走路，生意相得益彰。一些店主对顾客往往区别对待，对有钱的服务周到，对没钱的爱理不理，阿群认为不可以这样，因为今天买不起产品的顾客很可能就是他们明天的潜在顾客。

记得 2009 年春天的一天，一位明显是大学生打扮的男孩站在小店里摆弄模型游戏，玩了近一个小时也没有说要买。阿群不仅没有催促他住手，反而指导他如何去玩，但男孩最终仍是两手空空出店。没有想到的是，半年后的某天，一位西装革履的年轻男士带着两名女同事进了小店，男士的样子依稀就是半年前的男孩。三人经过十多分钟的筛选，挑选了六七件玩具。阿群一问之下才得知，这位男孩半年前还是手头拮据的大学生，而今却在天河区的某外企找到了体面的工作，有了积蓄，可以来实现梦想了。

受此启发，阿群觉得让顾客免费试玩是个好办法，既可培养潜在客户，又可以增加人气。于是，他干脆在小店正中央添置了一套布艺沙发，但凡有顾客光临，他就建议大家坐下来试玩玩具。这样并没增加小店的成本，反而做旺了人气。

【小店前景分析】

这类生意既可选在综合性商场，也可选在类似"流行前线"的时尚潮流商场，但都需要依托人流量做生意。该类生意的投资失败率较高，即使选择开在一线商场，成活率也不到1/2，估计与商店的产品定位、竞争压力都有关，投资者需要有思想准备。

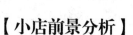

向特色看齐，投资 Q 版卡通雕像小店

要想抢占市场，就要注重店铺的特色，Q 版卡通雕像小店正是具有特色且容易抢占市场的小型店。

【小店淘金成功案例】

你有否见过这样一种小店：店外的玻璃橱窗里，摆放着不少尺寸约 20 厘米的人物雕像，好似一个小人国。走进店内，货架上是更多栩栩如生的人物雕像，有欢笑的孩子，有甜蜜依偎的爱人，还有帅哥和漂亮的美眉。仔细看看，你会注意到雕像旁放有照片，两相对照，发现原来那些卡通雕像正是照片上的人。

没错，这就是时下在上海、北京、成都等地出现的卡通雕像店。在这里，顾客只要提供照片，技师就能通过手工捏制出和本人长得一模一样的卡通小人。可别小看这门生意，有人就是抓住商机，靠它赚到了丰厚回报。

2001 年，小杜从外地来到上海，在某车行担任汽车销售。因业务难做，不久她便辞去工作，借钱开了家艺术礼品店，但生意一直处于亏损状态。

2003 年，韩剧旋风席卷中国大陆，小杜也成为一名"韩迷"。一次，她被某部韩剧中的小道具——卡通雕像所吸引，于是托在工艺品公司的朋友打听，了解到卡通雕像在韩国、日本、美国十分流行，深受年轻人喜爱，但国内尚无这类雕像店。这给了小杜一个启发：既然该项目在国内属空白，发展前景应当不错。

说干就干。小杜从网上查到一家愿有偿传授卡通雕像加盟的公司。2005 年初，经过一番筹备，小杜的卡通雕像店开业了。单人定价 388 元，双人 788 元。

这种时尚的新玩意一露面，就受到许多追求时尚、浪漫的年轻人的青睐。开店 2 个月，小杜就接了 400 多张订单。除去各种成本，她净赚了 12 万元。

对于小杜的成功，专家指出，其经验就在于市场定位准确。为留住动人时刻，人们通常会拍照、录像。但用卡通雕像，只要提供一张照片就能把青春瞬间定格，且比照片更立体更生动。在讲求个性的今天，卡通雕像不啻为结婚纪念日、生日、情人节等特别日子的极有新意的礼物。

此外，小杜懂得主动培育市场。由于年轻人较容易被个性东西所吸引，因此正是最适宜主攻的卡通雕像的消费者。这一点，小杜拿捏得很准。她把目标客户锁定在 18~35 岁的年轻人，用各种办法向他们推介自己的小店。譬如进行网上宣传，她先到 BBS 上发布小店最新信息，当有人流露出兴趣，她马上跟帖。又如在节假日，她经常搞些配套折扣优惠活动。此外她还有更长远的规划，准备与婚庆行业、影楼合作来扩大经营。这些经验，对于想涉足卡通雕像行当者，都是值得学习借鉴的点子。

【小店前景分析】

Q 版卡通雕像源于韩国，顾客只要提供一张照片，雕塑师便会以照片中的样子做一个神形兼备的卡通人像。目前它在新加坡、韩国和我国香港、台湾等地区非常受欢迎。若在北京这样的城市开一家这样的经营卡通人像的小店，经营得好，一年盈利便能够达到 10 万元左右。

开家拼图小店，快乐赚钱

开家拼图小店，把赚钱的目光转向那些崇尚个性休闲方式的消费者，也许会为你带来意想不到的财富收获。

【小店淘金成功案例】

拼图这一古老的益智游戏，已经有 200 多年的历史，至今盛行不衰。它不仅是一种游戏，也可以是培养艺术欣赏能力的好方法。在堆砌手中小小方寸之时，也能够静下心来细细地品味作品，然后通过双手将其完美呈现。在拼图的过程中，人们会观察画面的构图，体会色彩、笔触的变化，熟稔画家的特色……这也正是一家名为"雷诺瓦"的特色店铺创立的宗旨。一块块的拼图，成为了人们提升自身艺术涵养的文化营养品，这让雷诺瓦不单单只是拼图专卖店，而是让人们更容易将艺术融入生活的拼图文化坊。

20 年前，师大总店成为了雷诺瓦拼图文化坊在台湾地区的起点，一路走来，不断累积的经验和对拼图不灭的热情，使雷诺瓦将拼图文化不断传播开来，从一开始引进德国、西班牙、英国、意大利、加拿大等国的拼图，到 2005 年起独家取得知名绘本作家几米授权，首度推出华人自制拼图，至今已成立了二十多家分店，并于 2007 年在上海陆家嘴驻足，落户正大广场，正式开拓大陆市场。

走进正大广场的这家雷诺瓦拼图文化坊，人们会立刻被竖着摆放在门口的汽水罐模型吸引住，它艳丽的色彩，极具立体感。店员潘小姐说，这是店内的镇店之宝，人气很高的经典作品。另一侧摆放着一个立体的地球仪，光泽度很强，不走近看根本分辨不出这是由一片片拼图拼接而成。仅这两件作品便足已让顾客有了耳目一新的感受。

约 30 平方米的店内，以明黄色和深灰色作为主色调，为顾客营造了一个轻松愉快的氛围。店铺的墙上悬挂着大量的展示品，很多艺术品的拼图再现都令人惊艳，光是欣赏就不虚此行了。店内的拼图系列五彩缤纷，据潘小姐介绍，除了有知名绘本作家几米的系列拼图，还有"名家艺术典藏"系列、"故宫典藏"系列、永未失去童心的刘其伟系列、点缀宁静夜晚的"夜光拼图"、古灵精怪又天马行空的"Charlie&amp、Lola"系列，以及更多高品质多选择的进口拼图，例如西班牙的"Educa"、德国的"Heye"、意大利的"Impronteedizioni"、荷兰的"Jumbo"等等。其中来自西班牙的 Educa 拼图，涵盖了各式各样的风格与种类，更有目前世界上出售的最大的拼图，共有 24000 片，价值 4280 元，是店内单价最贵的超大拼图。不仅如此，在一般平面拼图之外，更有球体拼图与 3D 拼图，让拼图迷们以一种全新的角度进入拼图艺术的殿堂。

正是由于多元又丰富的玩乐选择，服务的质量与态度往往会在很大程度上影响着一个品牌的口碑。雷诺瓦的店员虽然不多，但每一位都非常耐心、和蔼，而且都是发自内心地热爱拼图。"因为天天要跟拼图打交道，自己都没有兴趣的话，怎么带动客人？"潘小姐说道。而据了解，拼图也是现任雷诺瓦创办人黄丽娟最大的乐趣。

店内有一张长长的桌子，潘小姐说，每一家雷诺瓦都有这样一个小区域，是店内特设的免费体验区，供大家学习和实践体验，可以坐着欣赏成品，也可以自己动手在这里享受拼图的乐趣。一个约七八岁的小女孩在一堆零碎的拼图前坐着，正在很用心地思考手上小小方寸所属的正确位置。这样快乐简单的生活画面常常可以在雷诺瓦寻找到。

人要衣装，佛要金装，拼图更需要漂亮的框。雷诺瓦也为顾客贴心地提供装裱服务，搭配得宜的框会让拼图更漂亮，顾客可以在拼完之后把拼图拿到店里另外裱框，用来装饰房间，使生活空间更富情趣。店内会提供多种裱法和框样供顾客选择参考。裱框的价格会根据拼图大小、外框、裱法等因素有所差异。潘小姐还说，当顾客要拿着拼图来裱框时，不用拿个大纸板这么去，只需把拼好的拼图分成几张 A4 纸的大小，分别平铺在几张 A4 纸上，叠起放在盒子里，带来给他们裱框就可以了，裱框的时候他们还会对拼图做一些工艺处理。

另外，雷诺瓦也有补片的服务，这是其他拼图店绝对没有的一大特色，会员可以免费补片。拼图缺片实在是一件令人沮丧的事，顾客可以将完整盒装带至店内，由服务人员确认缺片坐标位置，或由顾客自己取下缺片的周围八片确认位置，雷诺瓦都会尽最大努力弥补缺憾。

作为在大陆的首间分店，雷诺瓦旗舰店店址选在了浦东陆家嘴正大广场，于 2007 年正式开幕。正大广场位于黄浦江畔，毗邻东方明珠和金茂大厦，提供集购物、餐饮、休闲和娱乐于一体的现代化服务和设施。而作为金融中心区的陆家嘴，现在已是上海最具魅力的地方之一，许多外籍人士、高级白领聚集于此。

据了解，两年前第一家雷诺瓦在浦东开店之时，正大广场是当时陆家嘴唯一一个大型购物广场，之所以选址在这里，也是看中了这里人流量集中这一优势。从目前商场的经营内容来看，其所吸引的租户大多是大型知名店铺，由于在地理上占据了绝对优势，因此店租也就特别昂贵，每月高达 3 万元。

如今，雷诺瓦已在上海总共开设了四家分店，另外三家分别选址徐家汇美罗城、南京西路四季店以及长寿路调频壹商场，皆地处上海市中心繁华地带，交通便利，各个阶层的"潮人"都可前往这些拼图圣地，感受无穷的欢乐和成就感。

潘小姐表示，雷诺瓦还会逐步另开分店，进一步拓展市场规模。为了让更多爱好拼图的人们有互相交流、分享心得的机会，在 2009 年的夏天，雷诺瓦在上海举办了第三届"拼图王"比赛，为摩拳擦掌的资深拼迷或是跃跃欲试的菜鸟拼手提供了一次不可多得的宝贵的体验机会。

据了解，雷诺瓦每年都会定期举办三大活动：第一是雷诺瓦最经典的赛事"双人赛"，不管是父子档、母女档、兄弟档、姐妹档、朋友档都可来同欢；第二是适合挑战自我的"拼图王"，不只是精神上的刺激，还有自身拼图技艺的磨炼，并能透过比赛观摩其他拼迷们拼图的方式和心得；第三是和亲朋好友一起来同乐的"拼图马拉松"，这是沸腾的超人气赛事，24 小时彻夜挑战 5000 片以上的拼图。不仅如此，雷诺瓦还将在上海新开的调频壹商场举办一个拼图文化周，届时会在商场每个楼面展示各类特色拼图，也会举办一些活动来吸引拼图爱好者们。

【小店前景分析】

时下，多数人的休闲方式已不再拘泥于远游，而喜欢找一种既有个性又能带来情趣的休闲方式。如果开一家既能让消费者怡情消遣，又能够装饰家居、馈赠亲友的拼图小店，肯定有钱可赚。

该类经营，店面所处的位置十分重要，因此在开店选址时要慎重。在大型商场购物中心里找铺位是明智的选择。大商场中的"店中店"，购物环境好、消费档次高、人流量也大，因此利润高、收益快。

拼图是小本经营，因此在进货时就更要注重数量上的控制，不要贪多。要注意在品种上多选，而每一品种进货数量要少，要拉开消费档次，满足各层次顾客的要求。各种拼图就产地而言，有国产的，也有日本的、韩国的；就品种而言，除了常见的纸制拼图以外，又分为夜明、闪光、纸质、木质等类型。就规格而言，儿童拼图是 60 块，其他拼图则为 108~5000 块不等；就价格而言，进口拼图明显比国内拼图贵。以 1000 块为例，日本进口夜光拼图售价为 350 元，而国产夜光拼图只售 48 元，前者价钱是后者的 7 倍多。不同档次的拼图能满足不同消费能力的顾客的需要。

拼图进货一定要求精，一定是原装正版的，进货时设法直接与代理商联系，减少经销环节。另外，为了增加收入，店内还可兼营一些特色精品，如手工制作的瓷器、立体贺卡、日本开运铃等。

找准项目抢先机，开间魔术用品店

时下正在兴起一股魔术热，开间魔术用品店自然有源源不断的顾客。

【小店淘金成功案例】

蔡园是一个十足的魔术爱好者，2003年6月，他在北京的通州区开了一家魔术用品商店，小店里有近百种的魔术道具，主要都是一些适合近距离表演的小型道具，可以很方便地装在衣服兜里或者是书包里，随时随地地进行表演，不需要灯光和音乐的配合。

为了吸引来来往往的对魔术并不是很了解的人光顾自己的小店，蔡园店里的主色调是黑色，同时还经营一些很前卫的饰品、卡通模型，这些商品的摆设，增加了店里的魔幻和神秘的格调。

蔡园在店里的大部分时间都是在表演魔术，因为魔术用品的销售主要是依靠表演引起顾客的兴趣。

在蔡园表演魔术时，其实大家都在猜，魔术既然是假的，但这些看似不可思议的幻像究竟是怎么来的呢？为了让顾客保持一份好奇心，蔡园除了要熟练掌握相关的魔术手法以外，还要知道什么道具不能让顾客看，什么道具看了以后能勾起顾客探寻秘密的欲望。

要想弄清楚其中的奥妙，顾客必须购买了道具以后才能学会。蔡园在告诉顾客秘密的时候，要到后面的一个小屋里单独传授。五分钟左右顾客就能学会基本的手法，但是要想在亲朋好友面前露一手，还需要练习几天时间。蔡园说，他是要包教包会的。

魔术用品商店近几年开始悄悄登场，北京已经有四五家，而广州、上海、南京等城市也开始出现。魔术用品的利润可观，零售和批发的价格相差很大，使这种商店现在只适合在消费水平较高的大中城市开办。

店内的商品主要以可以近距离表演、便于随身携带的为主，适合舞台表演的道具，不仅增加开业成本，销路也不是很好。店里所销售的每一件道具店主都要学会怎样去表演。由于魔术用品商店没有一个成熟的商业模式，为了降低风险，建议在店里开展多种经营，以便能把店面长期开下去。

如今，市场上魔术道具的产品质量良莠不齐，在开店之前，一定要找到一个信誉好的供货商。蔡园在刚开始经营魔术用品商店时，也走了不少弯路。他并不是一个能说会道的人，但是经过一段时间的练习，他掌握了一些魔术的玩法，小店的生意也有了不错的发展。

【小店前景分析】

魔术表演非常神奇，人们十分喜欢。其实，魔术并没有想象中复杂，只要有了魔术道具，不需太多的训练，人人都可以成为令人惊叹的魔术师。随着大卫·科波菲尔、刘谦等众多魔术大师的火爆表演，引发了人们对魔术的更浓厚兴趣。

现代人的生活节奏不断加快，工作、学习的压力也日益增大，参与魔术活动，亲身体会一下魔术的神奇与魔力，可以愉悦身心，缓解学习与工作的压力。但是魔术用品和道具难寻，在这种情况下，如能办一间经营魔术道具的专门店，只要经营得法，定能有不错收益。

魔术店的店面或柜台应设在客流量较大的地段，如大商场、超市和繁华的文化街区。也可选择在城市人群比较集中的休闲场所，比如居民小区、旅游景区、城市广场、学校周边等。店面装修要体现魔幻和神秘的格调，突出行业特色。

魔术道具用品最突出的特点是好玩、好看，同时还应易操作。如魔烟，看上去像一管强力胶，可只要在手上抹一点，轻轻一搓，就会冒烟；逗人玩具有喷水香烟、电人火、不灭蜡烛等，在朋友的生日聚会上，插在蛋糕上的蜡烛若不管用多大力气就是吹不灭，定会笑倒前来祝寿的人们。

　　这个项目的主要目标消费群以收入较高的都市上班族和大中专院校的学生为主。如果所在城市有魔术表演的演出团体，还可以向此类单位提供大型的魔术道具。

　　魔术用品商店属于一种全新的小店，毕竟不同于已经成熟的商业模式，市场是否接受还没有十成的把握，所以，如果能将魔术用品商店与魔术吧一起合开，赢利的可能性就会大大提升。店面的布置不一定要豪华，但一定要有自己的特色，你的店名也是一个重要因素，不妨请教专业人士。

　　经营者自己要先学会几种魔术道具的玩法，以便向光临商店的顾客展示，这样的促销方式能让感兴趣的顾客主动打开钱包。培训出好的营业员你就成功了一半，他们必须对产品很熟，要有耐心和责任心，能说会道，才能使顾客对产品提高兴趣，进而产生购买欲望。还可以请专业团体的魔术师节假日在商场门前搞一些表演活动，这样可起到引导消费和扩大知名度的作用。另外，可采取租赁的方式吸引团体用户。

　　魔术用具的目标顾客群主要是个人，所以魔术用品在进货上应考虑以小型道具和近景魔术道具为主。在起步阶段，建议以一个或两个主要项目为主营，在经营的过程中逐渐发现适合当地市场的产品。魔术道具连最便宜的魔术扑克也要十几元，大多数商品都在二三百元，上千元的也有，因而进货要小批量、多品种，避免压货。要多元经营，所有品种都进一些，使店面充实，让顾客有充分挑选的空间，利于市场开拓。

　　需要注意的是，魔术店不要经营有赌具之嫌的用品，像顾客点名要的"透视扑克"、"魔术骰子"、"抽老千儿"等赌具千万莫涉足，否则会被公安局查抄。另外一定要保守魔术秘密，最关键的秘密不要涉及。魔术商店只应出售舞台表演不用的、只适合现场表演用的小道具，舞台上正在表演的和魔术师独创的不要揭秘和漏底。

开间玩具租赁店，时尚又环保

　　生活水平越来越高，各式各样的玩具层出不穷，家长买玩具的速度总跟不上孩子"喜新厌旧"的习性。在这种情况下，一种新兴的行业——玩具租赁业应运而生了。

【小店淘金成功案例】

　　张琼2003年大学毕业后到省城寻求发展，可没想到的是，她虽一再降低自己的求职要求，还是没有一家单位愿意接收她。

　　一天，她在麦当劳店看到有个女孩在开心地玩木马，后来女孩的妈妈拉上孩子要离开，可是小女孩说什么也不愿意从木马上下来，最后被妈妈强行抱走了。张琼想，如果小女孩家里也有这种玩具，也许就会很听话地随妈妈走了。回到住处，张琼还在琢磨这件事。

　　接着，张琼做了一些调查和分析。在这座城市里，一般家庭是不会买像木马这样的较大的玩具放在家里的。而且，很多种类的玩具不是家长买不起，而是不愿意去买，因为这些玩具的使用效率非常低，一户人家用完后，低价也不容易转让出去；而再接着玩，孩子又不喜欢了；要是玩具的某个螺丝坏了，那么整个玩具也就报废了。更让家长头疼的就是，孩子有个共性，那就是喜欢别的小朋友玩的玩具。结合这些情况，如果在一些高档住宅区里开一个玩具租赁店，提供各种玩具租给小朋友玩，或是在玩具租赁店里开辟一个场所，让小朋友们一起来玩自己喜欢的玩具，应该有利可图。

　　为了进一步分析这一设想的可行性，张琼上网查了一些资料，得知国外早就有了玩具租赁行业。在城市，大的住宅区很多，而且有很多幼儿园就设置在住宅区内。这形成了一个非常巨大的玩具租赁的市场需求。

说干就干，张琼按融资的模式，从爸爸、哥哥、嫂子那里凑够了 3 万元。亲属们都成了玩具租赁店的"股东"。

张琼在省城汽车南站附近租了一间 60 平方米的店面，月租金 2000 元。这个店面的地理位置非常好，左边是少年宫，右面是人群居住比较集中的花红园小区，正前方则是一大片广场。张琼把店面布置成 3 个区间，一个是玩具消毒间，一个是玩具摆放区兼试玩区，再一个是自己的办公室。一切装修都是按孩子们的喜好设计的，就连路牌和灯箱都设计得非常低龄化，非常可爱。

张琼把玩具分成 6 大类：木质类、益智类、电动类、探索类、体育类、杂类。张琼知道，玩具租赁店如果想挣钱，靠的就是周转率，如果周转率不高，这个店就很难盈利。所以，在玩具的选择上，会特别注意玩具的质量。经过比较厂家，张琼和一家主营出口的外贸玩具厂达成协议，以出厂价提货，而张琼必须定期向厂里提供儿童玩具的需求信息，以及玩具使用的反馈结果。

张琼一口气订了 4 辆电瓶车、1 个儿童玩的台球桌、1 个篮球场、2 台儿童架子鼓、3 架儿童木琴，还有电子琴及一些小型玩具等。

为了让更多的市民知道这个玩具租赁店，在开张前，她每天都会去市内的肯德基、麦当劳、幼儿园、生活小区周边去派发传单。拿到传单的人可以享受租玩具打折的优惠。张琼欣喜地发现，这些玩具租赁传单人们很乐意接收，有些人还向张琼了解租玩具的具体细节。

玩具租赁店的生意日益红火。不久，张琼又引进会员制管理的形式，玩具租赁费用从会员卡里扣除，不同的会员等级所扣的费用也不同。

张琼后来发现，陪孩子来玩的年轻妈妈们等在一边很无聊，于是就拿些亲子玩具让妈妈和小孩一起玩，这样既消除了妈妈们的寂寞，也让孩子觉得像是在家里玩一样。从此，大人小孩的欢声笑语充满了整个店堂。虽然玩具损坏了，家长们也会主动赔偿，但维修会耽误继续租赁而客观上限制玩具的周转率，从而间接造成损失。但张琼对此从不计较。玩具脏了，张琼就用肥皂水和消毒水擦洗干净，再拿到消毒室里用紫外线杀菌。

张琼的经营方式得到了大家的欢迎和认同，周边的住户纷纷来店里为孩子租玩具，连一些大人也被吸引过来，希望有些成人玩的玩具。市场需求就是机会。张琼专程跑到玩具厂去寻找比较新颖的成人玩具，带回了七色魔方、孔明 24 锁等一批开发成人智力的玩具。

张琼的玩具租赁店虽然经营时间不长，但附近的居民几乎都认识她，好多家长亲切地称她为玩具公主，其玩具出租店月营业收入已达到了 8 万多元。张琼决定，今后要把玩具出租店连锁经营，让城区的其他小区都有玩具出租店。她还在心中计划着，希望以后能全部实现电脑智能联网管理。

【 小店前景分析 】

在孩子的成长过程中，父母每年在玩具购买方面的开支可谓不菲。据最新调查资料表明：87.5％有低龄儿童的中国家庭年均玩具消费在 300 元以上。91％的家长认为目前市场上的玩具价格普遍太高而且品种单一，95.2％的儿童对同一件玩具的新鲜感不超过 6 天。另有超过93.3％的被访者表示"玩具如果能租，那该多好"。国内知名儿童学专家张权指出：因时尚、实惠又环保，玩具出租必将普及。

目前中国有超过 2.9 亿儿童，玩具是儿童必须的益智消费品，玩具出租市场发展空间非常广阔，而许多地区玩具出租尚属市场空白，谁看准了市场选对了项目，谁就把握住了商机，抓住了成功的机遇。

开一家玩具租赁店的方式总体来说有两种，即自己开玩具租赁店和加盟连锁店。在玩具租赁这一新兴行业里有几家已经享有较高的知名度了，如北京雨逢春玩具租赁公司、上海的乐之源玩具租赁公司、湖北的智慧鸟玩具租赁公司等。这几家公司目前在全国各地都在征集有识之士加盟他们各自的连锁店。

如今北京已有四五家公司推出各种类型的儿童用品租赁业务，店铺数量达 40 余家。但是"非典"时期让这一新兴行业尝到了什么是投资风险，除了较有规模的几家店外其余的都暂停租赁业务，自己开店的（只租赁儿童用品的店铺）已经入不敷出，其余几家不约而同看好的是连锁加盟的发展模式。因为加盟连锁的优点是降低风险、统一采购、统一店面、统一管理、资源共享。

在这个新行业中，店址的选择，关系着未来的经济效益和发展前景。经营玩具租赁不一定选择繁华地段，只要交通方便即可。下面介绍几个适合开此类店的地方：

1. 社区中开店

自己开店面积在 30~50 平方米的，可以中、小型玩具租赁为主，满足周围人群的需要。资金多些的人士，可考虑开设一间 80~100 平方米的儿童室内游戏屋，解决周围居民因房屋居住面积小，孩子在家内无法玩一些大型玩具，如滑梯、秋千等，方便儿童到此玩耍。

现在城市都在开发建设一些新型社区，这里居住面积大，社区管理规范，居住人一般收入较高，在此类小区附近开设玩具租赁店，人们取送玩具方便，家里也有足够的地方使用大型玩具，并且他们消费水平较高，有能力为孩子提供各方面投资。

2. 商业街开店

这种地方客流量大、交通便利，商业气氛比较好，房租当然也贵一些，可配套增加一些小玩具礼品出售，在此设立租赁店人们取送玩具方便。

3. 超市与游乐场之间开店

玩具租赁店布局定位于超市与游乐场之间，既可以保证玩具的货架式摆放一目了然，又可以留出足够的空间供小孩在现场玩耍。

玩具修理店，专赚冷门钱

孩子都喜欢玩具，而心爱的玩具一旦出了问题，弃之可惜，保留无用。若开一家玩具修理店，正好可以解决很多人的这一后顾之忧，同时也可让你从中赚一笔。

【小店淘金成功案例】

随着人们的生活水平不断提高，如今的许多家长很是舍得掏钱购买越来越昂贵的玩具。但是孩子年幼不懂爱惜，往往随意就将玩具损坏。一来商店一般不保修，二来一些玩具技术含量高，许多家长缺乏修理知识，往往越修越糟。这样一来，花不少钱买来的高档玩具往往只因一点小毛病就被丢弃，很浪费。对此，有人从中看到了很好的商机，认为开家玩具修理店，不失为一个赚钱新途径。

小孙自小就爱鼓捣东西，喜欢修理这修理那。经过多年的自我练习及在大学时相关专业的学习，如今他修起物品来可谓得心应手。工作之余，小孙常在网上发帖，为网友修理打印机、电脑这样的大家伙。后来，陆续有人送玩具来请他修理，灵机一动，便有了开店修玩具的想法。

经过调查，小孙发现许多家庭或多或少都闲置了一些有毛病的高档玩具。那些花费几百元甚至上千元买来的玩具特别"娇嫩"，往往孩子不小心将它摔一下就不听使唤了。如果有人能给玩具"治病"，家长倒也乐意花点钱使它们"再现生机"。

摸清了状况，小孙立即动手开起一家玩具修理店。不出意料，店面虽小，生意倒不错，凭借扎实的技术及良好口碑的传播，不断有人将被孩子损坏的玩具送来修理。

小孙发现，那些"生病"的玩具多是线路或配件问题，修起来并不麻烦。关键是有些高档玩具的配件比较难找，多数玩具的说明书又是英文的，很难找出厂家买配件。为了知道玩具的品牌、厂家，小孙常拿着写满英文的说明书，把一些看起来像品牌名字的单词找出来，然后在网上搜索，再加以修理，最终都让顾客非常满意。

不到一年，小孙的修理店已使 2000 多个玩具"恢复生机"。顾客在这里修一个玩具仅收原价 10% 左右的费用，花费不多却能变废为宝，小到拇指大小的发条小猴，大到电动摩托，来者不拒。实在无法修的，小孙就进行估价收购，用来抵消修理其他玩具的费用。

就此，玩具修理店的生意日益红火，小孙从旧玩具上开发出了一门颇受欢迎的新生意。

据小孙介绍，经营这样的店很有讲究，开办这类小店，可在居民小区附近租一间小门面房，购置一个玻璃柜台，一张修理台和椅子，再添置一只万能表、一把电烙铁、一套各种规格的螺丝刀等修理工具，修理店就可开张。

经营策略上，可在居民区和一些商场的玩具柜前张贴告示招揽业务。或者在门前摆一些电动玩具，以引起儿童和家长的注意。同时，不妨兼营回收旧玩具，这样可"拆东墙补西墙"，将旧损玩具上的可用配件换到需修的同类玩具上，既省钱也能解决不少难题。此外，还可开展玩具租赁业务，并兼顾修理老年人常用的半导体，以及剃须刀、电水壶、电饭煲、拉链、配钥匙等。只有技艺精熟，业务面宽了，店铺才会更有吸引力。

此外，要使自己的玩具修理店得到顾客的支持，还要研究好家长们的心理，投其所好。比如，对检修好的玩具，都进行紫外线照射或药物流水线处理，以保证玩具卫生。有这样贴心的服务，孩子们玩得开心，家长们也能修得放心，赚钱的机会才能源源不断。

其实玩具的损坏一般为摔坏、撞坏，导致外表配件破损居多数，修理并不难。如高档的电动玩具，内部结构也很简单，若线路出故障，更换一些元器件很快就能解决问题。因此，修理儿童玩具的确是一个赚钱的冷门。

【小店前景分析】

近年来，国内玩具种类越来越多，品种越来越丰富。许多玩具尤其是电动遥控玩具或塑料玩具，价格高不说，免不了的磕磕碰碰和几次摔打，便出故障。玩具一"瘫痪"，做父母的又修不好，弃之可惜，保留无用，怎么办？所以，开一家修理各种玩具的"医院"，很有前途。而且，玩具修理业在各大中小城市都很少见，正是一个极好的市场空档。

经营玩具修理，通常应有一个固定的经营场所，能够租赁一间门面房，以7~20平方米为宜，租金各地不一；露天设摊点亦可，但一定要固定一个地方。不能今天在东城，明天在西城，后天在南城。消费者一旦熟悉了，自然而然就会将生意送上门。选择的地点最好在幼儿园、托儿所、小学校或大的居民区附近。

这类小店不必耗费巨资装潢，稍作布置就行，里面放上货架、柜台等必备品（因为在开展修理业的同时还可销售玩具），还应该准备必备的修理工具：钳子（老虎钳、尖嘴钳），剪刀、螺丝刀、小锤子、铁钻、电烙铁、万能胶、广告色颜料等。针对布玩具、洋娃娃还应该准备针线布料、毛线等。投入的劳动力一个人完全能够，但一定要控制几个基本修理办法，对电动或遥控玩具，还得懂电学原理知识。不妨先收集几个废旧玩具，拆下来自己琢磨，试一试身手。有条件的话能够到玩具厂学几天手艺最好。

除了租房和装修费用外，主要是开店所需的流动资金，以经营规模的大小来定。货备得多占压的资金也会增多，但品种全，有利于提高店面的形象和吸引力。除去进购玩具外，最好能进一些零件，如小电动机、车轮等。

开店前先做个市场摸底，熟悉行情，做到中高低档能分清，热门冷货能识别。修理玩具没什么特殊讲究，无非地点选择适当，服务态度好。现就经营时会遇到的一些问题提供参考意见：

1. 对无法维修的玩具，可折价购进，留作修理同类玩具的备件。残破玩具经修修补补，仍可推销出去以赚取差价。

2. 修理后的玩具，最好用药物消毒清洗一下，若能用紫外线消毒当然更好。如果把这点写在广告牌上，父母们将更为满意。

3. 对易损易坏玩具，应具体告诉孩子及其父母们保养与更换配件的方法。

根据玩具的大小与种类、破损状况及修理的难度、更换零件情况等跟顾客要价。高则每单可纯进账百余元，少则几元，再加上玩具销售额，养家糊口应绝无问题。当然，做生意也要有风险意识，初干时不赔那就是成功。时间稍长，等人们慢慢熟悉你了，你的生意就会越做越红火。

纯手工礼品店，独具匠心的礼品专卖店

纯手工制作的礼品更能传达送礼者的情意，也更得收礼者的欢迎，因此，办个手工礼品店既时髦又有钱赚。

【小店淘金成功案例】

番禺区易发商业街上的"异域礼品店"主要销售的是从云南、贵州等外省少数民族地区制造的手工艺礼品，凭借鲜明的特色，在商场中的经营独树一帜，笼络住了熟客群，开业近3年，生意依然很红火。

"异域礼品店"的老板金先生年近60岁了，人称"金叔"，他原本在番禺的某机关单位工作，2007年在距单位不远处的市桥易发商业街二层租铺位开了一家"异域礼品店"，专门出售云南、湖南等地制作的民族手工艺产品，该铺位月租金仅3000元。

虽说是工艺礼品店，金先生还是坚持向民生需求靠拢，无论进什么工艺礼品，首先考虑的是其实用性。比如说蜡染，蜡染挂毯虽然很漂亮，但用处不大，远没有蜡染桌布、门帘来得实在，那么，就要多进后者，少进前者。

在布置方面，他特意设置了螺旋形的展示柜，将实用性较强的首饰放在了一进店的醒目位置。顾客还可以转动螺旋首饰柜。

生意打开局面后，在金先生的侄女的建议下，又引入了DIY服务。原来，老顾客多起来后，很多人对于现成的货品都有意见：有人说想用蜡染布做窗帘，也有人说木雕耳环的样式希望改进一下。金先生就想，众口难调，索性开设DIY服务，将首饰、蜡染、背包三个品种拿出来做定货服务。

看到金先生的生意节节走红，不少市内的批发商也想将大众商品推销给他，说："金叔，反正你现在走的是实用路线，进些我们的货，始终没坏处。"可金先生却想：自己的小店之所以能在众多的番禺精品店中脱颖而出，就是因为卖的是货真价实的工艺品，比较有特色，因此决不能做杂了。所以，生意做了3年，虽然进货周折，但他依然坚持从云南等地采购，打响了小店的名声。

【小店前景分析】

现代的节日特别多，如情人节、父亲节、母亲节、中秋节、圣诞节、新春佳节，加上亲友的生日，全部都是送礼的日子。大家每年总要为送什么礼物而煞费苦心，到礼品店去逛逛，其中的高中低档礼品虽然众多，但由于多为机器生产，很难表达出送礼者的情思。与此相反，一些纯手工制作的礼品因其独具匠心，颇受送礼者的青睐，更得收礼者的欢迎，因此，办个手工礼品店既时髦又有钱赚。

这种小店要充分突出"手工"制作的特色。在这儿，经营的所有小制作、工艺品和小礼品都是新奇独特的。如纯朴憨笑着的各种小动物玩具，用土布编织而成的色彩独特的小布帽、背包和伞、皮制太阳表、发卡，用原始木材削成的圆珠笔，用粗浅勾勒纯皮制成的马头笔筒、木制风铃、工艺插花、剪纸、草编等。总之，样式要新奇且品种要全。

经营者要有品位。经营者应自己下点心思，学一点礼品装饰艺术、包装艺术，再准备一些精巧的礼品盒，专为不同身份的人而设，以给想送礼的人多一个选择。现代人的特征是忙，所以提供方便而价钱合理的手工礼品服务，正适合他们的口味。

开家气球玩具礼品店

从目前市场看，还没有专门经营气球玩具用品的商店，这一日渐凸现的市场空白不容忽视。

【小店淘金成功案例】

气球在十几年前还只是孩子的玩物，当时的气球十分简单，只是在大小与颜色上有些差异，而现在气球的种类早已有上千种了。而且这些气球也不再只是孩子的玩具，如大商场开业时的庆典气球、印有各公司地址和标徽的广告气球，以及婚宴时布置会场时用的气球，当然还有五花八门的儿童娱乐玩具气球等等。这些气球在带给人们喜庆色彩的同时，还为人们提供了一个新的商机，即可以开一个气球礼品店。

开此店主要是利用气球的各种形状对小礼品包装后出卖。这种店可以经营比较适应现代潮流的小礼品，如布娃娃、贺卡、鲜花、绢花等，然后再买一大一小两台能将上述小礼品充入透明的光球或心形球中的玩具礼品气球机和几百个大小不同的透明气球。另外，再购买一台与气球机相配套的小型空气压缩机。这时只需租一间门市，再办一个营业执照，一个气球礼品店就诞生了。

安徽有一家"传情气球礼品店"，年创收十多万元，主要是采用了各种方式经营。它的经营方式主要是成品销售，就是将礼品按照大小与形状充入到透明气球内，作为一个整体出售，收包装费，即让顾客自己选好礼品，然后再用气球包装起来。包装费是小气球包装 5 元，大气球包装 8 元。在企业开展览会时，可将其产品模型放入印有该企业地址、电话的透明气球内作企业的宣传物，还利用巨大的荧光气球在企业庆典时为其增加气氛，这种收益相对来说就要大得多。还有，与各大商场及玩具店联合，为其提供将礼品充入气球的服务。当然还要同时经销各种高、中档珠光、平光气球。

【小店前景分析】

玩具气球是刚刚兴起的新玩意，它以一个全透明的气球作外皮，里面放置各种色彩造型的气球 (如笑脸球、心型球、小彩球等)。每套成本不足 4 角钱的气球，能卖到 1.5~2 元，利润非常可观。

魔术气球是一种高质量的长条气球，充气后长达 1 米，然后可以随心所欲地扭成各种气球小造型，台湾一位"魔术气球哥哥"萧文治靠着造型气球，年收入达 200 万新台币。普普通通的长条气球，在他手里可以变成小蜜蜂、贵宾狗、顽皮豹、小猫、飞机等。小朋友经指导后，可以自己进行创作。这种魔术气球非常吻合时下年轻人张扬的个性及小朋友追求新奇的心理，加上气球自身无可比拟的亲和力，深受年轻人和小朋友的喜爱。

气球玩具的群体主要是年轻人、学生、小朋友，因此选址可在学校、幼儿园、景点、体育馆旁，也可在繁华的商业中心，或者在大型商场、购物中心租用临时活动柜台，店面面积五六平方米足够，店内装饰要求新颖别致。

气球玩具系列商品都是紧跟潮流的，所以应对国内外同类产品的流行趋势十分了解，适时推出新款式，这样你就可以创造流行和领导流行，始终快人一步。

银饰 DIY 工艺店的创业经

一片看似普通的黏土，经过塑造、雕刻、烘烤、打磨等一系列工序后，就能变成一个独一无二的纯银饰品。这种源自日本的技术，对于国人来说已经不算陌生了，但比起日本相对饱和的市场，中国的市场还有很大的发掘空间。

【小店淘金成功案例】

一个偶然的机会，周云的一位日本朋友向她提供了一条关于银饰 DIY 的信息。她看见一片看似普通的、与橡皮泥一样软软的银黏土，经过塑造、雕刻、烘烤、打磨等一系列工序后，竟然变成了一个独一无二的漂亮的纯银饰品。周云感到惊喜的同时，眼前忽然一亮，她敏锐地意识到这是个潜在的商机。她想，如果开一家银饰 DIY 小店，不就可以满足很多现代女孩想自己动手制作喜爱的饰品，以凸显自己独特个性的愿望吗？

她从网上了解到，现在的银饰 DIY 还仅限于在店里操作，如果有条件，可以到学校的手工课堂、酒吧等地方去做。

主意打定后，周云马上到日本进行了技术学习。培训班共有三级，但周云只学到中级就回来了。因为她在学习中感悟到，有些东西不是老师可以教给你的，只有通过自己的不断摸索和悟性才能有进一步的提高。回来后，周云就开始为自己的银饰 DIY 小店选址。和一般人的思路不同，周云没有把店面选在繁华的商业街上。她认为：一是这些地方租金昂贵，增加了创业成本；二来人流量过大的环境十分嘈杂，并不太适合 DIY。于是，她把店址选在了靠近商业街的一个边缘地带，在那里租了一间十几平方米的房子。

制作一个漂亮的银饰，需要雕刻刀、打磨刀、烧制炉等一系列工具。周云发现，如果直接从日本引进工具，成本太高，于是她便自己动手设计制作了很多工具。这些工具不但省钱且方便耐用，极大地节约了成本。周云还计划把自己设计的工具做成套，配上图纸出售，让银饰 DIY 能够像日本那样走进家庭，使人们可以在家里自己动手制作自己喜欢的银饰。到那时，银饰店就可以通过教人如何制作及出卖银黏土来盈利了。

开业后的第一位顾客，是一个阳光女孩，她在周云的耐心指导下，做了一对可爱的小鸟。在制作的过程中，那女孩略显笨拙地使用着雕刻刀、打磨刀、烧制炉等工具，由于不小心，把其中一只鸟的翅膀做坏了，女孩很不开心。原来她做的是一对爱情鸟，想送给男朋友一只。周云便利用自己的智慧开导她，问她是不是跟男朋友拌过嘴，女孩说是。周云因势利导，劝慰女孩说，这只坏的翅膀就是那次拌嘴，重新做好了，就永远也不会有痕迹了。女孩听了破涕为笑。

由于银饰 DIY 店主张的是随意和个性，而黏土又具有良好的可塑性，所以，制作者可以根据自己的喜好制作出任意造型的饰品，而且可以给它涂上各种颜色的涂料，做成独一无二的彩银。成型后，还可以在上面刻字，如自己的名字或恋人的名字，使饰品别有一番风情。为使顾客能够有所参考，周云还买了一些有关时尚饰品的书刊和资料，摆放在店里。

渐渐地，周云有了一批回头客，大多是一些年轻时尚的女孩，她们有的一个月左右就会来她这儿做一个银饰品，有时候也会买一些已经制作好的小玩意儿。周云会适当给她们一些优惠，因为她们会给她介绍更多的顾客。

如今，周云的银饰 DIY 店已经有了一定的积累，除了打算开一家分店外，她又想出了一个赚钱的新办法，就是招收学生，传授技术。现在，她教出的学生有的已经独立开店了。

在前期投入的费用里，周云花了 4000 元用于宣传。她的店刚开张时，很多人并不了解，前三四个月几乎无人光顾，这可急坏了她。后来机缘凑巧，因为她的店铺刚好在上海电视台附近，被电视台的人发现，上了某个时尚节目，生意才一下子火了起来，还有一个主持人都成了她的顾客。这使她意识到了宣传的重要性，便又趁机在时尚类报纸上打出了自己的广告。除此之外，周云觉得，朋友间的相互转告和顾客的口碑也是很重要的宣传途径。

周云建议想开 DIY 店的朋友，凡事要尽量 DIY，只有自己多参与，才能更好地了解顾客的需求，不断改进服务；只有用心参与，才能做到更好。所以，银饰 DIY 小店，出卖的其实就是自己的智慧和服务。

【小店前景分析】

银黏土主要的成分是将银磨成的很细的粉末，混合有机质所组成。有机质会完全燃烧而成99.9%的纯银，所制作的成品质感与传统银制品几乎无差异。

银饰 DIY 小店发展空间还很大，很多市场还远远没有做起来。而银饰对于人类来说，是一种经久不变的流行装饰，不会过时，且提倡 DIY 刚好契合了现代人追求独特、强调自我的个性。

DIY 的银饰价位不高也使它具备了很强的竞争力。此外，店里还可以提供镶钻或加色服务。

开一家银饰 DIY 小店主要有两项投入：房租和工具、材料。对于店面，不需要太大，十几平方米就够用了。和一般的店铺经营思路不同，银饰 DIY 小店的店面没有必要选在繁华的商业街上。相比之下，大学城、商业街的边缘地带都是不错的选择。其实，如果店有了自己的特点和知名度，再远再难找也会有人找上门来的，这倒颇有点酒香不怕巷子深的味道。

开家独具特色的手工皮艺店

街头巷尾，开家皮具店早已不新鲜，而以经营手工皮具为主的商店，恐怕就不多了。开家独具特色的手工皮艺店，其卓然的气质必将吸引更多过往行人。

【小店淘金成功案例】

幽静的绍兴路上，遍布旧上海风情的低矮建筑和法国梧桐，其间错落着画廊、书店和出版社等文化商业场所。在汉源书店的对面有棵特别的"树"，常常会吸引过往的路人，它到底是卖什么的呢？

好奇的人总会走进去看看。原来这是一家专卖皮革制品的店，有各种式样的包、皮带、钱夹等小物品，都是用皮革做成的。更为重要的是，这里所有的皮革制品都是店主亲自设计、裁剪和缝制的，用一位老外的评价，是绝对的"original"（原创）。现在，"树"这个品牌在上海乃至全国已经小有名气。

"树"不大，只有 10 平方米不到，里面有一张课桌和几把矮小的板凳，墙壁四周挂满各种皮制的包包，使小店看起来独具风格。其实，不为很多人所知的是，在小店旁边的弄堂里某栋房子的一楼才是"树"的设计和制作工作室，这真有点"前店后工场"的味道。

"树"的主人叫闫海，他和弟弟都是学平面设计出身，毕业于中央工艺美术学院装潢艺术设计专业。毕业后他也曾到广州做过广告策划方面的工作，但由于厌倦了上班族枯燥的生活，就决定和弟弟一起创业。由于父亲曾经在皮件厂里工作过，他们也随之受到了熏陶，加之其设计专业出身和对时尚、艺术天生的敏锐感觉，经过一番波折后，2003 年 3 月，他们共同创建了小店"树"，从做皮带、相框和笔筒等小物件开始，现在则专门设计制作皮包。

闫海回忆说，小店从开张就开始赚钱，最初卖的东西价格都在一两百元，贵的三四百元左右。但是，随着他挖掘到更多更好的皮质以及设计和制作更精良后，价格正在逐渐提升。目前，小店里卖的包平均价格都在 1000 元左右。"其实我们的目标消费群体已经越来越窄了，我们希望走高端路线，而不是大众化路线，所以，我们开到第四家店以后，暂时可能不会再开店了，我们想做百年老店，而不是纯粹商业化和规模化的扩张。"他说，光顾小店的有 50% 都是外国人，其中有的是慕名而来，有的是偶然邂逅。虽然价格不菲，但仍然有回头客，也有的买过以后，再找店里为其量身定做。

闫海透露，目前他们的经营相当不错，平均每家店每天都能卖掉两个包，差不多每月 6000元左右的利润。他说，这样的收入对于维持小店的日常运营已经绰绰有余了。

【小店前景分析】

手工皮艺店的顾客一般都是追求时尚、个性的年轻人，因为它粗犷、自然的风格，深受他们的喜爱。这类手工皮艺店的商品也十分多样化。主要的当然是各种各样的皮包，还有各类皮鞋、皮夹等等，也包括不少有意思的小东西，比如皮质打火机套、小镜子等等。有些小店里供客人休息的凳子也是皮的，十分引人注意。置身在这样的环境里，嗅着独特的牛皮味道，仿佛回归自然，抽身于世俗烦恼之外。无怪乎不少平日文质彬彬的白领男士，都会到这里来淘淘宝。

投资手工皮艺店，应该对这一行业和产品有较详细的了解，至少要对这种率真自然的皮草文化有一定的爱好。前期投资，包括货品、租金和流动资金。其中流动资金要占到至少一半以上。在商品的选择上，可考虑进各类产品，但是质量要过关，这是经营的根本。在积累到一定的时间后，最好考虑拥有自己的品牌，因为这样比较个性的皮艺店的顾客大多是回头客，而寻求更多回头客的最重要的方法就是有自己独特的品牌文化。手工皮艺店的大小要求不高，但是在装修布置上要动一番脑筋，才能以特别的气质从一般的皮具店中脱颖而出。如果你没有相关行业的从业经验，可以采取加盟的形式。

但要注意的是，这类产品在一个城市的加盟店一般只有一家。通常情况下，这类店步入正轨需一年以上时间。

开一家手工皮艺店的投资分析如下：前期投资，30万元左右；投资形式，自营或加盟；店面面积，20平方米左右；店面租金，一般可选择4000~5000元/月；投资选址，高尚地区中等繁华地段；消费群体，追求个性、自然的年轻人，以男性为主；投资回报期，1年以上。

在经营的内容上，手工皮艺店可以考虑根据顾客的要求定做，这很受追求个性的人士的喜爱。同时也可以建立自己的相关网站，这样就能固定一批顾客群。当然，多种多样的经营手段还是以热情的服务为基础的，比如在给顾客介绍商品时，一定要十分了解产品的特性，结合不同的顾客作针对性介绍。

彩色时尚钥匙店，小玩意也能赚大钱

时尚彩色钥匙店因其占地面积小、投资少、利润高、见效快、经营灵活，又不需要特别的技术，毫无疑问是投资赢利的不错行当。

【小店淘金成功案例】

2004年8月，小李看准了彩色钥匙这个小本经营项目，经过认真的考察和细致的市场分析之后，选择了一个叫千色的彩色钥匙品牌，成为了它的加盟商。虽然千色彩匙成本较高，但贵在质量值得信赖，小李认为，作为主要卖点的彩色涂层是每个消费者首先关心的问题，在图案花色相差不大的情况下，相对于那些甚至可以用指甲刮脱表层图案的产品，选择一个质量有保证的品牌，对于消费者接受这个产品并建立起他们的消费信心是至关重要的。

小李走访了一些配匙点，找好常用的匙型订了货，又向千色公司进了一些钥匙包、钥匙扣等小精品，付了加盟费和货款共计1.2万元，接下来又在市中心最旺的商业步行街租下了一间约6平方米的小店面，月租金2800元，押金是两个月租金，租期为半年。小李预计每天的营业额在400元左右，产品成本和销售费用约230元，净利润可达每月5000元，五个月即可收回全部投资。

【小店前景分析】

中国人口超过13亿，有近4亿个家庭，每个家庭中人均至少拥有3~5把钥匙，加上汽车、摩托车、自行车、办公室等处的钥匙可达十余把，且每人每年还要增添或配备新钥匙。由此可知，钥匙在中国老百姓手中的拥有量大得惊人。

如果每人将自己手中的普通钥匙换上几把美轮美奂的时尚彩色钥匙，其市场之大，利润之丰厚是可想而知的。彩色钥匙以优质高强度的铜材或合金为材料制成钥匙坯，然后采用高科技激光彩镀技术将各种彩色图案印在钥匙坯表面制作成时尚彩色钥匙。该钥匙具有重量轻、耐磨损、不易折断、不易褪色等特点，它除了极具吸引力的外表，也保留了钥匙开锁的实际用途，同时也显示出它比普通钥匙优越的显著特点：易于分辨、便于寻找、个性时尚、种类齐全、花样繁多、商业价值极高。另外钥匙店可以替消费者配制彩色钥匙为主导，兼营多种时尚流行钥匙串、钥匙挂链及各种锁具、小五金等。

时尚彩色钥匙坊占地不大，广泛适合于商场、休闲广场、学校、集贸市场、乡村集镇、车站码头等人流量大的地方。可以开店中店经营，可以摆摊流动经营，也可以租赁柜台经营，经营方式灵活多样。

彩色钥匙对当代时尚男女青年、个性消费者、学生等很有吸引力，随着时间的推移，将向中老年人、小孩蔓延，消费群体庞大。人群集中的地方，不论何处，一旦开店，生意应该不错。

时尚又赚钱的彩色工艺蜡烛店

时尚别致的工艺彩色蜡烛大量走入家庭装饰和收藏，同时随着各类酒吧、茶吧、舞厅、KTV等如雨后春笋般地在城市里争奇斗艳，彩色蜡烛也大量应用于各类娱乐场所。无疑，彩色时尚蜡烛有着不小的市场。

【小店淘金成功案例】

在北京的莱太花街，有一家很特别的小店，拉开门，一阵清新的花香便迎面袭来，但这里销售的却不是花，而是蜡烛。这里就是李岚的彩弘雨烛艺店。

30平方米的经营面积里摆设着造型各异的蜡烛，如浪漫的花瓣水浮蜡、芳香怡人的香薰蜡、晶莹剔透的水晶蜡等，吸引了很多顾客驻足。这家蜡烛店开张于2003年，开店的灵感源于店主李岚在美国学习期间对蜡烛的接触，那个时候，她常常到外国朋友家参加烛光聚会或是晚餐。2003年归国后，李岚发现国内工艺彩色蜡烛市场有空白，于是就着手开了这家彩弘雨烛艺店。

李岚很热爱蜡烛，在她的家中随处可见各种各样的蜡烛，包括客厅、洗手间、餐厅、窗台、地板上，大大小小、各式各样的蜡烛让人目不暇接。

李岚的蜡烛店走的是比较高端的路线，主要靠蜡烛的精巧造型、一直翻新的外观以及高品质取胜，这样的定位使彩弘雨烛艺店的主要顾客群是中高收入者。这些人有经济实力购买价位偏高的蜡烛，他们眼力奇特，爱用蜡烛点缀家居。另外各类情调酒吧也是彩色蜡烛的重要消费者。除了蜡烛的独特造型，李岚还为顾客们提供非常周全的服务，她告诉店员们对顾客一定要热情、不怕麻烦。

2008年7月，彩弘雨烛艺店的第一家分店在北京中关村开张了。李岚认为这个时候开分店主要是因为自己的经营到了成熟期，所以开分店也就成了顺理成章的事了。李岚对蜡烛市场的前景很有信心。她认为，随着人们生活水平的提升，大家对高品质生活有了更多的追求，工艺蜡烛将会受到更多人的青睐，市场也会进一步扩大。

【小店前景分析】

蜡烛不仅可以给人们带来光明，还在更多的场合成为烘托气氛、渲染感情的奢侈品。在通宵达旦、流光溢彩的城市里，蜡烛完全超出了它古老的、原始的实用范围，摩登时代的人们为它赋予了崭新的使命：它被用于照亮人们心灵深处，它是温暖、祥和、光明、浪漫和幸福的象征；它是生活的一种修饰、一种心境的诠释、一种美的感悟。

彩色时尚蜡烛融新颖性、装饰性、观赏性、功能性于一体，怎能不令时尚一族疯狂追捧、千家万户热烈欢迎、酒吧舞厅倍加青睐？其市场之巨大、前景之广阔无可限量。可任意组合直销、DIY 或批量生产而向当地酒吧、酒店、咖啡馆、餐厅、舞厅等休闲娱乐场所供货的多种销售模式，独一无二的产品，定能做独门生意、财源滚滚。

在开蜡烛店前应该做好如下事情：

1. 市场调查：调查当地市场环境，找准市场定位，确定所经营的商圈。

2. 选择店址：

将店面选择在大型社区或人流量大的商业区，可独立开店，也可与其他商家合作经营店中店，如商场、超市、鲜花礼品店等。一般而言，理想的店铺位置应具备以下条件：

1）商业活动频繁的地区：这类地区人流量大，店铺营业额必然很高。

2）人口密度高的地区：由于居民聚居，人口集中，多样化的需求必然很大，致力于满足这种需求，必然会有做不完的生意。又由于顾客需求稳定，可保证店铺的稳定收入。

3）面向客流量最大的街道：店铺处在客流量最大的街道上，受客流量和通行量影响最大，可使多数人就近买到所需物品。

4）交通便利的地区：在上、下车人数最多的车站，或在几个主要车站附近，可使顾客在步行不到 15 分钟的路程内进店。

5）人群聚居的公共场所附近，如大型商场、影院、大机关、公园附近。

6）同行聚居地：竞争虽然激烈，但由于同行聚居，顾客可以有更多的机会进行比较和选择，因而很能招揽顾客。

独轮车俱乐部，"益智运动"把钱赚

独轮车作为趣味性、娱乐性、健身性兼备的一种娱乐项目，必将风靡全国，其市场前景十分看好。

【小店淘金成功案例】

在广西有一家独轮车俱乐部，是由荣获第十一届全国独轮车锦标赛"创新项目奖"、第一次把独轮车艺术健身运动带到广西的吕布先生独创的。他自创的独轮车艺术健身运动备受众人喜爱，具有投资少、见效快、终生受益的特点。

购买独轮车者只需填写一张入会申请表，即可免费加入俱乐部，享受俱乐部提供的各项服务。俱乐部是一个提供学习、交流、参加外出表演的组织，通过这个组织的各项活动不断扩大运动的影响，吸引更多的人参与到这项运动中来。建议投资者在当地找十几个中小学生专门培训，并让其熟练掌握独轮车骑行技巧，成为俱乐部的首批会员，在人流量较大的广场等地公开表演以引起市民的注意。

独轮车运动被医学界称为"益智运动"，它通过全身肌肉运动，使身体处于活跃轻松的状态，能促使小脑发育从而促使大脑发达，提高智力。独轮车不需要专用场地，无论在马路、公园、林间小道或庭院、室内均可使用。独轮车运动融险、奇、巧、美于一体，能丰富人们的生活，对于培养一个人的积极、自信、坚定、进取的个性品质有着很好的作用。长期骑行独轮车可以锻炼平衡及神经反射能力，使肩、腿、脚、腕得到全面的锻炼，增强身体灵活性。

独轮车作为一项新兴运动项目，有如下几个特点：

1. 趣味性：与其他体育项目相比，独轮车运动具有较大的趣味性，迎合了广大青少年好猎奇、喜征服的心理特点，更容易吸引他们。

2. 技术简单易学：独轮车看似惊验，其实学习起来难度并不很大，凡年龄在7岁以上的学生都可以练习骑独轮车，只需选择不同的车型即可。一般学生5~6个小时即可学会自如地骑行。

3. 经济实惠：独轮车的正常使用寿命在5年以上，且每台车仅售200元左右。加上锻炼时不需要其他辅助设备和固定的场地，易于推行。学生自购车，也只相当于一般中档玩具的水平。家庭比较能接受。

4. 训练安全无险：独轮车比小轮自行车、滑板、旱冰等活动危险性小。由于车倾倒时骑行者脚会很快着地，因此骑行独轮车基本不会造成摔伤；又因独轮车的作用原理决定其速度不快，并且脚一停止蹬车，车马上就会停下来，没有惯性，不会发生摔人的情况。

5. 体小、量轻、便携：独轮车体积很小，一般20部车只需配备一台架子码放，占据空间小，且重量很轻。

6. 场地要求不高：独轮车项目需要的场地很小，一般几十平方米的平整场地即可开展活动。在室内练习，只需2平方米左右的地方即可。

【小店前景分析】

独轮车是一项新兴的运动项目，它集运动、娱乐、健身于一体，世界上许多发达国家的学生普遍会骑独轮车。日本早在1987年就将独轮车项目列入学校体育课程。美国、德国、法国等发达国家基本上在中小学教学大纲中都选用独轮车为体育器材。1996年，我国国家体委竞赛司、国家教委体育卫生与艺术教育司都正式将独轮车列为一项全新的体育项目而积极推广。

如果经营得当，开设一家独轮车俱乐部的经济效益十分可观。按最保守的统计，一个普通地级市的市场需求量在数10万台以上，只要开发出其中10%~20%的市场份额即可产生上不小的利润。

但是，独轮车俱乐部毕竟是一个新兴事物，也具有一定的风险性：

1. 市场不确定风险：由于地域性的差异，造成在销售的过程中，也许在广州非常畅销，但在其他地方就不一定有市场，所以在开店选址时一定要把握好。

2. 资源风险：在进货时，一定要联系好多个厂家，在其间选择质量最好、价格最优的一家长期供货（如果是购买零件进行组装更要注意），这样可以减少不必要的麻烦。

第十一章

一网在线，网罗天下客源

开家网络店铺

网上开店依托于网络的平台，不需要太多的资金，但其"钱"景却绝对不小。如果你还在犹豫不知怎么开网店，不妨多向本章中的网店经营前辈们学习一些经验，然后再选择合适的时机，把自己的网店开得红红火火。

开一家网络收藏品店

面对竞争日益激烈的国内收藏品市场，国内的商家都希望"走出去"，在网上开家小店无疑是最省钱的做法。

【小店淘金成功案例】

上海的王允依托易趣与 EBAY 对接平台的机会，一举打开了国外收藏品的市场，目前外贸收入已经占其网店销售额的 6 成，毛利率高达 50%。

王允谦虚地称自己仅仅是一个收藏爱好者，2000 年 5 月登记为易趣用户的王允，当初并没有想到要在网上开店。他认为，在网上开店更多的其实是在传播知识，因为多数人对于收藏品知识所知甚少。而本身还是一个软件工程师的他也表示，计算机知识和必要的英语能力无疑是国际市场的敲门砖。他目前平均每个月的盈利已经达到七八千元，而他正打算扩大国际市场。

王允从初中开始收藏中国古钱币、印章、国外钱币和邮票。后来王允发现自己有不少重复的藏品，完全可以在网上出售，调节自己的藏品库，作为买家的同时也变成一个卖家，对自己的收藏活动也有帮助。

2002 年 9 月 1 日，王允在易趣网上开设了一家名为"东门收藏"的小店。当时第一笔交易卖出的是自己篆刻的一枚印章，挂牌拍卖后 2 天就以 90 元成交了。这"第一桶金"的数额确实不大，王允认为卖家在初期对于交易流程等各方面不熟悉，第一笔交易额相对较低也不奇怪。

后来，直接与 EBAY 全球平台对接，给了王允一个接触国外买家的好机会。和老外做生意，毛利可以略高一点，而且市场更加广阔。老外们是冲着王允的信誉度来的，虽然网上同类的竞争对手也有不少，但鲜有王允这么诚信的卖家。

收藏品不同于一般的消费品，而且国际交易更重视诚信度。在网上的国际交易中，信誉度好比一个标签，光懂外语和计算机知识还不行。诚信度必须要依靠卖家每一次交易来累积，不可能有巧妙的方法迅速提升。在交易的同时，10 个买家中总有一两个会提出一些专业问题，而这些问题，王允总是会给予专业回复。得到免费服务的买家从此以后便习惯到王允的店买东西，认为王允做得专业，值得信赖。

有不少刚在网上开店的人以为，网上同类的竞争者很多，如果从品种上无法与对手产生差异化，那将很难扩大销售规模。王允却认为，只要你在收藏方面的专业知识和计算机知识丰富，不需要畏惧网上的价格战。至于货源方面，可以在同业中交换，或者定期在收藏品市场中淘货获得。

【小店前景分析】

传统的收藏活动，使我们四处奔波，既消耗体力，又要花住宿费和路费，同时也浪费了大量宝贵的时间，而即使这样四处奔波也未必能够收藏到心仪的东西。网上的收藏活动正好有效地克服了以上的不足，提高了收藏的效率。

网上交易的一个主要好处就是收藏品的图像能够通过网络传递使对方看得清楚，对于影响收藏价值的品相也能够从图中清楚地体现。在网络上进行收藏品的交易，比网下交易提供了更加广阔的机会，使用扫描仪或数码相机，将收藏品通过电脑，将双方拉到了近似于面对面的境地。由于众多收藏网站的建立和大型网站不断地开设收藏栏目，对于买家来说，更具有了选择多方品种的权利，可以通过搜索引擎或在各大网站上的收藏网站的链接，在众多的收藏网站和收藏店铺中，根据其提供的收藏品分类选择自己需要或感兴趣的收藏品进行欣赏、观摩或最终下决心购买。

拿收藏票证做例子来说，按以往的经验就是罗列复品目录或出内部交流刊物，然后按照收藏爱好者的地址将刊物邮寄给对方，而后由对方进行选择后将款打到卖方手中，最后达到成交。收藏票证的实践证明，印 500 份 8 开 4 版资料的费用约 150 元，邮费和信封约 400 元，一年按 4 期下来也得 2200 元，而实际反馈的不到三成，真正成交的比例更小，许多内刊付债累累，靠微薄的广告费和较小的售票利润来维持交流，极大地影响了成交的效果。而在网上显示收藏品后，展示的票证品种的受众群体将是极其庞大的，而且从时间上看更具有极大的优势，可以让收藏品每天 24 小时在线。只要客人想看，随时可以查看。同时也避免了以前给专人发信的局限性，许多不收藏或刚收藏票证的人都有可能成为新的客户，极大地节省了出售者的广告费用。在网上还可以进行拍卖，在市场经济的今天，谁出的价高，就可以买到，这样对于卖家也就能够卖出较为理想的价位。另外，通过 Email 进行广告宣传或交易商谈，不需要你付昂贵的长途电话费和邮资，特别是对于国际间的交流将更加方便。对于做收藏品生意的卖家来说，网络的发展潜力是不可估量的。

网上开花店，让买花更方便

在网络上开店，不妨向 SunFlorist 学习，将实体花店的建议人员的功能列为网络花店的重要组成部分，让顾客能对号入座买花。

【小店淘金成功案例】

一位大三学生，网上开办鲜花店 SunFlorist 仅 3 个月，就与全国 150 多家花店建立了"连锁"关系，足不出户把鲜花送到全国各地，组建了一个全国鲜花配送网，目前月收入已过千元。

这名大三学生是华中科技大学武昌分校的万勇。2007 年 8 月中旬，万勇与开花店的姐姐聊天时，突然产生在网上开花店的想法，姐姐听后很是支持。他以姐姐的实体花店做依托，在网上谋求新的销路。随后，邀请武汉商业服务学院的曾焕、王志刚和华中农业大学的张达村加入。四人说干就干，做网页，敲定网站域名，租借服务器，然后设计购花流程等。一个月后，520武汉鲜花速递网诞生了。

起初鲜花速递网每天只有十多个人咨询，订单几乎没有。万勇和朋友印了 3 万张名片和 200 张海报散发宣传，此后的半个月，他跑了武汉大部分高校，接着又开始网上宣传。520 鲜花网人气终于旺起来。

不久，通过朋友介绍，万勇和他的团队开始与外地鲜花店的一些老板电话接触，一周后，他建起"520全国鲜花派送"QQ群，让其他地方的花店都加到群里。当需要向异地顾客送花时，他们会先联系所在地花店老板，为其转账后，异地老板将花送到客户手中，形成了"有钱一起赚"的全国销售网。到目前为止，全国约有150家鲜花店加入到万勇的"群"里。

在网络时代，网络花店已成为花店另一个急欲开发经营的领域，愈来愈多人也习惯利用网络作为订花买花的管道。但一般花店在网站摆放的，除了基本的花束展示、价格等讯息外，很少会像在实体花店般有人在旁建议可买的花束组合，而原本在实体世界就拥有两家花店的万勇，便将这项建议人员的功能，列为其网络花店的重点项目。

万勇结合原有的实体花店，除了将花束依该有的外观、价格等信息放在网站上外，为方便客户选择，还将人们买花的动机作为网页上的分类，如结婚、生日、庆祝和丧礼等4种项目，每个选项下再另设分类，如结婚的选项中，还可细分为亲友致赠型、主人使用型或是宴会点缀型等项目，方便使用者立刻就能知道自己该选购什么样的花束。

有别于一般网站的庞杂分类，万勇的网站以使用者需求分类，而在每个分类选项上，还会依送花的对象、年龄、送花时机等作为更细部的区分，使用者不必考虑半天选花，只要依自己的需求"对号入座"，便可选购到适当的花束。

【小店前景分析】

随着网络的进一步普及和电子商务的高速发展，越来越多的人们开始选择在网上购物，这包括日常消费品的购买和赠送礼品的购买，而在网上订购礼品，可以由商家直接将礼品运送给收货人，既节省了亲自去商店挑选礼品的时间，又免去了一些当面赠送礼品的不便之处。在众多礼品中，鲜花无疑是人们的最佳礼品选择之一，几乎可以在任何节庆或特殊场合作为礼品赠送，而网上订购鲜花具备了省时、省事、省心等特点，从而受到越来越多人的欢迎。在这样的背景下，网上花店在电子商务市场中无疑是发展前景极为巨大的。

目前的网上花店采取的是广泛吸收会员的方法，只要是花店，愿意加盟就能进去，没有统一的标准及售后服务方式，这样做是无法长久的。

网上开花店的经营者最容易陷入的一个误区就是把网络看得太重，而忽略了花店的经营管理，再加上没有统一的标准，有时会出现顾客在网上看到的是一个样，接收到的鲜花又是另一个样的情况，如此一来，顾客就会对网上购花失去信心。

另外，现在的网上购花业务，普遍采取先付款、后送货的方式，有时消费者接到鲜花后，尽管对花的质量和花艺水平有看法，但苦于投诉无门，只好无可奈何地从此不再问津网上购花，这也是网上购花推广比较困难的原因之一。这一切都有待于网络服务商与花店业者合作，进一步使电子商务解决方案趋于合理化、规范化，为花店业和消费者提供便捷、迅速、优质的服务。

开辟奢侈品电子商务新天地

曾经的"金领"孙亚菲辞去了月薪1.5万美金的华尔街投行中国区主管工作。现在，她的身份是中国奢侈品折扣网站"第五大道"的创始人。

【小店淘金成功案例】

在做奢侈品电子商务之前，孙亚菲心中一直有创业的梦想，但具体做什么，是模糊的。妹妹孙多菲的一次偶然经历，让她醍醐灌顶。2008年9月，孙多菲从美国回来，带了很多奢侈品，一些东西是半旧的，一些是全新的，屋子里堆积如山，她就在淘宝网上开了个店，几天之内东西被一抢而空。

孙亚菲创业的梦想也随之清晰起来：把第五大道那些林立的高楼里的奢华物品搬到网上，创立一个网上的奥特莱斯 (outlets)，很可能会受到欢迎。第五大道是纽约曼哈顿区的中央大街，是"最高品质与品位"的代名词，代表着高雅、时尚的美国现代生活图景。

孙亚菲通过大宗购买的方式，整合了 LouisVuitton、Gucci、Chanel、Coach、CalvinKlein、Guess、Prada 等品牌的销售商和供应商，使其商品的常年折扣在 20%~80% 左右。在欧洲，这种商业模式在 2000 年出现，一个叫 YOOX.COM 的电子商务网站帮助奢侈品厂商解决了头疼的库存问题。

一些大的奢侈品品牌，每个季节都会新推一款特色系列产品，换季的时候，一些产品必须下架，品牌商便用两种方式来解决库存问题：一种是在距离市区很远的地方建奥特莱斯，另外一种就是品牌折扣店。而电子商务模式的兴起，无疑是第三种方式。

"第五大道"的创始人是孙亚菲姊妹，姐姐严谨内敛，妹妹活泼张扬。姐姐负责渠道的开拓，妹妹负责大客户的维护。和很多新创业的公司一样，孙亚菲没有办法给她的员工更高的薪水，这时候，一个好的前景显然能发挥更大的效用。现在孙亚菲的公司总共有 12 个人，除了 3 个合伙人之外，还有 3 个实习生和 6 个正式员工。

他们都是通过网络招聘而来，员工都是 25 岁以下的年轻人，孙亚菲认为，这样的人会比较有可塑性而且充满热情。其中有一个员工就是"第五大道"的粉丝，毕业于伦敦大学，拿着实习生的薪水，觉得这公司特好玩。当然，这位员工的家境很丰裕，不需为薪水发愁。

"第五大道"的办公室里堆满了纸箱子，过道里也坐满了人，所有的人都很忙碌。一块数十万的手表，因为额度较高，没有办法通过支付宝在线交易，汇款就直接打到了孙亚菲的银行账户里。在某种程度上，信任起到了关键的作用。于是，孙多菲拎着果篮和鲜花，从北京飞到了杭州，陪着这块价值不菲的手表的主人去杭州大厦验货。

在这种融信任和业绩于一身的销售之外，更多的事情则力证了"好事多磨"。但要让客户满意并非易事。现在的网站，物品仍然不够丰富，要想满足客户的更多需求，只能去和更多的品牌谈判，而谈判就需要更多的资金。但目前，网站的销售额虽然翻了几番，还是太小了。

【小店前景分析】

截止目前，中国的电子商务已经发展了十多年，但如今绝大多数通过互联网销售的商品仍然以中低档的电子产品、音响书籍、廉价服装和仿名牌为主。即使是年交易额达到数百亿元的淘宝、易趣等知名网站，在名牌商品的销售方面也存在着不少超低价的仿冒品。而奢侈名牌似乎与电子商务从来无缘，几乎所有的一线名牌商品，在网上销售的寥寥无几。

众所周知，在欧美等成熟的市场，名牌的销售相当大众化，其价格也非常合理。而大多数名牌进入中国后价格就翻了好几个跟头，个个都显得高不可攀。因此，到中国的专卖店去买名牌，很多时候就成了发烧友痛苦的"享受"。

网上卖奢侈品打破了传统的奢侈名牌只在商场专卖店销售的局限，充分发挥其完善的全球采购网络优势，第一时间将全球各大名牌奢侈品输入到中国市场，并且通过纯网络销售，彻底颠覆传统名牌专卖店"高昂的店面费用 + 高额的利润 = 高不可攀的价格"的销售模式，将节省下来的成本全部通过让利的方式使名牌奢侈品的价格更贴近顾客的心理。

网上卖奢侈品，信誉是寻找和维系客户中最大的困难和风险。如果你开一家网络奢侈品专卖店，将奢侈品以低于市场价 30%~50% 的水平销售名牌真品的同时，你也可以推出一系列包括货到付款、30 天无条件退还、终身真品保证等服务，最大限度地获取消费者信任。

业内人士分析称，随着国内消费者购买力的提升，奢侈品将具备无比巨大的市场，而网购能够提供更实惠的价格，如果在诚信购物和售后服务方面得到提升，国内也将紧随欧美发达国家，步入奢侈品的网购时代。

时尚银饰网店，小本创业的新途径

银饰虽没有金饰贵，几十元的东西，毛利却高达 30%~40%，可以说，开一家银饰类网店是个相当不错的行当。

【小店淘金成功案例】

银饰类网店的高回报就意味着竞争激烈，网上的银饰品市场，价格战是家常便饭。但是银饰品不存在季节性，所以每个月的收益都相当稳定。

原本上网卖东西只是为了玩玩的高莹，现在已经成为 EBAY 易趣上的超级大卖家。2 年多的网上卖家经验，使高莹的银饰已经卖到了加拿大、意大利、澳大利亚等国家。

刚毕业不久便开网店的她，现在每个月能销售 8 万多元的银饰，光国际贸易这一块，就占了 10%~20%。从外销的银饰产品中寻找好货，也是高莹在国内市场做大的秘诀。

高莹这两年多的经验之谈，就是诚信和有责任心。她认为诚信仅仅是对规则的严格遵守，而有责任心则更多了一重急人所急的态度。这种态度会换来买家更多的信任和美誉度。

不过她不认同那种凡是在网上做生意都能发财的观点，刚开始创业总是会有摸索的过程，而且也与人的个性有关，比如有些人特别适合做网上销售，对沟通不厌其烦。因此她也建议初入者不必投入太多，在摸索过程不要把盈利看得太重。

也就是在易趣上开店 3 个月后，高莹便跑到广东去寻找货源，目的是求得更为独特时尚的银饰新款。这时候的高莹仅仅是一个从产品中学会挑选的新人。在不断与买家交流的过程中，高莹慢慢摸到了大众的口味，并且开始有目的地自己设计新款式。这需要有相应的工厂生产，最后她在广东找到了一家代工工厂，实现从被动拿货到拿自己设计的货。

但仅仅靠自己花心思去开发新的款式，这样的节奏并不能适应网上的需要。于是高莹又找了两家专供外贸出口的生产商，她没有要求他们按照设计定制，但只要这个厂商出的新银饰款式合适，便一举将货买断。这样能够保证高莹的网店上卖的东西与别人的形成差异。

网店的货不但要保证其短期内与别人的有差异，而且要保证每一个大的时间段的货也是有差异的。高莹表示，目前她的网店有 500 多款银饰，为让买家成为回头客，她每个月都要推出 100 款新品。其中一部分自己设计的款式，还要由意大利进配件来制作完成。

高莹称，在国外网上交易有专门的支付工具 PAYPAL，由于国内暂时没有接轨，因此散客买家都嫌麻烦。遇到这种情况，高莹都会要求对方直接用挂号信寄支票，或者使用西联汇款。但买家采用挂号信的方式会有缺陷，要提款不仅要预约银行，而且要交纳一定的手续费，而且兑换后款项到账也要等至少两个星期。

【小店前景分析】

近些年来银饰市场发展迅速，银饰品得到消费者的青睐。市场前景广阔，愈来愈多的企业也加入到这个市场当中来，网上销售也成了他们选择的一个方向。

网上银饰店铺投资少，占用资金少，因而风险也小。传统店铺要付店铺租金、装修费用、水电费等，投入大。而网上开店如果是自己的独立网站的话，只要支付网站设计制作费、域名费、空间费等，如果在大的 C2C（个人与个人之间的电子商务）门户网站开店的话，只需支付少量租金就可以了。目前淘宝网推出的都是免费服务，在淘宝网开一个网店一分钱都不用花。传统店铺需要一定的库存量，占用资金比较大，银饰网店则可以少量存货，甚至零库存，占用资金少，风险也小，进入门槛低，适合个人创业。

网上银饰店投入资金少，能节约很多开支，从而可以最大限度地降低成本，因此价格上很容易形成优势。

　　网上银饰店铺不受时间、空间限制。传统店铺一天一般营业 8~12 个小时，并且受地域客流的限制，辐射面有限。网上银饰店铺可以全天 24 小时接受订单，并且可以将生意做到全球，店铺可以放足够多的商品。

专业经营园艺业的花园网站

　　电子商务发展最重要的就是掌握三流：钱流、信息流、物流，花园网站针对这三流所执行的策略均收到了显著效果。

【小店淘金成功案例】

　　看到许多投入网际网络产业的年轻人在短时间内成为网络新贵，美国的夏普夫妇与他们的好朋友欧尼尔也想加入此创业盛会，但互联网的领域相当广，该如何切入市场呢？

　　经过讨论，他们决定以美国人最普遍的嗜好——园艺，作为网站经营内容。而事实也证明他们的想法的确可为。在美国，园艺市场规模为 468 亿美元，为书籍市场的 2 倍，更重要的是，园艺市场上规模最大者的市场占有率仅 1%，新进者开发的空间颇大；此外，他们的网站名称也相当好记，取名为 www.garden.com，有利于正式进军电子商务市场。由于美国幅员广阔，各地区气候差异大，所栽培的植物种类也大异其趣，传统花农无法涵盖全国市场，从而使得花园网站大有可为。

　　花园网站锁定的主要消费群为已经步入中年、将园艺当成休闲的夫妻们，一般而言，这些顾客平均每个星期只能花 4 小时照顾园艺，所以极难挪出时间，去仔细寻找适合布置家居的花花草草。有鉴于此，花园网站提供了 1.6 万种植物，让会员们可以好好地挑选速配的盆栽。

　　花园网站如何能提供种类如此多的植物？原来花园网站与各地花农合作并签订合同：花农只供货给花园网站，花园网站也保证不与该花农的竞争者合作，双方成为互利共生关系，进而形成超越地域性的强大供应网。

　　在宅配方面，花园网站与联邦快递共同研发一套配运控管软件，顾客们可以在任何时候查询产品的运送情况，这一点 s 服务更是传统花农所难望其项背的。

　　由于进入市场的时机对，加上提供会员多项附加服务、与产品来源建立共生关系等诸多成功因素，花园网站目前已拥有 55 万名会员，是经营电子商务的又一成功案例。

【小店前景分析】

　　花园网站与花农们配合提供不同区域特有的盆栽，并与联邦快递合作，提供给消费者品质、速度兼具的服务。花园网站提供的服务比传统花农还多，当然价格也高些，但花园网站并不让价格成为经营问题，它将园艺与生活品质视为一体两面，让消费者将焦点放在园艺的价值而非价格上，从而大力行销花园网站品牌。电子商务与传统市场的最大不同之处在于，其提供消费者一次购足的环境，消费者可以在网站上比较多项商品，买卖双方主客易位的"逆转市场"已然成型，网络经营者必须提供给顾客有更多附加价值的服务，否则他们宁愿到传统市场购物。

　　在此方面，花园网站所提供的附加价值吸引了不少网络使用者。花园网站不但是个购物网站，更将自己定位为园艺咨询数据库，除了提供高达 1.6 万种不同的植物，还请来园艺专家，就会员们对园艺的各项问题提出解答。

网上售卖普洱茶，月销 200 万

只有初中文化的普洱茶经销商李劲松，通过电子商务让自己的普洱茶店铺单月交易量达 200 余万元。靠低成本运转的他，坚持走高端路线，已经形成庞大的老顾客圈子，并在阿里巴巴网商节中获得"全国十大网商"称号。

【小店淘金成功案例】

2005 年，一个偶然的机会让李劲松开始接触电子商务，成立淘宝"中国后街"网店，在普洱茶刚刚预热时，同时做批发和零售。仅仅靠着一块手写板，他的事业便走向了一个高点，一度单周成交金额达到 60 万元。从 2006 年 12 月到 2007 年 4 月，销售额就一直维持在这个水平上。

李劲松 2005 年接触电子商务，当年 5 月 4 日开始经营淘宝店铺"中国后街"。支付宝年交易额约 500 万元，单月最高交易额 200 余万元，单周最高交易额 63 万元。

2006 年夏，他开设本地实体店铺"再品香茶庄"，仓库储备 2000 余万元，他的店铺在行内已具备一定的影响力。

在网络交易刚刚兴起的当时，怎样赢得顾客的信赖？怎么积累更多的回头客？李劲松的回答很简单：从没主动向顾客推销过，但顾客来了后，会尽量让对方留下。

李劲松靠厚积薄发，一步一步在淘宝网上积累信誉。其实很多网友开始并不懂普洱茶，他便花了很长时间来引导他们，循序渐进地，站在他们的角度，感受他们的真心，教会他们如何辨别茶的好坏。李劲松每天在线 18 个小时，吃睡都在电脑旁。他会和顾客在 QQ 上、淘宝旺旺上轻松聊家庭、开玩笑，成为非常好的朋友。"一些人并不懂茶，不好意思在人多的时候问我，只会悄悄问，我则慢慢地通俗地教给他们分辨的方式。"

李劲松说："其实我是很抗拒推销的，最主要的是利用顾客的凝聚力，让顾客有效地凝聚在一起，像朋友一样融洽轻松地聊天，让他们喜欢'中国后街'的人情氛围。"事实上，聪明的李劲松抓住了关键环节，有效打入了普洱茶收藏家圈子。他会有意无意地让懂行的顾客知道自己有哪些茶，茶好在哪里，然后这些收藏家顾客在和其他顾客聊天时，就会对他的茶进行口碑传播。"他们自己口口相传，效果比我自己说要好一百倍。"李劲松说。

起步之初没有一个人帮忙，建立店铺、进货、交谈、打包、发货，全是自己亲力亲为，但采购与发货都以最快的速度完成。靠着自己鉴赏茶的功底与勤奋，让收藏家圈子接纳，再和收藏家圈子中的茶友互补长短，他自言收获不少。

李劲松把经营思路归纳为"天道酬勤，商道酬信"。他坚持走高端路线，所经销的大益、黎明、福兴都居行业内前茅。"对于大益，我只经销勐海改制前的茶，我个人因为常喝，确实认同它的品质，就算遭遇降价风波，我的茶降幅也是最小的。"李劲松说。

曾有买家采购了 10 万多元的货，但收到商品后主观上认定为假冒伪劣商品，要求退货。李劲松二话没说，立刻答应退货。但在退货程序完成后，他又凭自己专业的茶叶知识给对方专业的评论与分析，让对方感到信服，后来反而成为他稳定的回头客。这样的案例不在少数。李劲松坚持认为：在退货前太多解释都是苍白的，在相信自己商品质量的前提下，最重要的是要赢得顾客的信服。

对于"中国后街"的宣传，李劲松以兔子比喻顾客，自言森林中兔子比树更多。因此他更愿意营造一个好环境，坐等兔子来。他在广告中描述："在出售好茶的同时会附送一包茶样供您品尝。当您发觉品尝的茶样与您想象中有差距的话，无须任何借口，我们也绝不问任何理由，您可以把商品寄回，后街人马上全额退还。当然，您不能打开商品的原包装，这是您唯一要尊重我们的地方。在未交易前，我们能做到的就是尽可能地服务到您放心和满意。一切凭您的感觉来选择购买或离开。"

有舍才有得。如此周到的售后服务及站在顾客角度将心比心的营销方式，成功地打破了网络营销中的猜疑与隔阂，将低成本的网络营销有效地推进到现实层面交易的信任程度。

从 2005 年一个人的单打独斗，到现在 6 个人的团队，李劲松淘宝店的生意越做越好，分类商品销售额长期排在淘宝的前 10 位。

【小店前景分析】

普洱茶是近几年来的市场新宠。普洱茶茶性温和，暖胃不伤胃，熟普洱茶这一特点尤为明显。现代科学证明，普洱茶中含有他汀类物质，因此在降血脂方面有特别功效。血脂降了，自然也就能带来减肥的功效了。早在《本草纲目》中就有"普洱茶味苦，解油腻、牛羊毒……刮肠通泄"的记载，其中就提到了普洱茶解油腻减肥的功效。

现代医学根据对普洱茶功效的研究得出的结论认为，普洱茶有暖胃、减肥、降脂、防止动脉硬化、防止冠心病、降血压、抗衰老、抗癌、降血糖、抑菌消炎、减轻烟毒、抗辐射、防龋齿、明目、助消化、预防便秘、解酒等多项功效，而其中前几项功效尤为突出。

在网上开一家普洱茶专卖店，可以充分迎合普洱茶的市场需求。但店主一定要有专业的选茶眼光并积累优质的进货渠道，这样才能为你的店铺积累足够的信誉，做长久的生意。值得一提的是，由于普洱茶主要产自云南，云南当地的普洱茶网店更具区域优势。因此你不妨从云南的普洱茶厂商那里直接进货，如果你的网店从其他地方的茶叶经销商手中拿货则进货价会比较高。

二手书专卖网店，网上解乡愁

各种各样的网上书店层出不穷，竞争也不言而喻，如何在竞争激烈的网上书店上寻得一席之地，不妨向日本人谷口雅男学习，把网上书店的市场定位定向为专做思乡人的生意。

【小店淘金成功案例】

从一个号称日本第一的化妆品销售员，到两度破产、两度离婚的失败男人，然后东山再起，看准书本回收会有市场，便以二手书店作为踏板，成功创立二手书收售王国。经过对网络的一番研究，谷口雅男找到了扩大事业版图的新契机。经由网际网络的运用，谷口雅男的古本文库成功地将有地域限制、只能来店收售的传统二手书买卖型态，转化为可以让顾客线上订书、代客找书并提供全球订书、送书服务的现代化公司。

有鉴于市售书籍价格过于昂贵，许多日本人对于便宜的二手书趋之若鹜，因此成立专门收售二手书的书店，并提供为客人代寻书本的服务很有市场。又因为住在海外的日本侨民日益增多，这些人对于日文信息十分渴求，加上亚马逊网络书店的成功也带来若干启示，古本文库书店定位于上网将二手书买卖指向思乡的日本侨民。

由于日本各文库出版书籍价格不菲，爱书人往往因预算不足无法买喜爱的书来看；另一方面，家中旧书占空间，拿去换卫生纸又舍不得（日本有专门行业收集回收纸品，并以卫生纸作为交换，与我国台湾地区传统回收业颇为相似），谷口雅男于是提供了旧书收购的管道，让想丢书的人可以获得一些收益，想找书的人又有低于市价近 50% 的二手书可买。

由于旅居海外的日本侨民日益增多，这些人相当渴望读到以日本文字书写的各类文库书，藉由谷口在网站上的规划，虽然每天来北九州购书或卖书的人不超过 15 人次，但借由 E-Mail 而来的订单则超过 100 件以上。

谷口在全国各地找到 50 人，负责寻找特定书籍（尤其是古书、绝版书等）的工作，3 个月下来总共收集了 7000 多册的书，平均每本的购进单价为 200 日元，大大减低了进书成本，也提供了最快的找书服务。

【小店前景分析】

网络的涉足，催生一群特殊的"百万富翁"。在国内比较大的旧书买卖网站——孔夫子网上，就潜藏着一些"百万富翁"。而由于货源不一，收购价也不同，旧书销售行业收入差距很大。从业者个人对于收入也多隐讳，不愿多谈，很多摊主还抱怨这个行业的辛苦。不过，据知情人士介绍，从事旧书销售的这批人，大多数月收入上万。

旧书买卖行当最重要的环节是"收货"，换句话说，货源渠道非常关键，基本上决定了二手书生意的收入多少。学校图书馆、资料室、学术研究所、废品站以及一些学者的家等都是旧书摊主们主要的货源渠道，其中高校图书馆是最受追捧的渠道。高校图书馆每年都会处理一批旧书，所以很多从事旧书买卖的人，一年四季都盯着各大高校的动向，甚至自己直接设点收书。

专卖乒乓器材也能大有作为

孙锐只有初中文化，在体育器材这个行业也没有什么人际关系，但是其网店中乒乓器材卖得很好，已经是皇冠级店铺了。

【小店淘金成功案例】

孙锐的网店已经有十多人的一个团队，网店陈列的商品也已达到两三千件，每天会有 60 多单生意。孙锐对自己能够做到这样一个规模很有感慨。网店逐渐规模化专业化，一路走来，孙锐觉得是多方面因素促成的，其中不乏压力、艰辛，不过他觉得，在淘宝网，有付出就一定有回报。他觉得淘宝网的每一个小小皇冠店铺，里面不知道包含了多少不为人知的酸甜苦辣。

如何做一个好的专卖店？孙锐介绍了自己的做法。他认为，选择销售的品牌必须专业程度高，才能有专业的体现。孙锐的网店，商品达到 3000 多件，没有一件是和乒乓球无关的。目前网店的供货商有十多家，有单一品牌的供应商，也有综合品牌的供应商。目前的库存产品全部采用计算机管理，仓库很大，常卖的商品都备有足够的现货。

在孙锐的店铺中，客户涵盖很多类型，包括乒乓球友、单位团购、运动员、大学生等。网店的产品种类基本上可以和大型的专卖店媲美。有些商品网店采取预订形式销售，不过买家对网店的认可程度还是相当高的。

作为淘宝网上的乒乓器材专卖店，孙锐的想法是：主流品牌的产品必须齐全。因为来网店的买家都是相当专业的，主流的大品牌若没有，人家会很失望的。专业的乒乓球底板，孙锐的店铺里从 20 多元一支到几千元一支的都有，涵盖了各个档次，进口的十多个，国产的也是十多个。乒乓球拍套胶也是从十多元到几百元不等。

现在网上专门做乒乓器材生意的店几十家应该是有的，上规模后，就算你不想做专业也必须做专业：专业的客户服务，专业的器材咨询，专业的物流配送，每个环节都必须尽量专业化。

客户选择专卖店购货，购买前的问题会很多，孙锐网店的客服上机操作前都是受过专业培训的，还要经过实习期。孙锐有时候还会不定时假扮成顾客在网上咨询自己的员工，这一点让员工非常头痛，因为他们不知道，哪天哪一个麻烦的顾客，其实就是他们的老板。

网店对员工的培训内容一般都是一些乒乓球器材的专业知识和操作流程。孙锐从网上获得这些资料，各大专业网站、各大论坛，也都是可以获取很多专业知识的。其实来专卖店的顾客也有的专业知识很高，孙锐就让员工经常和这样的顾客做交流，有的客户因此成为网店很好的朋友，能帮助员工了解目前器材的最新变化。

【小店前景分析】

乒乓球运动是许多人所爱好的体育项目，由于这个项目形式灵活，所需场所及设备简单，这项运动又集体育锻炼与娱乐为一体，且参与这项运动的人群庞大，由此很好地拉动了乒乓体育器材的消费市场。再加上网络的普及和网络销售方便快捷的特点，开家专卖乒乓器材的网店会有很广阔的前景。

开家网上玩具工艺品店

在网上开玩具工艺品店，一般投资回报在 3 个月左右的时间就可以显现。东莞的一个普通打工仔用了一年半的时间，成为网上销售玩具的大卖家。

【小店淘金成功案例】

在 2003 年"非典"期间，因为浏览新浪网页时无意中看到一则网上开店广告，王从云开了家玩具网店，改变了他的生活方式，也改变了他的经营观念。依靠网络提供的交易平台，如今月入最高达万元的王从云已经从东莞搬到广州，准备在网店"灵感屋"以外，开设第二家名为"广东制造"的网店。

王从云在东莞的时候就开有一家卖玩具工艺品的商铺，规模虽算不得特别大，但经营还不错，经常还做些批发的生意。

但自从 2003 年接触到网络后，他便开始把一部分精力放到网上开店上。对于只干过市场销售的他来讲，进入网络市场淘金是一项挑战。他必须要投入电脑等基础设备，而且还不知道什么时候能回本。

头几个月他只是卖些低价的商品，算下来基本能够本利持平，于是便放胆尝试卖一些价格高些的商品，没想到从网店赚到的钱比从实体店铺赚到的还多。

不过打理网店的时间并不比门店的少，包括更新网上产品、给买家邮寄货品等等。为了能够有更多精力投入到网店上，王从云毅然结束了门店的生意。现在看来，如果不是当初果断关闭门店，就难以造就现在网店的快速发展。

玩具工艺品是具有季节性的商品，一般在节假日都是旺季，而从每年春节后到五六月都是淡季。网店也和传统门店一样，难以逃脱如此漫长的淡季。但是王从云相信，"只有淡季的思想，没有淡季的市场"。

他到处寻找淡季市场上热销的商品，因此销售上基本没有淡季的感觉。不过对于新手而言，还是尽量选择在旺季的时候开店为宜，这样可以更快地实现持平。王从云说，他之所以只用了一个月时间就实现了持平，就是抓住了快要进入旺季这段时间。

王从云已在网上打拼了多年，有很多心得，他给打算进入玩具工艺品市场的新手提出三点意见。

新手要过三关。第一个是信心关。对于开过实体店铺的新手而言，在网上开店一般都比较有把握。但在这方面没有任何经验的新手，则一定要做好准备，对于自己选择的产品一定要有信心，要对网上经营有信心，否则很容易会因为还未熟悉和了解就放弃。毕竟相比网下开店，承受的投资损失并不大，无所谓的心理很容易滋生。

其次是诚信关。作为职业化的网上交易者，必须要认真对待电子邮件和交易过程，其实由于见不到面，买家常常会利用其他沟通渠道获得对卖家的印象，例如从电子邮件的口气等方面，

这需要特别注意。

再者网店经营也要重视经验积累。开店培训固然必不可少，但是玩具工艺品行业还有很多门道，要多向其他网店取经。

王从云建议，玩具工艺商品价位从低到高都有，但新手最好选择低价的开始销售，一方面可以慢慢树立信心，一方面也能慢慢熟悉网上交易环境，而且投入也不会太大。

【小店前景分析】

再穷不能穷孩子，这是中国人普遍认同的观点，在孩子的生长和智力投资上，家长是毫不吝惜的，儿童消费市场中的玩具可谓消费热点。玩具买卖、玩具租赁、二手玩具回收、网上玩具市场等，倍受创业者的关注。作为消费者的儿童也是一个庞大的群体，因此玩具市场前景广阔。

网上也能开家珠宝行

如果你想做珠宝生意，又不想把精力花在无穷的应酬和心计上，不妨开家网上珠宝行。

【小店淘金成功案例】

互联网是李勤建这样的年轻人成功的一个全新舞台。他们的生活方式自由而又充满梦想。她这种"老板"身份和一般人对于传统公司老板的认知有很大的不同，其生意看起来更简单单纯，不需要应酬，无需太大的资本，也不需要太多的手腕和心计，更多的是依赖技术和头脑。

1999 年，当时正值互联网电子商务兴起的热潮，李勤建的第一份工作，把她的人生带入了一个完全不同的轨道。李勤建进入了一家在网上教授电子商务的公司，负责一些后台的工作，她因此开始学习通过互联网向全世界销售中国的产品。公司一开始建立了三个账号，销售产品主要有三大类：中国地毯、珠宝首饰和仿旧钟表。

2001 年在互联网上销售中国特色产品的人还不多，生意也比较好做，利润较高。负责珠宝业务的李勤建，渐渐从中学到了很多网上销售的技巧。其实电子商务的介入非常简单，首先要在互联网上注册，而任何人都可以注册；其次若要卖东西，互联网需要对你的身份进行认证，需要办一张国际的信用卡，门槛很低。但是现在的网上销售已经不像前几年，竞争已经非常激烈，要想做得好，首先产品要具有别人没有的优势，同类的产品要少，同时产品要适合在网上销售，价格也要非常有优势。

2003 年的 6 月，正当李勤建反复思考着如果自己单干时，她的一个好朋友也有此意。这位好朋友是李勤建以前的一个同事，专门负责跟供货商打交道，两人一拍即合，成立了公司。

她们吸取了以前公司经营中的一些教训。因网上竞争日益激烈，以前李勤建所在的公司货物批量没有做到足够大，价格没有什么优势；没有自己的产品，没有设计师，取货不方便，还要经过代理渠道的层层盘剥，去掉税款，利润已经非常小了。

她们把公司的地址选在了虹桥市场旁边，这一带是北京有名的海产品以及珍珠首饰集散地，在北京的很多外国人都喜欢来这里买东西。她们与一家固定的首饰厂家建立了联系，依托厂家的产品质量保证以及设计师，而取货只需要下趟楼就可以了。因为有此优势，她们的生意很快便红火起来。虹桥附近的珍珠集散市场，只有李勤建一家通过 eBay、阿里巴巴以及自己的网站销售；另外还有一家建有自己的网站，方便固定客户查询和订货。李勤建最喜欢说的一句话是：网络的能量是无极限的。

【小店前景分析】

网上购物已不是新鲜事，但在网上买件价格上千乃至数万元的钻饰则没那么简单，因此，此业务刚一推出就引起了消费者和传统珠宝商的关注。网购珠宝与去商场和专卖店购买有何不同？

网络卖珠宝，最大优势是价格，网上销售因不需支付传统店铺昂贵租金和广告投入，价格便宜差不多一半。基于以上这些优势，将有更多的人选择在网上购买珠宝首饰。由此可知，网上珠宝行的开展，会有很好的前景。

饭统网不"饭桶"

你经常使用"饭统网"吗？你听说过"饭统网"背后的故事吗？本节我们就来为大家介绍"饭统网"的成立故事，希望你能从中发现创业的商机。

【小店淘金成功案例】

互联网这个英雄逐鹿之地，意味着创新，意味着机遇，在这个平台中从不缺少勇于梦想、敢于拼搏的人。而在这群人当中，并不只有像丁磊、张朝阳这样已经走到台前的明星，更多的则是为了一个信念而默默奋斗的人。网络，这个广阔的舞台，只要有梦想，只要有冲劲，任何人都能在其中找到自己的角色。

"非典"肆虐的时候，正在央视筹划"数字电视业务"的臧力同时在中欧工商学院攻读EMBA项目，当时许多餐厅、酒店大都停业了，大家都窝在家里面，不知道可以去哪吃饭。直到6月底，同学在聚会闲聊中，普遍体会到这打打牙祭、犒赏自己的饭局，远没有想象中的简单，餐饮业与生活尚未形成一个很自然的联系。

何不将这传统的餐饮文化与时尚的网络媒体相结合，利用网络的及时性、融合性和互动性，推动餐饮业的发展呢？更重要的是让吃这个与他们密切相关的生活之本，变得更加方便、轻松，将吃还原为最初的享受之事。臧力心中自然而然地产生了创立一个餐饮服务网站的念头。于是他毅然从央视辞职，全身心地投入到饭统网的筹建之中。经过一系列的市场调查，2003年11月，饭统网正式获得工商执照，12月8日，这个承载着众多期盼的国内首家具有餐饮预订功能的专业餐饮网站正式开通了。

一头连着消费者，一头连着餐厅，必需让餐厅先加入进来，消费者才能跟进，而消费者跟进的越多，更多的餐厅也自然会陆续加入进来。消费者和餐厅有着很强的相互作用，一但这两个"轮子"中有一个"轮子"不转了，另一个"轮子"也很难运转。

既然饭统网是一个餐厅展示的平台，又是消费者消费的信息服务平台，餐厅与消费者必然是饭统网的两大侧重所依。网站成立之初，与京城众多酒店之间的渠道关系，成了网站最大的难题，只能靠大量人手来实现。诸多餐饮商家对饭统网这种相对成本很低却有着良好效果的宣传方式产生了浓厚的兴趣，当然最吸引各商家的还是饭统网强大的潜在消费客户群，因此在网站开通的第一天，便有200多家餐厅加入了饭统网。当加入网站的餐厅数量达到700家的时候，臧力做了一个估算，发现在市里大概一公里左右范围内，才能找到一家饭统网的餐厅，觉得这个数量还是满足不了消费者的需求，因此在2004年春节以后，继续加大餐厅加盟的力度，短短几个月的时间，便使加盟网站的餐厅数量达到了2200多家，这样基本上消费者每隔几百米就能找到一家饭统网的餐厅，已经基本能保证消费者的需要了。

随着饭统网在业内名气的不断增大，其他一些媒体也纷纷向饭统网发出了合作的邀请，如

饭统网承办的北京青年报全年"美食节"就已经成功举办了几次大规模的活动，在消费者中产生了很大反响。随后又承办了中国网通天天在线的天天美食版块，并与中国排名前三的网站商谈具体合作栏目的细节。餐饮这块蛋糕，已经被臧力创建的饭统网越做越大。思消费者所思，想消费者所想，这句话虽俗气，却是"饭统"不变的宗旨。

大量丰富的餐饮信息，精美的页面图片，众多准确详实的各餐厅信息……网站内容的精良只是服务于消费者的第一步，如何使网站的服务更贴近生活，如何为消费者提供更深层次的服务，是臧力思考最多的问题。做出专业网站的特色，提供人性化的服务，是臧力创建饭统网的初衷。目前，加盟网站的餐厅数量还在稳步上升，而更多中、高档酒店也渐渐了解到饭统网这一专业餐饮网站，并愿意与之进一步合作，臧力也日渐从中感受到了创业收获的喜悦。

【小店前景分析】

历史证明，即使经历再寒冷的"冬天"，依旧有坚强的互联网公司生存下来，模式、资本、客户、服务、渠道等要素都是过冬御寒的必备条件之一。

与其他生活服务网站相比，饭统网的优势在于从一开始就确立了挣钱的模式。北京吃客们流连的一个网站是"大众点评网"，完全由用户自发评论和推荐餐馆。但这家网站完全不走订餐的路子，只是发挥 SNS（社会交流群落）的作用，由用户生产内容以集纳人气。

饭统网与大众点评网实行差异化竞争，点评推荐是大众点评网的强项，而饭统网则具有呼叫中心、网络订单等大众点评网没有的服务项目。

除了盈利模式，最让投资者感到放心的是中国的餐饮市场。资料显示，日本的外出就餐市场每年约为 1.5 万亿元人民币，但增长缓慢，而依托近十几亿人口的中国餐饮市场规模已达 1.2 万亿元，且以平均每年 15% 的速度在增长。

2008 年的前三个月，由于 CPI 价格传导，饭统网的订餐量一度减少，但随着食品价格回落，饭统网的订餐量又有所回升。因为当经济增速放缓时，人们的其他消费可以减少，但餐饮消费不会发生明显下降。

有人算了一笔账，按照目前的基础和增速，4 年后外出就餐市场规模有望达到 2 万亿元，即使通过网络的订餐业务只占 1%，订餐网站收 5% 的佣金，那么也还有 10 亿元的收入。饭统网所做的这个市场其实并不太拥挤，而是需要更多的人把它做起来。

"时尚坊"的网店创建及发展历程

每个网店的成立都有一段曲折的创业故事，王奇的"时尚坊"网店也经历了一番曲折。

【小店淘金成功案例】

2002 年 10 月的一天，王奇在易趣网上看中了一款喜欢的衣服，当时网上标价只有 120 元，她就抱着试试看的态度把钱汇了过去。当时，网上购物还是新鲜事物，朋友们都不相信，纷纷劝说她不要相信网上店铺，那肯定是个骗局。她当时想，如果是骗局也不过损失 120 元钱，尝试一下无所谓。可没想到，过了几天后王奇竟真的收到了想买的衣服，当时觉得好开心。网上购物成功后，她忽然就萌生了一种想法，觉得任何事情你不尝试就不知道结果。从那以后，所有的生活用品她都从网上购买，也真的是又便宜实惠。

王奇一直都想自己创一番事业，可是手头的资金有限很难实现愿望。享受了一段网上购物的快乐时光后，她逐步萌发了网上开店的念头。一次偶然的机会她认识了一位在网上开店的朋友，朋友的介绍使她有了灵感，终于决定在网上开店铺。想到便做，从购买电脑、数码相机和扫描仪等硬件设备开始，王奇的少女服饰网上专卖店——时尚服饰坊开业了。

网店开了，但麻烦却来了。由于是刚刚开店，在网上没有一点信誉度，货物摆在店里根本无人问津。好不容易挨了一个月，一名外地客户终于发来信息，要购买其中的一件衣服。虽然一个月就卖了一件衣服，可她却开心极了。时尚服饰坊开张不久，王奇又接到北京和广州两位小姐的订单，也许是高兴过了头，她竟把货发错了。为了维护诚信，她不仅发了几封电子邮件道歉，还横下心对客户做了赔偿。

在网上开店并不比开个实体店铺轻松多少，王奇专门学习了 photoshop 的图片制作软件，因为在网上开店不仅商品本身要有档次，还要给每件商品写上好的说明，这说明不是普通的标价，而是要赋予商品艺术性的定位，一定要符合网络顾客的口味。忙碌的都市生活让很多人在网上购物，顾客多为 30 岁以下的中等收入男女，因此商品的包装要有针对性。制作程序很简单，但不乏辛苦，经常半夜一点多才睡，每天早上 6 点多起床，拿回商品挨个照相、量尺寸，不过她并不觉得累，而且做自己喜欢的事，效率会很高。随着时间的推移，时尚服饰坊在网上慢慢有了知名度。一些造访的顾客发现时尚服饰坊的信誉不错，回头客就多了，生意也渐渐红火起来。天南海北的顾客一个接一个地打电话发信息来，要购买店铺内的服装。发货渐渐也成了艰巨的任务，生意好的时候，每天卖出去十多件衣服，得自己在家缝包裹、写单子，为了节省点邮费，她经常一个人在双休日提着五六个大大小小的邮包，坐公交车从家里赶到邮局去寄，一次拿不完还得跑几趟。

当初开店时，王奇根本就没奢望要赚钱，主要是想尝试一下，而且也做了最坏的打算，如果东西卖不了就自己用，没有想到网上生意竟出奇得好。现在，王奇的网店已经火得不得了，服装、首饰、礼品、小摆饰等商品应有尽有，月均销售额已经达到 1 万元以上，每个月都能赚上三四千元。在全球最大的中文商品交易网站易趣网上她已拥有 3 家连锁店，总资产大概有 8 万元。

网上创业的生活虽然不乏辛苦，但也让她积累起了较丰富的网上开店经验，找到了创业的乐趣。

【小店前景分析】

在众多从事经营的个体户中，赚钱最快的当属服装个体户。五彩缤纷的时装在给人们生活带来美和享受的同时，也给经营者带来了不菲的收入。

服装店本小利大赚钱快，尤其是网络服装店更是如此，因而成就了不少人的发财梦。开展网上服装生意是不错的选择，有很好的发展前途，但要给所有有意做网上服装生意的朋友几个经营提示：

1. 要让自己的眼光快、狠、准

这里说的快、狠、准是指平时要多留意流行信息，多看一些时尚栏目的节目，时尚杂志也要翻翻。一定要知道流行什么，了解流行趋势。

2. 经营的好坏关键在进货

进货时一看款式，二看价格，三看流行与否，四看面料。进货最好货比三家。由于近年来服装店越开越多，竞争激烈，许多服装店改为代销的方式，进货时先付一点定金，卖完后再结帐，卖不完可拿回厂家再换新货，经营灵活，利润虽比购销差一点，但风险小了。

3. 第一次去批发要多问

如果你第一次去一个店，要多看，多听，然后问一下零售价，看能否优惠，在了解了最低零售价之后，那么心里就应该知道批发价在哪个范围了。

4. 进货时的询价也有学问

和店员询问价钱的时候千万不能喊："老板，这个批发多少钱？能优惠不？"要找一个能给你较低价位的店员，把他叫到身边小声问：这个拿货多少钱？还价的时候也要小声。因为店员在有零买顾客在的时候是不会给批发客太便宜的价格的。另外就是要学会生意场上的行话，尤其是第一次去一个店，不同的地方有不同的叫法，比如有的地方叫批发，有的叫发货，有的叫进货，要学会入乡随俗。要不然人家觉得你很不"专业"，很可能会"宰"你。

5. 注意季节

新手往往并不知道服装进货时间一般会提前两三个月，在炎炎夏季时，批发市场的生产厂家们已经在忙着准备秋季服装了。如果不明白这个道理，还在大量地进夏季尾货，你进的货也可能会因换季打折而卖不了好价钱，或需求少致使销售不理想。所以看准时机慎重进货是很重要的。

6. 商品定价不能高

目前在网上销售的服装，同类产品的同质化非常严重。在网上购物，一般买家都会"货比千家"，因为买家就是冲着价格来的，所以价格往往被压得很低，如果商品的价格定得太高，就没有竞争优势了，除非是独家经营，垄断销售。在网上已有两年开店经历的"溪水潺潺"说，消费者一般不会花高价在网上购物，所以商品定价一定不能太高。因为消费者对网上产品的质量要求不高，出手也比较爽快，薄利多销一样可以赚大钱。

7. 避免积压商品

每到换季时节，大部分商店都会做清仓或打折处理，因此服装的进货多少，一定要根据实际情况，不能贪一时便宜。勤进快销是加快资金周转、避免商品积压的先决条件，也是促进网店顺利发展的必要措施。当然，也不是进货越勤越好，需要考虑网店的条件及商品特点、货源状态、进货方式等多种因素。

8. 导购服务要热情

销售时要有讲价技巧，善于分析买家的消费心理和其所能接受的价格底线。众所周知，买家在网上购买稍大金额的商品时，会咨询商品的详细性能规格、送货服务和售后服务等，这时如果他们得到的是不耐烦的、不懂业务的答复，那结果可想而知。

9. 快速处理订单

在网上开店，要养成及时上网维护商品和处理订单的习惯，别让买家的订单停留在未处理状态。注意先检查产品的质量问题，千万别以次充好，随时提醒自己要诚信交易。另外，买家可能对你的产品发表评论，无论是好的还是不好的，一定及时回复，让买家知道你做生意很注重信誉和效率，这样才是生财之道。因为如果有良好的口碑和热心的服务，老买家会给你带来很多新的买家。

10. 图片拍摄处理要专业

开网店不会直接面对买家，买家也看不到真实的商品。因些对于网店来说，图片占有很重要的位置，特别是对服装店来说，好看的图片可以迅速吸引人们的眼球。商品图片不仅要吸引人、清晰漂亮，还要向买家传达丰富的商品信息。如果想用心地经营一个属于自己的品牌店，采用模特实拍图片是必不可少的。建议经营服装的卖家用真人做模特拍摄图片，以便给买家传达更多的信息。

11. 售后服务要真诚

在销售自己商品的同时，要想象一下自己消费的情况。谁都想放心快乐地购物，这就要求销售方提供热忱周到而且真诚的服务，珍惜买家的光顾和青睐。要主动而有针对性地提供服务，主动地、定期地回访自己的客户，让他们感受到你对他们的重视，感受到他购买你的产品后所得的价值。

专卖浪漫女装的"蜜雪芳踪"

在网上开店，可以用很少的本钱起步，如果你想要经营服装，又没有足够的资金，不妨学学"蜜雪芳踪"的经营方法。

【小店淘金成功案例】

"蜜雪芳踪"是一家卖女装的网上小店。"雪儿"段慧丽出生于20世纪80年代，能根据自己的品位为顾客进货，段慧丽觉得很开心，她的经验是勤跑、少添、多款式。

其实，直到2003年4月，她还并不是很相信网上购物能买到好东西，尽管她上班的环境宽松，上网方便。"非典"期间的工作很无聊，同事小孟便怂恿段慧丽到易趣网上去闲逛。她发现买雅芳化妆品再加18元钱就可以送一付太阳镜，买三份还可以便宜一点。两人一合计就把订单下了，几天后，东西居然寄过来了，感觉相当不错。

从那以后，段慧丽和办公室的同事有事没事就合作去网上买便宜东西，诸如化妆品、衣服等都在选购之列。

一次，在家里整理橱柜时，她发现有些东西闲置在那儿，没法穿或穿腻味了。有双鞋，花了70元，没正经穿过，一走路就发现大了；还有一条50元的牛仔裤，穿不下了；两年前花120元买的裙子，也不喜欢了。于是就托小孟帮她挂到网上去卖，没想到居然在比较短的时间内就脱手了，好歹换回了近百元的人民币。段慧丽有一个表姐做服装批发生意，于是她时不时地从表姐那儿拿一两件委托同事挂到网上去卖，居然也卖掉了。自己的品位能得到网友的认可，段慧丽很有成就感。2003年5月底，段慧丽在易趣网上注册了"蜜雪芳踪"，缓慢地步入了网上开店的创业阶段。

2004年3月，段慧丽辞职回家，开始了真正意义上的网上创业。虽然开的是个没有门脸的网上小店，段慧丽仍很注重市场研究，每天都会在易趣网上浏览分类，了解什么产品、什么种类旺销。易趣每个月都会发周报，对在线商品的成交率、是否热买都有统计数据。而这一点，在现实中开服装店是做不到的。

【小店前景分析】

过去，人们一说到做服装代理就想到几十万上百万的投资，还要请专业人士做市场调查和商业计划。其实，个人小额投资，小本服装网店代理也能赚钱，而且市场风险也较小。服装网店代理的关键是要有一股创业热情，量力而行。毕竟踏踏实实地从小生意做起，是大多数成功商人的必由之路。

在众多服装网店代理者中，赚钱最快的当属时尚女装店主们。五彩缤纷的时尚女装在给人们的生活带来美和享受的同时，也给经营者带来了不菲的收入。

目前比较有影响力的开网店平台有淘宝网、腾讯拍拍、易趣网、百度有啊、进宝网等，这些平台的搜索流量都很大，人气很高，据不完全统计，淘宝一天的搜索量就有几百万次，远远超过了繁华路段的大型百货公司的人流量。每个网民网上年均服装消费在200元以上，服装网店与实体店比，不太受季节约束，利润一般在30%至120%之间。

服装网店经营的好坏关键在进货，服装店主一定要每天关注进货渠道，以便找到更实惠的进货渠道。进货最好找比较有实力的老商家，或者找那种可以无理由退货的供货商，以便减少风险。销售时要运用标价技巧，多多关注市场，了解网络顾客的消费心理和其所能接受的价格。现在许多网络服装店都走中低档路线，以价格吸引了许多客人，并且还时不时采取打折扣和发优惠卡等促销方式，留住老顾客。

开母婴用品网店的母亲

37岁的蔡大姐是个地道的广州人，也是一个善于发现和观察的人，这和她在企业的工作不无关系。通过辛勤的努力，如今她的小店已经是一个皇冠级信誉的卖家了。

【小店淘金成功案例】

2010年6月18日对蔡大姐来说是个值得纪念日子，那天她苦心经营了一年的网上母婴用品精品店迎来了第一个皇冠信誉。

对于蔡大姐来说，从认识淘宝到开店再到如今的皇冠信誉，仅用了一年多的时间。就在她的小店迎来皇冠信誉的那天，她兴奋得像过年一样，给所有的亲朋好友发了短信，在最短的时刻把这份喜悦之情传达给身边所有的人。

蔡大姐是因为想起女儿小时候她们二人用到很多的母婴用品，并从中发现了商机，然后通过淘宝创业取得了今天的成绩。

蔡大姐在淘宝上的营销方式有别于其他的网商，她不仅是个卖家，更是一个妈妈，也因此形成了她独特的顾问式营销，每位顾客不仅能在这里淘到宝宝的必须品，还能从她那儿学到一些新妈妈照顾好宝宝的经验。她不光卖产品，还为客人提供整个解决方案，包括照顾婴儿的各种相关资料和知识。她的客服人员也都有带宝宝的经验，对所有产品非常熟悉，对不同阶段的宝宝能推荐相应的产品。如果有不能解决的问题，蔡大姐就会亲自出马。

正因为蔡大姐的这一独特的营销和服务方式，让她赢得了更多老顾客的信任与支持，让她的小店成为了淘宝网上成长最快的网店之一，好评率高达99%。说到这里时，蔡大姐便按捺不住内心的激动，她说，自己不仅是为了赚钱，也不仅只是做一份生意，更多的也是在帮助这些80后新妈妈们，因为大部分的新妈妈们过去很少吃苦，当然对照顾宝宝更是外行了。

对于未来，蔡大姐已经有了自己的计划，目前，她的实体店铺也迎来了开张大吉的日子。

【小店前景分析】

如今，80后成为了生儿育女的主力军，他们更讲求生活品质，也更舍得为孩子花钱，但也比较缺乏育儿经验，因此开一家人性化的母婴用品网店前景是非常明朗的。

开一家母婴用品网店，首先是要选择一个比较大的交易平台，如淘宝、易趣、拍拍等网站的浏览量都比较高，都是不错的选择。

其次就是选择好母婴用品的品牌，需要找到比较稳定、口碑不错的品牌资源。现在大家对孩子用的东西要求都比较高，一些世界级的品牌商品顾客买起来会比较放心。当然，网上开店最重要的是要有价格优势，品牌商品会有全国统一价，如何从进货渠道拿到较低的折扣就显得更为重要。

资金方面，投资一家母婴用品的网店，除了电脑、宽带费等，还至少要投资1万元左右用于进货，一些大品牌一般要有较大的量才会发货，有一些世界级的品牌商品还需要交一定的押金。

母婴用品在网上开店比较容易，但要从中赢利就需要付出很多的心血，刚开始生意不见得会很好，因此特别需要卖家有耐心。建议想开店的读者应该亲自对市场进行实地考察，确定投资方向。

把西瓜卖到网上去

北京大兴的瓜农曹得梅卖瓜，不用拉着西瓜满街叫卖，只在网上吆喝。这一吆喝不要紧，她足不出村，在不到两个月的西瓜销售期，家里的西瓜不仅销售一空，而且卖了个前所未有的好价钱。

【小店淘金成功案例】

曹得梅是大兴区榆垡镇西黄垡村的瓜农，她带动全村人在网上卖瓜，使西黄垡村出现了前**所**未有的新气象：往年是拉着西瓜出村卖，卖得烦恼又繁忙；今年是货车进村来，卖主买主都**欢畅**。

曹得梅高中毕业，以前也算是村里的文化人。在村里，她算不上种瓜老把势，只有 5 年的**种**瓜历史。但她与所有瓜农一样，都有许多辛酸的卖瓜记忆。

前几年他们卖瓜，每天凌晨两三点，就是再累再困也要从床上爬起来，开着装满西瓜的汽车把瓜拉到新发地、沙窝等批发市场，天亮之前必须把货发完。曹得梅说，那时把瓜拉到市场，干等着顾客上门，还必须在市场里转悠几圈，了解一下当天的瓜市行情，再根据瓜的质量定自己的瓜价。

那时卖瓜就是碰运气，因此也总有运气不好的时候，往往一路颠簸着把瓜拉到市场后，结果卖不了，只好把瓜再拉回来，这样往返两三趟是经常的事情，最后只好把瓜贱卖。碰上这种运气不好的时候，瓜农的一番辛劳只能换来三赔：赔油钱、赔摊位费、赔管理费。更让人心疼的是，往返两三趟，可能好瓜也颠坏了，只能忍痛扔掉！

西黄垡村种瓜采用了不少新技术，多层覆盖是其中一种。这种技术虽然能使西瓜早上市 10 多天，但这也给村民带来了难题，因为不了解市场到底是个什么价，虽然收成很好，可是他们庄稼人成天待在地里，不了解外面的情况，就怕遇上那些狡猾的瓜贩子，让他们给忽悠了，收成再好也卖不上价。

没想到，这种传统的卖瓜方式，这么快就结束了。

曹得梅以前通过电视了解到一些网上销售的知识，但总觉得那是离自己很遥远的事情，以为只有大老板做大生意时才通过网络。终于在 2008 年 4 月，曹得梅开始在网上发布销售西瓜的信息，并留下了家里的电话。从这天开始，她永远告别了起早摸黑去市场卖瓜的日子，省下人力物力不说，还省下一大笔摊位费。

在网上有了卖瓜摊位后，从 4 月底西瓜销售期开始，一直到 6 月底，她家电话一直响个不停。有人在网上看到曹得梅发布的销售信息后，就留言询问瓜价和品质，曹得梅都一一发信息回复。她说，网上销售招揽了两类客户，一类是家庭采摘户和单位集体采摘户，还有一类是批发商。

她算了一笔账，在足不出村的情况下，在不到两个月的西瓜销售期里，家里的西瓜不仅销售一空，且卖了个前所未有的好价钱：入账 20 万。

【小店前景分析】

网上销售农产品可以大大节约人力、运费、油费、摊位费等，客户只需在相关的信息网上注册，就能上网发布农产品的价格、品质以及联系方式等，然后等待客户与其联络，然后直接来进行交易。

拿前面案例中的曹得梅来说，学会进行网上卖西瓜，就再也不用像以前一样，西瓜还没熟，就为集贸市场的摊位急得焦头烂额了。现在，她只要坐在家里发帖子、点鼠标，就可以将大棚瓜卖完。在尝到了网上卖瓜的甜头后，便有更多的人不断加入这一行列，网上卖农产品的模式也被更多的人逐步认可，因此对于从事农产品销售的人们来说，开家网店的前景确实非常不错。

网上开餐厅，时尚创业赚钱丰

把餐厅开到网上，赚那些无暇外出的白领人士的午餐钱，不仅市场广阔，也不需要太多的资金。

【小店淘金成功案例】

阿欣高考落榜后，自费上了一所民办大学，但毕业后难以找到专业对口的工作。

一天，阿欣给在电脑公司就职的男友送午餐，当时饭盒一打开，色香味俱佳的菜肴和广州人爱喝的靓汤，马上引起男友同事们的纷纷夸赞。阿欣在欣喜之余突然悟到：现代人的生活节奏快，工作压力也很大，写字楼里的白领们根本无暇准备午餐，往往只随便吃点小吃，或去麦当劳、肯德基等快餐店，这样既不经济也不健康，如果将精心制作的配餐和营养丰富、热气腾腾的家煲靓汤及时地送到这些工作繁忙的白领一族面前，一定会有市场。

阿欣为这个想法兴奋不已，她准备利用自己出色的厨艺，在一个公司林立的商业区开家餐饮店，可是广州繁华地段的房租贵得惊人，一个不大的店铺每月都要2万元，如此做起来她的小店很可能入不敷出。阿欣的男友为她出谋划策说，有一个不需要投资的经商方法，那就是"零成本网上创业"。网上开店的最大好处是无需租店面和仓库，省去了实营店应缴的一切费用，只要你是一个合法网民，有需要出售的物品，都可以在互联网上过一把老板瘾。对互联网并不陌生的阿欣听了男友的点拨后茅塞顿开。

萌发了开间网上餐厅的大胆念头后，阿欣查阅了大量的食谱，为顾客精心设计出20多种不同风味、搭配合理的套餐。她准备了一台二手笔记本电脑，配上调制解调器，连上了互联网。男友为阿欣制作了一个精美的网页，经过半个多月的准备，一个"网上快餐店"终于开始营业。

开始阿欣印了3000张折叠式加香名片，外层有"网上餐厅"的网址和电话，展开后又有各式各样的套餐和靓汤名字映入眼帘。阿欣将这些名片散发到市区内一幢幢写字楼里之后，就开始坐在家里的电话机旁，盯着电脑屏幕，期盼着订餐邮件或电话的到来。

漫长的三天熬过去了，心急如焚的阿欣终于等来了第一单生意。渐渐地，网上订餐的人逐渐增多了。尤其是三个月后，一到中午，阿欣房间里的电话铃声就此起彼伏，应接不暇，订餐邮件有时简直能挤爆她的电子邮箱！随着时间的推移，已经有近30家公司成了她的"网上快餐"的长期订户。后来阿欣又雇了10多名上门送餐的员工，并请了两位厨师按她的设计做出不同档次的套餐和靓汤。为了保证质量，她严格控制每天只制作600盒快餐，另外，搭配着每盒快餐还赠送一款任选的私家汤。

每周一，阿欣就把一周的配餐计划发布在网页上，每天按时上网接收订单。她每天早上五点就去菜市场挑选原料，回来后严格按食谱配料，烹制过程一点都不敢马虎。虽是在网上做生意，诚信却千万不可小视，只有这样才能够招揽稳定的客户。有一次，一位订户接到快餐，嫌送餐员工用的时间长，饭都不太热了，于是就不满地发了一封邮件给阿欣。阿欣看到后，当即骑上摩托车，亲自将一份冒着热气的精品套餐和靓汤免费送到对方手上，并诚恳地代表手下员工向那位小姐赔礼道歉。这件事传开后，她的"网上餐厅"在白领食客中的声誉便传开了。

现在除去成本和员工开支，阿欣的"网上餐厅"每月已至少有1万元的毛利。正全力筹建一个餐饮娱乐网站，开启一扇更壮美的创业之门。

【小店前景分析】

普通白领每天工作量超过8小时已是司空见惯的事，在每天繁重的体力劳动和脑力劳动下，最普通的吃饭都成了问题。身体是革命的本钱，只有保证三餐，才能确保学习和工作的效率。

于是，网上餐厅应运而生。它针对所有不能在工作中抽出时间去就餐的上班族群体、向往足不出户就能享用美食的宅居一族和珍惜每分每秒的学习时间的在校学生们，充分利用网络为其提供一份满意的饭菜，既可让其节省时间、按时用餐，又能从中赚钱，真是一举两得。目前网上餐厅才刚刚起步，消费人群在不断扩充，因此发展前景非常看好。